上海建设年鉴

中共上海市城乡建设和交通工作委员会
上海市住房和城乡建设管理委员会 编

文匯出版社

图书在版编目（CIP）数据

上海建设年鉴．2019 ／ 中共上海市城乡建设和交通工作委员会，上海市住房和城乡建设管理委员会编．-- 上海：文汇出版社，2019.12

ISBN 978-7-5496-3083-7

Ⅰ．①上… Ⅱ．①中… ②上… Ⅲ．①城市建设－上海市－2019－年鉴 Ⅳ．①F299.275.1-54

中国版本图书馆CIP数据核字(2019)第273902号

上海建设年鉴（2019）

编　　著 ／ 中共上海市城乡建设和交通工作委员会
上海市住房和城乡建设管理委员会
责任编辑 ／ 乐渭琦
特约编辑 ／ 孙　健
图片、美术编辑 ／ 胡　鹰
封面设计 ／ 邵　竞　胡　鹰

出 版 人 ／ 周伯军

出版发行 ／ 文匯出版社
上海市威海路755号
(邮政编码 200041)
经　　销 ／ 全国新华书店
照　　排 ／ 上海未寅文化传播有限公司
印刷装订 ／ 浙江经纬印业有限公司
版　　次 ／ 2019年12月第1版
印　　次 ／ 2019年12月第1次印刷
开　　本 ／ 889×1240　1/16
字　　数 ／ 650千字
印　　张 ／ 25（插页14）

书　　号 ／ ISBN 978-7-5496-3083-7
定　　价 ／ 258.00元

▲ 2018 年上海市卫星影像图（1 : 220000）

▲ 上海的早晨

▲ 2018 年 11 月 5 日至 10 日，第一届中国国际进口博览会在国家会展中心（上海）举行。

中国国际进口博览会
CHINA INTERNATIONAL IMPORT EXPO

1 鸟瞰洋山深水港四期工程

2 洋山深水港四期局部

1

2
CHINA SHIPPING LINE

G15 嘉金高速公路北段大修工程

G15 嘉金段（以下简称“嘉金高速”）北起 G1501 北环嘉浏立交，南至金山区 S4 莘奉金高速公路西段，全长 64.965km。本次北段大修工程范围为松浦二桥南桥以北部分，共计 45.404 公里。

为确保中博会之前能顺利完工，本工程开始实施日期为 5 月 2 日，竣工日期为 9 月 30 日。

本次大修工程主要施工内容：道路、桥梁维修，桥梁更换，收费站水泥板块处理，标志标线更换及增设，附属工程抬升与改造等。

1 浦东新区城市运行综合管理中心指挥大厅的监控大屏

2 浦东新区城市运行综合管理中心指挥大厅

1 建德滨河绿地工程

2 万荣路拓宽工程

1

2

▲ 竹园污水处理提标改造工程

▲ 2018 年部分入选上海市林荫道

1 浦东新区巨野路（浦东大道－张杨路）

2 徐汇区安福路（常熟路－武康路）

3 虹口区松花江路（邯郸路－密云路）

4 静安区广延路（延长路－广中路）

5 杨浦区国顺路（四平路－邯郸路）

1. 嘉闵高架（S32- 莘松路）道路新建工程
2. S7 公路一期工程，南起 S20 公路与 S6 公路立交，北至月罗公路，线路全长约 8.75 公里
3. 诸光路通道新建工程——国内最大直径土压平衡盾构进洞

《上海建设年鉴（2019）》编辑委员会

编写说明

一、《上海建设年鉴》是中共上海市城乡建设和交通工作委员会、上海市住房和城乡建设管理委员会组织编写，上海市、区两级建设交通系统各局、直属单位及相关政府部门协作参与，以记录上一年度上海城乡建设、城市管理、交通运输及相关行业、企业发生的重大事件及重要情况为主要内容，对外公开发行的大型资料性、工具性年刊。

二、本书编写采用年鉴的体例和风格。全书由特载、主体和附录三部分组成。特载刊载上海当年度政府工作报告、统计公报及其他重要内容。主体部分基本按城乡建设、城市管理、交通运输及综合管理等相关内容，分门别类予以排列、记载。附录部分包含当年市住房城乡建设管理委大事记、相关法律法规政策选编目录等相关资料。

三、本书主体部分由栏目、分目和条目三个结构层次组成。全书设 15 个栏目，每一栏目依内容需要，设若干分目。栏目之首设“综述”，分目之首设“概况”，本书主要记载形式为条目，以事件设，一事一条。同时辅以图片、表格及相关资料。

四、本书编写坚持对历史负责、对后人负责和客观记载、不作评价的原则，对年度发生的重大事件，尽可能予以如实、公正地记载，避免不确定因素和不确切数据。

五、本书以赠阅为主。由于诸多原因，全书编写周期较长，其中部分内容转引自有关资料、文献、书刊。原作者如未收到稿酬，可直接与《上海建设年鉴》编辑部联系。

六、本书编写过程中得到上海市、区各级领导和上海建设交通系统各局、直属单位，以及广大热心人士的大力帮助，在此一并表示感谢。

上海建设年鉴 Almanac of Shanghai Construction 2019

目录 Catalogue

◎特载

◎城乡规划、国土资源

◎重大工程建设

◎绿化市容

◎环境保护

◎水务管理

◎房屋管理

◎铁路运输

◎民用航空

◎邮政事业

◎海洋海事

◎建筑建材业管理

◎城市综合管理

◎科研工作

◎区域建设

◎政策法规

◎附录

特载
FEATURE

上海市政府工作报告

——2019 年 2 月 3 日上海市第十五届人民代表大会第一次会议上

上海市市长　　应　勇

各位代表：

现在，我代表上海市人民政府，向大会报告工作，请予审议。请各位政协委员和其他列席人员提出意见。

一、2018 年工作回顾

过去一年，面对深刻变化的外部环境，我们在以习近平同志为核心的党中央坚强领导下，以习近平新时代中国特色社会主义思想为指导，深入学习贯彻习近平总书记考察上海重要讲话精神，全面贯彻落实党的十九大和十九届二中、三中全会精神，坚决贯彻落实党中央、国务院和中共上海市委的决策部署，按照当好新时代全国改革开放排头兵、创新发展先行者的要求，坚持稳中求进工作总基调，全面贯彻新发展理念，落实高质量发展要求，坚持以供给侧结构性改革为主线，开拓创新，克难奋进，坚决打好三大攻坚战，加快实施新一轮城市总体规划，大力提升城市能级和核心竞争力，全面完成了市十五届人大一次会议确定的全年目标任务。

一年来，全市经济社会发展总体平稳、稳中有进、稳中向好，呈现结构更优、效益更好、更趋协调、更可持续的高质量发展态势。一是经济平稳增长。全市生产总值增长6.6%，常住人口人均生产总值突破2万美元。新增就业岗位58.2万个，城镇登记失业率为3.6%，预计城镇调查失业率在4.3%左右。居民消费价格上涨1.6%。二是经济结构、质量和效益持续向好。第三产业增加值占全市生产总值的比重为69.9%，战略性新兴产业的制造业部分产值增速快于全市规模以上工业2.4个百分点。地方一般公共预算收入增长7%。三是改革创新取得新突破。自贸试验区全面深化方案的98项改革任务基本完成。全社会研发经费支出相当于全市生产总值的比例达到4%，每万人口发明专利拥有量达到47.5件，技术合同成交额增长50.2%。四是人民生活水平进一步提高。居民人均可支配收入增长8.8%，扣除价格因素后增长7.1%，快于全市生产总值和地方一般公共预算收入增长。五是生态环境继续改善。环保投入相当于全市生产总值的比例保持在3%左右，单位生产总值能耗进一步下降，PM2.5年平均浓度达到36微克/立方米、下降7.7%。

一年来，我们以实际行动庆祝改革开放40周年，统筹推进稳增长、促改革、调结构、惠民生、防风险，主要做了以下工作。

（一）坚定推进改革开放再出发，大力推动长三角更高质量一体化发展

聚焦“三区一堡”建设，自贸试验区改革开放全面深化。进一步放宽市场准入，外商投资准入特别管理措施减少到45条。率先试点跨境服务贸易的负面清单管理模式，建成国际先进水平的国际贸易“单一窗口”，货物整体通关时间压缩三分之一，货物状态分类监管实现海关特殊监管区域全覆盖。自由贸易账户累计开立7.1万个。“六个双”综合监管覆盖所有监管部门和行业领域。“证照分离”改革试点第一批116项和第二批82项全面完成，累计146项改革事项在全国推广。自贸试验区企业在“一带一路”沿线投资项目累计超过200个。

全面开放新格局加快构建。制定实施“扩大开放100条”，金融、新能源汽车等领域的对外开放率先取得新突破，新设外资项目数量、合同外资金额、实到外资金额均实现增长，跨国公司地区总部、外资研发中心分别新增45家和15家。制定实施外贸“稳预期、稳企业、稳订单”20条措施，货物进出口总额增长5.5%。组建“走出去”综合服务平台，对外直接投资中方投资额达到168.7亿美元，对外承包工程合同额达到119亿美元。

重点领域改革深入推进。建设国资国企综合改革试验区，实施创新发展、重组整合、清理退出项目282个，完成电气集团整体上市和衡山集团公司制改革。率先制定实施“民营经济健康发展27条”，民营企业工业产值、进出口总额、固定资产投资总额等增速都高于全市平均水平。推进商事制度改革，平均每个工作日新注册企业1318户，增长11.8%。

长三角一体化发展全面提速。创新区域协作机制，跨省市合作机制实体化运作。推动制定长三角一体化发展三年行动计划，共建G60科创走廊等一批区域合作平台，省际对接道路贯通、市场体系建设等一批重点合作项目取得新进展，协同创新网络共建共享、生态环境联防联治等持续加强。制定实施深入推进长江经济带发展方案。进一步加大力度，帮助扶贫协作和对口支援地区打好脱贫攻坚战。

（二）加快建设“五个中心”，全力打响“四大品牌”

“五个中心”建设取得新进展。开工建设硬X射线自由电子激光装置，基本建成软X射线自由电子激光装置、超强超短激光等大科学设施，成立国家集成电路制造业创新中心、脑与类脑研究中心等一批科研机构，阿尔茨海默症治疗新药、高光谱综合观测卫星等一批科创成果相继问世。启动实施人才高峰工程，高层次人才进一步集聚。改革调整科技创新中心建设推进机制和张江管理体制。原油期货等金融创新产品成功上市，中国人寿上海总部等一批功能性机构落户，持牌金融机构新增68家，金融市场交易总额突破1600万亿元。妥善处置网络借贷平台等风险，防范化解金融风险工作有序推进。启动深化服务贸易创新发展试点，实施国际会展之都建设行动，商品销售总额达到11.9万亿元，口岸贸易总额突破1.2万亿美元。完成虹桥国际机场一号航站楼改造，上海机场航空货邮吞吐量、旅客吞吐量分别保持世界第三、世界第四，上海港集装箱吞吐量连续9年位居世界第一，邮轮母港旅客发送量保持世界第四。

“四大品牌”建设全面启动。制定实施打响“上海服务”“上海制造”“上海购物”“上海文化”品牌的若干意见、三年行动计划和43个专项行动，56家企业获得“上海品牌”认证。制定旅游、健康、体育等服务业促进政策，服务业综合改革试点深入推进。深化落实“实体经济50条”，制定实施集成电路、人工智能、生物医药等产业政策，促进高新技术企业发展，发布产业地图，举办世界人工智能大会，特斯拉、大众纯电动汽车、积塔半导体等5个投资百亿元以上和15个投资十亿元以上的重大产业项目开工建设。华力二期12英寸生产线项目建成投片，工业投资增长17.7%，增幅创近十年新高，新能源汽车、高端医疗装备、集成电路、生物医药等新兴行业产值增长10%左右。淘汰高能耗、高污染、高危险、低效益的落后产能1460项。建设国际消费城市，新集聚品牌首店835家，国际零售商集聚度升至全球第二位。细化落实“文创产业50条”，文创金融、产教联盟等服务平台设立运行，世博文化公园、少儿图书馆新馆、浦东足球场等开工建设，历史博物馆、国际乒联博物馆、中国证券博物馆、广富林文化遗址公园、海昌海洋公园等建成开放。

重大工程和重点区域建设持续推进。建成5号线南延伸段、13号线二期和三期共35公里轨道交通线，轨道交通运营线路总长达到705公里。建设城域物联专网，实现千兆宽带市域全覆盖，智慧城市发展水平进一步提升。着力打造“3+5+X”高质量发展的重要承载区，临港地区、世博地区和虹桥商务区功能持续提升，桃浦、南大、吴淞、高桥、吴泾地区整体转型升级大力推进，金山第二工业区、星火开发区等加快调整转型。国际旅游度假区迪士尼新游乐片区建成运营。提升黄浦江两岸公共空间的功能和品质，完成20公里岸线景观灯光的提升改造，启动北外滩综合改造工程。

军民融合深度发展成效明显。国家军民融合发展产业投资基金落户，首批军民融合重大产业项目发布。民兵调整改革创新推进，国防动员、双拥优抚、退役军人安置等工作进一步加强。

（三）着力完善民生制度，切实加强公共服务

租购并举的住房制度加快建设。加强房地产市场调控不动摇、不放松，制定实施规范企业、境外人士购买商品住房等政策，房地产市场平稳健康发展，房价保持总体稳定。加大租赁房建设力度，新建和转化租赁房源

21.2万套，新增代理经租房源14.6万套，建成住房租赁公共服务平台。进一步放宽廉租住房准入条件，新增供应各类保障房8万套。全面推开留改拆并举的城市有机更新和历史风貌保护，建立健全中心城区730万平方米里弄房屋的保留保护机制，完成42万平方米中心城区二级旧里以下房屋改造、1046万平方米旧住房综合改造、110万平方米里弄房屋修缮保护。

就业、养老等服务保障进一步加强。制定实施鼓励创业带动就业、技能提升等行动计划，完成技能培训105.8万人次。新增社区综合为老服务中心80家、老年人日间服务中心81家、养老床位7103张，完成1194张失智老人照护床位、44家农村薄弱养老机构改造。全面推行长期护理保险试点。基本建立残疾儿童康复救助制度。提高最低工资、养老金、低保、医疗救助等保障标准。新增户外职工“爱心接力站”1003个。新建改建标准化菜市场62家、社区智慧微菜场575家。

社会事业改革发展稳步推进。深化教育综合改革，率先探索幼儿托育服务体系，新设托育机构122个，新开办幼儿园53所，开设小学生爱心暑托班509个，规范义务教育秩序，启动实施一流本科建设计划。深化综合医改试点，启动实施临床重点专科计划，着力理顺医疗服务价格，17种国家医保谈判准入的抗癌药纳入基本医保药品目录，家庭医生“1+1+1”签约服务的覆盖面扩大到666.3万人，院前急救体系进一步完善。提升5129个居村综合文化活动室的服务功能，新建改建市民健身步道89条、市民球场72片、益智健身苑点342个，成功举办第十六届市运会等重大赛事。

（四）全面实施乡村振兴战略，加强城市精细化管理、社会治理和生态环境保护

乡村振兴战略有力推进。制定乡村振兴战略规划和实施意见，编制完成崇明、宝山、闵行、嘉定、奉贤、松江、金山、青浦等区的总体规划，启动建设乡村振兴示范村。完成涉及4.5万户的村庄改造和18.8万户的农村生活污水处理设施改造。实施都市现代绿色农业发展三年行动计划，划定80万亩粮食生产功能区和50万亩蔬菜生产保护区。完成村级集体经济组织产权制度改革。农村常住居民人均可支配收入增长9.2%，继续快于城镇居民。

城市精细化管理取得明显成效。完善综合执法与行业管理的有机衔接机制，编制完成21部城市管理标准。推动“五违”整治转向“无违”创建，拆除违法建筑4275万平方米，47%的街镇实现“无违”创建。完成116公里架空线入地及合杆整治，拆除有安全隐患、违法违规的广告招牌3.9万块。实施新一轮住宅小区综合治理，完成二次供水设施改造。

社会治理效能持续提升。建成27个基本管理单元，完成居委会、村委会换届选举。加强危险化学品、特种设备、大型商业综合体、建筑施工等重点领域安全治理，推动8285家企业完成安全风险分级管控。成功抵御“安比”等台风连续登陆。加快创建国家食品安全示范城市，餐厨废弃油脂的闭环管理体系基本建立。智慧公安建设取得阶段性成果，社会大局保持总体稳定。

第七轮环保三年行动计划全面实施。启动新一轮清洁空气行动计划，空气质量优良率达到81.1%，提高5.8个百分点。深入推进水污染防治行动计划，建立健全河长制、湖长制，全面启动苏州河环境综合整治四期工程，开工建设吴淞江工程上海段，完成698个住宅小区的雨污混接改造，劣V类水体占比从38.7%下降到18%。大力推进生活垃圾全程分类，建成再生资源回收点3374个，开工建设15个垃圾资源化利用设施。全面启动第二轮金山地区环境综合整治。制定实施土地资源高质量利用的若干意见，低效建设

用地减量15.2平方公里。推进生态廊道建设，新建林地7.6万亩、绿地1307公顷、城市绿道224公里、立体绿化40万平方米，建成松南郊野公园。继续推进崇明世界级生态岛建设，成功申办第十届中国花卉博览会。

（五）深入实施以“一网通办”为重要标志的“放管服”改革，全力优化营商环境

营商环境显著改善。全面实施优化营商环境专项行动，取消行政审批事项100项、评估评审40项，开展工程建设项目审批制度改革试点，工程建设项目全流程审批时间压缩一半以上，获得电力、开办企业、办理施工许可、跨境贸易、纳税、登记财产等领域的办事和审批环节减少30.5%、时间缩短52.8%，助力我国在世界银行营商环境报告中的排名从78位提升到46位。实施9方面18项减税降费政策措施，为企业新增减负超过500亿元。政府定价管理项目从53个减少到35个。率先制定实施行政审批告知承诺管理办法，全面推行“双随机、一公开”市场监管方式，依法行政进一步加强。市政府机构改革全面完成。

政务服务“一网通办”率先推进。组建市大数据中心，开通运行“一网通办”总门户，初步建立公共数据的汇聚、互联、共享机制，基本做到统一身份认证、统一总客服、统一公共支付平台、统一物流快递，初步实现公共数据从以部门管理为中心向以用户服务为中心转变。推进审批服务事项全程通办、全网通办、全市通办，1274个事项接入全流程一体化在线服务平台，90%的事项实现“只跑一次、一次办成”，99%的民生服务事项实现全市通办。

政府作风持续改进。树牢“四个意识”，坚定“四个自信”，坚决做到“两个维护”，严格贯彻落实中央八项规定精神，持续反“四风”、正作风。扎实开展“不忘初心、牢记使命，勇当新时代排头兵、先行者”大调研，着力解决一批基层群众反映的突出问题。扩大公务员从业行为规范试点，廉政建设取得实效。

各位代表，举办中国国际进口博览会是习近平总书记亲自谋划、亲自提出、亲自部署推动的重大举措。在党中央、国务院的坚强领导下，全市人民齐心协力，以一流的城市环境、一流的服务保障确保了首届进口博览会圆满成功。首届进口博览会共有172个国家、地区和国际组织参会，3617家境外企业参展，40多万名境内外采购商到会洽谈采购，按一年计，累计意向成交578.3亿美元，创造了多项国际博览会纪录，办成了国际一流展会，得到了国内外高度赞誉。进口博览会不仅要年年办下去，而且要办出水平、办出成效、越办越好。

各位代表，过去一年，我们坚定信心，主动作为，有效应对，经受形势变化的严峻考验，克服经济转型的多重困难，各项事业取得新进展，成绩实属来之不易。这是党中央、国务院和中共上海市委坚强领导的结果，是全市人民团结奋斗的结果。在这里，我代表上海市人民政府，向在各个岗位上奉献智慧和力量的全市人民，向给予政府工作大力支持的人大代表和政协委员，向各民主党派、工商联、各人民团体和社会各界人士，表示最崇高的敬意！向中央各部门、兄弟省区市和驻沪人民解放军指战员、武警官兵，向关心和支持上海发展的香港、澳门特别行政区同胞、台湾同胞、海外侨胞和国际友人，表示最诚挚的感谢！

我们也清醒地看到，前进道路上还面临不少困难挑战，政府工作仍存在许多不足。经济运行稳中有变、进中有缓、好中有忧，保持经济平稳健康发展需要付出更艰辛的努力。突破关键核心技术、推进科技成果产业化、培育经济新增长点、构建现代产业体系还要继续加快，城市经济密度和投入产出效

率有待继续提升。企业负担还须进一步减轻，营商环境有待进一步优化，政府“放管服”改革仍须持续推进。农村发展动力亟待增强，镇村规划编制亟须加快，乡村振兴战略需要加大推进力度。城乡养老、幼儿托育、旧区改造、小区治理、食品药品安全、安全生产等群众关切的事情仍须下大力气切实解决，超大城市精细化管理和社会治理仍需下大力气深化探索，水、大气、土壤污染防治仍须下大力气攻坚推进。我们要勇于直面问题、解决问题，准确把握城市发展规律，在抵御风险、战胜困难中实现上海发展的新跃升，以用心用情、实干实效回报人民群众的新期待。

二、2019 年主要任务

今年是新中国成立 70 周年，是全面建成小康社会关键之年。我们要以习近平新时代中国特色社会主义思想为指导，深入学习贯彻习近平总书记考察上海重要讲话精神，全面贯彻落实党的十九大和十九届二中、三中全会以及中央经济工作会议精神，认真落实十一届市委六次全会部署，树牢“四个意识”，坚定“四个自信”，坚决做到“两个维护”，统筹推进“五位一体”总体布局，协调推进“四个全面”战略布局，坚持稳中求进工作总基调，坚持新发展理念，坚持推动高质量发展，坚持以供给侧结构性改革为主线，坚持深化市场化改革、扩大高水平开放，全面用好我国发展的重要战略机遇期，加快落实习近平总书记交给的三项新的重大任务，加快建设现代化经济体系，加快提升城市能级和核心竞争力，进一步稳就业、稳金融、稳外贸、稳外资、稳投资、稳预期，保持经济持续健康发展和社会大局稳定，努力当好新时代全国改革开放排头兵、创新发展先行者，更好地为全国改革发展大局服务，以优异成绩庆祝中华人民共和国成立 70 周年。

综合各方面因素，建议今年全市经济社会发展的主要预期目标是：全市生产总值增长 6%~6.5%，地方一般公共预算收入增长 5%，全社会研发经费支出相当于全市生产总值的比例保持在 4% 左右，城镇调查失业率和登记失业率都稳定在 4.3% 左右，居民人均可支配收入增长与经济增长基本同步，居民消费价格指数与国家价格调控目标保持衔接，环保投入相当于全市生产总值的比例保持在 3% 左右，单位生产总值能耗、主要污染物排放量进一步下降。

今年要重点做好以下工作。

（一）推动改革开放向纵深发展。以落实三项新的重大任务为引领，继续解放思想，勇于挑最重的担子、啃最难啃的骨头，努力发挥好开路先锋、示范引领、突破攻坚的作用。

增设自贸试验区新片区，深入推进自贸试验区建设。对标国际上公认的竞争力最强的自由贸易区，实施具有较强国际市场竞争力的开放政策和制度，建设更具国际市场影响力和竞争力的特殊经济功能区。深化自贸试验区制度创新，加快建立与国际通行规则相衔接的制度体系，进一步拓展自由贸易账户、国际贸易“单一窗口”等功能，建设服务“一带一路”的市场要素配置枢纽。

推动在上海证券交易所设立科创板并试点注册制，深化重点领域改革攻坚。全力支持、全面配合设立科创板并试点注册制的方案制订和落地，培育优质上市资源，优化金融生态环境，进一步加强金融中心和科技创新中心联动发展。坚持以国资管理创新带动国企改革发展，推进国资国企综合改革试验，持续激发国资国企活力。深化落实“民营经济健康发展 27 条”，继续开放民间投资领域，用好规模100亿元的上市公司纾困基金，推动为优质中小民营企业提供信用贷款和担保贷款100亿元，将中小微企业政策性融资担保基金的规模逐步扩大到100亿元，帮助企业有效缓解准入难、融资难等问题。加强社会信用体系建设。深化商事制度改革，大力维护市场公平竞争。

全力实施长江三角洲区域一体化发展国家战略，合力推进长三角一体化发展示范区建设。

积极推动并认真落实长三角一体化发展规划纲要，发挥龙头带动作用。继续推进长三角基础设施、科技创新、产业协同、生态环境、市场体系等合作项目建设，健全区域养老服务、医疗卫生、人力资源、社会保障等公共服务合作机制。深入参与长江经济带建设，积极推动崇明长江经济带绿色发展示范，加快建设世界级生态岛。继续帮助扶贫协作和对口支援地区精准扶贫、精准脱贫。

精心办好第二届进口博览会，加快建设更高层次的开放型经济新体制。探索保税展示交易常态化模式，引进更多的国际资本、国际企业，进一步放大进口博览会的溢出带动效应。继续扩大与“一带一路”沿线地区的经贸往来。深化落实“扩大开放100条”，完善重大外资项目推进机制，促进跨国公司地区总部和研发中心加快集聚、提升功能。多措并举提升外贸抗风险能力，支持跨境电商等新业态更好发展。深化与港澳台地区的经贸合作。继续加强外事、侨务工作。

（二）推动经济高质量发展。按照“巩固、增强、提升、畅通”的要求，深化供给侧结构性改革，大力推进“五个中心”“四大品牌”建设，加快构建以现代服务业为主体、战略性新兴产业为引领、先进制造业为支撑的现代产业体系。

着力提升科技创新中心的集中度和显示度。

以全球视野、国际标准推进张江综合性国家科学中心建设，集聚更多的国际先进水平实验室、科研院所和研发机构，加快建立世界一流的大科学设施群，持续建设张江科学城。加强基础研究和应用基础研究，实施一批科技创新重大项目和国际大科学计划。深入推进大众创业、万众创新。推进高新技术企业培育工程，促进科技成果产业化。深化科技体制机制改革，扩大高校、科研院所在科研经费使用、创新成果权属分配等方面的自主权。高标准打造知识产权保护高地，加快建设国家知识产权国际运营试点平台。

加快提升国际金融、贸易、航运中心核心功能。积极配合国家金融管理部门，加快全球资产管理中心建设，引进一批总部型、功能性金融机构。坚持底线思维，强化金融风险防范的长效机制建设，打好防范化解重大风险攻坚战。深化全球新品首发地建设，推进离境退税政策的升级扩围，促进大宗商品期货和现货市场的联动发展。完善上海航运指数体系，积极发展航运金融、海事法律等高端航运服务业。充分把握消费需求是国内最终需求，多渠道扩大服务供给，提升产品质量，大力改善消费环境，促进消费升级。推动商旅文体融合创新，推进邮轮经济全产业链发展。

巩固提升实体经济能级。加快落实集成电路、人工智能、生物医药等产业政策，深入实施智能网联汽车等一批产业创新工程，推动中芯国际、和辉二期等重大产业项目加快量产，实现集成电路14纳米生产工艺量产，推进昊海生物、ABB机器人、盛美半导体等项目开工建设。支持企业加快技术改造和设备更新，实施改造示范项目200项。淘汰落后产能1000项。推进土地资源高质量利用，合理提高工业园区、城市副中心等区域容积率，低效建设用地减量15平方公里，强化土地全生命周期管理，加快提高城市经济密度和投入产出效率。

持续优化人才发展环境。高标准实施人才高峰工程，集聚更多世界级科学家、企业家和投资家。分类推进人才评价机制改革，探索符合市场导向和产业变革趋势的职称评价办法，建立高技能人才与专业技术人才的职业发展贯通制度，努力打造支撑高质量发展的高水平人才队伍。

全面贯彻落实军民融合发展战略纲要。建立军民融合综合协调、督导落实工作机制。建设军民一体化的交通、人防等设施体系，实施一批军民融合重大项目。加强国防动员和后备力量建设。完善退役军人服务保障体系。

（三）深化社会治理创新。坚持重心下移、力量下沉，像绣花一样精细管理城市，努力走出一条符合超大城市特点和规律的社会治理新路子。

持续加强基层基础建设。创新社区治理机制，强化分类施策、精准服务，完善社区工作者管理办法。支持工会、共青团、妇联等群团组织扎根基层、服务群众。充分发挥社会组织在社会治理中的积极作用。做好民族宗教工作。加强人口服务管理。深化完善信访工作制度。开展多种形式的普法宣传活动。推进智慧公安建设，加快提高社会治理智能化水平。

深入推进城市精细化管理三年行动计划。继续完善网格化管理，加强城市管理数据的整合应用。推进城市管理标准化建设，健全城市维护管理的常态长效机制。持续推进街镇“无违”创建。完成100公里架空线入地及合杆整治。加强住宅小区综合治理。深化道路交通违法行为综合整治，实施50个交通拥堵节点改造。

坚决守住城市安全底线。严格落实安全责任，强化轨道交通、越江隧道、建筑施工、危险化学品、特种设备、消防、人员密集场所等安全监管，持续开展空中坠物、广告招牌等安全隐患排查整治，完成10万户住宅的老旧燃气立管改造。完善食品药品安全治理体系，实施餐饮业质量安全提升工程。完善城市应急管理体系。

（四）持续用力保障和改善民生。坚持以人民为中心，把高质量发展更多体现在增进民生福祉上。

大力促进就业创业。深入实施鼓励创业带动就业行动，加强高校毕业生、失业青年等重点群体的就业创业服务，新增就业岗位50万个。培育和弘扬工匠精神，全面推进技能提升行动，深化职业教育校企合作、工学结合办学模式，推广企业新型学徒制。

加强养老服务和社会保障。大力发展社区嵌入式养老服务，强化医养结合，实现社区综合为老服务中心的街镇全覆盖，新增老年人日间服务中心80家、助餐场所200个、养老床位7000张，全面完成农村薄弱养老机构的改造提升。深化长期护理保险试点，统筹提高养老金、低保等保障标准。新增户外职工“爱心接力站”200个。

着力改善市民居住条件。完善房地产市场调控的常态长效机制，继续稳地价、稳房价、稳预期。加快租赁房建设，新建和转化租赁房源10万套，新增代理经租房源9万套，进一步规范住房租赁市场发展。新增供应各类保障房6万套。坚持留改拆并举，加大旧区改造力度，深化城市有机更新，加强历史风貌保护，完成50万平方米中心城区二级旧里以下房屋改造，实施300万平方米旧住房综合改造，修缮保护100万平方米里弄房屋。

大力推进教育现代化。落实立德树人根本任务，着力构建德智体美劳全面培养的教育体系。实施幼儿托育服务行动计划，加快建设普惠安全、托幼一体的托育服务体系，新增托育点50个，新建改建幼儿园30所。开设小学生爱心暑托班550个。深入实施公办初中强校工程，完善初中学生的学业水平考试和综合素质评价制度，进一步规范义务教育秩序。推动高校加快“双一流”建设，启动高水平应用型高校建设试点。积极发展终身教育和特殊教育。

加快建设健康上海。构建以家庭医生服务为重要支撑的社区健康服务体系，提升家庭医生“1+1+1”签约服务质量，推广居民健康账户，努力保障人民健康。完善公立医院治理机制，落实药品集中采购试点任务，推进医药卫生信息互联互认，严控医疗费用不合理增长，切实降低群众医药费负担。加快完善疾病预防控制体系。加强妇女、儿童、残疾人权益保障和公共服务。

（五）提高城市建设现代化水平。坚持高起点规划、高标准建设，着力优化城市基础设施体系和空间布局，为增强城市能级和核心竞争力提供有力支撑。

加强城市基础设施建设。启动建设机场联络线、轨道交通崇明线，加快建设10号线二期、14号线、15号线、18号线一期等128公里轨道交通线。推进北横通道、浦东国际机场三期、沪通铁路和沪苏湖铁路上海段等重大基础设施建设。实施“一江一河”沿岸建设规划，基本完成黄浦江45公里岸线的景观灯光提升改造，加快苏州河两岸公共空间贯通。

推进“3+5+X”等重点区域建设。继续支持临港、世博、虹桥三大功能区域提升能级。启动建设桃浦中以创新园，加快推动南大、吴淞、高桥、吴泾等整体转型区域布局新兴产业。继续建设松江G60科创走廊、嘉定智能网联汽车先行区、东方美谷、市西软件信息园、北外滩金融航运集聚区、市北高新园、长阳创谷、徐汇西岸智慧谷等产业新载体。强化产城融合，推进新城高品质建设。

加快智慧城市建设。打造智能化信息基础设施体系，大力推进5G网络、新型城域物联专网等建设。积极培育人工智能创新产品和服务，加强人工智能在教育、医疗卫生、养老、助残、交通、生态等领域的应用。加强关键设施网络安全防护，严格落实防护责任。

（六）扎实推进乡村振兴战略。坚持城市建设重心和公共服务资源配置向郊区倾斜，促进农村进步、农业升级、农民发展，努力让乡村成为现代化国际大都市的亮点和美丽上海的底色。

大力实施“美丽家园”工程，推进美丽乡村建设。加快镇村规划编制，有序推进农民相对集中居住。深入开展农村人居环境整治，加强乡村风貌保护和引导，完成8万户农村生活污水处理设施改造。实施农村公路提档升级行动。

大力实施“绿色田园”工程，实现农业提质增效。着力发展都市现代绿色农业，调整优化农业结构，增加优质绿色农产品生产，加快培育农产品知名品牌。强化农业科技创新和技术推广应用。积极构建现代农业经营体系，鼓励发展粮经型、蔬果型等多种类型的家庭农场，加快培育农业龙头企业。大力推进农村一、二、三产业融合发展，积极发展休闲农业和乡村旅游。

大力实施“幸福乐园”工程，促进农民持续增收。开展新一轮农村综合帮扶，建设一批具有长期稳定收益的“造血”项目，切实提高生活困难农户收入。培育新型职业农民，启动实施万名农民培训就业计划。深化镇级集体产权制度改革，发展壮大集体经济。稳妥推进农村土地制度改革。推进农民美好生活提升行动，加快培养新乡医，扩大城乡学校携手共进计划的覆盖面。

（七）加快建设国际文化大都市。坚持举旗帜、聚民心、育新人、兴文化、展形象，进一步用好红色文化、海派文化、江南文化资源，着力提升文化软实力和标识度。

提高市民文明素养和城市文明程度。积极培育和践行社会主义核心价值观，广泛开展城市精神和城市品格主题宣传教育。深化拓展群众性精神文明创建活动，促进志愿服务发展。保护利用革命文物，推进中国共产党第一次全国代表大会纪念馆建设。全面完成第二轮新编地方志书编纂任务。

扩大优质文化产品和服务供给。推进世博文化公园建设，开工建设大歌剧院、马术公园，建成程十发美术馆等文化设施。率先基本建成现代公共文化服务体系。促进文化旅游融合发展，深化落实“文创产业50条”“旅游发展30条”，推动影视、演艺、艺术品等产业集聚区提升能级，加快打造黄浦江游览等世界级旅游精品。

繁荣发展社会主义文艺。高质量办好第十二届中国艺术节。推进百部精品创作工程。实施紧缺文艺人才引育计划和青年文艺家培养计划，创新文化人才引进、培养、交流、激励等机制。

加快体育发展。建成市民体育公园一期，新建改建健身步道100条、市民球场60片、益智健身苑点300个。推动竞赛表演、健身休闲等产业创新发展，办好第十五届世界武术锦标赛等重大赛事。

（八）坚决打好污染防治攻坚战。坚持生态优先、绿色发展，以更大力度保护和改善生态环境，加快建设生态宜居城市。

深入推进第七轮环保三年行动计划。全面推进新一轮清洁空气行动计划，建设全国性碳排放交易系统，完成3600台燃油燃气锅炉低氮改造，强化重污染柴油货车综合整治，新投入使用的公交车全部采用新能源汽车，推动空气质量持续改善。全面开展劣V类水体综合治理，加快推进苏州河环境综合整治四期工程和吴淞江工程上海段建设，完成960个住宅小区的雨污混接改造和白龙港污水处理厂提标改造，全市劣V类水体比例下降到12%以内。加强近岸海域污染防治。继续推进土壤污染整治。全面开展生活垃圾全程分类，深入推进垃圾收运和再生资源回收“两网融合”，开工12个、建成10个垃圾资源化利用设施，加快形成全社会参与垃圾综合治理的良好局面。

加大绿色生态空间建设力度。新建林地7.5万亩。新建绿地1200公顷、城市绿道200公里、立体绿化40万平方米。推进合庆、庄行、漕泾等郊野公园建设。

各位代表，面对更趋复杂严峻的外部环境、更加艰巨繁重的改革发展任务，只要我们坚定不移推进改革开放再出发，全力以赴推动高质量发展，持之以恒创造高品质生活，就一定能够做出无愧于新时代的不凡业绩！

三、扎实提升政府治理能力现代化水平

做好今年工作，必须全面加强政府自身建设。我们要着眼于使市场在资源配置中起决定性作用和更好地发挥政府作用，深化以“一网通办”为重要标志的“放管服”改革，加快推进政府治理能力现代化，进一步激发微观主体活力，释放社会创造力。

（一）深刻转变政府职能

实现营商环境改革新突破。深入实施优化营商环境行动，在更大范围、更宽领域先行先试一批营商环境改革举措，在提升企业获得感和满意度上取得新进展。加大“证照分离”改革和复制推广力度，深化工程建设

项目审批改革，推进药品医疗器械审评审批制度改革，进一步简化企业注销程序，在减少审批事项、环节和时间上取得新进展。实施更大规模减税、更明显降费，加大企业研发费用加计扣除等政策实施力度，进一步降低社保费率，稳定社保缴费方式，在减轻企业负担上取得新进展。

完善事中事后监管体系。健全以“双随机、一公开”监管为基本手段、重点监管为补充、信用监管为基础的新型监管机制，推行分类监管，探索包容审慎监管，加强智能监管。加快建立现代财政制度。深化市区两级重点领域财政事权和支出责任划分改革。积极构建以中期财政规划为依据的年度预算编制新机制。强化重大政策、重大项目投资的绩效管理，加快构建全方位、全过程、全覆盖的预算绩效管理新体系，实现预算和绩效管理一体化。

（二）全力推进政务服务“一网通办”

加强数据整合共享。强化公共数据共享机制，简化共享数据的申请使用流程，推进跨层级、跨系统、跨业务数据的互联互通。所有政府部门信息系统迁移上云，实现全市公共数据资源集中统一管理。制定公共数据开放管理规定。完成第四次经济普查，基本建成经济社会发展综合数据平台。

建成全流程一体化在线服务平台。加快整合各部门政务服务资源。增强“12345”市民服务热线功能。推动政务服务线上线下集成融合，推行同一事项无差别受理、同标准办理，努力实现面向企业和市民的所有政务服务事项“进一网、能通办”。

推进业务流程革命性再造。以高效办成一件事为目标，系统重构部门内部操作流程、跨部门跨层级跨区域协同办事流程，加快电子证照和电子印章应用，着力减环节、减证明、减时间、减跑动次数，实现接入在线服务平台的行政审批事项办理时限减少一半、提交材料减少一半。

（三）加快法治政府建设

提高政府决策科学化、民主化、法治化水平。加强政府立法工作，全面清理制约市场主体公平竞争的规章和规范性文件。完善重大行政决策公众参与制度。

深化综合行政执法改革。推进市场监管、生态环境保护、文化市场、交通运输、农业等领域综合执法改革。全面推行行政执法全过程记录、行政处罚数据实时归集等制度，规范行政执法自由裁量权，促进严格规范公正文明执法。

进一步畅通监督渠道。依法接受市人大及其常委会的监督，主动接受市政协的民主监督，重视司法、舆论、社会监督。以重大建设项目批准和实施、公共资源配置、社会公益建设为重点扩大政务公开，实现项目预算公开全覆盖。加强审计工作，推进审计全覆盖。

（四）深化政府作风建设

弘扬严实作风。坚决贯彻新时代党的建设总要求，落实全面从严治党“四责协同”机制，严格遵守政治纪律、组织纪律、廉洁纪律、群众纪律、工作纪律和生活纪律。严格执行财经管理制度，坚持厉行节约，政府部门的一般性支出一律压减5%以上。大力整治各种隐形变异的“四风”问题，特别是形式主义、官僚主义问题，坚决纠正懒政怠政、不作为、落实不力等行为。建立健全激励机制和容错纠错机制，切实提振干事创业的精气神。

加强廉政建设。深化标本兼治，深入探索廉政建设与业务工作融合机制，进一步从源头上规范权力、遏制腐败。保持反腐高压态势不放松，以零容忍态度反对腐败。

严格管理公务员队伍。贯彻新修订的《中华人民共和国公务员法》，严格落实公务员岗位履职责任制，全面推行政务诚信建设。强化分级分类培训，增强公务员担当尽责、推动高质量发展的能力。每一位政府工作人员特别是各级领导干部，都要始终把群众观念根植于心，把群众的急难愁盼问题抓牢在手，切实办好群众身边的民生实事，努力让人民满意、为城市添彩。

各位代表，中央对上海寄予厚望，人民对我们充满期待。让我们更加紧密地团结在以习近平同志为核心的党中央周围，在中共上海市委的坚强领导下，保持战略定力，坚定发展信心，做到迎难而上，加快建设“五个中心”和具有世界影响力的社会主义现代化国际大都市，为实现中华民族伟大复兴的中国梦做出应有的贡献！

2018 年上海市国民经济和社会发展统计公报

2018 年，全市在以习近平同志为核心的党中央坚强领导下，以习近平新时代中国特色社会主义思想为指导，深入学习贯彻落实习近平总书记考察上海重要讲话精神，全面贯彻落实党的十九大和十九届二中、三中全会精神，坚决贯彻落实党中央、国务院和中共上海市委市政府的决策部署，按照当好新时代全国改革开放排头兵、创新发展先行者的要求，坚持稳中求进工作总基调，全面贯彻新发展理念，落实高质量发展要求，坚持以供给侧结构性改革为主线，开拓创新，克难奋进，坚决打好三大攻坚战，加快实施新一轮城市总体规划，加快提升城市能级和核心竞争力，全市经济社会发展总体平稳、稳中有进、稳中向好，经济发展的韧性、活力和包容性增强，呈现结构更优、效益更好、更趋协调、更可持续的高质量发展态势。

一、综合

初步核算，全年实现上海市生产总值（GDP）32679.87 亿元，比上年增长 6.6%（见图 1），继续处于合理区间。其中，第一产业增加值 104.37 亿元，下降 6.9%；第二产业增加值 9732.54 亿元，增长 1.8%；第三产业增加值 22842.96 亿元，增长 8.7%。第三产业增加值占上海市生产总值的比重为 69.9%，比上年提高 0.7 个百分点。按常住人口计算的上海市人均生产总值为 13.50 万元。

在上海市生产总值中，公有制经济增加值 15896.97 亿元，比上年增长 6.6%；非公有制经济增加值 16782.90 亿元，增长 6.5%。非公有制经济增加值占上海市生产总值的比

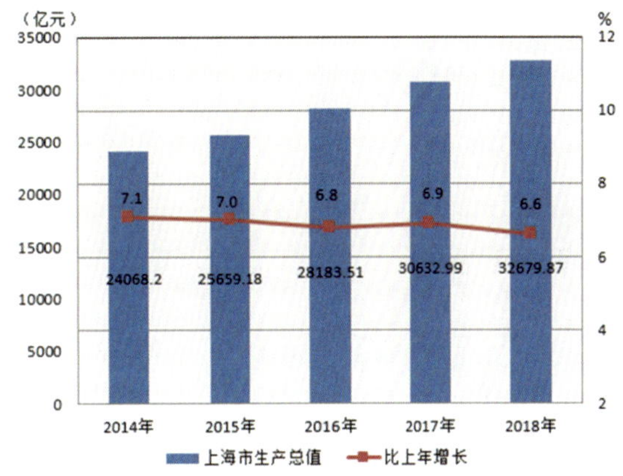

图 1　2014—2018 年上海市生产总值及其增长速度

重为 51.4%。

全年战略性新兴产业增加值 5461.91 亿元，比上年增长 8.2%。其中，工业增加值 2377.60 亿元，增长 4.2%；服务业增加值 3084.31 亿元，增长 11.3%（见表 1）。战略性新兴产业增加值占上海市生产总值的比重为 16.7%，比上年提高 0.3 个百分点。

表 1　2018 年战略性新兴产业增加值及其增长速度

指标	绝对值（亿元）	比上年增长（%）
战略性新兴产业增加值	5461.91	8.2
制造业	2377.60	4.2
服务业	3084.31	11.3

全年经工商登记新设立各类市场主体 39.99 万户，比上年增长 13.2%。其中，内资企业（不含私营企业）7985 户，增长 42.4%；外商投资企业 8742 户，增长 9.0%；私营企业 31.28 万户，增长 12.3%；个体工商户 6.99 万户，增长 15.2%。

全年地方一般公共预算收入 7108.15 亿元，比上年增长 7.0%；非税收入占全市一般

公共预算收入比重为11.6%。地方一般公共预算支出8351.54亿元，增长10.7%（见表2）。全年税务部门组织的税收收入完成13823.77亿元（不含关税及海关代征税），增长7.7%。

表2　2018年地方一般公共预算收支及其增长速度

指标	绝对值（亿元）	比上年增长（%）
地方一般公共预算收入	6642.26	7.0
增值税	2460.39	6.7
个人所得税	692.46	11.2
企业所得税	1402.30	8.3
契 税	271.55	4.9
地方一般公共预算支出	7547.62	10.7
一般公共服务支出	320.70	14.5
公共安全支出	356.12	15.7
教育支出	874.10	5.0
社会保障和就业支出	1061.03	-12.0
医疗卫生与计划生育支出	412.18	14.1
节能环保支出	224.66	3.9
城乡社区支出	1531.42	36.4

全年全社会固定资产投资总额比上年增长5.2%。其中，第二产业投资增长17.2%；非国有经济投资增长7.0%（见表3）。

表3　2018年全社会固定资产投资及其增长速度

指标	比上年增长（%）
全社会固定资产投资总额	5.2
按经济类型分	
国有经济	1.0
非国有经济	7.0
私营经济	26.7
股份制经济	7.2
外商及港澳台经济	-10.9
按产业分	
第一产业	209.1
第二产业	17.2
第三产业	3.2
按行业分	
工 业	17.7
交通运输、仓储和邮政业	9.6
金融业	12.6
教育	31.1

以上年价格为100，全年居民消费价格指数为101.6。其中计食品烟酒类价格指数为102.3，居住类价格指数为100.2，医疗保健类价格指数为102.4（见表4）；固定资产投资价格指数为105.6；工业生产者出厂价格指数为101.7，工业生产者购进价格指数为105.2。

以上年12月价格为100计，新建商品住宅销售价格指数为100.4，二手住宅价格指数为97.3；以上年价格为100，全年新建商品住宅销售价格指数为99.8，二手住宅销售价格指数为98.2。

表4　2018年居民消费价格指数

指标	指数（以上年价格为100）
居民消费价格指数	101.6
食品烟酒	102.3
衣 着	98.3
居 住	100.2
生活用品及服务	101.4
交通和通信	104.0
教育文化和娱乐	103.1
医疗保健	102.4
其他用品和服务	102.4

二、农 业

全年全市实现农业总产值282.48亿元，比上年下降4.4%。其中，种植业147.54亿元，下降2.1%；林业15.26亿元，下降3.6%；牧业46.34亿元，下降17.9%；渔业55.90亿元，下降4.5%；农林牧渔服务业17.44亿元，增长125.4%。

全年全市农作物播种面积28.53万公顷，比上年减少0.2%。其中，粮食播种面积12.99万公顷，减少2.5%。粮食产量103.74万吨，比上年增长4.0%；生牛奶产量33.44万吨，下降8.1%；水产品产量30.85万吨，增长4.4%（见表5）。

至年末，全市有1701家企业、6396个产品获得“三品一标”农产品认证。其中，无公害农产品证书使用企业1342家，产品5824个；绿色食品证书使用企业350家，产品536个；有机农产品生产企业9家，产品22个；农产品地理标志14个。

至年末，全市累计建成设施粮田面积8.65万公顷，市级蔬菜标准园177家，农业产业化龙头企业378家，具有一定经营能力的农民专业合作社2865家，经农业主管部门认定的家庭农场4434户。

表5 2018年主要农副产品产量

产品名称	单位	全市产量	比上年增长（%）
粮食	万吨	103.74	4.0
蔬菜	万吨	284.73	1.0
生猪出栏	万头	148.86	-21.5
生牛奶	万吨	33.44	-8.1
家禽出栏	万羽	983.95	-22.7
水产品	万吨	30.85	4.4

三、工业和建筑业

全年实现工业增加值8694.95亿元，比上年增长1.9%。全年完成工业总产值36451.84亿元，增长1.3%。其中，规模以上工业总产值34841.84亿元，增长1.4%。在规模以上工业总产值中，国有控股企业总产值13588.42亿元，增长1.1%。

全年节能环保、新一代信息技术、生物、高端装备、新能源、新能源汽车、新材料等工业战略性新兴产业完成工业总产值10659.91亿元，比上年增长3.8%，增速快于规模以上工业总产值2.4个百分点，占全市规模以上工业总产值比重达30.6%。

全年六个重点工业行业完成工业总产值23870.77亿元，比上年增长1.4%，占全市规模以上工业总产值的比重为68.5%(见表6)。

表6 2018年六个重点行业工业总产值及其增长速度

指标	绝对值（亿元）	比上年增长（%）
六个重点行业工业总产值	23870.77	1.4
电子信息产品制造业	6450.23	1.9
汽车制造业	6832.07	0.8
石油化工及精细化工制造业	4006.76	-1.5
精品钢材制造业	1233.42	-6.5
成套设备制造业	4171.70	4.8
生物医药制造业	1176.60	9.8

全年规模以上工业产品销售率为99.8%。全年燃料油产量195909吨，比上年增长50.8%；金属切削机床5990台，增长12.4%；智能手机产量4711.44万台，增长4.5%；3D打印设备产量578台，增长12.5%（见表7）。

表7 2018年主要工业产品产量及其增长速度

产品名称	单位	产量	比上年增长(%)
燃料油	吨	195909	50.8
钢材	万吨	1983.32	-3.5
合成橡胶	万吨	94959	30.2
金属切削机床	台	5990	12.4
汽车	万辆	297.76	2.2
运动型多用途乘用车(SUV)	万辆	82.77	8.5
3D打印设备	台	578	12.5
金属集装箱	万立方米	864.24	22.4
电力电缆	万千米	167.47	8.6
智能手机	万台	4711.44	4.5
集成电路圆片	万片	597	2.1
电站用汽车机	万千瓦	2538.69	20.1
智能电视	万台	137.66	12.7

全年规模以上工业企业实现利润总额3350.44亿元，比上年增长4.3%；实现税金总额1972.63亿元，下降5.4%。规模以上工业企业亏损面为20.4%。

全年实现建筑业总产值7072.21亿元，比上年增长10.0%；房屋建筑施工面积47577.35万平方米，增长15.5%；竣工面积7960.06万平方米，下降1.3%。

四、批发和零售业

全年实现批发和零售业增加值4581.49亿元，比上年增长3.3%。

全年实现商品销售总额11.95万亿元，

比上年增长5.6%。其中，批发销售额10.79万亿元，增长5.3%。

全年实现社会消费品零售总额12668.69亿元，比上年增长7.9%（见表8）。其中，无店铺零售额1925.99亿元，增长13.8%。网上商店零售额1506.70亿元，增长15.8%，占社会消费品零售总额的比重为11.9%。

表8　2018年社会消费品零售总额及其增长速度

指标	绝对值（亿元）	比上年增长（%）
社会消费品零售总额	12668.69	7.9
批发零售贸易业	11568.83	8.2
住宿餐饮业	1099.86	4.2
国有	126.55	3.6
私营	29.13	5.8
股份有限公司	49.96	-0.1
港澳台商投资	536.52	0.1
外商投资	3248.04	3.3
无店铺零售额	1925.99	13.8
网上商店零售额	1506.70	15.8

全年完成电子商务交易额28938.2亿元，比上年增长19.3%。其中，B2B交易额18552.6亿元，增长14.1%，占电子商务交易额的64.1%；网络购物交易额（含服务类交易）10385.6亿元，增长29.7%，占35.9%。

至年末，全市已开业城市商业综合体达256家。其中，商场商业建筑面积10万平方米以上的有63家。全年全市城市商业综合体实现营业额达1777.02亿元，比上年增长16.7%。

全年全市新集聚商业零售品牌首店835家，其中，国际品牌首店300余家，国际零售商集聚度升至全球城市第二位。境外旅客购物离境退税销售额占全国总量的75%。

五、交通、邮电和旅游

全年实现交通运输、仓储和邮政业增加值1533.36亿元，比上年增长10.4%。

全年各种运输方式完成货物运输量107386.82万吨，比上年增长10.4%。旅客发送量21496.62万人次，增长3.1%（见表9）。

表9　2018年货物运输量与旅客发送量及其增长速度

指标	单位	绝对值	比上年增长(%)
货物运输量	万吨	107386.82	10.4
铁路	万吨	468.38	-0.7
水运	万吨	66905.87	18.2
公路	万吨	39595.00	-0.4
航空	万吨	417.57	-1.3
旅客发送量	万人次	21496.62	3.1
铁路	万人次	12266.67	5.6
水运	万人次	158.01	-10.8
公路	万人次	3151.00	-7.8
航空	万人次	5920.94	4.9

全年上海港口货物吞吐量73047.94万吨，比上年下降2.7%；集装箱吞吐量4201.02万国际标准箱，增长4.4%。集装箱水水中转比例达46.8%，其中，国际中转比例为8.8%。上海浦东、虹桥两大国际机场全年共起降航班77.16万架次，比上年增长1.5%；进出港旅客11763.43万人次，增长5.1%。其中，国内航线进出港旅客7665.00万人次，增长3.7%；国际及地区航线进出港旅客4098.43万人次，增长8.0%。

全年上海港接待国际邮轮靠泊406艘次。其中，以上海为母港的邮轮378艘次。邮轮旅客吞吐量275.29万人次，比上年下降7.4%。邮轮母港旅客吞吐量占比97.7%。

年内轨道交通5号线和13号线延伸段实现开通运行。至年末，全市轨道交通运营线路长度达到704.91公里，运营车站415个。至年末，公交运营车辆1.75万辆，运营线路1543条，线网长度8813.80公里；运营出租车4.13万辆。全年市内公共交通客运量58.56亿人次，日均1605万人次，比上年增长1.2%。其中，轨道交通客运量37.10亿人次，增长4.9%；公共汽电车客运量20.65亿人次，下降4.4%。

至年末，全市拥有各类民用汽车393.42

万辆，比上年增长 9.0%。其中，私人汽车 302.17 万辆，增长 10.1%。

全年完成邮政业务总量 820.62 亿元，比上年增长 15.3%；电信业务总量 1432.00 亿元，增长 1.1 倍。邮政业全年完成邮政函件业务 5.74 亿件、包裹业务 221.4 万件、快递业务 34.86 亿件；快递业务收入 1020.28 亿元。

全年实现旅游产业增加值 2078.64 亿元，比上年增长 8.1%。

至年末，全市星级宾馆 206 家，旅行社 1639 家，A 级旅游景区（点）113 个，红色旅游基地 34 个（见表 10）。

表 10　2018 年旅游设施情况

指标	单位	绝对值
星级宾馆	家	206
五星级	家	72
四星级	家	65
旅行社	家	1639
经营出境旅游业务的旅行社	家	292
A级旅游景区（点）	个	113
5A级景区（点）	个	3
4A级景区（点）	个	59
红色旅游基地	个	34
全国红色旅游基地	个	12
旅游咨询服务中心	个	60
旅游集散中心站点	个	6

全年接待国际旅游入境者 893.71 万人次，比上年增长 2.4%（见图 2）。其中，入境外国人 685.9 万人次，增长 2.2%；港、澳、台同胞 207.81 万人次，增长 3.0%。在国际旅游入境者中，过夜旅游者 742.04 万人次，增长 3.2%。全年接待国内旅游者 33976.87 万人次，增长 6.7%。其中，外省市来沪旅游者 16209.12 万人次，增长 4.4%。全年入境旅游外汇收入 73.71 亿美元，增长 8.2%；国内旅游收入 4477.15 亿元，增长 11.2%。

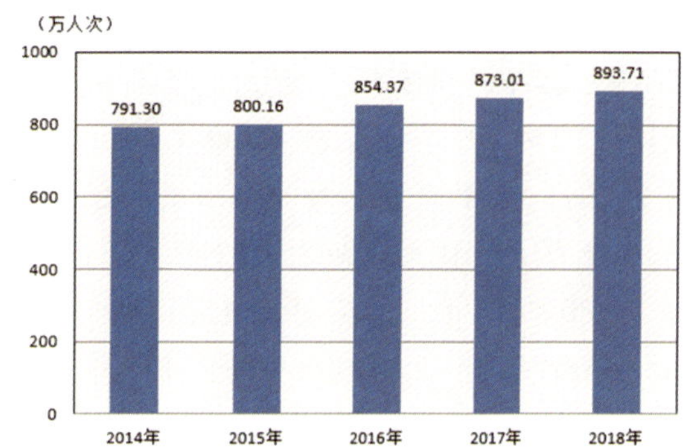

图 2　2014—2018 年国际旅游入境人数

六、金融和保险

全年实现金融业增加值 5781.63 亿元，比上年增长 5.7%。

金融业深化改革创新，实现平稳发展。上海国际金融中心建设步伐加快，上海金融法院获批成立，原油期货成功上市，中国人寿上海总部、建信金融科技等总部型功能性机构落户，人民币跨境使用范围进一步拓展。

至年末，全市中外资金融机构本外币各项存款余额 121112.33 亿元，比年初增加 8654.40 亿元；贷款余额 73272.35 亿元，比年初增加 5736.67 亿元（见表 11）。

表 11　2018 年中外资金融机构本外币存贷款情况

指标	绝对值（亿元）	比年初增减额（亿元）
各项存款余额	121112.33	8654.40
住户存款	28569.24	2803.68
非金融企业存款	53643.49	4291.70
广义政府存款	15880.38	769.41
非银行业金融机构存款	17096.22	-104.75
各项贷款余额	73272.35	5736.67
住户贷款	22274.95	2545.75
非金融企业及机关团体贷款	46673.17	3016.37
非银行业金融机构贷款	342.84	56.14
人民币个人消费贷款	19962.69	1803.43
#住房贷款	13314.01	593.12
汽车消费贷款	4139.05	505.71

全年金融市场交易总额达到 1645.78 万亿元，比上年增长 15.2%。上海证券交

易所总成交额264.62万亿元，比上年下降13.6%。其中，债券成交额216.95万亿元，下降12.3%；股票成交额40.32万亿元，下降21.1%。全年通过上海证券市场股票筹资6113.96亿元，比上年减少19.3%；发行公司债17780.87亿元，增长19.0%。至年末，上海证券市场上市证券14069只，比上年末增加1850只。其中，股票1494只，增加54只。

全年上海期货交易所总成交金额81.54万亿元，比上年下降9.3%。中国金融期货交易所总成交金额26.12万亿元，增长6.2%。银行间市场总成交金额1262.83万亿元，比上年增长26.6%。上海黄金交易所总成交金额10.66万亿元，增长9.2%。

全年保险公司原保险保费收入1405.79亿元，比上年下降11.4%。其中，财产险公司原保险保费收入582.10亿元，增长20.6%；人身险公司原保险保费收入823.69亿元，下降25.4%。全年保险赔付支出581.56亿元，增长5.9%。其中，财产险赔款支出271.62亿元，增长16.2%；寿险给付207.93亿元，下降12.3%；健康险赔款给付82.20亿元，增长30.8%；意外险赔款支出19.81亿元，增长30.5%。

七、对外经济

全年上海口岸货物进出口总额85317.0亿元，比上年增长7.7%。其中，进口36403.1亿元，增长8.8%；出口48913.9亿元，增长6.9%。全年上海关区货物进出口总额64064.29亿元，比上年增长7.3%。其中，进口26965.19亿元，增长9.2%；出口37099.10亿元，增长6.0%。

全年上海市货物进出口总额34009.93亿元，比上年增长5.5%。其中，进口20343.08亿元，增长6.4%；出口13666.85亿元，增长4.2%（见表12）。高新技术产品出口占全市比重为42.0%。按市场分，对欧盟进口4635.49亿元，增长3.3%；出口2432.99亿元，增长4.5%。对美国进口1935.18亿元，下降6.6%；出口3134.44亿元，下降0.4%。对东盟进口2525.88亿元，下降4.4%；出口1696.06亿元，增长6.3%。对日本进口2377.44亿元，增长6.8%；出口1417.74亿元，增长8.3%（见表13）。与“一带一路”沿线国家和重要节点城市建立经贸合作伙伴关系，货物贸易额占全市比重达到20.6%。

表12　2018年上海市货物进出口总额及其增长速度

指标	绝对值（亿元）	比年初增减额（亿元）
上海市货物进出口总额	34009.93	5.5
上海市货物进口总额	20343.08	6.4
国有企业	3594.03	17.4
外商投资企业	13070.95	2.7
私营企业	3527.52	9.6
一般贸易	11308.7	7.1
加工贸易	2261.97	5.5
#机电产品	9539.76	2.9
高新技术产品	5820.95	1.9
上海市货物出口总额	13666.85	4.2
国有企业	1532.84	−1.0
外商投资企业	8870.67	1.3
私营企业	3156.5	16.2
一般贸易	6336.06	9.7
加工贸易	5241.73	−2.2
机电产品	9481.19	2.1
高新技术产品	5742.22	0.8

表13　2018年上海对主要国家和地区货物进出口总额及其增长速度

国家和地区	出口额（亿元）	比上年增长(%)	进口额（亿元）	比上年增长(%)
美 国	3134.44	−0.4	1935.18	−6.6
欧 盟	2432.99	4.5	4635.49	3.3
东 盟	1696.06	6.3	2525.88	−4.4
日 本	1417.74	8.3	2377.44	6.8
中国香港	1321.17	8.5	112.78	319.4
韩 国	453.78	5.6	1309.38	4.0
中国台湾	509.90	8.8	1289.39	6.4
俄罗斯	187.43	15.5	151.71	10.8
“一带一路”沿线国家	3144.90	6.7	3818.40	5.5

全年新设外商直接投资项目5597项，比上年增长41.7%；合同金额469.37亿美元，增长16.8%。全年外商直接投资实际到位金额173亿美元，增长1.7%。全年制造业外商直接投资实际到位金额17.84亿美元，增长1.2倍，占全市实际利用外资比重为10.3%；第三产业外商直接投资实际到位金额154.55亿美元，下降4.3%，占比为89.3%。“一带一路”沿线国家在沪投资合同金额占全市比重达10.9%。至年末，在上海投资的国家和地区达182个，在上海落户的跨国公司地区总部累计达670家。其中，亚太区总部88家；投资性公司360家；外资研发中心441家。年内新增跨国公司地区总部45家。其中，亚太区总部18家；投资性公司15家；外资研发中心15家。

全年备案和核准对外直接投资项目792项，比上年增长30.3%；对外直接投资中方投资额168.7亿美元，增长57.0%。签订对外承包工程合同金额119亿美元，增长9.6%；实际完成营业额75.4亿美元，下降24.1%；派出人员8764人次，下降37.0%。对外劳务合作派出人员9808人次，下降48.2%。

全年举办各类展览会项目1032个，总展出面积1879.55万平方米，比上年增长6.2%。其中，国际展览会项目300个，展出面积1415.30万平方米，增长6.5%；国内展览会项目732个，展出面积464.25万平方米，增长5.3%。

成功举办首届中国国际进口博览会。共有172个国家、地区和国际组织参会，3617家境外企业参展，展览总面积达30万平方米。按一年计累计意向成交578.3亿美元。

八、中国（上海）自由贸易试验区建设

中国（上海）自由贸易试验区建设五年来，先后推进实施了1.0版、2.0版、3.0版等三个总体方案，按照“三区一堡”的目标要求，大力推动投资、贸易、金融和事中事后监管等领域的制度创新，着力营造法治化、国际化、便利化的营商环境，以改革促发展、促转型，区域经济发展总量规模稳步提升，区域经济转型发展步伐不断加快。

投资环境逐步优化。市场准入管理新体制初步建立。外商投资负面清单管理制度经过多轮修订完善，负面清单由190条缩减到45条，90%左右的国民经济行业对外资实现了准入前国民待遇，并且负面清单管理模式已向全国其他自贸试验区和近400个国家级开发区复制推广。服务“一带一路”的桥头堡作用逐步发挥。目前，浦东新区企业在新加坡、捷克等30个“一带一路”沿线国家投资近200个项目，中方投资额达46.8亿美元。

贸易服务体系不断完善。目前，上海自贸区保税片区进出境时间较全关水平缩短78.5%和31.7%，物流成本平均降低10%，进出口通关无纸化率达95.6%。建成上海“国际贸易”单一窗口3.0版，覆盖23个口岸和贸易监管部门，口岸货物申报和船舶申报100%通过单一窗口办理，服务企业超过27万家，企业申报数据项在船舶申报环节缩减65%，在货物申报环节缩减24%，累计为企业节省成本超过20亿元。

金融市场体系日益完备。自由贸易账户功能不断拓展，实现本外币一体化管理，成为境外融资、结售汇便利化等许多重要金融改革的基础。截至12月底，累计开立FT账户13.6万个，全年跨境人民币结算总额25518.88亿元，比上年增长83.9%，占全市35.3%；跨境双向人民币资金池收支总额4826亿元，增长1.8倍。

政务服务更加高效透明。商事登记制度改革持续深化，率先开展企业名称登记改革，推出可选用名称库，推进企业名称全程电子化，80%企业名称通过网络申报，企业名称核准时间提速40%。“六个双”政府综合监

管机制不断完善，已实现全区所有 21 个监管部门和所有 108 个行业领域的全覆盖。

表 14　2018 年中国（上海）自由贸易试验区主要经济指标及其增长速度

指标	单位	绝对值	比上年增长(%)
税收总额	亿元	2680.20	12.1
一般公共预算收入	亿元	648.16	12.0
外商直接投资实际到位金额	亿美元	67.70	-3.5
全社会固定资产投资总额	亿元	638.07	-6.2
规模以上工业总产值	亿元	4965.00	-0.7
社会消费品零售额	亿元	1515.67	1.4
商品销售总额	亿元	40874.86	7.2
服务业营业收入	亿元	5723.97	11.8
外贸进出口总额	亿元	14600.00	4.1
出口额	亿元	4542.50	8.3
期末监管类金融机构数	个	887	4.5

九、城市基础设施和房地产

全年城市基础设施建设投资比上年增长 9.3%。其中，公用事业投资增长 51.8%；交通运输投资增长 12.3%；电力建设投资增长 11.6%（见表 15）。

表 15　2018 年城市基础设施投资及其增长速度

指标	比上年增长(%)
城市基础设施投资	9.3
电力建设	11.6
交通运输	12.3
邮电通信	-2.0
公用事业	51.8
市政建设	-3.5

至年末，全市公交专用道路达到 363.70 公里。完成黄浦江两岸 20 公里岸线、4 座跨江大桥景观灯光提升改造。完成 116 公里架空线入地及合杆整治，拆除有安全隐患、违法违规的广告招牌 3.9 万块。

全市自来水供水能力为 1250 万立方米/日，比上年增加 66 万立方米/日。全年供水总量为 30.55 亿立方米，下降 1.5%；售水总量为 24.35 亿立方米，下降 0.7%。其中，工业用水量、生活用水量分别为 4.33 亿立方米、20.02 亿立方米，分别比上年下降 4.3% 和增长 0.1%。全年全市用电量 1566.66 亿千瓦时，增长 2.6%（见表 16）。至年末，全市家庭液化气用户 240 万户，比上年下降 14.7%；家庭天然气用户 699.6 万户，增长 3.6%。

表 16　2018 年公用事业主要指标及其增长速度

指标	单位	绝对值	比上年增长(%)
自来水日供水能力	万立方米	1250	5.6
自来水供水总量	亿立方米	30.55	-1.5
自来水售水总量	亿立方米	24.35	-0.7
工业用水	亿立方米	4.33	-4.3
用电量	亿千瓦时	1566.66	2.6
城乡居民生活用电	亿千瓦时	243.55	6.5
液化气销售总量	万 吨	30	-13.8
天然气销售总量	亿立方米	85	10.1

全年完成房地产开发投资额比上年增长 4.6%。其中，住宅投资增长 3.4%；办公楼投资增长 7.9%；商业营业用房投资下降 8.9%。商品房施工面积 14672.37 万平方米，下降 4.5%；竣工面积 3115.76 万平方米，下降 8.0%。商品房销售面积 1767.01 万平方米，增长 4.5%。其中，住宅销售面积 1333.29 万平方米，下降 0.6%。全年商品房销售额 4751.5 亿元，增长 18.0%。其中，住宅销售额 3864.03 亿元，增长 15.8%。全年存量房买卖登记面积 1547.11 万平方米，下降 1.1%。

加大租赁房建设力度，新建和转化租赁房源 21.2 万套，新增代理经租房源 14.60 万套。全年新增供应各类保障房 8 万套。完成中心城区二级旧里以下房屋改造 42.7 万平方米、受益居民 2.2 万户；完成 1046 万平方米旧住房综合改造、受益居民 17 万户；完成 110 万平方米里弄房屋修缮保护。

十、城市信息化

全年实现信息产业增加值3508.30亿元，

比上年增长13.7%。其中，信息服务业增加值2387.87亿元，增长18.5%。

加快部署新型城域物联专网，至年末，神经元感知节点数量超过35万。全市千兆光纤用户覆盖总量达900万户，比上年末增加495万户。家庭光纤用户数达644万户，比上年末增加65万户。家庭宽带用户平均接入带宽达139M，固定宽带用户感知速率达31.86Mbps，移动通信用户感知速率达25.63Mbps。至年末，第四代移动通信网络（4G）用户数达3252万户，比上年末增加863万户。年内完成5G百站规模试验网建设，组建上海5G创新发展联盟。开展i-Shanghai服务优化升级，按新标准新增600处场所，累计开通2600处。至年末，城域网出口带宽16092GB，比上年末增加4780GB；互联网国际出口带宽3565GB，比上年末增加1548GB。IPTV用户数达397万户，比上年末增加80万户。

健全市公用信用信息服务平台"1+6+N"总体架构，启动二期项目建设，完善信用联合奖惩子系统、政务诚信子平台，输出公共信用产品，加大公共信用信息向社会开放力度。至年末，市信用平台累计对外提供查询5473万次。其中，法人信用信息被查询2310万次；自然人信用信息被查询3163万次。96家单位确认向市信用平台提供39796项信息事项。其中，涉及法人信息事项24798项，涉及自然人信息事项14998项。平台可查询数据3.2亿条。其中，法人数据1130万条；自然人数据3.09亿条。

至年末，市信用平台已建24个子平台，除市信用平台服务大厅外，已设立19家服务窗口。

十一、教育和科学技术

至2018学年末，全市共有普通高等学校64所，普通中等学校913所，普通小学721所，特殊教育学校30所。普通高等学校在校生数有所增加，毕业生数有所减少，中等专业学校的在校生和毕业生数均有所减少（见表17）。全市共有49家机构培养研究生，全年招收全日制研究生5.27万人，在校全日制研究生15.85万人，毕业全日制研究生4.31万人。九年义务教育入学率保持在99.9%以上，高中阶段新生入学率达99.4%。

至2018学年末，全市共有民办普通高校19所，在校学生11.03万人；民办普通中学131所，在校学生8.37万人；民办小学111所，在校学生10.66万人。全市共有成人中高等学历教育学校26所，成人职业技术培训机构631所，老年教育机构290所。全市共有校外教育机构23所。其中，青少年活动中心（含少年宫）19所，少年科技站3所，少年之家1所。

表17　2018学年各级各类学校学生情况及其增长速度

类别	在校学生数(万人)	比上学年增长(%)	毕业学生数(万人)	比上学年增长(%)
普通高等学校	51.78	0.6	13.25	-1.3
普通中等学校	67.93	2.7	16.56	-3.7
普通中学	59.07	3.5	13.62	-3.5
高中	15.82	-0.4	5.19	1.2
初中	43.25	5.1	8.43	-6.2
中等专业学校	5.98	-5.2	2.07	-3.3
职业学校	1.99	0.5	0.61	-12.9
技工学校	0.89	9.9	0.26	0.24
普通小学	80.02	1.9	15.03	5.0
特殊教育学校	0.44	2.3	0.07	-12.5

全年用于研究与试验发展（R&D）经费支出相当于上海市生产总值的比例为4.00%左右（见图3）。

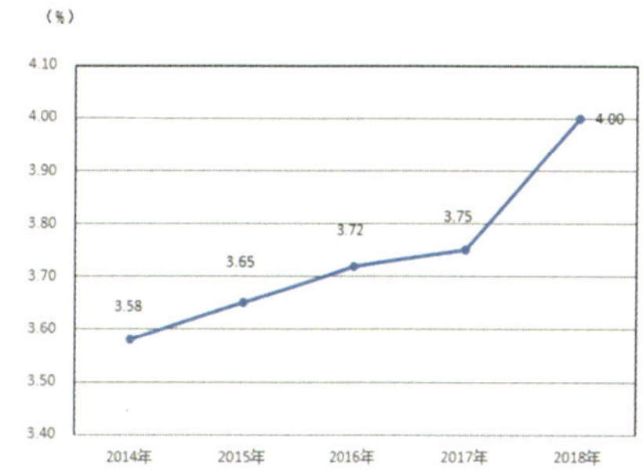

图3　2013—2017年R&D经费支出及其相当于上海市生产总值的比例

全市科技小巨人和科技小巨人培育企业共1798家，技术先进型服务企业305家（含2018年向国家备案认定技术先进型服务企业12家）。年内共认定高新技术企业3653家，全市2016—2018年有效期内高新技术企业总数达到9206家，净增长1564家。全年共落实高新技术企业减免所得税额160.97亿元，享受企业数3310家。落实技术先进型企业减免所得税额5.12亿元，享受企业数174家。全年共认定高新技术成果转化项目656项，比上年增长33.1%，认定数量创5年新高。其中，电子信息、生物医药、新材料等重点领域项目占86.3%。至年末，共认定高新技术成果转化项目12118项。

全年专利申请量150233件，比上年增长14.0%。其中，发明专利申请62755件，增长14.9%；实用新型专利申请69564件，增长14.2%；外观设计专利申请17914件，增长10.7%。全年专利授权量92460件，比上年增长27.0%。其中，发明专利授权量21331件，增长3.1%；实用新型专利授权量55581件，增长39.2%；外观设计专利授权量15548件，增长27.6%。全年PCT国际专利申请量2500件，比上年增长19.1%。至年末，全市有效发明专利达114966件，比上年末增长14.5%，有效发明专利五年以上维持率为78.6%；每万人口发明专利拥有量达47.5件，比上年增长14.5%。全年经认定登记的各类技术交易合同21630件，比上年增长0.3%；合同金额1303.20亿元，增长50.2%。

十二、文化、卫生和体育

年内成功举办第三十五届“上海之春”国际音乐节、第二十届中国上海国际艺术节、第三届上海艾萨克·斯特恩国际小提琴比赛、上海国际电影电视节、第六届市民文化节等重大文化活动。全年市民参与文化活动3255万人次。继续实施新一轮公共文化从业人员“三年万人培训”项目，年内参训1万余人次。历史博物馆、国际乒联博物馆、中国证券博物馆、广富林文化遗址公园、海昌海洋公园等建成开放。至年末，全市有市、区级文化馆，群众艺术馆25个，艺术表演团体329个，市、区级公共图书馆23个，档案馆49个，博物馆131个。全市共有公共广播节目22套，公共电视节目25套。至年末，全市共有有线电视用户804万户，有线数字电视用户736万户。全年生产电视剧51部，共2190集；动画电视8388分钟。全年共出版报纸8.17亿份、各类期刊0.85亿册、图书4.80亿册；摄制完成86部影片。

至年末，全市共有医疗卫生机构5298所，卫生技术人员20.65万人（见表18）。全年全市医疗机构共完成诊疗2.76亿人次；上海地区婴儿死亡率3.52‰；孕产妇死亡率1.15/10万，其中，户籍人口孕产妇死亡率1.10/10万；全市常住人口出生性别比为107。

表18　2018年卫生机构基本情况

指标	单位	绝对值
卫生机构数	所	5298
医院	所	364
门诊部	所	917
社区卫生服务中心	所	246
疾病预防控制中心	所	19
卫生监督所	所	17
卫生技术人员数	万人	20.65
执业（助理）医生	万人	7.49
医院执业（助理）医生	万人	4.71
注册护士	万人	9.35

注：卫生机构数中含医疗卫生机构的分支机构。

继续推进家庭医生“1+1+1”签约服务，至年末，签约居民666.30万人，常住居民签约率为30%。其中，60岁以上老年人签约373.59万人，重点人群签约377.03万人。签约医疗机构组合内就诊率70.58%，签约社区就诊率46.51%。

全年向7.25万计划生育特殊对象发放

特别扶助金5.66亿元，27.68万人领取了农村计划生育家庭奖励扶助金4.3亿元。21.83万人领取了年老退休时一次性计划生育奖励费，共计11.19亿元。继续推进“60岁以上老人接种肺炎疫苗”项目，累计接种142万余剂次。持续推进第三轮社区大肠癌筛查工作，截至年底，完成初筛571638人，初筛阳性121417例，初筛阳性率为21.2%。

持续推进儿科医疗联合体建设，年内新增62家签约医疗机构。至年末，全市提供儿科诊疗服务的医疗机构增加到234家。儿科联合体五家牵头医院普通儿内科门诊量比2017年下降。加快28家综合医院儿科示范门急诊建设。全年累计抢救危重孕产妇657例、危重新生儿4352例，抢救成功率分别为99.7%和87.4%。

年内新增社区综合为老服务中心80家、老年人日间服务中心81家、养老床位7103张，完成1194张失智老人照护床位、44家农村薄弱养老机构改造。继续推进“新建医疗急救分站”市政府实事项目，新建“7个医疗急救分站”，全市急救分站合计164个，平均服务半径缩短为3.5公里，急救平均反应时间缩短至14分钟。在全国率先开通“962120”热线，开展非急救转运业务，试运营以来共服务近5万人次。全年招录全科住院医师规范化培训400人（含中医全科48人），为历年之最；通过住院医师规范化培训合格的全科医生249人（含中医全科55人），其中231人到本市基层就业。

年内成功举办国际国内重大赛事175次。成功举办F1中国大奖赛、ATP1000网球大师赛、环球马术冠军赛、上海国际马拉松赛等品牌赛事。上海城市业余联赛共开展赛事活动6186个，参与市民近250万人次。成功举办上海市第十六届运动会，共有约220万人次参与。共有76名上海体育健儿在雅加达亚运会上共获得19人次金牌。年内全市共新建89条市民健身步道，新建改建72片市民球场、342个市民益智健身苑点。

十三、人口和就业

至年末，全市常住人口总数为2423.78万人。其中，户籍常住人口1447.57万人，外来常住人口976.21万人。全年常住人口出生17.4万人，出生率为7.2‰；死亡13万人，死亡率为5.4‰；常住人口自然增长率为1.8‰。全年户籍常住人口出生9.6万人，出生率为6.6‰；死亡12.2万人，死亡率为8.4‰；户籍常住人口自然增长率为-1.8‰。

全市户籍人口平均期望寿命达到83.63岁。其中，男性81.25岁，女性86.08岁。

全年新增就业岗位58.17万个（其中战略性新兴产业19.37万个）（见图4）。全年新安置就业困难人员49280人，新消除零就业家庭372户。全年帮扶引领成功创业11583人，其中，青年大学生7029人；帮助8777名长期失业青年实现就业创业。全年共完成职业培训105.83万人。其中，农民工职业培训46.26万人。高技能人才占技能劳动者比例达到33.03%。至年末，全市城镇登记失业人员19.41万人，城镇登记失业率为3.57%。

图4　2014—2018年新增就业岗位情况

十四、人民生活和社会保障

据抽样调查，全年全市居民人均可支配收入64183元，比上年增长8.8%，扣除价格因素，实际增长7.1%。其中，城镇常住居民人均可支配收入68034元，增长8.7%，扣除价格因素，实际增长7.0%；农村常住居民人均可支配收入30375元，增长9.2%，扣除价格因素，实际增长7.5%。全市居民人均消费支出43351元，比上年增长8.9%。其中，城镇常住居民人均消费支出46015元，增长8.8%；农村常住居民人均消费支出19965元，增长10.4%。

至年末，全市共有1573.37万人（包括离退休人员）参加城镇职工基本养老保险，有78.70万人参加城乡居民基本养老保险。最低生活保障标准从上年的每人每月970元提高到1070元，增长10.3%。月最低工资标准从2300元提高到2420元，小时最低工资标准从20元提高到21元。

至年末，全市共有1524.82万人（包括离退休人员）参加职工基本医疗保险，有342.76万人参加城乡居民基本医疗保险。

至年末，全市民政部门共有各类提供住宿的收养性社会服务机构830个，床位15.08万张。其中，养老机构712家，床位14.41万张。在全市养老机构中，由社会投资开办的352家，床位6.31万张。全市建有社区老年人日间服务中心641家，社区老年人助餐服务点815家。

全年各级政府支出城镇居民最低生活保障金18.23亿元，农村居民最低生活保障金3.04亿元，特困供养金0.66亿元，粮油帮困0.83亿元，医疗救助金4.58亿元。

十五、环境保护

全年全社会用于环境保护的资金投入989.19亿元，相当于上海市生产总值的比例为3%左右。

全年环境空气质量（AQI）优良率为81.1%，比上年上升5.8个百分点。二氧化硫年日均值10微克/立方米，比上年下降16.7%；可吸入颗粒物（PM10）年日均值51微克/立方米，下降7.3%；细颗粒物（PM2.5）年日均值36微克/立方米，下降7.7%；二氧化氮年日均值42微克/立方米，下降4.5%；一氧化碳年日均值0.67毫克/立方米，下降11.8%；臭氧日最大8小时滑动平均值达标率90.1%，上升4.6个百分点。

至年末，城市污水处理厂日处理能力达817.7万立方米，比上年末下降1.0%，城镇污水处理率达到94.7%。全市生活垃圾末端处理能力达28650吨/日，其中，焚烧13300吨/日。全年清运生活垃圾984.31万吨，生活垃圾无害化处理率达100%。大力推进生活垃圾全程分类，建成再生资源回收点3374个，开工建设15个垃圾资源化利用设施。

全年完成新建绿地1307公顷，新建林地7.55万亩，新建城市绿道224公里，新建立体绿化40万平方米，启动建设市级重点生态廊道17条（片）。全市森林覆盖率达16.9%。至年末，人均公园绿地面积达到8.2平方米，湿地保有量46.46万公顷。继续推进崇明世界级生态岛建设，成功申办第十届中国花卉博览会。

十六、生产安全和食品药品安全

全年共发生生产安全事故503起，死亡485人，分别比上年上升12.3%和11.2%。其中，工矿商贸事故250起，死亡220人，分别上升23.8%和14.6%；生产经营性道路交通事故224起，死亡219人，分别与上年持平和上升1.0%；生产经营性火灾事故13起，死亡10人，分别上升85.7%和25.0%；水上交通事故10起，死亡34人，分别下降9.1%和上升161.5%；铁路事故2起，死亡1人；农业机械事故1起（无死亡）；渔业船舶事故3起，死亡1人。全年亿元生产总值生产安全事故死亡人数为0.014人，工矿商贸企业从业人员10万人死亡率为1.653/10万，道路交通事故万车死亡率为1.5人/万车。

全市食品安全风险监测总体合格率为97.8%，同比提高0.3个百分点。全年共报告发生10人以上集体性食物中毒2起，中毒人数43人（无死亡），中毒发生率为0.18例/10万人。全年共立案查处食品药品安全违法案件8292件，罚没金额逾1.91亿元；移送食品药品涉嫌犯罪案件127起，侦破食品药品犯罪案件310起，抓获犯罪嫌疑人603人。促进食品安全社会共治，受理并办理市民食品安全投诉、举报、咨询信息12.28万件。

上海市统计局
国家统计局上海调查总队
2019年3月1日

说明：

1. 本公报数据为初步统计数。

2. 上海市生产总值、各产业增加值和总产值绝对数按当年价格计算，增长速度按可比价格计算。2018年上海市生产总值数据执行国家统计局2012年制定的《三次产业划分规定》。

3. 公有制经济增加值按国有经济、集体经济以及国有或集体控股的混合所有制经济口径计算。

4. 战略性新兴产业包含工业战略性新兴产业和服务业战略性新兴产业两个部分，是本市根据国家制定的战略性新兴产品目录进行的行业划分。其中，工业战略性新兴产业增加值和总产值均为规模以上口径。

5. 城市商业综合体是指以区域为中心、以购物中心为主导，融合了商业零售、餐饮、休闲养生、娱乐、文化、教育等多项城市主要功能活动，面向各类消费人群，提供综合性服务的大型建筑综合体。城市商业综合体（购物中心）需同时满足以下条件：（1）由企业有计划地管理运营，有统一的名称，如××中心、××广场、××城等；（2）涵盖超市、百货店、专业店、专卖店等商品零售业态，以及餐饮、文化、娱乐、健身、游艺、培训等两项及以上主要服务业态；（3）营业面积一般不少于1万平方米、独立开展经营活动的商户一般不少于50个。

6. 电信业务总量按2015年不变价格计算。

7. 旅游产业和信息产业的增加值是依据若干行业的有关资料进行跨行业核算的，不能将其与上海市生产总值中其他行业的增加值进行简单加总，否则会造成重复计算。

8. 银行间市场成交额包括银行间本币市场和外汇市场成交额。自2017年起，各市场成交额按单边计算（2016年公报中上海黄金交易所成交额按双边计算，为17.44万亿元）。

9. 学年是指教育年度，即从第一年的9月1日（学年初）至第二年的8月31日（学年末）。

10.2012年四季度，国家统计局实施了城乡一体化住户调查改革，统一了城乡居民收入名称、分类和统计标准，在上海选取6000宅（户）城乡居民家庭，直接开展调查。2015年起，发布城乡可比的新口径全市居民人均可支配收入以及城乡常住居民人均可支配收入。

11. 环境空气质量优良率（AQI）是国家发布的新环境空气质量评价标准。AQI监测体系包括二氧化硫、二氧化氮、可吸入颗粒物（PM10）、细颗粒物（PM2.5）、一氧化碳和臭氧六项污染物指标。

上海市住房和城乡建设管理委员会2018年工作总结和2019年工作计划

一、2018年工作总结

2018年是党的十九大召开后，我国经济社会发展进入新时代的开局之年，也是改革开放40周年。一年来，全市住房城乡建设管理系统在市委市政府的坚强领导下，聚焦行业重点工作，在市相关部门和各区的大力支持下，团结进取、攻坚克难、扎实工作，圆满完成了全年目标任务，特别是一批重、大、急、难的工作获得新突破，取得新成效。

（一）聚焦对标，着力深化行业改革创新，为打造“具有国际竞争力的一流营商环境，发挥了作用。按照市委市政府统一部署，认真落实本市优化营商环境行动方案，着力推进住建领域“放管服”改革等工作。

一是以工程建设项目行政审批为核心的改革取得突破。通过对项目、流程、事项的全覆盖改革，推动全流程审批时限压缩至100个工作日以内。在世界银行公布的《2019年全球营商环境报告》中，上海的施工许可指标综合评价指数为67.71分，有力地促进我国施工许可指标排名提升了51位。同时，安全生产许可证实行电子化审批，个人纯住房公积金贷款、工商用户燃气申请等审批时限大幅度缩短。

二是“互联网＋政务服务”深入推进。以“一网通办”为核心，34项行政审批事项接入市政府总平台。推进工程建设项目审批、普通地下室使用备案等工作实现全流程“一网通办”。公积金单位业务全程实行“网上办”，公积金个人租赁提取业务实现“零见面审批”。

三是建筑行业管理创新持续推进。全面推行监理、施工电子招投标。医疗、住宅、市政基础设施等一批项目开展建筑师负责制、工程总承包和全过程咨询试点。全年应用BIM技术的项目数量达822个，同比增加20%。全面启动绿色生态城区建设，虹桥商务区核心区荣获国内首个最高星级运行标识。装配式建筑和绿色建筑发展能级继续领跑全国，全年落实装配式建筑首次突破2000万平方米，绿色建筑总量累计达1.51亿平方米。启动实施工程建设标准国际化工作。建筑行业诚信体系建设和建材使用监管力度进一步加强。

（二）聚焦精细化，着力加强城市综合管理，圆满完成进口博览会保障任务。启动实施城市管理精细化三年行动计划，注重示范引领和打造精细化管理标杆品牌，精细化管理的理念逐渐深入人心，管理的效果逐渐显现。

一是坚持“做减法、全要素、一体化”基本方法，持续补短板。全年拆除存量违法建筑4275万平方米；依法取缔乱设摊12.64万处；整治各类占道亭棚2000余处；拆除违法大型户外广告2530块、店招店牌2.3万余块，一大批市民群众反映集中的城市管理乱象治理取得新突破。完成116公里架空线入地和合杆整治，拔除各类立杆9800余根，平均减杆率达到68%。特别是充分发挥市、区、街镇和社会各方力量，对道路、绿化、城市家具、建筑立面等要素进行系统规划建设和管理，坚决去除无序设置的各类设施。全年完成“9+4”重要通道两侧218处楼宇外立面整治和高架涂装517万平方米，打造了更具魅力的绿化景观和浦江两岸夜景，推动全市市容市貌焕然一新，整体面貌普遍提升。

二是注重标准引领，着力推进智能化平台建设。先后出台系列标准、规范，编制完成21部城市管理标准。有序推动从治“五违”向创“无违”转变，47%的街镇实现“无违”创建。基本完成基础设施、建筑工地、住宅小区等数据在城市网格化管理平台汇聚，城市管理智能感知能力得到加强。

三是推动共建共治，“三美丽”建设全面推开。全年共建成50个示范性“美丽街区”。启动实施住宅小区“美丽家园”三年行动计划（2018—2020年），雨污混接改造（698个）、二次供水设施改造、新增电动自行车安全充电设施（1084个）、老旧电梯安全评估及修理改造更新等住宅小区民生实事均按计划完成。同时，围绕乡村振兴，结合美丽乡村建设，完成农民相对集中居住政策评估和新一轮政策方案研究。出台《郊野乡村风貌规划设计和建设导则》及《村民住房方案图集》。有序推进历史文化名镇名村保护与更新利用，乡村风貌品质得到一定改善。

四是严格规范执法，城管执法水平得到有效提升。高质高效完成违法建筑、户外广告、建筑和生活垃圾、无序设摊、小区环境等专项执法任务，为进博会等重大活动提供了强有力保障。积极推进房屋管理领域执法事项有序划转，综合执法与行业管理的有机衔接机制和城管执法制度规范不断完善，队伍管理基础不断夯实，社会形象和公信力显著提高。

（三）聚焦民生，着力加大住房保障力度，居民居住条件和质量得到进一步改善。

一是全力保持房地产市场健康稳定。持续实施一系列调控政策不放松，及时出台政策规范以企业名义或“境外人士”身份购房的行为，持续开展房产经纪行业整治，增强了调控的精准性。全年市场化新建商品住房网上成交面积为589万平方米、二手存量住房成交面积为1238万平方米，同比分别增加2.2%和5%；国家统计局发布的本市全年新建商品住房价格指数环比累计上涨0.4%、二手存量住房价格指数环比累计下降2.7%，房价总体平稳；房地产开发投资同比增长4.6%，市场预期比较稳定。

二是大力推进租赁住房建设。全年出让租赁住房用地累计约118公顷、规划建筑面积达250万平方米；完成新建和转化租赁房源21.2万套（计划20万套），新增代理经租房源14.6万套/间（计划9万套）。住房租赁服务平台运行总体平稳，可租房源总量保持在4万套（间）的规模。

三是积极探索新形势下的旧区改造工作。注重统筹考虑历史风貌保护和市民居住条件改善，坚持应留的必须留、应改的全力改、应拆的加快拆，全年共完成中心城区二级旧里以下房屋改造42.7万平方米、受益居民2.1万户（计划40万平方米、受益居民2万户）；实施三类旧住房综合改造1046.3万平方米、受益居民17万户；实施各类里弄房屋修缮改造110万平方米（计划100万），受益居民3万户，涉及卫生设施改造近5000户。同时，完成62块存量旧区改造基地收尾，38个合作改造“城中村”项目房屋征收进度达到95%；积极推进在外过渡动迁居民安置。

四是持续完善“四位一体”住房保障体系。新增供应各类保障性住房8万套（超额完成5.5万套的目标任务）。廉租住房、共有产权保障房累计受益家庭分别达到12.7万户和12万户，公共租赁住房累计供应12.6万套。同时，不断完善共有产权保障住房制度，探索将符合条件的非户籍居民家庭有序纳入保障范围。

（四）聚焦统筹，着力推进城乡建设发展，为经济社会发展做出贡献。聚焦重大工程、重要项目、重点地区建设，着力推动城乡建设品质提升。

一是重大工程建设保持良好势头。2018年全市重大工程项目开工23个（比计划多9个）；基本建成19个（比计划多1个）；完成投资1418.9亿元，再创世博会以来的新高。尤其是聚焦服务科创中心和先进制造业项目，提前启动特斯拉超级工厂等一批标志性项目。在进口博览会场馆“不停展、不闭馆”的情况下，用4个月完成了常规需要两年时间的场馆改建任务。同时，保质保量完成配套工程。

二是稳步推进滨水空间贯通提升。启动实施黄浦江两岸公共空间建设三年行动计划（2018—2020年）。聚焦贯通区域的品质提升和腹地拓展，持续优化完善公共空间建设和管理，推动黄浦江两岸公共空间科创、文化、旅游、体育等功能集聚。着力统筹苏州河两岸贯通各区段建设方案，优化贯通建设标准。

三是海绵城市和地下综合管廊建设取得阶段性成果。建立了市、区（管委会）和片区三级海绵城市规划体系，有序推进浦东临港地区国家海绵城市试点范围内100余个项目建设。全面完成本市外环线以外地下管线普查，稳步推进已开工地下综合管廊建设，累计建成廊体近25公里。

（五）聚焦重点，强化责任落实，全力确保行业安全稳定。

一是深入开展建设工程安全生产管理。深入开展建筑施工安全等专项治理，全面加强在建工地安全和施工人员管理。通过“质量月”“安全月”等活动，促进工程建设各方依法落实安全生产主体责任。特别是对进博会安保圈内所有建设工程进行了全覆盖隐患排查整治。

二是深入开展重点领域安全隐患排查整治。着力推进防高空坠物专项治理，开展玻璃幕墙、空调外挂机、外保温系统等建筑物外立面附加设施安全隐患排查。完成一般损坏旧住房隐患处置695万平方米，消除2261处住宅外挂结构及附属设施安全隐患。依法查处破坏房屋外貌案件610件，损坏房屋承重结构案件781件。加强燃气使用监管，改造地下老旧燃气管道135公里，住宅用户隐患燃气立管改造6.1万户，查没违法违规钢瓶6782个。对本市90余个地下空间开展实地检查，整改完成率达到100%。

三是风险防控应急能力不断加强。强化安全源头治理，编制危险源、危险区域和一级安全隐患数据库。扎实开展防汛防台和应急演练，成功抵御“安比”等台风连续登陆。稳妥推进行业信访矛盾化解，聚焦工程发包、房产中介、物业管理等重点领域，着重线索排摸和行业治乱，认真开展扫黑除恶专项斗争，着力净化市场，维护行业安全稳定。

此外，完成《上海市住宅物业管理规定》等法规修订和“十三五”规划中期评估，精心组织筹办了上海—东京城市管理精细化研讨会，圆满完成“世界城市日”国内外主场各项活动。

二、2019年工作计划

坚持以习近平新时代中国特色社会主义思想为指导，全面贯彻市委市政府的工作部署，努力实现住建事业新跨越，力争在七个方面实现新作为。

（一）在持续提升改革成效上有新作为。改善营商环境是所有与企业、市民打交道部门和单位的工作任务，要以优化营商环境为突破口，在2018年取得成效的基础上，进一步推进行业改革向纵深发展。

一是持续深化工程建设项目行政审批制度改革。多策并举，能减尽减，在各类辅线审批、评估评审中介服务及水、电、气接入服务等制度方面继续创新突破。全面建成工程建设项目审批管理系统，优化系统服务功能，提升系统管理能级，减少企业办事“隐性时间”。加快完善“一张蓝图”“一个系统”“一个窗口”“一张表单”“一套机制”，努力实现统一受理、并联审批、实时流转、跟踪督办、信息共享，加强咨询服务、培训宣传和专业机构培育，力争进一步大幅提升施工许可指标的国际排名，尤其是提升市场主体的满意度和获得感。

二是稳妥推进行业机构改革和职能调整。贯彻落实国家和市委市政府机构改革要求，承接好建设工程消防设计审查职责。深化住房公积金制度改革，完善住房公积金管理体制和运营机制。进一步发挥市场机制作用，完善城市维护管理体制机制，持续推进养护作业市场化改革。进一步加大城管执法分类管理改革力度，推动落实房屋管理和建筑市场管理相关执法事项划转，努力构建资源整合、职责清晰、权职一致的城市管理行政执法体制。

三是深化“一网通办”政务服务。不断推进建设、房管、燃气、公积金等住房城乡建设管理领域各类服务事项纳入“一网通办”平台，进一步优化办事服务流程，扩大数据资源共享交换范围，着力提高行业服务效率和水平。

（二）在提高城市管理精细化实效上有新作为。认真贯彻落实习近平总书记在上海考察时强调的“一流城市要有一流治理”的重要指示精神，突出智能化，聚焦补短板，注重精细极致，以“双最”标准，不断完善城市管理常态长效机制，推动城市管理精细化三年行动计划实施见效。

一是进一步发挥示范引领作用。以首届进博会期间的城市管理水平为新起点，坚持干劲不松、标准不降、要求不减，修订城市维护管理办法，逐步提升城市管理标准。持续扩大“9+4”重点区域环境综合整治效应，着力打造城市管理精细化示范区。重点将“美丽街区”建设与景观示范道路创建、绿化特色街区建设等工作相结合，形成一批市级、区级、街镇级三个层面的“美丽街区”，确保全年创建100个示范性“美丽街区”，200个环境治理示范小区，无违建先进街镇创建率达到90%。

二是完善城市管理精细化工作考核评价体系。发挥城市管理精细化工作推进领导小组办公室等平台作用，继续用好定期召开现场推进会、组织巡查的做法，探索建立“市属设施区监管、区属设施市监管、所有设施市民管”的考核评价机制。

三是持续补齐城市管理短板。全面拆除2000万平方米存量“六必拆”重点类型违法建筑，继续加大对整治地块的后续管理力度。进一步加强本市主要道路两侧建筑外立面附加设施的综合治理，全年拆除大型违法户外广告不少于500块。进一步完善架空线入地和合杆整治工作标准，严格落实“四不开工”要求，着力加强文明施工和违规架线立杆的管理，在此基础上确保全年完成100公里整治任务。

四是着力提升智能化管理水平。继续完善网格化管理，加快完善市级指挥系统平台建设，制定并推广区级智能化管理平台标准版。探索研究综合灯杆的智能化利用，加强城市管理数据的整合应用，提高发现各类城市管理问题的能力。

此外，要精心策划，融入更多上海元素，久久为功，逐步打造世界城市日上海“永久主场”，扩大世界城市日的品牌和影响。

（三）在改善群众居住条件上有新作为。持续完善“一个定位、两大体系、三个为主、四位一体”和租购并举的住房制度体系，坚决贯彻落实“两个不是权宜之计”要求，深化落实本市构建房地产市场平稳健康发展的工作方案。

一是全面推进“留改拆并举”。加大旧区改造工作力度，加强对旧区改造的政策支持和资金投入，推进试点示范，因地制宜地进行风貌保护、建筑修复、结构改造和重新利用。计划全年完成中心城区二级旧里以下房屋改造50万平方米，受益居民2.5万户。完成三类旧住房综合改造300万平方米，各类里弄房屋修缮改造100万平方米，一般损坏旧住房隐患处置500万平方米。特别是，聚焦卫生和厨房设施改造，着力解决“马桶”问题，做到“可改愿改则尽改快改”；稳妥开展既有多层住宅增设电梯试点。持续推进已批48个“城中村”项目改造，深化研究新一轮“城中村”改造政策。

二是完善房地产市场调控。完善房地产市场调控政策，保持调控政策的连续性和稳定性，发挥好市场“无形之手”和政府“有形之手”的协同作用，合理安排住房用地规模、布局、结构。充分运用市场机制、法治手段、合同约束，坚决遏制投资投机性购房。规范房地产市场秩序，加强市场动态监测预警和研究，着力稳市场、稳房价、稳预期。

三是加快构建住房租赁体系。推进租赁住房建设形成有效供应，引导和培育建设高品质租赁住房，全年计划新建和转化租赁房源10万套，新增代理经租房源9万套。加强代理经租行业监管，规范管理租赁住房，建立非居住房屋改建和转化租赁住房备案机制。进一步加强住房租赁市场监测，完善住房租赁公共服务平台功能，建立租金监测指标体系和信息发布机制，合理引导市场预期。

四是着力保障市民群众基本居住需求。加快推进保障性住房开工建设，提升大居配套服务水平，确保新增供应各类保障性住房6万套。继续加大廉租住房“应保尽保”和公共租赁住房分配供应力度，深入推进人才安居相关配套服务。有序开展第七批次共有产权保障住房供应，推进非沪籍住房困难家庭纳入保障范围试点。

五是全面推进“美丽家园”建设行动计划实施。以实施新版物业管理规定为契机，进一步理顺住宅小区管理机制，完善物业行业监管体系，提升物业行业服务水平。确保完成3000个住宅小区门岗和管理处规范化建设，全市住宅小区党建联建示范点达到600个。围绕住宅小区民生突出问题，统筹推进700个住宅小区新增电动自行车充电设施，1245个住宅小区雨污混接改造和1500台老旧住宅电梯安全评估等民生实事项目落地，不断提升群众获得感。

（四）在提升城市功能品质和促进高质量发展上有新作为。坚持质量第一、效益优先原则，把低影响开发理念贯穿建设全过程、全环节。注重发挥投资关键作用，进一步统筹推进城乡基础设施体系均衡发展，以重大工程、重要项目、重点地区建设推动经济社会高质量发展。

一是继续全力推进重大工程项目建设。保持力度不减、强度不减，充分发挥“两库四阶段”新机制作用，加快推进科技创新、生态环境、民生保障、基础设施、乡村振兴等五大领域重点项目建设。全年安排正式项目138项，其中计划新开工23项、建成11项。另安排预备项目28项，全年计划投资1362亿元。

二是推进“一江一河一滩”区域改造建设。继续聚焦黄浦江两岸公共空间品质提升和区域功能完善，基本形成“世界级滨水公共开放空间”整体景观形象。大力推动苏州河两岸公共空间贯通12公里，力争到2020年实现中心城区42公里贯通开放。突出亮点、打造精品，全面推动北外滩贯通和综合改造提升工程实施，着力把黄浦江、苏州河沿岸打造成为城市的“项链”、发展的名片和游览休憩的宝地。

三是稳步推进海绵城市和地下综合管廊建设。围绕到2020年海绵城市建设面积达到200平方公里的目标，持续推进全市各区海绵城市建设试点，确保通过临港地区国家海绵城市建设试点考核。开展地下综合管廊管理办法研究，确保2016、2017年开工项目基本建成、投运。

四是不断提高城乡一体化建设水平。根据本市乡村振兴战略规划，着力改善农村人居环境。积极推进农民相对集中居住。进一步加强农民建房风貌引导，推广村庄风貌建设导则和村民住房图集的试点运用，探索建立农村建房全过程管理机制和乡村建筑师制度。

（五）在持续提高建筑行业发展能级上有新作为。始终坚持创新驱动，切实转变粗放型的建设发展模式，全面提升行业绿色化、工业化、信息化水平。

一是深入推进建筑行业转型升级。继续推进建筑师负责制试点，建立建筑师对建筑品质全流程管理的常态化运行机制。优化完善工程总承包制度程序，深入开展工程总承包企业承担施工图设计试点，培育一批具有国际水平的全过程咨询企业。持续推进BIM技术应用推广，试点将规模以上建设工程建筑信息模型审查纳入多图联审环节，在项目现场应用BIM模型进行监管。进一步创新建筑工程领域劳务用工管理和专业技能人员培训，促进建筑业劳务企业向专业作业企业转型，建筑业农民工向技术工人转型。

二是稳步推动绿色建筑和装配式建筑发展。至2019年底，各区和特定地区管委会至少选定一个新开发城区或更新城区启动创建绿色生态城区，并完成绿色生态专业规划编制。进一步推进建筑节能降耗，持续推进建筑废弃混凝土资源化利用和道路照明节能减排，确保落实200万平方米公共建筑节能改造任务。鼓励结构、内装工业化和一体化设计等技术创新，不断提升装配式建筑建造水平。

三是持续强化建筑行业监管和信用体系建设。着力加强事中事后监管，建立宽准入、严监管和强制退出的工作机制，健全审核、记录、抽查和惩戒的监管制度体系。加大建材备案和监管信息公开力度，推进建材信息系统建设，全力打击假冒伪劣建材产品，形成多方协同、常态长效的建材使用监管机制。继续完善建筑行业诚信体系，建立黑名单制度，健全覆盖建设领域各类企业和从业人员的信用档案，强化守信激励和失信惩戒措施。

（六）在防范风险确保城市运行安全上有新作为。深入贯彻落实习近平总书记关于安全生产的重要指示精神，坚持生命至上、安全第一，以更加深入的源头管理、更加完整的体系建设、更加精细的现场管理，做好安全生产各项工作，全力维护市民生命财产安全和城市运行安全。

一是深入开展防高空坠物专项整治。加强房屋使用安全管理，制订建筑外立面整治三年行动计划，围绕空调机架、外保温系统、店招店牌等外墙附属物，精细开展安全隐患排查整治，建立建筑外立面安全管理风险档案。

二是加强玻璃幕墙安全监管。对全市既有玻璃幕墙建筑全面排查，落实业主主体责任，在建立“一楼一档”制度基础上，推动建立“玻璃幕墙定期检查信息标识牌”制度，加大玻璃幕墙的建设、维护监管力度。

三是强化建设工程安全质量管理。推行法定工期，遏制现场赶工期问题，减少安全隐患。围绕反复出现的管理顽症和造成事故多发的原因，制订专项整治清单，持续开展安全生产大检查。开展数字化工地建设，加快形成全过程、全方位的工程质量安全监管体制机制。全面落实安全生产五方主体责任，尤其是强化业主首要责任和勘察、设计、施工单位的主体责任，以最严的安全教育、最严的现场管理、最严的责任追究，构建穿透式、直插现场的责任落实和监管体系。

四是加强燃气、地下空间等设施安全管理。以保供应、保安全、保服务和打黑气为出发点，继续保障燃气运行安全，计划完成110公里老旧隐患管网改造，确保完成10万户住宅的老旧燃气立管改造。继续加强本市地下空间安全使用管理和道路照明设施维护管理。

五是提高信访维稳和应急处置水平。全面压实信访工作责任制，强化源头防范、积案攻坚，持续推动住房城乡建设管理领域突出信访矛盾及时有效化解。推动扫黑除恶专项斗争向纵深开展。编制住建系统应急总体预案，进一步提升应急管理水平。切实做好庆祝新中国成立70周年、第二届进博会等重大活动保障工作。

（七）在依法行政和提高执法效能上有新作为。按照“坚持依法治国、依法执政、依法行政共同推进”的工作要求，紧紧围绕建设法治政府和“两高、两少、两尊重”的目标，着力推进住建领域法治建设。

一是持续推动完善行业法规和标准。加快推进房屋使用安全监督管理、城市管理行政执法、绿色建筑管理等住房城乡建设管理领域相关立法修订工作，为全面提升城市建设管理水平提供有力的法制保障。助力“一带一路”建设，开展工程建设标准国际化研究工作。

二是不断提升规范公正文明的执法水平。加强制度机制建设，强化执法协作，推动行政执法透明、规范、公正、合法。加快智慧城管建设，着力提高专项执法工作的效能和水平，不断提升城管执法智能化水平。加强执法装备等工作保障，为基层城管执法创造有利条件。深化城管文化建设，不断凝聚城管执法系统发展正能量。

PART ONE I

城乡规划 国土资源

TOWN & COUNTRY PLANNING
TERRITORIAL RESOURCES

（一）综述

2018年是贯彻党的十九大精神的开局之年，也是实施上海新一轮总体规划的开局之年。在自然资源部的坚强领导下，我局深入贯彻落实党的十九大精神、习近平总书记在进博会上的主旨演讲和视察上海时的重要讲话精神以及自然资源部工作要求，坚持以“人民对美好生活的向往”为奋斗目标，坚持稳中求进的工作总基调，坚持对标国际最高标准、最好水平，以“上海2035”总规实施为主线，全力推进土地高质量利用和行政审批制度改革等重点工作，提高精细化管理水平，持续补齐短板，深化改革创新，全面从严治党，充分发挥规划资源部门引领和保障作用。

（二）城乡规划

【概况】2018年，上海深入推进新一轮总体规划实施、深化高品质的城市有机更新和历史风貌保护等规划重点工作，充分发挥规划引领作用和土地保障作用，提高精细化管理水平，以规划资源管理方式转型促进城市发展方式和社会治理方式转变。

全面实施新一轮城市总体规划。2017年12月15日，国务院正式批复《上海市城市总体规划（2017—2035年）》（以下简称“上海2035”）。2018年1月15日，市委市政府举行总规实施动员大会，全面推进“上海2035”实施。按照市委市政府工作要求，建立“1+3”的总规实施总体工作架构，系统化、项目化、动态化推进总规实施。“1”是完成《中共上海市委 市政府关于全面实施〈上海市城市总体规划（2017—2035年）〉的意见》，作为指导全市各方面实施总规的纲领性文件，已于2018年7月31日正式印发（沪委发〔2018〕19号）。“3”是按照19号文要求，同步做好“第七次规划土地工作会议”筹备、各类规划编制深化、长三角区域规划协同等三方面工作。

优化“多规合一”空间规划体系。根据“上海2035”确定的空间规划体系，推进各层次各类规划编制，从空间维度分解落实“上海2035”的目标、指标和策略。一是浦东新区和郊区各区总体规划暨土地利用总体规划。区总体规划是各区未来20年发展的战略蓝图，肩负“承上启下、统筹协调”的任务，是贯彻落实中央“一个市县、一本规划、一张蓝图”，实现“多规合一”的重要平台。按照区总体规划的编制工作节奏，《上海市崇明区总体规划暨土地利用总体规划（2017—2035年）》于5月11日获市政府批准（沪府〔2018〕40号），《上海市宝山区总体规划暨土地利用总体规划（2017—2035年）》、《上海市闵行区总体规划暨土地利用总体规划（2017—2035年）》均于12月25日获市政府批准（沪府〔2018〕89号、沪府〔2018〕90号）。松江区、青浦区、金山区和奉贤区总体规划于2018年12月14日通过市规划委员会全体会议审议。二是主城区单元规划。中心城以行政区为单位、主城片区以片区为单位编制单元规划，强化战略目标导向下的公共利益保障和城市品质提升。2018年重点推进浦东新区（外环线以内中心城部分）、黄浦等7个中心城区和虹桥主城片区单元规划，已形成稳定成果。三是新市镇总体规划暨土地利用总体规划。镇总规是统筹全镇域资源配置、加强公共服务保障、推进城乡一体化发展的重要平台。按照市政府城乡一体化工作部署，逐步推进新市镇总规全覆盖，实现“一个镇、一本规划”。制定完成《上海市新市镇总体规划暨土地利用总体规划编制技术要求和成果规范（试行）（2018年12月修订）》，并于12月7日印发。

加快推进14个新市镇总规的编制审批工作，其中12个新市镇总规完成了成果上报，2个新市镇总规完成了规划草案编制。

开展长三角区域规划协同。按照国务院在“上海2035”批复中提出的“充分发挥上海中心城市作用，加强与周边城市分工协作，构建上海大都市圈”的要求，根据市委市政府工作部署，开展区域规划协同工作，重点推进上海大都市圈空间协同规划编制、长江三角洲区域规划协同机制研究和跨省城镇圈规划编制等三项工作。一是上海大都市圈空间协同规划编制。《上海大都市圈空间协同规划》重点研究都市圈内功能网络完善，加强都市圈基础设施统筹，推动生态环境共建共治，形成多维度的协同治理机制。在充分调研基础上，制定了《上海大都市圈空间协同规划编制工作方案（征求意见稿）》。工作方案提出了规划范围，并明确目标任务、成果要求、技术路线、组织保障等工作核心内容。二是跨省城镇圈规划编制。为进一步加强邻沪地区的跨行政区统筹，“上海2035”提出构建3个跨省城镇圈，加强规划共同研究编制。2017年起，按照“共同编制、共同认定、共同指导下位规划编制、共同监督实施管理”的工作原则，完成三个跨省城镇圈空间协同规划编制，均已形成规划成果。其中，金山枫泾—松江新浜—嘉兴嘉善—嘉兴平湖城镇圈协同规划已于2018年10月14日由市规划资源局会同嘉兴市政府、松江区政府、金山区政府联合批准（沪规划资源总〔2018〕63号），崇明东平—南通海永—南通启隆城镇圈，嘉定安亭—青浦白鹤—苏州花桥城镇圈规划成果已得到各方认可，进入跨省联合审批程序。三是长三角区域规划协同机制构建。为推进各个层次的区域规划协同工作，形成稳定的工作机制，制定《长三角区域规划协同机制（征求意见稿）》。按照平等协商、对等约束、依法治理、合作共赢的原则，从长三角区域、上海大都市圈、邻界地区三个层面，推进构建贯穿规划编制与认定、实施与监督、维护与评估全过程的机制。

推进乡村规划编制，促进城乡一体化。强化农村人居环境整治，聚焦江南水乡特色和大都市城郊型乡村特点。一是出台指导文件。全面梳理研究乡村功能定位、空间格局、产业导向、生态治理、人文风貌等关键问题。11月，印发《上海市乡村规划导则》（沪规土资乡〔2018〕681号）。制定郊野单元（村庄）规划编制技术规范，指导乡村建设和国土空间整治。强化乡村风貌设计引导，11月，印发《上海市郊野乡村风貌规划设计和建设导则（一）》（沪规土资乡〔2018〕688号）和《上海乡村设计师手册》，为乡村规划建设提供全流程智力支撑。二是推进规划编制。按照市委、市政府明确的规划编制时间表和路线图，锁定目标、聚焦重点、强化协调，加快推进村庄布局规划、郊野单元（村庄）规划、乡村振兴示范村等规划编制。

加快推动城市有机更新。按照市委、市政府全面开展城市更新、加强风貌保护的总体工作要求，以风貌保护为重点，持续开展“魅力风貌、创新园区、共享社区、休闲网络”四大更新行动，积极推进试点工作，加强政策研究和经验总结。一是加强更新试点和项目推进，2018年共完成30个城市更新项目控详规划审批，以存量产业用地增容和存量工业用地转型研发为主（16个）。二是开展更新课题专项研究，重点开展了“城市更新实施与投融资机制创新研究”“老旧住区更新改造研究”“工业转型区规划和开发机制研究”“风貌区城市更新研究”“社区规划师制度研究”等5个更新相关课题研究。

拓展历史风貌保护工作。一是以普查摸家底，进一步拓展保护范围，开展了中心城区外环内50年以上建筑普查，基本摸清了历史建筑的家底。二是以规划落要求，明确保护对象和保护要求，以“上海2035”总规为引领，开展上海历史文化名城保护规划编制和风貌保护街坊规划评估。三是以政策助利用，促进保护更新与旧区改造有机结合，陆续制定了历史风貌成片保护分级分类管理办法、深化城市有机更新促进历史风貌保护工作的若干意见及配套实施细则，为风貌保护工作的开展提供了强有力的政策保障。四是以试点促实施，结合项目形成示范效应，按照“一地块一方案”的要求制订实施方案，确保风貌保护项目有效落地。五是以立法做支撑，结合历史文化风貌区和优秀历史建筑保护条例修订，固化保护机制政策。六是以参与聚共识，凝聚全社会保护力量，高度注重保护宣传工作，结合每年中国文化和自然遗产日，举办风貌保护和城市更新优秀案例展览等系列活动，促进保护工作良性发展。

表1　2018年上海市核发“一书两证”情况表

项目	单位	数值
核发建设项目选址意见书	件	634
用地面积	万平方米	2311.09
核发建设用地规划许可证	件	808
用地面积	万平方米	3023.72
核发建设（建筑）工程规划许可证	件	1969
建筑面积	万平方米	9711.91

【重要专项规划】上海市海绵城市专项规划。2016年5月起，组织开展《上海市海绵城市专项规划(2016—2035年)》编制工作，2018年3月21日，市政府批复该规划(沪府〔2018〕21号)。规划明确要以建设“韧性城市、水和谐城市、生态文明城市”为发展目标，按照水生态、水环境、水资源、水安全四方面规划控制要求，指导本市海绵城市建设。

上海市污水处理系统及污泥处理处置规划。加快构建和优化水环境治理体系，开展《上海市污水处理系统及污泥处理处置规划（2017—2035年）》编制工作。12月10日，市政府批复该规划（沪府〔2018〕85号）。规划提出至2035年，本市要全面实现城乡污水管网全覆盖、点源污染全收集全处理、面源污染综合治理、水泥气同治，构建符合超大型城市特点和规律的标准领先、功能完善、安全可靠、环境友好、智慧高效的水环境治理体系。

【重大项目专项规划】 上海市轨道交通机场联络线选线专项规划。轨道交通机场联络线是“上海2035”总体规划确定的轨道交通市域线网络中的东西向骨干线路，主要功能为实现浦东国际机场与虹桥机场之间的快速联系，加强线路沿线上海东站、浦东国际机场、国际旅游度假区、张江科学城、虹桥枢纽等重点功能区的轨道交通服务水平，并通过预留与国铁网络以及长三角城际网络的互联互通条件，提升上海市域对长三角地区的区域辐射功能。8月30日，市政府批复该专项规划，明确了轨道交通机场联络线各项规划和用地管控要素，为项目启动建设创造了条件。

省界断头路项目相关专项规划。为加快推进长三角一体化建设，打通省界断头路，于2018年间完成了包括嘉定区城北路、青浦区东航路、金山区朱吕公路等6条道路的专项规划编制与审批工作，有效推动了相关区域的交通一体化建设。

【重点地区规划】 为落实市委市政府的重要发展目标和重大决策，积极开展科创中心、老旧工业区、重点生态文化地标以及重点城市功能区等一系列重点区域的规划研究。

推动一江一河规划建设管理提升。以建设具有全球影响力的世界级滨水区为目标，在开展现状评估、国际对标、专题研究、三维平台建设等工作基础上，一是研究形成《关于提升黄浦江、苏州河沿岸规划建设工作的指导意见》《黄浦江沿岸近中期行动规划》《苏州河沿岸近中期行动规划》，并经市政府审议通过，从规土政策、政企联动、建设营造等方面明确世界级滨水区建设的顶层设计。二是完成苏州河（中心城段）滨水贯通规划方案，为实现2020年苏州河沿岸公共空间贯通提供规划支撑。

加强科创中心建设。根据市政府批准的《张江科学城建设规划》，进一步提高科创中心城市服务能级，推进重大科学设施选址落地和科创配套设施建设，开展了张江副中心首轮启动区、张江复旦国际创新中心、交大医学院、孙桥国际社区单元（西片区）、张江科学城康桥工业区租赁房等一系列控详规划编制和审批。

推动老旧工业区转型升级。根据市委市政府加快五个重点区域转型升级的要求和发展时序安排，重点推进吴淞和南大地区的转型规划研究，其中吴淞地区重点在完善转型建设发展规划的同时，开展先行启动区的规划研究；南大地区重点在开展概念城市设计的基础上，推进控详规划编制研究。

塑造生态文化新地标。重点推进世博文化公园和国际旅游度假区西片区的规划编制。世博文化公园完成控详规划局部调整暨地下空间一体化规划。国际旅游度假区西片区以提升国际旅游度假区周边区城市环境、推进“城中村”改造、保护横沔老街历史风貌为重点，开展规划编制与审批。

加强城市功能完善。为进一步提高城市服务能级，结合各区发展重点，主要推进了浦东金桥副中心、虹口北外滩地区、普陀真如副中心、杨浦中北段等区域规划编制与研究，完善各区城市功能，提高空间环境品质。

【地名管理】一是完成上海市第二次全国地名普查主体工作。按照国务院地名普查办总体要求，结合上海实际，完成《上海市第二次全国地名普查实施方案》中第三阶段的全部工作任务，包括完成全市地名普查成果完善、上报、汇总工作，建立市、区两级地名普查档案，通过国务院地名普查办的检查验收。进行地名普查成果转化工作，制订普查成果转化利用规划，积极开展地名文化产品制作工作。二是开展进口博览会道路名称整治工作。为迎接首届中国进口博览会，提升上海的城市地名公共服务水平，树立上海精细化管理的形象，9月，对全市道路名称，尤其是国家会展中心地区进行重点整治工作。利用普查数据，开展“大洋怪重”排查工作，建立同名道路名录，建立重要地名更名专家咨询与公示制度，依法、有序推进整改工作。三是推进地名管理信息化。基于地名普查数据开发了上海市地名管理数据系统，作为地名管理的辅助决策系统。按照全市一网通办、局全网办工作要求，升级优化上海市地名审批系统，全面实现网上办公。提出适应地名普查、行政审批、地名管理、地名服务、地名文化建设需要的地名信息化工程目标与实现路径。

（三）土地管理

【概况】2018年，围绕促进土地资源更集约、更高效、更可持续的目标，全面推进土地高质量利用。

推进土地高质量利用。11月，发布《关于本市全面推进土地资源高质量利用的若干意见》（沪府规〔2018〕21号），提出了覆盖全域土地资源、提高城市综合承载力，突出“以减定增”、确保建设用地流量，盘活存量建设用地、推动城市有机更新，保持合理开发强度、提升城市空间品质，坚持质量绩效导向、提高土地资源经济密度，提高市区协同效率、优化土地资源配置等六方面举措。12月，为充分合理利用地下空间，促进土地资源高质量利用，出台《上海市地下建设用地使用权出让规定》（沪府办规〔2018〕32号），聚焦优化营商环境和鼓励地下空间合理利用，提出审批过程中的“三优化”和地下空间地价的“三降低”。

低效建设用地减量化。一是超额完成年度减量化任务。强化项目立项、拆平、复垦、外业调查、验收等环节的动态监管。截至2018年底，全市共完成减量化立项16.7平方公里，占年度任务的111%；共完成减量化验收15.2平方公里，占年度任务的101%。二是完善和创新减量化相关政策。聚焦“198”地块和规划生态廊道区域，并对规划建设区外的其他低效建设用地一并纳入减量化对象；按照“问题导向、需求导向、效果导向”的原则，研究新一轮减量化相关支持政策。

优化土地供应结构和交易监管手段。一是科学合理编制供地计划。按照中央关于房地产市场调控“一城一策”，保持房地产市场健康平稳发展的要求，加强供地计划研究，加强土地出让研判，提高土地供应的精准度。二是持续加大租赁住房用地供应。按照“十三五”住房发展规划原则和导向，推进各区和市属国企租赁住房规划土地管理工作，促进房地产市场健康平稳发展。2018年，本市已持续供应租赁住房用地52幅，土地面积206.87公顷，可建建筑面积335.44万平方米，预计可建套数52816套。三是优化土地供应方式和交易监管手段，继续实施商品住房用地招标挂牌复合式出让，继续加强商品住房交易资金来源监管，探索地价房价联动机制，促进土地市场平稳有序。

全面实施土地全生命周期管理。一是着力构建产业用地全生命周期共同监管机制。“土地全生命周期管理共同监管系统”正式上线运行，围绕落实监管机制、提高产业用地绩效，于1月下发《关于开展产业用地全生命周期管理履约监管和绩效评估的通知》，于3月下发《关于进一步加强产业用地全生命周期共同监管的函》，推动各区、各部门落实共同监管责任和日常监管机制。二是继续加强闲置土地处置和商品住房用地批后监管工作。不断完善闲置土地预防和处置的长效工作机制，把划拨土地、历史毛地出让地块等纳入处置范围，坚持闲置土地情况季度通报，切实推进闲置土地处置工作，全市共处置闲置土地199幅，约562.43公顷。继续加强商品住房用地批后监管工作，重点督查逾期未开工的住宅用地，限期开工建设，尽快形成市场供应，逾期仍不开工的追究违约责任；对形成闲置的住宅用地，按照挂牌督办要求，及时严格处置。

存量工业用地盘活。一是支持区域整体转型开发，包括桃浦工业区、漕河泾开发区、莘庄工业区等区域，充分挖掘存量工业用地资源。二是鼓励引导零星工业用地转型，充分调动原土地权利人积极性，着力完善公共服务功能和公共服务设施布局，提高土地节约集约利用水平。2018年，重点完成科创空间、社会租赁住宅、公共服务设施等类型项目转型，位于G60科创走廊的松江区云澜实业地块、闵行区国运宾馆地块等6个项目上报自然资源部作为存量工业用地盘活案例。

支持科创中心建设和实体产业发展。一是进一步完善支持科创中心建设的规划土地政策。11月，研究制定《关于本市推进产业用地高质量利用的实施细则》（沪规土资地〔2018〕687号），形成了五方面的产业用地供应政策，包括“带产业项目”全要素、标准化出让的供地模式，弹性出让年期和先租后让的用地方式，实行底线管理并与产业绩效挂钩的用地价格，以全生命周期用地绩效评价和土地退出为核心的管理机制，以园区平台、领军企业为重点的差别化政策。明晰了收储、转型、提容、节余转让、低效退出等五条存量产业土地盘活路径，明确了产业用地开发强度按需确定的综合策略。二是制定产业用地高质量标准化出让实施工作方案。根据工程建设项目业务协同平台管理办法，建设储备产业用地实施库，落实高质量的产业准入标准，完善全要素的产业和建设管理要求，实施标准化出让、审批和监管。

土地储备和管理工作。一是积极推进市政府交办的土地储备项目，2018年度共拨付财政资金122.56亿元。重点推进了浦东新区高桥港以南片区、花木龙阳路南侧、上海耀孚企业发展有限公司地块以及徐汇滨江D单元等土地储备项目。二是持续推进旧区改造土地储备工作，扎实推进29个旧区改造土地储备项目，2018年度共拨付财政资金123.26亿元。其中，根据本市“留、改、拆”的新要求，新启动了黄浦区老城厢东北块（福佑地块）项目和静安区北站新城项目，居民签约率达到98.7%和99.75%。三是重点推进大型居住社区土地储备工作。正在实施的16个大居项目，2018年共完成农户动迁779户，累计完成率89.11%；完成企业动迁61家，累计完成率87.61%；共拨付财政资金29.67亿元。

低效闲置用地处置。持续加强闲置土地处置长效机制建设。强化节约集约用地的责任意识，建立多部门公共责任机制。实施土地全生命周期管理，预防土地闲置。建立闲置土地处置和新增土地供应的挂钩机制，充分调动各级政府闲置土地处置的主动性。坚持分类处置的原则，严格依法依规处置到位。开展资源利用评价，动态滚动认定，推进低效用地退出。

农村土地制度改革。落实乡村振兴战略，11月，研究出台《关于推进本市乡村振兴做好规划土地管理工作的实施意见（试行）》（沪府办规〔2018〕30号），全面统筹协调，深度融合试点工作。入市试点方面，完成2015年版配套政策文件的修订和延期。在已入市2幅商服地块的基础上，2018年又完成6幅集体建设用地地块入市。征地改革方面，切实提高征地补偿标准，新补偿标准较原有标准平均提高41%。宅基地改革方面，结合本市乡村振兴战略实施的总体要求，聚焦农民进城进镇集中居住、宅基地归并平移、宅基地自愿退出、宅基地资格权和建房用地标准等方面内容，会同松江区研究制定宅基地管理指导意见，并指导开展试点建设。

违法用地和环境综合整治。一是开展违法用地综合整治工作。2月，制定并下发了《上海市违法用地综合整治三年行动工作方案（2018—2020）》（沪规土资执〔2018〕113号）。2018年全市共消除违法用地6789件、13888.4亩，消除件数和面积比例分别为84.1%和84.6%，超额完成了2018年度整治任务量，其中全市9个区违法用地整改消除件数和面积比例均达到三年行动任务总量的70%以上。二是开展环境综合整治工作。梳理摸清底数，建立规划利用矢量图表。发挥规划引领作用，推进整治区块规划编制。加强日常执法监管，建立健全常态长效机制，严格按照规划实施拆后地块利用，加强拆后土地的后续监管，每月对整治区块实施一轮全覆盖巡查，及时变更区块现状和矢量图，动态完善“一地一档一册”，坚决防止违法行为“反弹”“回潮”。

第三次全国国土调查。组建本市及各区第三次全国国土调查领导小组，组织各区落实调查队伍，市和各区财政部门配合落实调查经费。印发《上海市第三次全国国土调查实施方案》，规定三调工作的主要任务、技术方法、主要成果要求，明确具体进度安排及相关保障措施。创新标准，细化土地分类，主动衔接自然资源管理工作需求。组织培训并开展试点，大力提高调查质量。制作底图，预判分类，夯实调查工作数据基础。开发系统，两级检查，确保数据成果客观真实可靠。

【土地利用年度计划及执行情况】2018年，本市用地计划管理方式实现由“增量为主、流量为辅”向“流量为主、增量为辅”转变。净增空间主要用来保障国家和本市重大战略项目、市重大产业项目以及特定区域部分基础设施项目；腾挪空间主要用于市重大工程项目、大型居住社区以及区级各类项目等。探索建立“市区协同”机制、指标周转机制，有效保障市区两级项目落地。2018年实现用地计划和减量化全面挂钩，全年建设用地计划总量21平方公里，其中，使用增量4平方公里，使用减量化及增减挂钩腾挪空间17平方公里。

表二　2018年上海土地利用年度计划及执行情况表

分类	数值（公顷）
用地计划总量	2093
其中：净增空间	396
腾挪空间	1697
按用途分类统计如下：	
市政公用设施等项目用地	1238
工矿仓储项目用地	618
经营性用地	237

【国有建设用地供应】按照中央、市委市政府关于坚持房子是用来住的、不是用来炒的定位，上海持续保障各类用地供应，全年全市共供应各类国有建设用地3495.9公顷。

【耕地和基本农田保护】大力开展耕地和永久基本农田保护，全年耕地实际保有量大于目标要求。开展2016—2020年区级政府耕地保护责任目标期中考核和全市自查工作，形成《上海市2016—2020年耕地保护责任目标期中检查自查工作报告》函报国家三部局。完成高标准基本农田建设任务，共完成高标准基本建设项目15个，建成高标准农田面积4.78万亩。对各区上一年度的高标准农田建设情况进行了全面核查，形成《上海市2017年度高标准农田建设自查报告》并上报国家五部委。开展上海市2017年年度耕地质量等别调查与监测评价。

【郊野公园建设】12月底，松南郊野公园向市民开放。截至年底，首批7个试点郊野公园（一期）已全部试开园，开园面积近35平方公里，满足市民休闲游憩需求，锚固生态底线，增加耕地数量，提升耕地生产效率，发掘乡村价值，取得了良好的生态和社会效益。

【全面推进不动产登记服务改革】1月30日，启动以“全面服务、网上办理、信息互通”为核心的不动产登记服务改革，推出多项举措优化财产登记营商环境。全市各区不动产

表3　2018年上海市国有建设用地供应情况表

用地性质	供地方式	面积（公顷）
住房用地	出让或划拨	750.4
商品住房用地	出让	163.2
租赁住房用地	出让	231.3
保障性住房用地	出让或划拨	355.9
经济适用房用地	划拨	84.5
征收安置房用地	出让	251.5
公租房用地	出让或划拨	20
商业、办公用地	出让	139
工业用地	出让	462.8
公用设施用地	划拨	317.51
公共建筑用地	划拨	510.56
交通运输用地	划拨	1045.95
水利设施用地	划拨	258.59
特殊用地	划拨	11.07
总计	—	3495.9

图 1　全市不动产登记服务改革工作推进会召开（2018 年 1 月）

登记大厅实现交易、税务、登记一窗受理、并联审批，将办理环节精简为 3 个，办理时限压缩为 5 个工作日和当日办结两种类型，试运行开通了网上不动产登记预受理系统，与税务、工商等多部门实现信息互享，并提供 EMS 权证送达业务，将登记业务延伸到乡镇街道和社区。根据世界银行《2019 年全球营商环境报告》，我国财产登记（即不动产登记）全球排名第 27 位，比去年上升 14 位；上海财产登记指标得分 79.68 分，比上一年提高 4.36 分。

（四）地矿管理

【"十三五"地质勘查与矿产资源总体规划】　一是按照市政府要求相关委办局认真贯彻实施《上海市地质勘查与矿产资源总体规划（2016—2020 年）》的指示精神，10 月，制定并印发《上海市地质勘查与矿产资源总体规划（2016—2020 年）实施方案》。二是按照自然资源部矿产资源规划中期评估工作要求，开展规划实施成效中期评估。经评估，在规划上半个周期内，本市通过完善制度、明确分工、确保资金投入和加强项目管理等举措，基本建成了与上海城市定位相适应的地质工作体系，服务与保障上海经济社会发展的能力得到进一步提升，对全国城市地质工作起到了示范引领作用。

【地面沉降防治】　2018 年度本市地下水开采量继续减少，持续维持灌大于采的格局，各承压含水层地下水位保持稳中有升的态势，年平均地面沉降量控制在 6 毫米以内，实现既定防控目标，延续良好控制态势。一是于 6 月修订发布《上海市地质灾害危险性评估管理规定》（沪规土资矿〔2018〕2 号）。

图 2　全市各登记大厅实施不动产交易、税务、登记综合受理

图 3　市规划资源局参加世界银行营商环境政策磋商高级别会议

二是统筹制订“2018年上海市地面沉降防治工作计划”，明确年度地面沉降防控目标和主要任务及职责分工。三是继续完善本市及长三角地区地面沉降防治协调联动机制。在市域范围内，“两委两局”协调联动，共享管理信息，分析研判地面沉降防控形势，有序推进年度地面沉降防治计划各项任务落实；在长三角地区，继续深化沪苏浙皖地面沉降防治区域联动，通过省际联席会议制度，共同制定年度联动工作任务，共同发布长三角地区地面沉降防治通报，共享监测及成果信息。四是全面实施地面沉降防治综合管理。开展地面沉降分区目标管理；严格实施分层分区的地下水采灌管理；继续推进工程性地面沉降防治措施在本市深基坑降水施工过程中的落地，并强化监管。五是持续开展地面沉降及地下水动态监测。完成中心城区面积水准测量、分层标测量；重大基础设施与区域高程基准联测；重大基础设施沿线地面沉降测量；地下水位及水质监测。六是继续深化地下水采灌和深基坑降水双要素管控机制、绩效评估机制等地面沉降防治关键问题研究。

【地质灾害防治】 一是制订年度工作计划并稳步推进。4月，制定并印发《2018年本市地质灾害防治工作计划》（沪规土资矿〔2018〕275号），通过落实市、区两级政府地质灾害防治责任，有效指导全市地质灾害防治工作有序开展。二是完善预案体系，落实防灾主体责任。根据本市突发事件应急预案管理的有关要求，完成《上海市处置地质灾害应急预案》修订工作，有序开展预案编制、发布及演练。三是强化突发性地质灾害预防。开展全市浅层砂地面塌陷地质灾害风险区划，制定了《全市浅层砂

图1 长江三角洲地面沉降防治省际联席会议

分布区地面塌陷风险区划图》并按照行政区进行分解，将地灾风险预防工作逐层落实；以风险区划为引导，结合气象预报及暴雨情况及时开展巡查工作，对于巡查中发现的隐患及时予以处理；对高风险区开展拉网式排查。对风险等级区划高的区域及本市西南不稳定山体边坡，加密巡查频次并对危险地区进行预警提示及加固处理。四是提升能力强化应急保障。针对台风、暴雨等恶劣天气，2018 年 9 月在天马山深坑酒店危岩边坡开展了地质灾害应急处置专项演练。五是地质灾害危险性评估。根据《上海市地质灾害危险性评估管理规定》(沪规土资矿〔2018〕2 号)，继续对地质灾害危险性评估实施单独评估和分区评估相结合的分类管理。2018 年，单独开展建设项目地质灾害危险性评估的项目共计 26 项，更新 17 个分区单元的地质灾害危险性评估报告。

【基础性地质调查与评价】 一是继续实施"上海后工业化时期地质—资源—环境调查与应用""长江河口及近岸海域综合地质调查""上海地区区域地壳稳定性调查与评价"等基础性地质调查项目，取得预期成果。二是继续开展本市地下空间资源调查与评价，进一步查清了上海中心城区地下空间资源潜力和地质风险，提出地下空间开发利用全生命周期地质安全保障机制建设要点。

【浅层地热能调查评价】2018 年，继续积极稳妥推进浅层地热能开发利用工作。一是构建管理体系，研究编制《浅层地热能开发利用管理暂行规定》，制定《上海市浅层地热能分级利用导则工作方案》，编制《上海市浅层地热能开发利用区划》，完成《地源热泵系统工程技术规程》（DG/TJ08-2119）修订研究，编制《上海市浅层地热能开发利用监测技术规定》建议稿。二是开展资源调查，精准掌握资源家底。完成金山和松江地区浅层地热能资源调查评价工作，查明地层结构、地温分布特征，并形成了开发利用指引方案。三是提高浅层地热能资源监测预警能力。新建 1 处应用工程跟踪监测场，并拓展监测基岩地温，升级地热能信息平台。四是开展关键技术研究，提高浅层地热能开发利用技术水平。通过奉贤科学实验场换热支路换热现场测试、地下水热泵工程（崇明农业设施、临港新城鲜花港）地质环境监测，研究地埋管换热支路的换热特征及差异，分析监测要素变化特征及其与工程运行的关系，指导工程运行管理。

【地质环境监测与保护】 在地下水环境保护方面，一是继续推进上海市地下水基础环境状况调查评价项目，新建 40 口浅层地下水监测井，全面完成浅层地下水监测井建设任务；二是继续开展全市地下水环境质量监测，2018 年上海国家考核点位地下水环境质量保持稳定。在土壤环境保护方面，一是开展农用地土壤污染状况详查，完成了农用地土壤

表4 上海地区浅部砂层引发地面塌陷隐患区调查与监测完成工作量

工作名称	内容	计划工作量	完成工作量
巡查	隐患巡查	600台班	600台班
物探	3D-radar雷达探测	45公里	46.395公里
	地质雷达探测	45公里	45公里
	CCTV/QV管道检测	1000米	1100米
	三维激光扫描	3000平方米	3300平方米
变形、水位监测	水文地质条件监测	240孔次	230孔次
	二等水准控制测量	120公里	200公里
	沉降变形监测	2880点 · 次	3000点 · 次

样品采集工作，形成了农用地土壤污染状况详查成果报告；二是完成了自然资源系统土壤及地下水环境质量监测点位的系统梳理，形成了全市土壤及地下水环境质量监测网络优化整合方案。

【地矿行业准入管理】 一是探索地矿类资质的告知承诺审批，按照《上海市行政审批告知承诺管理办法》，积极探索地质灾害防治单位资质审批实施告知承诺方式，即先证后监管。对申请单位愿意做出承诺的，拟当场做出行政审批决定。该项工作已完成流程构建和告知承诺书的格式文本编制，并形成办事指南建议稿；二是探索改进建设项目压覆矿审批方式，对已探明储量的矿区范围开展评估并对外发布，对于矿区以外范围，不再进行建设项目压覆矿情况证明；三是加强地矿审批事项事中事后监管，完善地矿“双随机、一公开”制度，发挥社会监督作用。2018年度，审批采矿权13件，地质灾害危险性评估单位资质审批2件，地质灾害治理工程勘查、设计、施工、监理单位资质审批11件，建设项目地质灾害危险性评估项目登记26件。 （许超诣）

图5 松江天马山应急专项演练

图6 奉贤科学实验场换热支路换热现场测试

PART TWO Ⅱ

重大工程建设

MAJOR PROJECT CONSTRUCTION

（一）综述

2018年是改革开放40周年，也是实施“十三五”规划的重要一年。上海市重大工程建设根据市委市政府统一部署，集聚产业结构优化升级、社会民生、城市基础设施、生态文明建设、城乡发展一体化等五大领域，年初计划安排正式项目126项，计划新开工14项，基本建成18项，安排预备项目22项，全年计划完成投资不低于1350亿元。在建设中，市重大工程坚持与“十三五”规划总体思路、国家战略、中央要求和市委市政府工作部署保持一致，创新机制，完善政策，加快推进重大工程建设，全年完成投资1418.9亿元，超过计划安排5.1%，创近年来新高。上海硬X射线自由电子激光装置项目、中国核建上海科创园、上海大学延长校区建设改造工程、国际和平妇幼保健院奉贤院区、上海浦东足球场、白龙港污水处理厂污泥处理处置二期、石洞口污水处理厂污泥处理二期、竹园片区污泥处理处置扩建工程、郊区垃圾资源化利用项目、上海闵行燃气电厂项目、长江水源水厂深度处理、地下综合管廊项目、虹桥商务区核心区基础设施配套（二期）、上海集成电路产业研发与转化功能型平台、上汽大众MEB工厂、老港综合填埋场二期及配套渗滤液项目、省界断头路项目、龙东大道改建工程、李政道研究所、外高桥造船公司邮轮总装建造总体规划项目、市一医院眼科临床诊疗中心、老港再生建材生物能源综合利用项目、吴淞江工程等23个项目实现新开工（超计划9项）。上海吴淞口国际邮轮码头后续工程、上海电力学院临港新校区一期、崇明体育训练基地一期、洋山深水港区四期工程、嘉闵高架路南南延伸（S32公路—莘松路）、上海电力学院临港新校区二期、轨道交通5号线南延伸工程、轨道交通13号线二期工程、轨道交通13号线三期工程、虹桥机场T1航站楼改造及配套工程、上海微小卫星工程中心卫星研制项目工程、集成电路研发中心12英寸先导线项目、上海国际金融中心（上海金融交易广场）、上海证券交易所金桥技术中心基地项目、瑞金医院肿瘤（质子）中心及配套工程、肿瘤医院医学中心、虹桥污水处理厂、石洞口污水处理厂提标改造工程、竹园污水处理厂提标改造工程等19个项目建成投入使用（超计划1项）。

【结构与规模】2018年初，上海市重大工程安排正式项目126项、预备项目22项，全年计划投资1350亿元。年中，经报请市政府同意，市重大工程调整为正式项目133项，年度计划投资1400.03亿元。一是科技产业类项目27个，占项目总数的20.30%，年计划投资291.42亿元，占年计划总投资的20.82%。主要有上海光源二期（线站工程）、上海硬X射线自由电子激光装置、转化医学（上海）国家重大科技基础设施等科创中心项目；中国商用飞机公司总装制造中心浦东基地建设项目、华力12英寸先进生产线建设、上汽大众MEB工厂等先进制造业项目；上海吴淞口国际邮轮码头后续工程、金砖银行总部大楼及配套设施、上海证券交易所金桥技术中心基地等现代服务业项目。二是社会民生类项目24个，占项目总数的18.05%，年计划投资68.84亿元，占年计划总投资的4.92%。主要有复旦大学内涵能力提升项目、上海工程技术大学松江二期、上海戏剧学院浦江新校区等教育项目；瑞金医院肿瘤（质子）中心及配套工程、新华医院儿科综合楼及地下车库改扩建、市一医院眼科临床诊疗中心等医疗卫生项目；上海图书馆东馆、上海天文馆（上海科技馆分馆）、崇明体育训练基地一期、徐家汇体育公园等文化体育项目。三是生态文明类项目19个，占项目总数的14.29%，年计划投资210.53亿元，占年计划总投资的15.04%。主要有白龙港污水处理厂提标改造工程、虹桥污水处理厂、泰和污水处理厂等污水处置项目；老港再生能源利用中心二期（含配套渗滤液厂升级改造）、上海老港再生建材生物能源综合利用项目、郊区垃圾资源化利用项目等垃圾处置项目；上海市太湖流域水环境综合治理工程、苏州河流域整治四期工程、黄浦江两岸地区公共空间延伸等重点区域整治项目。四是城市基础设施类项目51个，占项目总数的38.35%，年计划投资665.54亿元，占年计划总投资的47.54%。主要有上海LNG储罐扩建工程、申能奉贤热电项目、上海油气主干管网工程等能源保障项目；虹桥机场T1航站楼改造及配套工程、沪通铁路（南通—安亭）上海段、吴淞江工程等对外交通项目；5号线南延伸工程、14号线、18号线一期等轨道交通项目；北横通道新建一期二期工程、北翟路（外环线—中环线）快速化改造工程、龙东大道（罗山路—G1501）改建工程等市域交通项目；中心城区排水系统改造工程、公共消防站建设、长江水源水厂深度处理等城市安全项目。五是城乡发展一体化项目12个，占项目总数的9.02%，年计划投资163.70亿元，占年计划总投资的11.69%。主要有保障房建设、第二和第三轮大型居住社区外围市政配套项目、崇墨玉路—山周公路—千新公路等项目。

表1 2018年调整后市重大工程建设项目结构和投资规模

项目类别	项目数（个）	占总数比重（%）	计划投资数（亿元）	占总投资比重(%)
科技产业类	27	20.30	291.42	20.82
社会民生类	24	18.05	68.84	4.92
生态文明类	19	14.29	210.53	15.04
城市基础设施类	51	38.35	665.54	47.54
城乡建设一体化	12	9.02	163.70	11.69
合　计	133		1400.03	

表2 2018年重大工程正式实施项目一览表

序号	项目名称
1	上海光源二期（线站工程）
2	上海微小卫星工程中心卫星研制项目工程
3	科创中心张江科学基础设施（上海超强超短激光实验装置、上海软X射线自由电子激光用户装置、活细胞结构与功能成像等线站工程）
4	上海集成电路产业研发与转化功能型平台
5	科创中心张江科学基础设施（上海超强超短激光实验装置、上海软X射线自由电子激光用户装置、活细胞结构与功能成像等线站工程）
6	转化医学（上海）国家重大科技基础设施（瑞金医院转化医学大楼及平台建设、瑞金医院转化医学平台建设、闵行转化医学大楼项目）
7	李政道研究所
8	上海硬X射线自由电子激光装置项目
9	中航商用航空发动机公司产业基地建设项目
10	中国商用飞机公司民用飞机试飞中心
11	中国商用飞机公司总装制造中心浦东基地建设项目
12	上海外高桥造船有限公司邮轮总装建造总体规划项目
13	上汽大众MEB工厂
14	上海烟草集团科技创新园项目

续表

序号	项目名称
15	和辉光电第六代AMOLED生产线建设
16	华力12英寸先进生产线建设
17	中国移动IDC研发与产业化基地
18	中芯国际12英寸芯片SN1项目
19	上海国际金融中心（上海金融交易广场）
20	梦中心B地块文化项目
21	上海吴淞口国际邮轮码头后续工程
22	迪士尼项目一期工程及市政配套（唐黄路、川六公路、六奉公路、南六公路S32—沪南公路段等）
23	上海市检测中心二期
24	金砖银行总部大楼及配套设施
25	中国金融期货交易所技术研发基地
26	上海证券交易所金桥技术中心基地项目
27	中国核建上海科创园
28	复旦大学内涵能力提升项目
29	上海电力学院临港新校区一期
30	上海戏剧学院浦江新校区
31	上海电力学院临港新校区二期
32	上海工程技术大学松江二期
33	上海理工大学新校区一期
34	上海大学延长校区建设改造工程
35	瑞金医院肿瘤（质子）中心及配套工程
36	新虹桥国际医学中心
37	肿瘤医院医学中心
38	上海老年医学中心
39	新华医院儿科综合楼及地下车库改扩建
40	中国福利会国际和平妇幼保健院奉贤院区
41	市一医院眼科临床诊疗中心
42	崇明体育训练基地一期
43	上音歌剧院
44	上海图书馆东馆
45	上海博物馆东馆
46	上海传统戏剧院团设施提升（宛平剧场、上海越剧演艺传习中心）
47	徐家汇体育公园
48	程十发美术馆
49	上海市档案馆新馆一期工程
50	上海天文馆（上海科技馆分馆）
51	上海浦东足球场
52	白龙港污水处理厂提标改造工程
53	白龙港污水处理厂污泥处理处置二期
54	虹桥污水处理厂
55	泰和污水处理厂工程
56	石洞口污水处理厂提标改造工程
57	石洞口污水处理厂污泥处理二期
58	上海市太湖流域水环境综合治理工程
59	老港再生能源利用中心二期（含配套渗滤液厂升级改造）

续表

序号	项目名称
60	老港综合填埋场二期及配套渗滤液项目
61	上海老港再生建材、生物能源综合利用项目（老港建筑垃圾资源化处理设施、老港湿垃圾
62	资源化处理设施）
63	竹园污水处理厂提标改造工程
64	竹园片区污泥处理处置扩建工程
65	郊区垃圾资源化利用项目
66	苏州河流域整治四期工程（苏州河深层排水调蓄管道系统工程试验段、堤防达标改造等）
67	世博文化公园
68	桃浦中央绿地
69	崇明世界级生态岛建设（崇明4座污水处理厂提标改造、污泥处理及管网完善、新能源公交车配套场站、南横引河西段、北沿公路新改建、建设公路新改建、生态大道、环岛景观大道、长兴岛二级综合医院）
70	黄浦江两岸地区公共空间延伸（杨浦区滨江南段路网一期、杨浦区滨江公共空间和综合环境二期三期四期五期、黄浦区南外滩滨水岸线综合改造工程、徐汇区滨江地区公共开放空间综合环境一期样板段油罐区南段项目、徐汇区滨江公共开放空间罗秀东路—徐浦大桥段、龙腾大道龙水南路—徐浦大桥道路工程、云锦路公共绿地工程、浦东滨江园桥及绿化景观提升工程、十六铺地区中山东二路以东综合改造二期等）
71	市级重点生态廊道（吴淞江生态廊道闵行段、金山化工区周边生态廊道金山段、老港周边生态廊道等）
72	上海LNG储罐扩建工程
73	申能奉贤热电项目
74	上海闵行燃气电厂项目
75	上海油气主干管网工程（崇明—五号沟、五号沟—临港、临港—上海化工区、金虹航油管道）500千伏输变电工程（虹杨、苏州—上海特高压交流工程上海段500千伏线路配套改造、潘广路—逸仙路电力隧道、泗泾站主变增容、奉贤换流站调相机应用工程等7项）
76	220千伏输变电工程（团结、大渡河、闵东、提篮桥、大叶、华阳桥等31项）
77	虹桥机场T1航站楼改造及配套工程
78	浦东机场三期扩建工程
79	沪通铁路（南通—安亭）上海段
80	G320公路（上海浙江省界—北松公路）
81	G228公路（上海浙江省界—南芦公路）
82	省界断头路项目（盈淀路、复兴路、外青松公路、胜利路、东航路、城北路、叶新公路、朱吕公路、兴豪路等）
83	洋山深水港区四期工程
84	平申线航道整治工程
85	大芦线航道整治二期工程
86	大治河西枢纽新建二线船闸工程
87	赵家沟东段航道整治工程
88	吴淞江工程
89	轨道交通5号线南延伸工程（东川路站—南桥新城站）
90	轨道交通10号线二期工程（新江湾城站—基隆路站）
91	轨道交通13号线二期工程（长清路站—华夏中路站）
92	轨道交通13号线三期工程（华夏中路站—张江路站）
93	轨道交通14号线工程（封浜路站—桂桥路站）
94	轨道交通15号线工程（顾村公园站—紫竹高新区站）

续表

序号	项目名称
95	轨道交通18号线一期工程（长江南路站—航头站）
96	轨道交通补短板项目（运营指挥调度大楼、2号线东延伸、5号线既有线路改造、6号线港城路7号线陈太路8号线浦江镇停车场、莘庄枢纽改造、增购车辆）
97	北横通道新建一期、二期工程
98	军工路快速化改造工程
99	北翟路（外环线—中环线）快速化改造工程
100	昌平路—恒通路跨苏州河桥梁新建工程
101	杨树浦路改建工程
102	金昌路交通路新建改建工程
103	东西通道（浦东段）拓建工程
104	虹桥商务区会展中心外围配套道路（S26公路东延伸入城段、诸光路地道及相关区属道路）
105	周家嘴路越江隧道
106	沿江通道越江隧道（浦西牡丹江路—浦东外环线）
107	龙耀路越江隧道
108	沿江通道浦西段（牡丹江路—江杨北路）
109	江浦路越江隧道
110	S7公路（S20公路—宝钱公路）
111	普善路—万荣路—三泉路辟通改建工程
112	嘉闵高架南南延伸（S32公路—莘松路）
113	武宁路快速化改造
114	龙东大道（罗山路—G1501）改建工程
115	市属重点道路节点改造项目（中山南路、浦星公路、G318跨线桥、江杨北路、中兴路下匝道、崧泽高架人非通道）
116	区区对接道路、打通断头路（60条）
117	重点河道和泵闸工程（掘石港、北沿4闸、团旺河、张泾河、航塘港、南新泾、省市边界水文站网等7项）
118	中心城区排水系统改造工程（大定海、新宛平、陇西、松潘、丹东、庙彭、云岭西、民星南、华泾西等28项）
119	公共消防站建设（武宁、提篮桥、恒丰、中兴、前滩、中新泾、芦八、书院、嘉定城北、戬浜、徐行、淞沪、唐行、华夏、六灶、江镇、浦江工、紫竹、五四、东平等20项）
120	长江水源水厂深度处理（杨树浦水厂二阶段生产系统改造工程、长桥水厂深度处理一阶段工程等）
121	地下综合管廊项目（松江南站大型居住区地下综合管廊二期、武威路道路改扩建及配套工程等）
122	保障房建设（含租赁房）
123	第二轮大型居住社区外围市政配套项目
124	第三轮大型居住社区外围市政配套项目
125	崇明东滩基础设施开发项目
126	虹桥商务区核心区基础设施配套项目（二期）
127	昆阳路—浦卫公路（含昆阳路越江）
128	金海公路
129	墨玉路—山周公路—千新公路
130	崧泽高架西延伸（青浦）
131	嘉松公路
132	沪南公路（闸航公路—康花路）改建工程
133	大叶公路—叶新公路

【计划投资全面完成】2018 年，市重大工程在年度投资计划调整为 1400.03 亿元的基础上，实际共完成投资 1418.85 亿元，创世博会以来完成投资量新高。

【计划开工项目全面启动】2018 年重大工程计划新开工 14 个项目，实际新开工 23 个项目。主要有上海硬 X 射线自由电子激光装置项目、中国核建上海科创园、上海大学延长校区建设改造工程、国际和平妇幼保健院奉贤院区、上海浦东足球场、白龙港污水处理厂污泥处理处置二期、石洞口污水处理厂污泥处理二期、竹园片区污泥处理处置扩建工程、郊区垃圾资源化利用项目、上海闵行燃气电厂项目、长江水源水厂深度处理、地下综合管廊项目、虹桥商务区核心区基础设施配套（二期）、上海集成电路产业研发与转化功能型平台、上汽大众 MEB 工厂、老港

表3 2017年重大工程建设项目完成投资情况

项目类别	项目数（个）	完成投资额（亿元）
产业类	25	201.04
社会民生类	22	47.56
城市基础设施类	68	886.85
城乡发展一体化类	13	207.46
合　计	128	1342.9

表4 2018年重大工程开工项目一览表

序号	项目名称	开工时间（年、月）
1	上海硬X射线自由电子激光装置项目	2018.4
2	中国核建上海科创园	2017.9
3	上海大学延长校区建设改造工程	2017.12
4	国际和平妇幼保健院奉贤院区	2018.10
5	上海浦东足球场	2018.4
6	白龙港污水处理厂污泥处理处置二期	2017.7
7	石洞口污水处理厂污泥处理二期	2017.12
8	竹园片区污泥处理处置扩建工程	2017.9
9	郊区垃圾资源化利用项目	2017.2
10	上海闵行燃气电厂项目	2017.4
11	长江水源水厂深度处理	2017.9
12	地下综合管廊项目	2017.12
13	虹桥商务区核心区基础设施配套（二期）	2017.12
14	上海集成电路产业研发与转化功能型平台	2017.5
15	上汽大众MEB工厂	2017.12
16	老港综合填埋场二期及配套渗滤液项目	2017.12
17	省界断头路项目	2017.5
18	龙东大道改建工程	2018.12
19	李政道研究所	2017.11
20	外高桥造船公司邮轮总装建造总体规划项目	2017.6
21	市一医院眼科临床诊疗中心	2018.9
22	老港再生建材、生物能源综合利用项目	2017.6
23	吴淞江工程（上海段）	2018.12

综合填埋场二期及配套渗滤液项目、省界断头路项目、龙东大道改建工程、李政道研究所、外高桥造船公司邮轮总装建造总体规划项目、市一医院眼科临床诊疗中心、老港再生建材生物能源综合利用项目、吴淞江工程（上海段）等。

【计划建成或基本建成项目全面实现】2018年，市重大工程计划建成或基本建成18个项目，实际建成或基本建成19个项目。主要有上海吴淞口国际邮轮码头后续工程、上海电力学院临港新校区一期、崇明体育训练基地一期、洋山深水港区四期工程、嘉闵高架路南南延伸（S32公路—莘松路）、上海电力学院临港新校区二期、轨道交通5号线南延伸工程、轨道交通13号线二期工程、轨道交通13号线三期工程、虹桥机场T1航站楼改造及配套工程、上海微小卫星工程中心卫星研制项目工程、集成电路研发中心12英寸先导线项目、上海国际金融中心（上海金融交易广场）、上海证券交易所金桥技术中心基地项目、瑞金医院肿瘤（质子）中心及配套工程、肿瘤医院医学中心、虹桥污水处理厂、石洞口污水处理厂提标改造工程、竹园污水处理厂提标改造工程等。

【节点计划全面受控】2018年市重大工程建设，紧紧围绕全年工作目标，强化制度建设，完善协调推进，加强安全质量，确保计划节点全面受控。形成加快储备一批、启动实施一批、重点推进一批、建成运营一批滚动推进局面，圆满完成各项目标和任务，为推进和引领上海社会经济平稳发展做出积极贡献。一是着力推进科创中心先进制造业项目，硬X射线、李政道研究所等一批项目全面启动，光源二期、张江科学基础设施项目土建完成，特别是特斯拉超级工厂项目从拿地到取得施工许可证仅用了短短的5个多月时间。二是贯彻落实长三角一体化发展国家战略，加快沪通铁路一期二期、沪苏湖铁路、

表5　2018年重大工程基本建成项目一览表

序号	项目名称	开工时间（年、月）
1	上海吴淞口国际邮轮码头后续工程	2017.12
2	上海电力学院临港新校区一期	2018.8
3	崇明体育训练基地一期	2018.6
4	洋山深水港区四期工程	2017.3
5	嘉闵高架路南南延伸（S32公路—莘松路）	2017.3
6	上海电力学院临港新校区二期	2018.12
7	轨道交通5号线南延伸工程	2018.12
8	轨道交通13号线二期工程	2018.12
9	轨道交通13号线三期工程	2018.12
10	虹桥机场T1航站楼改造及配套工程	2017.12
11	上海微小卫星工程中心卫星研制项目工程	2018.12
12	集成电路研发中心12英寸先导线项目	2017.9
13	上海国际金融中心（上海金融交易广场）	2017.6
14	上海证券交易所金桥技术中心基地项目	2017.6
15	瑞金医院肿瘤（质子）中心及配套工程	2018.12
16	肿瘤医院医学中心	2018.12
17	虹桥污水处理厂	
18	石洞口污水处理厂提标改造工程	
19	竹园污水处理厂提标改造工程	

G320公路、G228公路、省界断头路、吴淞江工程等项目建设。三是围绕国家环保督查考核任务，白龙港、竹园、石洞口片区污水污泥等项目全面开工建设，竹园、石洞口污水处理厂提标等项目基本建成。四是加快推进民生保障项目，上海电力学院临港二期、工程技术大学松江二期提前基本建成，瑞金医院肿瘤质子中心、新华医院儿科综合楼等医疗项目按计划实施，徐家汇体育公园、保障房、租赁住房及大居外配套等项目加快建设。

【成功保障首届中国进口博览会进行】按照市委市政府进口博览会“200天行动计划”和“冲刺100天决胜进博会”工作要求，市重大办积极会同有关单位全力保障进博会建设任务，梳理明确20项城建建设项目，靠前指挥，挂图作战。在“不停展、不闭馆”的条件下，用4个月完成国家会展中心西厅、平行论坛4.2号馆改建和国家会展中心景观提升等常规需要2年时间的建设任务，赢得了中外宾客的高度赞誉。同时，S26公路入城段等13条道路、国家会展中心二层步廊东延伸、5号临时停车场、国家会展中心周边架空线入地等配套项目如期完成，成功保障了首届进博会胜利召开。

（二）城市基础设施类项目建设

【概况】2018年，城市基础设施项目建设按照面向全球、面向未来的要求，着力提升上海城市能级和核心竞争力，全年安排项目51个，完成投资672.40亿元。其中，交通基础设施建设突出“以安全管理为基础，强化建设管理年”，聚焦国家会展中心保障和绿色建造，打造“合规工程、惠民工程、精品工程”，全年50项城市交通重大基础设施体系建设项目扎实推进，完成投资702亿元。虹桥机场T1航站楼改造及配套工程完工全面启用，旅客吞吐量年能力1000万人次，高峰时能满足每小时2000人次。上海吴淞口国际邮轮码头后续工程验收试运营，形成靠泊2艘15万吨级和2艘22.5万吨级邮轮的泊位规模，年靠泊国际邮轮800~1000艘次能力；5号线南延伸和13号线二期、三期建成投运，新增运营里程41公里（含8号线三期6公里），新投运车站26座（含8号线三期车站6座）；S26公路入城段、中山南路地道地面道路和11条区区对接道路等一批市政道路和公路建成通车。

【对外交通项目】吴淞邮轮码头后续工程建成投入运营，虹桥机场T1航站楼改造和浦东机场第五跑道建成启用。第五跑道的年内投入使用，使浦东机场成为我国首个拥有5条跑道的民航机场。积极推进洋山深水港四期竣工验收；正常推进包括赵家沟航道整治工程、大芦线航道整治二期和大治河船闸等港口航道项目，浦东机场三期扩建、沪通铁路（南通—安亭）上海段等机场铁路项目，G320公路（上海浙江省界—北松公路）、G228公路（上海浙江省界—南芦公路）等。积极推进打通省界断头路第一批重点项目（9条）建设，其中盈淀路1条已实现通车，其余8条按照力争年内具备开工条件的目标，严格制订建设计划，并按周推进计划落实。

【轨道交通项目】5号线南延伸工程、13号线二期、13号线三期建成投运，新增运营里程41公里（含8号线三期6公里），新投运车站26座（含8号线三期车站6座）。推进轨道交通10号线二期、14号线、15号线和18号线一期等轨道交通建设项目，其中盾构推进累计完成88公里，结构封顶车站19座。

【市域交通项目】嘉闵高架南南延伸（S32

公路—莘松路）建成通车，S26公路入城段、中山南路地道以及13条区属进博会保障配套道路等项目于进博会前投入使用；开工S7公路（月罗公路—宝钱公路）、S2广祥路匝道及附属设施新建工程、北横通道东段、崇明生态大道和龙东大道快速化等工程。有序推进北横通道、周家嘴路越江隧道、昆阳路越江及配套道路工程、武宁路快速化改造工程、军工路快速化改造、北翟路快速化改造、江浦路越江隧道等续建项目，沿江通道越江隧道、诸光路地道盾构全线贯通。

2018年共打通区区对接道路（断头路）11条，分别是卫零北路、凌空路、华发路、武宣路、运河北路、花家浜路、汇龙路、华扩路、株洲路、东明路和华志路。截至2018年底，两轮区区对接建设任务确定的108条断头路已打通72条，其中静安区已提前完成建设任务。经过2010—2012年、2015—2017年两轮梳理，共确定区区对接道路（断头路）108条，涉及浦东、闵行等14个区。其中，2010—2012年项目50条，目前已完成47条，在建3条；2015—2017年项目58条，目前已完成25条，推进33条。

（彭鑫）

【能源保障项目】闵行燃气电厂、金虹航油管道工程开工建设；申能奉贤热电项目完成主体工程，上海LNG储罐扩建工程、上海天然气主干网工程稳步推进，为今年初克服全国天然气“气荒”困难打下坚实基础。国家电网7项500千伏输变电工程、31项220千伏输变电工程有序推进，为完成全市“迎峰度夏”保障任务打下坚实基础。

【城市安全项目】长江水源水厂深度处理等开工建设；8项重点河道和泵闸、28项中心城区排水系统、公共消防站陆续建成并投入运行。

（唐径舟）

【虹桥机场T1航站楼改造工程全面建成启用】2014年12月虹桥机场1号航站楼改造工程全面开工，包括1号航站楼改造、交通中心和市政综合配套一阶段工程共三个工程。2017年3月26日，1号航站楼先期改造完成的A楼和交通中心将建成启用，B楼进行封闭改造。2018年10月15日，经过3年多改造，虹桥机场1号航站楼改造工程顺利完工全面投入使用。改造后，虹桥1号航站楼年旅客吞吐量设计能力不变，为1000万人次，其中国际、港澳台和国内设计年旅客吞吐量各为500万人次，高峰小时容量基本能满足每小时2000人次。国内出港值机、安检、登机流程上做了全新升级，完全实现了“自助值机—自助托运—自助验证—自助登机”的智能登机体验。航站楼设施新增11个卫生间、9个母婴室、10个残疾人无障碍卫生间；商业面积比原先增加一倍，免费Wi-Fi楼内全覆盖，国际及地区航班候机区设置高速上网区；按照道路功能设计，到达层仅供公交车、穿梭巴士、预约大巴和排队出租车驶入，其他车辆均进入停车库。交通中心位于虹桥机场1号航站楼的东南侧，由换乘大厅、地下车库、高架延伸道路和室外总体4部分组

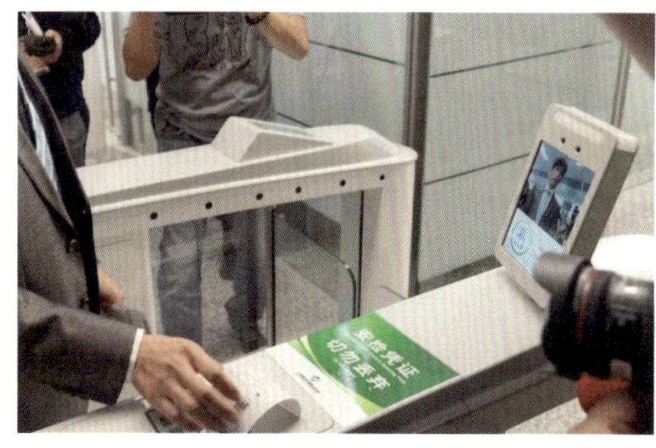

成，两层共提供1250个车位，比原先增加一倍，停车层均四面敞开，四周设置下沉绿化庭院；地面换乘大厅设置出租公交乘车点，出租车、公交车、2座航站楼间的接驳巴士等都可以“一站式”换乘，通过地下通道往换乘轨道交通10号线。

【吴淞口国际邮轮港后续工程投入试运营】

7月13日，位于上海宝山的吴淞口国际邮轮港新客运大楼投入试运营，同日迎来盛世公主号、诺唯真喜悦号、地中海辉煌号等3艘大型邮轮靠泊。2万多名出入境游客现场感受三艘巨轮停靠邮轮港壮丽景象，同时也体

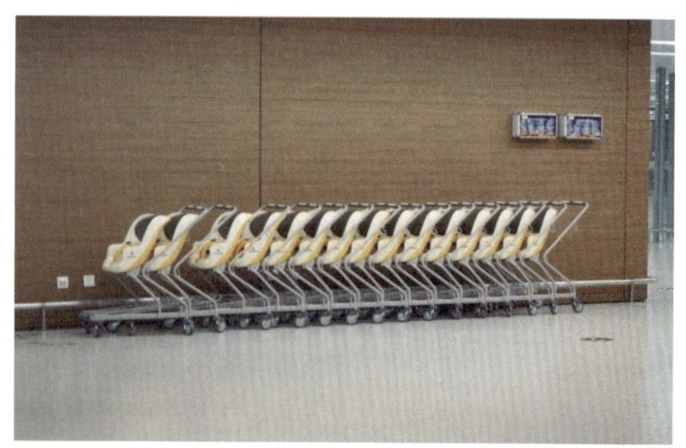

吴淞口国际邮轮港功能“升级” 将实现“四船同靠”

验新客运大楼启用后，上海邮轮服务带来的便捷与舒适。吴淞口国际邮轮港自2011年10月15日正式开港以来，2014年接靠邮轮216艘次，接待出入境游客约110万人次，超过新加坡首次成为亚洲接待游客人数最多的邮轮母港。2016年接靠邮轮471艘次，接待出入境游客284.7万人次，分别约占全国的47%和63%，继续保持亚洲第一，同时成为全球第四的邮轮母港，并带动中国成为全球仅次于美国的第二大邮轮客源地市场。2015年6月，为进一步提升吴淞口国际邮轮港接靠能力，邮轮港后续工程开工建设，工程包括新建2个大型邮轮泊位、2座客运大楼和1座引桥。建成后的邮轮码头岸线延伸至1600米，形成靠泊2艘15万吨级和2艘22.5万吨级邮轮的泊位规模，年靠泊国际邮轮800~1000艘次能力。

【第一届中国国际进口博览会配套道路建设任务圆满完成】根据2017年市委市政府有关中国国际进口博览会外围配套工程会议精神，按照市交通委《进口博览会交通保障总体方案》要求，第一届中国国际进口博览会配套道路建设任务共12项15条。其中，市属配套道路2项：S26公路入城段（S26公路G15立交—北翟路高架嘉闵立交）、诸光路地道（崧泽大道—北青公路）；区属配套道路10项13条：青浦区蟠龙路（天山西路—盈港东路）、天山西路（华徐公路—蟠秀路）、金丰路（保乐路—蟠龙港），诸光路二期（崧泽大道—闵行区界）、蟠龙路桥及接坡工程（金光路—天山西路）、汇龙路（北青公路—双联路）、徐民路（华徐公路—诸光路）、龙联路（蟠龙路—诸光路）、蟠和路（蟠中路—崧泽大道）、诸光路（会卓路—崧泽大道）人行地道北出入口、闵行区苏虹路桥（涞港路—华翔路）、锡虹路桥（涞港路—华翔路）。

进口博览会配套道路建设时间紧、任务重，建设任务不仅要完成，而且要做精做优，对行业管理部门、建设主体单位和相关单位都提出了很高要求。市交通委按照月度计划，将任务分解细化至周，每周推进项目建设，确保工程总体受控。严格贯彻落实市委市政府关于空气质量改善的相关要求，通过安装扬尘和噪声在线检测设备进行实时监测，及时掌握工地扬尘和噪声污染情况。借进博会

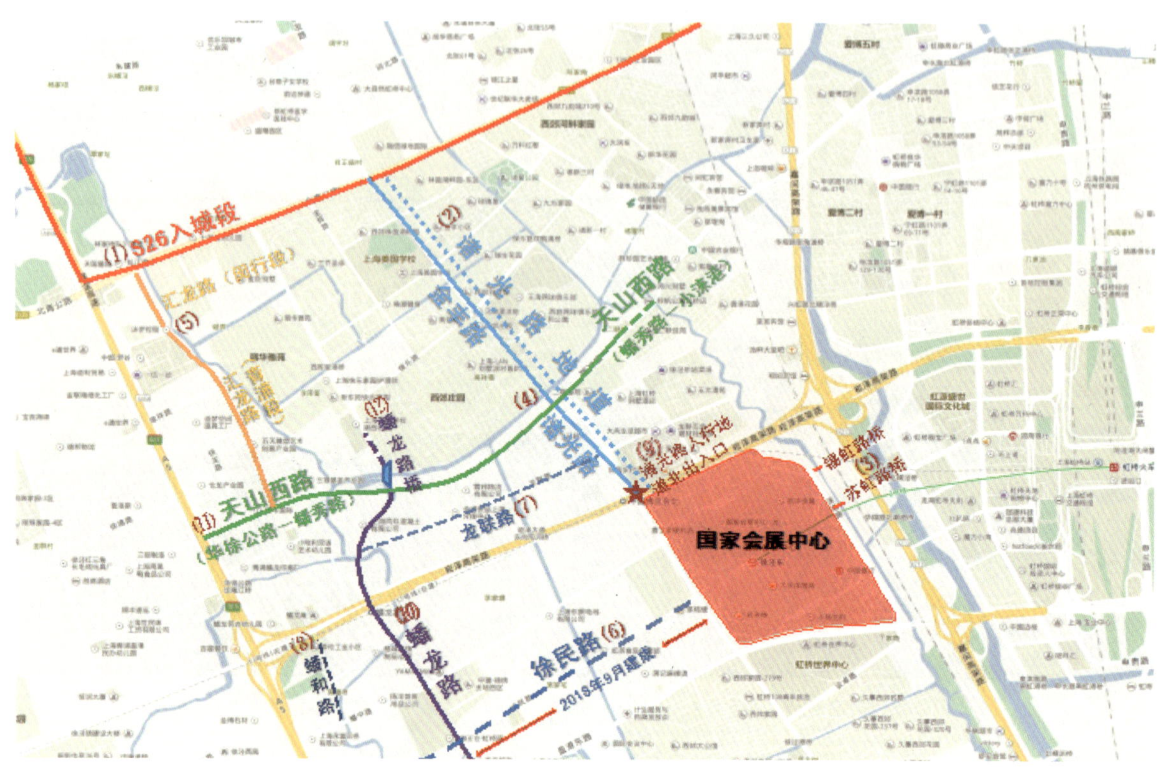

中国国际进口博览会配套道路项目位置示意图

道路建设契机推广新技术，在全市进一步推广采用装配式工艺和BIM技术，从源头上减少工地扬尘，减少交通影响，提高施工效率。协同举办“凝心聚力进博会 建功立业创一流”立功竞赛—S26入城段桥梁伸缩缝安装技能比武活动，推进S26公路入城段列入我市公路水运品质工程示范创建项目，全面提升进博会配套道路建设质量安全、文明施工水平。其间多次会同交通保障组、安质监站、建管中心，开展安全生产、防汛防台专项督查，严格控制项目质量安全、文明施工。过程中加强调研，对12项15条道路开展全覆盖调研，多次采取“四不两直、蹲点调研”的方式调研，全面落实进口博览会“最高标准、最好水平、最美环境”相关要求。12项15条配套道路按照进博会城建配套道路建设任务要求，在9月30日前全部圆满完成任务。

【“打通省界断头路”实现首条通车促长三角一体化发展】连接青浦区和淀山湖镇两地的“盈淀路改建工程”2018年5月实现结构贯通，10月1日实现通车，是首个实现通车的长三角一体化“打通省界断头路”项目，全长约890米。该项目于2016年12月开工，全长约890米，盈淀路长约630米，并同步改造青赵公路（盈淀路—崧泽大道）段约260米，由青浦区盈淀路向西，跨新建的石浦港桥，与昆山锦淀公路（新乐路）相接。通车后，盈淀路道路等级为一级公路，设计车速为60千米/小时，双向4快2慢，新建桥梁2座。

青浦区西部的盈淀路与昆山淀山湖镇的新乐路被一条石浦港河隔开，仅靠一座5米宽的小桥相连，车辆无法通行，制约了两地居民的出行往来。现在，一座新桥的架设和省界道路的改建将为群众出行带来便利。盈淀路开通后，将同步开通两条青浦区至昆山市的公交线路。此次同步开通的两条昆山市至青浦区的公交线路为C3路和C5路。其中C3路自秦峰路站至漕盈路站公交枢纽，沿途共设站点18个，实行单一票价2元。C5路自淀山湖汽车站至漕盈路站公交枢纽，沿途共设站点5个，实行单一票价2元。

【S26公路入城段建成通车】S26公路入城段全长7.08公里，西连已通车的S26沪常高速公路，东接北翟路高架嘉闵立交，途经青浦区华新镇、徐泾镇和闵行区华漕镇、新虹街道，全线设G15公路立交、诸光路东侧和金光路西侧各一对上下匝道以及嘉闵高架立交。工程于2015年12月开工，2018年9月21日建成通车，比预定工期提前100天实现

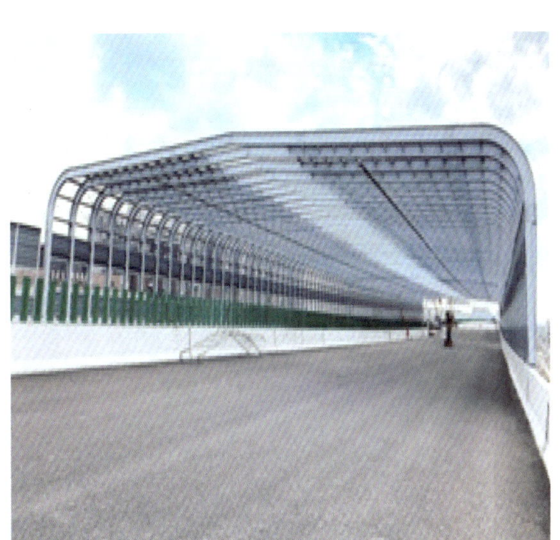

通车目标。

作为上海高速干线公路、中心城快速路系统之间的一条重要纽带，S26公路入城段是上海东西快速路大通道的重要组成部分，原先S26公路延伸至G15沈海高速就“戛然而止”，新建的入城段仿佛一个反向且平躺的字母“L”，将现有的S26公路与G15公路、嘉闵高架快速路等进一步打通，为虹桥商务区、国家会展综合体提供一条与市中心联系的北部快速通道，成为上海中心城区通往江苏的“快车道”。

S26公路入城段建设中全面推进“新技术、新工艺、新材料、新设备”的应用，打造一条绿色、低碳、环保、人文的科技之路。一是主线高架桥梁全线采用“搭积木”技术，预制拼装化率达到90%，最大限度地减少对周边环境的影响。二是在沿线部分噪声敏感区段设置了外形美观、线形流畅的全影型声屏障，在桥面上方搭起门式弧形钢拱架与屏体，远远看去，宛如一道全封闭的防护罩，既降低交通噪声对道路沿线两侧居民、企业的影响，又保证道路使用者的安全和舒适度。三是公路全线采用1000盏LED灯，比常规的高压钠灯节约能源20%~30%，一年总计能节约电费30万元；边线则采用防滑新材料，有夜间反光和快速排水功能，帮助车辆行驶更平稳。

【轨道交通5号线南延伸、13号线二期、三期试运营】12月30日，上海地铁5号线南延伸、13号线二期、三期通车试运营，包括磁悬浮在内，上海轨道交通全网络运营线路总长增至705公里，车站达到415座。

5号线南延伸是首条从黄浦江上方跨越的轨道交通，北起东川路站，南至奉贤新城站，约16.1公里，8座车站。通车后，5号线全线达到32.7公里，19座车站，整体呈英文字母Y字形结构。莘庄站—奉贤新城站

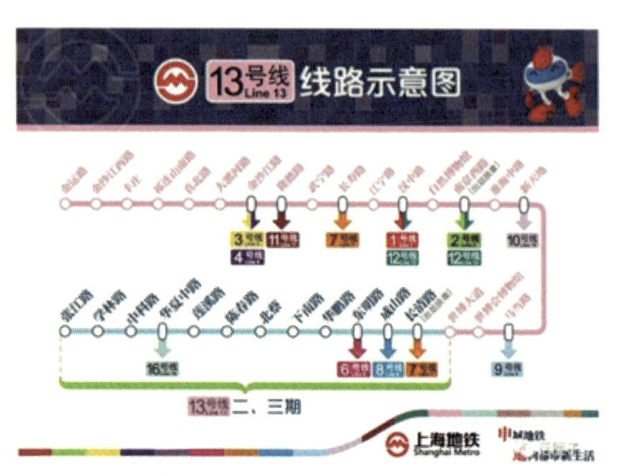

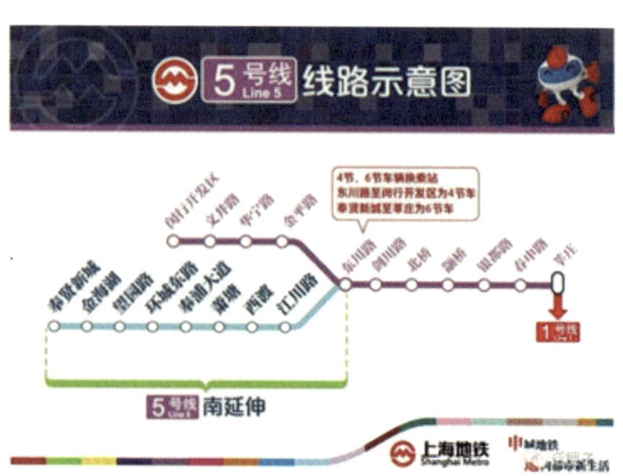

为主线段，实行6节编组列车；东川路站—闵行开发区站为支线段，列车为4节编组。东川路站将成为主线、支线的换乘站。

工作日早晚高峰时段，5号线莘庄站—萧塘站区段列车双向运行间隔约4分钟，为全线最短，其他区段约为7分半和8分钟。与此同时，为有效控制列车开行噪音的影响，东川路站—西渡站约2公里区段内，列车将限速运行。

13号线二期（世博大道站—华夏中路站）和13号线三期（华夏中路站—张江路站），运营线路长度16.1公里。包括世博大道站到张江路站共12座地下车站。至此，13号线全线累计运营线路长度将达到38公里，运营车站31座。

13号线全线开通后，高峰时段最短运营间隔3分钟，可与6、7、8、16号线进行换乘。13号线从金运路横穿市中心直达张江路，也在一定程度上缓解了其他线路的拥挤。相关公交配套都已到位。比如，13号线二期三期的12座车站，分为居住区站点、开发区站点、发展地区站点，采取不同方案，实行“精准服务”，共配套公交线路75条，其中与地铁末班车相衔接的达到18条。比如中科路站、学林路站位于张江科学城，属于开发区站点，主要是方便开发区居民上下班、接驳地铁为主。

（彭鑫）

（三）科技产业类项目建设

【概况】2018年，社科技产业项目建设抓紧组织实施，坚持高端化、智能化、精细化，全年安排项目25个，完成投资296.50亿元。

【科创中心项目建设】硬X射线自由电子激光装置开工建设；光源二期、微小卫星工程中心卫星研制、集成电路研发中心12英寸先导线、科创中心张江科学基础设施（超强超短激光实验装置、软X射线自由电子激光用户装置）、转化医学国家重大科技基础设施等稳步推进。

【先进制造业项目建设】上海集成电路产业研发与转化功能型平台基本建成；华力12英寸先进生产线产出第一片高规格“中国芯”，烟草集团科技创新园项目北区开始生产调试，中国移动IDC研发与产业化基地一期工程开始试运营，中航商用航空发动机公司产业基地建设项目、中国商用飞机公司民用飞机试飞中心、中国商用飞机公司总装制造中心、和辉光电第六代AMOLED生产线建设、中芯国际12英寸芯片SN1项目等加快建设。

【促进现代服务业发展】中国核建上海科创园开工建设，国际金融中心基本建成，梦中心B地块文化项目、吴淞口国际邮轮码头后续工程、迪士尼项目一期工程及市政配套、市检测中心二期、金砖银行总部大楼及配套设施、中国金融期货交易所技术研发基地、上海证券交易所金桥技术中心基地项目等抓紧建设。

（四）社会民生类项目建设

【概况】2018年，社会民生项目建设加快发展，坚持把增进民生福祉作为发展的根本目的，全年安排项目24个，完成投资63.07亿元。

【教育项目建设】上海大学延长校区建设改造工程开工建设；复旦大学内涵能力提升项目、上海戏剧学院浦江新校区、上海电力学院临港新校区二期、上海工程技术大学松江二期、上海理工大学新校区一期等进入建设高峰；上海电力学院临港新校区一期基本建成。

【医疗卫生项目建设】中国福利会国际和平妇幼保健院奉贤院区开工；瑞金医院肿瘤（质子）中心及配套工程、新虹桥国际医学中心、肿瘤医院医学中心、上海老年医学中心、新华医院儿科综合楼及地下车库改扩建工程等加快实施。

【文化体育项目建设】围绕上海建设体育赛事之都，打造具有全球国际影响力的世界著名体育城市的战略定位，上海浦东足球场开工建设；崇明体育训练基地一期、上音歌剧院、上海图书馆东馆、上海博物馆东馆、上海传统戏剧院团设施提升（宛平剧场）、徐家汇体育公园、程十发美术馆、档案馆新馆一期、上海天文馆等加快推进。

（五）生态文明类项目建设

【概况】2018 年，生态文明项目建设聚焦国家环保督查考核，积极贯彻“绿水青山就是金山银山”理念，全年安排项目 19 个，完成投资 214.49 亿元。

世博文化公园对标国际最高标准、最好水平，全面启动建设；桃浦中央绿地、崇明世界级生态岛建设有序推进；黄浦江两岸公共空间传承文脉、绿色生态的功能和品质不断提升。国家环保督查考核项目稳步推进，努力构建更加完善的城市排水体系。全球旱季处理规模最大的白龙港污水处理厂污泥处理处置二期、石洞口污水处理厂污泥处理二期、竹园污泥处理处置扩建、郊区垃圾资源化利用项目等开工建设；石洞口污水处理厂率先完成提标竣工验收；虹桥、竹园污水处理厂基本建成；白龙港、泰和污水处理厂工程、上海市太湖流域水环境综合治理工程、老港再生能源利用中心二期、苏州河深层排水调蓄管道系统工程试验段抓紧实施。

（六）城乡发展一体化类项目建设

【概况】2018 年，城乡发展一体化类项目建设坚持功能辐射、网络集成，为加快推动城乡一体化提供条件，全年安排项目 12 个，完成投资 172.39 亿元。

虹桥商务区核心区基础设施配套项目（二期）开工建设。市属保障住房开工 41262 套、约 299.27 万平方米，基本建成 27238 套、约 197.96 万平方米。第二轮大型居住社区外围配套项目累计开工 87 项，累计建成或基本建成项目 80 项。第三轮大型居住社区外围配套项目累计开工 9 项，累计建成或基本建成项目 4 项。昆阳路—浦卫公路（含昆阳路越江）、金海公路、墨玉路—上周公路—千新公路、松泽高架西延伸（青浦）、嘉松公路、沪南公路（闸航公路—康花路）改建、大叶公路—叶新公路等一批郊区互联互通项目加快实施。

（唐径舟）

PART THREE III

绿化市容

AFFORESTATION AND CITY APPEARANCE

（一）综述

2018年，绿化市容行业认真贯彻落实党的十九大精神，以习近平新时代中国特色社会主义思想为指导，攻坚克难，开拓进取，圆满完成2018年各项任务。

生态环境质量持续提升。生态环境建设稳中有进。2018年造林7.55万亩，绿地建设1306.9公顷，其中公园绿地811.3公顷，完成绿道223.9公里，立体绿化40.4万平方米，湿地保有量稳定在46.46万公顷，森林覆盖率达16.8%。松江松南郊野公园试开园，本市7座试点郊野公园已全部开园运营。累计创建命名221条林荫道。195座公园实施延长开放，完成西康公园等5座公园改造和167座公园星级评定，完成10条绿化特色道路创建工作，建成90个街心花园。全市城市公园总数达到300座，公园分级分类管理成效明显，延长开放时间已达195座，开办园艺讲座300场，全年本市公园游客量达到2.58亿人次。深化安全优质信得过果园创建，实现69家“安全优质信得过果园”果品追溯全覆盖。

垃圾综合治理不断深化。完善生活垃圾全程分类体系，静安、长宁、杨浦、松江、奉贤、崇明第一批整区域推进六区基本实现垃圾分类全覆盖，本市生活垃圾分类及绿色账户累计覆盖已达650万户居民。全市开展单位生活垃圾集中检查11726家，发出整改通知单836张，党政机关、事业单位垃圾分类示范作用逐步发挥效应。完成两网融合回收服务点建设3374个、中转站建设93个，两网融合收运体系初步建成。完成道路废物箱分类标识规范化更新4万余个，定时定点垃圾箱房改造9700个，喷涂湿垃圾收运车782辆，配置有害垃圾运输车16辆。全市已形成干垃圾焚烧处理能力1.33万吨/日，生活垃圾填埋能力1.54万吨/日，湿垃圾处理能力4650吨/日。推进全市8座湿垃圾集中处理设施、7座生活垃圾焚烧设施、12座建筑垃圾资源化利用设施和1座综合填埋场建设。本市建筑垃圾申报总量7200余万吨。完成南汇东滩N1库区外海临时码头建设，启动实船试靠工作。

市容环境保持整理靓丽。完成“补短板、治五乱”三年专项行动锁定的3268处治理单元，完成全市42处无序设摊中度污染点的治理任务，继续推进81处临时管控点、84处临时疏导点的管理规范提升和硬件改造提升。拆除违法户外广告设施2698块，拆除违规电子显示屏33块、各类走字屏1362块。拆除有安全隐患的广告招牌2.3万余块，拆除违法、违规设置的广告招牌1.2万余块。按照“一店一档”要求建立31万余块户外招牌设施基础信息。完成4座跨江大桥、杨浦大桥至南浦大桥两岸388栋重要建筑、16座码头灯光、近20公里岸线景观照明改造提升。全市新建环卫公厕45座、改建253座、增设第三卫生间102座，550余座公厕实行24小时开放，环卫公厕布局不断优化。

行业发展基础愈加扎实。以生态文明建设为龙头，坚持强基础、重管理、充分发挥规划引领、法治保障、科技信息等支撑保障作用，不断夯实行业发展基础。成立“城市困难立地生态园林国家林业局重点实验室”“国家林业局虎保护中心上海研究基地”和“上海思创绿化科技成果转化应用促进中心”，积极开展对外合作交流。组织开展“不忘初心、牢记使命”大调研活动，共开展调研423次，对象覆盖企事业单位、社会组织、社区居民、农户等共计772家；发现问题476个，初步解决问题437个，解决率为91.8%；收到工作建议224条，采纳153条。2018年组织媒体专版60余个、电台专栏报道50余期。“绿色上海”，粉丝近10万；政务微博粉丝达到32.5万，组建了7支生活垃圾分类志愿者队伍。推出供市民认养的绿地109万平方米，树木6.3万棵，古树名木251棵及各种果树6300余棵。市民诉求处置能力不断提高，受理处置各类投诉29408件，按时办结率达100%。

（二）绿化林业

【概况】 全市加大绿化造林，新造林7.55万亩，森林覆盖率达到16.8%。全市绿地结构进一步完善，绿道体系初具规模，绿化系统布局趋于合理，完成绿地建设1307公顷，绿道建设223.9公里，立体绿化建设40.4万平方米，湿地保有量稳定在46.46万公顷。

【生态环境建设】 围绕市级重点生态廊道、崇明世界级生态岛、环境综合整治区域，加大植树造林力度，落实新造林土地7.55万亩。森林覆盖率达16.8%。17条（片）市级重点生态廊道完成地块梳理并启动实施，其中老港、天马、外冈处理厂和金山化工区周边，以及沪芦高速等5廊（片）市级重点生态廊道启动实施，吴淞江（闵行、嘉定段）、绕城高速（浦东、宝山段）等2廊部分区段启动实施，落实造林1.2万亩，累计落实造林4.19万亩，完成生态专项18公顷建设任务。加快推进崇明生态岛建设，基本完成花博会总体方案编制。

表1　2018年上海绿化林业基本情况表

项　目	单位	数值
新建绿地	公顷	1306.9
新建公园绿地	公顷	811.3
人均公园绿地面积	平方米	223.9
立体绿化	万平方米	40.4
新增林地	万亩	7.55
森林覆盖率	%	16.8
湿地保有量	公顷	46.46+

表2　2018年上海公园绿地建设情况表

绿　地	面积（公顷）
浦东森兰楔形绿地	50
浦东张家浜楔形绿地	30
滨江森林公园二期	10
徐汇桂江路绿地四期	3.4
油罐艺术公园二期	2.2
长宁中新泾公共绿地	2.9
闵行文化公园四期	5
宝山康家村楔形绿地	5
青浦环城水系工程（一期）C段	10
奉贤庄行公园	4.98
上海之鱼青年艺术公园	7
上海之鱼雕塑公园	4.87
嘉定遖园	17
松江广富林郊野公园新建绿地	42
崇明宝岛路东侧绿地	8.3

【绿地建设】绿地建设重点突出、亮点明显，呈现一批景观特色明显的公园绿地，如浦东森兰楔形绿地 50 公顷、张家浜楔形绿地 30 公顷、滨江森林公园二期 10 公顷、徐汇桂江路绿地四期 3.4 公顷、油罐艺术公园二期 2.2 公顷、长宁中新泾公共绿地 2.9 公顷、闵行文化公园四期 5 公顷、宝山康家村楔形绿地 5 公顷、青浦环城水系工程（一期）C 段 10 公顷、奉贤庄行公园 4.98 公顷、上海之鱼青年艺术公园 7 公顷、上海之鱼雕塑公园 4.87 公顷、嘉定遠园 17 公顷、松江广富林郊野公园新建绿地 42 公顷、崇明宝岛路东侧绿地 8.3 公顷等。

【绿道建设】 2018 年，本市绿道建设超额完成指标（200 公里），共建成绿道 224 公里，包括黄浦滨江绿道、静安彭越浦绿道（汶水路—灵石路）、长宁外环生态绿道、杨浦滨江绿道、闵行龙吴路（景联路—江川东路）绿道、松江广富林郊野公园绿道、嘉定新城环城林带绿道、奉贤金汇港半马绿道、青浦环城水系（一期）绿道等多个项目。目前，全市绿道累计建成总量约 671 公里。

【郊野公园建设】松江松南郊野公园试开园，目前全市共有 7 座郊野公园（廊下郊野公园、长兴岛郊野公园、青西郊野公园、浦江郊野公园、嘉北郊野公园、广富林郊野公园）建成运行。制定《上海市郊野公园运营管理办法》，完成《上海市郊野公园规划设计导则》修编。

【绿化“四化”建设】制定《关于落实“四化”提升本市绿化品质的指导意见》，启动编制绿地、森林“四化”（绿化、彩化、珍贵化、效益化）规划方案，开展技术储备与研究，结合生态廊道建设和林地抚育等。在国家会展中心会场周边绿化提升项目中先行先试，加大开花、色叶乔木及花灌木的应用比例。

【特色街区建设】 为提高本市绿化特色街区设计、施工、管理水平，编制《上海市绿化特色街区建设技术导则（试行）》。推进 8 个绿化特色街区建设中，已完成虹口东长治路、闵行吴泾·永德、江川路、安宁路、崇明城桥镇绿地商业街等 5 个绿化特色街区建设。

【街心花园建设】 编制《上海市街心花园建设技术导则》，建成 90 个街心花园。如黄浦建成以“司马秤、盘桃会”为寓意的小桃园街心花园，营造出桃花烂漫、灼灼芳华的特色花卉景观；虹口建成以“雏菊美虞—禅意谐趣”为主题的昆明路与唐山路交叉路口街心花园；闵行建成以开花地被为特色的 G50 北航东路西街心花园等。

【林荫道创建】 完成 24 条林荫道创建命名工作，全市林荫道总量达到 221 条。

【绿化特色道路】 制定《上海市绿化特色街区建设技术导则（试行）》完成 10 条绿化特色道路创建工作。绿化特色得到显现，如静安万荣路以小叶椴、樱花和月季为特色，虹口新建路以樱花、月季为特色，杨浦邯郸路以加拿大紫荆、豆梨、丁香和紫娇花为特色。

【申城落叶景观道路】 2018 年“落叶不扫”景观道路已再次调整扩容增至 34 条。自 2013 年起，申城道路保洁和垃圾清运行业开始打造落叶景观道路，徐汇区余庆路、武康路率先尝试对部分道路“落叶不扫”，成为申城一道独特风景，受到许多市民点赞。2014 年，全市落叶景观道路增至 6 条，2015 年增至 12 条，2016 年增至 18 条，2017 年增至 29 条。

【花卉景观布置】 围绕 3 个市级核心区域、8 个市级重点区域以及 13 条市级重点道路加

表3 2018年上海市林荫道名录

序号	区	道路	路段	道路长度/m	道路板式	树种
1	静安	广延路	广中路—延长路	840	单幅路	香樟
2		北京西路	江宁路—乌鲁木齐北路	1500	单幅路	悬铃木
3	徐汇	钦州路	康健路—宜山路	1700	单幅路	悬铃木
4		乌鲁木齐南路	淮海中路—肇家浜路	1200	单幅路	悬铃木
5		五原路	常熟路—武康路	806	单幅路	悬铃木
6		安福路	常熟路—武康路	853	单幅路	悬铃木
7		全州路	桂箐路—桂果路	847	单幅路	香樟
8	虹口	巴林路	伊敏河路—辉河路	600	单幅路	香樟
9		松花江路	邯郸路—密云路	834	单幅路	香樟
10	杨浦	国顺路	四平路—邯郸路	820	单幅路	香樟
11	长宁	茅台路	古北路—威宁路	1500	单幅路	悬铃木
12	普陀	绥德路	祁连山南路—三角科技园	679	单幅路	栾树
13		子洲路	铜川路—桃浦路	841	单幅路	悬铃木
14	浦东	巨野路	浦东大道—张杨路	996	单幅路	悬铃木
15		阳光大道	南环岛—唐黄路	585	双幅路	重阳木
16	宝山	宝林路	宝杨路—东林路	610	单幅路	香樟
17	闵行	繁安路	联农路—颛兴路	600	单幅路	悬铃木
18	嘉定	昌吉东路	洛浦路—于田路	1700	单幅路	香樟
19	奉贤	沿钱公路	奉柘公路—南奉公路	5500	单幅路	香樟
20		解放西路	南桥路—环城西路	1000	单幅路	香樟
21	青浦	漕命路	青赵路—漕盈路	1100	单幅路	悬铃木
22	松江	中山二路	人民路—谷阳路	730	单幅路	香樟
23	金山	罗星路	临源街—东林街	710	单幅路	香樟
24	崇明	小星公路	合作公路—猛东村	1000	单幅路	水杉

表4 2018年上海绿化特色道路名录

序号	区	道路	路段	道路长度/m	特色
1	静安	万荣路	广中西路—灵石路	500	小叶椴、樱花、月季
2	虹口	新建路	东大名路-周家嘴路	500	樱花、月季
3	杨浦	邯郸路	国权路—国定路	650	加拿大紫荆、豆梨、丁香、紫娇花
4	普陀	云岭东路	大渡河路—真北路	1900	紫薇
5	浦东	申迪路	全段	1500	红花槭、乌桕、无患子、马褂木
6	宝山	永乐路	永清路—宝东路	825	早樱、月季
7	嘉定	棋盘路	新成路—永靖路	500	樱花、美人梅、月季
8	松江	滨湖路	文诚路—文翔路	1200	樱花、兰花三七
9		江学路	其昌路—新松江路	1600	海棠、榉树、无患子
10	崇明	东旺西路	团旺桥—团旺中路	2000	无患子、夹竹桃、兰花三七

大花卉布置数量。进博会期间，全市布置花坛花境约21.9万平方米、组合容器3.4万组以上、灯杆花球3700只、主题绿化景点88个、单季用花量1300万盆以上，延安路高架、南北高架、延西立交及虹桥枢纽等沿口地段摆放花箱约6.3万箱，人民广场喷水池“秋实满园”、陆家嘴环岛“珠联璧荷”、外滩外白渡桥南侧“扬帆起航”三个大型立体花坛也都各具特色。指导完成申贵路申虹路、北翟路泾力西路等12块抛荒地约160万平方

表5　2018年上海市城市落叶景观道路一览表

序号	区	路段名称	起点	终点	拟开展时间	主要树种
1	黄浦	思南路	建国中路	复兴中路	11月15日—12月15日	悬铃木
2	静安	巨鹿路	富民路	常熟路	12月1日—12月31日	悬铃木
3		民立路	共和路	汉中路	12月1日—12月31日	悬铃木
4		运城路	宜川路	广中西路	12月1日—12月31日	悬铃木
5	徐汇	余庆路	衡山路	康平路	11月24日—12月9日	悬铃木
6		衡山路（北段单侧）	吴兴路	天平路	11月24日—12月9日	悬铃木
7		复兴西路	华山路	武康路	11月24日—12月9日	悬铃木
8		永福路	复兴西路	湖南路	11月24日—12月9日	悬铃木
9	虹口	四平路	海伦路	大连路	11月15日—11月30日	银杏树
10		安汾路	南泗塘河	逸仙路	11月15日—11月30日	银杏树
11		虹湾路	江杨南路	水电路	11月15日—11月30日	北美枫香
12		溧阳路	四平路	四川北路	11月15日—11月30日	悬铃木
13	普陀	花溪路	桐柏路	枫桥路	11月22日—12月上旬	悬铃木
14		桐柏路	枣阳路	梅岭南路	11月22日—12月上旬	悬铃木
15	长宁	新华路	淮海路	杨宅路	11月20日—1月1日	悬铃木
16		龙溪路	虹桥路	青溪路	11月20日—1月1日	无患子
17		番禺路	淮海路	延安西路	11月20日—1月1日	悬铃木
18		愚园路	镇宁路	定西路	11月20日—1月1日	悬铃木
19		茅台路	娄山关路	威宁路	11月20日—1月1日	悬铃木
20		虹古路	古北路	北虹路	11月20日—1月1日	悬铃木
21	闵行	莘凌路	莘沥路	莘潭路	11月15日—12月31日	银杏树
22		富都路	都市路	闵城路	11月15日—12月31日	黄连木
23		南辅路	莘东路	莘凌路	11月15日—12月31日	栾树　无患子
24	松江	北内路	中山路	乐都路	11月26日—12月16日	枫杨树　悬铃木
25		园中路	南青路	思贤路	11月26日—12月16日	悬铃木
26		文诚路	园中路	人民路	11月26日—12月16日	悬铃木
27		谷阳路	松汇路	中山路	11月26日—12月16日	悬铃木
28	青浦	华乐路	青湖路	盈港东路	11月15日—12月15日	银杏树
29	金山	金一东路	沪杭公路	新城路	11月15日—11月30日	悬铃木
30	浦东	碧云路	黄杨路	云山路	11月26日—12月16日	悬铃木
31		芳甸路	锦绣路	花木路	11月26日—12月16日	悬铃木
32	杨浦	四平路	大连路	五角场环岛	11月23日—11月30日	银杏树
33		苏家屯路	阜新路	锦西路	11月23日—11月30日	悬铃木
34		锦崇路	伟康路	政学路	11月23日—12月31日	无患子

米的临时绿化、自然花海布置。累计完成绿化整治426.4万平方米，新建绿地48.5万平方米，行道树补种2083棵，行道树设施更新23556套。

【园林街镇创建】浦东塘桥街道、洋泾街道获评市级园林街镇。其中，塘桥街道以“绿地布局合理、环境生态宜居、文化特色突显”为创建主线，洋泾街道以“打造可共享的绿色生态 创建有温情的园林街镇”为创建目标。

【新增城市公园57座】加强分类分级管理，完成本年度城市公园名录调整工作并正式发文。新纳入城市公园57座，全市城市公园总数达到300座。

【公园分类分级管理】完成西康公园等5座公园改造，完成167座公园星级评定。其中五星级公园 28 座，四星级公园 33 座，三星级公园 100 座，二星级公园 5 座，基本级公园 1 座。

【公园主题活动】各大公园组织开展了丰富多彩的主题活动，举办上海国际花展、上海国际兰展、第 16 届全国梅花蜡梅展、第 13 届全国菊花展。全市形成以梅花、玉兰、郁金香、洋水仙、风信子、海棠、牡丹、月季、杜鹃、荷花、睡莲、桂花、八仙花、紫藤花、桃花、水仙等特色植物展，丰富了市民的文化生活，同时也提升了公园的园艺水平。2018 年共开办园艺讲座 300 场，本市公园游客量达到 2.6 亿人次。

【国庆期间公园游客量】国庆期间，上海全市公园共接待游客 652 万人次，城市公园 626 万人次，郊野公园 26 万人次，城市公园游客量较去年同期增长 9%。其中，17 座收费公园共接待游客 138 万人次，较去年同期增长 27.7%；直属公园共接待游客 62 万人次，较去年同期增长 24%。主题活动如辰山植物园的 2018“辰山秋韵”花果展，上海植物园的“秋季花展”，共青森林公园的“第十八届都市森林狂欢节暨第五届共青森林啤酒节”，古猗园的“上海欢乐民俗节”，上海动物园的“第六届蝴蝶展”，滨江森林公园的“秋游季”，复兴公园的“太极拳展示交流活动”，顾村公园的“金秋游园活动”，醉白池公园的“秋季文化游园活动”等，为市民打造了一场传统文化与生态景观相结合的绿色盛宴。

【公园延长开放】推进全市公园实施延长开放，全市共 195 座公园纳入延长开放，占在册公园总数的 80%。其中，2018 年延长开放的公园 76 座，全年全天开放的公园 43 座。

【园艺大讲堂】 上海公园“园艺大讲堂”活动已连续开展三年，已在全市 16 个区建立了 50 余个教学点，开设了涉及家庭养花、多肉栽培、艺术插花、花园管理、盆景赏析、绿化科普等方面的 70 余门课程。2018 年共办了 300 多场授课活动，直接参与人数达 1 万余人。

【古树名木管理】制定发布《上海市古树名木和古树后续资源鉴定标准和程序》和《上海市古树名木和古树后续资源死亡注销程序》。完成金山、嘉定 2 个古树保护示范点及 7 个区 9 个抢救复壮点的建设任务，涉及 38 株古树名木及古树后续资源，古树生长环境得到了改善。开展古树生长势与环境监测，在 2017 年的 8 株千年古银杏的基础上，又增加了 45 个古树群的监测点。

【全民义务植树】2018 年推出供市民认养的绿地 109 万平方米，树木 6.3 万棵，古树名木 251 棵及各种果树 6300 余棵，通过网络预约，市民可以随时、就近进行认建认养，进一步拓展了义务植树尽责新形式。

【绿化大篷车活动】市民绿化节品牌活动不断丰富，2018 年“绿化大篷车”品牌活动累计在全市 16 个区的大、中、小学，幼儿园及爱心暑托班开展 50 余场活动，共有 8350 名学生直接参与。

【森林资源管理】进一步完善林地生态补偿机制，从严开展生态补偿考核。全面推进森林资源一体化监测，并通过国家评审，环城绿带精细化养护水平进一步提升，实现了森林资源管理精细化的目标。率先完成了崇明、嘉定和宝山三区存量森林资源更新。加大林地管控力度，严格征占用林地审批，实行行政审批批后监管全覆盖。

【有害生物监控】完成了上海报检管理系统

升级，新增植物检疫网上申报、业务数据共享的内容。编制《上海市林业有害生物普查名录》，加强美国白蛾等重大有害生物监测与防控。

【森林防火演练】 加强森林防火监测巡查，组织开展打击涉林违法犯罪专项行动，共处置违法行为15起，其中实施行政处罚2起，涉林180.61亩。组织编制《上海市森林经营规划》并通过评审；积极推进林地抚育，开展林下种植试点建设，落实奉贤区林下耐盐碱花灌木种植等6个试点项目。

【经济果林】 本市目前共有经济果林总面积23.5万亩，投产面积为22.4万亩，其中桃的投产面积为6.6万亩，葡萄为5.9万亩，梨为2.6万亩，柑橘为6万亩。作为城市森林重要组成部分的经济果林，不仅为市民生活提供了优美环境，而且为农民增收、农业增效发挥了重要作用。

【果园创建】2011年本市林业部门启动了“安全优质信得过果园”的创建工作。2018年，全市已有69家果园被评为“安全优质信得过果园”，且分布于沪郊各区。其栽培的树种则涵盖了桃、梨、葡萄、柑橘、蓝莓、猕猴桃、枣、银杏等多种林果。

【公益林养护】 “家庭林场”养护模式成为上海生态林养护新尝试，2018年，已有松江、嘉定部分乡镇实行了家庭林场养护模式；崇明、金山、奉贤、青浦的新建林地推行林地市场化养护，各区探索有特色的、多元的林地市场化养护模式。

【林地管控】 从严监管林地，全面建立林地占补平衡机制，规范公益林征占用行政审批，实行100%事后监管。开展全市涉林违法线索有奖举报工作，组织开展了本市严厉打击非法占用林地等涉林违法犯罪专项行动，全市共出动检查人员336人次，检查车辆230余辆次，市级工作组检查20亩以上减量林地小班142个，20亩以下233个，发现涉嫌违法小班15个，涉及林地面积180.61亩。

【涉林违法专项稽查】 为贯彻落实国家林业局《关于开展“规范林业执法行为 提升林业执法能力”的专项行动的通知》（办策字〔2018〕7号）文件的相关精神，市林业局对全市9个区开展为期两个月的专项稽查。稽查行动期间，实地探查324个小班，总计6768.83亩林地。其中，闵行区检查林地小班21个，831.63亩；宝山区检查林地小班24个，750亩；嘉定区检查林地小班27个，486.96亩；浦东新区检查林地小班110个，2580.34亩；金山区检查林地小班23个，97.11亩；松江区检查林地小班35个，514.43亩；青浦区检查林地小班27个，674.14亩；奉贤区检查林地小班28个，622.16亩；崇明区检查林地小班29个，212.06亩。

【林下种植】 建成奉贤区林下耐盐碱花灌木种植试点项目；与农科院对接，完成崇明建设镇菇林源、瑞华果园和前卫园艺公司三块基地林下种植羊肚菌、大球盖菇等经济价值高的食用菌新品种种植。完成崇明宿新镇林下种植中草药、浦东老港林下种植花灌木等五个试点的专家评审。

【乡镇林业站建设】 目前，上海市共有104个涉林乡镇，已建立国家级标准化林业站9个，市级标准化林业站在建36个，2018年已完成9家标准化乡镇林业站验收工作，验收全部合格。

【野生动植物进出口许可】 依法审批完成近3000项CITES物种、国家重点保护野生动植物进出口许可，涉及单位200余家，进出口总金额超过25亿元。另，全市共完成150项国家重点保护野生动植物或其产品驯养繁殖、收购出售和经营利用的监管，涉及金额1.81亿元。

【野生动植物巡查巡护】加强野生动物重要栖息地的巡查巡护，严厉打击候鸟等野生动物资源的非法贸易，联合文物、公安等部门妥善处理了5起涉嫌违法拍卖象牙文物的事件，与上海市文物部门建立象牙文物拍卖联合应对管理机制。其中，青浦184条球蟒刑事案件，获得公安部的明电表彰。组织实施本市野生动物保护志愿者巡护专项，项目开展以来，志愿者共计巡查40次，拆除捕鸟网300张，解救鸟类100余只，通过志愿者巡护，建立了“区级保护管理部门＋志愿者”的联动应对机制。

【重大疫源疫病防控监测】做好野生非洲猪瘟、高致病性禽流感等陆生野生动物疫源疫病监测防控和主动预警工作。2018年，完成了全市直报系统的调试和应用，实现全市57个监测站区域位置和巡查路线的GPS信息录入。与上海市农业科学院合作开展上海地区蛇蛙类寄生虫感染风险评估项目，开展蛙蛇类体表及体内寄生线虫、绦虫、吸虫、棘头虫的检测工作。开展本市重要疫源物种的卫星跟踪工作，通过卫星追踪，了解上海地区野鸟禽流感的传播路径。

【濒危物种】继续做好大熊猫、朱鹮、孟加拉虎、犀牛等濒危物种的管理及相关工作。目前本市共有12头大熊猫，其中上海动物园2头，上海野生动物园10头。津巴布韦赠送的2头非洲狮健康良好并已经生育幼狮1头，津巴布韦驻华大使对此高度肯定；日本回国的4羽朱鹮健康情况良好，部分朱鹮已经配对繁育；云南省赠送的2头孟加拉虎健康情况良好并产下4只幼虎，幼虎健康状况良好。配合国家林草局积极做好尼泊尔赠送中国的2头亚洲犀的接收工作，目前2头犀牛健康状况良好。

【上海市崇明禁猎区管理规定】3月26日，《上海市崇明禁猎区管理规定》经市政府第6次常务会议通过，该规定自2018年5月15日起施行。明确了禁止使用弓箭（弩）、射钉枪、捕鸟器、捕蛇夹等猎捕工具和方法猎捕野生动物；禁止食用国家重点保护野生动物及其制品，以及没有合法来源证明的非国家重点保护野生动物及其制品；餐饮服务提供者不得以上述野生动物及其制品的名称、别称、图案为内容，制作招牌或者菜谱等。

【湿地保护修复】积极推进野生动物重要栖息地修复项目，完成了奉贤申亚（狗獾）、青浦大莲湖蛙类和朱家角虎纹蛙等3个项目的验收。制定《上海市湿地名录管理办法》《上海市重要湿地建议名录（第一批）》，目前，本市符合上海市重要湿地认定标准，共13块，湿地总面积121309.6公顷。

表6　上海市重要湿地名录（第一批）

序号	湿地名称	主要湿地类型	湿地面积(公顷)	主管部门	管理单位
1	宝山陈行-宝钢水库市级重要湿地	库塘	313.97	水务	上海城投原水有限公司
2	崇明北湖市级重要湿地	库塘	1277.86	规划资源	上海地产（集团）有限公司、上海市土地储备中心
3	崇明长江口中华鲟市级重要湿地	河口水域	45545.50	农业农村	上海市长江口中华鲟自然保护区管理处
4	崇明东风西沙水库市级重要湿地	库塘	335.42	水务	上海崇明原水管理有限公司
5	崇明东平森林公园市级重要湿地	库塘	16.97	林业	上海崇明旅游投资发展有限公司
6	崇明东滩市级重要湿地	潮间盐水沼泽	24083.03	林业	上海市崇明东滩鸟类自然保护区管理处
7	崇明青草沙水库市级重要湿地	库塘	6317.79	水务	上海城投原水有限公司
8	崇明西沙市级重要湿地	潮间盐水沼泽	241.83	林业	上海西沙国家湿地公园管理有限公司
9	奉贤海湾森林公园市级重要湿地	库塘	95.40	林业	上海海湾国家森林公园有限公司
10	金山三岛市级重要湿地	岩石海岸	118.51	海洋	上海市金山区海洋海塘管理所
11	浦东九段沙市级重要湿地	潮间盐水沼泽	40898.06	生态环境	上海市九段沙湿地国家级自然保护区管理署
12	青浦淀山湖市级重要湿地	永久性淡水湖	1796		青浦区政府
13	青浦金泽水库市级重要湿地	库塘	269.21	水务	上海城投原水有限公司

（三）生活垃圾治理

【概况】出台《关于建立完善本市生活垃圾全程分类体系的实施方案》和三年行动计划，顶层设计得到完善，全程分类体系建设进一步加快。静安、长宁、杨浦、松江、奉贤、崇明第一批整区域推进六区基本实现垃圾分类全覆盖，本市生活垃圾分类及绿色账户累计覆盖已达650万户居民。

【垃圾分类减量】生活垃圾分类实现单位全覆盖，居民区覆盖率达到80%，“设施、宣传、收运”规范达标率达到64%，市民对垃圾分类的知晓率达到98.99%。2018年平均湿垃圾分出量为3948吨/日，两网融合可回收物资源化利用量达761吨/日，干垃圾末端处置量为21500吨/日，分类实效得到提升。

【强制分类】严格落实“不分类，不收运”倒逼机制，确保单位生活垃圾强制分类工作取得实效。全市开展单位生活垃圾集中检查11726家，发出整改通知单836张，党政机关、事业单位垃圾分类示范作用逐步发挥效应，2018年全市党政机关垃圾分类工作基本实现全覆盖。

【整区域推进】2018 年全市率先在长宁、静安、杨浦、松江、奉贤、崇明 6 个区和其余各区 2 个街镇实现垃圾分类整区域推进。

【环卫基础设施】完成两网融合回收服务点建设 3374 个、中转站建设 93 个，两网融合收运体系初步建成。完成道路废物箱分类标识规范化更新 4 万余个、定时定点垃圾箱房改造 9700 个，喷涂湿垃圾收运车 782 辆，配置有害垃圾运输车 16 辆。

【末端设施】全市已形成干垃圾焚烧处理能力 1.33 万吨 / 日，生活垃圾填埋能力 1.54 万吨 / 日，湿垃圾处理能力 4650 吨 / 日。推进全市 8 座湿垃圾集中处理设施、7 座生活垃圾焚烧设施、12 座建筑垃圾资源化利用设施和 1 座综合填埋场建设。其中，湿垃圾资源化设施建设方面，闵行二期、松江、浦东二期、老港、嘉定项目启动开工；干垃圾处置设施建设方面，加快推进老港焚烧二期、填埋二期项目建设，天马焚烧二期、崇明焚烧二期启动开工；建筑垃圾资源化处置设施建设方面，松江、浦东、宝山、嘉定一期、奉贤、老港项目启动开工，普陀项目已落实临时资源化能力建设。

【建筑垃圾处置】发布《建筑垃圾运输企业招投标管理、运输许可证吊销管理办法》。《建筑垃圾治理试点城市实施方案》通过住建部审查，出台进一步加强拆违垃圾源头管控措施。完善属地消纳体系，持续做好地铁、北横通道等市重大工程渣土、泥浆，以及中心城区居民装修垃圾消纳工作。2018 年，本市建筑垃圾申报总量 7200 余万吨。完成南汇

表7　2018年上海垃圾分类基本情况表

项　目	单位	数值
生活垃圾居民区覆盖率	%	80
“设施、宣传、收运”规范达标率	%	64
垃圾分类市民知晓率	%	98.99
平均湿垃圾分出量	吨/日	3948
“两网融合”可回收物资源化利用量	吨/日	761
干垃圾末端处置量	吨/日	21500

表8　2018年上海环卫设施基本情况表

项　目	单位	数值
建设“两网融合”回收服务点	个	3374
建设“两网融合”中转站	个	93
规范化更新道路废物箱分类标识	万个	4+
改造定时定点垃圾箱房	个	9700
喷涂湿垃圾收运车	辆	782
配置有害垃圾运输车	辆	16
湿垃圾集中处理设施	座	8
生活垃圾焚烧设施	座	7
建筑垃圾资源化利用设施	座	12
综合填埋场	座	1
干垃圾焚烧处理能力	万吨/日	1.33
生活垃圾填埋能力	万吨/日	1.54
湿垃圾处理能力	吨/日	4650

东滩 N1 库区外海临时码头建设，启动实船试靠工作，实施卸点付费，有效化解了重大工程渣土偷乱倒及超载现象发生。

【专项整治行动】积极开展扫黑除恶专项斗争，加大渣土运输企业监管力度，车容车貌得到良好提升。联合公安、城管部门从严开展整治行动，对 484 家企业开展诫勉谈话、44 家企业实施限期整改，1 家运输单位吊销行政许可，156 车次由于超载行为禁止进入消纳库区。

【废弃油脂管理】全面完成餐厨废弃油脂源头管理“4 个 100%”工作目标，有序推进餐厨废弃油脂各项源头管控工作，落实部门联动告知制度，规范物流管理程序，确保流量流向可控。会同食药监、发改、经信、财政等部门研究确定财政扶持资金审批流程。做好餐厨垃圾处置全程监管，落实“全量申报”管理要求。

【餐厨垃圾管理】进一步明确餐厨垃圾源头分类质量和分类收运要求，加强专项监督检查，并委托第三方对餐厨垃圾品质进行抽检。逐步完善餐厨垃圾信息化监管平台功能，实现餐厨垃圾收运处置目标可溯。

【水生植物整治】全面落实水生植物整治工作，前移作业防线，提升作业装备。2018 年黄浦江、苏州河干流累计出动作业船舶 9402 艘次、作业人员 25647 人，打捞水葫芦 49800.4 吨，其中，省界水域出动作业船舶 2782 艘次、作业人员 5612 人，打捞水葫芦 35680 吨。

【垃圾分类立法调研】2018 年，市人大常委会将制定生活垃圾管理条例列为正式立法项目。2018 年 3 月以来，市人大城建环保委、法制委、法工委，围绕“三化”目标和全程分类体系建设的全链条及关键环节，先后深入 10 个区、20 多个住宅小区、10 余家企业，对源头分类、资源回收、分类运输、分类处置、湿垃圾和可回收物循环利用等开展实地调研，并聚焦实践中的堵点问题和立法关键制度设计，开展近 10 次专题研究、讨论，同时，多次深入听取静安、杨浦、长宁等各区人大、政府的意见和建议。

【垃圾分类知识读本】12 月 5 日，上海首套全市统一的生活垃圾分类知识读本诞生，共分幼儿园版、小学版、初中版三种版本，以适应不同年龄段学生的需求。首批读本已发放到松江等区的部分小学和初中，将逐步渗透一些学校的专题教育课和相关课余活动。

【垃圾分类听民生】由市政府新闻办、市绿化市容局指导举办，上海广播电视台直通 990、话匣子 FM、新闻坊、上海发布、绿色上海、东方网等联合呈现的《垃圾分类听民声——区长对话居民》大型访谈节目，每周六相约社区居民。静安区、长宁区、杨浦区、奉贤区、松江区、崇明区，整区域推进垃圾分类的 6 个区区长走到社区居民中间，倾听民声、直面问题、建言献策，通过多维度合力，聚焦重点、群策群力，共同推进上海市生活垃圾全程分类。

【生活垃圾立法】9 月 25 日，《上海市生活垃圾管理条例（草案）》（修改稿）提交市十五届人大常委会第六次会议进行一审。一审《条例（草案）》共九章五十六条，将生活垃圾综合治理作为破解超大城市精细化管理世界级难题的重要环节，加快推进生活垃圾“减量化、资源化、无害化”，形成本市生活垃圾管理的基本制度规范。

11 月 20 日，《上海市生活垃圾管理条例（草案）》（修改稿）提交市十五届人大常委会第七次会议进行二审。二审《条例（草案）》修改稿中，公众关心的生活垃圾分类投放责任主体、物业角色以及违反分类投放要求相应的处罚等问题，皆有明确规定。同时，还有对旅馆餐饮行业一次性用品的规定。

11月22日，《上海市生活垃圾管理条例（草案）》公开征求意见。

12月18日，《上海市生活垃圾管理条例（草案）》提交市十五届人大常委会第八次会议进行三审。三审《条例（草案）》修改稿进一步完善了生活垃圾分类名称及具体表述，明确可回收物回收利用的职能部门及职责分工，进一步加大湿垃圾源头减量的力度，增加农村地区生活垃圾分类投放的管理要求，完善大件垃圾和电器电子废弃物的处置规定等。

（四）市容景观管理

【概况】加强顽症治理，健全长效机制，全面完成“补短板、治五乱”三年专项行动锁定的3268处治理单元，全面完成责任区管理“五个一”任务；继续巩固提升市容环境达标、示范街镇创建成果；推进车辆清洗规范服务；户外广告治理、景观灯光提升进入新阶段。

【进博会市容环境保障】完成国展中心周边区域281项和外围12个区486项市容环境整治提升类工程性项目。实施市容环境重要通道环境综合治理及两侧建筑物外立面整治，以9条高架、4条重要地面道路及两侧可视范围的市容环境综合整治为重点，组织落实各类高架、地面设施整治提升，建构筑物外立面、第五立面及附属设施更新，社会单位建筑窗口绿化摆放等工作，完成高架涂装517万平方米，整治提升楼宇外立面218处。落实浦东中环线、华夏路高架沿线61处点位整治，组织开展国际会议中心等131处重要地点周边环境综合治理，开展365条污染较严重的中小道路专项治理，全市市容环境面貌得到显著提升。

【景观灯光】围绕进博会主题，组织实施了“一带”（嘉闵高架北翟高架—G50）7公里桥体的灯光建设；“一路”（延安高架路G50闵行段沿线景观灯光建设）沿线121幢建筑灯光提升；组织实施了虹桥商务区核心区内“一廊”（空中连廊）、“一线”（申滨南路）、“双轴”（申长路纵轴，绍虹路横轴）、“三系”（小涞港、北横泾水系，北潮港水系）以及16栋建筑、10处绿化景观节点的夜景灯光的建设提升，完成了国家会展中心建筑本体和周边夜景提升。

【美丽街区建设】制定《“美丽街区”建设专项工作方案（2018—2020年）》，重点围绕10处示范项目、37处主要休闲服务功能区域、101条（段）主要道路及两侧、205处市民集中居住区域，推动“美丽街区”建设，推广南京西路街区精细化保洁模式。

【“五乱”治理】依托市政市容管理联席会议平台，以老旧小区、集市菜场、轨交站点、

表9　2018年上海市容环境建设情况表

项目	单位	数值
“美丽街区”示范项目	项	10
主要休闲服务功能区域	处	37
主要道路及两侧	条（段）	101
市民集中居住区域	处	205

医院周边、学校周边，以及区际接合部、城乡接合部、条块接合部等为重点区域，在巩固前两年治理成果的基础上，全面完成“补短板、治五乱”三年专项行动锁定的3268处治理单元，1261个面上督办单元也得到了全面整改。重点聚焦“乱占道”和“乱张贴”专项治理，推进互联网租赁自行车街面秩序管理，全市共整治各类占道亭棚2000余处、跨门经营20万余处，规范非机动车停放30万余处。

【无序设摊】 全面完成全市42处无序设摊中度污染点的治理任务，防止无序设摊聚集点的新增和反弹，继续推进81处临时管控点、84处临时疏导点的管理规范提升和硬件改造提升。

【责任区管理】 持续推进信息档案管理系统建设，重点强化“一店一档”工作，新创市容环境卫生责任区管理示范道路100条(段)，推选示范性自律组织100个，信息档案系统录入责任人信息达27万余组。制订2018年空气质量改善专项攻坚方案，进一步加大道路保洁力度，增加机扫、吸尘频次。

【责任区创建】 以“七个一”工程为抓手，深化推进责任区管理工作。即全市新创市容环境卫生责任区管理示范道路100条（段）；在全市已建成的1000余个责任区管理自律自治组织中，推选出100个示范性自律组织；加大重点人员教育培训力度，年内培训各类人员20万人次；提升1000条（段）沿街商铺集中、易污染的中小道路的生活垃圾上门收集水平；信息档案系统已录入责任人信息27万余组，年内更新10万余组，责任区信息系统的管理效能得到不断提升；利用《责任区管理办法》实施3周年等契机，在全市范围内广泛开展责任区管理宣传活动100余场。

【城市清洁专项行动】 组织实施“清死角、消盲区、大冲洗”城市清洁专项行动，累计清理死角盲区21022个，清除垃圾7980.42吨，路面沟底、隔离栏下、绿化带内等保洁盲点、难点的环境质量得到有效提升。重点对核心区域、重点区域、主干道、人行道、隔离栏、商业街、风景区等开展重要时段“大冲洗”作业，累计出动道路保洁人员16.2万人次、各类保洁设备2.6万辆次，整体环境质量得到有效提升。

【户外广告】 按照从严把握、全面覆盖、切实可行、依法依规的原则，编制《户外招牌设置导则》《上海市户外广告招牌设施安全检测细则》，启动《上海市户外招牌设置管理办法》制订研究工作。积极推进《户外广告实施方案》修编和批复工作。

【户外广告整治】 全年共拆除违法违规、有安全隐患的户外广告招牌3.9万块。其中，

表10　2018年上海户外广告整治情况表

项 目	单位	数值
拆除户外广告招牌	万块	3.9
违法违规户外广告整治行动拆除户外广告牌	块	2698
户外电子显示设施管理拆除违规电子显示屏	块	33
户外电子显示设施管理拆除走字屏	块	1362
安全隐患专项整治拆除有安全隐患的广告招牌	万块	2.3+
安全隐患专项整治拆除违法违规设置的广告招牌	万块	1.2+
安全隐患专项整治排查户外招牌设施	万块	40+

违法违规户外广告整治行动中拆除 2698 块；户外电子显示设施管理中拆除违规电子显示屏 33 块、各类走字屏 1362 块；在安全隐患专项整治中，排查户外招牌设施 40 万余块，拆除有安全隐患的广告招牌 2.3 万余块，拆除违法违规设置的广告招牌 1.2 万余块。

【景观照明】以“璀璨浦江，魅力上海”为主题，推进黄浦江两岸夜景的创新、优化与提升。完成 4 座跨江大桥、杨浦大桥至南浦大桥两岸 388 栋重要建筑、16 座码头灯光、近 20 公里岸线景观照明改造提升工程以及黄浦江两岸景观照明集中控制系统建设工作。

【景观照明论坛】成功举办首届上海国际景观照明论坛及首届上海国际景观照明展览会，全球 30 多个城市的 300 余名同行参加了论坛，17000 多名各界人士参观了展览会，促进上海与世界各国照明行业的交流与合作。

【厕所革命】全市新建环卫公厕 45 座，改建 253 座，增设第三卫生间 102 座，新建改建以一、二类公厕为主。已有 205 座公厕提供热水洗手，有 550 余座公厕实行 24 小时开放，第三卫生间数量已达 369 座。

【“最美公厕”评选】市绿化市容局、市旅游局和市精神文明建设委员会办公室联合开展了“细微之处见文明——寻找上海‘最美厕所’”征集评选活动。评选活动于 8 月启动，历时两个月，累计有 280 余家沪上公厕参与评选。9 月 18 日—9 月 24 日开展的为 40 家入围厕所单位点赞的网络投票活动中，市民投票总数累计超过 130 万票。9 月 25 日，在综合专家评审、大众评审和网络投票结果后，最终决出了 20 家“最美厕所”获评单位及 5 家“特色厕所”获评单位。

【“世界厕所日”主题活动】11 月 19 日，市绿化和市容管理局召开上海市市容环卫窗口文明行业创建成果汇报会暨“世界厕所日”主题活动，汇报会以文艺表演和先进表彰相结合的形式进行，环卫行业青年、社会单位及志愿者通过生动形象的表演展示上海厕所 150 年的变迁。会上对获评“最美厕所”、环卫“双十佳”及新产品新技术应用案例征集的单位和个人进行表彰。

（五）行业发展

【概况】行业发展基础愈加扎实。以生态文明建设为龙头，坚持强基础、重管理，充分发挥规划引领、法治保障、科技信息等支撑保障作用，不断夯实行业发展基础。

表11　2018年上海绿化市容行业管理情况表

项目		单位	数值
与市大数据交换平台对接责任清单数据		项	40
上传共享数据		万条	4.2+
取消调整涉林类审批事项		项	6
梳理政务服务事项		类	9
		项	120+
校核修订事项要素		个	30
大调研	调研	次	423
	调研对象	家	772
	发现问题	个	476
	初步解决问题	个	437
	解决率	%	91.8
	收到工作建议	条	224
	采纳建议	条	153

【行政审批改革】落实证照分离改革措施，创新做好“放、管、服”工作，优化调整园林绿化建设、环卫设施改建审批、建设项目配套绿化竣工验收备案等工作环节，修改相关地方性法规，通过市人大常委会审议。聚焦建设项目审批制度改革，着力推进“减环节、减材料、减时间”，简化办事流程，让数据多跑路，让群众少跑腿。作为全市第一批电子证照应用试点局在13个办理事项中免交2种材料，5个办理事项缩减审批时限超过50%以上。

【一网通办】市、区40个行政审批事项及5个服务类事项已100%接入市政务服务统一受理平台，实现网上审批系统上云迁移，完成40项责任清单数据与市大数据交换平台对接，合计上传共享数据42000余条。取消调整6项涉林类审批事项，梳理9类120余项政务服务事项，校核修订30个事项要素。

【行业法治化建设】积极推动生活垃圾地方立法工作。完成《上海市崇明禁猎区管理规定》和《崇明东滩保护区管理办法》草案的制（修）订，经市政府常务会议审议通过并颁布实施。开展《上海市公园管理条例》《上海市水域环境卫生管理规定》《上海市餐厨垃圾处理管理办法》等法规修改的前期调研工作。制定《上海市古树名木和古树后续资源鉴定办法》《上海市建筑垃圾运输单位招投标管理办法》等8件规范性文件。建立普法责任清单制度，制发局系统“谁执法谁普法”责任清单，市绿化和市容管理局成为本市首批向社会公开发布普法责任清单的政府机关。

【大调研活动】坚持问题导向、需求导向、效果导向，组织开展“不忘初心、牢记使命”大调研活动，摸清行业对标最高标准和最好水平的差距，摸清制约发展的主要问题和深层次原因，摸清市民群众最强烈的诉求，全面形成“问题清单、措施清单、解决清单、制度清单”。共开展调研423次，对象覆盖企事业单位、社会组织、社区居民、农户等共计772家；发现问题476个，初步解决问题437个，解决率为91.8%；收到工作建议224条，采纳153条。

【标准化研究】行业标准化和智能化水平得

到提升，《柑橘栽培技术规范》等5项地方标准获批，《菊花栽培标准化示范》等7项标准化试点项目完成验收，启动《绿化市容行业新一代人工智能等信息技术应用设计》顶层设计，发布《智慧公园建设导则》，推进8家智慧公园示范建设。启动《生活垃圾全程监管信息化管理需求和相关技术研究》。湿垃圾处置技术探索工作有效，资源化利用于绿林地土壤改良工作稳步推进。

【科技成果转化】2018年，全市绿化市容系统内，共发表科研论文230篇，其中辰山植物园在SIC的1区、2区发表的论文有16篇。主编和参编的专著19部。在知识产权方面，申请各种专利27项，获得发明专利7项、实用新型专利1项、外观设计专利3项；获得山茶属“滇西风情”等植物新品种权授权5个，植物新品种国际登陆6个；获得软件著作权13个；建立专业网站1个。

【科技成果显著】《香石竹、百合、菊花种质创新与产业化关键技术继承和应用》等项目获得上海市科技进步二等奖和三等奖各一项；《月季、马褂木等观花和色叶树种的选育和栽培》获得梁希林业科学技术奖二等奖，《金丝猴、华南虎等5种珍稀圈养野生动物丰富度研究与应用》获得梁希林业科学技术奖三等奖。《城市典型困难立地园林生态修复规划建设关键技术创新与工程应用》获得华夏建设科学技术二等奖。上海植物园“精灵之约”大型系列科普活动荣获第七届梁希林业科普奖，并获得2018中国风景园林学会优秀科技成果一等奖和2018国际山茶协会主席勋章。《特色月季栽培标准化示范》和《产业园区土壤生态维护标准化试点总结报告》获得上海市标准化优秀学术成果奖二等奖。环境学校在第45届世界技能大赛水处理项目中荣获第一名。

【科技创新平台】成立“城市困难立地生态园林国家林业局重点实验室”“国家林业局虎保护中心上海研究基地”和“上海思创绿化科技成果转化应用促进中心”，积极开展对外合作交流。园科院荣获市科技进步二等奖、建设部华夏科技进步二等奖、国家林草局梁希科技进步二等奖。上海植物园荣获上海市科技进步三等奖、中国风景园林学会优秀科技成果一等奖、梁希科普奖。环境学校在第45届世界技能大赛水处理项目中荣获第一名。

【社会宣传】积极对接媒体主动宣传。保障政风行风、夏令热线等重点宣传工作。开展《改革开放40年新起航——阿拉看环境》系列报道；2018年组织媒体专版60余个、电台专栏报道50余期。强化垃圾分类新闻发布和政策解读，圆满完成“垃圾分类听民声——区长对话居民”系列访谈。成功举办每月5日生活垃圾分类主题宣传日活动，组建了7支生活垃圾分类志愿者队伍；完成了垃圾分类知识读本、宣传指导手册以及宣传海报、宣传片等制品的制作。完成《画为思鉴》行业文化漫画集。

【文明行业创建】申报市级文明单位24家，放映200场“露天电影进公园”，古猗园获“进博会”全市20家“最美服务窗口”之一。公厕行业文明指数测评2018年下半年为85.90分，道路保洁和垃圾清运行业社会公众满意度测评得分2018年下半年为84.50分，实现“十一连增”。

【保障职工合法权益】深化和完善绿化养护和环卫行业集体协商机制，推进一线职工收入正常增长机制的落实。开展绿化养护行业职工工资第三次集体协商和环卫行业职工工资第八次集体协商，明确了调整本市绿化养护行业最低工资标准、规范工资结构、落实职工互助保障、建立健全企业工会组织等事项；明确了完善环卫职工工资正常增长机制，调整绿化养护行业和环卫行业最低工资标准，建立绿化养护一线职工工龄补贴制度和扩大环卫一线职工工龄补贴范围，严格执行工资单制度等事项，为保障职工权益、稳定职工队伍、提高职工素质提供了政策保障。“爱心接力站”已达6500余座。

【行业文化建设成果展示】 10月26日，2018年度上海市绿化市容行业文化建设成果展示暨关爱环卫工人、共建洁净家园专项行动颁奖典礼在云峰大剧院举行。活动授予了吕斌等10名同志为2018年度“十佳城市美容师”的荣誉称号；授予中国石化上海石油分公司沪太路1289号加油站等10家“爱心接力站”门店为2018年度关爱环卫工人“十佳爱心接力站”；新华人寿保险股份有限公司上海分公司等10家单位申报的案例被评为2018年度关爱环卫工人、共建洁净家园“十佳社会共建案例”。来自本市绿化市容行业的劳模先进、一线职工代表600余人出席活动。

【做好安全维稳工作】 健全安全管理机构制度，成立上海市绿化和市容管理局安全生产委员会，形成局四类安全生产清单。完成胶州路大楼电路系统、空调设备、会议室等设施提升改造，聘请第三方开展员工食堂安全管理专项监督。做好防汛防台应急管理工作。

【有序应对市民诉求】 积极推进责任信访、法治信访、阳光信访，受理群众来信、来访、电子邮件共336件，按时办结率达100%。加强市民诉件办理，共受理29408件，按时办结率达100%。

（周海霞）

PART FOUR Ⅳ

环境保护

ENVIRONMENTAL PROTECTION

（一）综述

2018年全市环保投入资金约989.19亿元，相当于同年上海市生产总值（GDP）的3.0%。其中，城市环境基础设施建设投资为429.43亿元，污染源防治投资为227.08亿元，农村环境保护投资为156.49亿元，环保设施运转费为125.87亿元，生态保护和建设投资为28.19亿元，环境管理能力建设投资为8.04亿元，循环经济及其他方面投资为14.08亿元；分别占投资的43.4%、23.0%、15.8%、12.7%、2.9%、0.8%和1.4%。

图1　2014—2018年上海市环保投入情况

（二）重点工程建设

【概况】2018年3月29日，市政府印发《上海市2018—2020年环境保护和建设三年行动计划》（即第七轮环保三年行动计划）。在全社会共同努力下，依托本市环境保护和环境建设协调推进机制，第七轮计划总体进展较为顺利。

【水专项】基本完成饮用水水源二级保护区内企业关闭清拆，推进饮用水源地规范化建设；基本完成竹园第二污水处理厂提标改造等工程，新增一级A污水处理能力130万余立方米/日。

【大气专项】全面完成集中供热和热电联产锅炉清洁能源替代；提前供应符合国六标准的车用汽柴油，推广新能源车5.66万辆。固废专项，全市垃圾分类及绿色账户累计覆盖640余万户居民。老港再生能源利用中心二期等生活垃圾处置工程和浦东、松江等建筑垃圾资源化利用工程开工。

【工业专项】出台《上海市产业结构调整负面清单（2018版）》，完成产业结构调整1350项，完成“198”区域减量约15.2平方公里。农业农村专项，完成396家规划不保留畜禽养殖场退养，本市畜禽养殖废弃物资源化利用率达到95%以上；推进112个行政村、7.38万户农户的村庄改造。生态专项，完成绿地建设1307公顷，人均公园绿地面积达到8.2平方米；新增造林面积7.55万亩，森林覆盖率达到16.8%。

（三）污染防治

【大气污染防治】2018年，本市出台《上海市清洁空气行动计划（2018—2022年）》，并分别制定5年任务清单和2018年任务清单，全年各重点领域工作有序推进。

能源领域：全面完成燃煤锅炉清洁能源替代，完成1104台中小燃油燃气锅炉低氮改造；严控煤炭消费总量，淘汰落后燃煤机组。

产业领域：提高项目准入门槛，加大布局调整力度，完成涉气产业结构调整1000项；全面推进VOCs深化治理工程，完成整车制造、化工、印刷、家具、船舶等重点行业167家企业VOCs深化治理工程，完成48家/项源头替代工程；完成“散乱污”企业整治600家。

交通领域：淘汰老旧车1.74万辆，投放新能源公交车1899辆，新能源物流车7300

余辆；实施船舶排放控制区二阶段管控要求；累计建成中高压岸电设施21台套。

农业领域：全年粮油作物秸秆综合利用率达到95%；加强秸秆禁烧巡查工作，建立露天焚烧巡查机制；推广商品有机肥29.5万吨、配方肥197.7万亩次、缓释肥16.4万亩次。

建设领域：建设工地落实“六个百分百”要求；提升全市道路保洁机械化作业水平，加强渣土运输管理；市属建设工地和堆场码头落实安装扬尘在线监测设备，强化扬尘控制水平。

生活领域：强化餐饮油烟污染治理，10月发布餐饮业油烟污染控制技术规范；加强加油站废气排放监管，完成近200家8000吨以上的加油站油气在线监测安装项目。

此外，为有效应对重污染天气，2018年5月市政府办公厅印发《上海市空气重污染专项应急预案（2018版）》，降低了预警启动门槛，增加了预警提前量，细化量化了应急减排措施。

【水污染防治】 继续推进落实《上海市水污染防治行动计划实施方案》。至2018年底，87个工程项目中，虹桥污水处理厂及配套管网新建工程、郊区污泥处理工程及通沟污泥处理设施项目等69个项目已经完工，工程项目完工率约为79%。101个管理项目中，国考断面水质达标整治、不规范畜禽养殖户关闭等42项工作已经完成，管理项目完成率约为41.5%。项目总体完工率为59%。坚决打好碧水保卫战。围绕“2018年底前全面稳定消除河道黑臭，2020年力争全面消除劣Ⅴ类水体”的目标，深化河长制，落实湖长制，以苏州河综合整治四期工程（以下简称“苏四期”）为引领，落实“清水行动”计划，实施劣Ⅴ类水体治理三年行动计划，全力以赴打好“消黑、消劣”攻坚战。对照全市1.88万条劣Ⅴ类河道清单，全年已完成1万余条段劣Ⅴ类河道整治，劣Ⅴ类水体占比降至18%，超额完成年度计划目标。扎实推进河道周边工业企业整治，按照“彻底消除污染源头”的治理思路，对苏四期范围内2012条干支流周边工业企业开展了全面排查，推动115家存在环境风险隐患的企业截污纳管或调整关闭，逐步消除工业污染源对河道水环境的影响。

【土壤污染防治】 继续推进落实《上海市土壤污染防治行动计划实施方案》。对照实施方案要求，分解落实2018年度任务目标，建立和完善相关工作协调推进机制。市生态环境局制定并部署落实本市各区、各部门土壤污染防治行动计划2018年度重点任务清单，并每月调度相关工作进展情况。贯彻落实《土壤污染防治法》，加强农用地土壤环境管理。2018年，本市全面完成农用地土壤污染状况详查中的采样、制样、分析测试工作，有序推进重点行业企业用地调查工作，并基本完成企业基础信息采集任务。根据原环境保护部和原农业部《农用地土壤环境管理办法（试行）》（部令第46号）有关要求，市生态环境局会同市农业农村委，印发《关于加强本市农用地土壤环境管理工作的通知》，进一步规范本市对农用地开展的土壤环境调查、优先保护、安全利用、风险管控等活动。根据《农用地土壤环境质量类别划分技术指南（试行）》的要求，市生态环境局研究制定了《上海市农用地土壤环境质量类别划分技术方案（试行）》，为后续开展本市农用地土壤环境质量类别划分提供技术支持。

（四）重点区域综合整治

【概况】 2018年是第二轮金山地区环境综合整治的启动年，市级层面科学谋划、全面部署推进，重点推进金山二工区深度调整，完成转型发展行动方案。金山区、奉贤区、上海化工区、上海石化等各责任主体强化部署推进、督促检查和严格执法，全力落实整治工作，取得了较好的成效。

【重点工作】关停永欣水泥、茂昌化学制品等一批项目，完成上海石化2#延迟焦化安全环保型密闭除焦、杜邦农化等产业提升和深化治理项目，治理疏浚河道164条82公里，建成生态公益林378亩、公园177亩，完成金山区重点化工企业污染源全面达标等一批能力建设项目。通过持续整治，金山地区环境质量持续好转，大气恶臭污染明显改善，河道黑臭基本消除，环境信访投诉显著下降，群众感受度明显提升。

（五）法规政策

【概况】完善环保地方法制建设。一是加快开展环保重点领域立法工作。2018年，根据国家要求，结合本市实际，完成了《上海市大气污染防治条例》《上海市九段沙湿地国家级自然保护区管理办法》等地方性法规规章的修改工作。二是修订有奖举报办法。2018年6月，修订出台《上海市环境违法行为举报奖励办法》，拓宽举报投诉途径，扩大举报奖励范围，提高举报奖励标准，鼓励和引导公众参与监督环境违法行为。加大环境执法力度。2018年全市环保系统查处案件3047件，处罚金额近5.3亿元，同比增长11.07%。多种执法手段有效运用，做出按日计罚8件，处罚金额共2021.8万元，实施查封扣押139件，限制生产、停产整治9件，移交公安部门行政拘留23件，涉嫌环境污染犯罪移交公安部门38件。

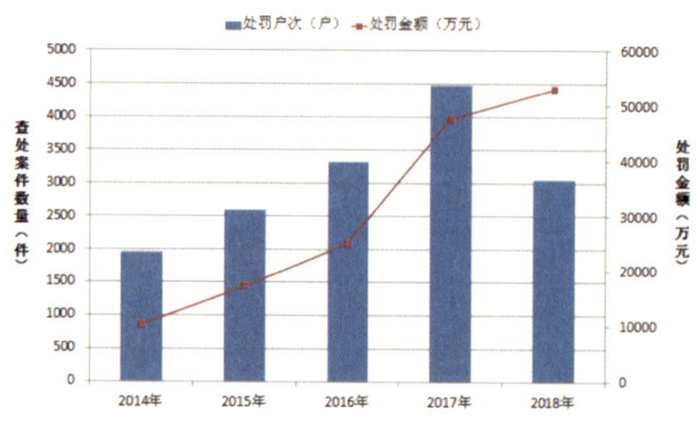

图2　2014—2018年上海市环保行政处罚情况

【生态保护红线管理】2018年2月，原环境保护部和国家发展改革委员会印发《关于北京等15省份生态保护红线划定方案的复函》（环生态函〔2018〕24号），函告国务院已同意上海市生态保护红线划定方案。2018年6月，原上海市环保局、市发展改革委员会和市海洋局联合发布《上海市生态保护红线》，并向公众就本市生态保护红线划定的相关情况做了通报。8月，市政府正式印发《上海市人民政府关于发布上海市生态保护红线的通知》（沪府发〔2018〕30号）。9月，原市环保局、原市规划国土资源局、市绿化市容局、市海洋局启动生态保护红线勘界定标试点，基本完成松江区、闵行区生态保护红线的勘界定标。

【环评制度改革】为进一步转变政府职能，优化营商环境，提高本市建设项目环境影响评价审批的效率和透明度，2018年3月原环境保护部授权本市试点开展环评改革。4月，原市环保局成立了上海市环境影响评价审批制度改革领导小组，全面制定和推进各项改革措施。8月形成了本市“1+8+5”环评审改总体框架，包括1个总体方案、8项创新性的环评审改制度和5项“放管服”配套保障措施。本次环评改革的指导思想是，在保障环境安全和环境质量的前提下，尽可能减少审批，优化程序，提高效率，优化营商环境。各项改革举措成熟一项、推出一项，试点一项、推广一项，相互依托，环环相扣，举头并进，使本市环境影响评价审批制度改革工作全流程覆盖、全领域受益。

2018年2月，印发《上海市环境保护局关于优化本市建设项目环境影响评价文件审批时限的通知》（沪环规〔2018〕1号），将环境影响报告书、报告表审批时限较法定时间压缩一半以上。3月，印发《上海市环境保护局关于贯彻落实〈进一步深化本市社会投资项目审批改革实施办法〉的通知》（沪环保评〔2018〕87号），建立特殊项目“正面清单”，大幅简化社会投资项目审批流程。5月，印发《〈建设项目环境影响评价分类管理名录〉上海市实施细化规定（2018版）》（沪环规〔2018〕4号），优化环评分类管理，明确专项评价要求。

【生态环境损害赔偿制度改革】 为落实国家生态环境损害赔偿制度改革要求，2018年上海市委办公厅、市政府办公厅联合印发《上海市生态环境损害赔偿制度改革实施方案》，在国家总体框架和原则的基础上，对照国家授权地方细化的内容，进一步明确生态环境损害赔偿适用范围、责任主体、部门责任分工、赔偿解决途径等内容，相关制度体系初步形成。

（六）环境质量状况

【概况】2018年，上海市积极贯彻习近平生态文明思想和十九大、全国生态环境保护大会精神，按照市委市政府坚决打好污染防治攻坚战的工作部署，大力推进污染治理和改革创新，圆满完成了首届中国国际进口博览会各项环境保障工作，较好地完成了年度各项目标任务，主要污染物排放总量进一步下降，生态环境质量持续改善。

2018年，本市环境空气中细颗粒物（PM2.5）浓度为36微克/立方米，较2017年下降了7.7%，较基准年2015年下降32.1%，PM2.5、可吸入颗粒物（PM10）、二氧化硫（SO_2）、二氧化氮（NO_2）年均浓度均为历年最低；全市主要河流水质较2017年有所改善，考核断面中劣V类比例下降到7.0%；在用集中式饮用水水源地水质全面达标；地下水环境质量和海洋环境质量总体保持稳定；区域环境噪声有所改善；辐射环境质量保持正常水平；生态环境状况良好。

【环境空气质量】2018年，上海市环境空气质量指数（AQI）优良天数为296天，较2017年增加21天；AQI优良率为81.1%，较2017年上升5.8个百分点。其中，优93天，良203天，轻度污染55天，中度污染11天，重度污染3天；重度及以上污染天数较2017年增加1天。全年69个污染日中，首要污染物为臭氧的有35天，占50.7%；首要污染物为细颗粒物（PM2.5）的有26天，占37.7%；首要污染物为二氧化氮的有5天，占7.2%；首要污染物为可吸入颗粒物（PM10）的有2天，占2.9%；首要污染物同为PM2.5和臭氧的有1天，占1.5%。

（1）细颗粒物（PM2.5）：2018年，上海市PM2.5年均浓度为36微克/立方米，超出国家环境空气质量二级标准1微克/立方米，较2017年下降7.7%，较基准年2015年下降32.1%。按月统计，8月平均浓度最低，为16微克/立方米；1月平均浓度最高，为58微克/立方米。近5年的监测数据表明，上海市PM2.5年均浓度总体呈下降趋势。各区PM2.5浓度空间分布总体呈西高东低的态势。

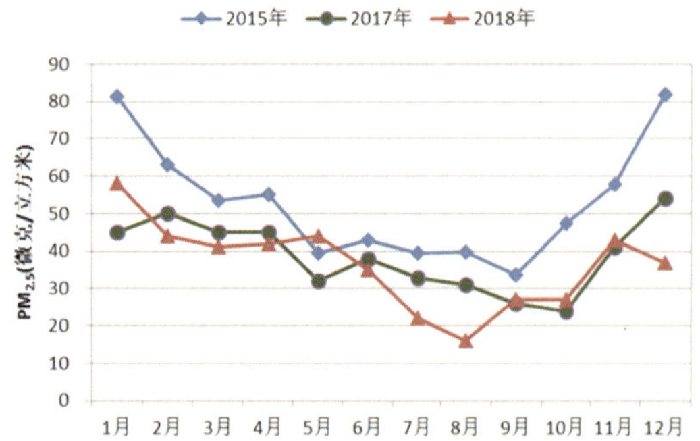

图 3　2017—2018 年及基准年 2015 年各月 PM2.5 月均浓度比较

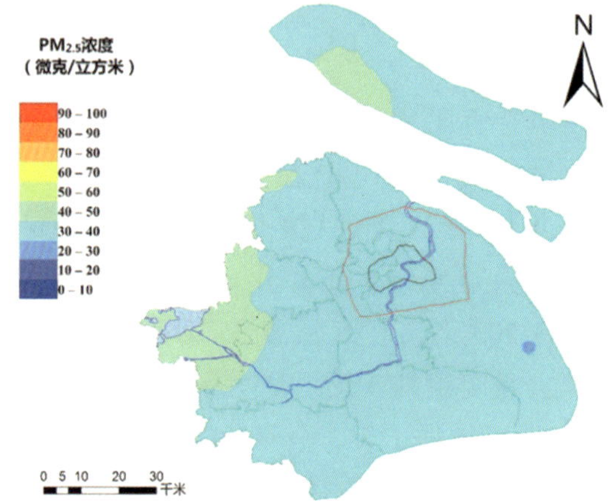

图 4　2018 年上海市各区 PM2.5 浓度空间分布示意图

（2）可吸入颗粒物（PM10）：2018 年，上海市 PM10 年均浓度为 51 微克 / 立方米，达到国家环境空气质量二级标准，较 2017 年下降 7.3%。近 5 年的监测数据表明，上海市 PM10 年均浓度总体呈下降趋势，已连续四年达到国家环境空气质量二级标准。各区 PM10浓度空间分布总体呈西高东低的态势。

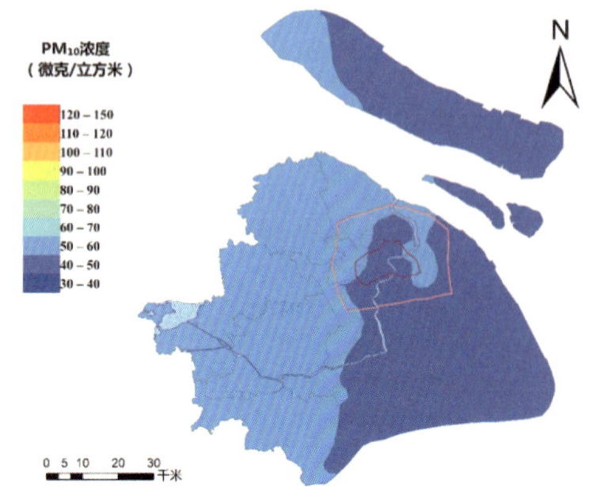

图 5　2018 年上海市各区可吸入颗粒物浓度空间分布示意图

（3）二氧化硫（SO_2）：2018 年，上海市二氧化硫年均浓度为 10 微克 / 立方米，达到国家环境空气质量一级标准，较 2017 年下降 16.7%。近 5 年的监测数据表明，上海市二氧化硫年均浓度均达到国家环境空气质量一级标准，且总体呈下降趋势。各区二氧化硫浓度总体较低。

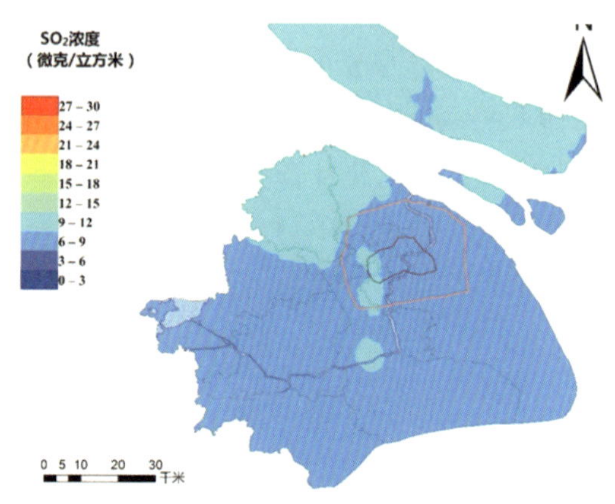

图 6　2018 年上海市各区二氧化硫浓度空间分布示意图

（4）二氧化氮（NO_2）：2018 年，上海市二氧化氮年均浓度为 42 微克 / 立方米，超出国家环境空气质量二级标准 2 微克 / 立方米，较 2017 年下降 4.5%。近 5 年的监测数据表明，上海市二氧化氮年均浓度均未达到国家环境空气质量二级标准。各区二氧化氮浓度空间分布总体呈市中心向周边区域递减的趋势，浦西地区二氧化氮浓度总体高于浦东地区。

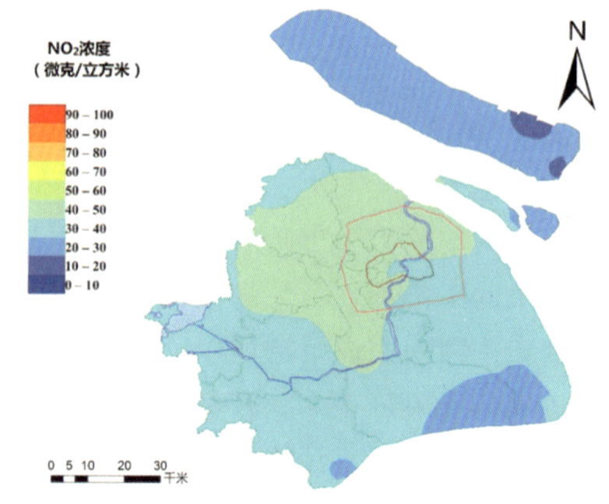

图 7　2018 年上海市各区二氧化氮浓度空间分布示意图

（5）臭氧：2018 年，上海市臭氧日最大 8 小时平均第 90 百分位数浓度为 160 微克 / 立方米，达到国家环境空气质量二级标准，较 2017 年下降 11.6%。各国控点臭氧日最大 8 小时平均值的达标率为 82.0% ~ 91.5%，较 2017 年有所上升。

（6）一氧化碳：2018 年，上海市一氧化碳日均浓度范围在 0.4 ~ 2.0 毫克 / 立方米，全部达到国家环境空气质量一级标准。全市年均浓度为 0.67 毫克 / 立方米，较 2017 年下降 11.8%。近 5 年的监测数据表明，上海市一氧化碳日均浓度达标率均为 100%，年均浓度均维持在 1.0 毫克 / 立方米以下。

图 8　2014—2018 年上海市一氧化碳浓度变化趋势图

（7）酸雨：2018 年，全市降水 pH 值平均为 5.13，酸雨频率为 53.8%，较 2017 年上升 6.2 个百分点。近 5 年的监测数据表明，上海市酸雨污染总体呈下降趋势。

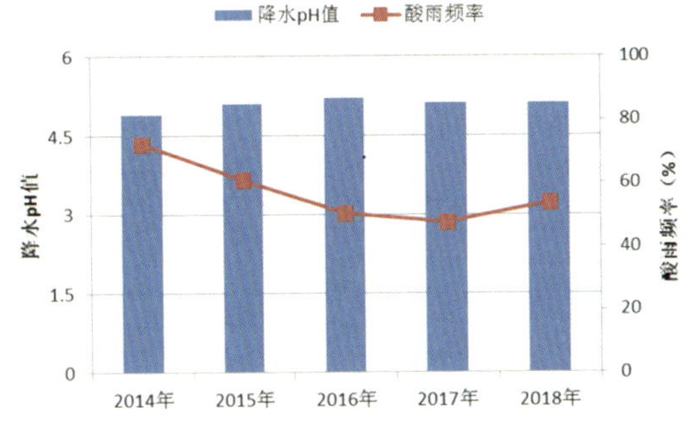

图 9　2014—2018 年上海市酸雨频率和降水 pH 值变化趋势图

（8）道路扬尘颗粒物：2018 年，全市平均道路扬尘颗粒物浓度为 0.111 毫克 / 立方米，各区道路扬尘颗粒物平均浓度在 0.101 ~ 0.118 毫克 / 立方米。

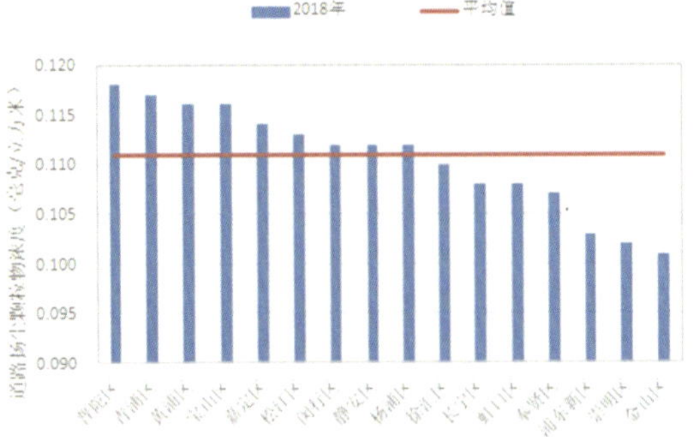

图 10　2018 年上海市各区道路扬尘颗粒物浓度图

【主要河湖水质状况】 2018 年全市主要河流断面，Ⅱ ~ Ⅲ类水质断面占 27.2%，Ⅳ类断面占 56.4%，Ⅴ类断面占 9.4%，劣Ⅴ类断面占 7.0%，主要污染指标为氨氮和总磷。2018 年全市主要河流水质较 2017 年有所改善。其中，高锰酸盐指数平均值为 4.6 毫克 / 升，同比上升 2.2%；氨氮平均浓度为 0.94 毫克 / 升，同比下降 31.4%；总磷平均浓度为 0.206 毫克 / 升，同比下降 1.9%。淀山湖处于轻度富营养状态，较 2017 年略有改善。

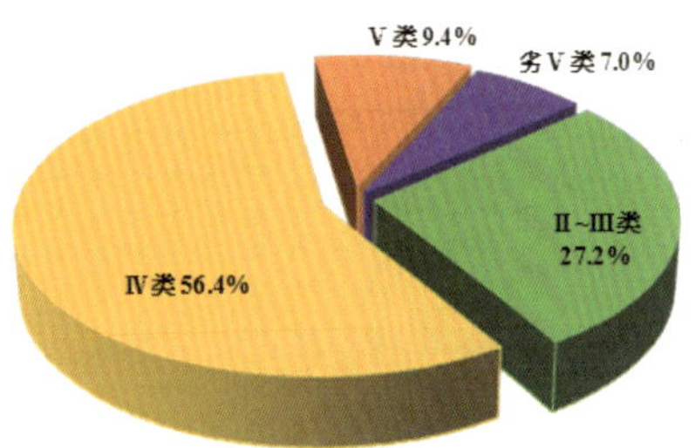

图 11　2018 年上海市主要河流断面水质类别比例

黄浦江 6 个断面中，1 个断面水质为Ⅱ类，5 个断面水质为Ⅲ类。与 2017 年相比，总体水质略有改善。主要指标中，氨氮和总磷浓度分别下降 12.4% 和 2.1%。

苏州河 7 个断面中，1 个断面水质为劣Ⅴ类，3 个断面水质为Ⅴ类，3 个断面水质为Ⅳ类；主要污染指标为氨氮和总磷。与 2017 年相比，总体水质轻微改善。主要指标中，氨氮和总磷浓度分别下降 26.2% 和 13.5%。

长江口7个断面中，2个断面水质为Ⅱ类，5个断面水质为Ⅲ类。与2017年相比，总体水质基本持平。主要指标中，五日生化需氧量上升11.0%，总磷浓度下降12.2%，氨氮浓度下降3.4%。

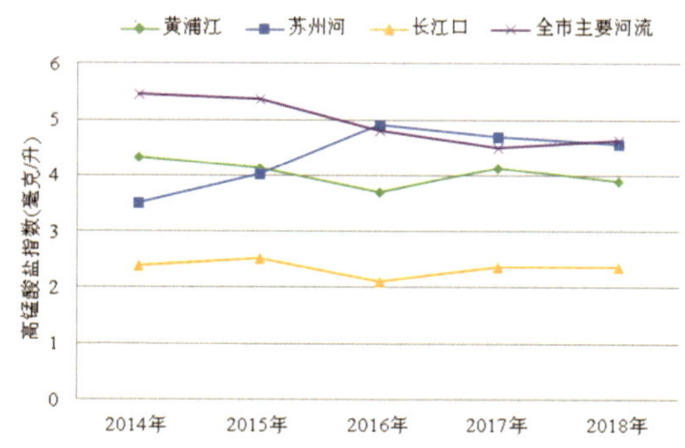

图12 上海市主要河流高锰酸盐指数浓度变化趋势图

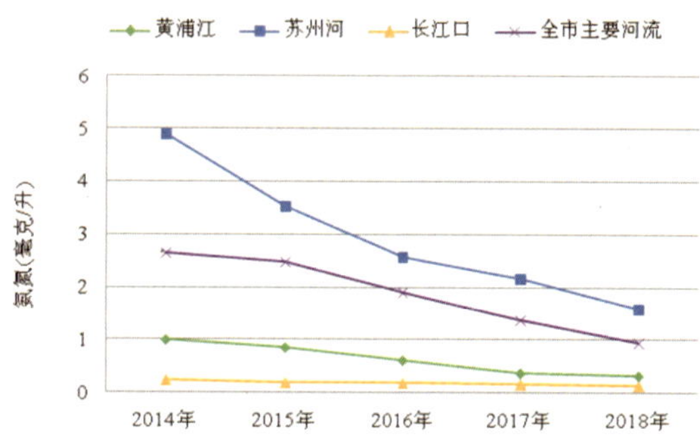

图13 上海市主要河流氨氮浓度变化趋势图

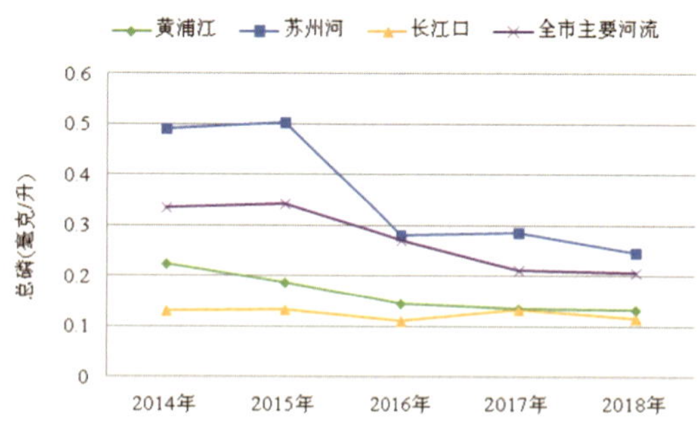

图14 上海市主要河流总磷浓度变化趋势图

【集中式饮用水水源地水质状况】上海市共有4个在用集中式饮用水水源，包括：长江青草沙、东风西沙、陈行水库和黄浦江金泽。2018年，4个在用集中式饮用水水源水质全部达标（达到或优于Ⅲ类标准）。

【地下水环境质量】2018年，以地下水含水系统为单元，以潜水为主的浅层地下水和承压水为主的中深层地下水为对象，原市规划国土资源局对纳入国家地下水环境质量考核的本市13个国家级监测点开展了地下水水质监测，并依据《地下水质量标准》（GB/T 14848-2017）进行评价。评价结果显示，2018年本市地下水水质为Ⅲ类、Ⅳ类、Ⅴ类的监测点数量分别为1个、10个和2个，分别占7.7%、76.9%、15.4%。上海地区地下水水质总体保持稳定，其中影响潜水综合质量评价的主要指标为氨氮和硝酸盐，与地表水和降水联系密切，主要受人类活动影响；影响承压水综合质量评价的主要指标为总铁，主要与原生地下水总铁背景值含量较高有关。

【海洋环境质量】2018年，上海市海域符合第一类、第二类海水水质标准的监测点位占10.8%，符合第三类、第四类标准的监测点位占18.4%，劣于第四类标准的监测点位占70.8%，主要污染指标为无机氮和活性磷酸盐。无机氮平均浓度为0.920毫克/升，活性磷酸盐平均浓度为0.0353毫克/升，化学需氧量平均浓度为1.97毫克/升。

长江口外海域符合第一类、第二类海水水质标准的监测点位占15.9%，符合第三类、第四类标准的监测点位占27.3%，劣于第四类标准的监测点位占56.8%。杭州湾海域所有监测点位均劣于第四类海水水质标准。

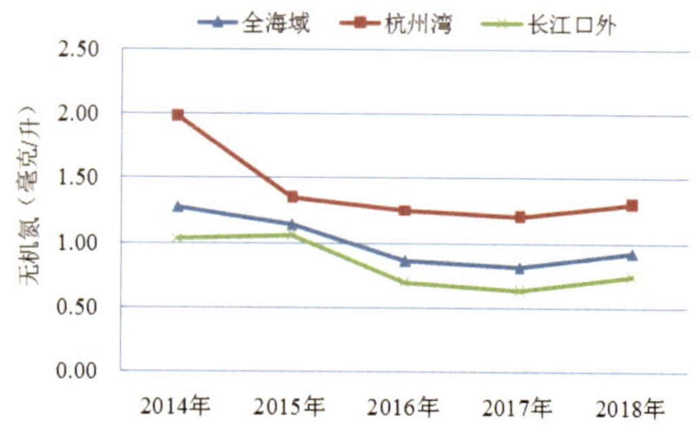

图15 上海市海域无机氮浓度变化趋势图

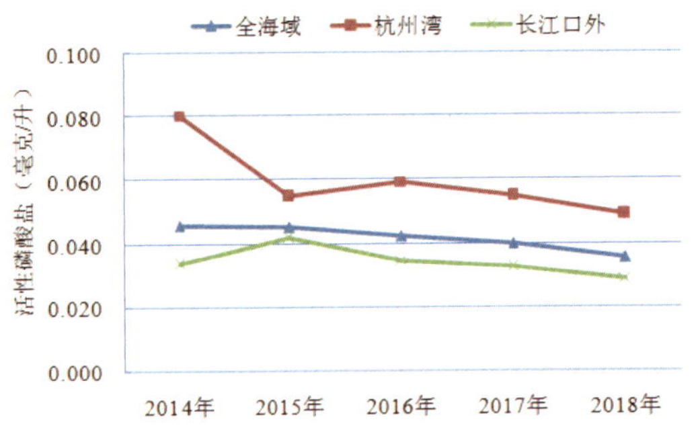

图 16 上海市海域活性磷酸盐浓度变化趋势图

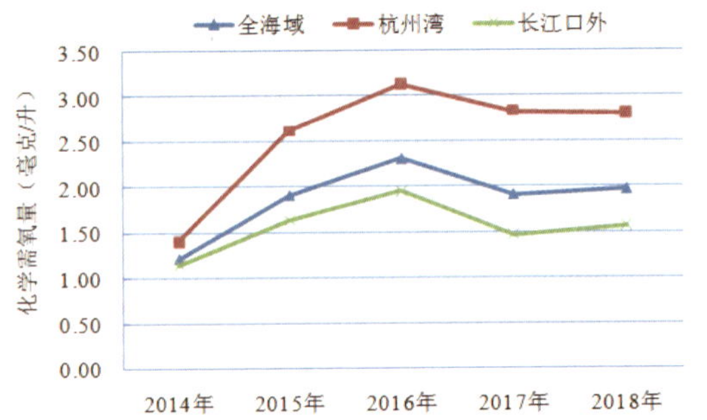

图 17 上海市海域化学需氧量浓度变化趋势图

【声环境质量】2018 年，上海市区域环境噪声有所改善；道路交通噪声昼间时段和夜间时段均保持稳定。

（1）区域环境噪声：2018 年，上海市区域环境噪声昼间时段的平均等效声级为 54.6 dB(A)，较 2017 年下降 1.1 dB(A)；夜间时段的平均等效声级为 48.3 dB(A)，较 2017 年下降 0.5 dB(A)。昼间时段有 90.8% 的测点达到好、较好和一般水平，夜间时段有 74.7% 的测点达到较好和一般水平。近 5 年的监测数据表明，上海市区域环境噪声昼间时段平均在 55 ~ 56 dB(A)，夜间时段平均在 48 ~ 49 dB(A)，总体保持稳定。

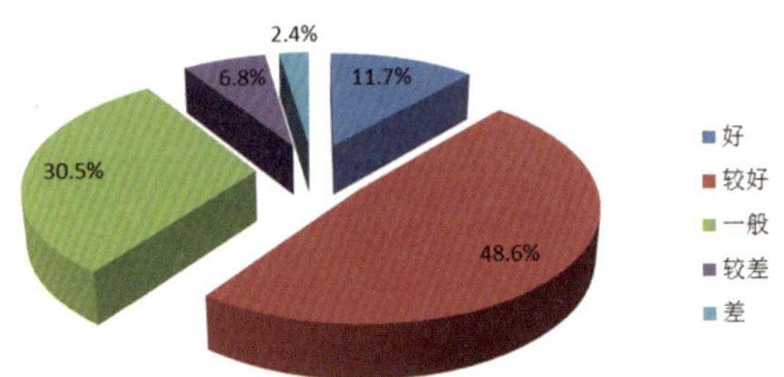

图 18 2018 年上海市昼间时段区域环境噪声等级分布

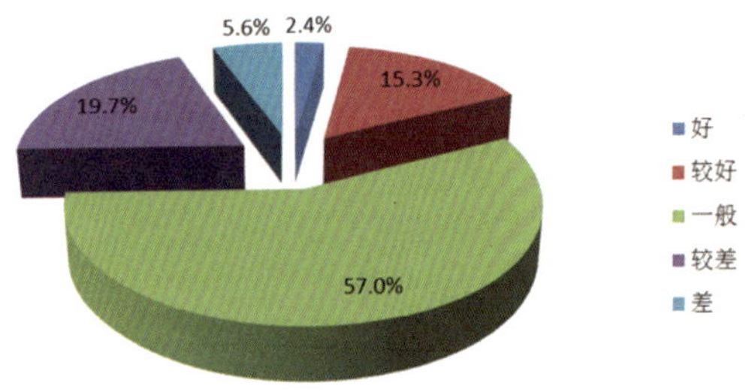

图 19 2018 年上海市夜间时段区域环境噪声等级分布

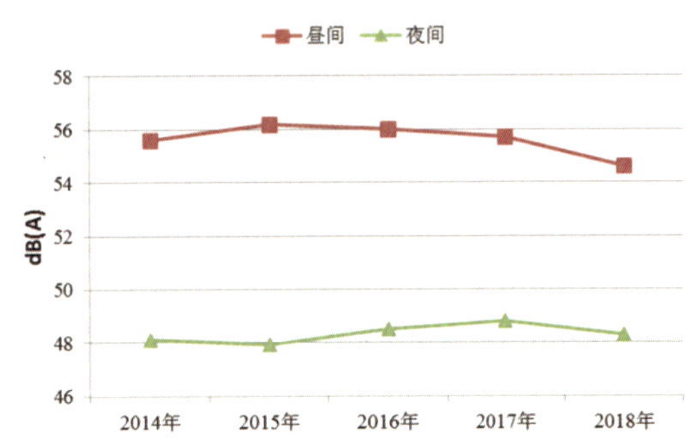

图 20 2014—2018 年上海市区域环境噪声变化趋势图

（2）道路交通噪声：2018 年，上海市道路交通噪声昼间时段的平均等效声级为 69.3 dB(A)，较 2017 年下降了 0.5dB(A)；夜间时段的平均等效声级为 64.9dB(A)，较 2017 年下降了 0.1dB(A)。昼间时段评价为好、较好和一般水平的路段占监测总路长的 85.1%，夜间时段评价为好、较好和一般水平的路段占监测总路长的 28.4%。近 5 年的监测数据表明，上海市道路交通噪声昼间时段总体稳定在 69 ~ 70 dB(A)，夜间时段稳定在 65 dB(A) 左右。

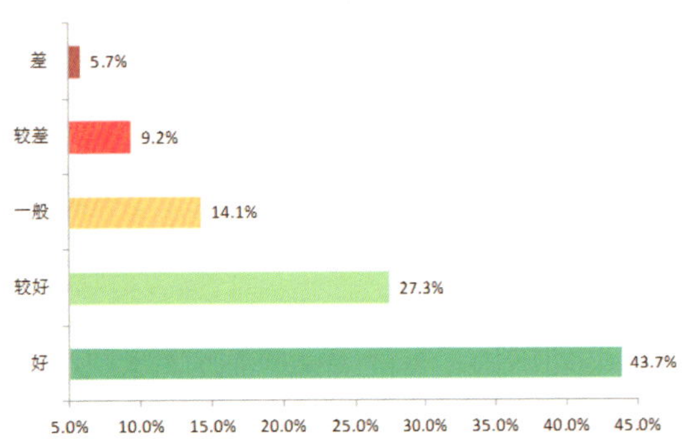

图 21 2018 年上海市昼间时段道路交通噪声等级分布

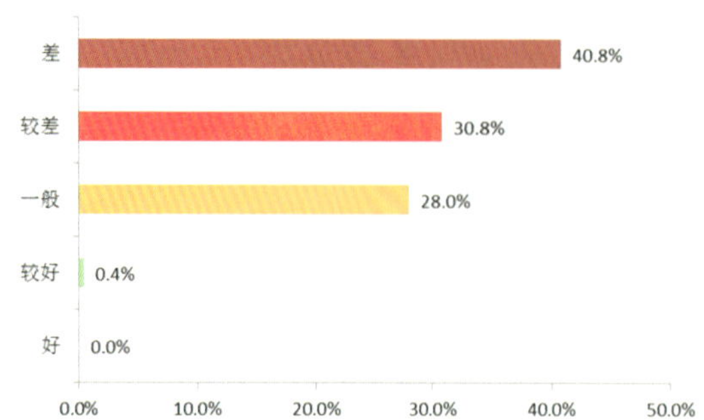

图 22　2018 年上海市夜间时段道路交通噪声等级分布

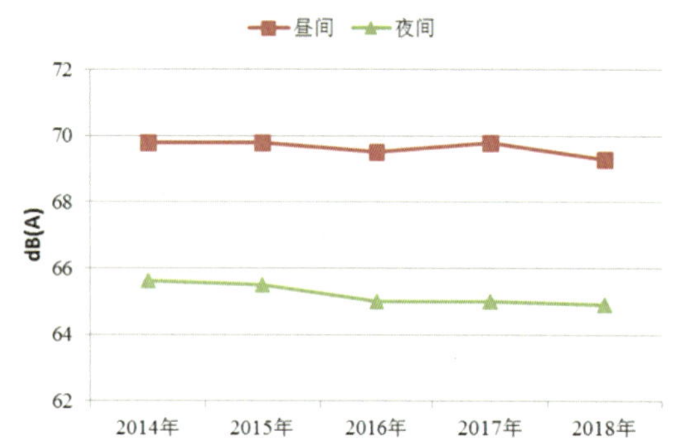

图 23　2014—2018 年上海市道路交通噪声变化趋势图

【辐射环境质量】2018 年，上海市辐射环境质量总体情况良好。

（1）电离辐射：环境天然放射性水平方面，通过对γ辐射空气吸收剂量率、γ辐射累积剂量的监测及气溶胶、雨水、沉降物、水汽、地表水、地下水、海水、土壤、生物等样品的分析可知，本市大气、水体、土壤等介质中的放射性核素活度浓度处于正常水平，全市各监测点的 γ 辐射空气吸收剂量率与历年的监测结果相当。

核技术应用方面，对全市典型Ⅰ～Ⅴ类放射源及Ⅰ～Ⅲ类射线装置使用场所周围环境辐射水平的监测结果表明，核技术应用场所周围环境中的年累积 γ 辐射剂量满足中华人民共和国国家标准《电离辐射防护与辐射源安全基本标准》（GB 18871-2002）中相应规定的对公众和职业人员受照剂量的限值要求。

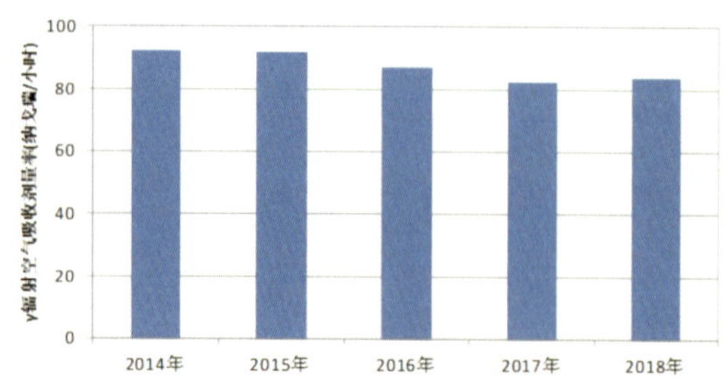

图 24　2014—2018 年 γ 辐射空气吸收剂量率年均变化趋势图

（2）电磁辐射：电磁辐射环境方面，上海动物园、共青森林公园、长风公园、世纪公园、人民公园、奉贤古华园、嘉定孔庙、商业区（人民广场）、工业区（青浦工业区）及住宅区（中远两湾城）共 10 个背景点的电磁辐射水平监测结果表明，工频电场强度为 0.200~1.055 伏特 / 米，工频磁感应强度为 0.0111~0.2820 微特斯拉，综合电场强度为 0.18~0.63 伏特 / 米。与历年相比，本市电磁辐射环境背景水平无明显变化。电磁辐射污染源方面，对东方明珠等广播发射塔、500kV 顾路变电站等 2 个变电站、500kV 汾林输电线等 2 条高压输电线、卫星地球站、浦东机场雷达站、移动通信基站、磁悬浮列车及电气化铁路周围环境电磁辐射水平进行了监测，结果表明，主要伴有电磁场或产生电磁辐射（非电离部分）的设施周围环境中的工频电场强度、工频磁感应强度和综合电场强度均符合《电磁环境控制限值》（GB 8702-2014）中相应频段规定的公众曝露控制限值。

（滕晓波）

PART FIVE Ⅵ

水务管理

WATER MANAGEMENT

（一）综述

2018年，在市委市政府的领导下，各级水务、海洋部门团结奋斗、努力拼搏，圆满完成“十三五”规划各项分年度既定目标，完成年度投资380.2亿元，“十三五”累计完成投资935.6亿元，为全市经济社会发展做出了积极贡献，为城乡环境改善和城市运行安全提供了有力支撑。

河长制、湖长制全面落实。实行双总河长制，党政齐抓共管格局不断深化。河长办进一步做实，分管副市长担任市河长办主任，出台区、街镇河长办能力建设指导意见，静安、徐汇、杨浦等区河长办通过派驻、挂职等多种方式加强能力建设，崇明区创新建立检察官派驻机制，启动首批河长制标准化街镇建设。河长制工作机制更加健全，完善水质监测体系，建立考核问责机制，优化通报曝光机制。开展全市河长制工作大督查，推动河长制真正从“有名”到“有实”。

“消黑除劣”工作推进有力。市区两级政府签订目标责任书，分解落实年度水环境治理任务。全年完成407.9公里河道水利工程、698个住宅小区雨污混接改造及12249处其他雨污混接点改造，打通550条断头河。列入整治计划的3150条段河道全面消除黑臭，10214条段劣V类河道完成整治，劣V类水体由年初的38.7%降至18%，河湖水面率由9.79%提升至9.92%，河湖面积净增7.87平方公里。同时，联合江苏、浙江摸清188条段省际界河（湖）情况，推进22条协同治理。深入开展河湖“清四乱”行动，顺利完成国家城市黑臭水体督察整改，闵行区通过全国水生态文明城市建设试点验收。

“苏四期”工程全面开工。苏州河855平方公里整治范围内，完成支流整治161公里，打通断头河51条，劣V类水体占比从前年的68%下降至20.6%。19座市政泵站完成改造，推进天山、龙华等6座污水处理厂初期雨水调蓄和竹园污水处理厂四期工程前期工作。“苏四期”标志性项目堤防达标工程实现当年立项、当年开工，底泥中试任务完成过半。岸线贯通及生态廊道工作有序推进。

防汛防台取得重大胜利。汛期接连遭受5次台风影响，特别是在7月21日—8月17日短短28天之内，史无前例地遭受四次台风袭击，三次正面登陆，在登陆次数、间隔影响方面均创下本市有气象历史以来的新纪录。全市10万余名防汛干部进岗到位，7000余名解放军和武警部队官兵枕戈待旦，组织了42万人次大转移，城市防汛应急体系充分发挥作用。快速处置汛情险情，共启动应急响应22次，各郊区自行启动应急响应64次，引导1.02万艘次船只进港避风。主动回应社会关切，在广播、电视、网络、新媒体等载体上主动发声，印制3万套宣传画，引导广大市民配合自救避险。全市上下齐心协力、众志成城抗御灾害侵袭，确保了城市安全平稳运行和人民群众生命财产安全。

供水安全保障能力进一步提升。启动长江系统水厂深度处理工程，长桥水厂、南汇北水厂等实现开工。加快供水厂网基础设施建设，金海水厂二期、奉贤一水厂、车墩水厂实现并网通水。完成368公里郊区小口径管网改建，全市供水管网漏损率降至10.2%。加强水源地建设保护和运行管理，在全国集中式饮用水水源地环境保护专项检查中位列两个零问题省市之一。青草沙—陈行连通系统工程前期研究完成，取得阶段性成果。

最严格水资源管理不断加强。完成国家年度考核，上海考核等级为“优秀”。实行水资源消耗总量和强度双控，万元国内生产总值用水量降至25立方米，万元工业增加值用水量降至42立方米。全面抓好《上海市水资源管理若干规定》贯彻实施，落实国家节水行动计划，初步制定上海市节水行动方案，创新合同节水管理模式。深入推进节水型社会建设，创建宝山、崇明市级节水试点，建成一批节水型小区、校区、机关、企业和工业园区。严格地下水开采总量控制，年开采量184万立方米，回灌量达2017万立方米。

污水污泥设施建设实现突破。落实国家水污染防治行动计划和中央环保督察整改要求，虹桥污水处理厂、竹园污水处理厂（一厂、二厂、新建设施）基本建成，白龙港污水厂提标改造、泰和污水厂等工程完成主体结构；白龙港、竹园、石洞口三大片区污泥处理处置工程实现开工目标。石洞口污水处理厂大气提标工程建成。完成215个直排污染源截污纳管、57公里市政污水管网建设以及6068公里小区内部雨污水管网新改建，城镇污水处理率达94.7%。

农村水利发展基础不断夯实。推进落实水务、海洋乡村振兴实施方案，全面启动第二轮农林水三年行动计划，完成18.79万户农村生活污水处理设施建设、2214公里郊区镇村级河道轮疏和3万亩都市现代农业示范项目建设。全力推进中央高效节水灌溉项目建设，完成建设面积1.69万亩，超额完成国家考核任务。制定水土保持“十三五”规划目标责任考核办法，顺利通过水利部水土保持目标责任、监测、信息化等三项重点工作考核。

科技支撑能力不断增强。加强前瞻性、战略性、基础性和体系性科技攻关和标准制定，构建完善标准体系、定额体系和计量管理体系，全市率先完成城市水务综合管理标准编制，颁布实施黑臭水体治理技术导则等局指导性技术文件6项。推进水专项和海洋创新城市建设，结合海绵城市、BIM应用推广“四新”技术，培育一批水务海洋示范样板工程、质量品牌。全年共开展科研项目研究17项，完成14项；开展局级层面政策研究14项，完成12项；处级层面政策研究19项，完成10项。

（二）防汛防台

【概述】2018年，上海经受住历史罕见的连续五次台风影响，以及1场特大暴雨、6场局部大暴雨、16场局部暴雨等汛情考验。市防汛指挥部共发布防汛防台应急响应行动22次，其中II级响应2次，III级响应7次，IV级响应13次，未发生因“风、暴、潮、洪”等灾害而导致的人员伤亡和重大财产损失事故，实现“不死人、少伤人、少损失”的防汛目标。全年汛情总体受控，基本情况如下：（1）汛期降雨总量比常年偏少约两成。2018年汛期（6—9月），徐家汇代表站累计雨量543.2毫米，较常年同期雨量偏少约两成，平均雨量最大为崇明区606.8毫米；局地短时强降水刷新历史记录。2018年汛期共发生1场局部特大暴雨，6场局部大暴雨，16场暴雨；9月16日夜间至17日凌晨，崇明区西部地区降下特大暴雨，草棚镇测站小时雨强达到172.5毫米，创下本市最大小时雨强新记录。（2）汛期水位总体平稳。黄浦江干流、长江口、杭州湾最高潮位均出现超警戒的情况，其中，黄浦江吴淞口站5.14米、黄浦公园站4.96米、长江口高桥站5.11米、杭州湾芦潮港站5.25米，分别超警戒0.21 ~ 0.65米，除米市渡站外，均创下近十年同期潮位的新高。此外，上游支流、省市边界、苏州河水位以及各水利控制片水位总体较平稳。（3）汛期连续遭受5次台风袭击，其中3个台风直接在上海登陆，创下上海有气象历史以来的新纪录。前四次台风的最大降雨量都达到大暴雨等级，且潮位突破2013年以来历史新高。台风“摩羯”影响期间，形成“风、暴、潮”三碰头的局面，黄浦公园站最高潮位达到4.96米，是2013年菲特台风（5.17米）以来的最高潮位。

【做好防汛防台工作】2018年，从五个方面做好防汛防台工作。一是做好动员部署。3月19日、6月28日、7月10日、7月25日和9月14日召开五次全市防汛办主任会议，4月25日召开指挥部扩大会议，5月26日以市政府名义召开全市防汛工作会议。二是做好预案方案。对《上海市级防汛防台专项预案》进行全面修订；预警发布方面，明确市、区分级和响应行动规则；对本市防汛泵站放江规则进行细化完善。三是做好隐患排查。按照"以问题为导向"的原则，全市各级防汛部门建立了"分类管理、动态跟踪、定期更新"的隐患排查整改工作机制。经过两轮排摸，16个区滚动梳理出基础设施、在建工程、应急处置等方面的主要风险和突出隐患，形成防汛隐患"一区一图一表"。经过全力整改、滚动排摸，累计完成265项隐患整改；四是做好培训演练。6月12日、6月28日和6月30日、9月15日分别开展防汛移动泵车抢排、防汛物资智能化调度和泵闸引排水调度为重点内容的专项演练；4月25日，白廷辉副总指挥为全市防汛责任人进行专题培训；5月22日，联合市应急办、市公务员局、市委党校开展全市防汛干部业务培训。各区和成员单位积极开展各类培训和演练，今年市、区、街镇三级防汛部门开展各类防汛培训50余次，涉及6000余人；开展防汛演练30余次，3000余人参加。五是做好社会宣传。"上海防汛"微博、微信等新媒体客户端汛期保持每天更新，召开防汛工作新闻通气会1次；新闻发言人先后接受上海电视台《新闻透视》《夜线约见》和中央电视台《焦点访谈》《新闻1+1》等电视专栏节目和新闻节目连线，回应社会关切；通过"上海市水务局门户网站""上海发布""上海防汛"微信、微博，东方网、今日头条、网易号、澎湃问政等新媒体客户端，及时发布各类防汛动态信息。

【防御连续四次台风侵袭】7月21日—8月17日的28天之内，上海地遭受四次台风的袭击（分别是第10号"安比"、第12号"云雀"、第14号"摩羯"、第18号"温比亚"），其中"安比""云雀"和"温比亚"是新中国成立以来第三、第四、第五个直接在上海地区登陆的台风。

据徐家汇代表站统计，受四次台风影响上海普降大到暴雨，局部地区大暴雨，降雨量占2018年以来总量的28%。在全市测站数据中，128个次达到大暴雨程度，1262个次达到暴雨程度，796个次达到大雨程度，降雨规模占比情况见图1；四次台风的最大降雨量都达到大暴雨等级，最大过程雨量情况见图2。其中第18号台风"温比亚"带来的降雨最为明显，共有112个测站达到大暴雨程度，435个测站达到暴雨程度。

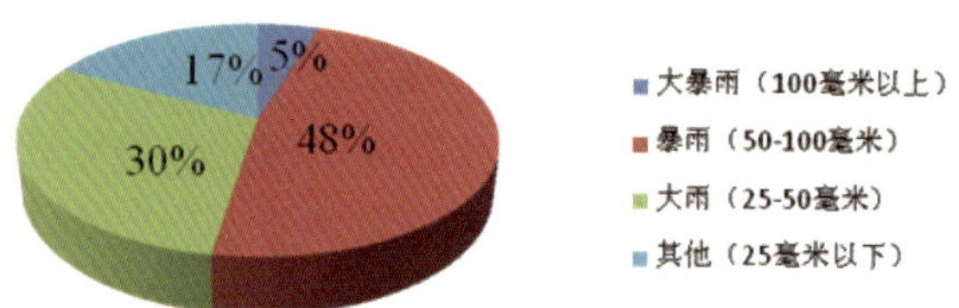

图1 前四次台风降雨规模情况图（测站数据）

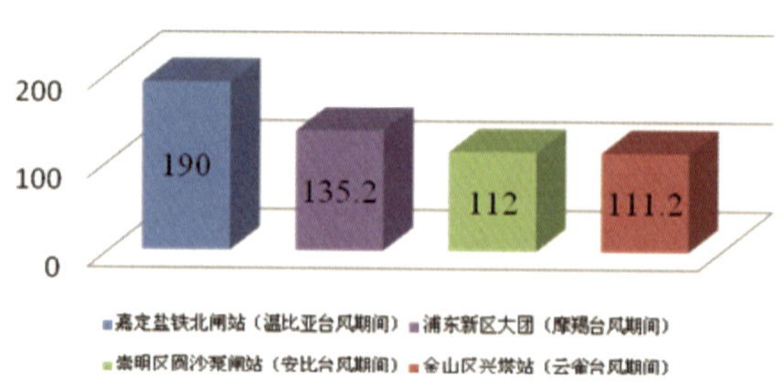

图2 前四次台风最大过程雨量情况图（单位：毫米）

受台风影响，浦东、虹桥两大机场共计调整航班1500余架次，铁路部门共计调整列车500余班次，市内轮渡、三岛客运等水上运输部分或全线停航，吴淞国际码头、洋山深水港等重要港口关闭封港，高速公路采取限速措施，公共交通和城市路网运行总体畅通有序；五次台风导致全市范围内树木倒伏共3.6万棵，农作物受淹共2.9万亩，道路短时积水共212条，下立交积水共12处，电力线路损坏共137条，直接经济损失共计约8400万元。台风过后，各区、各单位立即投入抢险救灾，有序安排转移人员回到住处，全力组织早、晚高峰交通保障，城市运行总体未受到大影响。

（金子、倪周晶）

（三）河长制湖长制

【概述】2018年，经过全市上下共同努力，黑臭水体整治全面完成，列入国家城市黑臭水体考核的67条河道，通过住建部、生态环境部专项巡查，65条消除黑臭，2条基本消除黑臭；劣V类水体治理取得显著成效，有1.02万条段河道消除了劣V类，超额完成年度计划，劣V类水体比例由2018年初的38.7%下降至20%以内（“苏四期”工程范围内劣V类河道比例由2017年的68%下降至20.6%）；进博会核心区300条段河道水环境面貌显著改善，为进博会顺利召开提供有力保障。此外，还获得2017年度最严水资源管理考核优秀、水污染防治考核优秀，取得水源地保护区专项督查零问题的成绩，获得了广大市民群众认可。

【完善河长制体系】按照《水利部印发关于推动河长制从“有名”到“有实”的实施意见的通知》要求，进一步压实责任，健全组织，提升河长治水能力和水平。实行双总河长制，李强书记、应勇市长共同担任市级总河长，完善区、街镇总河长设置，加强党对水生态环境保护的领导。全面建立湖长制，4月市委办公厅、市政府办公厅印发《关于深化完善河长制　落实湖泊湖长制的实施方案》。全市41个湖泊、6个供水水库全面落实湖长，湖长名单向社会公布，并积极探索对公园湖泊、企业自管湖泊设立湖长。实体化运作河长办。优化河长办组织框架，分管领导担任河长办主任，生态环境、住房城乡、农业农村、房屋管理派员入驻河长办，协同推进水环境治理。优化基层治水模式，加强河长办能力建设，开展首批河长制标准化街镇建设，将河长办打造为水环境治理的“参谋部、司令部、指挥部”。河长制纳入地方性法规，市、区、街镇、村居四级河长体系全面建立。（市级河长4人，区级河长160人，街镇河长1540人，村居河长5446人）

【健全河长制制度】完善考核制度。按照“整治全覆盖、考核分类考”的原则，10月制定消黑除劣考核管理办法，对消黑除劣成果进行公示，接受市民评判。完善问责制度。7月制定《上海市河长制湖长制约谈办法》，对履职不力或水质持续不达标的河道的河长进行约谈；对约谈后整改不力的，将有关线索移交纪检监察部门按有关规定处理。建立通报曝光制度。9月印发《中小河道水质状况通报规则》，对水质连续三个月黑臭的建成区河道及其河长进行通报，并在媒体曝光。全年共计通报曝光河道6条、河长17名（含3名区级河长）。被曝光的河道均已整改，水质达标。建立“周报月评”制度。承担岸上整治任务的部门每周向市河长办报送工作进展，市河长办每月对各区实施消除劣V类水体及黑臭河道进展、河道水利工程、雨污混接、沿岸违建拆除、工业企业治理等工作进行排名，以工作简报的形式报送市、区主要领导，共发布12期。同时，每月通报建成区整治河道水质情况，推进建成区黑臭水体“销项清零”。完善督查制度。督查内容上，开展黑臭水体整治、长江经济带固体废物处置、进博会核心区河道整治、雨污混接改造和泵站放江管控、堤防海塘及泵站管理范围垃圾漂浮物清理等一系列专项督查，推动落实重点工作；督查形式上，市河长办联合市委督查室、市政府督查室对治水瓶颈难点进行督查，并组织开展全市河长制工作大督查。全年共督查1679条河道，形成127份督查报告，发现问题812项，并对问题整改进行逐一复核，确保落实到位。

【夯实河长制工作基础】2018年，通过摸清河湖水质本底，制定“清水行动”方案，落实治水目标责任，深化“一河一策”编制，健全河湖水质监测体系，加快信息化建设，健全长三角区域联动机制，夯实河长制工作基础。经全面排查，全市43253条段河道、40个湖泊以及5047条段其他河湖中，3150条段河道有黑臭现象，占河湖总数的6.5%；1.88万条河湖为劣V类，占河湖总数的38.7%。10月编制完成“清水行动”方案，确立“水岸联动、截污治污，沟通水系、调活水体，改善水质、修复生态”的治水思路以及“控源截污、河道整治、执法监督、长效管理”四方面15项措施。市政府与各区政府签订《河长制工作重点目标责任书》（2018—2020年），明确“2018年全面消除河道黑臭”和“劣V类水体比例2018年控制在25%以内，2019年降至15%以内，2020年降至5%以内”的目标。12月基本完成劣V类河湖“一河一策”和黄浦江、苏州河等10条市级河长“一河一策”。10月全市设立4016个水质监测断面，覆盖所有市管、区管、镇管河道（湖泊）。启用河湖随行系统，开通河长APP巡河功能。依托太湖流域管理局，与上游省市深化合作，10月全面摸清省际界河底数（共187条），加强水葫芦、绿萍联防联控协作治理，参与太湖湖长协商协作机制建立。

【推进河长制六大任务】水环境治理和水污染防治方面：围绕“2018年全面消除河道黑臭、劣V类水体比例控制在25%以内”的目标，以苏州河环境综合整治四期工程（以下简称“苏四期”工程）为引领，以第七轮环保三年行动计划为抓手，推进水环境治理。统筹推进岸上截污治污和河道水利工程，完成407.9公里河道水利工程、18万户农村生活污水处理设施改造、698个住宅小区雨污混接改造以及12249处其他雨污混接点改造，退养规划不保留的畜禽养殖场376家。全力抓好环保督察整改，竹园二厂完成提标改造，虹桥污水处理厂实现通水，练塘污水厂三期扩建工程基本完成，积极推进竹园一厂提标改造、石洞口污泥完善处理等工程。出台雨水、污水规划，科学指引全市雨污水规划处置工作。针对中心城区泵站放江导致水质反复的问题，启动实施天山、龙华等6座污水处理设施改建用于初期雨水调蓄、竹园初期雨水处理厂等工程，完成19座中心城区泵站截污设施改造，实现“旱天不放江、雨天少放江”。汇编完成市政排水泵站“一站一策”，完善“两水平衡”水闸泵站专项调度方案，在管网关键点位推广加装截污装置，在泵站研究加装漂浮垃圾清捞装置，开发泵站暴雨放江量在线统计数据共享平台，通过精细化管理实现“少放江”。

河湖水面积管控方面：建立河湖水面定期监测机制，每年利用卫片、航片对河湖水面变化情况进行解译，解译结果写入河湖公报，纳入河长制工作考核。结合海绵城市建设加强对河湖水面率监督管理，进一步严格规划、行政审批、监测、执法以及考核五方面日常管理。并将“2020年河湖水面率提升至10.1%”的目标按年度进行分解，写入市政府与区政府签订的目标责任书。

河湖水域岸线管理保护方面：贯彻水利部“清四乱”专项行动部署，结合“无违街镇（村居）”创建，将河道10米范围内违法建筑列入专项督办，开展专项整治，做到“应拆尽拆”。全市共拆除沿河违法建筑8612处、1413.75万平方米。完成全市市管河湖划界，积极推进区管、镇管河湖划界。提前完成长江经济带固体废弃物点位存量排查和整改。

水资源保护方面：划定水源地保护区，完成黄浦江上游水源地以及陈行水源地保护区边界精准落地。完成中央环保督察及水源保护专项行动的排污口关闭、浮吊船整治等问题整改，推进饮用水二级保护区内现有企业关闭清拆工作。向社会公开饮用水源地水质、供水厂水质及水龙头水质，接受公众监督。

水生态修复方面：实施断头河整治三年行动计划（2017—2019年），对3188条断头河实施综合整治。截至12月，已打通断头河937条，水动力条件进一步完善。

执法监管方面：聚焦沿河企业排污、河道非法填堵、非法捕捞等破坏水环境、水生态的行为，健全“行刑衔接”机制，水务、环保、渔政等执法部门加强协作，联合执法与专项执法相结合，始终对涉水违法行为保持高压态势。2018年共计立案查处案件2250余件，罚款1.94亿元，向公安机关移交案件近90起。

【发动社会宣传】10月，制订专项宣传方案，正面宣传引导与负面曝光督促相结合，每月向社会公布水环境治理新举措、新进展以及曝光水质持续黑臭的建成区河道及其河长，督促各级河长履职担责。拓宽参与渠道，让群众成为治水成果的“阅卷人”，通过各区自荐、专家评审、社会公示和市民网络投票（近70万人次）相结合的方式，评选产生20条“最美河道”、20条“最佳河道整治成果”以及20个“最美护河志愿服务组织”。金山区、崇明区等开展“护水先锋在行动”等活动，由党员带头，率领群众治河护河。

（四）城市供水

【概况】2018年，全市共有自来水厂37座，比上年增加1座。全市自来水厂供水能力1250万立方米/日，比上年增加66万立方米/日。供水总量为30.55亿立方米，比上年下降1.5%。售水总量为24.35亿立方米，比上年下降0.7%。其中：中心城区自来水公司供水总量20.28亿立方米，同比下降1.2%，售水总量16.66亿立方米，同比下降1.4%；郊区供水企业供水总量10.84亿立方米，同比下降3.0%，售水总量8.27亿立方米，同比下降0.8 %。2018年， 全市日均供水量837.01万立方米，其中中心城区554.98万立方米、郊区297.10万立方米，日均供水量比上年同期下降3.34%，中心城区供水量比上年同期下降1.20%，郊区供水量比上年同期下降3.00%。全市供水服务压力210千帕（上年同期218千帕），供水服务压力合格率99.21%（上年同期99.19%）， 分别较上年同期下降1.36%与上升0.04%，满足97%的考核要求。

（奚琳琰、陆志惠）

【节水型社会建设】2018年，新增2家节水型工业园区、2家节约用水示范企业、72家节水型企业、3所节约用水示范学校、1所节约用水示范托幼机构、47所节水型学校、18所节水型托幼机构、18家节约用水示范小区、109家节水型小区、2家节约用水示范机关、68家节水型机关、1家节约用水示范单位、60家节水型单位，6所高校、12家企业、358家小区通过复评工作。截至2018年底，共命名3058个节水型小区（其中节水示范小区245个）、448所节水型学校（其中节水示范学校48所）、24家节水型工业园区、355家节水型企业（其中节水示范企业31家）、

2家节水型农业园区（其中节水示范农业园区1家）和388家节水型机关（其中节水示范机关7家）、191家节水型单位（其中节水示范单位8家）。

（奚琳琰、倪周晶）

（五）城市排水

【概况】2018年，全市城镇污水产生总量22.98亿立方米，比上年增加0.03亿立方米，折合日均城镇污水量629.71万立方米，其中工业污水量134.90万立方米/日，生活污水量494.80万立方米/日。全市共有城镇污水处理厂48座，总处理规模为812.95万立方米/日（不包括上海化工区、金山石化及金山第二工业区等3家工业区污水处理厂）。全年平均实际污水处理量599.34万立方米/日，全市城镇污水处理率95.2%，比上年增加0.7个百分点。

【道路积水改善工程】2018年，实施完成平凉路、佳木斯路、人民路等13个道路积水改善工程项目，其中11个列入2018年市政府实事项目，涉及黄浦、静安、虹口、杨浦、普陀、宝山6个区。新敷设DN1000–DN1800排水管道7.33公里，总投资2.5亿元。

【化学需氧量、氨氮、总磷减排工作情况】2018年，上海市城镇污水处理厂48座，总处理能力812.95万立方米/日，合计处理污水量27.34亿立方米，日均处理748.93万立方米，与2017年同期相比日均处理量增长4.12%；出水化学需氧量、氨氮和总磷平均浓度分别为30.8毫克/升（2017年同期29.2毫克/升）、4.30毫克/升（上年同期4.47毫克/升）、0.32毫克/升（2017年同期0.44毫克/升）。化学需氧量削减量73.31万吨，同比增长7.5%；氨氮削减量5.49万吨，同比增长4.7%；总磷削减量1.07万吨，同比增长5.9%。全市产生污泥112.9万吨（干基34.4万吨），日均污泥量3092.1吨（干基943.1吨），每处理万吨污水产生1.26吨（干基）污泥。

（胡洁雯、倪周晶）

2018年道路积水改善工程项目一览表

序号	项目名称	总投资（万元）
1	平凉路(大连路—怀德路)道路积水改善工程	3580
2	佳木斯路（营口路—沙岗路）道路积水改善工程	1280
3	人民路（新开河路—丽水路）道路积水改善工程	662
4	新村路（西乡路—灵石路）道路积水改善工程	831
5	梅岭北路（兰溪路—枫桥路）道路积水改善工程	928
6	老沪太路（普善路—共和新路）道路积水改善工程	891
7	老沪太路（运城路—沪太路、彭越浦—万荣）道路积水改善工程	842
8	闻喜路（岭南路—阳泉路）道路积水改善工程	617
9	宝昌路（宝山路—虬江路）道路积水改善工程	982
10	华严路（场中路—万安路）道路积水改善工程	2202
11	上大路（汇丰河—桃浦河）道路积水改善工程	2401
12	沙岗路、佳木斯路道路积水改善工程	3482
13	景凤路（阳曲路—阳泉路）道路积水改善工程	1259

（六）水利建设

【概况】2018 年，全市 3 万亩都市现代农业示范项目、1.69 万亩高效节水灌溉设施、18.79 万户农村生活污水处理设施、农业水价综合改革面积 100 万亩建设完成，水土保持监测、信息化、监督执法等各项工作有序开展，上海市水土保持工作会议暨 2018 年度水土保持规划实施情况评估工作启动会召开，全市水土保持工作有序推进。实施农业水价综合改革面积 100 万亩。推进河长制、水利设施长效管理等工作。2019 年 1 月，印发《2018 上海市河道（湖泊）报告》。

【高效节水灌溉工作】2018 年，《上海市 2018 年高效节水灌溉项目建设方案》完成编制工作。截至 12 月 31 日，1.69 万亩高效节水灌溉设施建设完成，任务涉及金山区、奉贤区、嘉定区等 3 个区，分别为金山区 2891 亩、奉贤区 3510 亩、嘉定区 10446 亩。

（刘亚涛、倪周晶）

【农业水价综合改革】2018 年，制定农业水价综合改革年度任务清单和工作计划、农业用水奖补政策、用水计量细则、水权分配细则、面积核定细则等政策文件，共实施农业水价综合改革面积 100 万亩。开通专题网站和微信专栏，发布全市农业水价综合改革的政策机制和工作动态，推广试点区镇的工作经验、改革成果。

（张铭、倪周晶）

【水土保持工作】1 月 24 日，水利部对全市 2017 年度水土保持三项重点任务考核工作完成；7 月 4 日，《上海市水土保持“十三五”规划主要任务分工方案》印发，明确责任分工，推进本市水土保持工作有序开展；10 月 29 日，生产建设项目水土保持专项监督检查工作开展，发现问题并落实整改；10 月 30 日，《2018 年上海市水土流失动态监测实施方案》批复并实施，监测成果上报太湖流域管理局；12 月 12 日，水土保持信息管理系统操作培训会召开，水土保持信息填报工作完成； 12 月 25 日，上海市水土保持工作会议暨 2018 年度水土保持规划实施情况评估工作启动会

2018年上海农田水利基本情况表

项目		单位	数值
完成都市现代农业示范项目建设		公顷	2000
累计		公顷	12000
建设高效节水灌溉设施		公顷	1127.33
金山区		公顷	192.73
奉贤区		公顷	237.93
嘉定区		公顷	696.67
农村生活污水处理		万户	18.8
涉及区		个	8
更新改造灌溉设施	涉及农业重点乡镇	个	16
	涉及重点片区	个	50
	更新改造灌溉泵站	座	152
	建设低压输水管道	公里	421.0
	建设防渗渠道	公里	233.7
	新增节水灌溉面积	公顷	15480

注：农村生活污水处理涉及闵行、嘉定、宝山、奉贤、松江、金山、青浦、崇明8个区。

召开，全市水土保持工作进一步推进，按照《水利部 发展改革委 财政部 自然资源部 生态环境部 农业农村部 林草局关于开展全国水土保持规划实施情况考核评估工作的通知》（水保〔2018〕192号）要求，2018年度水土保持自评估工作部署完成；《上海市水土保持目标责任考核办法（初稿）》完成编制工作并征求意见；按照《水利部关于开展长江经济带生产建设项目水土保持监督执法专项行动的通知》要求，全市生产建设项目水土保持监督执法专项行动有序开展并拟订实施方案。

【农村生活污水治理】以骨干河道辐射带、水源地重点区以及水质敏感区村庄生活污水问题为重点，推进全市农村生活污水治理，截至2018年底，完成农村生活污水处理18.9万户，超额完成市政府实事项目10万户治理目标，全市农村生活污水处理率已达75%；6月，经市政府同意，出台《上海市农村生活污水处理设施运行维护管理办法》，进一步明确了设施运行维护管理体系、标准要求、资金保障和监督考核等内容。

【水利设施长效管理】2018年，推进河道维修养护市场化工作，市、区级河道维修养护市场化率达100%，镇村级河道维修养护市场化率达80%以上。编制《关于进一步加强本市河湖长效管理养护工作的通知》。开展本市入河排污（水）口登记建档、规范整治和长效管理三方面工作。基本完成17座水闸精细化管理试点。完成21座市、区管水闸安全鉴定审查。组织开展本市河道修防工和水工闸门运行工职业技能竞赛。完成60名河道修防工和77名水工闸门运行工职业技能鉴定。印发《上海市农村生活污水处理设施运行维护管理办法（试行）》，开展农村生活污水处理建设管理专项督查工作。

（刘亚涛、倪周晶）

（七）水政管理

【概况】2018年，上海市水务局（上海市海洋局）累计受理、办理水务、海洋行政审批事项32027项。其中上海市水务局行政服务中心（上海市海洋局行政服务中心）受理办理行政审批事项共2359项（其中水利792项、供水156项、排水1402项、海洋9项）；接收建设工程并联审批事项234项。上海市供水管理处受理办理“用水计划指标的核定或批准”29667项。上海市供水调度监测中心受理办理“临时停止供水或者降低水压的审批”1项。发布主动公开信息2744条，行政公文主动公开率达60.2%。推进依申请公开工作，依申请公开信息43条，信息公开申请同意公开率达到93%。局热线办共计受理各类工单31311件，实际办理20629件，退单10682件，1日内先行联系率96.3%，处理反馈率96.5%，按期办结率99.95%，诉求解决率96.1%，市民满意率76.3%，对工作人员态度满意率82.3%。全市水务执法机构共开展执法检查14848次，出动人员35800人次，立案1211件，同比下降19.37%，罚款4734.8万元，同比增长14.69%。其中，水利类案件213件，供水类案件67件，排水类案件931件。在海洋执法方面，共开展海上巡航45航次，陆上巡查420车次，出动人员1325人次，立案17件，同比增长13.3%，罚款232.925，同比增长399%。

（魏星、李俊前）

【水务规划】2018年，重点推进《上海市城镇雨水排水规划》《上海市污水处理系统及污泥处理处置规划》《上海市供水规划》《上海市防洪除涝规划》《上海市海洋“十三五”规划》《水务、海洋精细化管理工作三年行动计划》《上海市乡村振兴水务、海洋实施方案（2018—2022年）》以及区级河道蓝线专项规划等20余项规划、行动计划和实施方案编制；推进竹园污水处理厂四期工程、白龙港污水处理厂扩建工程、全市25座水厂深度处理改造工程、青草沙—陈行原水系统连通工程、苏州河段深层排水调蓄管道系统工程等17项重大工程项目技术储备；2月20日，与市规划国土资源局、市农委联合出台《关于进一步支持本市水利专项中河道整治、小型灌排泵站用地的通知》；指导各区细化新增河湖面积计划，进一步挖掘新增河湖面积潜力；严格填堵河道的行政审批管理，2018年，共批复116个填河事项中，要求净增的河湖面积约53万平方米；指导各区推进河道命名和文化挖掘工作；持续做好长江经济带、长三角一体化发展、城市规划建设管理、海绵城市建设涉水工作。

（顾洪祥、倪周晶）

【地方性法规】11月22日，市第十五届人民代表大会常务委员会第七次会议通过《上海市人民代表大会常务委员会关于修改本市部分地方性法规的决定》，对《上海市河道管理条例》做出修改，自2019年1月1日起施行。12月20日，市第十五届人民代表大会常务委员会第八次会议通过《上海市人民代表大会常务委员会关于修改〈上海市供水管理条例〉等九件地方性法规的决定》，对《上海市供水管理条例》《上海市河道管理条例》做出修改，自2019年1月1日起施行。

【政府规章】4月12日，《上海市原水引水管渠保护办法》（修订）经市政府3号令公布，于2018年5月15日起施行。此次修改主要针对性地扩大原水引水管渠适用范围，调整保护范围，强化保护要求。

【行政规范性文件】1月3日，市政府办公厅重新发布《关于本市滩涂有偿使用若干意见》，对本市滩涂有偿使用的申办手续、缴费标准、缴费办法和土地手续办理提出若干意见。3月7日，市政府办公厅重新发布《关于本市市管河道及其管理范围的规定》，明确本市市管河道及其管理范围、主管部门、日常监督管理等内容。6月21日，《上海市用水计划指标核定管理规定》经评估继续实施印发，明确本市公共供水企业供水管网到达区域内，自来水用水单位用水计划指标核定的管理。9月27日，印发修订后的《上海市供水水质管理细则》，对本市行政区域内的供水企业和二次供水设施管理单位的水质及其相关管理活动提出明确要求。

（王琰、倪周晶）

【水质监测】2018年，为实现上海市“2018年底全面消除黑臭水体”和“2020年基本消除劣Ⅴ类水体”的目标，编制《2018年全市河湖水质监测方案》，开展全市河湖水质监测。组织完成10—12月市控新增断面的水质监测、数据上报工作，推进地表水常规监测和地下水水质监测，开展全市骨干河湖、水利控制片、水功能区、列入“十三五”计划的水环境治理与保护专项河湖、1864条（段）中小河道、苏四期、保障进博会、入河排污口等监督性监测和跟踪水质监测，完成监测资料统计汇总和分析评价，上报各类月报、通报和专报36期，为水环境综合整治提供坚强支撑。进一步加强实验室质量管理以及水质在线监测管理，组织“清源杯”全市水环境监测技术比武大赛。

【黄浦江干流水质状况】2018年，松浦大桥、吴泾、长桥、南市水厂、杨浦水厂和吴淞口等6个水质监测断面除吴淞口断面水质综合评价类别为Ⅳ类，其他5个断面水质综合评价类别为Ⅲ类，影响水质的项目为石油类。与2017年相比，黄浦江整体水质略有好转；全江段氨氮年平均浓度好转16.8%，溶解氧、高锰酸盐指数、化学需氧量、五日生化需氧量和总磷年平均浓度均基本持平，详见图3。

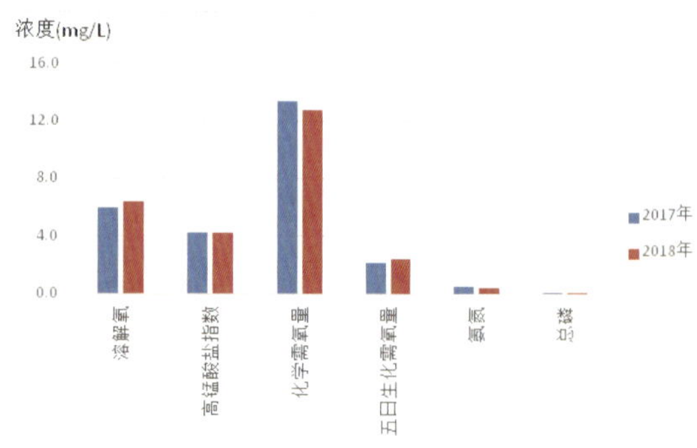

图3　黄浦江主要监测项目平均浓度比较

【苏州河干流水质状况】2018年，赵屯、白鹤、黄渡、华漕、北新泾、武宁路桥和浙江路桥等7个水质监测断面中，赵屯、白鹤、武宁路桥和浙江路桥等4个断面水质综合评价类别为Ⅳ类，其余3个断面水质综合评价类别为Ⅴ类，影响水质的主要项目为石油类、氨氮和总磷。与2017年相比，苏州河水质好转；白鹤和武宁路桥2个断面水质综合评价类别由Ⅴ类好转为Ⅳ类，其余5个断面水质综合评价类别持平；全河段总磷和氨氮年平均浓度分别好转18.7%和17.1%，溶解氧、高锰酸盐指数、化学需氧量和五日生化需氧量年平均浓度均基本持平。

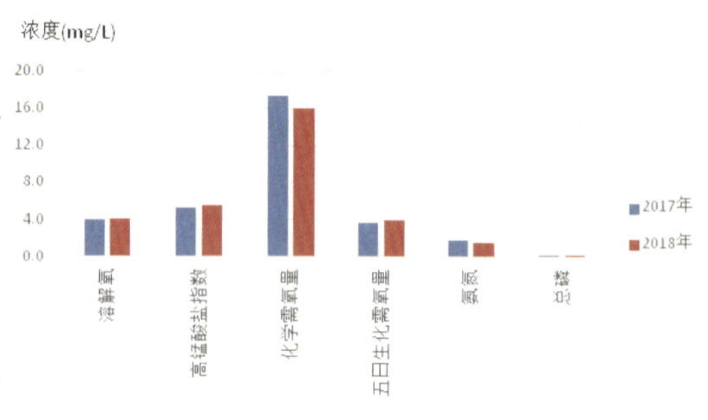

图4　苏州河主要监测项目平均浓度比较

【水务科技】2018年，组织启动国家水专项项目“太浦河金泽水源地水质安全保障综合示范”；全年启动23项（水专项6项、水务10项、海洋7项）科研项目研究，取得国家重大专项科研成果5项、其他各类科研成果20项（水务11项，海洋9项），组织制定国内首部《生活饮用水水质标准》和《治涝标准》地方标准，编制出台城市综合管理标准4项，颁布实施局指导性技术文件6项，全面推进浦东新区全国海洋经济创新示范城市建设工作。组织编制国内首部《生活饮用水水质标准》和《治涝标准》地方标准；组织编制《居民小区二次供水管理标准(试行)》《公共排水设施管理标准（试行）》《上海市堤防海塘管理标准（试行）》《上海市防汛信息服务标准（试行）》《上海市水闸管理标准（试行）》等5项城市综合管理标准；发布《上海市住宅小区雨污混接改造技术导则》《上海市原水引水管渠保护技术标准》《上海市水务设施（厂站）海绵城市建设技术导则》《苏州河滨水公共空间建设技术导则（堤防篇）》《上海市排水检查井塑料防坠格板技术规程》《上海市黑臭/劣Ⅴ类水体治理技术指南（试行）》等6项局标准化指导性技术文件。利用上海科技节和青少年科技创新大赛科普平台，组织开展2018浦东新区“探寻海上丝绸路 铸就海洋强国梦”科普活动、“携手看海去”2018年海洋科普系列活动，积极引导海洋特色示范学校建设，培养海洋事业储备人才。支持上海市净水技术学会开展了以“关心水务发展 关注水质健康”为主题的系列水务科普活动，通过“水悟堂”科普专栏和线上大调研、线下实地考察，极大提高了市民对饮用水的科普认知，增强了市民对水务行业的关注热情。

（金巍良、胡挺）

PART SIX Ⅵ

房屋管理

HOUSING MANAGEMENT

（一）综述

2018年，全市房屋管理工作全面完成年初预定的各项目标任务，市民居住条件和居住环境质量得到进一步改善。房地产市场保持平稳。深化落实控房价“三二一”各项调控政策措施。完善“区三级审核、市备案复核”“两分离、两随机”“一房一价”审核机制，加大项目上市预售许可、上网认证、网签等环节的统筹力度。实行商品住房地价房价联动机制，为土地出让理性竞价提供参考依据。强化市场监管，规范购房行为。坚决遏制投机炒房行为，出台规范企业购买商品住房暂行规定，加强境外人士购房审核。规范商品住房项目公证摇号排序、按序选房制度，加强房地产开发企业销售行为引导和监管。持续开展房产经纪行业整治。重点打击虚假信息、投机炒房、违规提取公积金等违法违规行为，切实维护人民群众合法权益。全面清理中介网签密钥，规范房地产中介使用密钥网签等经营行为，虚签合同等违规现象基本杜绝。完成商业办公项目集中清理整顿阶段性工作。全市307个项目已全部结案，集中清理整顿工作顺利收尾，转入日常管理和建立长效机制阶段。据国家统计局数据显示，2018年1—12月，新建商品住房价格指数环比累计上涨0.4%、二手住房价格指数环比累计下降2.7%，房地产投资继续增长，住房供应、销售面积稳中有升，价格保持平稳。

住房租赁体系加快构建。初步形成租赁住房建设供应政策体系和推进机制。制定了优化新建租赁住房项目建设前期手续办理的操作办法，商业、办公、工业等非居住存量房屋改建和转化为租赁住房的指导意见。完善市区住房租赁工作推进机制，强化统筹协调功能，出台住房租赁工作考核办法。多措并举推进租赁住房建设供应。新建和转化租赁房源21.19万套，新增代理经租房源14.63万套（间），推出租赁住房用地39块、约118公顷，规划建筑面积达250万平方米。建设住房租赁公共服务平台。2018年3月1日正式上线运行。市、区两级住房租赁服务中心挂牌，为平台运行提供线下支撑。可租房源总量保持在5.3万套（间）以上的规模，通过平台网签住房租赁合同净11万件。规范住房租赁融资业务。加强监管，进一步规范本市代理经租企业及个人“租金贷”相关业务，确保住房租赁市场平稳有序。

住房保障工作取得新进展。完善共有产权保障住房制度，将持居住证年限较长、学历层次高、符合上海产业发展导向、为本市经济社会发展做出贡献的非沪籍住房困难家庭纳入保障范围，虹口、金山、松江已先行开展试点。推进第六批次共有产权保障住房申请供应工作，启动第七批次共有产权保障住房申请工作。累计购房签约9.3万户。提升公共租赁住房管理水平，实施公租住房租赁总年限期满退出政策，累计供应房源12.6万套。放宽廉租住房准入标准，新增受理申请家庭7446户、配租家庭5751户，分别同比增长51%和67%。加强征收安置房源使用精细化管理，有效控制房屋征收补偿成本。推进大型居住社区建设。新增供应各类保障性住房8.01万套。进一步加强市、区两级保障性住房大型居住社区建设管理推进机构建设，强化“以区为主”的建设推进机制。落实大居建设管理资金支持政策，提升大居配套服务水平。

“留改拆”工作全面推进。加大实施旧住房改造力度。结合“美丽家园”建设、雨污混接改造等，实施旧住房综合改造1046.3万平方米，受益居民17万户。做好进博会市容环境保障主要高架两侧楼宇外立面整治工作，重点针对延安、南北、内环、华夏主要高架道路沿线，完成161处建筑外立面整治项目。加强住宅修缮工程精细化管理工作，进一步优化住宅修缮工程审批流程，加强修缮工程细节管理和事中事后监管。推进既有多层住宅加装电梯工作，推广虹口、长宁等区工作做法，协调相关部门破解加装电梯瓶颈。加快推进旧区改造、房屋征收。中心城区完成二级旧里为主房屋改造42.7万平方米，受益居民2.1万户。稳步实施征收补偿新机制，加大存量拆迁许可证基地收尾力度，积极推进在外过渡动迁居民安置，规范房屋协议置换工作。有序推进城中村改造，38个合作开发项目总体上已完成95%以上动迁工作。强化历史建筑保护保留。配合市人大、市规划资源局修订《优秀历史建筑和历史风貌保护条例》，推进优秀历史建筑行政审批事权下放。实施各类里弄房屋修缮改造110万平方米，受益居民3万户。同时，加强房屋使用安全管理，结合防台防汛、空中坠物专项整治等工作对小区安全运行、住宅修缮工程、大居建设工地、征收拆房基地、建筑外立面附着物和户外设施等重点领域开展安全生产大检查，对存在的安全隐患及时处置和整改，完成695万平方米一般损坏房屋的处置。抓紧推进房屋使用安全立法工作。

住宅小区美丽家园建设新三年行动计划启动实施。完成住宅物业管理规定立法修订工作，明确构建以居民区党组织为领导核心、各方共同参与的住宅小区物业管理治理框架，并就专项维修资金再次筹集、物业紧急维修程序、小区停车难等突出问题做出更为明确又可操作的规定。经市人大常委会同意，于2019年3月1日起施行。理顺物业行业监管体制。完善物业行业服务和管理标准体系，制修订《住宅物业服务规范》《住宅小区公共区域环境清洁管理标准（试行）》等。持续健全行业事前事中事后全过程监管体系，强化企业及从业人员信用监管。完善业主自我管理机制。累计2916个符合条件的业委会成立了党的工作小组，2153个小区中实现了居委会成员兼任业委会成员，大型居住社区业主委员会组建率提高至90%，建立了街镇对专业社会服务组织工作评价机制。办好群众身边的民生实事。完成2470个小区主要出入口门岗和物业管理处规范化建设，698个小区雨污分流整治工程，80个老旧小区消防设施设备改造和32365幢高层住宅的消防安全隐患排查，消除2261处住宅外挂结构及附属设施安全隐患，为1084个小区新增电动自行车安全充电设施，实施二次供水设施改造3106万平方米。

（范海霞）

（二）房地产市场监管

【概况】2018年，严格执行国家关于房地产市场调控各项政策措施，进一步做好控房价、稳市场工作，注重供应、需求双向调控，强化市场监管，同时稳妥有序完成商业办公项目集中清理整顿阶段性工作。总体看，调控效果明显，房地产开发投资稳定，商品住房供应增加，销售平稳，价格稳中微降。市场运行平稳健康。

【房地产开发投资】2018年完成房地产开发投资4033亿元，比上年增长4.6%。其中住房投资共完成2226亿元，增长3.4%。房地产开发投资占固定资产投资的比重为52.9%，比上年减少2个百分点。

2018年商品房新开工面积2687万平方米，比上年增长2.6%。其中，商品住房新开工面积1473.17万平方米，增长5.0%。商品房竣工面积3116万平方米，比上年减少8.0%。其中，商品住房竣工面积1730万平方米，比上年减少7.1%。

【商品房成交】2018年新建房屋（包括住房和非居住房屋）销售面积1767万平方米，比上年增长4.5%。其中，住房（包括市场化新建商品住房和保障性住房）销售面积1333万平方米，比上年减少0.6%。市场化新建商品住房成交面积589万平方米，比上年增加2%；二手存量商品住房成交面积1238万平方米，比上年增加5%。

【商品住房价格】2018年，我市新建商品住房环比累计上涨0.4%，二手存量住房价格指数累计下跌2.7%。

【房地产市场调控】深化落实“控房价、稳市场”各项调控政策措施。实施“区三级审核、市备案复核”的商品住房销售方案、“一房一价”审核制度，确保本市房价稳定。实行商品住房地价房价联动双控机制，引导土地理性竞价，实现调控下的土地资源市场化配置。

抑制投资投机需求。制定出台《关于规范企业购买商品住房暂行规定》，有效遏制企业投机炒房行为，有效防止个人通过注册企业方式规避住房限购政策。通过“技术手段”强化境外个人购房审核，有效防止境外个人以双重身份购房、规避住房限购政策的行为。

研究制定“一城一策”工作方案。按照稳地价、稳房价、稳预期的目标要求，研究起草本市房地产市场调控“一城一策”工作方案，保持政策的连续性和稳定性，增强调控的系统性和有效性，加快建立促进本市房地产市场平稳健康发展的长效机制。

【继续强化市场监管】持续开展房地产市场秩序专项整治，规范商品房销售秩序，完善商品住房项目公证摇号排序、按序选房制度。不断细化完善相关操作规则。

【完成商业办公项目集中清理整顿阶段性工作】2018年，按照“坚决稳妥、稳字当头”的总体要求，稳妥有序推进商业办公项目清理整顿工作。坚持依法行政，明确整改主体；坚持底线思维，明确整治目标；坚持协同协作，分阶段推进。全市307个商业办公清理整顿名单内项目已全部结案，达到整治的目标任务，集中清理整顿工作顺利收尾，转入日常管理和建立长效机制阶段。

【培育发展住房租赁市场】稳步推进住房租赁公共服务平台建设。2018年3月31日，本市住房租赁公共服务平台上线试运行，同步印发《上海市住房租赁合同网签备案试行办法》；7月1日，租赁合同网签工作正式实施；9月20日，市房管局印发《上海市住房租赁公共服务平台业务技术规定（试行）》，进一步细化了住房租赁合同网签备案的操作规程，明确了租赁合同网签的主体责任，为方便租赁当事人办理网签备案，确保平台有序运行，进一步提供基础支撑。

【加强房地产估价机构和人员管理】2018年，本市共有房地产估价机构69家，其中一级37家、二级13家、三级5家、分支机构14家；注册房地产估价师1049名，评估从业人员约1166名。

为加强本市房地产估价行业管理，规范房地产估价报告的出具，开发“上海市房地产估价报告网上备案管理系统”，制订印发《上海市房地产估价报告网上备案管理规定（试行）》，规定从2018年7月1日起，房地产估价报告实行备案。

为规范本市房屋征收评估和征收评估估价报告的鉴定，维护房屋征收评估当事人的合法权益，修订4个规范性文件，分别为《上海市国有土地上房屋征收评估管理规定》《上海市国有土地上房屋征收评估技术规范》《上海市国有土地上房屋征收评估报告鉴定若干规定》《关于贯彻〈住房城乡建设部关于进一步规范房地产估价机构管理工作的通知〉的实施意见》。

依法开展并完成47家房地产估价机构备案。依法对1家房地产估价机构和7名房地产估价师进行行政处罚。

（徐艳丽）

（三）住房保障

【概况】2018年国家下达本市的保障性安居工程目标任务为：全年新开工建设和实施棚户区住房改造5万套、基本建成4.6万套，2015年底前开工建设的政府投资公租房分配率达到90%以上，发放低收入家庭租赁住房补贴（廉租住房租金配租）3.7万户。按对应范围和口径，2018年全市共新开工建设和实施棚户区改造54351套（户），为目标任务的109%，其中旧区改造货币化安置14100户、城中村改造1520户、旧住房综合改造32333户、用于旧区改造的征收安置住房4768套、国有垦区危房改造1630套；基本建成48668套（户），为目标任务的106%，其中旧区改造货币化安置14100套、旧住房综合改造32333户、用于旧区改造的征收安置住房2235套。2018年开工建设的政府投资公租房分配率达到93.2%，为目标任务的104%；发放廉租住房租赁补贴3.94万户，为目标任务的107%。同时，聚焦市政府“全年新增供应5.5万套保障房”目标，合计完成8万套，为目标任务的145%。国家下达和市委市政府确定的各项目标任务全面超额完成。

（姚文江）

【优化完善共有产权保障住房申请供应政策】根据2018年国务院政府工作报告和住房城乡建设部关于进一步开展共有产权住房试点工作的通知要求，2018年9月底，本市研究出台《关于进一步完善本市共有产权保障住房工作的实施意见》（沪府办规〔2018〕27号），在继续做好上海户籍中等或中等偏下收入住房困难家庭基本保障，保障力度只增不减、保障房源确保供应的基础上，按照既尽力而为、又量力而行的原则，有序扩大共有产权保障住房受益面：将持证年限较长、学历层次高、符合上海产业发展导向、为上海经济社会发展做出贡献的非沪籍常住人口住房困难家庭有序纳入保障范围。具体条件为：持有《上海市居住证》且积分达到标准分值（120分）、符合限购政策（已婚、在上海无住房、在上海连续缴纳社会保险或个人所得税满5年）并符合共有产权保障住房收入和财产准入标准。

为稳妥有序实施，在配售方式上，采取计划单列、总量控制、以供定需、轮候供应方式操作，面向非沪籍常住人口供应的共有产权保障房数量为上海户籍居民保障量的20%左右。在供后管理上，对非户籍常住人口供应的共有产权保障住房采取“封闭方式”运作，促进房源循环使用。取得不动产权证满5年，并同期继续在上海累计缴纳社会保险或者个人所得税满5年，自有产权份额部分方可向其他符合共有产权保障住房条件的非沪籍居民家庭转让或由区住房保障机构回购。

本市选取虹口、松江和金山等三个区开展扩大共有产权保障住房受益面（向常住人口供应）试点工作，待评估完善后，适时在全市范围内推开该项工作。截至12月31日，虹口、松江和金山3个试点区累计接待政策咨询约0.26万人次，发放申请表71份，收件19份。

【稳步有序开展共有产权保障住房申请供应工作】第六批次共有产权保障住房共计受理3.92万户，截至12月31日，审核工作已全部完成，符合条件的家庭约3.38万户，已有12个区完成选房（有1个区正在选房中），年内各区合计选房1.68万套，选房率 84.32%，预计 2019 年春节前基本完成选房工作。浦东、青浦、奉贤、金山和崇明 5 个区已启动购房签约工作，五个区合计签约 979 套，历年批次累计签约 9.3 万户。

第四季度开始启动第七批次共有产权保障房申请供应工作，截至 12 月 31 日，已有 13 个区已启动咨询受理工作，各区合计接待政策咨询约 5.87 万人次，发放申请表约 0.97 万份，受理约 0.22 万户，历年批次累计受理约 16 万户。

【推进共有产权保障住房供后管理工作】截至 12 月 31 日，全市共有产权保障住房申购家庭累计交房 8.6 万户，占已签约家庭的 92.5%；实际入住 6.8 万户，占已交房家庭的 79%。全市 7 个区累计受理各类供后交易申请 555 户，占全部符合条件家庭（2.5 万户）的 2.2% 左右。其中购买政府产权份额 372 户，政府优先购买 183 户。

（王永刚）

【推进公租房高质量发展】截至 2018 年底，全市累计筹措公租房 17.5 万套、供应 12.6 万套，累计保障家庭 45.2 万户。

2018 年，市房管局出台《关于加快本市公共租赁住房高质量发展若干措施的通知》（沪房保障〔2018〕81 号），从资格申请便利化、房源信息透明化、分配供应精准化、租赁管理智能化、配套服务人性化、租金定价科学化、退出管理规范化、考核管理常态化等八个方面，推出改革举措，全面提升公租房管理服务质量。在审核效率方面，明确提出保障对象申请公租房准入资格只跑一次，准入资格审核总时限从 20 个工作日缩短到不超过 10 个工作日。在信息发布方面，市、区各公租房运营机构的门户网站、微信公众号和重点项目可供应房源信息在市住建委门户网站和市住房租赁公共服务平台上集中发布，并做到动态调整、及时更新。在租赁管理方面，以信息化智能化为引领，全面推广人脸识别、指纹识别、身份证识别等可做唯一性识别的智能门禁以及移动支付、自动划款等非现场方式收缴租金，最大限度方便租户。在配套生活服务方面，聚焦青年租户需求特点，充分利用社区公共空间及商业配套设施，引入品牌机构、社会组织及依托“互联网+”，为保障对象提供人性化、多样化、便利化的增值服务，打造“有温度”的公租房社区。

【健全公租房退出管理和循环使用机制】上海公租房租赁合同一般两年一签，到期符合条件可续租，租赁总年限一般不超过 6 年。2018 年，全市首批公租房保障对象 6 年租赁总年限期满。市房管局出台《关于公共租赁住房租赁总年限期满退出相关政策口径的通知》（沪房保障〔2018〕45 号），对租赁总年限 6 年期满对象中在本市已有住房的，严格执行退出；在本市无房的，允许按市场化租金在公租房内继续过渡租赁 1 到 2 年作为缓冲，过渡期满后应退出公租房进入市场化租赁住房。

截至 2018 年底，2012 年首批入住的 2000 余户市筹公租房保障家庭，80% 以上已在 6 年保障期内（含 6 年期满）正常退出，15% 左右选择按市场化租金过渡居住，约 1% 的租户拒不腾退，通过司法途径追究处理。全市公租房已形成良性退出周转机制。

（林英杰）

【进一步放宽廉租住房准入标准】截至 2018 年 12 月底，全市廉租住房历年累计受益达 12.4 万户，扣除因住房状况改善、收入或财产增加等各种原因退出保障的，正在享受的家庭为 4.3 万户。根据《上海市人民政府关于调整本市廉租住房部分政策标准的通知》（沪府发〔2017〕93 号）要求，从 2018 年 1 月 1 日起进一步放宽廉租住房准入标准并

图 1　公租房人脸识别、身份证识别智能门禁

相应调整部分政策。主要包括以下几个方面：一是放宽收入和财产准入标准。其中，3人及以上家庭廉租住房的收入准入标准从家庭人均月可支配收入2500元以下调整为3300元以下，财产准入标准从家庭人均9万元以下调整为12万元以下。1人及2人家庭，收入和财产准入标准继续按上浮10%执行。二是对应调整租金配租的分档补贴标准。其中，3人及以上家庭按照基本补贴标准实施补贴的范围从家庭人均月可支配收入1300元以下（含1300元），调整为2000元以下（含2000元）；按照70%标准实施补贴的范围从家庭人均月可支配收入1300~2000元（含2000元）间调整为2000~2800元（含2800元）间；按照40%标准实施补贴的范围从家庭人均月可支配收入2000~2500元（含2500元）间调整为2800~3300元（含3300）间。1人、2人家庭及经认定的因病支出型贫困家庭，各分档标准均对应上浮10%。三是对住房困难的因病支出型贫困家庭实施“精准救助”。考虑到住房困难的因病支出型贫困家庭因存在医疗刚性支出，更需要居住方面的

图 2　松江区茸城新业苑公租房“微厢”公共空间

救助，对该类家庭申请廉租住房保障的收入和财产准入标准进行了针对性放宽，在 3 人及以上家庭标准基础上放宽 10%，即放宽至家庭人均月可支配收入 3630 元以下、人均财产 13.2 万元以下。新政策标准实施后，2018 年全市共新增受理家庭 7446 户、新增配租家庭 5751 户，较 2017 年同期同比分别增长 51% 和 67%。新准入标准政策实施效果明显，符合预期。

【推行廉租住房申请审核便利化】 2018 年 8 月，市房管发布《关于优化改善本市廉租住房审核配租管理有关措施通知》（沪房保障〔2018〕131 号），从压缩资格审核时限、优化配租办理流程、调整租赁合同认定方式、推行配租环节最多“只跑一次”模式、扩大特定服务范围、强化信息服务平台等六个方面优化完善廉租住房审核配租管理政策措施。2018 年 12 月，市房管局又发布《关于廉租住房申请审核实行“全市通办”的通知》（沪房保障〔2018〕207 号），明确从 2019 年 2 月起在全市推行廉租住房申请审核“全市通办”，廉租住房申请对象可以就近选择全市任一街道（乡镇）社区事务受理服务中心提出申请并获取审核结果，打通了为民服务“最后一公里”。

（姚文江）

【公有住房出售】 2018 年，本市全年共出售公有住房 1.05 万套，建筑面积 54.68 万平方米，回收购房款约 2.0 亿元，扣除维修基金后净归集额 1.32 亿元。全市自公有住房出售政策实施以来，已累计出售公有住房 195.3 万套，建筑面积约 10537.1 万平方米。

表1　各区2018年公有住房出售情况

	户数（户）			面积（平方米）		
	小计	直管房	自管房	小计	直管房	自管房
合计	10515	3934	6581	546849.56	175900.75	370948.81
浦东	2195	827	1368	120793.12	39127.72	81665.4
黄浦	1134	192	942	63751.23	7931.04	55820.19
徐汇	432	174	258	21652.06	8491.45	13160.61
长宁	732	353	379	39565.18	16784.26	22780.92
静安	1039	576	463	48182.73	24724.67	23458.06
普陀	865	306	559	42047.38	14151.59	27895.79
虹口	560	219	341	25814.94	9690.98	16123.96
杨浦	1293	953	340	56829.75	39803.65	17026.1
宝山	1180	264	916	63913.53	11540	52373.53
闵行	622	34	588	36768.25	1941.71	34826.54
嘉定	147	0	147	8580.29	0	8580.29
金山	6	4	2	297.97	191.21	106.76
松江	7	2	5	358.91	85.22	273.69
青浦	22	22	0	1079.7	1079.7	0
奉贤	237	0	237	14611	0	14611
崇明	44	8	36	2603.52	357.55	2245.97

【推进本市住房分配制度改革】按《关于进一步深化本市城镇住房制度改革的若干意见》（沪府发〔1999〕38号）的要求，推进企事业单位的住房分配制度改革；配合市政府机管局等部门深化、完善本市公务员住房解困的有关思路。

【支持配合外省市住房分配制度改革】配合外省市住房分配制度改革和经济适用住房、动拆迁货币安置等工作的开展，做好外地职工及其配偶在沪住房情况申报确认工作，2018年共确认790户，自2003年此项工作开展以来，累计确认7384户。

【继续解决未确权的公有住房的出售问题】2018年，根据《关于进一步推进本市公有住房出售若干规定的通知》（沪府发〔1999〕44号）的精神，继续对投资单位未申领房地产权证的住房进行梳理，将符合出售条件的住房出售给承租的职工家庭。当年各区房改部门出售的这类住房共408套，建筑面积2.22万平方米；已累计代售52288套，建筑面积约308万平方米。

【各区有限产权接轨工作】市、区房改部门经过调研和协调，研究解决各类疑难问题，推动有限产权住房接轨工作顺利推进，全年有限产权住房接轨1260套，累计接轨77240套。

（仇育彬）

（四）物业管理

【推进住宅小区“美丽家园”建设】一是召开全市工作推进大会。3月9日，市委市政府召开市住宅小区建设“美丽家园”2018年工作推进会议，总结2015—2017年住宅小区综合治理工作情况，部署推进新一轮三年行动计划重点工作，尹弘副书记、时光辉副市长出席会议，并就下阶段工作提出相关要求。二是分解落实各区年度重点工作。将各区工作任务分解为精准补齐民生短板、完善物业市场机制、健全社区共治机制、优化综合治理体制四大类二十余项内容，由市联席会议与各区联席会议签署工作责任书。三是分层分级开展新一轮美丽家园三年行动计划宣讲，参加对象包括区住宅小区综合管理联席会议成员单位、街镇相关部门房管机构、居委会、业委会等，全市16个区参加培训总人数达1.2万人。四是完成全市街镇房办业务培训，对浦东、宝山、闵行等9个区约1000名街镇分管领导及房屋管理机构工作人员进行了房管业务下沉街镇后的职能工作规范化操作进行培训，实现全市各区房办业务培训全覆盖。

（何炜东）

【完善物业行业服务和管理标准体系】修订发布《上海市住宅物业服务规范》，进一步规范本市住宅物业服务活动；修订居住物业服务规范（推荐性地方标准），推进提高行业整体服务水准；编制印发《住宅小区公共区域环境清洁管理标准（试行）》等五个涉及住宅小区管理的城市综合管理标准，明确本市住宅小区管理底线要求。

（庞成梁、何炜东）

【健全行业事前事中事后全过程监管体系】制定《关于开展物业服务企业“法人一证通”数字证书在物业管理监管与服务平台注册工作的通知》，推行物业服务企业诚信经营告知承诺制度；印发《关于加强本市住宅物业管理监督检查的通知》，加强全过程动态监管；修订《上海市物业服务业企业和项目经理失信行为记分规则》，强化企业及从业人员信用监管，提升物业行业事中事后监管效能。

（庞成梁）

【开展物业行业立功竞赛活动和文明行业创建】会同市物业管理行业协会，广泛开展“最美物业人”评选、职业技能竞赛等行业立功竞赛系列活动。印发《上海市物业管理行业创建文明行业三年行动计划》，并于7月底召开物业行业创建文明行业启动仪式，有序推进行业文明创建工作。

（史旭）

【提升物业行业窗口形象】出台《上海市既有住宅小区门卫室和管理处规范化建设指导意见》，截至2018年底，已有2470个小区完成主要出入口门岗和物业管理处规范化建设。

（伍伏清）

【健全社区自治共治机制】一是加强指导和推进，提高大型居住区业主委员会组建率。全市大型居住区共有209个小区符合业委会组建条件，现已组建业委会189个，组建率为90%，超额完成40%的年度目标。二是推动符合条件的业委会中成立党的工作小组。在2924个符合条件的小区中，已有2916个小区成立党的工作小组，完成率为99.7%。三是推进符合条件的居委会成员兼任业委会成员。全市2153个符合条件的小区全面实现居委会委员兼任业委会委员，完成率为100%。四是建立街镇对专业社会服务组织工作评价方案。全市各区已制订方案，并将评价结果作为政府购买公共服务的重要参考依据。

（陈筠）

【配合完成立法修改工作】积极配合市人大、市府法制办开展《上海市住宅物业管理规定》立法修改相关工作。6月11日，市政府常务会议通过了《规定修正案（草案）》并按规定程序报送市人大。市人大常委会已于11月22日表决通过了《关于修改〈上海市住宅物业管理规定〉的决定》，该决定自2019年3

月1日起施行。（黄麒玮）

【补齐民生短板】截至2018年底，全市住宅小区房屋修缮及设施设备改造工程全面完成年度目标。其中三类旧住房综合改造竣工1046.30万平方米；里弄房屋修缮改造竣工120.84万平方米；完成一般损坏旧住房隐患处置679.73万平方米。改造更新1679个老旧小区的安防监控系统，对2456台老旧住宅电梯进行安全评估，对接历年安全评估结论，完成老旧住宅电梯修理改造更新1741台，完成80个老旧小区消防设施设备改造和32365幢高层住宅的消防安全隐患排查，消除2261处住宅外挂结构及附属设施安全隐患，为1084个小区新增电动自行车安全充电设施。实施二次供水设施改造3106万平方米，1666个完成改造的小区已由供水企业管水到表，完成698个小区雨污混接改造工程。生活垃圾分类绿色账户累计已达664.5万户。

（陈杰家、伍伏清、占旺兵、范彬彬）

【962121物业服务热线】2018年，962121物业服务热线共计受理来电157.8万件。其中，962121热线直接受理149.3万件，12345热线转办6.3万件，12319热线转办2.2万件。拨出回访电话（短信）84万余个。报修回访满意率99%以上，投诉回访满意率89%以上。派发投诉督办53件，办结50件；完成现场督办115次，有关案件均得到妥善处理。夏令热线（7月16日—8月14日）期间，962121热线共受理各类诉求136914件，同比去年138776件下降1.3%。962121热线通过开展星级评定、劳动竞赛和微笑大使等活动，营造良好氛围，提升服务质量。认真办理好11件委局领导接电转办件，参与化解了多起热点难点问题。入驻“市民政务通一直通990”节目，为来电市民答疑解惑、宣传新政，受到广大市民好评。

（物业中心）

（五）旧改征收

【概况】本市国有土地房屋征收补偿当年共新发征收决定38个，涉及居民15565证，建筑面积463516平方米；当年累计完成征收居民16215证，建筑面积524601平方米。

【实施房屋征收补偿新机制】2018年，为推进《上海市人民政府印发〈关于坚持留改拆并举深化城市有机更新进一步改善市民群众居住条件的若干意见〉的通知》（沪府发〔2017〕86号）征收补偿机制的实施，建立补偿方案备案制度，实施方案报备。本市2018年各区房屋征收成本较2017年相比稳中有降，相邻区域征收成本逐步平衡，有效控制了房屋征收补偿成本及征收安置房源使用。

【规范各区人民政府组织或批准的房屋协议置换行为】上海市住建委房管局会同上海市规土局联合下发了《进一步规范本市房屋协议置换工作的指导意见》（沪建房管联〔2018〕853号，以下简称《指导意见》），规范各区人民政府组织或批准的房屋协议置换行为。

【完善房屋征收（拆迁）业务司法研究例会制度】2018年，建立与市高级人民法院及中级、初级人民法院行政庭共同研究房屋征收（拆迁）补偿业务工作机制。定期研究房屋征收（拆迁）实践中遇到的政策法规适用问题，保持行政、司法部门的房屋征收（拆迁）相关政策信息畅通，保持行政、司法相关操作口径基本一致，维持全市面上征收（拆迁）工作稳定。

【加强征收安置房源使用管理】2018年，推进房源管理精细化。一是加强房源计划管理，根据各区本年旧改征收目标计划和重大工程项目计划，结合市属征收安置住房建设进度情况制订市属征收安置住房年度分配使用计划。二是加大分配到基地未使用的存量房源的使用力度。

【规范征收（拆迁）基地管理】2018年加强基地规范管理，制定《关于进一步加强征收（拆迁）基地安全管理通知》（沪房征收〔2018〕10号）及《征收拆迁基地安全管理手册》，督促各区房屋征收（拆迁）相关部门和单位认真做好安全生产相关工作，加强基地日常巡查，完善房屋征收（拆迁）安全监管体系。2018年同时加大存量拆迁基地收尾力度，全市收尾拆迁基地62块，截至2018年12月底，全市剩余存量拆迁基地71块。

【加大征收人员队伍建设】2018年完成本年度房屋征收工作人员的培训和考核，其中复训3300人，初训494人（共3794人）。根据《关于进一步加强本市房屋征收事务所及其房屋征收工作人员管理的通知》（沪房征收〔2017〕9号）的要求，对房屋征收工作人员换发新版二维码工作证。同时完成各区房管局、旧改办、征收中心等房屋征收相关行政管理人员的政策培训工作，提高征收行政管理人员政策水平。

【推进在外过渡居民安置工作】2018年全市计划解决在外过渡动迁居民20613户，截至12月底，实际已解决21039户，占2018年度计划102.1%，其中解决逾期过渡7236户，占全市逾期过渡总量的36%。认真落实市领导批示，积极推进在外过渡动迁居民安置工作。一是下发通知，要求各区在市政府督查室要求的基础上进一步细化落实，调查统计2014—2017年以来新增在外过渡动迁居民基本情况，落实到具体项目并对应安置房项目新三年计划；二是制订全市解决新增在外过渡居民安置工作方案，报市政府；三是开展项目检查等积极推进各区完成上报的任务目标。根据市领导“提出从根本上解决逾期在外过渡的措施性意见”要求，研究建立解决在外过渡动迁居民安置工作的长效机制，下发《关于推进在外过渡动迁居民安置工作的通知》，要求各区建立长效机制，积极安置在外过渡动迁居民，控制在外过渡居民增量。（曹怡）

（六）历史建筑保护

【概况】2018年，本市现有五批1058处优秀历史建筑、44片历史文化风貌区，遍布全市15个区。

【保护条例修改工作】《上海市历史文化风貌区和优秀历史建筑保护条例》（以下简称《保护条例》）自2002年颁布以来，为本市保护管理保驾护航的同时，也呈现出诸多亟待修改的问题。《保护条例》修改已纳入2018年市人大地方性法规正式项目。一方面结合市委市政府领导的要求，把“留改拆”与改善群众居住条件相结合，把城市更新与历史文化传承相结合；另一方面要把创新管理举措融入条例，解决日常保护管理缺失和短板问题。因此，条例修改对原有《保护条例》进行较大的调整和充实。

2018年10月，市房管局同市规划资源局等部门深入调研，形成《保护条例（草案）》。《保护条例（草案）》在树立整体保护和活化利用的理念，完善保护管理机制，加强保护规划对历史风貌的管控，强化突出所有人和使用人的保护责任，完善技术规范、增加支持政策等方面做出符合上海历史风貌保护实际的创新规定，力求在创新上求发展、在解决瓶颈上求突破，在精细管理上求深入。

草案的重点内容为：一是扩大保护范围，新增风貌保护街坊，风貌保护道路、河道为保护对象；二是强化政府责任，明确将历史风貌保护纳入网格化管理；三是完善保护措施；四是聚焦促进活化利用。

2018 年 11 月，市十五届人大常委会第七次会议对《保护条例》（草案）进行了一审。

【第五批优秀历史建筑技术规定编制工作】2015 年，市政府批复同意了第五批优秀历史建筑名单。2017—2018 年，以前期组织编制的建筑本体范围、保护类别等资料为基础，市房管局和市规划资源局共同编制完成了 426 处第五批优秀历史建筑保护技术规定（保护范围和建设控制范围图则），其中徐汇区 115 处、黄浦区 83 处、静安区 67 处、虹口区 40 处、长宁区 25 处、杨浦区 19 处、普陀区 3 处、浦东新区 47 处、青浦区 13 处、嘉定区 4 处、松江区 3 处、金山区 3 处、奉贤区 2 处、宝山区 1 处、崇明区 1 处。2018 年底 426 处优秀历史建筑技术规定成果全部上报市政府，2019 年 1 月，市政府发文同意批复。

【风貌保护街坊历史建筑价值甄别工作】2016 年 2 月、2017 年 7 月市政府批准公布了 250 片风貌保护街坊。2018 年市规划资源局牵头组织完成了街坊内历史建筑的价值甄别工作。从街坊内历史建筑的建造年代、建筑类型的稀缺性及典型性、建筑质量及保存完好度、营造技艺、历史事件及历史名人、保护身份等八个维度进行综合评估，根据其历史价值划分为保护建筑、保留历史建筑、一般历史建筑和其他无保护保留价值等不同保护要求的建筑类型。

【本市历史文化风貌区和优秀历史建筑保护管理情况的审计工作】2018 年 2—5 月，市审计局对本市历史文化风貌区和优秀历史建筑的保护管理情况进行了专项审计调查。审计调查结果表明，近年来，市、区各级管理部门，按照市委市政府的总体工作要求，遵循“规划引领、严格保护，区域统筹、分类施策，政府引导、多方参与”的原则，积极推进历史风貌和历史建筑保护工作。一是完善管理制度，逐步推进保护工作。开展本市外环线以内历史风貌、历史建筑普查工作，扩大保护范围，将风貌保护街坊和 50 年以上历史建筑拆除纳入管理范围。二是落实主体责任，统筹推进保护工作。各区将保护保留与城市有机更新结合，积极探索历史风貌历史建筑保护利用新模式，稳妥推进市民群众居住条件逐步改善。审计报告指出，本市保护管理工作还存在部分历史建筑保护管理不到位、部分停止征收的风貌保护街坊社会矛盾较为突出、成片保护开发相关配套政策需进一步细化、保护建筑基础工作需要进一步加强等问题，并给出了加以完善和改进的建议要求。相关单位对照问题，即知即改，制定了整改措施并逐项落实。

【开展系列活动引导公众参与】组织开展以“深化城市有机更新　焕发历史遗产新生”为主题的 2019 年上海“文化和自然遗产日”系列活动，推出上海红色文化地图线路、徐汇杨浦虹口等滨江工业遗产路线、名人故居路线、老街古镇路线等历史建筑游览路线，带领市民穿梭于百年老建筑，见证上海的城市变迁，激发公众参与保护的热情。

（田瑞华）

（七）旧住房综合改造

【概况】2018 年，围绕《关于坚持留改拆并举，深化城市有机更新，进一步改善市民群众居住条件的若干意见》，完善相关配套措施和工作要求。以坚持保护保留为前提，结合小区综合治理、美丽家园建设等，持续加大旧住房综合改造力度，坚持内外兼修，进一步多渠道多途径地改善居民居住条件。

【超额完成三类旧住房综合改造目标】 根据上海市住房发展“十三五”规划，整个“十三五”期间按照因地制宜、分类施策的原则，完成各类旧住房修缮改造5000万平方米，其中重点推进完善房屋安全和使用功能的成套改造、厨卫综合改造、屋面及相关设施改造等三类旧住房综合改造项目1500万平方米，受益居民约30万户，每年实施300万平方米，6万户。2018年300万平方米工作任务目标明确纳入市政府实事工程、报住建部棚户区改造、市委市政府重点工作、住宅小区综合治理三年行动计划、城市精细化管理三年行动计划、落实中央城市工作会议城市规划建设管理等多项工作任务指标中。全市结合留改拆工作、美丽家园建设、进博会整治等，开展旧住房综合改造，最终实施旧住房综合改造1000万平方米，涉及受益居民17万户，远超原定目标任务。同时，针对居民群众的不同需求，将旧住房综合改造与房屋安全隐患处置、雨污混接改造、小区架空线落地、海绵化改造、环境整治、道路整修、违章拆除整治、完善小区公共设施等工作有机结合起来，统筹协调，按照“便民、利民、少扰民”的工作原则，有条件地结合一并实施。

【重点推进各类里弄房屋修缮改造】 按照“确保结构安全、完善基本功能、传承历史风貌、提升居住环境”的要求，遵循“居民自愿、政府主导、因地制宜、分类改造”的原则推进各类里弄房屋修缮改造，解决各类里弄房屋安全隐患，完善厨卫使用功能，明确2018—2020年总计完成250万平方米各类里弄房屋修缮改造的任务目标，全市最终实施各类里弄房屋修缮改造100万平方米，受益居民3万户，完成原定目标任务。同时，有关部门积极创新改造机制和方式，启动实施了春阳里历史风貌保护街坊内部整体改造试点、承兴里内部整体改造试点、复兴东路404弄内部整体改造试点等。对确实无条件实施每户独用卫生设施的，鼓励、引导其他因地制宜的方法途径，实施了诸如愚园路433弄公共卫生设施改造工程、徐汇区安福路167号“邻里汇”工程等，在“幢内”“弄内”解决如厕难等居住问题。

【有序推进旧住房拆除重建改造】 上海市相关部门从城市有机更新、发挥政策优势、提高规划建设水平的思路开展研究，修订发布了《上海市旧住房拆除重建项目实施管理办法》。在积极推进成套改造的同时，对于房屋本体条件差、无修缮价值、规划条件不具备、难以通过加层扩建方式实施成套改造的老旧住房，有序推进拆除重建改造试点。实施了曹杨五村、天山五村、松花江路2612弄、彭三小区四期等项目。

【加大既有多层住宅加装电梯推进力度】 相关部门积极响应居民群众呼声，持续推进既有多层住宅加装电梯试点工作。遵循“业主自愿、政府扶持，因地制宜、兼顾各方，依法合规、保障安全”的工作原则，在明确业主主体责任的前提下，做好审批、指导、服务和协调工作，不断加大政策支持力度，各相关部门简化优化相关审批流程，梳理问题瓶颈，完善相关政策制度，开展加装电梯若干意见制订工作。同时，发挥基层群众自治组织作用，鼓励第三方组织积极参与，引导支持第三方社会组织搭建协商平台，共同做好加装电梯的意愿征询、业主协商、矛盾化解等工作，涌现出了“加家乐”电梯事务所、“慧加美”住房咨询服务中心等一批社会企业组织参与加装电梯工作。试点开展以来，上海市已有240幢房屋通过居民意见征询完成加装电梯计划立项工作，已经竣工运行的有 51 台，正在施工的有 49 台。

【加强工程精细化管理】上海市相关部门围绕进一步加强工程管理、优化营商环境、简化流程环节、强化事中事后监管，制定了《关于加强本市住宅修缮工程精细化管理工作的通知》，通过精细化管理，精准施策，坚持在工程实施的全过程贯彻好群众路线。严格施行“三会制度”“十公开制度”、市民监督员制度、后评估考核等各项群众工作机制，让工程项目全过程接受居民群众监督和社会监督，形成“专业监督、群众监督、社会监督”三位一体的住宅修缮工程监督机制。

【迎进博会建筑立面整治】根据《中国国际进口博览会市容环境保障方案》，重点针对华夏、南北、延安、内环主要高架道路沿线建筑物外立面整治开展了一系列标准制定、实地排摸、落地上图工作，根据“坚持安全为先、坚持与民生改善相结合、坚持高标准严要求、坚持政府引导与社会参与相结合”的原则，按照《既有建筑外立面整治设计规范》中外立面附加设施、整治色彩设计和材料选用等各项要求推进具体项目实施，至 10 月中旬，涉及建筑整治项目清单的 161 处点位全部完成，成效良好。

（潘翔）

（八）城中村改造

【概况】2018 年，上海市围绕《关于本市开展“城中村”地块改造的实施意见》的要求，完善相关配套措施和工作要求，市房管局会同有关部门积极推进城中村项目的改造工作，深化研究新一轮城中村改造政策，推动以人为核心的新型城镇化建设，促进城乡一体化发展。

城中村试点改造的启动实施，有力地推动了区域发展规划的实施，对于补齐发展短板、提升村民住房条件、推进“五违”整治和生态环境综合治理、改善人口调控和管理服务、促进城乡一体化发展等起到了积极作用，达到了预期目的。一是村民群众得到实惠：城中村项目大多位于城乡接合部，城中村内村民的居住条件很差，对已批方案的 48 个城中村项目实施改造，可以极大地改善村（居）民的住房条件。二是大大改善区域环境：城中村环境脏乱差，违章搭建现象严重，“群租”等五违问题十分突出，存在大量社会管理问题和公共安全隐患。通过改造，可以彻底解决上述问题，大大改善区域环境，维护城市公共安全。三是提升地区功能：实施城中村改造，并和基础设施建设、环境综合治理、城市布局优化及产业结构调整等紧密结合，将原先的城中村区域建设成为现代生态住宅小区、公共绿地和商业办公楼群，从而提升地区功能和产业转型升级，促进城乡一体化和经济社会协调发展。

【加大城中村改造项目推进力度】截至 2018 年 12 月底，采用合作改造方式的 38 个项目整体签约率达到 95%，有 33 个项目动迁签约比例超过 90%。其中，7 个项目已经完成动迁，23 个项目签约比例超过 95%；其余 5 个项目中，3 个项目签约比例接近 90%，只有 2 个项目在 80% 以下。采用土地储备或公益性项目改造方式的 10 个项目整体签约率达到 73%，10 个项目中，7 个项目动迁签约率超过 95%，其中，2 个项目已完成动迁，1 个项目已经形成净地并实施土地出让。

【加大政策扶持】一是由农村集体经济组织自行改造，或引入合作单位共同改造的，经营性土地形成净地后，可采取定向挂牌方式出让。二是土地出让收入在计提国家和本市有关专项资金后，剩余部分由各区统筹安排，用于城中村地块改造和基础设施建设等。三是对符合条件的城中村改造地块，免征城市基础设施配套费等各种行政事业性收费和政府性基金，电力、通讯、市政公用事业等企业适当降低入网、管网增容等经营性收费。四是在符合城乡规划和土地利用规划的前提下，经对环境容量、城市景观、综合交通、公共配套等要求充分评估论证，在满足地区规划技术标准、符合公共利益以及周边条件允许的情况下，可对建设规划指标给予适当支持。上述政策有利于项目实现盈亏平衡，有利于调动村民、集体经济组织及社会资金参与城中村改造的积极性。

【保障村民利益】一是城中村改造尊重村民意愿，在大部分村民同意的情况下，方可实施改造，在改造中还要充分听取村民对征地房屋补偿方案、集体资产处置等意见，充分发挥村民主体地位，维护农民合法权益，保障其知情权和参与权。二是积极推进农村集体经济组织产权制度改革，对集体经济组织通过清产核资、成员界定和农龄计算等，将集体资产股份量化给每个成员，组建社区经济合作社、社区股份合作社、有限责任公司等不同形式的新集体经济组织，完善内部收益分配机制，形成成员增收的长效机制。三是对于农村集体经济组织引入合作单位共同改造的城中村项目，规定代表农村集体经济组织的公司的参股比例不能低于10%，城中村改造项目建成后，镇级集体经济组织以成本价留存一定比例（一般不低于10%）的商办用房，以保障农村集体经济组织长远发展和农民长期稳定收益。

【确保审批程序规范】城中村改造项目在经区政府常务会议或者区委常委会讨论通过后，区政府发函给市城中村改造工作领导小组办公室；由领导小组办公室相关成员单位对地块进行现场踏勘，联合会审后报市政府审批；经市政府批复后，区政府组织镇政府及区政府相关部门制订城中村改造方案。试点阶段，区政府审核通过改造方案并报市村改办，经市城中村改造工作领导小组相关成员单位集体讨论确认后可启动项目改造。

（严菁）

（九）农村危旧房改造

【概况】农村低收入户危旧房改造是本市针对农村低收入困难家庭实施的住房救助项目。2018年上海市积极贯彻落实党中央、国务院关于打赢脱贫攻坚战的目标任务，按照质量第一、安全为本的原则，统筹规划、整合资源，科学实施农村低收入户危旧房改造的工作，努力实现本市农村困难家庭住房安全有保障。2018年本市启动农村低收入户危旧房改造172户，实施危旧房改造后的农村困难家庭，居住条件普遍有较大程度改善，农户满意度很高。（图3为改造前后的对比图）

【完善政策措施】2018年11月，市住建委、市房管局、市财政局、市民政局联合印发《关于进一步做好本市农村低收入户危旧房改造工作的通知》，进一步明确了改造对象要求、建设方式和标准、资金来源和使用管理、项目实施管理、组织领导和部门协作等事项，深入推进本市农村低收入危旧房改造工作。

【加强工作协同】农村危房改造对象认定涉及经济状况认定、房屋状况认定和残疾人家庭认定等多方面政策，操作中本市各区和镇的建设、民政、残联等部门分工合作、共同参与，建设部门负责房屋鉴定和总体协调，民政部门负责家庭经济收入认定，残联负责残疾人家庭确认和相关补助资金发放（残联

图 3　农村危旧房改造翻建房屋前后对比

补助资金单独发放），确保了改造对象认定规范有序。

危房改造一般由村民自行组织实施，区、镇建设管理部门给予施工图纸和技术方面的指导，工程完工后由镇人民政府组织竣工验收，验收通过后拨付补助资金。对于由政府托底保障的农村危房改造户，由政府负责组织实施建设，完成竣工验收后交付农户入住。

【把握重点环节】在前期审批上，上海市各区按照农户申请、村民主评议、镇审核、区审批的程序开展工作，确保改造对象认定客观、公正，接受社会监督。在改造实施中，市住建委、市房管局提供农村危房改造施工图推荐图集，并要求各区严把质量安全关，通过监督检查，及时发现问题、督促整改，确保按时保质完成改造。在完成改造后，要求各区及时开展竣工验收，及时拨付补助资金，及时录入档案信息系统。

【加强检查指导】市住建委主动会同市有关部门联合开展检查指导工作。一是主动会同民政部门联合开展存量农村危房改造对象认定的技术指导和服务工作，通过信息比对和核验，完成全市存量农村危房家庭的经济状况核对工作；二是主动会同农委、财政、民政等部门开展农村危房改造专题培训，分批对全市各区镇管理人员和农村建筑工匠进行培训，提高业务工作能力和施工质量安全管理水平。

（严菁）

（十）住房公积金管理

【概况】缴存：2018年，新开户单位5.66万家，实缴单位39.31万家，净增单位4.07万家；新开户职工100.17万人，实缴职工861.21万人，净增职工51.30万人；缴存额1305.20亿元，同比增长15.13%。2018年末，缴存总额9554.03亿元，同比增长15.82%；缴存余额4094.62亿元，同比增长14.43%。受委托办理住房公积金缴存业务的银行1家。

单位：亿元

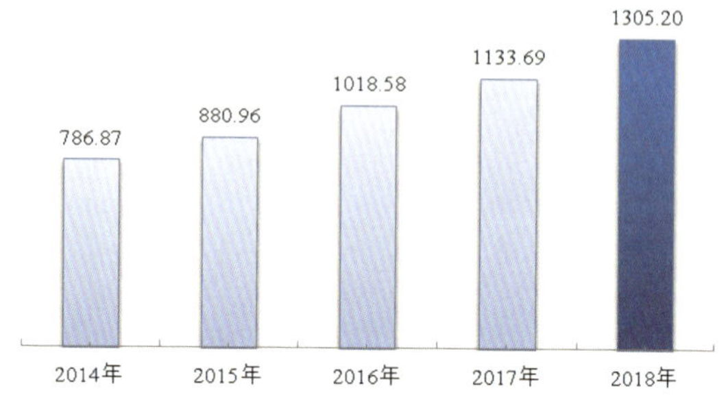

图4 2014—2018年缴存额情况

提取：2018年，提取额788.96亿元，同比增长7.04%；占当年缴存额的60.45%，比2017年减少4.57个百分点。2018年末，提取总额5459.41亿元，同比增长16.89%。

单位：亿元

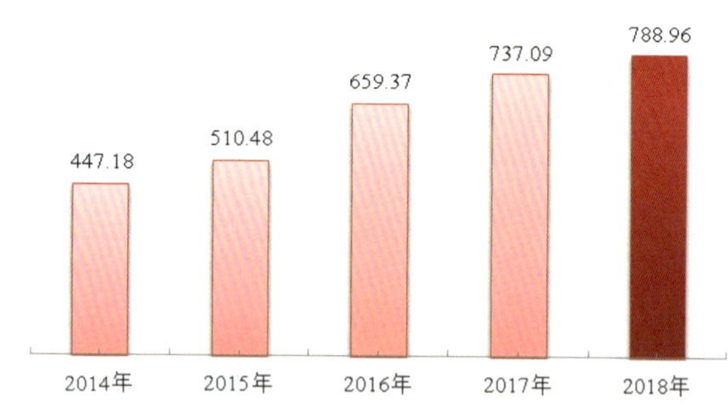

图5 2014—2018年提取额情况

贷款：个人住房贷款。购买首套住房家庭最高贷款额度为100万元（个人为50万元），缴存补充公积金的最高贷款额度为120万元（个人为60万元）；购买第二套改善型住房家庭最高贷款额度为80万元（个人为40万元），缴存补充公积金的最高贷款额度为100万元（个人为50万元）。2018年，发放个人住房贷款11.07万笔729.68亿元（含贴息贷款置换 2.61 万笔 166.58 亿元），同比分别增长 19.29%、24.46%；回收个人住房贷款 338.74 亿元。2018 年末，累计发放个人住房贷款 254.15 万笔 7788.78 亿元，贷款余额 3921.96 亿元，同比分别增长 4.55%、10.34%、11.07%。个人住房贷款余额占缴存余额的 95.78%，比 2017 年减少 2.9 个百分点。受委托办理住房公积金个人住房贷款业务的银行有 19 家。

单位：亿元

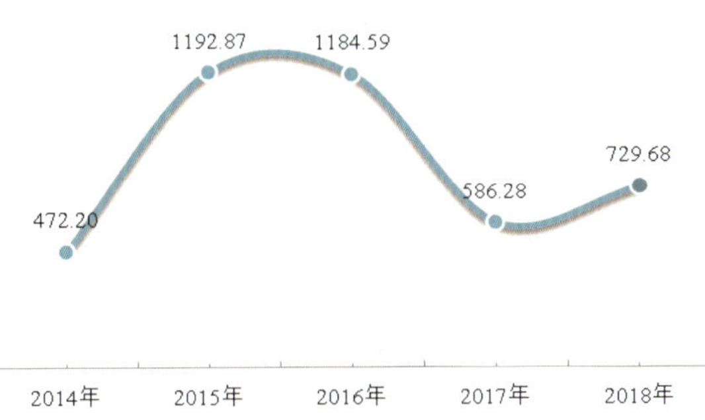

图 6　2014—2018 年住房公积金个人住房贷款发放额情况

住房公积金支持保障性住房建设项目贷款。2018 年，发放支持保障性住房建设项目贷款 0.46 亿元，回收项目贷款 3.40 亿元。2018 年末，累计发放项目贷款 97.15 亿元，项目贷款余额 4.26 亿元。

2018 年未购买国债，至年末国债余额为零。2018 年末进行融资，归还 110 亿元。2018 年末，累计融资 217 亿元，融资余额为零。2018 年末，个人住房贷款资产支持证券的未偿付贷款笔数为 10.10 万笔，本金余额为 219.63 亿元。2018 年末，累计发放住房公积金贴息贷款 5.21 万笔 353.74 亿元，贴息贷款余额 53.90 亿元；当年贴息额 2.11 亿元。2018 年末，住房公积金存款 205.50 亿元，存款类型为其他（协定、通知、智能存款等）。2018 年末，住房公积金个人住房贷款余额和项目贷款余额的总和占缴存余额的 95.89%，比 2017 年减少 2.99 个百分点。

【主要财务数据】业务收入：2018 年，业务收入 139.34 亿元，同比增长 13.55%。其中，存款利息 17.01 亿元，委托贷款利息 120.20 亿元，其他 2.13 亿元。业务支出：2018 年，业务支出 67.13 亿元，同比增长 9.62%。其中，支付职工住房公积金利息 58.22 亿元，归集手续费 2.66 亿元，委托贷款手续费 3.32 亿元，其他 2.93 亿元（含住房公积金贴息贷款利息支出 2.11 亿元）。增值收益：2018 年，增值收益 72.21 亿元。其中：住房公积金增值收益 70.83 亿元，同比增长 17.19%。当年增值收益率 1.84%，比 2017 年增加 0.05 个百分点。城市廉租住房建设补充资金增值收益 1.38 亿元。增值收益分配：2018 年，提取贷款风险准备金 42.38 亿元，提取管理费用 1.30 亿元，提取城市廉租住房建设补充资金 28.53 亿元（含当年城市廉租住房建设补充资金增值收益 1.38 亿元）。2018 年，上交财政管理费用 1.30 亿元。2018 年末，贷款风险准备金余额 339.57 亿元。累计提取城市廉租住房建设补充资金 211.96 亿元。管理费用支出：2018 年，管理费用支出 1.32 亿元（含 2017 年预算延期至 2018 年执行的支出），同比下降 29.79%。其中，人员经费 0.63 亿元，公用经费 0.22 亿元，专项经费 0.47 亿元。

【资产风险状况】个人住房贷款：2018 年末，个人住房贷款逾期额 0.61 亿元，逾期率 0.1563‰。个人贷款风险准备金按住房公积金增值收益的 60% 提取。2018 年，提取个人贷款风险准备金 42.50 亿元，当年未使用个人贷款风险准备金核销逾期贷款。2018 年末，个人贷款风险准备金余额 339.40 亿元，占个人住房贷款余额的 8.65%，个人住房贷款逾期额与个人贷款风险准备金余额的比率为 0.18%。支持保障性住房建设试点项目贷款：2018 年末，无项目贷款逾期情况。项目贷款风险准备金按贷款余额的 4% 提取。由于 2018 年末项目贷款余额较 2017 年末减少，故2018年按差额计提方式减少项目贷款风险准备金0.12亿元，当年未使用项目贷款风险准备金核销逾期贷款，项目贷款风险准备金余额0.17亿元，占项目贷款余额的4%，项目贷款逾期额与项目贷款风险准备金余额的比率为0%。历史遗留风险资产：2018年末无历史遗留风险资产。

【社会经济效益】缴存业务：2018年，实缴单位数、实缴职工人数和缴存额同比分别增长11.54%、6.33%和15.13%。缴存单位中，国家机关和事业单位占2.34%，国有企业占2.01%，城镇集体企业占1.04%，外商投资企业占6.29%，城镇私营企业及其他城镇企业占86.56%，民办非企业单位和社会团体占0.67%，其他占1.09%。缴存职工中，国家机关和事业单位占18.51%，国有企业占11.76%，城镇集体企业占1.80%，外商投资企业占15.33%，城镇私营企业及其他城镇企业占49.39%，民办非企业单位和社会团体占1.08%，其他占2.13%；中、低收入占89.22%，高收入占10.78%。新开户职工中，国家机关和事业单位占18.95%，国有企业占6.18%，城镇集体企业占1.00%，外商投资企业占12.45%，城镇私营企业及其他城镇企业占57.16%，民办非企业单位和社会团体占1.53%，其他占2.73%；中、低收入占98.19%，高收入占1.81%。

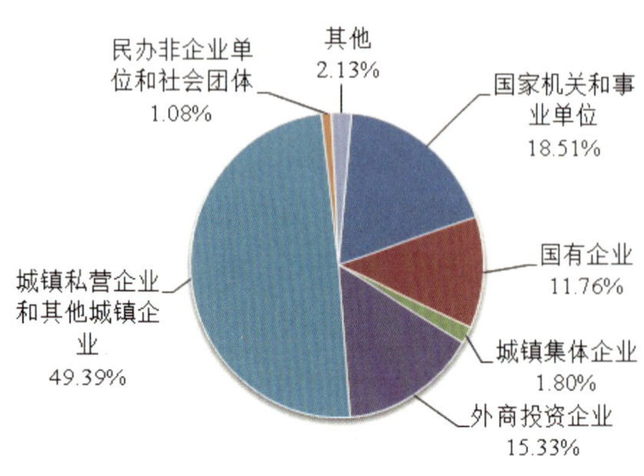

图7：2018年实缴职工按所在单位性质分类

提取业务：2018年，262.22万名缴存职工提取住房公积金788.96亿元。提取金额中，住房消费提取占80.96%（偿还购房贷款本息占67.05%，租赁住房占8.58%，购买、建造、翻建、大修自住住房占5.32%，其他占0.01%）；非住房消费提取占19.04%（离休和退休提取占16.44%，完全丧失劳动能力并与单位终止劳动关系提取占0.01%，户口迁出上海或出境定居占1.98%，其他占0.61%）。提取职工中，中、低收入占83.64%，高收入占16.36%。

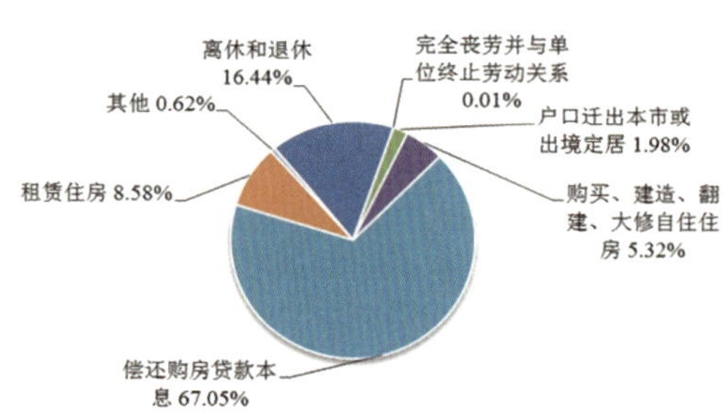

图8 2018年住房公积金提取额按提取原因分类

贷款业务：个人住房贷款。2018年，支持职工购建房870.41万平方米，年末个人住房贷款市场占有率为23.08%，比2017年增加1.01个百分点。通过申请住房公积金个人住房贷款，在贷款合同约定的存续期内可节约职工购房利息支出153.09亿元。职工贷款笔数中，购房建筑面积90（含）平方米以下占62.07%，90~144（含）平方米占32.48%，144平方米以上占5.45%。购买新房占28.51%（其中购买保障性住房占0.75%），购买二手房占71.49%。职工贷款笔数中，单缴存职工申请贷款占31.31%，双缴存职工申请贷款占68.20%，三人及以上缴存职工共同申请贷款占0.49%。贷款职工中，30岁（含）以下占31.16%，30~40岁（含）占54.59%，40~50岁（含）占12.15%，50岁以上占2.10%；首次申请贷款占84.34%，二次及以上申请贷款占15.66%；中、低收入占 91.05%，高收入占 8.95%。

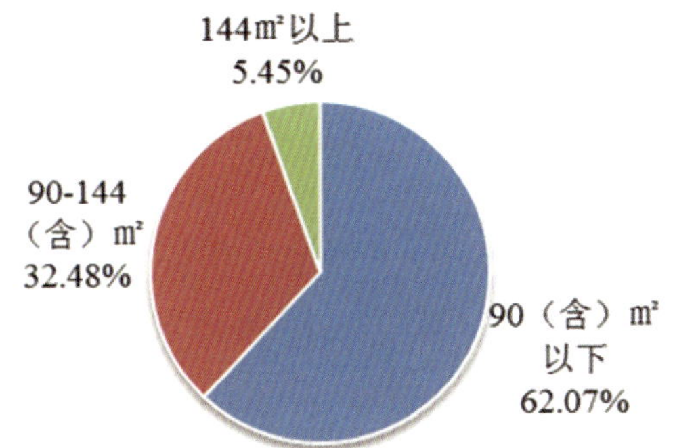

图 9　2018 年个人住房贷款职工贷款笔数按面积分类

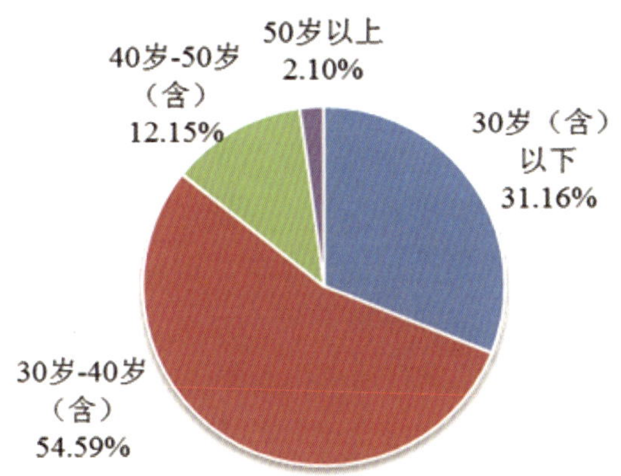

图 10　2018 年个人住房贷款职工按年龄分类

异地贷款：2018 年，发放异地贷款 4 笔 330 万元。2018 年末，发放异地贷款总额 330 万元，异地贷款余额 329.23 万元。支持保障性住房建设试点项目贷款。2018 年末，累计试点项目 15 个，贷款额度 119.82 亿元，建筑面积 229.90 万平方米，可解决 28061 户中低收入职工家庭的住房问题。14 个试点项目贷款资金已发放并还清贷款本息。

住房贡献率：2018 年，个人住房贷款发放额、项目贷款发放额、住房消费提取额的总和与当年缴存额的比率为 104.88%，比 2017 年减少 9.47 个百分点。

【上海市住房公积金制度入选上海改革开放标志性首创案例选】 为纪念改革开放 40 周年，挖掘总结上海改革开放 40 年探索实践的宝贵经验，充分展现上海广大干部群众勇当排头兵、先行者的精神风貌，中共上海市委改革办、市委宣传部组织开展“上海改革开放标志性首创案例”征集活动。《上海率先探索建立住房公积金制度》在全市 358 个案例中脱颖而出，成为 40 个具有时代特征、上海特点的标志性首创案例，并由上海市委改革办汇编成《东方潮》一书，经上海人民出版社公开出版发行。

【调整租赁提取政策】 为培育和发展住房租赁市场，支持和方便具有真实租赁行为的职工提取住房公积金支付房租，2018 年 4 月 1 日印发《关于本市提取住房公积金支付房租通过住房租赁公共服务平台核验租赁信息的通知》。经住房租赁公共服务平台办理网签备案的职工申请提取住房公积金支付房租的，每户家庭（含单身家庭）月提取金额不超过当月实际房租支出，最高月提取限额由 2000 元提高至 3000 元。

【推行公积金异地贷款政策】 为进一步发挥住房公积金制度作用，支持缴存职工异地购房需求，出台《上海市住房公积金异地个人住房贷款管理暂行办法》并于 9 月 1 日起实施。外省市缴存职工在上海购买首套住房或者第二套改善型住房的，且符合上海其他公积金贷款条件的，可以在上海申请公积金贷款。

【调整 2018 年度住房公积金缴存基数和月缴存额上下限】 自 2018 年 7 月 1 日起，职工住房公积金的缴存基数由 2016 年月平均工资调整为 2017 年月平均工资。2018 年度职工本人和单位住房公积金缴存比例为各 5%~7%，由单位自主确定；职工本人和单位补充住房公积金缴存比例为各 1%~5%。2018 年度住房公积金月缴存额上下限如表 2 所示：

符合规定条件的生产经营困难企业，可以按照上海市降低住房公积金缴存比例或缓

2018年上海住房公积金月缴存额上下限

类型	单位和个人缴存比例	月缴存额上限	月缴存额下限
住房公积金	各7%	2996元	322元
	各6%	2568元	276元
	各5%	2140元	230元
补充住房公积金	各5%	2140元	/
	各4%	1712元	/
	各3%	1284元	/
	各2%	856元	/
	各1%	428元	/
自愿缴存住房公积金	10%–24%	5136元	322元

缴住房公积金管理办法申请降低住房公积金缴存比例至5%以下或缓缴住房公积金。

【创新住房公积金提取业务品种】为缓解住宅专项维修资金续筹困难的矛盾，探索创新住房公积金提取业务品种，先行试点提取住房公积金续筹住宅专项维修资金，为住宅专项维修资金续筹进行有益补充。该提取业务于2018年7月起试点运行。

【加强长三角区域合作，建立信息协查联动机制】为防范骗提套取住房公积金行为，确保资金安全，不断推进与外省市地区信息共享与合作。2018年在江浙沪三地跨地区信息互通协查基础上，新增安徽省作为信息共享合作成员。

【拓展信息查询渠道】2018年与支付宝达成合作协议，开通“支付宝刷脸查公积金”业务，开启上海公积金刷脸时代，使查询更便捷；实现个人公积金信息查询服务事项接入上海市“一网通办”总门户，可通过“随申办市民云”APP随时随地查询公积金；在上海市公积金管理中心下辖17个区管理部服务大厅增加自助服务设备，并在奉贤区行政服务中心率先试点接入自助服务设备，方便职工查询。

【加快“互联网＋公积金”服务建设】为贯彻落实国家和上海市“互联网＋政府服务”以及“放管服”改革、优化营商环境的要求，让信息多跑路，群众少跑腿，上海市公积金管理中心加快推进“互联网＋公积金”服务建设。一是完成上海住房公积金官网改版，让公积金服务更有温度。坚持从用户角度出发，整合网站栏目体系，优化流程界面，拓展服务品种，让企业和群众办事更方便、快捷、有效。二是开通单位业务办理网签功能，实现单位公积金业务足不出户，全程“网上办”。三是通过开通“多源实名认证”以及个人网签电子化，实现住房公积金租赁提取业务“不见面”审批，全流程在线办理。推行线上办理后，使该项提取业务的离柜率达到97%，网点排队人数大幅减少。

【推出利企便民措施】一是根据上海市优化营商环境要求，制定《上海市公积金管理中心落实“放管服”改革要求，改善营商环境实施方案》。首批推出19项简化优化业务办理措施，涉及简化补缴、提取、单位账户设立等业务办理要件的10项，推行封存、租赁提取、单位网上业务综合服务协议签约等业务便利化办理方式的5项，优化贷款、提取、单位缴存网点变更等业务办理或审核流程的4项。二是为解决群众办事堵点问题，在办理住房公积金个人业务时取消职工提供身份证明材料复印件。

【优化服务方式】一是采用多样化方式组织

缴存单位培训。针对缴存单位的不同需求，完善集中和分散培训模式，并以常规班、专题班、专场班等多种形式组织培训。2018年共开设607期培训，4万余家单位参加。二是为提升窗口服务质量和水平，打造公积金服务品牌，开展“服务明星”评选和“同业务竞赛”活动，以促进公积金业务办理统一化和标准化，服务同质化和规范化。三是完成浦东新区、嘉定区、宝山区管理部的搬迁工作，改善服务环境，提升服务体验。

【执法检查】2018年，上海市住房公积金缴存情况执法检查进入第六年，上海市公积金管理中心持续通过多方联动与信息共享，共对10.8万家单位发出执法检查通知，通过执法检查直接实现的开户单位约1.08万家，增加缴存职工约14.09万人。同时，继续在《解放日报》《劳动报》全文刊登执法检查通知，在上海公积金网上开设执法专栏，并通过上海公积金微信公众号做好执法检查启动的宣传工作。2018年，上海市公积金管理中心针对违规侵权单位共立案842笔，当年结案744笔，通过立案查处直接为职工追回所欠住房公积金1037.16万元。全年发出《责令限期缴存通知书》164份，《强制执行申请书》51份。

【开展扫黑除恶专项斗争】2018年，上海市公积金管理中心坚决贯彻落实上级部署，成立扫黑除恶专项斗争领导小组，印发《上海市公积金管理中心开展扫黑除恶专项斗争工作方案》，积极在住房公积金领域开展扫黑除恶专项斗争，基本遏制了违规提取乱象。一是将扫黑除恶专项斗争与日常管理工作相结合，以治理违规提取住房公积金乱象为抓手，以打击非法中介机构为重点，强化违规提取分析、预警机制，开展业务抽查，及时发现违规提取线索。二是加强宣传和查处力度，在住房公积金网站设立扫黑除恶专栏，公布举报邮箱和电话，同步做好政策法规宣传；查访、约谈涉嫌违规提取人员50余人次，督促20余人全额或部分退还违规提取的住房公积金，对30余名拒不退款的违规提取人员立案查处。三是积极联系上海市住建委、公安、城管、房管、网信、通信等部门，召开专题联席会议，推动建立齐抓共管机制，各参会部门联合印发《关于治理本市违规提取住房公积金的通知》，并依据通知要求在各自领域针对房地产中介机构及各类违规广告信息开展整治工作。

【加强风险防范建设】一是根据住建部、财政部、人民银行、公安部《关于开展治理违规提取住房公积金工作的通知》要求，制订并实施专项治理工作方案，强化提取风险管理。二是落实《上海市住房公积金个人住房贷款管理办法》，加强贷款信用审核，对接央行征信，将当前存在逾期尚未偿还、最近5年存在连续6期(含)或累计超过12期(含)、被纳入失信被执行人名单等情形的借款申请人列入不予贷款名单，严格控制贷款风险。三是贯彻落实住建部《关于启用住房公积金电子化检查工具的通知》要求，利用信息化手段，开展政策执行情况检查和风险隐患排查，增强风险防控能力。

【信息化建设】2018年，上海住房公积金综合服务和管理平台项目一期应用（归集、提取、核算结算产品）开发完成，有效推进落实了两轮用户预测试、一轮用户测试，并同步完成了主要上线配套工作，形成了以上线方案为主的系列配套方案。同时完成了基础数据贯标设计、开发，并进行了相关测试；结算通道开发完成，贯通了全部资金通道，实现了业务驱动资金，资金驱动财务的三账合一。各项工作的顺利开展为系统上线打下了坚实基础。（凌慧敏）

PART SEVEN Ⅷ

铁路运输

RAILWAY TRANSPORTATION

（一）综述

2018年，上海局集团公司党政工团各级组织和广大干部职工，以习近平新时代中国特色社会主义思想为指导，认真学习贯彻党的十九大精神，认真落实铁路总公司党组决策部署。聚焦高质量发展要求，突出“强基达标、提质增效”工作主题，坚持“示范引领、走在前列”发展定位，“对标找差、创优争先”。实施客运提质计划、货运增量行动和“复兴号”品牌战略，把握市场导向。以全面预算管理为牵引，紧盯盈亏目标，大力增收降本创效，扎实推进安全、经营、改革、建设、党建等各方面工作，圆满完成了年度各项目标任务。

运输生产安全稳定。年内完成列车运行图调整25次，开行旅客列车1009对（动车组754.5对、普速254.5对）、货物列车1286.5对。安全管理坚持重抓基础、超前预防，坚守政治红线和职业底线，运输安全保持总体稳定。常态化组织开展安全教育，使职工牢固树立高铁和旅客列车安全万无一失的理念，安全主体责任和最终责任意识明显增强。以双重预防机制运作为抓手，关口前移把握安全主动权，加强风险动态研判和超前防范，有序应对4次大雪冰冻、16次强降雨和5次强台风考验，完成各类施工1.7万项；加强隐患滚动排查和分类整治，投入设备大修、安全专项整治费用119亿元，预防性实施高铁Ⅱ型轨道板防胀整治2016公里。健全落实覆盖全员的安全生产责任制，把应急处置管理上升到集团公司层面，修订完善应急预案和处置方案。以标准化规范化建设为载体坚持不懈强化安全基础，完成新一轮的规章清理整合、履职指南编制和作业指导书修订，动态抓好立标学标落标，严格对标开展等级评定，在合肥、徐州地区召开了现场推进会。以强化干部履职为突破口补强抓落实“短板”，对安全事故及严重问题“一事三查”，加强以安全生产过程管理为重点的履职督查，问责560人，其中领导人员50人、中层管理人员358人。加大安全奖惩力度，兑现安全质量奖励5.37亿元、扣罚1022万元，新增“6+1”解除合同红线条款，重奖防止事故255人共28.1万元，奖罚分明，凝聚了共保安全的合力。至12月31日，集团公司未发生责任人身伤害铁路交通事故，发生责任行车一般C类事故2件，设备故障下降4.9%，确保了全国“两会”、进博会等重点时段的安全稳定，实现安全生产1693天、高质量的安全年。

经营管理规范高效。适应法治化市场化经营要求，全面开展规范经营管理行为专项工作和风险债权专项清理，廉政风险防控机制向纵深推进，审计联席会议机制发挥更大作用，促进了管理规范、风险受控。坚持以预算配资源、用预算促管理、向预算要效益，业财融合更加紧密，预算目标更加精准，过程全面受控，结果好于预期。上海局集团公司全面预算管理做法得到铁路总公司充分肯定，对于推动企业高质量发展起到了牵引作用。大力降本增效，推进设备修程修制改革，高铁综合维修一体化管理、普铁工电供融合改革，枢纽站区集中修，提高了投入产出效益。扩大移动设备自主修，节约修理支出2.7亿元。加强物资采购、库存、使用全过程管理，节约物资成本2.23亿元。推行最大需量法付费、直购电、变电所经济运行等措施，节约电费8.6亿元。积极争取政府购买服务、税收减免、社保优惠等政策，为企业增收节支8.4亿元。

体制机制改革深化。完善内部治理体系，修订上海局集团公司章程，健全党委会、董事会、经理层议事决策制度，加强站段领导班子工作机制建设，完善了非运输企业法人治理结构。实施集团公司机关机构改革，减少机构8个，核减定员8.7%。推进非运输企业整合，合并撤销直属企业1个，注销子分公司14家。推进了合资铁路公司区域重组、资产整合和股权置换工作。创新用人用工机制，扩大技能人才管理改革试点，推行“1+6+无固定期限”劳动合同管理，运输生产和劳动组织改革累计核减定员4466人、奖励1.3亿元，集团公司按运输总收入计算的劳动生产率同比提高8.0%。分配机制更加精准有效，工效挂钩侧重考核有效工作量和人均产出量，单位负责人收入与职工收入同向增减并体现贡献率和风险值，职工收入纳入考核比例平均为75%，激励的力度更大、导向更鲜明。

科教人才工作加强。年内投入科研经费2007万元，立项攻关课题186项，141项优秀成果获集团公司科技进步奖，9项获省部级科技奖。牵头研究铁路总公司重大课题12项，2项完成结题验收。完成计算机网、通信网“两网融合”主体工程，信息网络带宽大幅提升。积极推进机车乘务员操作智能评价等大数据应用系统建设，初步构建集团公司企业云。鼓励职工创新创造，采纳合理化建议和技术改进优秀成果100项，表彰“创新团队”10个、“职工创客”10个。实施“311”人才培养计划，挂职交流175人。优化调整领导人员369人，推荐入选总公司“百千万人才”276人，选树“上铁工匠”20人、“铁路工匠”11人。不断深化真培真学真考，组织各类培训1.3万期74.6万人次，主要行车工种脱产轮训2.1万人，集团公司层面抽考4251人，广泛开展各层面的职业技能竞赛，大力实施青工提素工程，队伍整体素质有了新的提升。

生产生活条件改善。制订实施2018—2020年深入改善职工生产生活条件方案，年初职代会确定的10件实事全面落实。职工工资总额同比增长9.6%。竣工保障房5097套，纳入地方旧城区改造3195户，“三供一业”移交协议全部签订。投入2.8亿元，持续推进文化线、生活线、初级卫生保障线“三线”建设和补强。投入3520万元，升级改造行车公寓、单身宿舍。投入5153万元，为15.1万名职工健康体检，新建800个职工保健室，组织职工健康休养1.2万人，跨局休养占20%以上，组织369名劳模先进荣誉性休养。投入4685万元，补强职工培训设施设备。投入7300万元，助医、助困、助学10.3万人次。发放职工补充医疗保险补助2.14亿元，打通与地方基本医保系统链接，90%的职工可以直接报销。广泛开展群体性文体活动，举办首届艺术节暨职工才艺大赛，参与“重走长征路”健步走活动7万余人。“缘在高铁”“幸福来吧”青年交友活动实现常态化阵地化，“上铁职工家园”“书香上铁”等APP广泛应用，丰富拓展了服务职工的渠道和手段。

改革发展合力凝聚。以习近平新时代中国特色社会主义思想和党的十九大精神为重点，加强理论武装和面向一线的宣传教育，提振了干部职工的精气神。广泛开展“不忘初心、牢记使命，交通强国、铁路先行”主题宣讲和“庆祝改革开放40周年”系列宣传活动，激励全体职工奋勇担当排头兵光荣使命。大力推进企业文化建设，抓好宣传报道和舆情引导，营造了良好的内外部环境。党政工团各级组织目标同向、合力共为，着力打造企业与职工命运共同体，推动集团公司在新时代新体制下，夺取新业绩、展示新作为，为铁路事业和经济社会发展做出应有的担当和贡献。

至年末，上海局集团公司完成运输总收入1004.49亿元、历史性超千亿元，同比增加73.56亿元、增长7.9%。其中客运收入799.94亿元、增长9.6%，货运收入172.90亿元、增长0.9%。完成盈亏总额24.94亿元，在2017年扭亏为盈的基础上创利润近20亿元，其中非运输企业利润总额9.75亿元。完成铁路基本建设投资 834.35 亿元，为年度预期值的 100.0%。

【机构变动情况】2018 年，根据铁路总公司对铁路局集团公司机关机构改革优化工作的统一部署和要求，11 月 15 日，上海局集团公司发文（上铁劳卫〔2018〕467 号）实施机关机构改革优化工作。在职能机构方面，将总工程师室、信息化处职能进行整合，成立科技和信息化部，加挂总工程师室牌子；将机车车辆验收室相关职能分别并入机务部、车辆部、工务部、供电部等部门；将收入稽查处职能并入财务处，财务处更名为财务部，加挂收入部牌子；将价格管理处相关职能分别并入客运部、货运部、物资部等部门；将集团公司内保消防、国防战备、民兵武装、综合治理、协调地方政府护路联防以及协调配合公安部门加强反恐防范工作等职责进行整合，成立保卫部，加挂人民武装部、战备办公室牌子，同时与政法委办公室合署办公；将行政监察处更名为监察处，与集团公司纪律检查委员会合署办公；其他职能机构名称由“处”改称“部”。在附属机构方面，将保密委员会办公室与机要通信室合并设置，实行一个机构两块牌子，隶属办公室（党委办公室、董事会办公室）；将各办事处安全监察室和上海安全监察分室承担的安全监察工作划出，分别成立徐州、合肥、南京、上海、杭州安全监察队，隶属安全监察室；将机车、车辆检测所整合为机辆检测所，挂靠车辆部，业务上受车辆部、机务部领导；将工务、电务、供电检测所整合为工电检测所，挂靠工务部，业务上受工务部、电务部、供电部领导；将职工住房建设指挥部纳入附属机构管理，隶属土地房产部；将企业管理和法律事务部法律纠纷案件处置等相关法律事务性工作划出，成立法律服务所，列附属机构，隶属企业管理和法律事务部；将劳动力调剂站、职业技能鉴定指导站合并设置，实行一个机构两块牌子；将资金结算所、财务集中核算管理所合并设置，实行一个机构两块牌子；将节能监测站并入客货运输统计所，同时更名为统计和节能环保所；将驻段验收室相关职责和人员整建制划归相关站段管理；同时按照总公司明确的机构名称，对集团公司部分附属机构名称进行更名或加挂牌子。在派出机构方面，将徐州铁路办事处相关职责纳入南京铁路办事处统一管理。在学协会方面，学协会不设专职定员，将上海市铁道学会相关工作并入科技和信息化部（总工程师室），企业管理协会相关工作并入企业管理和法律事务部，财务会计学会相关工作并入财务部（收入部）。

年内，先后对相关局属单位、工程指挥部、合资铁路公司进行调整。5 月 11 日，成立杭州艮山门动车所上盖项目指挥部；7 月 16 日，集团公司机辆企业重组整合，由上铁车辆公司吸收合并上铁机务公司，重组整合为上海铁路机车车辆发展有限公司; 9 月 6 日，成立南沿江铁路建设指挥部。

【上海局集团公司新版《行规》《行细》4 月 1 日实施】根据铁路总公司统一部署，上海局集团公司完成新版《行规》《行细》编制，2018 年 1 月发布，4 月 1 日正式实施。新版《行规》《行细》以确保制定的技术规章具有可操作性为原则，在保持技术规章延续性的基础上，充分吸取各集团公司优点和先进作业办法，内容和结构更加全面、严谨、规范。

【干部队伍情况】2018 年末，上海局集团有限公司在岗干部总数 26777 人（管理人员 19915 人、专职专业技术人员 6862 人，具有专业技术资格 21386 人）。其中运输业 21817 人（管理人员 16750 人，专职专业技术人员 5067 人），非运输业 4960 人（管理人员 3165 人，专职专业技术人员 1795 人）；研究生学历 1128 人、占 4.2%，大学本科学历18122人、占67.7%（其中1982年以后毕业的全日制大学本科生13354人），大专学历5562人、占20.8%；中共党员16485人、占61.6%，共青团员4160人、占15.5%，民主党派48人、占0.2%，群众6084人、占22.7%。在具有专业技术资格的21386人中，15894人已聘（不含政工资格人员），其中高级1854人（正高级47人）、占8.7%，中级6906人、占32.3%。具有政工专业职务1683人，其中高级215人、中级669人。

（二）铁路客运

【概况】2018年，上海局集团公司开行旅客列车1009对（动车组754.5对、普速254.5对），其中上海（直属）站每天到发图定旅客列车490对(上海站132对、上海南站86对、上海虹桥站272对）。管内三省一市旅客发送量全部平稳增长。浙江、安徽两省旅客发

上海局集团公司2018年运输经营主要指标完成情况表

指标名称	计量单位	年度预期值	实绩	完成年预期值（%）	上年同期完成	同比上年±%
换算周转量	百万换算吨公里	366800	365629	99.7	354083	3.3
旅客周转量	百万人公里	232800	241031	103.5	227358	6.0
货物周转量	百万吨公里	134000	124598	93.0	126725	-1.7
旅客发送量	万人	66400	67513	101.7	62831	7.5
货物发送量	万吨	19100	18064	94.6	18617	-3.0
日均装车数	辆	9900	9422	95.2	9508	-0.9
日均卸空车	辆		11281		10848	4.0
货车静载重	吨		52.5		53.6	-2.1
客车出发正点率	%		100		100	0.0
客车运行正点率	%		100		100	0.0
货车出发正点率	%		98.2		98.2	0.0
货车运行正点率	%		97.5		97.5	0.0
货车周转时间	天	2.63	2.47	106.5	2.64	6.9
货车中转时间	小时	5.2	4.7	110.6	4.7	0.0
货车停留时间	小时	19.6	19.2	102.1	19.1	-0.5
货车旅行速度	公里/小时		42.1		41.6	1.2
货机日产量	万吨公里	116.5	116.2	99.7	117.9	-1.4
货机日车公里	公里	447	461	103.1	452	2.0
货机列车平牵	吨	2880	2839	98.6	2896	-2.0
内燃机车单耗	千克		27.3		26.5	-2.9
电力机车单耗	千瓦时		205.9		205.0	-0.4
货车运用车	辆/日	54400	51594	94.8	52899	-2.4
部属现在车	辆/日		55480		55790	-0.6
集装箱发送量	万TEU	132.6	145.0	109.4	123.5	17.4
工作量	辆/日		20864		20017	4.2
运输收入	亿元		1004.49		930.94	7.9
盈亏总额	亿元		24.96		3.8	

注：资料来源于集团公司计统部、财务部（收入部）

送量突破2亿人，安徽省旅客发送量超过上海市位居第三。其中浙江省内车站发送旅客21613万人、同比增长8.9%，江苏省内车站发送旅客21204万人、同比增长7.2%，安徽省内车站发送旅客12306万人、同比增长7.3%，上海市内车站发送旅客主，12267万人、同比增长5.6%。10月1日发送旅客304.8万人，首次突破300万人，刷新单日客发纪录。

大力实施客运提质计划和“复兴号”品牌战略，全面推行市场导向下的“有效供给”，取得明显成效。将“4+3”周运力安排进一步做精做细为“一日一图”，精准预测客流，科学开车售票，提高供给质量和经营收益，实现“两升两降”：担当列车客座率同比提升1.6%，客票收入率同比提升1.6%，客运担当收入付费率同口径下降2%，单位客发动车组走行公里同比下降4.3%。年内动车组发送旅客50700万人，同比增加4008万人、增长8.6%；动车组发送占集团公司旅客发送量的75.1%、同比提高0.8%。深入推进厕所革命、畅通工程和“四区一室”建设，推广扫码支付、网上订餐、智能导航、在线选座、刷脸核验等便民利民新举措，互联网售票占比超过80%，旅客出行体验持续改善。以京沪、沪港“复兴号”为龙头打响品牌，“复兴号”增开到106对，覆盖管内所有高铁线路。与客流规律相合拍，推行人员“弹性作息+有偿加班”、固定设备天窗“阶梯安排+综合利用”、移动设备“错峰检修+有效供给”，动车组高峰期有效供给率达90%以上。

至年末，有4个直属站段旅客发送量超7000万人，分别为宁波车务段、杭州（直属）站、南京（直属）站、上海（直属）站，其中上海（直属）站（含上海、上海虹桥、上海南、上海西站）旅客发送量突破11000万人。集团公司完成旅客发送量67513万人，同比增加4682万人，增长7.5%，旅客发送量占全国铁路比重20.4%。其中发送管内旅客52633万人，增长7.9%；发送直通旅客14880万人，增长5.7%；高铁发送46103万人，同比增加3617万人，增长8.5%。旅客周转量2410.31亿人公里。客运收入799.94亿元，同比增长9.6%。

【旅客列车开行】2018年，上海局集团公司共编制基本运行图3次、分号运行图7次，实行淡季规模化减编2个批次，调整编组、停站等42批次。年内新增开旅客列车主要有：自4月10日起，开行上海虹桥—北京南G169/G170次、杭州东—北京南G32/G32次；自7月1日起，开行西安北—温州南G870/67 G868/9次、昆明南—南京南G1540/G1539次、上海虹桥—汉口G1724/5 G1726/3次、武汉—上海虹桥G1730/27 G1728/9次、上海虹桥—长沙南G1772/3 G1774/1次、长沙南—上海虹桥G1778/5 G1776/7次、武汉—黄山北D3395/8 D3397/6次、宁波—漯河K1438/K1437次、吉林—南通K1986/3 K1984/5次。

“7·1”调整列车运行图，日开行图定旅客列车965对，其中直通597对：高速动车组列车284对、动车组列车93对、直达特快列车41对、特快列车25对、快速列车149对、普快列车5对；管内368对：高速动车组列车242对、城际列车37对、动车组列车47.5对、市郊列车8对、特快列车5对、快速列车28.5对。（上海局）自局担当旅客列车559.5对，其中直通194对：高速动车组列车111对、动车组列车42对、直达特快列车6对、特快列车4对、快速列车30对、普快列车1对；管内365.5对：高速动车组列车242对、城际列车37对、动车组列车45对、市郊列车8对、特快列车5对、快速列车28.5对。（上海局）车底在外局套跑8对：直通动车组列车3对、管内动车组列车2对、管内特快列车1对、管内快速列车2对。

【客运专线“一日一图”实施】2018年9

月5日，上海局集团公司制定《客运专线实行市场化开行方案的实施细则》，推动集团公司“一日一图”工作制度化、规范化。按照“一次铺画，按需开行”的原则满图铺画日常图、周末图、高峰图。“7·1”调整图中，日常图日开行列车878.5对；周末图日开行列车904.5对，比日常图多开26对；高峰图日开行列车973对，比日常图多开94.5对。

【节假日旅客运输】2018年，上海局集团公司根据节日运输不同阶段不同特点，下发专项工作通知，明确管理、作业重点，抓好站车旅客运输组织、秩序维护、候乘安排、安全卡控等工作。年内实施运能调整计划95个，重联列车20101列，增开列车15712列。

元旦旅客运输（2017年12月29日—2018年1月1日），发送旅客832.4万人，同比增长14.5%，最高日发送旅客231.5万人。

春节旅客运输（2月1日—3月12日），发送旅客7079万人，同比增长5.8%，最高日（3月3日）发送旅客221.9万人，创上海局集团公司春运单日最高纪录。

清明节旅客运输（4月4—7日），发送旅客980.2万人，同比增长2.4%，最高日发送旅客273.3万人。

五一节旅客运输（4月28日—5月1日），发送旅客1067.1万人，同比增长4.5%，最高日发送旅客290.5万人。

端午节旅客运输（6月15—18日），发送旅客956万人，同比增长5.7%，最高日发送旅客260.4万人。

暑期旅客运输（7月1日—8月31日），发送旅客12724万人，同比增长7.8%，最高日（8月20日）发送旅客236.3万人。

中秋节旅客运输（9月21—24日），发送旅客861.1万人，最高日发送旅客243.8万人。

国庆黄金周旅客运输（9月28日—10月7日）发送旅客2506.1万人，最高日（10月1日）发送旅客304.8万人（因2017年国庆运输包含中秋节共11天，无法同比），其中最高日10月1日为集团公司单日发送旅客首次突破300万人。

【“迎进博”活动组织】2018年11月5—10日，首届中国国际进口博览会在国家会展中心（上海）举行，上海局集团公司落实铁路总公司、上海市等整体部署，做好相关活动组织、服务设施改造、服务设备升级以及旅客服务等工作。7月27日，集团公司在上海虹桥站举行“迎进口博览会、展铁路新风采——上海铁路行业窗口服务展示暨‘冲刺100天’誓师仪式”，集团公司党委副书记、纪委书记牛剑峰及上海市文明办、中国国际进口博览局等有关方面领导为迎进博会青年志愿者代表授旗，来自上海客运段、上海站等单位的职工代表宣读倡议书并集体宣誓。按照“冲刺100天、决胜进博会”行动方案，制定客运系统“迎进博”工作实施方案，细化形成“迎进博”重点工作推进表，抓好推进落实。参加“迎进博”周例会，形成会议纪要16个，协调上海站、上海市相关部门和单位，组织完成上海虹桥站自助实名制核验闸机、旅客运输指挥中心、综合售票处改造、垃圾压缩站移位等项目实施工作，通过丰富自助服务内容、扩大语种服务范围、加强系统融入对接、深化服务品牌建设、推进服务创新，使铁路服务全面融入进博会整体服务。

【绍兴至上虞至钱清市域列车先后开行】3月28日起，集团公司根据萧甬线绍兴至上虞间市域列车试运行方案，加强与有关单位联系对接和行车组织指挥，确保试运行安全有序。4月18日，绍兴至上虞间市域列车正式运营，共开行8对，使用CRH6F-A型车底2列，编组4辆，总长101米，构造速度160公里/小时。7月底进行绍兴至钱清间市域列车试运行，9月29日正式运营。

（三）货物运输

【概况】2018年，上海局集团公司开行货物列车1286.5对。管内三省一市货物发送量两增两降。浙江、江苏省货物发送量增长，其中浙江省内车站货物发送3670万吨、同比增长6.0%，江苏省内车站货物发送5971万吨、同比增长4.4%；上海市、安徽省货物发送量下降，其中上海市内车站货物发送468万吨、同比下降0.7%，安徽省内车站货物发送7932万吨、同比下降11.2%。

货运转型迈出新的步伐。大力实施货运增量行动，在“去产能”大背景下，管内“八矿”铁运份额占比提高3%，连云港、宁波港铁路运量同比分别增长9.7%、3.3%。认真落实中央调整运输结构部署，主动服务“一带一路”等国家战略，年内承接“公转铁”项目35个、新增运量1210万吨，开行中欧班列1205列、同比增长12%。加强承运制清算政策研究，精准用好价格策略，年内货运吨收入率增长11%，货票盈余率比预期值提高2.6%。推行精细化调度组织，加速车辆周转，日均卸车同比增加433辆、计费车较预期值压缩1447辆，节约支出6510万元。制订货运能力建设三年规划，年内投入4.8亿元，新开通物流基地10个、新开工9个。大力推进标准化货场创建，38个货场通过达标验收。至年末，集团公司发送货物1.806亿吨、同比下降3%，主要是受煤炭减量影响；货运供给结构进一步优化，集装箱同比增长17%、商品车同比增长45%、冷链运量同比增长64%，其中集装箱装车占比达到20.9%；货运经营效益进一步提升，完成货运收入172.90亿元、同比增长0.9%，完成货物周转量1245.98亿吨公里，换算周转量365629百万换算吨公里。

【货运增量行动实施】2018年，上海局集团公司成立运输结构调整工作组，在长三角三省一市深入调研，分层开展调查走访，集团公司层面开展走访调查181次，货运中心层面开展走访调查1235次。与地方政府做好对接，研究提出《上海局集团公司货运增量行动三年实施方案》（上铁货〔2018〕403号），经上报铁路总公司备案后于9月25日正式下发。积极宣传中央相关政策，主动向地方政府汇报“公转铁”目标任务和推进情况，全力支持和配合地方政府开展运输结构调整工作，加强与地方重点企业的沟通协调，共同研究制订“公转铁”项目落地方案，年内承接“公转铁”项目35个、新增运量1210万吨。国调粮运输任务提前兑现，首次试验粮食“散改集”运输，提高两端作业效率，自8月10日至10月30日（提前10天）完成全部74.2万吨调运任务。货运产品日益丰富，160公里/小时、120公里/小时、80公里/小时3个速度等级设计开行6类34个流向的快运货物班列。其中160公里/小时特快班列2趟，与顺丰、京东合作电商物流为主；120公里/小时快速货物班列12趟，客车化模式开行，辐射沈阳、哈尔滨、长春、乌鲁木齐、成都、重庆、昆明等东北、西北、西南主要城市；6趟多式联运集装箱班列，7趟沿江班列，以效率为先，满足不同客户的不同需求。

【中欧中亚班列开行】2018年，上海局集团公司中欧中亚班列线条丰富，管内已开通由长三角地区至阿拉山口境、霍尔果斯境、满洲里境、二连境、凭祥境等5个口岸站出境的中欧中亚班列，装车点已覆盖华东地区12个主要城市、15个装车组织站，境外到达15个国家25个城市，形成了浙江义乌小商品、江苏苏州电子产品、安徽合肥白色家电和汽配、江苏连云港日韩过境设备、生活用品等富有特色货物的出境班列产品。至年末，完成开行1205列，同比2017年发运的1071

列增长12.5%。其中中欧班列去程461列，同比增长54.7%。中欧班列回程115列、中亚班列回程94列，均较2017年有大幅增长。

【商品车运输大幅增长】2018年，上海局集团公司完善商品轿车装运基地网络，形成以闵行、安亭、宁波北、尧化门、伍佑为核心的16个商品车物流基地，实现对上汽、吉利、大众、长安等主要品牌主机厂的全辐射，并覆盖主要品牌汽车销售市场，商品车铁路运输网络效应初步形成。至年末，装运商品轿车102.6万台，同比增加32.3万台、增幅45.9%。

【冷链物流增量明显】2018年，上海局集团公司开发了首条冷链物流班列，联通上海至成都（7月18日首发）、重庆的进口冷链货源市场，重点开发铜山至棠溪冻品项目、农夫山泉饮料冷链运输项目、伊利乳饮料项目、北仑港至上铺粮食项目。至年末，实现冷链物流发送24.4万吨，同比增加9.3万吨、增幅61.6%。

（四）铁路建设

【概况】2018年，上海局集团公司完成基本建设投资834.3亿元，更新改造投资29.6亿元，12个项目建成投产，6个项目新开工，18个续建项目有序推进，特别是杭黄铁路开通运营并召开全路建设质量现场会，打造了新时代高铁建设的新标杆。以科学规划引领发展，制订集团公司2018—2020年发展规划，修订了合肥、南京、上海、杭州、宁波5个重点地区枢纽总图。提高建设全过程管理水平，全年实现工程质量和生产安全"零事故"、人员"零死亡"、工程合格率100%，精品客站建设、建维一体化管理等经验在全路推广，年内14个已开通项目完成环保验收、2万亩铁路用地办理确权领证。

"十三五"以来，上海局集团公司基建投资完成额始终保持在每年800亿元以上，3年完成2638.14亿元，已超过"十一五"2506.42亿元和"十二五"2411.21亿元的五年投资规模，继续保持全路领先。

【主要实物工程量完成及线路运能新增】2018年，上海局集团公司完成铺轨新线455.5公里、复线308.6公里、站线171.6公里，土石方4020.0万立方米、特大中桥53.6万延长米、隧道6.8万延长米，电气化铁路接触网2159.4条公里，牵引变电所22座。完成征地24041亩，房屋拆迁220.5万平方米。新增运输生产能力：新线531.9公里，复线610.9公里，电气化铁路1060.2公里。

【建设项目建成投产（开通）】2018年，上海局集团公司有12个建设项目建成投产，分别为杭黄、连盐、青连、宁启二期、青阜、芜广、泗杭、符夹安徽段、符夹江苏段、常州站改、无锡站改、庐铜铁路。其中杭黄铁路12月25日开通运营，连盐铁路12月26日开通运营，青岛至连云港铁路江苏段（委托代建）工程12月26日开通运营，庐铜铁路工程12月25日设备开通启用、12月29日开通试运营，宁启铁路南通至启东段12月27日完成安全评估、12月30日设备开通启用，青阜线电气化改造工程12月13日完成初验，芜湖至广德铁路电气化改造工程、泗安至杭州铁路电气化改造工程12月28日完成初验，符夹铁路符离集至新河段扩能（2017年12月28日配合新建淮北至萧县北客车联络线已开通符夹线淮北北站至濉溪站"四站三区间"）剩余工程12月28日完成初验，符夹铁路新河至夹河寨段扩能工程12月28日完成初验，京沪铁路常州站改造工程10月26日完成初验，京沪铁路无锡站改造工程11

月23日完成初验。

【新建杭州至黄山铁路开通运营】2018年12月25日，新建杭州至黄山铁路（简称杭黄铁路）开通运营。杭黄铁路工程位于皖南及浙西地区，从杭州南站（萧山区）至黄山北站（黄山市），线路长度264.785公里，其中浙江省内184.728公里，安徽省内80.057公里。项目可研估算370亿元，初步设计概算338.3亿元，其中浙江省投资239.27亿元。速度目标值：250公里/小时。全线设杭州南、富阳、桐庐、建德、千岛湖、三阳、绩溪北、歙县北、黄山北站等9个车站，其中杭州南为既有车站，绩溪北、歙县北、黄山北站为与合福铁路共用车站，富阳、桐庐、建德、千岛湖、三阳站等5个车站为新建车站。

【新建连云港至盐城铁路建成通车】2018年12月26日，新建连云港至盐城铁路（简称连盐铁路）开通运营，徐圩线等剩余工程12月28日完成初步验收。连盐铁路北起连云港市赣榆区赣榆北站，南接新长铁路盐城北站，为时速200公里客货共线电气化双线铁路，正线长度234.03公里，其中连云港市129.146公里、盐城市104.884公里，同步建设货运支线2条：赣榆北站至赣榆港区支线长6.15公里，云台山至徐圩港区支线34.3公里。全线设车站12个，其中新建10个，董集为越行站，赣榆、响水县、滨海港、阜宁东、射阳站等5个车站为客运站，连云港、盐城北站为既有改造车站。批复总投资256.08亿元。速度目标值：200公里/小时。

【建设项目新开工】2018年，上海局集团公司有5个基建项目新开工建设，分别为：新建盐城至南通铁路、江苏南沿江城际铁路、南昌至景德镇至黄山铁路、黄山至池州铁路、三线电化蚌埠段改线工程（含水蚌电化改造）。

5月1日，新建盐城至南通铁路全线开工。线路位于江苏省盐城市、南通市境内，行经盐城市区和盐城市管辖的大丰区、东台市，南通市管辖的海安市、通州区。设计正线长度156.686公里。近、远期共设车站6个，其中办理客运的中间站5个（大丰、东台、海安、如皋南、南通西站）；新建车站4个（大丰、东台、海安、如皋南站），改建车站1个（南通西站）。铁路等级：高速铁路。速度目标值：350公里/小时。本工程2018年度完成投资50亿元，年末开累完成投资55亿元。

10月8日，江苏南沿江城际铁路先开段开工。南沿江铁路位于江苏省境内、长江下游南岸，呈西东走向。线路起于南京市江宁区，途经镇江市、常州市、无锡市、苏州市，止于苏州太仓市，设计速度350公里/小时。设计正线长度278.530公里。全线设7个车站，分别为句容、金坛、武进、江阴、张家港、常熟、太仓站。铁路等级：高速铁路。正线数目：双线。本工程2018年度完成投资0.5亿元，年末开累完成投资0.5亿元。

11月1日，三线电化蚌埠段改线工程（含水蚌电化改造）开工。改建水蚌线自蚌埠东站东端引出后，新建上、下行线疏解引线至老山线路所，老山线路所引出至李楼站，自李楼站引出后下穿京沪高铁、合蚌高铁，经田荣设站后至水蚌线K13+200接回既有线。新建正线全长23.137公里，下行疏解线长4.618公里；特大桥2座、6.939公里，大中桥8座、0.692公里，隧道1座2.202公里，路基17.904公里；桥隧占比35.49%。新建会让站2个（田荣站、李楼站）、线路所1处，改建车站1个（蚌埠东站）。铁路等级：I级。正线数目：单线。设计行车速度：120公里/小时。本工程2018年度完成投资3亿元，年末开累完成投资3.5亿元。

12月28日，南昌至景德镇至黄山铁路

上海局集团公司2018年各站段、货运中心(含合资铁路公司)客货发送量统计表

所在省市	单位名称	旅客发送量（万人）	货物发送量（万吨）	所在省市	单位名称	旅客发送量（万人）	货物发送量（万吨）
安徽省	蚌埠（直属）站	1587.2	99.2	上海市	金华车务段	3859.5	789.1
	合肥（直属）站	4489.0	0.1		宁波车务段	7481.3	1930.1
	淮南西（直属）站	519.5	3343.3		金温公司	239.8	556.4
	阜阳北（直属）站	1223.9	199.7				
	芜湖东（直属）站	52.2	384.3		南翔（直属）站	704.3	437.2
	淮北车务段	614.8	3125.0		上海（直属）站	11441.0	0.1
	合肥车务段	1130.9	509.1		芦潮港	0.0	24.8
	芜湖车务段	2510.8	301.6		浦东公司	0.0	8.5
江苏省	徐州（直属）站	2534.5	2.0		集团公司合计	67512.8	18063.7
	徐州北（直属）站	0.0	71.7				
	南京（直属）站	7339.3	6.5	安徽省	蚌埠货运中心		3224.2
	南京东（直属）站	0.0	516.6		合肥货运中心		509.1
	镇江（直属）站	1195.9	129.1		淮南货运中心		3542.9
	常州（直属）站	1521.6	130.7		芜湖货运中心		685.9
	无锡（直属）站	2157.1	66.5	江苏省	徐州货运中心		4869.9
	苏州（直属）站	4704.4	62.4		南京货运中心		964.7
	徐州车务段	595.0	4796.2	浙江省	杭州货运中心		2321.8
	新长车务段	1456.5	181.9		金华货运中心		789.1
					金温公司		556.4
浙江省	杭州（直属）站	7424.1	53.9	上海市	上海货运中心		599.6
	乔司（直属）站	0.0	115.9				
	嘉兴车务段	2729.7	221.9		各货运中心合计		18063.7

注：1. 资料来源于《上海局集团公司2018年统计公报》；2.车务单位货物发送量为联挂考核指标≈货运中心指标；3.部分货运中心有跨省市业务，须相应分劈，如上海货运中心含上海市及江苏省苏州、无锡地区和浙江省嘉善地区；4.本表格指标为铁路全行业统计数据；5. 货运运输指标不含行包专列；6.上海（直属）站辖上海、上海南、上海虹桥站，南翔（直属）站辖北郊站

开工。新建南昌至景德镇至黄山城际铁路位于赣东北和皖南地区，西起江西省南昌市，途经江西省鄱阳县、余干县、景德镇市，东至安徽省黄山市。线路长 289.807 公里，其中江西省内的线路长度为 200.276 公里、安徽省内的线路长度为 89.531 公里。全线设南昌东、军山湖、余干、鄱阳南、凰岗（预留）、景德镇北、瑶里、祁门南、黟县东、黄山北共 10 个车站。正线设计速度为 350 公里 / 小时，南昌西至正线联络线设计速度为 200 公里 / 小时。

12 月 28 日，黄山至池州铁路先行段开工。池黄高铁是武杭高铁通道的一部分，由池州站引出后经九华山（青阳）后接入黄山市黟县东站，串联起皖南两山一湖核心景点，全长 121.645 公里，设车站 4 个，设计速度为 350 公里 / 小时。

【更新改造投资完成】2018 年，上海局集团公司完成更新改造投资 7.3475 亿元，竣工投产 45 项，上海动车段高级修场配套能力改造、新安江南货场扩能改造、新建诸暨综合

上海局集团公司2018年基建大中型项目投资完成情况表（按省市划分）

项目所在省份	建设项目和单项工程名称	年度预期值（万元）	实绩（万元）	完成年预期值（%）	建设单位	初步设计概算（万元）
安徽省	阜淮、淮南、水蚌线电气化扩能改造	30000	30000	100	合肥铁路枢纽工程建设指挥部	444458
	青阜线电气化改造工程	7000	7000	100	合肥铁路枢纽工程建设指挥部	90200
	皖赣铁路芜湖至宁国段扩能改造	120000	120000	100	杭黄铁路有限公司	936846
	庐江至铜陵铁路	6000	6000	100	安徽庐铜铁路有限公司（地方）	526200
	杭州至黄山铁路	14764	14764	100	杭黄铁路有限公司	
	商丘至合肥至杭州铁路及芜湖长江公铁大桥	1710000	1710000	100	京福客专安徽有限责任公司	
	符夹铁路符离集至新河段扩能	42000	42000	100	徐州铁路枢纽工程建设指挥部	347400
	阜阳北站扩能	80000	80000	100	合肥铁路枢纽工程建设指挥部	243500
	芜湖至广德电气化改造	30000	30000	100	合肥铁路枢纽工程建设指挥部	200292
	合肥至安庆铁路	500000	500000	100	宁安铁路有限责任公司	2915500
	郑州至周口至阜阳铁路（上海局）	280000	280000	100	京福客专安徽有限责任公司	982303
	安庆至九江铁路安徽段（上海局）	320000	320000	100	宁安铁路有限责任公司	1496900
	南昌经景德镇至黄山铁路（上海局）	18970	18970	100	京福客专安徽有限责任公司	1137179
	安徽省小计	3158734	3158734			
江苏省	宁启铁路南通至启东段复线电气化工程	125000	125000	100	南京铁路枢纽工程建设指挥部	671883
	连云港至镇江铁路	800000	800000	100	南京铁路枢纽工程建设指挥部	4626958
	连云港至盐城铁路	100000	100000	100	苏北铁路有限公司	2572958
	青岛至连云港（上海局段）	6000	6000	100	苏北铁路有限公司	54706
	上海至南通铁路安亭至南通段（不含大桥）	95000	95000	100	沪宁城际铁路股份有限公司	
	沪通长江大桥	110000	110000	100	总公司工管中心沪通长江大桥指挥部	
	京沪铁路镇江站改造工程	1000	1000	100	南京铁路枢纽工程建设指挥部	30275
	京沪铁路丹阳站改造工程	800	800	100	南京铁路枢纽工程建设指挥部	24189
	京沪铁路常州站改造工程	6000	10850	180.8	上海铁路枢纽工程建设指挥部	30219
	京沪铁路无锡站改造工程	18000	22500	125.0	上海铁路枢纽工程建设指挥部	50591
	尧化门货场	15000	15000	100	南京铁路枢纽工程建设指挥部	133020
	陇海线连云港至连云港东增建二线	100	100	100	徐州铁路枢纽工程建设指挥部	39627
	徐州至淮安至盐城铁路	850000	850000	100	苏北铁路有限公司	426978
	连云港至徐州铁路	800000	800000	100	徐州铁路枢纽工程建设指挥部	2817000
	符夹铁路新河至夹河寨段	17000	26600	156.5	徐州铁路枢纽工程建设指挥部	41400
	盐城至南通铁路	585000	585000	100	苏北铁路有限公司	2656721
	苏州西货场扩能改造	14000	14000	100	上海铁路枢纽工程建设指挥部	20000
	江苏南沿江城际铁路	5000	5000	100	南沿江工程建设指挥部	5030100
	江苏省小计	3547900	3566850			
上海市	上海至南通铁路安亭至南通段（不含大桥）	265000	265000	100	沪宁城际铁路股份有限公司	
	上海市小计	265000	265000	100		
浙江省	新建九景衢铁路（上海局）	5000	5000	100	九景衢铁路浙江公司	700862
	衢州至宁德铁路浙江段（上海局）	300000	300000	100	九景衢铁路浙江公司	1448705
	杭州至黄山铁路	111266	111266	100	杭黄铁路有限公司	
	商丘至合肥至杭州铁路及芜湖长江公铁大桥	170000	170000	100	京福客专安徽有限责任公司	
	宁波穿山港铁路	70000	70000	100	萧甬铁路有限责任公司	413310
	金华至台州铁路	300000	300000	100	金台铁路有限责任公司（地方）	1969680
	义乌西货场扩能工程	3000	3000	100	杭州铁路枢纽工程建设指挥部	87723
	泗安至杭州电气化改造	98000	98000	100	杭州铁路枢纽工程建设指挥部	195349
	金华至宁波铁路	50000	50000	100	杭州铁路枢纽工程建设指挥部	2733800
	湖州西货场改造	118000	118000	100	杭州铁路枢纽工程建设指挥部	126350
	金华南货场改造	26500	23600	89.1	金丽温铁路有限责任公司	25076
	沪昆客专杭州至长沙段（上海局）	120000	104000	86.7	沪昆客专浙江有限责任公司	4570932
	浙江省小计	1371766	1352866			
	集团公司合计	8343400	8343450			

注：1.资料来源于集团公司计统处、建设处。2.上海至南通铁路初步设计概算为4031388万元；杭州至黄山铁路初步设计概算为3241488万元；商合杭铁路（上海局）初步设计概算为8550047万元。

维修基地等工程按期竣工投产，为提升运输服务品质、设备质量、路网功能和运输效益发挥了显著作用。

12月6日，上海动车段高级修场配套能力改造工程开通启用，有效地缓解了上海动车段检修、调试能力不足，既有动车段内转向架、轮对、大部件及零部件存储能力不足的状况。本项目是在既有上海动车段院内新建2线调试库（建筑面积8058平方米）、新建材料库（建筑面积14361平方米）、新建大型配件库（建筑面积8125平方米）、新建电务检修楼（建筑面积3861平方米），并对既有转向架检修库设备设施补强改造。批复总投资4.7782亿元。

【在建项目有序推进】2018年，上海局集团公司有序推进在建项目工程建设。

新建徐州至淮安至盐城铁路。本项目起自京沪高铁徐州东站，经睢宁、宿迁、泗阳、淮安、阜宁、建湖，终到新长铁路盐城站，线路全长313.7公里。本工程（2015年12月28日开工建设）2018年度完成投资85亿元，年末开累完成投资290亿元。

新建上海至南通铁路（南通至安亭段）。线路自宁启线平东接轨站引出，经南通西高架站、南行以桥梁方式跨越长江、张家港北站、张家港站、常熟站、预留常熟东站、太仓港站，至太仓站。线路全长137.473公里。本工程（2014年8月8日开工建设）2018年度完成投资36亿元，年末开累完成投资205亿元。

新建连云港至镇江铁路工程。线路自在建连云港至盐城铁路连云港董集站引出，经淮安、扬州，跨越长江后至沪宁城际铁路镇江丹徒站，线路长度305.2公里。其中五峰山长江大桥大临工程完成100%，桥梁完成74%，南、北主塔封顶完毕，正在进行猫道施工；南、北锚碇锚体大体积混凝土即将浇注完毕，南、北引桥稳步开展上部结构和连续梁施工。本工程（2015年8月1日开工建设）2018年度完成投资80.18亿元，年末开累完成投资321.18亿元。

新建衢宁铁路浙江段工程。本项目位于浙西南和闽东北地区，北起浙江省衢州市，途经龙游、遂昌、松阳、龙泉、庆元，南至福建省南平市，终点为福建省宁德市；该线北接沪昆、九景衢铁路，中连衢丽、温武、浦梅铁路，南连沿海铁路通道。线路全长382.5公里，其中浙江省206.549公里。本工程（2015年10月1日开工建设）2018年度完成投资30亿元，年末开累完成投资104.6亿元。

新建连云港至徐州铁路。线路自连云港站引出，经东海站、新沂南站、邳州东站至后马庄站，另预留大许南站一座。线路长度180.027公里。本工程（2017年7月7日开工建设）2018年度完成投资80亿元，年末开累完成投资100.5亿元。

金华至宁波铁路（先建段）。先期开工段范围为DK53+470～DK75+820，线路位于宁波市和绍兴市境内，甬金铁路溪口站至新昌站区间。本工程（2017年2月开工建设）2018年度完成投资2.07亿元，年末开累完成投资2.47亿元。

新建宁波穿山港铁路。本项目经过宁波市鄞州区和北仑区，新建宁波穿山港铁路，线路长29.29公里，对既有北仑支线电气化改造，线路长30.1公里，另建北环线至北仑支线联络线1.22公里。本工程（2015年12月22日开工建设）2018年度完成投资7亿元，年末开累完成投资29.6亿元。

阜阳北站扩能工程。本项目对阜阳北编组站进行改造，并对既有机务段进行改造，同步实施编组站综合自动化系统工程。本工程（2016年1月8日开工建设）2018年度完成投资8.0亿元，年末开累完成投资18.5亿元。

新建安庆至九江铁路（安徽段）。安九

铁路安徽段位于安徽省西南部的安庆地区。线路起于安徽省安庆市，经安庆市所辖怀宁县、潜山县、太湖县、宿松县至皖鄂交界。安九铁路安徽段全长102.667公里，桥梁长度87.001公里/21座（双线），桥梁比重为84.74%。新设新安庆西、潜山南、太湖南、宿松东共4个车站。本工程（2017年12月18日全线开工建设）2018年度完成投资32亿元，年末开累完成投资33亿元。

【在建代建代管项目情况】新建合肥至安庆铁路（宁安公司建设管理）。本项目自新合肥西站引出，经安徽肥西、庐江、舒城、桐城、怀定等市县，终至新安庆西站（不含），正线全长162.58公里，另修建宁西货车外绕线51.55公里、合九货车联络线32.8公里、合肥南至肥西联络线9.4公里、合肥动车运用所等相关工程。本工程（先期开工段于2015年12月开工，2016年11月12日全线开工建设）2018年度完成投资50亿元，年末开累完成投资137.16亿元。

商丘至合肥至杭州铁路和芜湖长江公铁大桥及相关工程（上海局管段由京福安徽公司建设管理）。本项目自河南省商丘市，经安徽省亳州、阜阳、淮南、合肥、芜湖、宣城市，浙江省湖州市至杭州市，其中新建芜湖长江公铁大桥是商丘至合肥至杭州铁路的单项控制性工程。正线全长796.9公里，其中新建线路长617.3公里，利用在建或既有铁路179.6公里；上海局集团公司管内703.73公里。本工程（先期段2014年12月开工，2015年12月站前工程开工）2018年度完成投资188亿元，年末开累完成投资619亿元。

郑州至周口至阜阳铁路（上海局管段由京福安徽公司建设管理）。本项目自郑州南站引出，经郑州市、开封市尉氏县、许昌市、周口市至阜阳市，阜阳市以南利用商合杭铁路至合肥枢纽，线路全长277公里，其中安徽省64.4公里，另修建阜阳西站至商合杭铁路联络线6.73公里。本工程（2016年9月开工建设）2018年度完成投资28亿元，年末开累完成投资66亿元。

皖赣铁路扩能改造工程（上海局管段由杭黄铁路公司建设管理）。工程自芜湖枢纽弋江站引出后，经芜湖县、宣城至宁国南站，新建线路长度92.7公里，另建设芜湖枢纽配套工程12.7公里。全段设弋江、湾沚南、宣城、宁国南等4个车站。在宣城地区预留宣杭铁路至本线的联络线工程。本工程（先期段2013年12月开工，2015年12月站前工程开工）2018年度完成投资12亿元，年末开累完成投资76亿元。

（五）资产经营

【概况】2018年，上海局集团公司各非运输企业坚持专业化经营、集约化配置、规模化创效、市场化运作、规范化管理，落实预算保障措施，压实经营质量，促进资产经营开发效益持续提升，五大业务板块（物流商贸、客运关联、工程建设、工业制造、资产综合开发）效益全面增长。强力推进土地房屋资产专业化经营，年内出租出借收入同比增长38.2%。推动路企、路地合作，旅行管家、共享汽车、网上商城等“高铁网＋互联网”融合项目有序实施，绍兴至钱清、宁波至余姚市域列车成功开行，杭黄铁路旅游产业链初见成效，促进了经营与服务“双赢”。推进现代物流融合发展，非运输企业积极参与货场仓储、配送等功能建设，打开了“全程物流＋增值服务”新空间。加快重点项目开发，旅行纸品、动车座椅、节能环保、布草洗涤等一批实业项目落地见效，南京安德门、杭州艮山门等一批示范性开发项目取得重要进展，工程板块依托市场化项目承接营业收入首次突破100亿元。至年末，非运输企业合计完成经营收入253.3亿元、同比增长2.1%，实现考核利润32.8亿元、同比增长27.2%。

【虹桥上海市旅游咨询服务中心正式运营】

2018年10月6日，虹桥上海市旅游咨询服务中心正式运营，该中心由上海市旅游局、上海局集团公司共同建设，由上铁国际旅游公司负责日常运营管理，主要提供旅游信息咨询等便民服务，是2018年上海市政府实事项目之一。

【首趟“千岛湖号”高铁旅游列车开行】

2018年12月25日，上铁国际旅游公司借助杭黄高铁开通东风，加大与杭黄高铁沿线地方政府的沟通对接，开行首趟“千岛湖号”高铁旅游列车，首开载客逾400人，并在南京南站举行了首发仪式。9月29日，上铁国旅与浙江淳安县千岛湖高铁旅游战略合作协议在淳安县签订，双方就千岛湖高铁站智慧旅游展示与体验中心建设、开行高铁旅游列车、策划千岛湖列车冠名、旅游团队常态化组织等项目的合作达成了共识。

2018年12月18日9时，81986次货物列车驶出宁波舟山北仑港站，3个多小时后安全抵达绍兴皋埠站，标志着全路首列双层集装箱班列——一种先进的多式联运组织方式成功开行。本班列由14辆双层集装箱专用平车固定成组，每辆车下层装载2个20英尺集装箱、上层装载1个40英尺集装箱，按固定班次81986/5每天往返开行（图片来自中国铁路微信公众号）鲁靓/摄）

2018 年 3 月 30 日，上海局集团公司、中铁集装箱运输有限责任公司、中远海运集装箱运输有限责任公司、大洋物流集团、上海车站海关等在上海货运中心杨浦经营部举办“一带一路”跨境电商中欧班列（上海—莫斯科）首发仪式 （陈 蕾 / 摄）

2018 年 7 月 18 日，长三角铁路首趟冷链运输班列（上海—成都）首发仪式在上海货运中心杨浦站货场举行 （李 忱 / 摄）

2018年4月3日，上海局集团公司（南京货运中心）“常州—宁波”海铁联运国际班列首发仪式在常州举行（鲁 靓/摄）

PART EIGHT IX

民用航空
CIVIL AVIATION

（一）综述

2018年，上海民航2个机场（虹桥国际机场、浦东国际机场）共完成旅客吞吐量11763.4万人次（含过站人数），同比增长5.1%，其中虹桥国际机场完成旅客吞吐量4362.8万人次，浦东国际机场完成旅客吞吐量7400.6万人次；全年两场完成货邮吞吐量417.6万吨，同比降低1.3%，其中虹桥国际机场完成货邮吞吐量40.7万吨，浦东国际机场完成货邮吞吐量376.9万吨；2018年两场共起降飞机77.2万架次，同比增长1.5%，其中在虹桥国际机场起降26.7万架次，在浦东国际机场起降50.5万架次。

分航线看，2018年两场共完成国内航线旅客吞吐量（不含地区航线，下同）7665万人次，占全年旅客吞吐量的65.2%，同比增长3.8%，其中虹桥国际机场为4021.7万人次，浦东国际机场为3643.3万人次；完成国际航线旅客吞吐量3229.8万人次，占全年旅客吞吐量的27.5%，同比增长5.2%，其中虹桥国际机场为135.3万人次，浦东国际机场为3094.4万人次；完成地区航线旅客吞吐量868.7万人次，占全年旅客吞吐量的7.3%，同比增长5.2%，其中虹桥国际机场为205.8万人次，浦东国际机场为662.9万人次。

分航线看，2018年两场共完成国内航线货邮吞吐量72.6万吨，占全年货邮吞吐量的17.4%，同比减少5.3%，其中虹桥国际机场为37.3万吨，浦东国际机场为35.3万吨；完成国际航线货邮吞吐量298.7万吨，占全年货邮吞吐量的71.5%，同比增长0.3%，其中虹桥国际机场为1.3万吨，浦东国际机场为297.4万吨；完成地区航线货邮吞吐量46.2万吨，占全年货邮吞吐量的11.1%，同比减少3.5 %，其中虹桥国际机场为2.1万吨，浦东国际机场为44.1万吨。

截至2018年底，共有107家航空公司开通了在上海的定期航班，连接全球48个国家和地区的300个通航点，其中，国内航点165个（其中港澳台6个），国际航点135个。国际航线方面，浦东机场新增了瑞典斯德哥尔摩、美国的亚特兰大、英国伦敦的盖特威克客运航线，以及俄罗斯的克拉斯诺尔斯克、美国奥克兰和加拿大的哈利法克斯货运航线。虹桥机场深化航线网络优化工作，快线、准快线占到计划总量的四分之三，单架次载客数167人，同比增加4.79%，局方容量评估结论为高峰小时48架次，时刻价值及运行效率持续增长。

基地设在上海的运输航空公司有8家：中国东方航空股份有限公司、上海航空有限公司、春秋航空股份有限公司、上海吉祥航空股份有限公司、金鹏航空股份有限公司、中国货运航空有限公司、国航上海分公司、南航上海分公司；小型航空器商业运输运营人有3家：东方公务航空服务有限公司，上海金鹿公务航空有限公司，星联商务航空有限公司。

（二）航空运输与通用航空

【概况】2018年，华东地区7个时刻协调机场航班放行正常率为82.82%，同比提升11.21%，始发航班离港正常率为80.88%，同比增长10.65%。特别是虹桥机场的放行正常率始终保持在80%以上，其中有10个月在85%以上，在全国21个时刻协调机场中排名第2。浦东机场和虹桥机场获得国际机场协会（IATA）便捷出行项目“白金机场”认证，具备了自助值机、自助行李托运、自助机票改签、自助证件核查、自助登机、自助遗失行李申报等服务能力，基本实现旅客便捷出行的目标。

【两场运行情况】2018年，浦东、虹桥机场放行正常率分别为82.73%、89.22%，同比提升14.82%、14.18%，在主协调机场排名中分列第14名、第2名；平均滑出时间分别为19.85分钟、14.54分钟，同比减少4.26分钟、2.11分钟；提前一年实现了《上海机场提升航班正常性专项工作计划》“75/20”“80/15”目标。另外，两场持续完善A-CDM系统，浦东机场A-CDM系统在民航局组织的“3000万以上旅客吞吐量机场A-CDM系统评级”中获得A级；加快推进机坪管制移交，有序实施了设施设备、人员培训、资质认定、运行规则、协同机制、新技术应用等方面准备工作，为2019年接管机坪管制业务打下基础。

【服务品质稳步提升】成立了华东地区“民航服务质量体系建设”专项行动领导小组，落实各项举措，督促辖区内各单位深挖痛点、打造亮点，着力提升民航服务品牌。杭州、南京、福州、厦门、青岛等10个机场均已实现国内无纸化便捷出行；稳步推进差异化安检模式试点工作，上海虹桥机场已完成安检运行管理系统平台（SDMS）搭建和自助闸机验证试点，上海浦东等3个机场完成“毫米波人体成像安检设备”第一、二阶段试点；东上航、青岛航等部分机型实现空中接入互联网功能；旅客出行信息告知服务不断改进，机票销售和退改签服务不断规范，行李运输服务水平不断提升，机场餐饮同城同质同价得以实现。

【通航发展态势良好】2018年，辖区新增通用航空活动主体23家，新增在册航空器118架，通航企业共计飞行12.89万小时，同比增长24.9%；起降31.44万架次，同比增长22.3%。华东通航服务中心正式进入试运行；成立无人机运行安全管理领导小组，协调军地、在上海金山区划设空域设立了第2块民用无人机试飞运行基地，并对社会公众开放；出台《民航华东地区无人机物流配送应用试点实施方案》，为江西赣州市南康区无人机物流配送试点项目颁发了国内首张无人机航空运营许可证（据统计，自2018年6月1日开始受理无人机从事经营性活动许可以来，共完成审核、颁发无人机经营许可证1583件）；批准设立江西快线通勤航空有限公司，打造江西省短途运输网络。

【长三角协同发展全面加强】以长三角民航一体化发展为主线，聚焦上海航空枢纽建设，不断完善机场网和航线网，推动协调发展。继续推动长三角民航协同发展，协助民航局开展《长三角民航协同发展战略规划》编制工作，配合民航局与上海市、江苏省、浙江省、安徽省共同签署《关于共同推进长三角地区民航协同发展努力打造长三角世界级机场群合作协议》，提升上海航空枢纽集散功能，继续推动干支航空协同发展。

【浦东机场】2018年中转旅客达887万人，同比增长5.6%，中转率为12%；成为国内首家外航获批开通“通程航班”业务的机场，东航、达美航实现“一票到底、行李直达”的高效便捷通关服务；行李服务方面推出可转换复合值机岛、自助行李投运等新举措；安检方面依托FQS系统和航司动态及时调整保障力量，高峰时段确保旅客排队时间基本控制在20分钟以内；推行出租车智能管理系统，旅客站点等候时长大幅降低，平均等候时间5.5分钟，高峰时段不超过20分钟；货运电子运单覆盖率已达60.6%，同比提升11.2%，出港电子运单量达世界第一。浦东机场荣获首批“上海品牌”认证、ACI“全球（4000万级以上）最佳机场第二名”、ACI“亚太地区（200万级以上）最佳机场第二名”等奖项，并连续5年获民航旅客服务测评（CAPSE）“最佳机场”称号；虹桥机场荣获Skytrax全球机场大奖“中国最佳机场”

等奖项，并连续10年获民航旅客服务测评（CAPSE）国内机场服务第1名。

【虹桥机场】基本实现首位旅客到达行李转盘后，10分钟内出现第一件行李；安检排队时间基本控制在国内14分钟、国际18分钟以内；建设T2蓄车场道闸管理系统及其出租车信息发布系统，有效疏解客流交通方式，常态下排队候车时间基本控制在20分钟以内。

（三）行业管理

【概况】2018年，华东民航共安全飞行347.5万小时，同比增长8%。全年共发生华东责任原因事故征候16起，区内通航一般事故2起，正在调查中的偏出跑道严重不安全事件1起；运输航空严重事故征候万时率0.006，人为原因运输航空一般事故征候万时率0.012。安全运行总体平稳。正确处理安全与发展、安全与效益、安全与正常、安全与服务的关系，安全运行基础进一步夯实。切实加强“三基”建设，细化落实民航局26条措施，抓一线班组建设，抓资质能力建设，抓关键岗位技能，持续推进辖区运输航空公司、机场、空管单位安全管理体系（SMS）效能评估。加大隐患排查整治，以“华东地区航空安全管理工作平台”系统（EASP）为依托，推进安全隐患网络化、全过程监管，共收集各单位上报安全隐患3226项，已整改2990项，整改率92.68%。狠抓空防安全隐患治理和航空安保审计，深入推进空防安全“六严”专项工作和“平安民航”“平安货运”“平安航班”等专项行动；辖区机场公安机关坚决落实“公安严打”要求，严厉打击危害民航运输秩序类违法行为，充分发挥情报信息引领警务功能，积极打造民航安保反恐新机制，确保了空防安全稳定态势。

【改革试点全面推进】坚持统筹兼顾，协同推进，按照民航“1+10+N”总体改革方案，推动各项改革落地见效。扎实推进民航行业监管模式调整改革工作，紧扣执法改革五项重点任务，出台《民航华东地区管理局行业监管模式改革工作实施方案》，基本构建起“有清单、按计划、重依据、全记录”的监管执法流程，依法行政意识和监管效能有效提升，行政相对人安全生产主体责任意识进一步加强。不断深化长三角空域精细化改革，新设12条临时航线、10个等待空域，对合肥、桐庐等日均飞行超千架次的主要拥堵点进行了优化分流，新增苏北地区4条、上海北部3条临时航路，持续提高通行能力，加速飞行流量；同时，采取优化航班放行策略、推动机坪管制移交、提高空管运行效率等措施，不断提高空域使用效率。深入开展行政审批制度改革，在原有“办证大厅”基础上筹建了民航华东地区行政服务中心，以“互联网+政务服务”为引导，秉持综合受理、首问负责、程序公开、服务规范、依法高效、热情周到等原则，进一步提升了行政服务水平、推进政府职能转变和“放管服”各项改革措施落到实处。2018年，共受理办证申请75745件（次），其中线上申请56997件（次），线上受理率达到75.24%，受理、解答各类咨询3846人（次）。完善统一运行改革试点，在巩固东上航统一运行的基础上，启动“航空公司统一运行政策及管控能力”专项研究，持续推进监管方式创新，逐步扩大实施范围；统一运行至今未发生由资源调配导致的运行不安全事件和服务投诉事件。

【新技术应用成效明显】在上海浦东机场实施了中国民航首次IIIA进近；青岛航等10家航空公司具备EFB运行能力并不断完善功能，实现驾驶舱无纸化；组织制定《华东地区全面实施ADS-B运行工作方案》；组织完成GBAS设备的第一、二次飞行测试。在机场保障新技术领域，完成杭州等3个机场协同决策（A-CDM）系统的建设评估工作，在合肥、南通机场开展仪表着陆系统（ILS）校验周期调整试点工作，开展了机场高级场面活动引导控制系统（A-SMGCS）相关技术的研究。

【基础建设提质增速】 全面推进“十三五”规划实施，围绕建设“平安、绿色、智慧、人文”机场要求，加快基础设施建设步伐。华东局全年共批复机场、空管项目13个，批复总投资2.8亿元，补助民航发展基金1.82亿元，有力促进了辖区民航基础设施建设；重大基建项目顺利推进，浦东机场三期扩建工程卫星厅建筑安装基本完工；虹桥机场1号航站楼改造完工并投入使用，成为目前国内自助流程比例最高的航站楼；顺利推进青岛新机场工程建设，航站区结构性施工已基本完成，飞行区实现东西跑道全面贯通。审查验收方面，完成机场使用许可证换证变更初审3个、通用机场场址审查24个，机场总体规划审批2个，工程初步设计审查43个，工程行业验收18个。

【开展ARJ21-700质量体系复查】 6月11日—14日，华东局组织对中国商飞公司开展了ARJ21-700型飞机生产许可证（PC）颁发后的首次质量体系全面复查。民航局适航审定司，华北局、东北局、中南局、西南局、西北局，民航管理干部学院相关适航专家受邀参加了审查活动。经过为期四天的评审，中国商飞公司ARJ21-700型飞机生产质量体系表现出良好的运转状态。同时，对于发现的问题，中国商飞公司表示将举一反三、尽快落实整改，以点带面地完善生产质量体系，保证飞机的交付质量。

【组织黄山机场公共RNP AR飞行程序验证试飞】8月10日，华东局组织安徽监管局、东航、华东空管局、安徽空管分局、安徽民航机场集团公司、黄山机场、航科院等单位，使用东航A320型飞机，成功实施了对黄山机场公共RNP AR飞行程序的验证试飞。

【金山民用无人机试飞运行基地揭牌启用】8月30日，华东局局长蒋怀宇与上海金山区区委书记赵卫星共同为位于上海金山的民用无人机试飞运行基地（HD-SH-002）揭牌，标志着国内第二家民用无人机试飞运行基地正式揭牌启用。

（孙越）

【上海与日本福冈启用新的管制中心协议】自12月5日零时（北京时）起，上海区域管制中心与日本福冈区域管制中心启用新的管制中心协议，该协议缩小了中日福江走廊内由中方移交给日方的同高度平飞间隔，即：中日双方均使用同高度20海里的移交间隔。新协议的使用将大大提高高度的利用率，为中日双方提高运行效率起到重要作用。

【浦东国际机场航空器机坪运行管理工作移交上海机场股份有限公司】1月4日，华东空管局和上海机场股份有限公司举行了浦东机场机坪管制移交仪式。华东空管局局长余波与机场股份公司总经理胡稚鸿现场签订了《浦东国际机场机坪运行管理移交协议》。自2018年1月19日零时（北京时）起，华东空管局将浦东国际机场航空器机坪运行管理工作正式移交给上海机场股份有限公司。

（黄亦萍）

（四）航空公司

【东方航空】2018年，中国东方航空股份有限公司的旅客运输量为 1.13亿人次，同比增长 9.46%；货邮运输量为 88.46 万吨，同比增长 2.11 %。该公司在上海地区的旅客运输量为 4742.22 万人次，其中，国内旅客运输量为 3423.21 万人次，国际旅客运输量为 1072.79 万人次，地区旅客运输量为 246.22 万人次；在上海地区的货邮运输量为 49.25 万吨，其中，国内货邮运输量为 25.96 万吨，国际货邮运输量为 20.87 万吨，地区货邮运输量为 2.43 万吨；截至 2018 年底，该公司拥有飞机 631 架，全年平均客座率为 82.13 %。

【东航成为国内首家机上使用便携式电子设备航司】1 月 18 日 00:16，东航 MU553 航班从上海浦东起飞，该航班成为中国民航历史上首个正式公告全程允许使用智能手机等便携式设备的航班。根据中国民航局《大型飞机公共航空运输承运人运行合格审定规则》第五次修订、《机上便携式电子设备（PED）使用评估指南》相关要求，东航制定并发布《东航机上便携式电子设备（PED）使用规范》。1 月 18 日起，东航旅客可在飞行全程中使用具有飞行模式的移动电话（智能手机）和规定尺寸内的便携式电脑或平板电脑、电子书、视 / 音频播放机和电子游戏机等小型 PED 设备，但须打开手机飞行模式，关闭蜂窝移动通信功能。而不具备飞行模式的移动电话等设备，在空中仍然被禁止使用。此外，超过规定尺寸的便携式电脑、PAD 等大型 PED 设备仅可在飞机巡航阶段使用，在飞机滑行、起飞、下降和着陆等飞行关键阶段禁止使用。

【东航韩国营业部完成 2018 年志愿军遗骸包机保障任务】3 月 28 日，中韩双方在韩国仁川国际机场庄严举行第五批在韩中国人民志愿军烈士遗骸交接仪式。中韩双方代表现场签署交接书，确认交接 20 位中国人民志愿军烈士遗骸及相关遗物。该志愿军遗骸包机地面保障任务和协调工作是东航第五次承办，在东航各部门全力支持下完成包机保障任务。

【东航发布国内首部《空中医疗急救手册》】4 月 18 日，东航发布国内首部《空中医疗急救手册》。《空中医疗急救手册》是空中救治指南，共分为九个章节，按照医疗病症划分，详细描述各类常见病症的表征、救助方法、用药指导等，并引用大量机上实际发生的典型案例，为紧急救援提供专业性的判断、援助与支持，有效提升空中急救的规范性、科学性、实用性。（陈楚芸）

【东航与全国民航公安大数据战训中心签署战略合作协议】6 月 20 日，东航与全国民航公安大数据战训中心签署民航空地协作一体化战略合作协议，建立空地情报信息数据交互机制，推进航空安保信息化建设应用，为东航进一步提升航空安保水平奠定坚实基础。根据协议，东航将与全国民航公安大数据战训中心共同建立信息传输专线，在航班关键节点，根据战训中心提供的信息有针对性地开展地面和空中安全保卫工作。

【东航举办海峡两岸直航十周年庆活动】2008 年，海峡两岸开通直航，东航成为首个在中国台湾获批准设立办事处的大陆航空公司。7 月 4 日，东航在上海浦东国际机场 1 号航站楼举办以“两岸一线，十年同行”为主题的海峡两岸直航十周年庆活动。东航每周往返台湾地区航班已达 202 班，是往返两岸航班最密集的大陆航空公司。为方便两岸旅客通行，十年来，东航在大陆地区共开通 19 个通航点，覆盖虹桥、浦东、西安、昆明、常州、南京、无锡、宁波、南昌、合肥、青岛、太原、武汉、银川、兰州、淮安、丽江、西宁、黄山等城市，年承运旅客超过 150 万人次，执行航班超过 9000 班。每周单向 101 班飞往台湾地区的四个通航点，往返共 202 班。

【东航宣布引进两家战略投资者】7月10日，东航宣布重大资本项目，将向均瑶集团及吉祥航空合计发行不超过“1，342，465，753”A股，向吉祥航空及/或其指定的控股子公司发行不超过“517，677，777”H股，向中国国有企业结构调整基金发行不超过“273，972，602”A股。本次资本项目的募集资金将主要用于引进B787、A350等先进机型，以扩大东航机队规模、优化机队结构，增强主营业务的核心竞争力。

（陈楚芸）

【中国货运航空】2018年，中国货运航空有限公司的货邮运输量为144.4万吨，同比增加0.32%。该公司在上海地区的货邮运输量为72.6万吨，其中，国内货邮运输量为8.89万吨，国际（地区）货邮运输量为63.71万吨；截至2018年底，该公司共开通航线13条，其中地区航线2条，国际航线11条，拥有飞机9架。

【金鹏航空】2018年，金鹏航空股份航空公司的旅客运输量为232.52万人次，同比增长58%；货邮运输量为15.04万吨，同比减少7%。该公司在上海地区的旅客运输量为49.83万人次，其中，国内旅客运输量为49.83万人次，国际（地区）旅客运输量为0万人次；在上海地区的货邮运输量为6.39万吨，其中，国内货邮运输量为4.37万吨，国际（地区）货邮运输量为2.02万吨。截至2018年底，该公司共开通航线64条，拥有飞机26架，全年平均客座率为92%。

【吉祥航空】2018年，吉祥航空的旅客运输量为1504.55万人次，同比增长10.13%；货邮运输量为7.21万吨，同比增长6.21%。公司在上海虹桥机场的旅客运输量为397.58万人次，其中，国内旅客运输量为398.09万人次，国际（地区）旅客运输量为0.05万人次；在上海浦东机场的旅客运输量为573.8万人次，其中，国内旅客运输量为422.75万人次，国际（地区）旅客运输量为151.05万人次。公司在上海虹桥机场的货邮运输量为30552.83万吨，其中，国内货邮运输量为30549.99万吨，国际（地区）货邮运输量为2.84万吨；在上海浦东机场的货邮运输量为25254.91万吨，其中，国内货邮运输量为20708.42万吨，国际（地区）货邮运输量为4546.49万吨。截至2018年底，公司共开通航线161条，拥有飞机73架，全年平均客座率为84.99%。

【吉祥航空新引进首架B787飞机】2018年10月，吉祥航空新引进首架B787飞机，并顺利通过B787补充运行合格审定、IOSA（国际航协运行安全审计），当月26日实现虹桥—深圳首飞，率先成为第一个引进宽体客机、第一个飞洲际航线的民营航空公司；并针对该机型全面推广以“梦旅生花，全心起程”为主题的787全球化品牌传播，打造更具国际化、专业化的吉祥特色品牌形象。

（马俊）

【春秋航空】2018年，春秋航空公司的旅客运输量为1952.34万人次，同比增长13.71%。货邮运输量为5.84万吨，同比增长15.92%。该公司在上海地区的旅客运输量为1002.85万人次，其中，国内旅客运输量为712.79万人次，国际（地区）旅客运输量为290.06万人次；在上海地区的货邮运输量为3.57万吨，其中，国内货邮运输量为3.16万吨，国际（地区）货邮运输量为0.41万吨。截至2018年底，该公司共开通航线230条，拥有飞机81架，全年平均客座率为88.99%。

2018年基地设在上海的航空公司基本情况

航空公司	东方航空（包括上航、中联航）	中货航	春秋航空	吉祥航空	金鹏航空
旅客运输量（万人次）	1.21	—	1952.34	1504.55	232.52
比上年增长（%）	9.37	—	13.71	10.13	58
在上海地区（万人次）	4839.18	—	1002.85	971.38	49.83
占上海民航两个机场旅客吞吐量（%）	40.9	—	8.52	8.2	0.42
货邮运输量（万吨）	91.51	144.4	5.84	7.21	15.04
比上年增长（%）	2.33	0.32	15.92	6.11	−7
在上海地区（万吨）	49.61	72.6	3.57	5.58	6.39
占上海两个机场货邮吞吐量（%）	11.8	17.39	0.86	1.32	1.53
航线（条）	1120	13	230	161	64
拥有飞机（架）	680	9	81	73	26
年平均客座率（%）	82.29	—	88.99	84.99	92

说明：1. 航线条数按照民航局航权进行统计，即航线A—B—C与航线A—B、B—C、A—C各统计为1条。
2. 虹桥、浦东统计为同一始发机场。
3. 来回程统计为1条航线。

2018年上海新开通的部分国内航线

航空公司	航 线	开通日期	航班号	机型	出发机场	班 期
上海航空	上海虹桥—信阳—重庆	2018/10/28	FM 9267	738	虹桥机场	每日
吉祥航空	上海虹桥—遵义	2018/3/25	HO1079、1080	A320/A321	虹桥机场	春运/暑运、正班航班班期非固定
吉祥航空	上海浦东—青岛—长春	2018/6/28	HO1663、1664	A320/A321	浦东机场	春运/暑运、正班航班班期非固定
吉祥航空	上海虹桥—遵义	2018/3/25	HO1079、1080	A320/A321	虹桥机场	春运/暑运、正班航班班期非固定
金鹏航空	上海浦东—泉州（客运）	2018/10/28	Y87513/14	737-800	浦东机场	周二、四、六
金鹏航空	上海浦东—武汉（客运）	2018/10/28	Y87505/06	737-800	浦东机场	每日
金鹏航空	上海浦东—海口（客运）	2018/10/28	Y87511/12	737-800	浦东机场	每日
金鹏航空	上海浦东—武汉（客运）	2018/10/28	Y87913/14	737-300	浦东机场	周二、三、四、五、六

2018年上海新开通的部分国际及港澳台地区航线

航空公司	航 线	开通日期	航班号	机 型	出发机场	班 期
东方航空	浦东—西安—圣彼得堡	2018/5/2	MU 257	332	浦东机场	周三、五
东方航空	浦东—斯德哥尔摩	2018/6/16	MU 289	332	浦东机场	周二、四、六、日
东方航空	浦东—迪拜	2018/9/17	MU 245	332	浦东机场	周一、三、五、日
东方航空	浦东—伦敦盖特威克	2018/12/7	MU 201	332	浦东机场	周二、五、日
中货航	浦东—法兰克福—浦东	2018/3/21	CK211/2	77F	浦东机场	周三、日
春秋航空	上海—揭阳—曼谷	2018/01/19	9C8871/9C8872	A320	浦东机场	每日
春秋航空	上海—揭阳—普吉	2018/03/29	9C8871/9C8872	A320	浦东机场	周二、四、六
金鹏航空	浦东—郑州—阿姆斯特丹—合肥—浦东	2018/3/6	Y87440/7999	747-400	浦东机场	周二
金鹏航空	上海浦东—郑州—安克雷奇—芝加哥—哈利法克斯—安克雷奇—合肥—上海浦东	2018/5/15	Y87456/7997	747-400	浦东机场	周五
金鹏航空	浦东—郑州—安克雷奇—芝加哥—安克雷奇—长沙—浦东	2018/5/31	Y87428/7998	747-400	浦东机场	周四
金鹏航空	浦东—西安—阿姆斯特丹—武汉—西安	2018/5/17	Y87411/7996	747-400	浦东机场	周四

2018年上海取消的部分国内航线

航空公司	航 线	取消日期	航班号（2016年）	出发机场
吉祥航空	上海浦东—珠海	2017.2.22	HO1065、1066	浦东机场
吉祥航空	上海浦东—武汉—丽江	2017.10.29	HO1073、1074	浦东机场

2018年上海取消的部分国际及港澳台地区航线

航空公司	航 线	取消日期	航班号	出发机场
东方航空	浦东—旭川		MU 283	浦东机场
中货航	浦东—达卡—郑州—浦东	2017/10/22	CK297/8	浦东机场
吉祥航空	上海浦东—福冈	2018/3/26	HO1389、1390	浦东机场
吉祥航空	福州—上海浦东—名古屋	2018/3/26	HO1387、1388	浦东机场
春秋航空	上海—旭川	2018/3/24	9C8571/2	浦东机场
金鹏航空	浦东—安克雷奇—芝加哥—布鲁塞尔—慕尼黑—天津—浦东	2018/2/1	Y87485/86/88	浦东机场
金鹏航空	浦东—郑州—阿姆斯特丹—慕尼黑—天津—浦东	2018/5/30	Y87481/51/52/53/54	浦东机场
金鹏航空	西安—浦东—安克雷奇—芝加哥—安克雷奇—天津—浦东	2018/12/30	Y87477/92	西安机场

PART NINE X

邮政事业

POSTAL MANAGEMENT

- 综述
- 规划和政策
- 邮政建设
- 普遍服务
- 快递服务
- 精神文明和科技文化

（一）综述

2018年，上海市邮政管理局以习近平新时代中国特色社会主义思想为引领，深入贯彻落实党的十九大和十九届二中、三中全会精神，认真学习习近平总书记系列重要讲话精神，以国家邮政局年度工作的总体部署和要求为依据，牢牢把握稳中求进工作总基调，牢固树立“四个意识”，坚定“四个自信”，做到“两个维护”，坚决落实“四个全面”与“五位一体”总体布局，聚焦短板弱项全面打好三大攻坚战，切实推动行业持续健康发展，全年完成59项主要工作任务，取得明显工作成效。

2018年，全市邮政企业和快递服务企业业务收入（不包括邮政储蓄银行直接营业收入）累计完成1090.0亿元，同比增长16.5%；业务总量累计完成820.6亿元，同比增长15.3%。全年快递业务量累计完成34.9亿件，同比增长11.9%；快递业务收入累计完成1020.3亿元，同比增长17.4%。邮政普遍服务和快递服务满意度稳中有升。邮政业在上海经济社会发展中的作用不断发挥，为上海建设卓越的全球城市和具有世界影响力的社会主义现代化国际大都市做出了积极贡献。

（二）规划和政策

【概况】2018年，上海市邮政管理局积极开展规划编制和评估工作。印发实施《上海市快递设施专项规划（2017—2035年）》。组织开展《上海市邮政业“十三五”发展规划》和《长江三角洲地区快递服务发展“十三五”规划》中期评估，形成评估报告。

完善行业政策体系建设。贯彻落实《国务院办公厅关于推进电子商务与快递物流协同发展的意见》，组织召开上海市政府部门、电子商务企业和快递企业等多层次工作座谈会。会同上海市商务委编制《上海市政府办公厅关于推进电子商务与快递物流协同发展的意见》。会同上海市发改委编制《关于本市推进物流降本增效促进实体经济发展的实施意见》，“邮政快递车辆临时停靠”“改善快递服务最后一公里”“提升快递绿色包装”等多项内容纳入文件。加快推进快递末端网络建设，将快递末端工作纳入《2018年电子商务重点工作》；实地调研海事大学等快递服务中心、金轮椅快递服务站等特色末端网点，摸底快递企业发展动态，推进快递业末端投递体系和网点标准化建设；积极推动《关于推进快递服务进校园工作的指导意见》，争取联合发文；对接市住建委，参与《住宅设计标准》（草案）的修订工作，组织企业座谈并收集意见，提出智能快件箱与新建小区同步建设等相关建议。

【开展邮政业“十三五”规划评估工作】2018年4月23日，上海市邮政管理局组织召开上海市邮政业“十三五”规划中期评估工作动员部署会。会议提出了四点要求：一是要认真做好对标对表工作。二是要认真分析研判发展形势。三是要认真组织开展评估工作。四是要认真把握时间节点要求。

【上海市快递设施专项规划（2017-2035年）正式发布】作为《上海城市总体规划（2017—2035年）》的专项规划之一，《上海市快递设施专项规划（2017—2035年）》（以下简称《规划》）立足上海市快递业发展实际，分2020年、2035年以及2050年三个阶段，对上海市快递基础网络近期发展目标和远期发展愿景进行了展望，对快递设施体系和空间布局进行了规划，明确了未来一段时期内上海市快递设施建设发展的方向和路径。《规划》分为五个部分：规划背景与目的、发展现状与趋势、指导思想、总体思路与规划目标、设施体系与空间布局和规划实施保障措施。

【开展快递网点调研推进末端标准体系建设】2018年1月16日，上海邮政管理局副局长余洪伟带队到上海海事大学快递服务中心调研。调研组详细察看了服务中心的功能布局、设备配置和信息系统配置等情况，听取了网点运营情况的汇报。调研过程中，余洪伟副局长指出：一是要加大调查研究，摸清末端服务站的设置配置和服务水平等实际情况，为标准制订打好基础；二是加快"1+1+N"快递末端标准体系建设，充分发挥标准引领作用；三是积极对接相关委办局，优化末端服务政策环境，联合出台支持快递末端发展的有关政策文件。上海市邮政管理局政策法规处负责人、市标准化研究院和海事大学后勤处有关负责同志参加了调研。

【召开推进电子商务与快递物流协同发展工作座谈会】2018年3月16日，上海市邮政管理局会同市商委召开电子商务与快递物流协同发展工作座谈会，进一步贯彻落实《国务院办公厅关于推进电子商务与快递物流协同发展的意见》（以下简称《意见》），做好《上海市推进电子商务与快递物流协同发展的实施方案》（以下简称《实施方案》）制定准备工作。会议听取了参会企业就贯彻落实《意见》，制定《实施方案》有关建议与意见，深入讨论了本市快递行业车辆通行、末端配送、分拨中心建设，以及与电商之间信息不共享等方面存在的亟待解决的问题及相关措施。会议指出，《实施方案》的制定要聚焦上述问题，切实解决电子商务与快递物流协同发展面临的突出问题，进一步补齐本市快递业发展短板，促进快递业与电子商务协同发展、高质量发展。

【上海市政府大力支持跨境电商与邮政业协同发展】2018年6月，上海市跨境电商工作领导小组办公室正式印发《上海市跨境电商发展2018年工作要点》，进一步支持跨境电商与邮政业协同发展。《工作要点》指出：一要拓展监管创新业务；二要强化跨境电商发展动态分析监测；三要进一步完善工作推进机制。上海市邮政管理局将结合上海邮政快递国际枢纽中心建设，持续完善跨境电子商务与邮政业协同发展政策措施，进一步提升上海国际邮件、快件运输的便利性和连通性，更好地服务"一带一路"和自由贸易港建设，为地方经济社会发展做出新贡献。

【上海电商快递协同发展被纳入上海市电子商务重点工作】2018年6月，上海市电子商务发展联席会议召开，会上发布了《2017年上海市电子商务报告》。会议明确了《2018年上海市电子商务工作要点》，将"推进电子商务与物流快递协同发展"纳入2018年上海市电子商务重点工作，并细化了相关举措。在工作任务分工中，将上海市邮政管理局作为推进电子商务与物流快递协同发展的主要责任部门，作为打造跨境电商"上海购物"全球品牌，切实推进跨境综试区建设工作的责任部门之一。

【《上海市贯彻〈国务院办公厅关于推进电子商务与快递物流协同发展的意见〉的实施意见》获市政府常务会审议通过】上海市邮政管理局联合市商务委等部门共同制定了《上海市贯彻〈国务院办公厅关于推进电子商务与快递物流协同发展的意见〉的实施意见（送审稿）》，于12月10日通过上海市政府常务会议审议。会议强调，文件出台后，各相关部门要抓好意见的贯彻落实。一是推动电商快递基础设施合理化布局，进一步提升集约水平；二是推动电商快递智能化发展，进一步提升协同水平；三是推动电商快递绿色化运营，进一步提升环保水平；四是推动电商快递标准化建设，进一步提升规范运营水平；五是推动电商快递便利化服务，进一步优化营商环境。

（三）邮政建设

【概况】2018年，上海市邮政分公司以中国邮政全程全网寄递服务和普服网点对外服务为基础，不断加大普邮网络建设投入，以适应上海地方经济发展趋势和社会用户用邮需求变化趋势。上海浦东邮件处理二期土建工程及北楼二期工艺改造工程完成初步验收并投产使用，其中二期土建工程获评上海市建设工程“白玉兰”奖（市优质工程）。上海浦东邮件处理中心（南楼）同城分拨中心、沪太路大仓报刊分发处理场地建设完毕，如期交付生产作业。上海国际邮件互换局场地改造及分拣机安装工程基本完工。启动57处网点的装修改造立项工作，至年底，完成47个项目；8个代理金融网点迁址开业。

【浦东邮件处理中心双层分拣机工程通过初验】2018年11月8日，上海浦东邮件处理中心（北楼）二期工艺改造工程通过中国邮政集团公司的初验，分拣效率、差错率、线速度等主要指标均符合标准，正式交付上海邮区中心局使用。工程于2017年10月启动，双层分拣机位于浦东邮件处理中心北楼南侧，上下总长约811米，含29个供包台、1352个托盘小车、209个格口。工程投产后，浦东邮件处理中心处理能力提升至90万件/天。

【启动上海国际互换局搬迁工程】2018年9月，中国邮政集团公司上海市寄递事业部成立后，为确保国际邮件生产作业平稳运行，在充分整合邮政、速递资源的基础上，上海邮政分公司决定将上海国际邮件互换局搬迁至沪太路841号内，将国际邮件报关报验大厅搬迁至沪太路沿街两层房屋及生产主楼1楼西面场地。年内，先后完成浦东邮件处理中心（南楼）同城分拨中心装修工程和沪太路大仓报刊分发处理场地装修工程，并在集团公司支持下，实施上海国际邮件互换局场地改造工程和上海国际邮件互换局分拣机安装工程以及与之对应调整的相关工程，实体项目于年底前完成。

（四）普遍服务

【概况】2018年，上海市邮政管理局积极推进邮政普遍服务和特殊服务，完善邮政普遍服务保障体系建设，加强邮政审批监管和社会监督，提高整体安全保障能力和服务水平。

推进完善邮政普遍服务保障体系。2018年，上海市邮政管理局积极推动大型居住社区邮政服务网点规划建设工作。指导企业完成周泰路邮政支局、崧泉路邮政支局两处大型居住社区配套邮政设施的回购工作。积极推动邮政企业加强农村电商服务平台建设。与市大数据中心签署合作协议，推进“政务+邮政”服务和建设。上海市邮政分公司积极推动智能信包箱的建设，加强智能信包箱柜（易邮柜）的推广应用和科学管理，截至2018年底全市共有智能信包箱756组。

加强审批和监管，提升邮政普遍服务质量。2018年，上海市邮政管理局累计收到上海市邮政企业撤销邮政普遍服务营业场所的申请6个，受理6个，批复准予撤销6个。未收到上海市非邮企业申请经营邮政通信业务和邮政企业停止办理的邮政普遍服务和特殊服务的申请。累计收到上海市邮政企业提交的备案材料115份，其中受理邮政企业暂时停止办理或者限制办理邮政普遍服务业务和特殊服务备案51份；邮政企业邮政营业场所信息变更登记备案60份，新增邮政营业场所备案4份。

2018年，上海市邮政管理局严格按照“双随机、一公开”执法要求，全面开展监督检查，全年共检查16个区，共出检915人次，实地检查邮政普遍服务营业场所382处。要求邮政企业上报上海市邮政专用标志车辆的更新情况，黄浦、宝山、青浦、奉贤邮政管理局开展了邮政专用标志车辆监督检查。开展经营邮政通信业务合规监督。开展无法投递又无法退回邮件处理情况监销工作。全年开展无法投递又无法退回邮件处理监督销毁3次，共监督销毁27241件平常信件和平常印刷品，6346件挂号信件和挂号印刷品。开展首届进博会期间安全检查。全年共对邮政企业下达责令改正通知书14份，行政处罚2起，处罚金额共计6万元。

创新方式加强邮政普遍服务社会监督。2018年，上海市邮政管理局按照国家邮政局的要求，以“统一管理、分类指导、综合使用”的原则开展了邮政特邀监督员的选聘调整工作，新聘监督员16名，续聘监督员10名，全市共有邮政特邀监督员26名，区覆盖率达100%。2018年共开展社会监督819人次，反馈监督报告849份，走访用户1666人，监督邮政服务网点760个次，未反馈问题。

【做好新版社保卡换发工作】上海市社会保障卡服务中心于2018年正式启动新版社会保障卡试点换发相关工作。邮储银行上海分行入围11家发卡银行，上海邮政分公司380个储蓄网点成为新版社保卡代发点。为让申领人“不出家门”就能领到新卡，2018年6月，经政府部门审核通过后，上海邮政分公司与上海市社会保障卡服务中心及11家发卡银行签订合作协议，于3年内完成近2400万张新版社保卡的同城投递工作。

【开展平常邮件质量大提升活动】2018年6月，上海邮政分公司启动平常邮件质量大提升活动，明确“七必须、七严禁”总体要求和“九项具体指标”，围绕平邮质量组织管理、营业/网运/投递“三大”环节管理、寄递质量专项测试等五方面进行督查整治。经中国邮政集团公司对上海邮政分公司的专项验收检查，未发现存在较大隐患和问题，基本实现活动预期目标。

【配合开展全国“扫黄打非”专项行动第一次督查】2018年6月21日—22日，上海市邮政管理局积极配合全国“扫黄打非”办公室联合中央有关部门组成的第二督导检查组在上海开展专项行动第一次督导检查。督查组采取明察暗访、实地检查等多种检查方式，实地检查了本市多家邮政、快递企业，随机抽查寄递渠道落实收寄验视、实名收寄、过机安检制度以及推广“画像法”等情况。上海市邮政管理局高度重视、靠前指挥，前期即对照督查重点，立足促进查漏补缺、强化监管，提前部署抓工作落实，并对本市邮政、快递企业提出三点具体要求。

【推广绿色包装工程】2018年8月，中国邮政正式启动绿色邮政建设行动，上海邮政分公司积极响应号召，推进绿色包装工程，创新打造绿色主题邮局，并于9月9日至10月9日开展“绿色行动”主题宣传月活动。全市邮政网点推出邮政1–6号新标准箱（也称“轻装箱”），平均减重20%，耗材更低碳环保；并推广使用45mm窄胶带，通过一字形、十字形和井字形等科学封装方式，减少胶带使用量。同时，上海作为全国首批试点省份，在6个指定网点推广使用可循环包装箱（也称“环邮箱”），每个“环邮箱”可重复使用10次以上，破损后还能回收再造，真正实现零胶带和零新增纸箱。

【沪粤“扫黄打非”办公室联合调研上海市“扫黄打非”工作】2018年9月26日，上海市、广东省“扫黄打非”办组成调研组前往上海市邮政分公司进行调研。上海市邮政分公司有关负责人汇报了本市邮政企业“扫黄打非”的主要做法。调研组听取汇报后，来到四川路桥邮政支局营业窗口进行实地调研并对上海市邮政分公司“扫黄打非”邮政图书报刊销售管理进行了检查。

【服务进博会】2018年11月5—10日，首届中国国际进口博览会在国家会展中心（上海）举行。上海邮政分公司组织业务、安保、质检等部门人员共同参与，对口督导各区分公司严格执行大宗协议客户邮件收寄、营业窗口收寄和监封验视要求，确保实名收寄、收寄验视、过机安检三项安全管理制度，严防不法分子利用邮政寄递渠道实施危及安全的犯罪行为，严防违规收寄各类禁限寄物品导致重大寄递安全事件发生。为更好地服务进博会，上海邮政分公司在首届进博会场馆内设置9个网点，派出60余名工作人员，现场提供邮品销售和邮件寄递服务。此外，由于“进博会”期间国家会展中心（上海）周边地区2公里道路实行机动车限行、禁行，给相应范围内的邮路投递工作带来影响，作为所在地的青浦区徐泾邮政支局，为确保相关区域内普邮投递不受影响，重新调整投递路线、安排班务，将原来的摩托车投递改为步班投递，并在兄弟支局党支部的大力支持下，组建一支以党员为骨干的应急投递小组，确保当班进口邮件保质保量保时限送达。

【组织开展《改革开放四十周年》纪念邮票销售专项监督检查】2018年12月18日，上海市邮政管理局根据国家邮政局的统一部署，召开专题会议，落实重点题材邮票监督检查要求，下发关于开展《改革开放四十周年》纪念邮票销售服务专项监督检查工作的通知，要求邮政企业必须按照通知规定认真做好销售工作，并积极组织各管理局和邮政特邀监督员对《改革开放四十周年》纪念邮票发行销售情况进行监督检查。检查人员通过调阅出、入库账单，重点核查零售计划与实际销售是否相同，检查了网点邮票销售信息公布等情况，询问了集邮爱好者对邮票供应量、服务态度、环境秩序、印制质量的评价。

【市邮政管理局走进“政风行风热线”直播间】2018年3月和12月上海市邮政管理局两次做客上海市人民广播电台“政风行风热线”节目，介绍上海邮政业政风行风建设情况，积极回应百姓诉求。

（五）快递服务

【概况】2018年，上海市邮政行业业务收入（不包括邮政储蓄银行直接营业收入）累计完成1090.0亿元，同比增长16.5%；业务总量累计完成820.6亿元，同比增长15.3%。其中，快递企业业务量累计完成348648.8万件，同比增长11.92%；业务收入累计完成1020.28亿元，同比增长17.42%。

【联邦快递上海国际快件和货运中心在上海浦东国际机场举行启用仪式】2018年1月8日，联邦快递上海国际快件和货运中心在上海浦东国际机场举行启用仪式，建成投用的联邦快递上海国际快件和货运中心，投资超1亿美元，总占地面积13.4万平方米，是浦东机场内占地面积最大、设施最先进的国际快件中心，内专设海关和出入境检验检疫办公专区，简化操作程序，极大提速清关流程。至此，国际快递货运三大集成商（Fedex、UPS、DHL）均已在浦东机场设立了专属的国际级转运中心。

【开展全国“两会”期间安全专项双随机夜查】2018年3月1日夜间，上海市邮政管理局组织3个执法检查组，分赴邮政分公司、申通、韵达、顺丰、中通、圆通等总部型快递企业处理中心，开展随机交叉夜间检查。各执法检查组详细了解企业发往北京和新疆方向快件安全保障工作的落实情况，现场检查企业安检作业场地，并调看处理中心的监控录像；对发往北京和新疆的邮（快）件进行随机抽查，重点检查是否实名收寄，是否严格执行收寄验视制度，是否过机安检等三项安全管理制度落实情况，以及“扫黄打非”执行情况、员工安全生产教育培训、突发事件应急等方面的相关工作。同时，检查组对邮政、快递企业“两会”期间寄递安全保障工作提出四点要求。

【申通快递与中车城市交通有限公司签订战略合作协议】2018年5月30日，在国家邮政局指导、中国快递协会主办的2018中国快递行业（国际）发展大会上，申通快递股份有限公司董事、副总裁邹建生现场与中车城市交通有限公司副总经理郑斌签订战略合作协议，双方将在智能物流产业基地、产业基金、供应链、新能源物流车方面展开协作，这将为申通快递未来发展注入强劲动能。除了中车项目，申通快递还携手9家快递企业与菜鸟网络签订战略合作协议，共同推进行业转型升级、跨越发展。

【中通快递与阿里巴巴、菜鸟达成战略合作协议】2018年5月29日，中通快递与阿里巴巴、菜鸟网络宣布达成战略合作协议，共同探索新物流机遇，推动行业数字化升级。6月7日，中通快递增资菜鸟驿站。

【中通快递与土耳其航空、太平洋航空签约成立合资公司】2018年6月11日，中通国际与土耳其航空、太平洋航空签约，宣布将成立合资公司。10月17日，中通快递柬埔寨公司宣布正式进入柬埔寨本土快递市场。

【圆通速递对转运中心自动化设施设备进行升级改造】2018年，圆通速递与菜鸟网络合作的超级机器人分拨中心启动，日分拣能力可达50万件。

【圆通速递加快海外网络布局】2018年，圆通速递与菜鸟、中国航空在香港联合投建百亿级物流枢纽，为全球72小时必达的物流网络提供有力支撑；战略控股中欧班列中效益最好的“义新欧”班列，并首发驶往俄罗斯的“圆通号”中欧班列，11月“义新欧”班列还被写入《中华人民共和国和西班牙王国关于加强新时期全面战略伙伴关系的联合声明》；正式启动欧洲捷克站货运场项目；在嘉兴建立全球航空物流枢纽；同时，圆通速递浙江总部暨义乌智创园项目也已正式启动。

【开展中非合作论坛安全随机夜查】2018年8月30日夜间，上海市邮政管理局会同市安监办组织2个执法检查组，分赴本市百世、速尔等总部型快递企业处理中心，开展安全专项随机夜查。执法检查组详细了解企业发往北京地区快件安全保障工作的落实情况，现场检查企业安检作业场地，并查看处理中心的监控录像；对发往北京地区的快件进行随机抽查，重点检查是否实名收寄，是否严格执行收寄验视制度，是否过机安检等三项安全管理制度落实情况，以及“扫黄打非”执行情况、员工安全生产教育培训、突发事件应急等方面的相关工作。

【2018中国快递论坛在沪召开】2018年9月13日，2018中国快递论坛在上海召开，以“新时代、新梦想、新征程、新作为——快递让生活更美好”为主题，旨在以习近平

新时代中国特色社会主义思想为指引，聚焦进一步推动快递业转型升级、提质增效、创新发展。国家邮政局局长马军胜、上海市副市长时光辉、中国快递协会会长高宏峰出席会议并致辞。

【签署“一网通办”统一物流平台合作协议】2018年9月21日，上海市邮政管理局与市大数据中心签署合作协议，推进“快递+政务”服务和建设，通过快递服务优化行政审批业务流程，减少送达时间，助力解决政务服务的“堵点”和“痛点”，为群众和企业到政府办事提供安全、便捷、省心的服务。国家邮政局副局长刘君、上海市常务副市长周波出席签约仪式。上海市邮政管理局副局长余洪伟、大数据中心主任朱宗尧分别代表上海市邮政管理局和大数据中心签署协议。

【推进轨交区域寄递安全工作】2018年9月28日下午，上海市邮政管理局会同轨道交通公安部门召开安全工作会议，部署寄递渠道相关安全管理工作。会议要求各相关快递企业树立“严格查控保安全”理念，落实“最严标准、最强措施”的要求，严格执行收寄验视和实名制登记制度，遵守轨道交通的各项安全管理规定，全力保障寄递物品在轨道交通区域流通过程中的绝对安全和规范有序。上海市邮政管理局会同轨交公安共同和与会企业代表现场签订了《轨交区域寄递安全责任承诺书》，切实落实企业安全生产主体责任。

【进博会寄递渠道安全保障工作】2018年10月30日，上海市邮政管理局组织召开了首届进博会寄递渠道安全保障再动员暨快递业务旺季服务保障部署会。会议传达学习了国家邮政局、公安部、国家安全部联合印发的《关于加强首届中国国际进口博览会期间寄递物品安全管理的通告》和市政法委、市交通委有关会议和文件精神，指出各管理局要加强首届进博会期间寄递渠道安全监管工作，各企业要认真落实企业安全管理主体责任，确保首届进博会期间寄递行业安全生产工作，要自觉遵守交通法规，自觉维护进博会期间道路交通秩序；会议解读了上海市《2018年快递业务旺季服务保障工作方案》。10月31日夜间，上海市邮政管理局同市安监办组织6个执法检查组，分赴本市12家总部型快递企业处理中心，开展安全专项随机夜查。

【督导“双11”安全服务保障工作】2018年11月11日深夜，上海市邮政管理局局长夏颐和副局长周德刚率领的督导组兵分两路，先后赴申通、韵达、中通、圆通、邮政分公司、百世、优速、国通等企业，现场督导和检查“双11”业务旺季服务保障工作。在督导过程中，督导组认真听取了各企业备战“双11”旺季服务保障有关措施的工作汇报，深入了解各企业收发件量实时动态、全网业务量情况和运营调度情况，视察了总部视频监控指挥中心及处理中心自动化分拣流水线。督导组充分肯定了各企业在确保全市“双11”期间快递业安全、平稳、有序运行方面做出的努力，对各企业奋战在一线的工作人员表示亲切慰问，勉励大家持之以恒，坚守岗位，全力打好攻坚战。

【上海邮政分公司落实长三角互寄邮件提速工作】2018年12月18日起，江苏、浙江、安徽等省寄往上海的快递包裹邮件全面提速，实施次日递。为进一步推进长三角区域一体化发展，加快长三角区域快递包裹互寄时限，根据中国邮政集团公司要求，上海邮政分公司按照“前置集包、直达运输、多频出口、卡口管控”的组织原则，梳理生产流程，研究发运计划，调整作业方式，开设“长三角”专线，增开直达邮路，确保长三角邮件提速工作顺利实施。

（六）精神文明和科技文化

【概况】2018 年，上海市邮政管理局党组高度重视文明创建工作，深入开展群众性精神文明创建活动，不断巩固精神文明创建成果。召开上海市快递行业、局机关精神文明建设座谈会，抓好城市文明进步指数测评、文明单位创建、企业诚信创建、最美快递员评选等重点工作推进。启动文明处（局）创建活动。在第三届“中国梦·邮政情　寻找最美快递员”活动中，上海速尔雷松林团队被评为两个全国“最美快递员”团队之一，苏宁物流上海公司翟秋云入围“最美快递员”48 强。召开上海市快递行业精神文明创建工作现场观摩会，组织 13 家快递企业联络员到上海邮政分公司邮政 EMS 闵行莘庄营业部参观学习。组织开展 2016—2017 年市快递行业文明单位评选。

【慰问速尔上海中心操作团队】2018 年 5 月 7 日，上海市邮政管理局党组书记、局长、精神文明建设委员会主任夏颐一行前往速尔快递上海中心慰问在第三届“中国梦·邮政情　寻找最美快递员”活动中被评为全国“最美快递员”称号的速尔上海中心操作团队，对该团队获此殊荣表示祝贺。同时，对获奖团队为行业提质增效、促进上海地方经济发展、方便人民群众生活所做出的贡献表示衷心感谢，并希望企业做好弘扬宣传工作。

【大龙邮票诞生 140 周年文物珍品巡展在上海举行】2018 年 7 月 24 日起，中国邮政集团公司和中华全国集邮联合会共同举办以“龙行华夏　国脉传承”为主题的文物珍品巡展。作为本次活动的最后一站，8 月 24—26 日，大龙邮票诞生 140 周年文物珍品巡展（上海站）在上海邮政大楼举行。此次巡展汇集 60 余件珍贵的含有龙元素的文物，除邮政、邮票文物藏品外，还展示了一批海关和钱币方面的文物珍品，其中大多数文物为首次展出。为配合巡展，上海邮政特在上海邮政大楼二楼营业大厅设立大龙主题邮局，同步举办大龙邮票展览，并启用 2 枚纪念邮戳满足邮迷和收藏者需求。

【上海市快递行业举办 2018 年“诚信杯”乒乓球赛】2018 年 8 月 4 日，上海市邮政管理局精神文明建设委员会和上海市快递行业协会在松江成功举办首届“诚信杯”乒乓球友谊赛。上海市邮政管理局党组成员、副局长周德刚出席开幕式并致辞，市邮政管理局代表队及 13 家快递企业代表队参加了比赛。经过激烈的比赛，韵达代表队勇夺冠军，申通、国通、圆通代表队分别获得第二至第四名。市快递行业协会及上海市邮政管理局文明办负责同志为获奖单位颁发了奖杯和奖金。

【组织邮政快递专委会开展“五新一老”专项科技调研】2018 年 4 月 8 日，上海市邮政管理局组织邮政快递专委会专家，开展了“五新一老”（老瓶颈、新路径、新技术、新应用、新趋势、新布局）科技专项调研工作。专项调研以上海市邮政快递专委会为平台，组织专委会中来自高校、研究所、政府和快递企业等不同领域的十位专家学者，采取“背靠背”独立征询形式，围绕邮政业“近期、中期、远期”发展阶段，开展专题调研。专题调研为破解行业发展瓶颈提供科技支撑，对上海邮政业未来发展产生了积极影响。

【“新一代”寄递业务信息平台上线】2018 年 8 月 17、21、23 日，由中国邮政集团公司开发的“新一代”寄递业务信息平台先后在上海南站、王港、上海站成功推广上线。新平台采用云计算技术和开放性技术架构，实现邮政包裹各板块和各环节业务在同一系统办理，并实现邮务和速递物流两个板块用同一信息系统进行产品、资费、机构、客户、资源的统一管理。建立看板库体系，可以按照事前、事中、事后，不同业务环节、不同产品种类、不同机构层级，定制自身需要的看板，实现全环节可视化；开发智能化监控与预警控制系统，能够对实物邮件处理过程中出现的各类异常邮件信息进行全网统一捕获，按业务规则进行智能化调度和处理，并可以按要求派发到生产、调度等部门，建立三位一体的运营管控体系。

（王晓挺）

PART TEN XI
海洋海事
OCEAN MARITIME

（一）海洋管理

【概况】2018年，落实海洋督察19项整改要求，加强围填海管控，保障重大项目用海，做好海岸线保护与利用，落实海域权属管理。2018年，共计征收海域使用金13233万元。根据自然资源部要求开展无居民海岛开发利用现状情况填报，完成上海市低潮高地及暗礁基础调查，做好领海基点和自然保护区海岛保护。持续做好海洋环境监视监管工作。5月，发布《2017年上海市海洋环境质量公报》。坚持依法行政，严格海洋环保行政审批管理。强化金山三岛海洋保护区日常管理，完成功能区选划并予以公布。推进海洋生态红线发布与勘界工作。组织开展各类海洋环保公益活动。联合东海环境监测中心开展近岸海洋生态环境监测、海洋环境监管监测、公益服务监测、海洋生态环境风险监测、海洋环境在线监测、海洋资源环境承载能力监测等工作。上海市海洋经济保持平稳增长，启动上海建设“全球海洋中心城市”研究，月推进浦东新区海洋经济创新发展示范工作，月完成上海市第一次全国海洋经济调查市级自验收，加强海洋经济运行监测，举办“世界海洋日暨全国海洋宣传日”、临港海洋节暨“上海海洋论坛”活动。

（张时立、陆凌、顾施嘉、张妙）

【2018年海洋环境监测】联合东海环境监测中心开展近岸海洋生态环境监测、海洋环境监管监测、公益服务监测、海洋生态环境风险监测、海洋环境在线监测、海洋资源环境承载能力监测等工作。监测海域覆盖本市海域及邻近区域，面积逾1.72万平方公里，共布设水质站位354个，沉积物、生物站位各206个，采集样品11000余个，获取监测数据120000余个。

2018年海洋测站分布情况表

站名	类型	观测项目	级别
奉贤	岸基观测站	潮位、气象	地方基本站
大金山岛	岛基观测站	潮位、气象	地方基本站
金山嘴	岸基雷达站	表层流	地方基本站
芦潮港	岸基雷达站	表层流	地方基本站

【上海海域海洋环境质量状况】2018年，冬季、春季、夏季、秋季和全年度，本市海域水质符合第一类和第二类海水水质标准的海域面积分别占9.5%、11.9%、21.2%、18.0%和11.7%，夏季比2017年同期增加5.7%，冬季、春季、秋季和全年比2017年同期分别减少22.5%、4.9%、3.7%和10.8%，劣于第四类海水水质标准的要素主要为无机氮和活性磷酸盐，沉积物环境质量状况总体良好，海洋生物多样性状况一般。

【完成海洋灾害年度趋势】2018年3月，完成2018年度上海海洋灾害趋势预测工作，灾种包括台风、风暴潮、灾害性海浪、赤潮和咸潮入侵，预计2018年西北太平洋和南海海域共有26～28个热带气旋生成，较常年（25.6个）偏多，有2～3个影响本市，台风风暴潮灾害发生1～2次，较2017年有所上升。12月，统计全年海洋灾害，西北太平洋（南海）共生成29个热带气旋，较往年平均偏多，5个影响本市，发生台风风暴潮灾害1次。

【海域海洋观测与调查】2018年，完成岸基、海岛和浮标等自动观测站的全年运行维护工作，共获取风、浪、流、温、盐、深等实时数据40余万组。6月7—16日，本市海域首次海洋水文数据收集综合调查项目全面启动实施并获得圆满成功。调查共设置12条定点连续观测垂线、10条大面观测断面52条垂线、2条流量走航断面，共计调用船只20艘，测验人员100余人，涉及海洋水文及环境监测项目参数56项，数据达16万组。9月上旬完成资料整编及报告编写，9月12日完成项目验收专家评审工作。

（顾施嘉、倪周晶）

【围填海管控工作】2018年，按照《国务院关于加强滨海湿地保护 严格管控围填海的通知》（国发〔2018〕24号）要求，除国家重大战略项目外，上海市全面停止新增围填海项目审批。5—12月，开展围填海疑点疑区核查。联合金山区海洋局对金山范围内2个疑点疑区开展核查，确认属遥感误判，接受国家海洋局东海分局联合查验。7—12月，开展围填海历史遗留问题处置。组织专题会与金山区政府专题研究金山新城东部围填海项目生态围堤方案，明确41%生态空间指标，由局主要领导带队现场检查奉贤、金山已确权围填海项目，要求提出生态整治修复方案和产业项目落地计划。9—12月，开展围填海现状调查。根据自然资源部统一部署，对比确认66个上海市围填海现状调查图斑，完成全部图斑的外业核查测量。

【海岸线保护与利用】2018年，细化海岸线动态监测、保护与利用规划、分类保护、集约利用、整治修复及保障措施，10月形成《上海市贯彻落实〈海岸线保护与利用管理办法〉的实施意见》（建议稿）。1月完成上海市海岸线调查统计技术成果，统计本市大陆自然岸线保有率12.57%，划分三类岸线，其中严格保护岸段12.13%、限制开发岸段20.68%、优化利用岸段66.73%。

【海域使用权属管理工作】2018年3—5月，保障国家海底科学观测网——东海海底观测子网项目用海预审工作。2018年，指导浦东新区审批变更临港风电一期及南汇嘴水文测站项目。

【海岛日常管理工作】2018年，按照自然资源部的统一部署，做好无居民海岛开发利用现状情况填报，完成无居民海岛开发利用现状情况核查，9月6日制作“一岛一表一图一档”并上报自然资源部。实施海岛本底调查，对黄瓜五沙、顾园沙、庙港沙、新浏河沙、瑞丰沙、瑞丰二沙、瑞丰三沙共7个低潮高地开展地形测量和工程勘察，完成低潮高地调查数据集成汇编及信息化展示工作。做好海岛常态化监视监测。2018年，继续强化海岛日常监管，开展58次无居民海岛日常巡视和33次低潮高地日常巡视，派出执法人员45人次，检查海岛21个，开展3次海岛生态环境监测。

【特殊用途海岛保护工作】2018年，做好领海基点和自然保护区海岛保护。开展佘山岛领海基点范围内的建筑物和领海基点标志日常巡视检查，定期监测领海基点保护范围内的水下地形及环境质量，12月完成佘山岛海洋科普展厅维护修缮，做好领海基点标志和方位标志的维护。每月对金山三岛开展监视监测，监督大金山岛环境整治工作，保障视频监控系统正常运行，进行大金山岛岛碑维护。12月完成大金山岛陆域调查工作。开展春、夏、秋三季的野外调查和样品分析，完成动植物标本的采集和鉴定，11月撰写《大金山岛陆域调查总报告》《大金山岛陆域调查成果图集》。

（张时立、倪周晶）

【发布《2017年上海市海洋环境质量公报》】5月，《2017年上海市海洋环境质量公报》发布。公报主要反映2017年上海市海洋环境监测成果及近年来变化趋势，内容包括本市海域环境质量、海洋生态状况、海洋功能区环境质量、陆源入海污染物状况、海洋环境风险与灾害、海洋环境保护管理与监督等。

（顾施嘉、陆凌）

【海洋生态红线划定】2018年，配合市环保局做好“陆海统筹”全市生态保护红线方案的合稿和报批工作，推进红线方案发布与勘界工作。2月，红线方案获国务院同意，6月，以市政府名义正式发布。

【海洋环保公益】2018年6月7日，组织海洋事务中心、海洋监测预报中心、行政服务中心、信息中心开展“拥抱海洋 走向未来”海洋净滩公益活动。推动海洋环保进社区、进校园、进课堂，为上海市浦明师范附属小学、上海市实验小学东校提供海洋环境保护社团活动或讲座，从小培养海洋环境保护意识。

（陆凌、倪周晶）

【“2018世界海洋日暨全国海洋宣传日”“临港海洋节”开幕式暨2018上海海洋论坛】6月8日，上海市海洋局、浦东新区人民政府、上海临港地区开发建设管理委员会联合举办“2018世界海洋日暨全国海洋宣传日”“临港海洋节”开幕式活动，活动主题为“扬帆海洋，走向未来”。市海洋局局长白廷辉、浦东新区副区长管小军、临港管委会副主任张弘等领导出席。下午，举办“全球海洋中心城市——上海的机遇与挑战”上海海洋论坛。北京大学汇丰商学院海上丝路研究中心秘书长张春宇、中国极地研究中心副主任徐韧、上海市发展改革研究院副院长魏陆、上海海洋大学教授何培民等专家学者，分别从全球海洋中心城市的总体思考、打造国际极地门户、上海新使命和新作为、海洋生态文明建设等方面，为上海推进全球海洋中心城市建设提供思路建议。

（张妙、倪周晶）

【海洋执法】2018年，推进“碧海2018”专项执法，查处海洋倾废违法案件11起，执行罚款139.6万元。开展“海盾2018”专项执法，开展杭州湾北岸各用海项目执法检查35次，检查用海项目37项。开展无居民海岛专项执法，派出执法人员45人次，船舶12航次，航程650海里，检查海岛23个、20次。在两会、首届进博会等期间开展保护海底光缆管道执法巡航，派出执法人员24人次，巡航413海里，查处2起危害海底通讯光缆案。

（李俊前、倪周晶）

（二）海事管理

【概况】2018年，上海辖区进出港船舶181.28万艘次（同比上升23.72%）。辖区发生各类水上交通事故79起（同比减少38.80%），其中，一般及以上等级水上交通事故17起，沉船15艘，死亡失踪40人，直接经济损失6626万元，辖区水上交通安全形势基本稳定。全年实施海上搜救266次，成功救助遇险人员2029人次，搜救成功率95.39%。

风险防控和隐患排查治理双重预防机制不断完善。重新辨识评估辖区水域危险源，建立分级管控措施。探索实施险情通报、“黑名单”管理、“行刑衔接”等工作机制，督促企业落实安全生产主体责任。实施航运公司监督检查307次，同比增长145.6%。严把体系审核关，收回2家公司“符合证明”、3艘船舶安全管理证书，4家公司、2艘船舶未通过审核不予发证。开展平安交通百日行动、内河船非法从事海上运输专项整治、中小型船舶安全管理专项整治、国内航行船舶进出港报告专项整治等活动。完善海事信用信息管理办法，完善跨部门、跨区域协同联动机制。

安全监管力度持续加大。着重加强“四类重点船舶”、故障船舶、“脱管船舶”安全监管。全年实施进出口岸查验40474艘次，开展港口国监督检查797艘次、船旗国监督检查4763艘次、船检质量检查1001艘次。

实施船舶防污染检查 10161 艘次、集装箱开箱检查 578 次。提升 VTS 值班质量，VTS 提供信息服务 62.7 万次，交通组织 4424 次。巡逻艇现场巡航 8.68 万小时、50.05 万海里，空中巡航 164 架次、350.8 小时。建立“长三角”流域海事规费联动稽查机制。

应急保障能力稳步提升。全力做好“桑吉”轮碰撞爆燃事故应急处置及事故调查、索赔相关工作，获得国际社会普遍认可。圆满完成首届“进博会”水上交通管控和应急保障任务。全力保障“两会”、中国航海日、上海市旅游节等重大活动以及春运、节假日等重点时段辖区水上交通安全稳定。完成《上海市海上搜寻救助管理办法》有效期延续。不断加强国际间搜救合作机制。建立区域性渔船海上搜救联动机制。开展杭州湾北岸水域船舶灾害应急处置演习、长江上海段集装箱落江应急处置专项演习。

从业人员管理进一步加强。组织实施首批船载危险货物申报人员及集装箱装箱检查员从业资格换证考核。探索渔船检验人员资质和技术管理工作。试点开展国内沿海航行船舶和 500 总吨以下国际航行船舶海事劳工条件检查。组织各类船员考试评估 43509 人次，办理各类船员证书 44089 本，签发海员证 10619 本，受理回复船员咨询服务 1400 余次。持续开展“典型事故案例进航运公司、进船员培训机构”活动。多渠道、多形式开展典型事故案例宣传。

服务上海自贸区和国际航运中心建设深入推进。推进落实《上海国际航运中心建设三年行动计划（2018—2020 年）》。创新口岸便利举措，推进自贸区国际航行船舶登记制度实施。全面实行国际航行船舶联合登临检查和“单一窗口”制度，达到“秒放”效果。全年实施国际航行船舶联合登临 89 艘次。服务保障洋山深水港四期自动化码头试运行。

服务绿色航运发展加快推进。做好上海港提前实施在航船舶排放控制措施相关监管工作，全面普及燃油硫含量快速检测仪，提升船舶污染排放监视监测水平。推动上海港船舶残油、油污水接收转运处置顺利恢复。开展黄浦江水域通航安全环境大整治，服务黄浦江旅游发展。中文版《国际油污损害赔偿基金索赔系列手册》在上海首发。完善“3A 工作法”“五优先”服务举措，打造“七心”邮轮品牌，服务邮轮经济发展。

服务长江经济带建设稳步推进。长江口深水航道利用边坡自然水深超宽交会取得显著成效，于 12 月 1 日转入常态化运行。建立完善大雾等灾害性天气应急联动长效机制。推进实现上海南港及其附近水域至长江沿线航线纳入东海特定海区特定航线。国内首艘江海直达型集装箱船舶首航洋山港。推进精细化、网格化气象服务在客船抗风等级核定和特定航线船舶管理中的应用。探索建立长江至上海洋山港区特定航线船舶船员发证和现场监管相结合的长效机制。

“放管服”改革深入推进。调整下放 6 项行政执法事权。全面推行权责清单制度。试点“双随机”检查，提升事中事后监管效果。梳理公布 37 项“马上办、网上办、就近办、一次办”审批服务事项。简化办理流程，试行行政审批容缺受理。实施重大审批超前服务、政务窗口导办制度。优化升级网上政务中心，开发运行掌上政务中心，在海事系统率先实现所有 37 个大项 76 个子项业务行政审批事项“一网通办”。建立实施港口建设费“三方监管自动收款”机制，创新推出行政罚款“国库直缴”方式。

制度体系进一步完善。修订局规范性文件、内部执法程序类文件制定管理办法，首创海事规范性文件和内部执法程序类文件最长 5 年有效期制度。开展文件清理，废止 8 件规范性文件、16 件内部执法类文件。推进《上海洋山深水港区及其附近水域通航安全管理规定》《上海新港水域（金山奉贤段）海上交通安全管理规定》等修订。制定出台《上海海事局公职律师和法律顾问管理办法》。完成全国人大财经委《海上交通安全法》修订立法调研任务。

执法规范化建设不断推进。贯彻落实《海事行政执法视觉形象建设标准（2018）》和《上海海事局海事工作人员行为规范》。修订完善局海事行政执法责任追究制度，进一步强化海事行政执法证累计积分管理制度和执法督察“红、黄牌”制度刚性约束。

科技信息化水平不断提升。升级完善船舶安全监督综合支持系统。完善电子巡航，开发上线“进博会”管理模块及入沪船舶专项安全监管信息报送平台。研发使用海事专用AIS智能检定仪。开发船载危险货物集装箱智能选箱系统。推进海上海事安全预警系统研究和辖区安全信息定向推送。完成海事系统共享数据库建设工程。信息系统安全等级保护工程完成设备安装。打造全新协同办公系统。做好重点时段网络安全保障和重点事件安全防范。

对外交流合作持续深化。开展亚洲VTS操作人员能力建设培训、中国东盟航海教育和船员培训质量管理体系研讨、中国—丹麦港口国监督交流研讨、中国—德国危防监管业务交流等活动。向国际海事组织、东京备忘录、国际航标协会等国际组织提交提案20篇并被采纳。《成员国信息通报指南（草案）》提案将以国际海事组织大会决议形式发布，为我国首次。

【长江口深水航道利用边坡自然水深提升通航效率启动试运行】 1月1日起，长江口深水航道利用边坡自然水深提升通航效率启动试运行，并自12月1日起转为常态化运行，实现了长江口深水航道大型邮轮与大型重载集装箱船舶交会宽度从80米到90米的跨越。利用长江口深水航道边坡自然水深实现大型船舶超宽交会提高通航效率是交通运输部2018年提出的12件更贴近民生的实事之一，对于提升黄金水道通航效率、助推上海国际航运中心和邮轮母港建设具有深远影响。

【上海港查获首例内河船舶使用超标燃料油案件】 1月4日，上海海事局查获一起大型内河船舶非法使用超标燃料油的案件，这是国家发展改革委等八部委《关于做好全国全面供应硫含量不大于10PPM普通柴油有关工作的通知》（发改办能源〔2017〕1665号）印发以来，上海港查获的首例内河船舶使用超标燃料油案件。

【处置“桑吉”轮碰撞爆燃事故】 1月6日，巴拿马籍油船“桑吉”轮与散货船“长峰水晶”轮在长江口以东约160海里水域发生碰撞事故，“桑吉”轮爆炸失火，“长峰水晶”轮船员弃船。海事部门会同巴拿马、伊朗等国和香港地区圆满完成事故应急处置、安全调查工作，并启动污染损害国家统一索赔工作。

【开展中小型船舶安全管理专项整治行动】 1月16日—11月30日，上海海事局在辖区开展中小型船舶安全管理专项整治行动，共实施中小型船舶航运公司监督检查243次，发现问题943个，附加审核2家，注销“符合证明”（DOC）8家；实施中小型船舶现场监督检查20156艘次、船舶安全检查3429艘次，发现问题和缺陷26589项、滞留船舶89艘次、列为重点跟踪船舶74艘；扣留船员证书40本，移交司法处理3人。

【开展2018年上海市水上交通安全知识进校园活动】 3月26日，由上海海事局、上海市教育委员会、上海市公安局联合举办的2018年上海市水上交通安全知识进校园活动在上海市虹口实验学校启动。截至年底，该活动在上海约30所学校开展，3万余人次接受了安全教育培训。

【处置“普埃洛”轮危险品货物罐柜泄露事件】3月27日约23时，洋山港靠泊船“普埃洛”（PUELO）轮危险品货物罐柜泄露。上海海事局协同其他相关职能部门圆满完成险情处置。其间，上海市副市长时光辉、副秘书长黄融分别对应急处置工作做出指示。

【积极应对连续多日大雾等恶劣天气】3月27日—4月4日，上海港长江口及长江上海段水域连续多日发生大雾，导致大量船舶积压和严重船期延误，持续时间和造成影响为近10年来最严重。上海海事局积极采取有效措施，最大限度缓解连续大雾对港口生产和群众出行带来的不利影响，受到上海市副市长时光辉的批示肯定。

【开展国内航行船舶进出港报告专项整治行动】4—10月，上海海事局在辖区开展国内航行船舶进出港报告专项整治行动，共对440840艘次国内航行船舶开展进出港报告核查，发现实施进出港报告但未抵港船舶3096艘次，抵港但未实施进出港报告船舶777艘次，进出港报告内容不准确2922艘次，存在进出港报告违法行为640艘次。

【开展黄浦江水域通航安全大整治活动】5月16日—11月15日，上海海事局与市交通委、市水上公安局、市码头管理中心联合开展黄浦江水域通航安全大整治活动。活动期间，共实施法规政策宣贯23147次，开展现场检查4802次，查处未按规定开启AIS、超宽靠泊等通航类违法行为2309起。

【《国际油污损害赔偿基金索赔系列手册》中文版首发】6月5日，首发仪式在上海虹口北外滩举行。《国际油污损害赔偿基金索赔系列手册》中文版包含《索赔手册》《清污及预防措施索赔指南》《捕捞业、海水养殖业及水产加工业索赔指南》《旅游业索赔指南》《环境损害索赔指南》和《索赔表格示范手册》6个索赔指导文件，由国际油污赔偿基金组织编制并特别授权中国船舶油污损害理赔事务中心翻译出版。该手册系统指导油污事故受害人如何索赔，并指引污染受害人采取适当有效的措施来防范和清除污染、恢复环境。

【国内首艘河海直达型集装箱船靠泊上海】6月15日，国内首艘河海直达型集装箱船“汉唐上海”轮成功靠泊洋山深水港冠东码头。“汉唐上海”是自2017年交通运输部发布《关于推进特定航线江海直达运输发展的意见》（交水发〔2017〕53号）及相关建造规范和配套监管办法后建造的首艘河海直达集装箱船，该轮载箱量为124只标准箱，主要投运于洋山深水港至苏州航线。

【2018年杭州湾北岸水域船舶灾害应急处置演习举行】6月21日在上海杭州湾北岸水域举行，上海海上搜救中心及其成员单位以及上海化学工业区管委会等30余家单位参与。本次演习突出水上危险化学品运输安全以及水上工程保障工作，进一步检验杭州湾北岸水域海上应急救助和防污染处置能力。

【上海地区举行第八个“世界海员日”庆祝活动】6月25日，上海海事局、上海市交通委、上海海事大学、上海航运交易所和上海船员服务协会在上海海事职业技术学院联合举行第八个“世界海员日”上海地区庆祝活动。2018年世界海员日主题是“幸福海员（Seafarers Wellbeing）”，活动现场表彰了30名上海地区优秀海员，并派发了“海员节日礼包”，包含《交通运输部部长致全国海员的一封信》《中国海事局第五批便利船员服务清单》等内容。活动现场还发布了船员薪酬指数和中国海员供求指数，组织了参观海员培训实验室、专题论坛讲座、水手工艺展示、典型案例分析等观摩活动。

【试点开展海事劳工条件检查】根据《交通运输部、人力资源社会保障部关于印发〈海事劳工条件检查办法〉的通知》（交海发〔2016〕202号）的规定，按照中国海事局统一部署，8—9月，上海、山东、浙江、广东、深圳海事局在辖区试点开展国内沿海航行船舶和500总吨以下国际航行船舶的海事劳工条件检查。

【上海港率先实施在航船舶排放控制措施】8月27日，《上海海事局、上海市地方海事局关于上海港提前实施在航船舶排放控制措施的通告》(沪海危防〔2018〕239号)发布，明确自2018年10月1日起上海港实施在航船舶排放控制措施，较原订方案提前三个月。《通告》针对上海港航行、停泊、作业的船舶（军用船舶、体育运动船艇和渔业船舶除外），自2018年10月1日起，国际航行船舶和国内沿海航行船舶在上海港内行驶及靠岸停泊期间，应当使用硫含量≤0.5%m/m的燃油；内河船舶和江海直达船舶应当使用符合标准的柴油；具备岸电受电设施的船舶在建有岸电设施的码头靠岸停泊期间，应当使用岸电。经海事管理机构认可，船舶可采取使用清洁能源、尾气后处理技术等替代措施满足排放控制要求。

【亚洲区域合作——亚洲VTS操作人员能力建设培训班举办】9月4—25日在上海举办，来自12个东盟国家的22名学员参加。培训采用理论授课、模拟实操、现场交流、走访参观等形式开展，授课内容包含2016VTS手册、国际航标协会培训示范课程、船舶建造、北斗导航、搜救技能演练、中国航运业发展、海上丝绸之路等。

【中国—东盟航海教育和船员培训质量体系管理研讨举办】9月24—28日在上海举办，来自9个东盟国家的20名学员参加。课程内容主要包括中国海员教育培训考试发证，海员发展分析，海员培训、发证和值班标准国际公约质量管理，中国航海教育实践等。

【《成员国信息通报指南（草案）》提案获国际海事组织批准】9月24—28日，国际海事组织履行法律文书分委会第5次会议在英国伦敦召开，会议批准了由上海海事局牵头起草的《成员国信息通报指南（草案）》，该提案最终将以大会决议的形式发布。这是我国向国际海事组织提交的提案首次以大会决议的形式进行发布。该提案由我国独立完成，根据ISO标准的PDCA原理制定，进一步明确了成员国相关信息通报的频率和平台，对帮助成员国履行信息通报义务、提升履约能力等具有广泛、实际的指导作用。

【长江上海段集装箱落江应急处置专项演习举行】10月12日在长江上海段水域举行。该演习全面检验长江上海段集装箱落江后上海海上搜救中心各成员单位在现场交通管控、浮箱控制定位、沉箱扫测打捞、危险品箱现场处置等方面的水平。

【上海港海事政务正式启动“一网通办”】12月1日起启动，实现所有37个大项76个子项上海港海事业务行政审批事项100%“一网通办”。通过整合数据、优化平台，不断扩大网上办事覆盖面，减少行政相对人的“申请时间”；通过优化网上办事流程，压缩业务审批层级，减少审批流转时间，减少相对人的“等证时间”；通过指引式流程、二维码查询、预约并联等服务，优化用户体验。

【完成首届中国国际进口博览会水上交通管控和应急保障任务】11月5—10日，首届中国国际进口博览会在上海举办。上海海事局在交通运输部、上海市委市政府的领导下，按照“进博会”安保要求和部领导提出的“最高标准，最严要求，最周密的部署，最严格的检查”的总体要求，将黄浦江两桥之间（徐浦大桥至杨浦大桥）水域作为核心管控区，认真落实管控水域现场查控和入沪船舶专项安全监管工作，实施“分区分级，科学管控，进入核查，逢疑必查”，实现了“进博会”期间管控水域“零事故、零死亡、零污染”的工作目标。

（陈希）

PART
NOVEMBER
XI

建筑建材业管理

CONSTRUCTION BUILDING MATERIALS INDUSTRY MANAGEMENT

（一）综述

2018年，本市建筑市场与城市建设同步发展，总体呈现平稳发展态势，建筑业营商环境显著提升，核心竞争力有所增强，市场秩序日益规范，对落实城市战略定位、完善城市核心功能、提升城市空间品质发挥了应有作用。据统计，2018年全市在建工地7249个；共有勘察、设计、施工、监理等企业18561家，其中本市企业12262家，其他省市进沪企业超6299家；建筑师、建造师、监理工程师等各类注册执业人员约11万余人；安全员、质量员等各类持证管理人员共计19万余人；施工作业人员实名制登记系统累计总登记人数2056179人，在场人数615534人。

一、深入推进工程建设项目审批制度改革

紧紧抓住全国首批工程建设项目审批制度改革试点的先机优势，着力优化营商环境软实力，聚焦提升世行关于“办理施工许可”指标的排名和成绩，对标国际最高标准、最好水平，不断深化改革，转变政府职能，创新管理机制，规范权力运行，提高行政效能，努力构建科学、便捷、高效的工程建设项目审批和管理体系，积极营造更加良好的法治化、国际化、便利化营商环境，为提升上海城市能级和核心竞争力做出应有的贡献。一是强化组织、合力推进。充分发挥工程建设项目审批制度改革工作领导小组办公室的统筹协调作用，与市改革工作领导小组各成员单位加强沟通、紧密联系、左右呼应、凝聚合力，积极推动改革有序开展、稳步前进。同时，在工作推进的过程中，根据需要从委下属各相关单位抽调人手组建专班，以专人专岗的形式进一步强化工作的组织保障。二是建章立制、顶层设计。牵头制定并出台了包括1个总体实施方案、4个不同项目类型的实施细则在内的一系列改革指导性文件，完成了“1＋4＋X”顶层制度设计的框架体系。同时梳理并公布了审批事项清单，积极推进“立改废”修法等工作，确保改革有法可依、于法有据。三是一网通办、提升效能。依托“一网通办”的上海品牌效应，设立了“上海市工程建设项目审批管理系统”，明确企业提出申请信息实行网上推送、牵头负责、协同办理的审批工作机制。通过实现系统2.0版的升级优化，加强与住建部审批管理系统的全面对接，初步形成“行政审批网络一个门户进、收件出件线上一个窗口收、内部协作限时办理、信息共享行政高效”的智慧型政务服务机制。截至目前，全市共有527个项目进入系统运行，429个完成与国家审批系统对接，其中，93个完成设计方案审批、294个完成施工图设计文件审查，258个完成建设工程规划许可证核发，212个取得建设工程施工许可证，45个完成联合验收及备案。四是宣传培训、营造氛围。全方位、多层次地推进改革宣贯，以专场、专题的形式加强对涉改企业优化营商环境的宣传、对管理部门贯彻执行的业务指导培训。同时采取“一图读懂”的形式对改革政策、主要举措进行解读，确保政策的易读性。扩大社会知晓范围。五是世行测评、大幅提升。学习研究世行指标测评的方法论。掌握考核标准、要点和关注点，将相关考核测评内容在改革中加以贯彻体现，成效显著，得到世行认可社会肯定，在新公布的世行《2019年度营商环境报告》中上海施工许可的各项指标的显著提升，为中国的总排名得分提升做出了贡献。六是自查自评、开展迎考。对照住建部改革考评要求，完成自查自评并将结果上报，配合国家第三方社会机构对上海改革工作的测评工作。

二、积极推进建设工程招投标制度改革

健全完善与本市招投标监管模式改革相适应的事中事后监管方式，促进招投标市场

持续健康发展。运用科技手段强化监管措施，深入推动互联网、大数据在招投标监管领域的运用，充分发挥电子招投标监管平台作用，将《上海市建设工程招标投标监管要点》以及招标代理诚信体系融入日常监管中，确保全市监管标准统一。运用市场机制优化监管政策，招标代理机构资质和人员资格取消后，研究建立招标代理机构长效管理机制，加强对全市招标代理机构和从业人员的日常监管和诚信记录。运用协同机制提升监管效果，研究建立跨部门协同监管机制，加强与水利、交通等专业部门的协同配合，通过典型案例分析、大数据分析、市区联动、借力经侦、“双随机、一公开”等方式，形成部门间资源共享、信息互通、案情通报、联手惩戒的工作格局。上半年，在完成开评标场所电子化改造的基础上，全市全面推广监理电子招投标，共完成监理电子招投标441个，起草《上海市施工招标文件电子应用文本》和《上海市施工电子招投标应用场景》，为明年全面推行施工电子招标投标夯实基础。

三、深入推进建筑信息模型技术的推广应用

截至2018年底，全年应用BIM技术的项目数量达822个，同比增加20%。本市已初步实现“规模以上建设工程全部应用BIM技术”的目标，其中，60%的项目在设计、施工两阶段应用了BIM技术，40%的项目设计、施工、运维全过程应用BIM技术。BIM技术在缩短工期、节约成本、提高质量、提升管理效率、提高安全性和盘活数据资产等方面的应用价值，获得了建筑业企业的普遍认可。召开2018年BIM发展论坛，出台2018年本市BIM技术应用发展报告白皮书。编制《本市BIM技术推进新一轮三年行动计划（2018—2020年）》，明确本市未来三年BIM技术推进目标任务。出台《上海市保障性住房项目BIM技术应用验收评审标准》，为保障房BIM应用评审提供依据。出台《上海市预制装配式混凝土建筑设计、生产和施工BIM技术应用指南》，为本市BIM技术与装配式建筑的融合应用提供了更具操作性的指导。

四、积极推动行业生产组织方式创新

一是推进建筑师负责制试点。全年，共有23个项目纳入试点，项目类型包括了医疗、住宅、办公、商业、公共建筑、工业研发、城市更新改造、装修改建等多种类型，在华润时代广场商业裙楼装修工程、张江科文交流中心项目等2个项目试行建筑师团队对施工质量进行指导和监督的新型管理模式，试点由建筑师委托工程监理实施驻场质量技术监督。编制《关于在浦东新区试点开展建筑师委托工程监理实施驻场质量技术监督的实施意见》。开展《建设工程领域个人职业责任保险制度研究》的课题研究。二是推进工程总承包试点。全年，共有35个工程总承包项目（不包括设计施工联合体承包方式）纳入本市第一批工程总承包试点项目。研究制定《上海市开展工程总承包企业承担施工图设计和施工图深化设计试点的工作方案》，并报住建部批复同意。研究起草《上海市工程总承包招投标评标办法》，并于年内颁布出台，进一步规范了本市工程总承包招标评标活动，保证评标公平、公正，维护了招投标当事人的合法权益。三是推进全过程咨询试点。全年，共有8家试点企业纳入全过程咨询试点，试点企业在本市承接全过程咨询的项目有21个。在进一步优化政府审批环节，压缩审批时间的同时，鼓励有条件的建设单位委托符合要求的项目管理单位开展全过程工程咨询服务，提高项目设计质量，提升项目管理专业化水平。

五、加强建筑行业诚信体系建设

一是为切实推进本市建设领域社会信用体系建设，建立守信联合激励、失信联合惩戒制度，出台了《关于开展建筑市场失信被执行人信用监督、警示和惩戒相关工作的通

知》，自2018年9月15日起，本市建设行政主管部门将对被列入失信被执行人名单的市场主体在办理施工许可证等行政许可事项上实施限制。二是加快建筑业人员信用体系建设的布局和推进工作，建立较完善的建筑市场信用信息管理体系，充分公开个人信用信息，起草了《关于启用注册监理工程师个人信用档案（2018版）及注册建造师个人信用档案（2018版）的通知》。三是市住建委联合市水务局、市绿化市容局出台了《上海市建筑市场信用信息管理办法》，以贯彻国务院关于深化“放管服”改革的总体要求，深入推进本市优化营商环境，加强事中事后监管，加快建设市场信用体制建设，构建覆盖工程建设、工程勘察、设计、施工、监理、检测等各类企业和注册执业人员的信用体系。四是为推进本市建筑市场信用体系建设，进一步规范建筑市场秩序，建立健全建设工程监理企业信用体系，营造诚信守法的市场环境，依据《上海市建筑市场管理条例》等相关规定，自2018年12月1日起，对在沪建设工程监理企业开展信用评价工作。五是为进一步优化营商环境，简政放权，放管结合，优化服务，转变政府职能，出台了《关于在全市范围内开展“证照分离”改革试点的通知》，将浦东新区告知承诺改革措施扩大到全市范围。

六、加强建筑工程领域劳务用工管理

一是组织开展2018年本市打击建筑市场违法行为的专项执法检查工作，通过“双随机、一公开”的方式，将招投标、设计文件审查等过去的场外监管事项融入工地现场检查中，打击了建筑业违法行为，净化了市场环境；二是与市人社局共同完成在国务院对本市保障农民工工资支付工作考核的迎检工作，上海市最终获评考核等级为最高等级A级；三是继续加强本市劳务用工管理工作，一方面继续推进本市劳务用工管理的实名制管理台账、人工费支付台账、工资支付台账“三本台账”制度，“三本台账”制度已成为本市建筑业劳务用工管理的基础性制度，并基本实现全覆盖。另一方面与市人社部门共同加快推行工资专用账户制度及农民工工资银行卡代发制度的落地，建章立制并开展宣贯培训，同时采用在本市部分区域、大型国有施工企业中先行先试的方式重点推进。

（二）行政审批制度改革

【概况】2018年，紧紧抓住全国首批工程建设项目审批制度改革试点的先机优势，着力优化营商环境软实力，聚焦提升世行关于“办理施工许可”指标的排名和成绩，对标国际最高标准、最好水平，不断深化改革，转变政府职能，创新管理机制，规范权力运行，提高行政效能，努力构建科学、便捷、高效的工程建设项目审批和管理体系，积极营造更加良好的法治化、国际化、便利化营商环境，为提升上海城市能级和核心竞争力做出应有的贡献。本次营商环境改革聚焦减时间、减环节、减成本，以企业为核心，以办事全流程便利为目标，依托互联网+政务服务，着力从改革创新、精简高效、补齐短板三个方面入手，以“减、并、放、转、调”为五大抓手，以提升改革品质和水平作为改革工作的着力点和改革举措的创新点，实现政府服务理念转变和系统性流程再造，力争打造优质、科学、高效的“上海审批速度”。到2018年底，本市全流程工程建设项目审批时间压缩至100个工作日以内；装饰装修项目审批时限压缩至20个工作日以内。

【高位推动、组织保障】根据改革需要，组建市级改革工作领导小组，由市主要领导亲自挂帅任组长，审批改革所涉及的各相关委

办局的主要领导全数参加任组员。强有力的组织构架体系，对改革工作的开展和持续深入产生了强大的推动力。作为市改革工作领导小组办公室的牵头处室，在改革过程中强化组织领导作用，积极发挥统筹协调作用，加强与各成员单位的沟通协调，通过编制实施方案、细化分解任务、明确责任部门、制定实践路线等，确保改革工作推进有合力，改革举措有序落实有实效。

【建章立制、顶层设计】以助力努力打造“审批事项最少、办事效率最高、投资环境最优”的上海优化营商环境的示范效应，依托中国（上海）自由贸易试验区的先行试点及创新引领优势，按照深改工作的总体要求和时间安排，分批次有序制定并出台相关的配套政策和文件，确保审改工作能落地实施。上半年，社会投资项目改革中牵头起草了包括《关于印发〈进一步深化本市社会投资项目审批改革实施方案〉的通知》（沪府办发〔2018〕4号）、《关于印发〈进一步深化本市社会投资项目审批改革实施细则〉的通知》（沪社审改〔2018〕1号）等多个涉及社会投资项目改革的配套文件，明确相关改革举措。在今年下半年，又结合全市工程建设项目审批制度改革试点的需要，在夯实前期改革政策成果的基础上，起草制定了《关于印发〈上海市工程建设项目审批制度改革试点实施方案〉的通知》并以“沪府规〔2018〕14号”的形式发布，在此基础上，又以市改革领导小组的名义陆续起草制定了《上海市政府投资工程建设项目审批制度改革试点实施细则》《上海市企业投资工程建设项目审批制度改革试点实施细则》和《上海市建筑装饰装修工程审批制度改革试点实施细则》3个具有实际操作指导性的配套文件，结合社会投资项目改革出台的实施细则，同时针对改革政策中的创新举措、亮点举措又陆续制定、发布了涉及“多图联审”“综合验收”“多测合一”等各类专项政策文件。10月底，根据世界银行发布的优化营商环境2018年考评指标的打分情况，有针对性地修订、完善、升级涉及社会投资项目改革的相关文件，从而全面搭建起本市改革“1＋4＋X”的顶层设计体系，指导改革工作有序推进、开花结果。在建章立制的同时，结合改革任务的工作要求，对全市涉及工程建设项目审批制度的相关事项进行系统完整的梳理分类，结合改革实际需要提请启动相关法律法律修改议程，确保改革有法可依，实现用法律法规为改革保驾护航。

【一网通办、提升效能】依托“一网通办”的上海品牌效应，设立了“上海市工程建设项目审批管理系统”，明确企业提出申请信息实行网上推送、牵头负责、协同办理的审批工作机制。通过实现系统2.0版的升级优化，加强与住建部审批管理系统的全面对接，初步形成“行政审批网络一个门户进、收件出件线上一个窗口收、内部协作限时办理、信息共享行政高效”的智慧型政务服务机制。截至2018年底，全市共有527个项目进入系统运行，429个完成与国家审批系统对接，其中，93个完成设计方案审批、294个完成施工图设计文件审查，258个完成建设工程规划许可证核发，212个取得建设工程施工许可证，45个完成联合验收及备案。

【宣传培训、营造氛围】全方位、多层次地推进改革宣贯，以专场、专题的形式加强对涉改企业优化营商环境的宣传、对管理部门贯彻执行的业务指导培训。同时采取“一图读懂”的形式对改革政策、主要举措进行解读，确保政策的易读性、扩大社会知晓范围。

【世行测评、大幅提升】学习研究世行指标测评的方法论、掌握考核标准、要点和关注点，将相关考核测评内容在改革中加以贯彻体现，成效显著，得到世行认可社会肯定，在新公布的世行《2019年度营商环境报告》中，上海施工许可的各项指标显著提升，为中国的总排名得分提升做出了贡献。

【自查自评、迎接测评】对照住建部改革考评要求，完成自查自评并将结果上报，配合国家第三方社会机构对上海改革工作的测评工作。

（三）招标投标管理

【概况】2018年，全年市管建设工程招标项目共完成：开标监管1415个，评标监管1311个。其中，监理电子开标282个，监理电子评标278个。继续做好市管建设工程招标项目的监管备案，市管建设工程招标项目共完成：勘察67个、设计108个、施工486个、监理317个、勘察设计一体化186个、设计（勘察）施工总承包33个。组织评标专家招聘工作，新录用专家298人。

【招投标流程进一步优化】出台《关于精简建设工程投标文件的通知》，减轻企业重复提交大量纸质文件的负担，节约社会资源，将投标文件的编制重点聚焦到技术方案的提升及商务报价的合理化方面。整合招投标系统平台的数据资源，利用信息化手段将投标文件中与企业基本信息、项目负责人信息、企业业绩等有关的内容实现在线采集、在线查看和在线分析等。4月23日起，启用网上抽取评标专家申请管理系统，管理相对人无须再到各级建设行政管理部门的窗口去办理。主动和重大工程建设单位进行对接，确保城市垃圾资源化处理及再生利用、城市交通市政基础设施等方面大批量项目的招投标顺利开展。

【电子化招投标工作稳步推进】全面推广电子招投标，以现场观摩的形式组织招投标监管人员进行监理电子开、评标培训和学习，完成各区招标办及委托管理单位与市交易平台的接入工作，确保全市监理开评标的平稳过渡。推进施工电子化招投标，完成房建和市政工程施工电子化招投标应用文本及电子招投标数据标准的编制，协同推进施工全过程电子化招投标平台建设，同步推进建设电子化监管平台。完成水利工程电子清单招标试点工作，实现水利行业招投标平台打通、数据共享，为推进全行业施工电子化招投标迈出关键性一步。升级评标专家管理系统，实现专家评标信息自主查询、诚信记录在线记录等功能。研究探索电子评标评估工作流程和工作模式。同时，邀请专业管理部门参与本年度评标评估工作，全市共完成评标评估项目130个。

【招投标监管模式改革更加深入】积极落实国家发改委16号令，调整必须招标的工程项目范围。出台《上海市工程总承包招标评标办法》，自2019年1月1日起施行，进一步规范本市工程总承包招标评标活动。适当提高评标专家评审费，鼓励评标专家积极参与评标，努力提高评标质量。充分发挥评标专家在线学习系统在专家继续教育中的作用，开展评标专家新增第二专业工作，全年共有近百名专家参与过新增专业的评标。

【招投标监管工作更加规范】研究招标代理机构资质取消后的监管方案，加强对招标代理人员的日常行为记录，将日常行为得分与承接招标代理业务挂钩。修订《上海市建设工程开评标监管工作规程》，进一步规范开评标过程中招标人、招标代理机构、投标人及评标专家的各方行为。对开评标过程中代理人员、评标专家的违规行为试点曝光制度，共曝光5人。

【行政执法检查工作稳步开展】积极贯彻落实新修订的行政处罚工作管理办法，修订8个招投标类执法案件笔录模板，并在优化调查取证技巧方面开展积极探索。加大对围标串标等违法违规行为的打击力度，全年利用“围标串标甄别系统”对全市350个招投标项目实施抽查甄别，发现10个项目、23家单位涉嫌围标串标，并移送相关监管部门做进一步处理。立案调查5起涉嫌违法违规案件，发出处罚决定书5份，罚款金额共计424.151万元。全年共收到信访投诉件173件，受理69件。处理网上吐槽件42件。积极开展本年度招标代理专项检查、工程造价咨询企业咨询质量与计价行为专项检查等，通过发现问题、整改问题、研究改进管理措施，提升工作质量，营造良好的建筑建材市场秩序。

（四）行政审批业务

【概况】2018年，全市建设工程全年报建项目6430个，同比2017年上升11.36%；总投资额7723.66万元，同比下降8.95%；总建筑面积4063.88平方米，同比下降36.62%。全市全年竣工验收备案3788次，备案单位工程12007个，备案总建筑面积15360.21万平方米。全市建设工程全年勘察发包价3.16亿元，同比2017年下降1.56%；设计发包价37.66亿元，同比下降16.35%；施工发包价3014.07亿元，同比上升1.26%；监理发包价34.43亿元，同比下降13.88%。全市全年建设工程从业企业18773家，同比去年上升2.21%。其中本市企业12446家，同比上升3.79%，外省市企业6327家，同比下降0.75%。全市全年建设工程执业注册人员117303人，同比去年上升24.95%；外地进沪备案人员22760人，同比去年上升1.46%，施工管理人员持证157603人，同比上升6.22%。全市全年行政处罚立案数957件，同比去年下降11.06%；处罚数693件，同比下降16%；中止案件数147件，同比上升61.54%，结案数1033件，同比下降18.28%。

【全面推进互联网＋政务服务】根据市委市政府《全面推进“一网通办”加快建设智慧政府工作方案》精神，为建设人民满意的服务型政府，建成上海政务“一网通办”总门户，打造网上政务服务统一入口和出口。一是建设管理行政审批事项接入“一网通办”平台。依托上海市建设市场管理信息平台开发和维护单位上海市数字证书认证中心有限公司，开展了建设管理行政审批事项接入“一网通办”平台工作，并按期将建设工程项目信息报送、施工许可、竣工验收备案、企业资质许可、合同信息报送、安全生产许可、注册人员执业资格、招投标备案、建设工程初步设计的审批、新型建设材料认定、建设工程材料备案等11项建设管理行政审批事项接入了“一网通办”平台。同时，为确保2019年底完成建设市场管理信息平台上云迁移工作，委托相关单位对上云迁移方案开展前期调研、咨询工作。二是落实系统改造和调整。建立高效、透明、便捷的建设工程联审共享平台，实现项目信息、图纸资料、审批结果和监管信息全程共享，完成联审平台与本市项目审批系统的数据共享及交换，及时调整项目信息报送系统。配合本市二级注册建造师实行电子化审批工作，对申报系统进行改造。根据中华人民共和国国家发展和改革委员会第16号令《必须招标的工程项目规定》，对涉及招标限额变动的相关业务系统进行调整。出台《关于本市建筑施工企业安全生产许可证实施告知承诺电子化审批的通知》，完成上海市建筑施工企业安全生产许可证告知承诺电子化审批系统改造，并于2018年11月1日正式启用。此外，完成财政性资金合同网签系统的调整，建立与财政相关信息的共享。为优化行政相对人付费方式，建立起建设工程交易服务费网上缴费平台。三是推广电子证照应用。施工许可证、竣工验收备案证、安全生产许可证、企业资质证书、二级建造师证书均已实现电子化，行政相对人可自行下载打印，达到“数据多跑路，群众少跑腿”的效果。四是推广电子签署平台。招投标文件签署、施工许可证签署、财政合同网签、二级建造师等已使用电子签署平台。

【全速推进电子化审批和告知承诺制度】推动各部门业务协同和信息共享，优化政务服务流程，全速推进电子化审批，进一步提高审批效率，提升服务相对人获得感。一是推行二级注册建造师电子化审批。出台《关于本市实施二级注册建造师电子化审批的通知》，自7月1日起，在二级注册建造师资格办理中，通过管理部门的数据交享，实现提交材料无纸化，审批不见面，审核环节精简50%以上，审批时限从20天减为10天，方便了企业和申请人，极大提高了政务服务效率。2018年1月1日起，实行勘察设计注册工程师网上申报。2018年10月22日起，实行一级建造师执业资格电子化申报和审批，实现部批注册人员事项“一网”申报。二是推行告知承诺。根据住房城乡建设部办公厅《关于开展建筑业企业资质告知承诺审批试点的通知》，2018年1月1日起，注册在上海的企业在申请建筑、市政总承包一级资质时必须采用告知承诺方式。全年，5家企业以告知承诺方式申请建筑工程总承包一级资质。2018年7月1日、11月1日起，二级建造师继续教育、本市建筑施工企业网上申请安全生产许可证也分别采用告知承诺方式。自2018年12月中旬起，工商注册在上海市的企业，可通过告知承诺方式首次或增项申请建筑业、设计、监理资质。三是推行电子招投标建设。面向全市推广使用监理电子招投标系统，所有区及部分管委会均顺利接入市电子交易平台。为推进本市建设工程电子招投标系统建设，编写《上海市房屋建筑和市政工程施工电子招标资格预审文件应用文本》和《上海市房屋建筑和市政工程施工电子招标文件应用文本》，并向社会公开征求意见。完善电子签署平台的相关功能，并逐步向相关应用拓展。完成与“中国上海”本市重大工程批准和实施领域政府信息公开栏目的系统对接。完善个人数字证书的申请操作流程，创设个人数字证书的运用场景。完成水利工程量清单数据标准的编制，并已开展试点。

【持续加强事中事后监管】一是推进企业资质动态管理工作。启动2018年度勘察、设计资质动态核查，对2018年度申请新设立、增项、延期的勘察资质和设计资质的企业开展资质动态核查工作。全年，共核查勘察企业11家、设计企业420家，其中不达标的有勘察企业1家资质1项、设计企业187家资质196项，已发出整改通知书责令企业限期整改。为加快研究告知承诺审批后的监管方式和流程，通过采用100%系统检查与按比例人工复查的方式进行监管，对于申请事项不符合标准要求或与承诺内容不符的事项，依法撤销行政审批决定。二是推进行政执法工作。严格依照《上海市建设工程行政处罚裁量基准》（2015年版）实施行政处罚，稳步开展行政处罚工作。全年共立案6起，完成行政处罚6起，涉及企业4家，个人2名，处罚金额共计88000元。案件主要涉及未取得施工许可证擅自施工，企业提供虚假材料申请资质，当事人提供虚假材料申请注册等违法违规行为。三是推进诚信体系建设。切实做好施工企业信用评价的日常异议处理和咨询接待工作，收到书面异议申请35项，咨询解答135次。开展监理企业信用评价和注册人员信用档案工作。

（五）设计文件审查

【概况】2018年，本市设计文件审查工作以加强勘察设计质量监管为主线，以深化设计文件审查改革为重点，较好地完成了年度工作任务。

【积极配合推进营商环境改革，落实多图联审制度】一是深入调研，制定管理规定。根据审改推进要求，牵头组织规划、消防、人防、行业协会、审查机构多次就“审查内容、合格判定标准、审查范围”等内容进行研究，收集整理对审改工作的意见、建议。在此基础上，出台《上海市建设项目施工图设计文件“多图联审”管理办法》《关于明确本市施工图设计文件“多图联审”审查要求的通知》等多份管理文件。二是组织开展业务培训。组织开展社会投资项目“多图联审”的技术审查业务培训，对五部门委托审查的专业要求开展了7批次约1500人的技术培训，同时积极做好对区、特定地区管委会的政策、业务培训指导工作。第一时间将政策要求及时传达到相关人员，确保改革工作的有序推进与落实。三是组织推进项目落地。积极做好服务工作，为确保联审流程通畅，认真梳理审改项目，多次召集项目对接工作会议，开展项目跟踪服务，派专人负责协调、指导审图工作，避免建设单位、设计单位、审查机构因不熟悉审改流程造成的重复工作，并做好审改项目的对接落实、统计工作等。四是建立审图专员制度，提升多图联审能力。组织制定了《上海市施工图审查专员管理办法》，在原审图专家管理的基础上优中选优，聘请了25名技术精、能力强、有担当的技术精英担任审图专员，并组织召开了实施启动会，为多图联审工作提供了有力的技术支撑。五是坚持做好总体设计文件征询收尾工作。2018年，共受理总体设计文件征询项目107个，完成总体设计文件征询项目152个（其中，并联服务平台项目110个，自行征询项目42个，自行征询项目占比27.63%）。区、特定地区管委会共完成总体设计文件征询项目357个（其中自行征询项目共133个，自行征询项目占比37.25%）。下放各区项目49个（其中产业项目23个，其他项目26个）。坚持相关部门征询用时通报制度。按季度对相关管理部门征询用时情况进行统计并发文通报。通过不断的努力，各相关管理部门（包括交通部门）征询效率均有了很大提高。全年，总体设计文件征询平均用时15个工作日（规定时间为15个工作日），逾期未回复10个，占比1.78%。

【不断强化审图市场监管水平，促进行业健康发展】一是加强审查机构行为监管。分两个批次对全市19家房建审查机构（其中4家兼有市政审图、1家兼有基坑审图）进行了全覆盖飞行检查，随后又对可能存在较严重问题的3家审查机构进行了重点抽查。检查内容主要为人员在岗、网上合同信息报送、项目档案、数字化审图和前期服务数据上报情况等。共抽查项目合同70个，项目档案46个，项目图纸10个。检查结果表明，各审查机构基本能按照相关法律法规和文件规定开展审图工作，但也存在少数审查机构人员在岗率比较低、合同信息上报和管理不规范等问题，中心对存在问题的审查机构进行了通报并开具整改单。二是定期核算并公布审图任务量。加强审图项目信息管理，严格按照审批权限分工及修改要求，认真审核项目信息修改申请，确保信息修改无误。2018年，共同意修改项目信息651个，不同意修改项目18个。在此基础上，每月对各审查机构的审图任务量按备案的建筑面积进行统计，并在行业内于下月初定期予以公布，做到公开、准确、真实，对个别任务量超出较多的审查机构及时开展约谈，各审查机构均能合理安排任务承接进度。2018年，除1家审查机构的任务量比例在7%~8%之间外，其余审查机构的任务量均控制在7%以内，较好维护了审图市场稳定发展。三是不断促进施工图审查服务质量提升。完成了办事指南的修订工作，对施工图审查机构的认定标准做了进一步的修订与补充，规范了自身服务流程。坚持开展审查机构服务质量测评，每月通过电话问询建设单位，进行满意度调查，调查项目数量占备案项目总数的25%~30%，并于每季度发布各审查机构的满意度调查通报，对基本满意和不满意的项目进行跟踪调查。四是做好审查机构前期服务数据统计分析。根据《关于加强施工图设计文件审查数据统计分析的通知》，要求审查机构每季度对审查工作进行统计分析并查找在工作中发现的问题，分析原因并提出建议。对审查机构上报的统计分析报告进行汇总，形成《审图前期服务中发现的勘察设计质量问题汇总表》月度、季度报表，并完成《房屋建筑工程勘察设计质量情况的通报》。通过分析统计，及时掌握本市勘察设计质量现状，为下步制定政策、加强监管提供了有效依据。五是完善信息系统建设。完善盲审系统建设。对软件开发单位明确提出了进一步提升盲审系统对于图签识别准确率等相关优化要求。对现有数字化审图系统进行了升级，从一定程度上提升了系统的稳定性及页面响应速度。六是充分发挥施工图审查分会积极作用。每季度召开施工图审查分会会长单位例会，总结现阶段施工图审查工作情况，规范市场主体行为，推动审查分会各项工作有序开展。

【积极完善监管制度措施，提升勘察设计质量】 一是集中组织开展技术抽查。以住建部节能、绿建、抗震专项检查迎检自查和勘察质量专项检查等工作为重点，集中组织开展了11次技术抽查。检查项目265个，检查面积约441万平方米。检查重点为装配式建筑、保障性住宅、市政工程、幕墙工程等，涉及建筑消防、节能绿色建筑、主体结构及地基基础安全等方面。检查共对51个项目出具了质量问题整改通知单。二是开展施工现场设计质量巡查。先后对临港管委会、市管项目、虹桥管委会、保税区管委会、化工区管委会进行施工现场设计质量检查。共检查项目11个，开具整改通知单11张、执法建议书4张。三是开展勘察设计单位质量管控情况检查。研究《本市建筑设计企业设计校审管理规定》。针对勘察设计企业校审工作形同虚设的现象，会同中船九院共同开展《本市建筑设计企业设计校审管理规定》的研究制定，明确校审重点、人员要求、后续培训等工作要求，梳理校审大纲。并就相关工作听取了部分设计企业意见。组织开展勘察、设计单位内部质量管理体系落实情况检查，特别是校审工作落实情况检查。共检查项目4个，涉及4家设计单位，检查对1个项目出具了整改通知单。四是积极推进勘察工程信息化监管系统开发建设工作。针对勘察行业野外作业长期存在的弄虚作假，钻孔数量不足、深度不足等顽症，根据住建部“勘察质量管理信息化试点”工作的要求，会同勘察设计协会岩土分会，与上勘院协商研究了本市勘察工程信息平台的框架及开发建设工作。完成了平台初步开发，并选取本市部分骨干勘察企业对承接项目开展试运行。五是进一步规范行政处罚工作。加大行政处罚力度，对存在严重勘察设计质量问题的责任单位和个人进行行政处罚。经检查后立案进行行政处罚的案件共2件，其中涉及勘察设计单位处罚案件1件，涉及建设单位处罚案件1件，共处罚款30万元。所有案件严格按照法律法规规定程序执行，案件结案率100%，行政处罚信息化系统执行率100%。六是组织编制规范性文件。组织编制《装配式建筑设计文件编制深度标准》。针对装配式建筑设计深度不足、设计文件不规范的问题，会同建工设计院、中森设计院等单位完成了装配式建筑设计文件编制深度标准送审稿的编制。为保证施工图设计文件技术审查要点的适用性，对《上海市房屋建筑工程施工图设计文件技术审查要点（岩土工程勘察、建筑设备专业篇）》（2015年版）进行升版修订。

（六）建筑信息模型技术应用推广

【概况】本市已初步实现“规模以上建设工程全部应用BIM技术”的目标，其中，60%的项目在设计、施工两阶段应用了BIM技术，40%的项目设计、施工、运维全过程应用BIM技术。BIM技术在缩短工期、节约成本、提高质量、提升管理效率、提高安全性和盘活数据资产等方面的应用价值，获得了建筑业企业的普遍认可。截至2018年底，全年应用BIM技术的项目数量达822个，同比增加20%，总投资6351亿元，其中政府投资项目210个，投资额896亿元；社会投资项目612个，投资额5455亿元。

【继续完善配套政策环境】根据《关于本市保障性住房项目实施建筑信息模型技术应用的通知》(沪建建管〔2016〕250号)和《关于印发〈本市保障性住房项目应用建筑信息模型技术实施要点〉的通知》（沪建建管〔2016〕1124号）文件要求，为统一专家验收评审标准，制定出台《上海市保障性住房项目BIM技术应用验收评审标准的通知》，标准中规定了保障性住房项目各阶段BIM技术应用项的评价指标、评价标准和验收报告要求。为提高本市BIM技术在装配式建筑中的应用水平，2018年9月发布了《预制装配式混凝土建筑设计、生产、施工BIM技术应用指南》，指导本市装配式建筑相关企业在设计、生产、施工各个阶段的BIM技术应用。

【进一步完善基于BIM技术的政府监管体系】指导区和管委会落实《关于进一步加强上海市建筑信息模型技术推广应用的通知》（沪建建管联〔2017〕326号）要求，从土地出让、规范审批、工程报建、施工图审查、竣工验收备案等环节，各有关部门对应用BIM技术的建设工程进行审批和监管，同时探索建立相应的激励和配套措施，简化审批流程，转变监管方式，提高行政审批和监管效率。在建设行政管理方面，对于在本市BIM推广应用范围内（规模以上）的建设工程项目，在工程报建环节，网上报建时需要填报BIM应用信息，签署《告知承诺书》；在招投标过程中，应使用包含BIM条款的招标文件示范文本，建设行政管理部门审核，抽取BIM技术专家参加评标；在初步设计和施工图设计文件审查环节，相关建设行政管理部门或第三方专业机构应用进行BIM模型质量检查，并进行定量化评价；在施工实施环节，建设行政管理部门对BIM应用情况进行抽查，对不符合应用要求的项目，落实整改；在竣工验收和归档环节，建设行政管理部门核查BIM模型和竣工验收报告的BIM应用验收意见，竣工归档资料中应包含BIM模型和成果信息。在激励引导方面，落实了保障性住房项目BIM技术应用费用补贴政策；将BIM应用成效显著的建设项目纳入2018年度上海市立功竞赛表彰范围；加大对BIM技术的科研立项、项目费用的政策扶持。此外，在申请优秀工程勘察设计奖、白玉兰奖等时，对应用BIM技术的建设项目予以加分或优先考虑。

【继续增强BIM技术推广力度】2018年，全市BIM技术应用推广力度继续增强。BIM

技术应用纳入“上海市重大工程立功竞赛建筑市场分赛区”评定范围。本市政府各部门、行业协会、大型企业通过举办 BIM 大赛、技术与管理论坛、试点项目交流会、多层次 BIM 培训等方式，加大 BIM 技术宣贯和 BIM 人才培养力度。2018 年上海市举办了第三届中国国际轨道交通投资和建设 BIM 技术应用高峰论坛、2018 上海 BIM 技术应用与发展论坛等各类 BIM 技术专业性论坛、峰会等活动，这些活动多由行业协会组织或主办，围绕 BIM 应用管理模式、方法、技术和标准等内容，以宣讲、论坛等方式，分享应用经验和成果，探讨解决方案，促进了 BIM 技术的推广应用。

【将 BIM 引入高校课程教育】 上海市部分高校已将 BIM 引入高校课程教育，实现专业课程建设的结构性调整，如同济大学、上海交通大学、上海大学等。学院方面，同济大学设立了“同济大学 -Autodesk 建设全生命期管理联合实验室”和“211 工程管理信息化实验室”上海交通大学设立了“BIM 研究中心”等。现阶段各高校土建类专业学生对于 BIM 的学习热情高涨，同济大学、上海交通大学等 12 所高校学生组织成立了“高校 BIM 学生联盟”，上海交通大学、上海大学等成立了 BIM 学生社团。

（沈琼）

（七）标准定额造价管理

【概况】2018 年是全面贯彻和落实党的十九大精神的开局之年，为更好地服务于上海城市发展与人民群众对美好生活的需要，市住建委标准定额处紧紧围绕市建设交通工作党委、市住房和城乡建设管理委重点工作，积极开展工程建设标准、定额造价管理工作，不断更新工程建设标准规范，促使上海城市建设向更高标准、更严要求迈进；不断完善建设工程计价依据，促进本市建筑市场健康有序发展。

【持续完善工程建设地方标准】 全年重点围绕全面提升城市服务品质，提升城市宜居性和包容度，引领支撑和进一步规范上海市建筑业发展，积极推进《住宅设计标准》（修订）、《保障性住房设计标准》《预制装配式保障性住房套型图》《海绵城市建设技术规程》《综合管廊工程技术规范》等标准制修订工作。在《住宅设计标准》修订过程中，全面梳理从 1985 年以来发布的 8 个版本住宅设计标准，积极对标美国、欧洲、日本等国际一流标准，充分借鉴国外先进技术和管理措施，形成四大技术亮点，高质量完成了修订任务。2018 年共发布工程建设标准 54 项，截至 12 月 31 日，现行上海市工程建设规范 395 项，标准设计（图集）35 项，标准、图集涵盖房屋建筑、市政、水务、园林绿化等城市建设各专业领域，涉及勘察、设计、施工验收、运营维护管理等建设工程全寿命周期，为建设工程质量安全提供重要保障，推动着上海建筑业转型升级、促进企业技术进步、切实提高城市建设和管理水平，与国家、行业标准形成有效互补。

同时，根据国家和住建部标准化工作改革精神及为上海创建卓越的全球城市提供技术保障的要求，精简整合，制定出具有地域特色，突出资源禀赋和民俗习惯的地方标准。立项标准紧密结合政府职责范围，促进上海市工程建设标准向基础类、公益类标准过渡，鼓励专项标准技术整合，鼓励前沿、热点技术标准的编制。印发了“2019 年上海市工程建设规范、建筑标准设计编制计划的通知”（沪建标定〔2018〕753 号），共计 69 项，其中新编 33 项工程建设规范，修订 32 项工程建设规范，新编 4 项建筑标准设计（图集），修订标准项目占标准立项的比例逐年上升。

【着力促进标准执行力】为促进标准的执行力和影响力提升，市住房和城乡建设管理委员会同相关行业协会、标准化专业技术委员会组织开展重点标准的宣贯培训活动，对现行的12项重点标准进行宣贯培训，全年共召开了12场培训会，培训内容涉及2项国家标准和10项地方标准，主要包括装配式建筑、绿色建筑、城市交通、绿化市容、住房修缮等专业领域的重点标准，超过2000人次参加培训。通过宣贯培训强化了从业单位和从业人员的标准化意识，提高了从业人员对标准条文的理解领悟，提升了勘察、设计、施工、安装、验收、维护等各个环节建设工程技术标准执行力度。

为进一步加强对本市工程建设规范强制性条文执行情况的监管，2018年下半年市住建委标准定额处会同市市场管理总站联合各区建筑节能管理部门、市审查中心、市安质监总站及建筑、结构、暖通、给排水、电气、材料等相关专业专家，按照“双随机、一公开”的监管模式，对本市新建国家机关办公建筑和大型公共建筑安装用能分项计量、能效测评情况、建设单位落实绿色建筑设计措施等相关工作中涉及的强制性标准开展专项检查。检查所涉及的标准包括：《公共建筑绿色设计标准》DGJ08-2413、《住宅建筑绿色设计标准》DGJ08-2039和《公共建筑用能监测系统工程技术标准》DGJ08-2068。检查过程中发现建设单位存在对标准条文理解不透彻、执行不准确的现象，为此我们提出加强对强制性标准的宣贯培训力度，以及强制性标准执行情况的跟踪了解和实施监督。

【积极开展标准国际化工作】为响应国家“一带一路”倡议，贯彻落实上海市委十一届四中全会精神，积极开展工程建设标准国际化工作，2018年4月，成立工程建设标准国际化工作小组，先后赴中建三局、中交三航局、上海建工、华建集团、振华重工、申通集团、上海电气等七家大型设计、施工、制造龙头企业，调研中国标准“走出去”情况，了解“一带一路”沿线国家对中国工程建设标准认可度及上海企业走出去的优势和遇到的阻碍。结合大调研情况，起草撰写了《上海市工程建设标准国际化工作方案》《上海市建设工程标准国际化三年行动计划》和《上海市工程建设标准国际化企业联盟章程》。2018年12月初，承办了住房城乡建设部在上海举办的2018年度地方工程建设标准化工作现场会、工程建设标准国际化工作推进会，会上就上海市工程建设标准国际化工作推进情况、上海市《住宅设计标准》中外对比工作情况向大会做交流发言。

【修订完善建设工程定额体系】为不断提高定额统一管理水平，促进建设工程计价管理工作规范、协调、有序开展，对《上海市建设工程定额体系（2015）》进行了修编完善。修编过程中，通过对本市建设工程发展现状和趋势的分析研究，对本市各类建设工程定额进行统一梳理和规划，就定额体系表的内容先后征询了市交通委、市水务局、市绿化市容局、市民防办等行业主管部门意见，对定额的使用现状、编制计划、编制建议等细节进行充分调研，编制完成《上海市建设工程定额体系（2018）》，并印发了《2019年度上海市工程建设及城市基础设施养护维修定额编制计划》（沪建标定〔2018〕488号）。

【加强建设工程定额制订工作】为满足城市建设运营全过程的计价需要，积极推进定额编制工作，完成了《上海市市政养护》和《公路养护定额》的2018年度现行价单位估价表编制工作，并在上海建设工程造价信息网上向社会公布；完成了《上海市市政工程预算定额第二册道路照明工程（SHA1-

31(02)-2018）》《上海市建设工程检测定额（SHT0-80（02）-2018）》《上海市燃气管道工程养护维修预算定额（SHA6-41-2018）》和《上海市绿化市容工程养护维修预算定额第三册 园林绿化养护（SHA2-41(03)-2018）》等各类定额的编制发布工作，同时完成了各相关定额费率测算发布工作。

依据《上海市建设工程定额体系（2015）》及上海市住房和城乡建设管理委印发的《2018年度上海市建设工程及城市基础设施养护维修定额编制计划》（沪建标定〔2017〕918号），按照《上海市建设工程概算定额编制总纲》的要求，全面推进"上海市建筑和装饰工程概算定额""上海市安装工程概算定额""上海市市政工程概算定额"和"上海市燃气管道工程概算定额"的修编工作。截至12月底，完成了"上海市建筑和装饰工程概算定额""上海市安装工程概算定额"和"上海市市政工程概算定额"的征求意见稿编制工作。

【积极开展定额宣贯培训工作】 随着2016年建设工程预算定额的全面实施，为确保预算定额正确合理使用，加强行业对新定额的理解，提高定额的执行力，继续开展定额宣贯培训工作。2018年全年先后开展了安装工程、燃气工程、绿色建筑工程预算定额和"上海市建筑和装饰工程概算定额（2010）装配式建筑补充定额"宣贯培训。即时跟踪了解定额实施过程中存在的问题，做好相关信息和资料收集工作。同时启动定额数据现场监测工作，设立世博会地区浦发银行营业办公楼在建工程示范点，即时收集实测数据，掌握一手资料，探索定额动态管理机制。

【积极开展造价行业诚信研究工作】 为响应住建部加强和改善工程造价监管的要求，积极开展工程造价咨询行业信用体系研究，建立以信用为核心的新型市场监管机制，增强企业责任意识、信用意识。2018年初，市住建委标准定额处组织开展了《在沪建设工程造价咨询企业信用评价》和《在沪建设工程造价咨询企业从业人员信用评价》课题研究工作，对本市建设工程造价咨询企业信用现状进行系统分析，制定了本市建设工程造价咨询企业信用评价工作原则，构建综合考量企业基本信息、工作质量、不良行为信息、良好行为的指标体系和方法。编制形成《在沪建设工程造价咨询企业信用评价方案》和《在沪建设工程造价咨询企业从业人员信用评价方案》等成果文件。

【持续加强造价管理工作】 为营造公平、公正、公开的建筑市场环境，继续推动本市竣工结算文件备案工作，实现"三价公开（中标价、最高投标限价、结算价）"。今年在原有基础上，进一步推动建设单位备案工作，市住建委标准定额处会同市市场管理总站召集各区建设行政主管部门、行业主管部门及相关建设单位对竣工结算价格备案滞后的600多个项目进行梳解，责成相关部门跟踪落实备案工作。同时，完善"三价公开"信息平台的建设工作，实现竣工结算价格公开自动化。截至12月底，三价公开栏目，公开项目标段11949个，其中三价全部公开项目276个；竣工结算文件备案平台完成备案项目792个。

为进一步规范本市工程造价咨询企业执业行为，提高本市建设工程造价咨询企业的服务质量，组织开展了"2018年度工程造价咨询企业咨询质量与计价行为专项检查工作"。专项检查采用企业自查与现场抽查相结合的方式展开，本市所有的造价咨询企业根据上海市住房和城乡建设管理委员会《关于开展2018年度工程造价咨询企业咨询质量与计价行为专项检查的通知》（沪建标定〔2018〕503号）开展自查，并完成自查报告上报市市场管理总站。市市场管理总站根据“双随机、一公开”的原则在造价咨询企业数据库中随机抽取64家企业进行实地检查，其中甲级49家，乙级15家，每家企业随机抽取3个工程造价咨询成果文件进行评分检查。检查过程中严格按照“工程造价咨询企业执业质量检查评分记录表”内容逐项检查打分，检查内容共涉及三个阶段八个方面，具体分为：准备阶段的咨询合同管理、咨询资料搜集、实施方案的编写及审定；实施阶段的业务操作质量及成果文件的审核质量；终结阶段的咨询成果文件、文件归档及企业总体的质量保证体系等。考核评分最终经造价咨询企业法定代表人或其授权代理人签字确认。通过检查进一步规范了造价咨询企业的咨询行为，提高了咨询成果文件质量，促进了造价咨询行业的健康发展。

【持续完善工程造价信息标准】 为进一步推进本市建设工程造价信息化进程，健全工程造价基础数据标准化体系，编制发布了《上海市人工、材料、机械设备数据标准》（以下简称《数据标准》）（沪建标定〔2018〕298号），《数据标准》的出台为本市编制定额、工程量清单等计价依据提供了统一的数据描述和数据库格式要求，为实现数据共享和交换奠定了基础。为打破各软件之间技术壁垒、消除信息孤岛，实现建设工程造价电子数据的共享与利用，实现造价标准化、规范化、科学化管理，继续开展《上海市建设工程计价应用软件数据交换标准》编制工作。为规范本市建设工程造价指标指数的分类、分析与测算方法，提高建设工程造价指标指数在工程项目建设宏观决策、行业监管中的指导作用，继续开展《上海市建设工程指数指标分析标准》编制工作。

【持续提高造价服务水平】 为进一步提高建设工程要素价格信息（人工价格、材料价格和施工机械价格等信息）发布效能，优化信息价格收集、整理、分析机制，每月定期在上海市住房和城乡建设管理委门户网站上向社会动态发布建筑装饰、安装、市政公路、园林绿化、供水、燃气、人防等各专业的建设工程要素价格信息，以满足建筑领域各方的需要，每月有8000余条信息向社会发布，并发布主要材料价格走势分析报表。同时，为继续贯彻落实装配式建筑和绿色建筑发展理念，精选了多个典型建筑工程项目，涉及医院、教学楼、办公楼、厂房、保障房等，编制发布了10项造价指标，供建设各主体方参考，进一步提升本市造价公共服务水平。

2018年4月，根据财政部、税务总局（财税〔2018〕32号）和住房城乡建设部办公厅《关于调整建设工程计价依据增值税税率的通知》（建办标〔2018〕20号）的文件要求，完成了上海市建设工程造价增值税税率的调整工作。上海市住房和城乡建设管理委员会印发了“关于做好增值税税率调整后本市建设工程计价依据调整工作的通知”（沪建标定〔2018〕201号），规定5月1日后的人工、材料、机械设备的除税价格均根据新的增值税税率折算后发布，并督促软件公司做好计价软件的调整，实现了税率调整工作平稳有序过渡。

继续强化服务职能，积极开展建设工程计价依据解释与争议调解工作，争议调解工作全面实现网上预约功能。目前系统运行情况良好，对切实维护建筑市场各方主体的合法权益起到了积极作用。2018年全年计价依据解释和争议调解登记窗口共受理并处理36件案件，累计接待共计184人次，主要涉及建筑、装饰、安装、市政和费用等专业。目前该登记窗口有注册人员822名。

【继续推进信息化建设】 继续完善上海市工程建设标准体系查询系统，实现标准编号、标准类型、标准状态等多维度检索。加强工程建设标准体系动态管理，建立动态更新机制，定期对体系表中相关信息进行更新调整。

“上海工程标准”微信公众号于2018年4月27日上线服务，每月及时发布当月开始实施的上海市工程建设标准名单，并发布重点标准解读（如《消防设施物联网系统技术标准》《绿色生态城区评价标准》和新版《建筑设计防火规范》等）。截至2018年12月31日，平台共发布文章80篇，其中图文消息42篇，累计关注人数1000余名。

“上海造价”微信公众号继续发挥政府服务能力，截至2018年12月底，全年平台共发布图文信息44条，累计关注人数14633人。

（朱迪）

（八）节能建材管理

【概况】2018年，上海绿色建筑发展取得积极进展，全市新建民用建筑全部执行绿色建筑标准，低碳发展实践区、重点功能区域与内新建公共建筑按照二星级及以上标准建设的比例不低于70%。截至2018年底，上海累计通过审图的绿色建筑总量已达1.51亿平方米，其中587个项目获得绿色建筑标识（建筑面积4994万平方米），二星级以上占比超过80%。装配式建筑发展总体向好，符合条件的新建建筑项目原则上实施装配式建筑，预制率不低于40%或装配率不低于60%。全年经营性土地出让落实装配式建筑2071万平方米（地上计容面积），累计装配式建筑落实总量超过6000万平方米，预制构件设计产能达到486万立方米，基本满足现有项目需求。建材使用监管机制进一步完善，实施重要建材供应信息报送制度，符合条件的在建房建项目（含工业厂房）已建立建材使用电子台账，共报送信息38万条，供应商确认率达到99%以上，基本做到重要建材在项目中可追溯。

【上海全面推进绿色生态城区建设】2018年9月6日，上海市政府办公厅转发市住房城乡建设管理委、市规划国土资源局、市发展改革委、市财政局制定的《关于推进本市绿色生态城区建设的指导意见》（沪府办规〔2018〕24号），提出到2018年底，各区、特定地区管委会完成绿色生态城区试点区域梳理储备。到2019年底，各区、特定地区管委会至少选定一个新开发城区或更新城区启动创建并完成绿色生态专业规划编制。力争到“十三五”期末，各区、特定地区管委会至少创建一个绿色生态城区；全市形成一批可推广、可复制的试点、示范城区。2018年，虹桥商务区核心区获国内首个最高星级绿色生态城区运行标识，普陀桃浦智创城、浦东前滩、杨浦滨江南段、宝山新顾城、崇明区等区域启动试点创建。

【上海举办绿色建筑国际论坛】2018年7月5日，上海举办2018年绿色建筑国际论坛，市人大常委会副主任肖贵玉、市人大常委会城市建设环境保护委员会主任崔明华，市政府副秘书长黄融，市政协人口资源环境建设委员会主任陆月星、市住建委主任黄永平、副主任裴晓出席论坛。论坛以“绿色建筑与创新发展”为主题，聚焦国内外绿色建筑领域创新经验和成果，探讨绿色建筑发展的创新道路。中国工程院院士、同济大学副校长吴志强，市经信委副主任吴金城，ONE WORKS事务所创始人Leonardo Cavalli，华建集团党委书记、董事长秦云，杜雅特涉外经济创兴文化园区董事会主席Antonio Duarte，崇明区委副书记、区长李政，市住建委节能建材处处长陈宁分别围绕人工智能助力绿色城市建设、产城融合、嵌入地域文化的新设计、低碳建筑推广、世界级生态岛建设和上海绿色建筑推进方向等方面进行了交流分享。论坛上，市住房城乡建设管理委正式发布《上海绿色建筑发展报告(2017)》。

【上海深入推进国家机关办公建筑和大型公共建筑能耗监测】 截至2018年底，上海国家机关办公建筑和大型公共建筑能耗监测平台已覆盖1687幢建筑，面积达到7833万平方米。开展建筑能耗监测平台数据应用研究，编制发布了《2017年度上海市国家机关办公建筑和大型公共建筑能耗监测及分析报告》。上海市住房城乡建设管理委、市发展改革委联合发布《上海市国家机关办公建筑和大型公共建筑能耗监测系统管理办法》(沪住建规范〔2018〕2号)，明确全市建筑能耗监测系统职责分工、建设、运行和考核管理要求。《办法》提出，单体建筑面积在1万平方米以上的新建国家机关办公建筑和2万平方米以上的新建大型公共建筑，或者既有国家机关办公建筑和大型公共建筑进行节能改造的，应当安装建筑用能分项计量装置，同步建立建筑能耗监测终端，并与建筑自控系统联网，具备数据采集、储存、统计、分析及管理等功能。

【上海加快推进建筑节能工作】 推进既有公共建筑节能改造，2018年共落实205万平方米公共建筑节能改造任务。完善既有居住建筑节能改造技术支持，协调发布了《上海市既有居住建筑节能改造技术目录》，明确了围护结构、照明、冷热源设备等六方面的性能指标。同时，探索超低能耗建筑发展，编制《上海市超低能耗建筑技术导则》《关于推进本市超低能耗建筑发展的实施意见》，提出上海超低能耗建筑发展整体思路和技术路径。

【上海推广装配式建筑创新技术】 2018年1月30日，上海市住房城乡建设管理委印发《2018年上海市建筑节能和绿色建筑示范项目专项扶持资金申报指南》，明确了14项装配式建筑创新、推广技术，涉及建筑、结构、内装工业化、一体化设计、构件生产、施工阶段等方面。根据《上海市建筑节能和绿色建筑示范项目专项扶持办法》(沪建建材联〔2016〕432号)，装配式建筑须采用两项以上创新技术且满足其他示范项目条件，方可获得财政补贴。

【上海发布全装修住宅发展报告(2018年)】 《报告》在调研全装修发展现状的基础上，全面分析了政策鼓励、监管体系、技术标准、关键技术等方面进展情况。同时，结合全装修业主满意度和产业链调研，展望了上海全装修住宅未来发展趋势，并对形成长效推进机制，进一步完善监管模式和技术标准提出意见建议。2017年上海全装修住宅竣工面积达到544万平方米，竣工项目全装修覆盖率总体达到50%，创历年新高。经对30个全装修项目业主的抽样调查显示，2017年上海全装修住宅业主满意度为80.01分。

【上海举办装配式建筑创新发展论坛】 2018年7月26日，上海市建设协会举办装配式建筑创新发展论坛，上海市住建委总工程师刘千伟出席并致辞。论坛解读了《2017年上海市装配式建筑发展报告》《关于进一步加强本市装配整体式混凝土结构工程套筒灌浆连接施工质量管理的通知》，发布了第四批、第五批“上海市装配式建筑示范项目”，表彰了第二届装配式建筑优秀企业、先进集体和先进个人，部分装配式建筑骨干企业和专家围绕装配式建筑技术和管理做交流分享。

【上海举办装配式建筑技能竞赛】 2018年11月19—21日，上海举办“2018中国技能大赛——上海市建设行业装配式混凝土结构灌浆连接项目职业技能竞赛”，24家企业36支队伍共108名选手参加。竞赛由上海市建设协会、市建筑施工行业协会主办，市建设工程安全质量监督总站、市职业技能鉴定中心指导。竞赛设置理论和实操环节，共决出冠亚季军队3支、优胜队5支、优秀组织奖5个，成绩合格的选手均获得“装配式混凝土结构灌浆连接专项职业能力资格证书”。该项赛事作为市级二类竞赛已列入中国技能大赛序列。

【上海禁止、限制生产和使用一批工程建设材料】2018年4月23日，上海市住房城乡建设管理委员会发布《上海市禁止或者限制生产和使用的用于建设工程的材料目录（第四批）》（沪建建材〔2018〕212号），对涉及水泥、墙体材料、保温系统、外墙和五金配件、涂料、防水和照明七类、14种材料提出禁止或限制使用要求。

【上海优化建材企业营商环境】2018年5月22日，上海市住房城乡建设管理委员会发布《关于进一步优化和简化本市新型墙体材料基金清算等办理流程的通知》（沪建建材〔2018〕274号），加快清算墙体材料专项基金。同时，将《新型建设工程材料认定证书》纳入电子证照范畴，完善办事指南和业务手册，实现“只跑1次”办理模式，缩短承诺办理时限，2018年共颁发5个新材料认定证书。

【上海严厉打击假冒伪劣建材产品】上海市住房和城乡建设管理委、市公安局、市工商局、市质量技术监督局联合发布《关于进一步协调推进打击假冒伪劣建材产品工作的通知》（沪建建材联〔2018〕331号），明确打击假冒伪劣建材产品职责分工，建立伪劣建材产品发现、处置、联动机制，引导行业协会充分发挥自律作用，开展企业诚信管理。

【上海开展治理违规海砂专项行动】上海市住房城乡建设管理委员会同相关部门在全市范围内开展违规使用海砂专项检查。重点检查预拌混凝土生产企业和在建项目，共开展检查554次，涉及预拌混凝土企业133家、工程项目421个。经查，未发现上海预拌混凝土企业和在建项目违规使用海砂行为。在此基础上，上海市石材行业协会、市混凝土行业协会分别发布《关于在本市混凝土和预制构件领域禁止生产、销售和使用海砂的通知》《关于重申严禁使用海砂的紧急通知》，进一步强化砂石来源和质量把关。

【上海推进建筑废弃混凝土资源化利用】市住房城乡建设管理委员会同市交通委、市绿化市容局、市发展改革委、市经济信息化委员会、市环保局、市规划国土资源局、市城管执法局发布《上海市建筑废弃混凝土回收利用管理办法》，于2019年1月1日起施行。《办法》提出建立“政府引导、市场运作、行业自律、属地监管”的建筑废弃混凝土回收利用常态长效机制：一是搭建信息管理系统，通过合同管理、数据核对，形成覆盖收集、运输、再生处理和再生产品应用的全过程监管模式。二是规范再生处理场所建设和生产，明确再生处理临时场所应按照有关社团标准完成改造和建设，做到环保达标、安全生产。同时要求建筑废弃混凝土处理率达到100%，利用率不低于95%。三是针对再生建材产品实行备案和强制使用制度，要求处理和应用企业出具质量保证书，实现再生建材质量可追溯，建筑废弃混凝土综合利用程度稳步提高。在此基础上，市住房城乡建设管理委员会同市绿容局推进再生处理场所落地，协调相关区政府落实过渡期内临时处理场所。指导上海市混凝土协会出台《上海市建筑废弃混凝土再生处理临时场所建设与技术标准》，进一步规范了再生处理临时场所建设。

（张倩）

（九）建设质量安全监管

【概况】2018年全市范围内建筑施工领域共发生生产安全事故27起，死亡34人（其中：在监房建工程21起25人，水务事故3起6人，交通事故1起1人，电力事故1起1人，未监工程1起1人），同比2017年的18起19人，分别增加50%和78.9%；房建工程发生较大事故2起，死亡6人，水务工程发生较大事故1起，死亡4人。未发生质量事故。

【全面推进营商环境的优化】一是联合竣工验收全面推进。根据市委市政府关于营商环境有关工作部署，推进联合竣工验收，梳理竣工验收和验收备案流程，优化管理措施，开展综合竣工验收推进有关工作，不断提高企业的满意度。按照新的办法，完成试点项目31个。二是实现安全生产许可证证书电子化。根据《上海市行政审批告知承诺管理办法》《上海市行政审批批后监督检查管理办法》要求，制定《上海市住房和城乡建设管理委员会关于本市建筑施工企业安全生产许可证实施告知承诺电子化审批的通知》。本市建筑施工企业安全生产许可证行政审批实行告知承诺，实现安全生产许可证证书电子化。三是优化防雷检测工作。为进一步优化本市营商环境，加强五方主体责任落实，保障本市建设工程防雷安全，研究制定了《关于加强本市建设工程防雷及接地装置安装工程质量监管的通知》（沪住建规〔2018〕6号），把防雷工作纳入本市建设工程质量安全日常监管范围，将原来竣工验收要求的第三方出具检测报告的内容取消。

【首届进博会保障工作】全力做好首届中国国际进口博览会安全保障工作。按照市政府有关工作部署，印发《关于做好中国国际进口博览会建设工程领域安全生产工作的通知》，要求市、区两级管理部门组织开展隐患排查整治工作，特别是对安保圈区域内所有建设工程进行全覆盖排查，详细掌握建设工程的基本信息，全面掌握超过一定规模的危险性较大的分部分项工程情况。在市区两级建管部门的共同努力下，7月底完成全部排查统计工作并汇编成册。同时，通过加强施工现场实名制管控，要求施工企业加强劳务实名制管理系统的使用，掌握所有施工人员详细信息，掌握人员动态情况，确保不发生有影响的群体性事件。此外，根据市政府部署要求，印发了《关于开展中国国际进口博览会周边建筑工地围墙美化整治、安全管理工作的通知》，对中国国际进口博览会周边建筑工地围墙、大临设施围墙开展专项美化整治行动，全面加强在建工地的安全防范管理工作。在进博会安保决战阶段，市、区两级监管部门组成5个检查工作组，针对进博会安保圈内122个在建工地和1个区域外重点关注项目进行地毯式排查，全面掌握工程的建设、施工、监理单位等详细情况，确保各项工作措施落实到位，为进博会的顺利举办做好相应的保障工作。

【完善工程质量安全管理规章制度】研究制定了提升工程质量安全管理水平的政策措施。一是出台《上海市住宅工程质量潜在缺陷保险实施细则（试行）》，已经市政府法制办备案，为积极稳妥推进本市住宅工程质量保险工作提供了操作层面的制度保障。二是研究制定了《上海市建设工程质量安全监督管理规定》《上海市建设工程质量安全监督机构和人员考核管理办法》，为规范本市工程质量安全监督管理部门的质量安全监督行为及相关考核工作提供了制度保障。三是制定了《上海市建设工程监理报告若干规定》，为规范工程监理在建设工程质量安全管理中的行为，提供政策支持。四是为加强本市住宅工程质量管理，落实住宅工程参建各方主体质量责任，提高住宅工程质量水平，研究制定了《上海市住宅工程质量分户验收管理办法》。五是为加强建筑起重机械检验检测工作的监督管理，制定《上海市建筑起重机械检验检测管理规定》，进一步规范检验检测行为，提高检验检测工作质量。六是针对外墙保温材料的质量安全存在的问题深入开展调研，在充分论证的基础上，研究制定了《上海市民用建筑墙体节能工程质量安全管理规定》，对外墙面保温材料使用范围、质量保障措施及安全施工方案进行了详细规定，为后续规范墙体节能工程质量安全管理行为提供依据。

【开展质量安全专项治理行动】 一是开展治理违规海砂专项行动。根据住房城乡建设部等单位《关于开展治理违规海砂专项行动的通知》（建质电〔2018〕22号）要求，印发了《关于本市开展违规使用海砂专项治理行动的通知》，并在全市范围内开展了专项执法检查。二是开展“安全月”“质量月”活动。通过开展安全发展主题宣讲、城市安全文化创建安全生产宣传咨询日、先进典型主题宣传、事故和灾害警示教育、应急演练、安全生产培训及知识竞赛和施工工地创优观摩等活动，进一步牢固树立“生命至上、安全发展”的理念。印发了《关于开展2018年上海市建设系统“质量月”活动的通知》，组织开展了以“建设高品质工程，推进高质量发展”为主题的2018年“质量月”活动。通过该活动的开展，不断夯实质量基础，全面加强质量管理。三是开展消防安全大排查大整治。根据上海市消防安全委员会《全市消防安全大排查大整治行动方案》要求，组织开展在建工地消防安全大排查大整治活动。重点排查整治企业和项目部安全组织机构和管理制度不健全或履责不到位、消防器材设施停用或缺损、违规用火用电等突出违法行为和火灾隐患。四是深入推进建筑施工安全专项治理行动。进一步贯彻落实《市安委会办公室关于开展建筑施工安全专项治理行动的通知》精神，制定《上海市住房和城乡建设管理委员会关于进一步深入推进建筑施工安全专项治理行动的通知》，进一步深入推进本市建筑施工安全专项治理工作。重点推进治理施工现场违法违规行为和事故隐患查处力度，强化危大工程安全管控、强化安全事故责任追究，促进工程建设各方依法落实安全生产主体责任。五是深入开展防高空坠物专项治理工作。为进一步加强本市在建工地空中坠物安全隐患整治工作，切实保障人民群众生命财产安全，维护城市安全，根据《上海市政府办公厅关于印发〈本市全面开展空中坠物安全隐患专项整治实施方案〉的通知》要求，制定《本市在建工地全面开展空中坠物安全隐患专项整治实施方案》，进一步规范在建工地塔式起重机、脚手架、施工围墙、主体结构顶部，以及其他有高空坠物风险的部位上架设的广告牌或其他标牌，消除空中坠物隐患。

【部署防台防汛工作】针对今年七八月期间，本市连续三次受到台风正面影响，根据市政府有关防汛防台工作要求，深入周密部署，紧急行动，强化值班值守，形成抗台指挥网络；做好深基坑、塔吊、升降机、脚手架、临时构建筑物、设备设施、沟管道路等的防汛安全管理；排查整治现场排水、洞口临边、高处堆放、临时用电等方面的不安全因素；同时密切关注天气预警，根据台风发展情况，工地做好停工准备，必要时采取人员撤离至安全场所，拆除可能有隐患的装置等措施，确保多项防台应急工作要求落实不留死角。共计落实28支抢险队伍和600名抢险人员蹲点待命，形成全市“抢险地图”，确保台风期间本市建设工程的生产安全。此外，针对高温季节的安全防范工作，印发了《关于加强高温季节施工现场安全生产管理工作的通知》，要求各项目部做好施工前的安全教育和安全交底；严格要求各施工单位要合理调整作息时间；严格遵守文明施工管理规定和夜间施工许可管理办法；落实好防暑降温各项措施，努力减轻高温天气对施工人员健康和生产安全的影响。

【有序推进监管工作创新】 一是开展建设工程 BIM 技术在施工现场安全管控中运用的研究。基于 BIM 技术的可视化、协同化和集成化，结合 BIM 模型与云技术、物联网技术，研发数字化安全监管系统，作为安全监管工作可视化智能化协作平台。该系统主要包含可视化安全知识库、信息化安全监管系统、危大工程管理及安全事故管理等系统的模块。年内进行 BIM 技术在施工现场安全管控中的运用试点，通过试点总结经验形成 BIM 技术安全管理规定文件初稿，下一步将建成 BIM 技术安全管理信息系统，提高监管技术水平。二是信息化工作进一步深入，完成了《勘察质量管理信息化》试点工作任务课题研究，基本建成了上海市工程勘察质量管理信息系统平台建设，并由市设计文件审查中心选择部分单位开展试点工作。

【质量安全巡查持续推进】2018 年 1—11 月，市住建委工程巡查组共巡查在建工地 89 个，总建筑面积 844.24 万平方米。共开具整改通知单 89 份，局部暂缓施工指令书 43 份，暂停施工指令书 3 份，对 21 个项目开具了行政处罚建议书。巡查组对其中的 14 个已巡查的项目实施回头看检查 15 次（有 1 个项目回头看检查 2 次），回头看检查开具整改通知单 4 份，局部暂缓施工指令书 1 份，暂停施工指令书 3 份，行政处罚建议书 2 份。

【扬尘污染治理】 按照市委市政府的要求，会同市安全生产监管局完成本市落实中办国办《关于推进城市安全发展的意见》实施意见的起草。完成了市环保局大气污染防治计划的相关协办任务，落实开展施工现场扬尘污染治理工作，推动非道路施工机械扬尘污染治理工作。

（何炜卿）

PART NOVEMBER XII

城市综合管理

INTEGRATED URBAN MANAGEMENT

（一）综述

2018年，上海以首届进口博览会为契机，对标最高标准、最好水平，全力推进城市管理精细化工作，以有序、安全、干净的高品质市容市貌，圆满完成了首届进口博览会的城市管理保障工作，赢得了中外宾客的广泛赞誉，在推动落实城市管理精细化“三年行动计划”的过程中，迈出了坚实的一步。

一、加强顶层设计、健全工作机制，加大投入力度

（一）出台政策文件，锁定任务目标

按照市委市政府《关于加强本市城市管理精细化工作的实施意见》，制定了贯彻落实实施意见的三年行动计划，明确了“9+5”共14项工作任务，市水务、交通、绿容、农业、城管、房管等相关部门以及各区也都出台了相应的实施意见和三年行动计划。全市按照“三心一针”“三全四化”的指导思想，全面推进城市管理精细化工作。

（二）健全工作机制，强化部门协同

1月31日，市委市政府召开全市城市管理精细化工作的动员大会，统一思想，凝聚共识。分管副市长定期召开现场会，实地察看“美丽街区”“美丽家园”和“美丽乡村”的建设情况，协调推进各类难题的解决。市级层面，成立了分管副市长任组长的市城市管理精细化工作推进领导小组，协调推进全市面上工作；区级层面，各区成立了党委、政府主要领导任组长的区城市管理精细化工作推进领导小组，形成主要领导亲自联系、分管领导靠前指挥，以及区精细化推进办牵头协调、相关成员单位条块联动的工作机制。

（三）对标国际一流，加大各项投入

以迎接首届进口博览会为契机，按照“对标一流、体现双最、优于世博”的市容保障标准，市相关部门及各区都在人、财、物上全力以赴做好保障，全员动员，增加了城市维护资金投入，更新了新装备、新设施，采用了新工艺、新技术，建立了与设施规模、管理标准等相适应的城市维护投入机制，城市管理精细化工作得到充分保障。

二、加强综合整治和环境建设

（一）持续推进违法建筑、“居改非”等存量违法行为整治

从“五违”整治转向“无违”创建，巩固“五违四必”综合整治成果，全面开展无违建居村（街镇）创建，加大“六必拆”重点类型违法建筑治理力度。2018年，共拆除违法建筑21.47万处、4275万平方米，47%的街镇实现“无违”创建。持续推进“居改非”整治，依法重点整治一批住宅小区内利用“居改非”从事违法经营活动，治安、消防、食品安全等安全隐患突出以及噪声扰民、油烟污染、环境脏乱差等群众反映强烈的“居改非”场所。2018年，共查处擅自改变物业使用性质（含居改非）案件271件，整改4225处，查处破坏房屋外貌（破墙开店）案件595起、整改恢复6560处，全市整治无证无照经营9.5万余户。

（二）加大水环境治理力度

推进城乡中小河道整治。2018年，持续深化河（湖）长制，全面消除黑臭河道，劣V类水体比例下降到20%以内，完成550条断头河整治、2214公里河道轮疏，苏州河综合整治四期工程进展顺利。开展雨污混接改造，累计完成575个小区雨污混接工程，改造小区外混接点12249个。提高污水收集处理能力，持续推进郊区朱家角、练塘等污水处理厂建设，加快推进中心城区城镇污水处理厂新建、提标改造与扩建项目建设，持续推进白龙港污泥二期等3个污泥处理处置项目，全市完成18.8万余户农村生活污水处理。

（三）提高绿化水平，强化城市保洁

综合提升绿化景观，聚焦进博会保障，围绕人民广场、外滩、陆家嘴3个市级核心

区域以及其他重点区域和重点道路，共布置花坛花境21.9万平方米，组合容器3.4万组以上，灯杆花球3700只，主题绿化景点88个，高架沿口摆花8万箱，单季用花总量达到1300万盆以上；2018年，全市共新增绿地1307公顷，其中公园绿地725公顷，建设绿道217公里，建成8个绿化特色街区、91个街心花园，积极推进公园提升改造，其中西康公园等5座完成改造、江湾公园等6座正在施工、大宁公园等15座正在推进项目前期。保洁水平再上台阶，全面更新清扫设备，采取机械清扫、冲洗加人工保洁的方式，道路机扫率达92%，冲洗率达70%，进博会重点区域可席地而坐，黄浦江、苏州河水陆联动，源头治理，实现干流水域环境整洁。

（四）加强市容市貌整治和景观灯光提升，推进“美丽街区”建设

完成50个示范性“美丽街区”建设，以点带面，推动市容环境品质提升。加强市政市容整治，全面完成3268处点位的市政市容“补短板、治五乱”专项治理任务，查处无序设摊案件27041起，取缔乱设摊126440处，整治占道亭棚2000余处、跨门经营20万余处，拆除大型违法户外广告2530块、违法违规店招店牌23153块。扮靓城市景观灯光，以延安路高架等9条高架、高速以及虹桥路等4条重要地面道路及两侧可视范围为重点，聚焦外立面色彩、空调外机构筑物的设置、广告标牌等内容，开展建筑设计，整治提升218处楼宇外立面。“以璀璨浦江，魅力上海”为主题，提升黄浦江夜景，完成4座跨江大桥、两岸388栋重要建筑、16座码头、近20公里岸线的景观照明新改建，魅力上海更添风情。

（五）开展住宅小区综合治理和住房修缮改造，推进“美丽家园”建设

2018年，持续开展住宅小区综合治理，排查32365幢高层住宅消防安全隐患，消除2261处住宅外挂结构及附属设施安全隐患，改造1679个老旧小区安防监控系统和80个老旧小区消防设施设备，新增1084个小区电动自行车安全充电设施，完成老旧住宅电梯安全评估2456台，修理改造更新1741台，加装多层住宅电梯50台；推进旧住房综合改造，三类旧住房综合改造竣工1038.79万平方米，完成一般损坏旧住房隐患处置679.73万平方米；推进各类保留保护里弄房屋的修缮改造，竣工119万平方米。

（六）改善农村生态环境，谋划乡村振兴，推进“美丽乡村”建设

出台《上海市农村人居环境整治方案（2018—2020年）》，指导推进相关重点任务和青浦、崇明两区试点建设；以村内基础设施建设、村庄环境整治、公共服务设施配套三大类工程建设为重点，推进农村村庄改造，完成2017年度涉及4.5万户农户村庄改造，推进2018年度涉及112个村、7万户农户村庄改造工作；按照镇申报、区推荐、市评估的程序，评定出23个市级示范“美丽乡村”；围绕体制机制创新和乡村内涵发展，着力破解有关难题，印发《关于做好上海市首批乡村振兴示范村创建工作的工作》，启动9个乡村振兴示范村创建。

三、加强城市运行维护管理

（一）深入推进生活垃圾、建筑垃圾等各类垃圾综合治理

继续推进生活垃圾分类减量，建立健全投放、收集、运输、中转、处置五个环节全程分类的体系，完成4万余个道路废物箱标识更新、3050个定时定点投放垃圾房改造。推进再生资源回收利用网络和垃圾分类收集处理网络的“两网融合”发展。2018年，生活垃圾分类绿色账户覆盖638.6万户，建设两网融合服务点2436个、中转站75个。加快建设生活垃圾处理设施，闵行湿垃圾二期等5个处置能力共3100吨/日的湿垃圾资源化设施开工建设，力争2019年基本建成；老港再生能源利用二期等3个处置能力共8000

吨/日的干垃圾焚烧设施开工建设，老港综合填埋场二期（5000吨/日）建成投用。构建建筑垃圾处置体系，加强建筑垃圾源头管理，实施建筑垃圾预处理，推进消纳场所及资源化设施建设。2018年，全市在“五违四必”整治后地块内建成18座、处置能力共1万余吨/日的临时建筑垃圾资源利用场所，松江等5区处置能力共310万吨/年的建筑垃圾资源化设施开工建设，其中宝山（30万吨/年）项目已完成投用。

（二）做好供水安全管理，提升排水防涝水平

落实水源地保护各项措施，高危供水管网改造完成42公里，郊区小口径供水管网改建完成109公里，郊区二次供水改造工程竣工3012万平方米。提高防洪区域排涝能力，加快推进16个外环以外排水系统建设，其中4个基本建成，6个在建，6个处于项目前期阶段。持续推进积水点改造实事项目，其中6个竣工，3个完成排管，余下2个正在施工。

（三）加强交通组织管理，继续提升交通服务水平

2018年，打通11条区区对接道路，推进打通9条省界断头路第一批重点项目建设，其中青浦区盈淀路已建成通车；完成78个道路交通拥堵点改善项目，21项慢行交通附属改善项目，创建159个停车资源共享项目，提供6513个共享泊位；轨道交通提前超额完成全年高峰增能5%，中心城区12条骨干线路高峰运行间隔达到3分钟；梳理、调整、完善公交线路61条，开发新型车载终端并完成6500辆出租车更新安装；加强各类安全检查，整改隐患13349项；从严推进交通管理难点治理，滚动排摸治理拥堵结点，组织开展10批120条重点道路、89处堵点乱点、66处“违停类110警情”高发区域攻坚整治行动，清理、脱衣僵尸车3100余辆，查获非机动车各类交通违法435.9万余起。

（四）加强施工组织管理，做好建设工程文明施工

完善工程质量安全管理规章制度，出台住宅工程质量保险和质量管理、质量安全监督行为及相关考核、工程监理、建筑起重机械检验检测、外墙面保温材料使用等操作规范；深入开展违规海砂治理、在建工地消防安全排查、建筑施工安全专项治理、防高空坠物专项治理等质量安全专项治理行动，通过“质量月”和“安全月”活动加大宣传；严格落实文明施工措施，推进工地污染在线监控系统建设和监测，采取降尘喷雾、降低噪声等措施，减少施工扰民。

（五）加强地下空间和各类管线管理，消除安全隐患

落实地下空间权属、使用和管理单位的主体责任，加强日常巡检、专业检测、安全评估、监控、预警以及应急管理，妥善处置废弃民防工程，消除安全隐患；建立和完善地下管线、架空线及地下综合管廊综合管理体制机制，全面启动架空线整治。2018年，整改燃气安全隐患7195户，改造地下老旧管道135.2公里、住宅用户隐患立管6.1万户，整改地下空间安全隐患170余个，完成架空线入地和合杆整治116公里，拔除各类立杆9800余根，合杆平均减杆率达68%。

（六）完善城市网格化管理体系，提升城市综合管理效能

进一步拓展网格化管理内容，立案、结案数快速增加，2018年，全市共计立案1720万件，同比增长18%，解决率达98.18%，人民群众对政府管理成效的感受度得到提升。对于一些影响城市运行安全的风险隐患，如井盖缺失、立杆倾斜倒伏、架空线坠落、道路积水以及占用消防通道、破坏房屋承重墙、燃气管道破裂等，通过差别化管理，进一步要求增加网格巡查的频率和密度、进一步加强督查力度，推动问题及时发现和处置。

四、加强城市管理法治化、智能化、标准化、社会化建设

（一）依法从严治理，提升城市管理法治化水平

开展住宅物业管理、生活垃圾管理、大气污染防治、历史文化风貌区和优秀历史建筑保护等15项地方法规和互联网租赁自行车管理、小型客运船舶运输管理等10项政府规章的修订工作。规范城管执法程序，优化执法办案的流程，加强城管执法辅管人员管理，印发《上海市城管执法辅管人员管理办法》。启动本市城管执法基层队伍规范化建设，加强对街镇城管执法队伍的指导、监督和考评，完善城管执法人员行为规范、素质培训、激励保障和监督约束等管理制度。

（二）加强信息系统建设应用和信息共享，提升城市管理智能化水平

加强城市管理基础数据库建设，在网格化信息平台已录入的1400多万个城建基础设施基础上，基本完成住建系统的工地、住宅小区、历史保护建筑、无证建筑、网格化、12319城建热线以及供水、道路交通等相关管理信息的集聚。城市管理各类专业平台持续优化，建设交通综合业务平台、智慧电梯平台、河长制工作平台、城管执法综合指挥监管平台以及Metro大都会APP、电梯救援手机APP等不断创新应用，大大提升管理效能。升级市网格化管理平台，以现有的城市网格化管理系统为基础，整合城市管理相关的信息资源，丰富城市管理神经元，增强对城市管理问题的智能感知能力，推进一批重点工作应用场景建设，提高应急指挥，提高风险防控能力建设城市综合管理大脑体系。

（三）推进城市综合管理标准体系建设，全面提升城市管理标准化水平

注重发挥标准引领作用，对标最高标准、最好水平，建立健全与超大城市特点相适应的城市综合管理标准体系，对城市管理工作具体范围、职责、流程、标准和法律责任等做出全面详细规定，为精细化管理提供标尺和依据。2018年，印发《上海市城市精细化管理标准化工作方案（2018—2020年）》和《2018年上海市城市精细化管理标准化工作计划》，建筑、水务、交通、农业、社区、房管、城管等领域都出台了相关城市管理标准，各区在《上海市区级标准工作指引（试行）》指导下，积极开展区城市管理标准编制的探索实践。

（四）创新社会治理加强基层建设，提高社会动员参与水平

健全社区共治自治，通过组建大型居住区业委会，成立小区党小组，在小区试点居委会成员兼任业委会成员等，增强社区自治共治、共建共享能力。在基层党组织核心领导下，注重发挥居民共治在“美丽家园”等城市微更新参谋决策中的作用、群众自治在顽症集中整治后长效管理中的作用。加强社会动员，充分发挥社会各方作用，加大对新社会组织的培育指导力度，结合“大调研”深入市民群众，引入市民寻访团等开展志愿者“找碴儿”行动，进一步扩大城市管理的社会协同共治，加强与传统媒体、新兴媒体的沟通协作，加大精细化管理理念的传播和宣传，营造全社会共同参与城市管理的良好氛围。开展各类创建评选，结合文明城区、卫生城区、平安社区等各类创建活动，以及行业立功竞赛、行业明星等推优评选活动，发挥引领示范作用。

（二）城管执法

【概况】2018年，全市城管执法系统以习近平新时代中国特色社会主义思想为指导，深入贯彻落实党的十九大精神，按照市委市政府工作部署，以城市管理精细化为主线，以开展大调研为契机，有力加强本市城管执

法全覆盖、全过程、全天候体系建设，有效提升城市管理的法治化、社会化、智能化、专业化水平，明显改善了城市环境面貌和管理秩序。

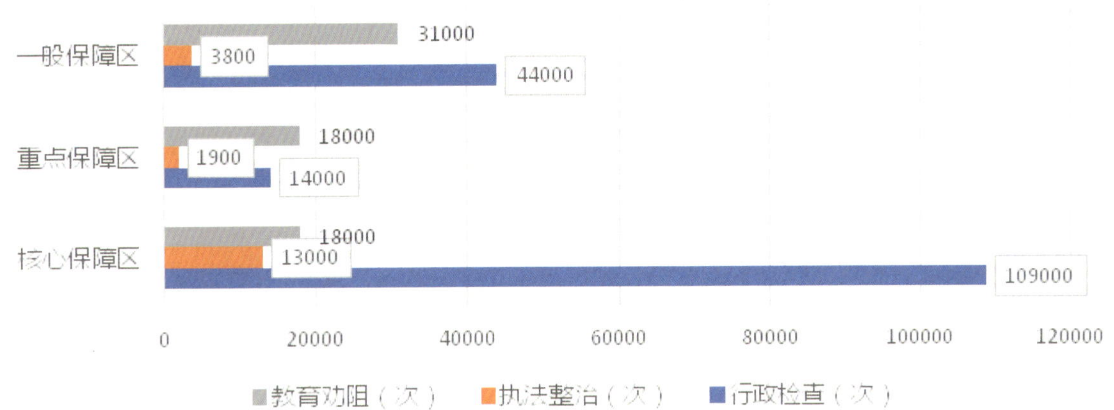

圆满完成进博会城管执法保障任务。成立由上海市城管执法局主要领导任总指挥的保障工作指挥部，选取全系统260名业务骨干，组建6支城管执法保障突击队，主动对接虹桥商务区管委会，健全信息共享、联合执法、案件移送等机制。先后整治7批1494处城市管理难题顽症。共对进博会核心保障区组织执法整治行动1.3万余次，教育劝阻相对人1.8万余人次，清理非机动车乱停放4.2万余台次，拆除违法建筑40.4万余平方米。

深入推进城管执法精细化工作。制订印发《关于加强本市城管执法精细化三年行动计划（2018—2020年）》，推动各区局制订本区域城管执法精细化三年行动计划，滚动推进实施。制定责任分解表，细化工作目标，明确时间节点，落实79项重点工作责任。召开全系统城市精细化管理执法现场推进会，推广虹口区欧阳路街道城市精细化管理执法经验。

强化面上执法管控。抓好“三个聚焦”，聚焦春节、清明、五一等重要节假日，聚焦市两会、进博会等重大活动，聚焦外滩、人民广场等重点区域，加强街面巡查管控。开展为期50天的“绿色护考”行动，严厉查处夜间施工扰民、兜售叫卖等违法行为，为广大高考、中考考生做好服务保障。全市共出动城管执法人员227.31万人次，巡查道路、景观区域、商业街区、建设工地等156.75万人次；教育劝阻相对人131.88万人次，开展联合执法整治行动1.22万次，依法查处各类违法违规案件11.6万起，有力维护了城市环境面貌和管理秩序。

【无违建居村（街镇）创建】2018年，上海市共拆除违法建筑24.56万处、4300.12万平方米，完成年度计划（3600万平方米）的119.44%，其中拆除存量违建4286.04万平方米，在建违建14.07万平方米。综合运用社会第三方巡查、社会监督和专项检查等手段，及时发现新建违法建筑处置工作中存在的问题，通过定期通报、反馈核查等方式督促各区建立完善发现机制，落实及时制止、快速拆除措施。

【违法户外广告治理】聚焦进博会核心保障区、聚焦进博会沿线、黄浦江两岸公共空间等重点区域，加大违法户外广告设施执法整治力度。2018年，上海市城管执法部门共立

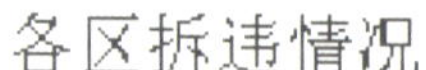

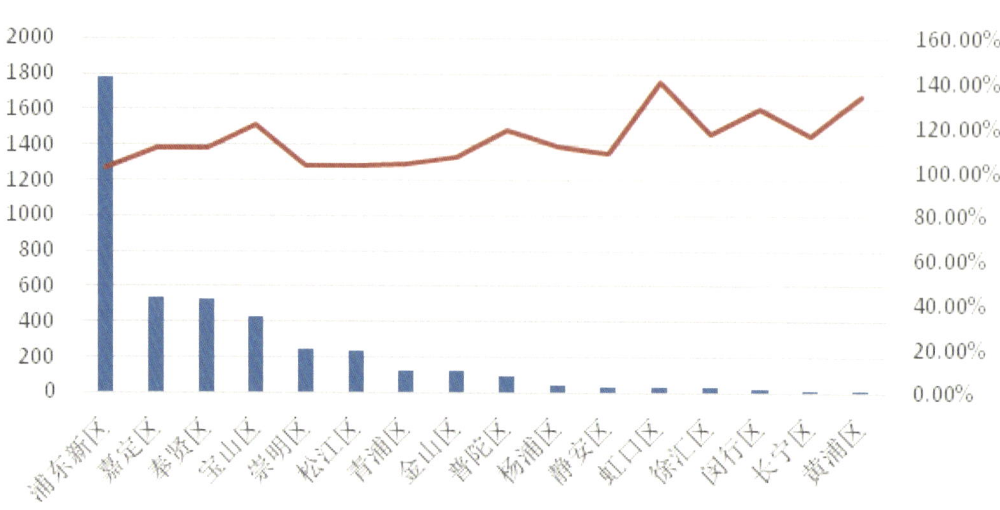

案1249起，共拆除大型违法户外广告2610块，完成年度计划任务的522%；加大店招店牌执法整治力度，共依法拆除违法违规店招店牌25079块，成功拆除了延安路高架沿线俏江南、中环高架沿线红星美凯龙等一批大型店招店牌。

【建筑垃圾违法治理】 聚焦进博会重点保障区域，会同交警等部门加大建筑垃圾执法整治力度，依法严厉打击偷乱倒建筑渣土、无证运输、土方车遗撒等违法违规行为。闵行、奉贤、浦东、青浦等区城管执法部门会同公安等部门依法查处了一批建筑渣土“黑卸点”，有效遏制了偷乱倒建筑渣土现象。会同绿化市容部门建立了建筑渣土执法管理信息系统，实现执法、管理部门信息共享。2018年，上海市城管执法部门共立案查处违法运输处置建筑垃圾类案件5697件，行政处罚总金额1079万余元，依法暂扣违法违规运输车辆1148台。

【街面环境秩序执法整治】 2018年，上海

各区查处违法户外广告立案情况

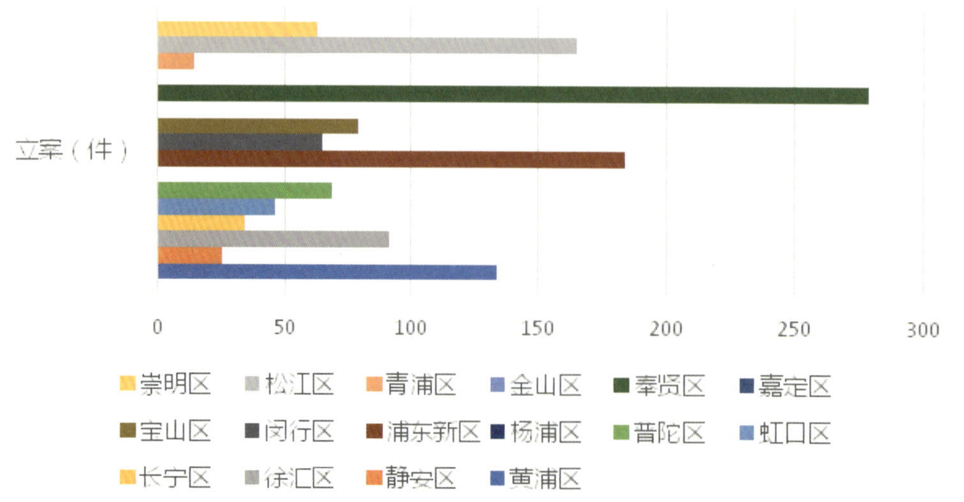

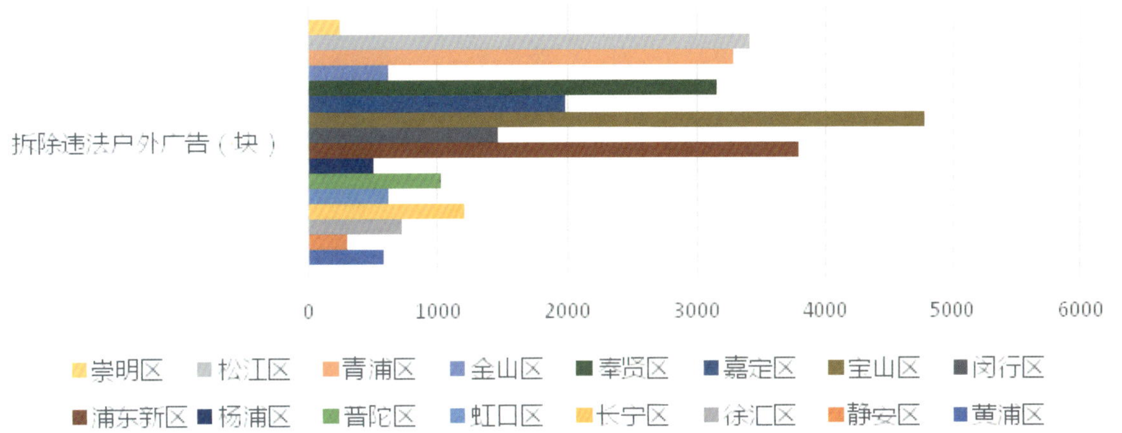

市共依法查处无序设摊案件 29278 起，依法取缔乱设摊 136940 处，罚款 335.9 万元；依法查处擅自改变物业使用性质（含居改非）案件 278 件，整改 4383 处，行政处罚 43 起，罚款金额 18.3 万元；依法查处破坏房屋外貌（破墙开店）案件 610 起，罚款 10.51 万元，整改恢复 6658 处。依法查处非法小广告案件 1753 起，罚款 55.01 万元。

【住宅小区环境综合治理】 2018 年，上海市共依法拆除小区违建 36763 处、268.87 万平方米，注记房屋 2013 套；依法查处损坏房屋承重结构案件 781 起，罚款 177.1 万元，整改恢复 12176 处；依法查处占绿毁绿案件 355 起，罚款 109.21 万元，整改恢复 1576 处。

【食品安全专项执法整治】 2018 年，上海市共依法查处违法夜排档、烧烤摊等案件 43200 起，罚款 234.61 万元，暂扣各类经营工具 6321 件，暂扣不洁食品 7072 公斤。会同市场监管等部门取缔非法食品小作坊、加工窝点 162 个；依法查处违法违规废弃油脂及餐厨垃圾案件 1485 起，罚款 83.47 万元；依法查处非法活禽交易案件 607 起，处罚金额 24350 元，暂扣经营工具 164 件，没收活禽数量 3716 羽。

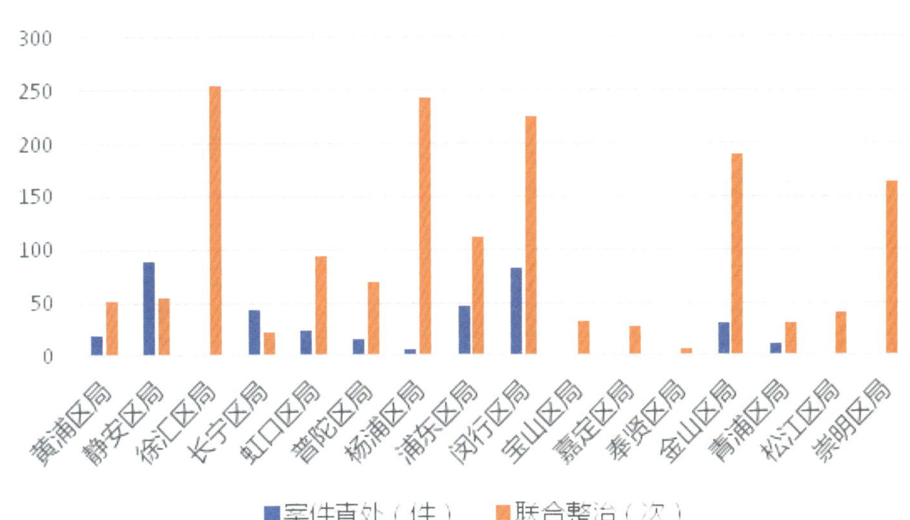

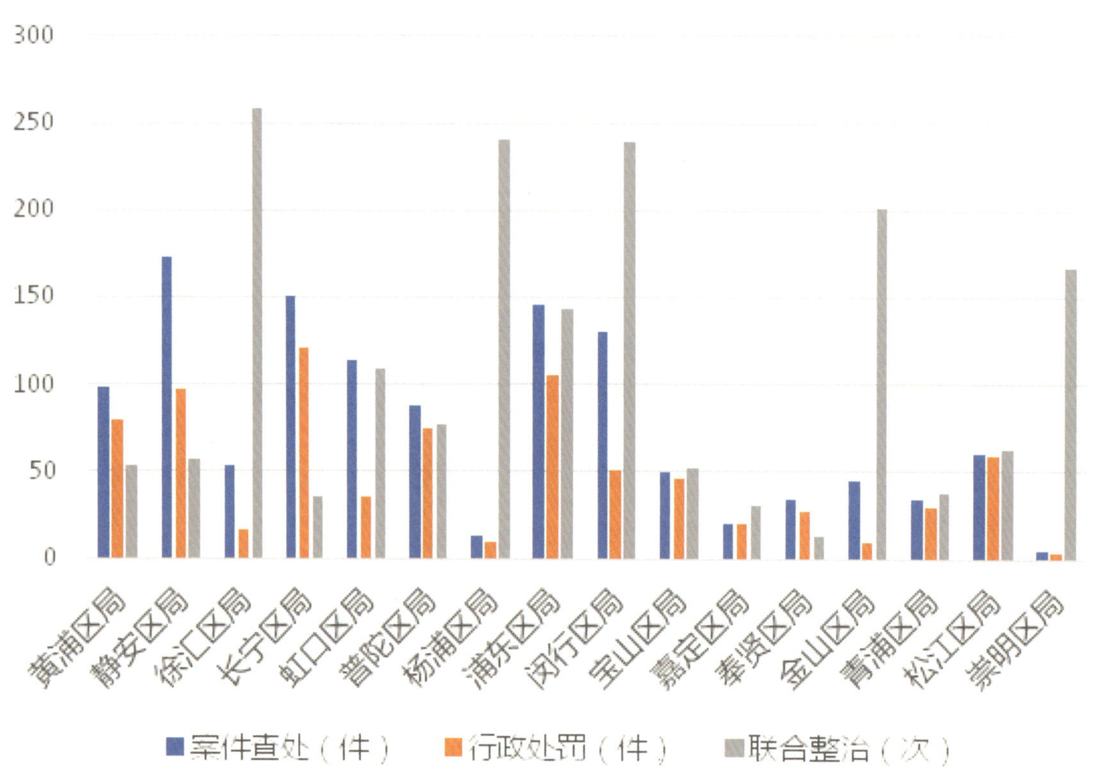

【生活垃圾分类专项执法】会同市机管局、绿化市容局开展新一轮联合执法检查，重点督促市级党政机关、大型国企和事业单位落实垃圾分类措施。2018 年，上海市城管执法部门共开展执法检查 4200 余次，督促相对人自行整改 1100 余起，依法查处生活垃圾分类案件 567 起，罚款 18.31 万元。

【“五乱”小广告综合治理】2018 年，上海市城管执法系统共依法查处“五乱”非法小广告案件 3000 余件，依法对非法小广告通信号码实施停机 1800 余个；会同市容管理等部门清除非法小广告 60 万余处，收缴非法小广告 1800 余公斤，154 万余张；会同公安、市场监管等部门开展联合执法行动 160 余次，捣毁非法小广告窝点 19 个，移送公安部门处理案件 10 余起；主动会同居委、物业等部门，在高校、社区活动中心、居住小区等因地制宜设置公共张贴栏，方便市民群众发布招领失物、公益活动等便民服务信息。

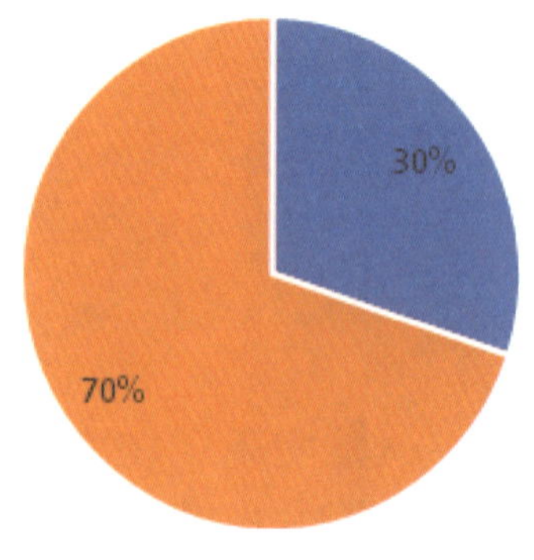

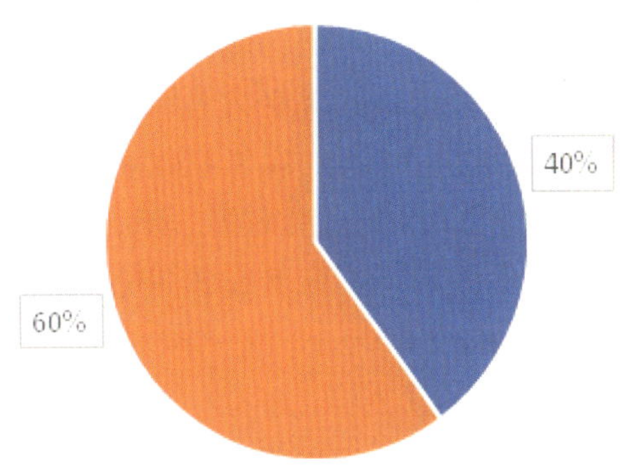

【推进住建领域行政处罚权相对集中】推进房管领域和文明施工领域行政处罚权集中至城管执法部门行使，做好《上海城市管理行政执法条例实施办法》修改准备工作。上海市城管执法局会同上海市房屋管理局形成《关于本市房屋管理领域行政处罚权相对集中行使工作方案》、房管领域和文明施工领域拟划转事项清单，联合行文报上海市住房城乡建设管理委。向原市政府法制办申报了《上海城市管理行政执法条例实施办法》规章修订项目，进一步理顺市、区、街镇三级执法体制，推进建立新增执法事项的联合执法、协作联动、专业培训、信息反馈等工作机制，加强新增执法事项的执法保障，提升执法实效。

【完善分类管理改革工作机制】开展上海市城管执法队伍分类管理改革工作调研，形成《关于进一步加强城管执法队伍建设的情况报告》，向市领导进行专报。健全分类管理改革配套制度，上海市城管执法局与市委组织部、市人社局、市财政局、市公务员局进行座谈讨论，针对分类管理配套制度不够完善，区局与街镇关系不够顺畅，执法中队任免不够规范等问题，制定《城管执法系统行政执法类公务员职务晋升指导意见》《关于加强本市城管执法系统行政执法类公务员在岗管理的指导意见》《关于本市城管执法系统执法人员轮岗交流的指导意见》《关于城管执法重心下移　加强中队负责人管理的指导意见》，为区局进一步发挥统筹协调作用，推动做好队伍建设工作，提供依据和支撑。加强执法人员绩效考核研究，落实因公负伤政策待遇，开展职务晋升先行试点，进一步规范全市执法人员职务晋升操作口径。

【做实联席会议完善部门协作机制】2018年4月，市政府召开上海市城市管理综合执法工作联席会议2018年第一次全体会议。根据联席会议要求，2018年度重点在违法违规经营、住宅小区环境治理、建筑垃圾治理、夜排档、街面环境秩序、网约货运平台执法整治、管理执法对接信息化培训等方面完善了部门协作机制，取得了良好成效。

【落实对街镇城管执法工作评议制度】推动落实上海市各区城管执法局对街镇城管执法工作评议制度。按照2017年上海市城管执法局印发的《关于加强本市街镇城管执法评议工作的指导意见》，向上海市各区城管执法局全面收集排摸情况，围绕区局文件制订、制度设置、结果应用、结果抄送等四个方面内容，形成全面的评估报告。2018年12月，召开专题工作推进会，在系统内通报相关情况，提出进一步工作要求，并将评议工作开展情况纳入上海市城管执法局对区城管执法局的绩效考核内容。

【夯实城管执法基层基础】完成城管执法部门标准化、规范化建设规定制定工作，创建考核进入精细化、信息化阶段，创建效果进一步提高。向各区政府通报2016年、2017

年基层中队规范化创建情况，召开全系统规范化建设现场会议。会同市机管局推动黄浦、普陀、杨浦、金山、浦东等区基层中队办公用房配备问题解决。完成4家标准化大队、41家示范中队（23家申报、18家复检）、19家规范化达标中队（3家新创、16家复检）验收工作。举办2018年上海市城管执法系统队列会操活动，强化队伍作风建设。开展“强基础、转作风、树形象”专项行动，在全系统深入开展“严格规范城管执法行为　严肃执法纪律”专项活动。

【强化执法监督】2018年，上海市城管执法系统三级督察督办实效问题3.3万余起，市、区两级督察整改行为规范问题134起。市级督察开具专项督察单472张，开展进中队督察199次，开具进中队督察告知单37张。开展专项督察行动，编制《上海市城管执法行为规范手册》，拍摄上海城管执法人员行为规范教学片，并在进博会期间开展城管执法人员行为规范专项督察行动，重点纠正城管执法人员在着装、仪容、举止、用语和执勤方面存在的问题，促进队伍严格公正规范文明执法。开展督察案例评选，举办上海市城管执法系统第二届督察优秀案例评选活动，共选出20个入围案例，评出一等奖1名，二等奖3名，三等奖6名，优秀督察员10名。

【完善制度规范】根据新修订的《上海市拆除违法建筑若干规定》，与上海市住房城乡建设管理委联合下发《违法建筑查处拆除一般程序操作手册》和《拆除已建违法建筑法律文书样式》，对已建违法建筑查处拆除程序予以明确和规范。结合行政执法公示、执法全过程记录、重大执法决定法制审核等制度要求，修订完善《上海市城市管理行政执法程序规定》，修改并明确关于立案与撤案、

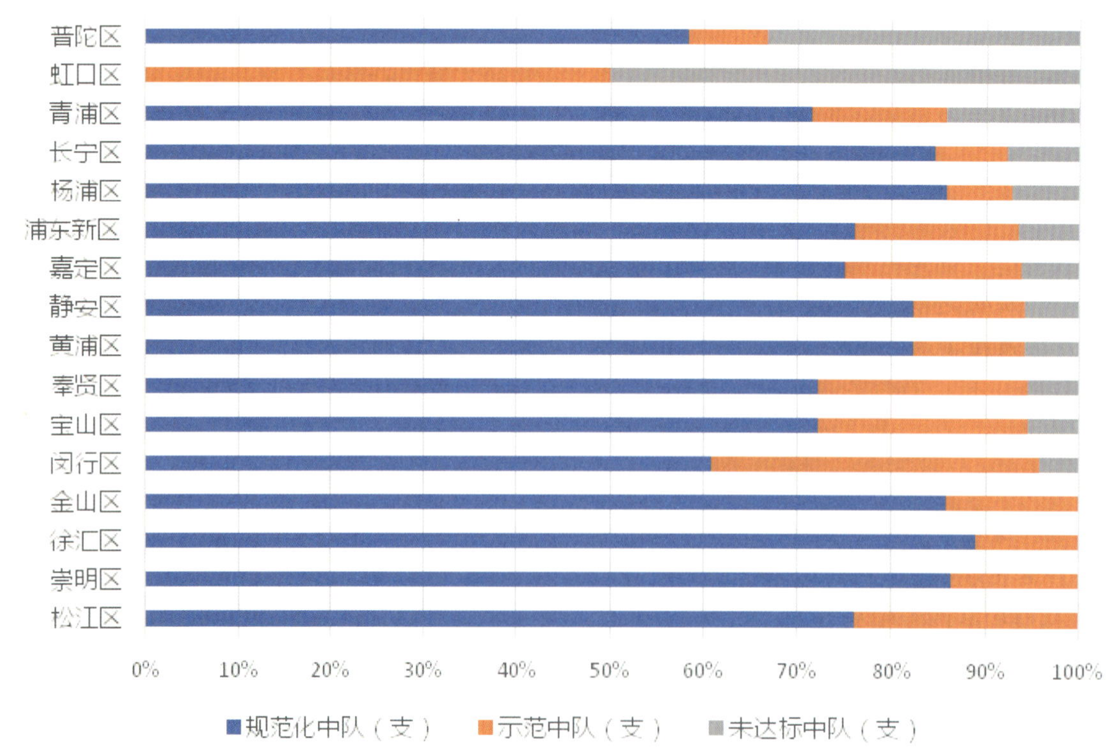

办案期限和文书送达等八个方面的内容。整合优化评分细则，修订完成《上海市城管执法系统基层中队规范化建设规定》。修订大（支）队标准化建设规定。优化创建标准和考评评分细则，提高创建考核的精细度和科学性。按照住建部公布的全国统一标志标识，修订《上海市城管执法视觉形象识别系统》，制定下发《上海市城管执法案件信息归集管理规定》，明确案件信息归集工作的责任分工、工作内容和管理要求。制订《集中培训组织管理规定》，明确机构职责、日常管理、考试考核和督导奖罚等方面的细则。印发《关于区域环境整治和强拆过程中保管物品处置问题的答复意见》，完成《执法全过程记录语言规范》《执法全过程音像记录采集规范》和《上海市城管执法系统中队规范化创建标准》等课题研究。制定《上海市城管执法辅管人员管理办法》，强化辅管人员日常规范使用管理。

【制定裁量基准】 完成城管执法行政处罚第六批裁量基准制定工作。按照“成熟一批，出台一批”的原则，2018 年，共梳理出第六批裁量基准事项 73 项，经商交通类执法事项裁量基准由市交通委负责制定。调整后，裁量基准（六）变更为 45 项，包括市容环卫 30 项、建筑渣土共 5 项、“五乱”3 项、生活垃圾分类 5 项以及规划建设 2 项。裁量基准（六）完成之后，已基本实现城管执法事项裁量基准全覆盖。

【规范行政执法行为】 推进执法全过程记录全面覆盖，加快 4G 执法记录仪等科技装备的购置，实现现场执法视音频同步传输。加大检查督促力度，开展涉及上海市 16 个区 32 个基层中队的专项检查工作。实现“双随机一公开”常态化，上海市 241 个中队建立了包含 3804 名执法人员的名录库，以及包含 5057 条道路、153707 个沿街商户、36390 个餐厨废弃油脂和餐厨垃圾产生单位、1273 个建设工地和码头的抽查对象名录库。深化案卷评查工作，通过开展案卷合法性和规范性内容检查，梳理发现调查取证、适用法律、办案程序、裁量基准执行、文书制作和案卷归档等方面问题。2018 年，上海市城管执法局共对 19508 件案件进行了评查，占全市案件数的 18.9%。实现案件信息公示数据的信息化，将城管执法事项逐步纳入全市社会诚信建设体系。2018 年，共向上海市信用中心报送 18904 条信息，其中，572 条数据同步报送国家“双公示平台”，254 条信息同步报送市“法人库”。

【完成六大基础业务系统建设】 发布《上海市城管执法系统信息化建设三年行动计划（2018—2020 年）》，不断完善市、区、街镇三级城管执法指挥监管体系，大力推进内部库、外部库、音视频库等三大数据库建设，加快推动网上办案、网上勤务、网上督察、网上考核、诉件处置管理、管执联动等核心业务系统建设，逐步拓展城管执法精细化管理业务系统范围。2018 年，上海市 16 个区城管执法局已实现网上办案、网上勤务、网上督察、网上考核、诉件处置和管执联动等六大基础业务系统全覆盖，提前完成了 2018—2020 年三年行动计划信息化系统建设主要任务。

六大基础业务系统

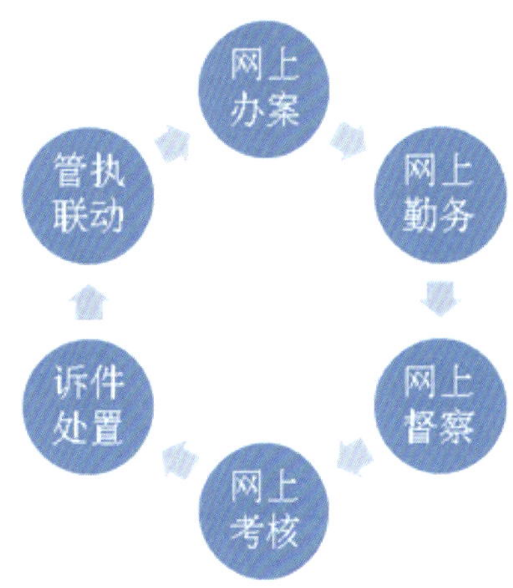

【构建城管执法标准体系框架】制定印发《上海城管执法系统标准体系框架表》，初步构建完成上海市城管执法标准体系框架。体系框架由一级目录、二级目录和三级目录内容组成。一级目录包括队伍建设、法制建设、执法实务、执法监督、装备和信息化建设等5项内容。二级目录分别为基层基础建设、培训工作、执法办案、规范执法、勤务管理、投诉规范、社区服务、执法协作、队伍基本规范、督察评查、执法装备、信息化建设等12项内容。三级目录明确具体标准项目的名称，共有50项内容，并对每个具体标准项目的性质（管理标准、技术标准）进行了分类，列明了该具体项目截止完成时间。

【提升执法装备配置标准】2018年，上海市16个区城管执法局一线执法队员均已配备执法记录仪、手持执法终端、对讲机；所有中队均已配备执法记录仪数据采集终端。部分区局还根据工作需要，选配了4G执法记录仪、便携式打印机、无人机、身份证读卡器等信息化辅助装备。车载装备方面，共有972辆执法车辆，安装北斗定位系统并将数据接入市城管执法局平台的执法车辆占总车辆数90%，安装行车记录仪的执法车辆占总车辆数接近100%。视频监控方面，16个区局指挥中心均已接入街面和车载视频监控图像。市局指挥中心已接入视频图像345路，范围覆盖全市16个区局，其中街面视频127路、车载视频182路、执法记录仪视频35路、无人机视频1路。

【城管社区工作室全覆盖】深入开展城管进社区活动，着力提升服务社区、服务群众水平。2018年，共新建1557个城管社区工作室。上海市共建有城管社区工作室5951个，实现了城管社区工作室全覆盖的工作目标，“一居（村）委一工作室”社区服务网络体系已建成。

【开展普法宣传】2018年，全市城管执法系统以增强法治观念为先，提高法治能力为重，围绕“谁执法谁普法”工作责任制，多层次多领域稳步推进法治宣传工作，认真完成“七五”普法和宪法学习宣传两项工作。大力推进执法普法并举，在违法建筑、建筑垃圾、破墙开店、违法户外广告、住宅小区违法行为等城市难题顽症专项整治工作中，积极推行721工作法（70%的问题用服务方式解决，20%的问题用管理方式解决，10%的问题用执法方式解决）。在排摸底数的基础上，统一执法标准，通过张贴、发放宣传资料、上门走访告知等形式，全面进行宣传告知、说服教育，引导广大市民自行整改，共同建设美丽街区、美丽家园、美丽村居。2018年，上海市城管执法系统共开展普法宣传活动2040次。积极开辟普法第二战场，走进学校开设第二课堂，充分利用暑期社会实践活动平台，开展“与城管叔叔面对面”等教育宣传活动，邀请中小学学生代表走进城管，观看城管执法宣传片，观摩网上办案、违章处理等。结合工作实际，把日常管理对象作为普法重点，定期进社区、进企业、进工地、进商家，有针对性地开展法治宣传教育。认真开展宪法宣传工作。制作摆放宪法宣传易拉宝250余个，下发4万余份宪法宣传资料，参与市民群众达3万余人次。开展新入职城管执法人员宪法宣誓，增强其履行宪法使命的自觉性和坚定性。

（刘懿孟）

（三）网格化管理

【概况】2018年本市网格化管理系统共计立案17199492件。其中，标准类一般流程案件立案2734288件，其他案件立案14465204件；部件立案1062206件，结案

941112 件，事件立案 16137286 件，其中标准类立案 12047882 件，结案 11828653 件。部件立案列前三位的是各类井盖 279968 件、废物箱（桶）85773 件、公共绿地 74070 件，分别占 26.4%、8.1%、7.0%。事件立案列前三位的是“三乱”3906949 件、暴露垃圾 3074740 件、机动车乱停放 1168008 件，分别占 32.4%、25.5%、9.7%。

【12319 与网格化平台信息互动情况】2018 年由各区平台派送市级平台转市级相关职能单位处置的案件 48753 件，结案 36906 件，结案率 75.7%；部件主要包括各类井盖 10060 件、消火栓 5686 件、电力设施（设备）3168 件；事件主要包括架空线坠落乱设 1804 件、道路破损 2585 件、文明施工不落实 565 件。12319 热线转网格化平台 10352 件，主要是：路灯 2480 件，井盖问题 920 件。

【网格化管理市级督查情况】2018 年市级督察发现问题共计 5854 件，其中部件 2791 件，事件 3063 件。经比对反馈，区先发现数为 2579 件，先发现率 44.06%；市先发现数 3275 件，实际结案率为 91.57%。发现前三类问题分别是：部件：井盖类问题 780 件、行道树 248 件、信息交接箱 233 件，分别占发现部件总数的 28.9%、8.9%、8.4%；事件：暴露垃圾 981 件、架空线坠落 816 件、道路破损 713 件，分别占到发现事件总数的 32%、26.6%、23.3%。

（周虹）

（四）12319 热线

【概况】2018 年，12319 热线共受理住建与交通板块相关市民诉求 96.5 万件，其中咨询 57.1 万件、占 60%，投诉 21.4 万件、占 23%，报修 7.7 万件、占 8%，建议 4.9 万件、占 5%，举报 3.0 万件、占 3%，表扬 0.5 万件、占 1%。对市民诉求开展回访，共计回访 6.6 万件，有效回访 3.9 万件，市民满意率 88.5%。全年市民诉求的特点较为突出。一是市民来电总量创历史新高，月均来电整体平稳。2018 年全年市民来电总量 110 万个，创 12319 热线开线以来历史新高。年内受交通卡多次举办促销活动影响，来电量始终高位运行，而季节性特点不明显。二是市民诉求受理总量历年最高，涉及交通板块的市民诉求所占比重逐年上升。全年受理住建与交通板块相关市民诉求96.5万件。交通板块市民诉求量增幅较大，全年受理交通诉求达77.9万件，较2017年上升35.5%。主要集中在一卡通、地面公交、出租汽车、路政管理等方面。三是市民关注热点基本不变，市民就新问题积极建言献策。全年投诉、举报类诉求主要集中在违法建筑、出租车拒载、擅自占用公共场所等，与2017年相比基本不变。市民建议主要集中在进博会城市管理、“台风”期间城市安全、燃气器具维修与搬场服务虚假广告、新能源车充电相关问题、垃圾管理等。四是承办12345热线市民诉求量增幅明显，办结质量进一步提升。全年共承办16.6万件，同比上升25.8%。不断提高办结质量，主要体现在先行联系率、按期办结率、工单回复质量等方面的提升。针对进博会城市管理、拖欠民工工资等热点、难点问题强化处置，成效显著。五是网格化管理平台与12319热线联动量明显提高。全年联动信息共计7.1万余件，是2017年的1.96倍。网格化管理平台转12319热线5.2万件，12319热线转网格化管理平台1.9万件，与2017年相比均有大幅上升。

【“拆违热线·无违创建进行时”活动】 市建设交通工作党委、市住房城乡建设管理委、市城管执法局、12319热线、新民晚报于6月19—28日开展“拆违热线·无违创建进行时”活动，其间共受理市民关于违法建筑的诉求2434件，其中举报2135件，咨询294件，建议3件，表扬2件。市住房城乡建设管理委、市城管执法局领导及各区拆违办主任轮流来到12319热线，共接听市民电话188个，涉及违法建筑点位201个。

【“夏令热线”活动】 7月16日—8月14日，由市建设交通工作党委、市住房城乡建设管理委、市交通委等部门与新民晚报社、上海广播电视台共同主办，12319热线承办的2018年“夏令热线”活动举行。副市长时光辉同志，市建设交通工作党委、市住房城乡建设管理委、市交通委以及国网上海市电力公司等部门和单位领导参加接电活动。活动期间共接听市民来电9.6万个，市民满意度86.53%，较上年稳步提升。此次“夏令热线”活动有三个主要特点：一是市民来电量保持平稳状态，来电总量较往年基本持平。市民反映集中的前五个问题分别是：违法建筑举报、出租车拒载、擅自占用公共场所（即流动设摊和跨门营业）、网络约租车投诉、公交车乱（不）停站；二是“常年性顽症”和“季节性诉求”均有新特点。“常年性顽症”方面，排名前五的问题中，“网络约租车”首次上榜；“季节性诉求”方面，“垃圾问题”再次成为热点之一；台风期间的“停工工地安全管理”引发新关注。三是公众参与城市管理的积极性持续提升，“夏令热线”活动期间共收到市民建议5000余件、表扬400余件，建议内容包括加强进博会交通保障等。

【重点做好百次以上重复件跟踪处置】 全年对17件重复来电百次以上的市民投诉（共反映18项诉求）进行了重点跟踪处置。市建设交通研究院党政领导亲自带队赴现场走访调研，深入分析问题成因，努力寻求破解之道。18项诉求包括违法建筑10项，房屋拆迁2项，物业管理2项，擅自占用公共场所、流动设摊、跨门营业和建材质量各1项，全部完成结案。其中13项诉求通过督察督办已得到实际解决，2项诉求按规定做终结处理，3项诉求做暂缓处理。如浦东新区金高路1068弄、奉贤区青村镇申隆二村等违法建筑诉求，经研究形成了有效的对策建议，上报市住房城乡建设管理委相关部门。

【抓好数据分析研判】一是加强宏观分析。结合“年报”“季报”编写，梳理全年、季度内城市管理数据。特别是将12319热线市民诉求全年数据切分为住建、交通两个板块，使数据呈现更加客观。通过分析，发现了一些总体数据变化的突出特点，如交通板块市民诉求量达到近年高峰、12345热线转派工单量呈逐年上升等。二是加强热点分析。在“年报”“通报”的编写中，着力对2017年、2018年数据中出现的热点问题进行了归纳与梳理，如12319热线诉求中因科技发展带来的移动支付交通卡APP、新能源汽车充电等新问题，又如台风天气的安全及出行等问题，再如存在多年的施工噪音、房屋装修、“李鬼”燃气维修、违法建筑等问题。重点加强了台风等突发应急事件的统计分析，及时上报市住建委，并形成规范的上报制度。三是加强个案分析。年内牵头相关热线及单位，建立信息小组，共享近期典型个案，共同进行学习探讨，全年信息小组共提供案例77条，“通报”采用18条，并以此契机，加强疑难个案分析，重点从市民诉求是否合理、法律依据是否充分、部门界面是否清晰等方面进行研讨，拓展分析的深度和广度，理清思路、找准方向。

（五）专项治理

【概况】2018年是本市城市管理工作的一个大年，机遇与挑战并存，“特大型城市的管理要像绣花一样精细”的理念落地生根，《上海市城市总体规划（2017—2035年）》为迈向卓越的全球城市提供精细化管理服务绘就蓝图，首届中国国际进口博览会在上海召开为城市管理精细化工作提供了难得的契机。全年聚焦中心工作，克难奋进，依托各市级工作平台，紧密结合大调研，着重发挥市级部门统筹推进和综合协调职能，推动各项工作取得了重要进展。

【进口博览会城市管理保障】结合美丽街区建设，联合相关部门出台《中国国际进口博览会市容环境保障方案》《关于进一步加强本市主要道路两侧建筑外立面及附加设施综合治理的通知》《关于进一步做好首届中国国际进口博览会市容环境保障工作的通知》等系列文件，加强对区、街镇工作的指导。进博会市容环境保障方案明确了16项主要任务，锁定国展中心周边区域281项市容环境提升类工程类项目，外围12个区482项整治提升类工程类项目。以延安路高架等9条高架、高速以及虹桥路等4条重要地面道路及两侧可视范围为重点，实施全面整治。聚焦外立面色彩、空调外机构筑物的设置、广告标牌等内容，开展建筑设计，整治提升218处楼宇外立面。

【城市管理精细化三年行动计划】为贯彻落实习近平总书记“城市管理要像绣花一样精细”的重要精神，市委市政府先后出台《关于加强本市城市管理精细化工作的实施意见》以及“三年行动计划”。2018年1月31日，市委市政府召开加强城市管理精细化工作推进大会，标志着上海市城市管理精细化工作在全市全面深入推进和展开。市城市管理精细化工作推进领导小组分别于2月8日、4月20日、6月1日、7月13日、8月29日、9月30日召开了六次领导小组工作会议，并开展了系列现场调研、专项督查、专题研究活动，城市管理处具体承担精细化推进办公室的职责。

本市城市管理精细化工作三年行动计划的落脚点在“三个美丽”即美丽街区、美丽家园、美丽乡村建设。统筹协调各区、各部门紧紧围绕“三个美丽”建设，将加强精细化管理工作的各项任务融入其中，扎实推进。

以“做减法、全要素、一体化”为指导方针，做减法就是要持续推进违法建筑治理、架空线入地、多杆合一、城市家具集中优化、户外广告设施和亭棚治理等工作；全要素是指对街区范围内的道路、城市家具、建筑立面、绿化、景观照明等各类要素要统一筹划，进行系统提升；一体化强调局部服从整体，要在拆、建、管、作业上面实现一体化，让政府的管理要与企业的作业和社会的自治共治很好地实现结合。通过一年来的持续推进，本市城市管理精细化工作已取得一定的成效，“美丽街区”“美丽家园”“美丽乡村”持续推进，广大市民普遍受益。

【无违建居村（街镇）创建】按照市委市政府《关于开展无违建居村（街镇）创建工作的实施意见》工作要求，全力开展“无违建先进居村（街镇）”创建工作。1—11 月，全市共依法拆除违法建筑 4205 万平方米，完成年初确保任务量的 116.8%。为将“五违四必”生态环境综合整治工作转换到无违居村（街镇）创建工作，市拆违办通过培训动员、制定考核办法和利用信息化手段，保持工作力度。开展 2 次专题培训、召开 4 次市拆违办工作例会，累计 1600 人次参加，及时传达市委市政府领导对无违建居村（街镇）创建工作的指示精神，要求各区、街镇紧抓不放，保质保量完成创建工作。制定了《本市无违建创建先进街镇验收考评办法》《本市无违建创建先进街镇互评互查办法》，通过一次考评完成对街镇的考评、验收和对区的年度考评等三项工作。充分依托无证建筑管理信息系统，进一步开发了无证建筑申报系统和考核系统两个子功能模块，有效降低基层的工作负担。截至 11 月底，第一批 43 个无违建创建先进街镇验收工作已基本完成，第二批 63 个无违建先进街镇抓紧按照程序进行审核验收。会同市相关部门审核 9 个郊区的 2015—2017 年生态环境治理范围内第二次调查前非 198 建设用地的生态修复资金申报工作，2018 年向市发改委和市财政局报送了 3.6 亿元。

【市政市容管理】深入开展市政市容管理领域乱设摊、乱占道、乱设广告、乱张贴、乱抛物等五乱治理工作。查处无序设摊案件 23949 起，取缔乱设摊 115189 处，清除占道经营的书报亭、彩票亭 606 处，拆除大型违法户外广告 2407 块，拆除违法违规店招店牌 21434 块，依法查处破坏房屋外貌（破墙开店）案件 575 起、整改恢复 6449 处，一大批市民群众反映集中的城市管理乱象治理取得新突破。

【网格化综合管理】一是提升管理能级，按照“应发现尽发现、应处置尽处置”工作要求，加大工作力度。2018 年全市共计立案 1720 万件，人民群众对政府管理成效的感受度得到了提升。对于一些影响城市运行安全的风险隐患，通过差别化管理，进一步要求增加网格巡查的频率和密度、加强督查力度，推动问题及时发现和处置。二是聚焦进博会市容环境保障，强化重点部位巡查发现。围绕“最高标准、最好水平、最美环境”的目标，全面加强进口博览会重点区域网格化巡查的频率和密度，针对暴露垃圾、店招店牌、广告牌、无障碍设施、架空线坠落等影响城市运行、日常管理易发、与群众基本生活直接相关的问题，及时发现问题，及时落实整改。三是依托城市网格化综合管理平台，推进智能化城市管理。推进重点工作应用场景建设，梳理和优化工地、历史建筑保护、渣土、群租、水葫芦治理等管理工作的管理流程。加强应急指挥，提高风险防控能力，实现在应急状态下及时掌握全市城市管理领域的面上情况，直达指挥相应的市、区管理部门，实时跟踪具体点位。四是围绕新型智慧城市建设加快信息汇聚，推进城市管理体征监控。

在网格化信息平台已录入的1400多万个城建基础设施基础上，建设城市运行体征监控场景，将城市家底数据、行政管理数据、网格化运行数据、综合监管数据、云端交换数据等能够集中反映城市基础设施运行、供需平衡、安全防控等状态的指标数据做集中展示和智能研判。

【城管执法改革】 围绕《中共中央、国务院关于深入推进城市执法体制改革改进城市管理工作的指导意见》（中发〔2015〕37号）的要求，切实落实住建部城管监督局各项工作部署。一是执法理念精细化，变“被动处置”为“主动治理”，变“零星执法”为“整体治理”，变“单一执法”为“系统治理”。二是以正规化为目标不断强化队伍建设，深入开展“强转树”专项行动。

（戚艳平）

（六）设施管理

【架空线入地和合杆整治】 市政府办公厅印发《关于开展本市架空线入地和合杆整治工作的实施意见》（沪府办〔2018〕21号），按照“政府主导、企业协同，统筹规划、整合资源，突出重点、消除隐患”的原则，坚持目标导向、问题导向、效果导向，到2020年，完成全市重要区域、内环内主次干道、风貌道路以及内外环间射线主干道约470公里道路架空线入地和合杆整治。2018年，超额完成了市政府下达的100公里整治任务，实现了116公里的架空线入地和合杆整治，拔除各类立杆9800余根。其中，45公里道路完成合杆整治，平均减杆率达到68%。

市发展改革委、市住房城乡建设管理委、市财政局印发《上海市电力架空线入地整治项目市级资金管理办法》（沪发改规范〔2018〕7号），市发展改革委、市财政局、市经济信息化委、市住房城乡建设管理委印发《上海市信息通信架空线入地整治项目市级资金管理办法》(沪发改规范〔2018〕8号)；出台了《上海市道路合杆整治技术导则》《上海市道路合杆整治工作要求》《道路综合机箱技术要求》《上海市道路架空线入地与合杆整治勘测技术导则》《上海市架空线入地和合杆整治文明施工标准（试行）》《上海市信息通信架空线入地整治工程建设导则》《10千伏及以下电力架空线入地工程技术导则》等标准规范，分别从文明施工、道路杆件、箱体及城市家具等多方面提出了设置与管理要求，确保全市标准一致，风格统一。

【地下综合管廊建设】 2016年开工建设的地下综合管廊建设31.55公里，已建成廊体20.9公里，累计完成投资21.6亿元。2017年开工建设的地下综合管廊38.16公里，目前已建成廊体3.83公里，累计完成投资4.43亿元。结合架空线入地，同步推进缆线型管廊建设，研究缆线型建设运行模式。

市发展改革委印发《关于本市2020年前地下综合管廊建设补贴政策的通知》（沪发改投〔2018〕111号），明确干线型、支线型、缆线型管廊市级建设财力按核定总投资的50%、30%、20%给予定额补贴。

【燃气安全管理】 一是做好进口博览会燃气安全保障，编制完成国家会展中心燃气保障专项预案，印发《关于本市燃气行业决战200天燃气行业工作要求》，对国展中心及重点接待场所开展燃气安全巡检。二是加强液化石油气综合管理力度，打击无证经营。市政府印发《关于本市开展瓶装液化石油气专项整治工作的通知》，市住建委、公安、工商、质监、交通等部门不定期组织开展燃气安全大检查、市区联合督查，集中开展打非治违专项行动。三是开展超期限燃气助动

2018年上海燃气安全管理情况表

项目		单位	数值
进博会燃气安全保障	燃气调压器保养	次	22
	出动巡检人员	人次	512
	出动巡检车	辆次	308
液化石油气综合管理	执法检查	次	2000
	出动执法人员	人次	54376
	检查用户	户	22355
	责令整改	户	7195
	查没违法违规钢瓶	个	6782
	刑事拘留	人	97
改造老旧管网	改造地下老旧管道	公里	135.2
	消除住宅用户隐患立管	万户	6.1

车集中整治。督促液化气加气站点在4月2日后停止为燃气助动车加气，组织集中回收点在7月31日前做好车辆回收。自2014年以来，共回收车辆39413辆，其中2018年4月2日至7月31日回收18262辆。8月1日，液化石油气助动车回收工作正式结束。四是改造老旧管网，提高供气安全度。排摸燃气隐患管网，根据管网危险程度和施工条件，制订三年行动计划，计划三年改造老旧管道65公里、消除住宅用户隐患立管32.7万户。

【优化营商环境】 市公安局、市规划国土资源局、市交通委、市绿化市容局联合印发《关于印发〈上海市进一步优化燃气接入营商环境实施办法（试行）〉的通知》（沪建设施联〔2018〕251号），进一步压缩时限、减少环节、简化审批、加强协调、落实责任，切实提高燃气接入效率和服务水平，改善上海燃气行业营商环境。

【液化石油气市场监管】 市政府印发《关于本市开展瓶装液化石油气专项整治工作的通知》（沪府办规〔2018〕25号），住建、公安、工商、质监、交通等部门不定期组织开展燃气安全大检查、市区联合督查，集中开展打非治违专项行动。累计共进行执法检查近2000次，出动执法人员54376人次，检查用户22355户，责令用户整改7195户，查没违法违规钢瓶6782个，刑事拘留97人。

【隐患管网改造】 根据管网危险程度和施工条件，制订三年行动计划。2018年度改造地下老旧管道135.2公里（三年累计365公里），住宅用户隐患立管6.1万户（三年累计32.7万户）。

（欧阳雁）

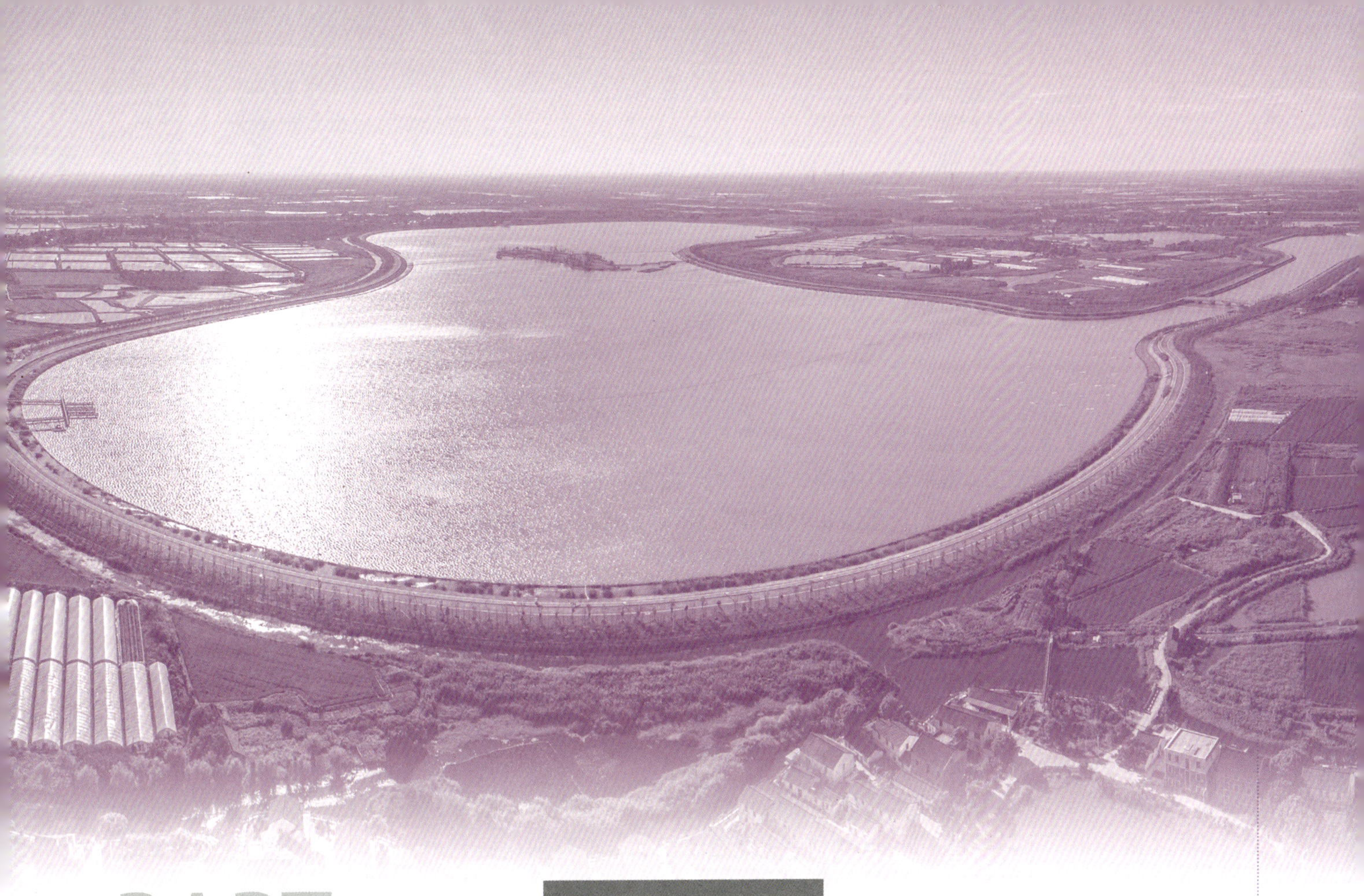

PART THIRTEEN XIII

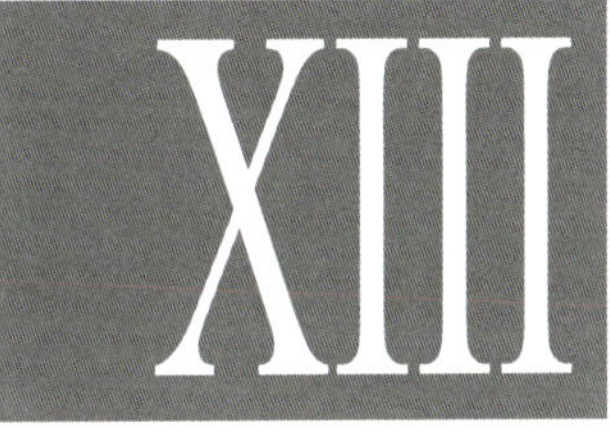

科研工作

SCIENTIFIC RESEARCH WORK

（一）综述

2018年是贯彻落实“十三五规划”关键之年、推进供给侧结构性改革深化之年。委政策研究工作紧紧围绕市委市政府指示精神和两委领导工作部署，牢牢把握前瞻性、基础性和指向性的政策研究工作定位，以推进大调研和首届进博会城市保障工作为业务主轴贯穿全年，为我市城市管理精细化、优化营商环境、城市维护体制机制改革等中心工作的平稳有序推进提供了有力支撑。科技委把提高城市建设管理水平放在突出位置，重视城市管理软环境，开展10个专项课题，完成了多项软课题研究项目。

围绕习近平总书记在上海调研时的讲话精神以及市委市政府的工作部署，结合市建设交通工作党委和市住房城乡建设管理委工作要求，以科技创新推动行业转型升级为导向，立足行业实际和日常工作，主要开展了下列科技工作：一是持续推进行业科技创新若干意见的落实，以智能交通、建筑建材、地下空间、水资源保护与利用等学科中心为依托，完成了地下空间智能建管技术、超低能耗建筑发展方向、老旧建筑综合性能提升与绿色改造、中心城区排水系统功能升级、智能交通服务设施建设技术等验收，形成了行业科技发展的课题储备，推动行业科技发展谋划与布局，并为市科委城市建设领域科技创新三年行动计划提供支持。二是创新科技成果推介模式，遴选行业优秀（获奖）科研成果，在《建设科技》新辟“科技之窗”专栏加以介绍，推动科研成果“后一公里”推广；结合改革开放40周年，总结本市住建领域40年科技工作经验和成果，形成资料并上报住建部。三是积极协助住建部开展上海地区科技项目的初审、推荐、过程管理等工作。2018年推荐申报86项，获部批准立项46项，推荐成功率53.5%；受部委托对上海地区科技项目进行过程管理的项目数达129个。2018年，32个项目获得2018年度上海市科技进步奖，其中，技术发明二等奖2项，科技进步特等奖1项，科技进步一等奖3项，科技进步二等奖10项，科技进步三等奖16项。

（盛开艳　周君俊）

（二）课题研究

【概况】2018年，主动配合进博会城市保障多项基础性专题研究。一是对标东京城市管理精细化研究。为借鉴国际城市先进管理经验，对标国际最高标准、最好水平，我处牵头组织对标东京城市管理精细化研究工作，从建筑施工管理、公共设施管理、公共空间管理、物业管理等多角度切入，提出超大城市精细化管理的理念路径和做法。该工作包含课题研究、资料翻译、专家讲座、论坛研讨等四部分内容，均已取得阶段性成果，其中中日专家论坛已经成功召开。二是农民集中居住政策调研。为改变上海农村“散乱差”面貌，调研农民集中居住政策工作，起草完成了多次向市领导汇报文稿。三是加强城市维护工作研究。首届进博会的召开促使我市城市管理精细化水平得到了极大提升，但同时也暴露出了一些问题。为加强城维方面的统筹兜底作用，开展强化城市维护工作研究，全程参与文稿撰写等相关工作。

全面发挥建设交通系统政策研究例会的平台优势，着力提升政策研究能级。邀请市委市政府研究室、市政府发展研究中心、市规土局、市公安局和系统内相关单位的研究部门共同参与，沟通领导关注、社会关心的热点问题，交流彼此重点工作，形成合力提高政策研究质量和水平。在精准扩容的基础上，围绕城市管理精细化等工作方向开展了

2018年结题的软课题项目一览表

1	海洋及长江口对上海市域生态保护和建设作用的研究
2	特大城市高、快速路网路桥基础设施安全管理预警策略研究
3	城市超深地下空间开发工程试验基地研究
4	上海城市综合管廊典型工程技术经济指标分析
5	典型城市综合管廊工程技术经济指标分析

5次政策研究例会。完善管理制度，确保课题研究多出成果、更有实效。启动完成2019年两委调研课题的8个重点研究方向、15个调研课题。完成2018年16个课题结题工作，并完成2017年课题的绩效评价和后评估工作。此外，全面落实行业协会巡视整改工作，积极推动协会管理服务工作创新。紧盯时间节点、周密组织安排，有力有序推进志书编纂工作。

2018年，科技委充分发挥专业委员会集成优势，加强问题梳理和课题研究，把提高城市建设管理水平放在突出位置，重视城市管理软环境，抓住关键细节和细微之处，同时借鉴日本东京、德国汉堡等城市的管理经验，开展10个专项课题，完成了多项软课题研究项目。

（盛开艳　崔严慧）

【海洋及长江口对上海市域生态保护和建设作用的研究】 课题立足上海，在综合评估上海海洋健康状况的基础上，提出了上海须在统一规划体系、空天地海一体化监测等方面进行陆海统筹思考的建议，提出关于海洋红线、海洋功能区划、海洋承载力的海洋治理策略，将陆域空间规划与海洋空间规划进行深度整合，推进海洋的综合治理开发以及沿海城市可持续发展。课题提出的多项建议已提炼汇总形成《保护海洋与长江口，推进上海市域生态保护和建设》院士建议。

【特大城市高、快速路网路桥基础设施安全管理预警策略研究】 课题通过分析国内外路桥基础设施安全管理现状，对现有的相关高、快速路技术规程应用情况及管理模式进行梳理，对路桥设施在不同阶段的安全风险因素做了分析，提出预警评价指标，建立以快速检测和快速评估手段为支撑、以预防性养护理念和方法为核心的系统化养护决策体系。课题对上海路桥设施典型破坏类型和处置对策开展研究，建立高快速路网应急管理体系，提出完善中高速货运管理以及事故救援的安全管理对策。

【工业化建筑实施全过程管理研究】 课题对国内外工业化建筑政策和监管模式进行梳理，并通过调研上海工业化建筑实施产业链的相关单位和企业，结合装配式建筑实施的特点和现行标准、政策与管理办法，深入分析各环节存在的问题。课题通过分析装配式建筑项目全过程实施和发展中出现的新问题，针对全产业链过程中设计、深化设计、工厂生产、构件运输和现场施工、全装修等方面的内容，对工业化建筑全过程的产业链环节提出改进建议，对完善现有的管理体系和提升上海建筑工业化发展水平具有重要的指导作用。

【上海城市综合管廊典型工程技术经济指标分析】 课题通过对典型工程案例分析总结，结合上海实际情况，研究提出的城市综合管廊工程技术经济指标体系。针对上海市综合管廊工程的特点，从技术和经济两方面，建立综合指标和分项指标，为政府主管部门、建设单位和咨询单位在前期决策阶段提供技术经济支持。

2018年立项的软课题项目一览表

1	中日一线城市建筑垃圾处置产业政策对标研究
2	融合共享智慧社区建设国际一流对标研究
3	上海中央活动区城市更新中的步行系统研究
4	城市轨道交通车站客运服务精细化对标研究
5	东京—上海城市管理体制机制比较研究
6	东京—上海市政养护管理对标研究
7	东京—上海生活垃圾治理对标研究
8	汉堡—上海农村污水治理对标研究
9	东京—上海建筑工地管理对比研究
10	新型乡村建设战略与推进策略研究——乡村建设绿色规划设计研究专题

【典型城市综合管廊工程技术经济指标分析】课题通过对全国试点城市综合管廊工程案例分析总结，结合上海实际情况，研究多种断面形式综合管廊工程的技术经济指标。结合上海市综合管廊工程的特点，从技术和经济两方面，收集整理了多个城市综合管廊工程技术经济指标，为工程前期编制投资估算、方案比选和优化设计提供参考依据。

【中日一线城市建筑垃圾处置产业政策对标研究】课题以对标国际一流的建筑垃圾资源化利用效果为目标，从推进上海地区建筑垃圾资源化利用产业可落地、可持续发展，同时提高建筑垃圾资源化利用效率的角度出发，针对日本等发达国家建筑垃圾资源化利用的技术、标准、政策以及处理现状开展技术分析和专题研究，并与上海市现阶段建筑垃圾资源化利用产业情况进行对比分析，找出其中的管理薄弱环节，提出改进上海建筑垃圾资源化利用管理的建议。

【融合共享智慧社区建设国际一流对标研究】课题拟研究将市政、道路、社区三方面进行智慧融合，总结国际一流智慧社区工作经验，探究城市智能化运行与精细化治理的相关模式，完善城市管理的体系及功能，实现城市管理与服务能力的飞跃。技术层面上，探究智慧社区的运行机理，基于数字化城市的管理方法，对已有的国际一流智慧社区运行与精细化治理进行案例剖析，有效地解决城市运行管理中的实际问题，研究物联网、大数据等理念在城市管理中的拓展以及精细化治理方式继续深入的需要。业务层面上，构建城市智能化运行与精细化治理模式，实现对居民城市生活的精细化管理应用，在城市治理、政务管理、民生服务三方面取得积极效果。

【上海中央活动区城市更新中的步行系统研究】课题拟选取上海人流最为密集的中央活动区为研究范围，对区内由公共轨道交通枢纽出发的步行空间进行重点调研，同时选取东京等相关项目作为案例进行对标研究。通过国际比较，找到问题与差距，探求上海步行系统改造优化的方向，并在理论上论证步行系统建设对上海城市中央活动区商业价值和土地开发的巨大带动作用。

【城市轨道交通车站客运服务精细化对标研究】课题在精细化管理的背景下，聚焦舒适、便捷、人性化等需求，以东京地铁为主要对标对象，重点从设计规模标准、乘客设施设备配置标准和大客流管控疏导等方面进行对标研究。

【东京—上海城市管理体制机制比较研究】

课题聚焦东京和上海的城市管理体制机制，一方面对比研究东京和上海的城市管理体制特点和差异，总结两市在市级横向管理架构的设置以及在市区纵向城市管理机构设置及分工方面的特点及差异，比较各自优缺点，提出上海在城市管理体制方面的借鉴和改进建议。另一方面，聚焦城市设施维护管理、地下空间和管线管理、垃圾处置、街面治理、工地管理、住房管理和交通管理等城市管理重点领域，比较东京和上海两市的管理机制差异及各自优缺点，提出上海在具体城市管理事项管理机制方面的借鉴和改进建议。

【东京—上海市政养护管理对标研究】 课题将重点开展东京—上海市政设施的全寿命周期养护管理对标研究。通过研究对比东京与上海市政设施养护管理行业在机构设置、职责、工作流程、分工、市区关系等方面之间的异同，比较东京和上海在市政设施养护管理的具体工作开展中管理模式、技术手段等的异同，研究东京市政设施全寿命周期养护管理的成功之处，结合上海实际需求，寻找上海可以借鉴的经验，提出完善上海市政基础设施全寿命周期养护管理的建议和措施，提升城市市政设施精细化管养水平，做好保障城市干净、安全、有序运行的重要一环。

【东京—上海生活垃圾治理对标研究】 课题通过研究与对比上海与东京生活垃圾源头分类在政策法规、管理机制、分类标准、操作流程、设施配置等方面的现状与差异，针对生活垃圾源头分类环节，提出了提高生活垃圾源头分类实效的意见和建议。课题研究从法规体系、设施配置、分类宣传、源头收集模式、计量系统、专题研究等方面给出了明确的对策建议，研究成果对完善我市生活垃圾管理具有一定借鉴意义。

【汉堡—上海农村污水治理对标研究】 课题将通过借鉴德国多年的分散式处理装置的应用经验，为上海提供分散式污水处理装置不同规格的标准化依据。主要的选择标准包括：可靠、高效的性能；低投资成本及相对简单的运维要求，并进行不同型号的分散式污水处理装置的设计工作。以资源回收利用为主导的污水系统同样也列入本次研究内容。本次研究将对上海的分散式污水处理系统进行综合比较，作为今后进行该类系统的投资、应用的技术参考。

【东京—上海建筑工地管理对比研究】 课题在了解东京城市关于建筑工地管理相关体制机制的情况的基础上，通过对标分析研究，找到差距的原因，提出有一定创新性的，适合上海市发展的若干建筑工地管理改进建议。

【新型乡村建设战略与推进策略研究——乡村建设绿色规划设计研究专题】 课题针对乡村建设中存在的规划形式单一、建筑千篇一律等问题，进行乡村建设绿色规划设计研究，提出新型乡村绿色规划设计战略及推进策略，主要内容包括：1）对国内外乡村规划设计案例进行调研，归纳总结乡村建设绿色规划设计经验；2）研究以保持不同地区的特色乡村景观（耕地景观、草地景观、林地景观和山地景观等）为重点的绿色规划；3）研究以保持乡村自然和人文特色为重点的绿色规划设计；4）研究新型乡村建设中“海绵乡村”建设方法，以及乡村雨水综合利用、生活垃圾、污水生态处理研究；5）研究乡村生态延续推进策略；6）确定政策推进规划进乡村、设计进民居。

（三）科研项目预研究

【概况】为贯彻落实《上海市住房和城乡建设管理委员会关于推进本市住房和城乡建设管理领域科技创新的若干意见》，聚焦行业发展技术难点和趋势，做好科研中长期规划布局，2018 年开展 2 项预研究项目立项，5 项预研究项目结题。

2018年验收的预研究项目一览表

1	上海超低能耗建筑节能发展方向与技术需求研究
2	上海老旧建筑综合性能提升与绿色改造技术发展研究
3	上海中心城区排水系统功能升级战略研究
4	地下空间智能建设及管理的技术需求分析研究
5	面向智能交通管理服务的智慧设施建设技术发展研究

【上海超低能耗建筑节能发展方向与技术需求研究】项目在对上海市建筑能耗发展现状、建筑碳排放状况、装配式建筑节能问题和既有建筑节能改造等方面的调研分析基础上，提出上海市建筑节能发展近远期发展目标与路径，给出 2018—2020 年重点项目储备计划建议。

【上海老旧建筑综合性能提升与绿色改造技术发展研究】项目以老公房和历史建筑为典型代表，对其综合性能提升与绿色改造技术发展，开展相关研究领域的科研项目中长期储备计划及布局研究，同时针对储备项目开展可行性方案研究。项目成果形成老公房和历史建筑的综合性能提升与绿色改造技术发展方向和研究指南。

【上海中心城区排水系统功能升级战略研究】项目以上海市城市总体规划为指导，按照国家水污染防治行动计划的要求，以实际需求为导向，提出未来 3~5 年上海中心城区排水系统功能升级战略研究方向及科研项目储备计划，包括：中心城区排水系统防涝体系构建和标准提升、排水系统智慧调度和预测预警、排水干管维护及互联互通布局优化、基于污染物控制的污水处理收集系统功能升级、污水处理发展需求与功能升级等 5 个战略研究领域。

【地下空间智能建设及管理的技术需求分析研究】项目梳理国内外地下空间智能建设及管理方面已经取得的成果、目前国内行业的需求情况以及未来技术发展需要克服的关键困难点，开展相关研究领域的科研项目中长期储备计划及布局研究，同时针对储备项目开展可行性和必要性研究，项目成果形成地下空间智能建设及管理技术发展方向和研究指南。

【面向智能交通管理服务的智慧设施建设技术发展研究】项目分析本研究领域现有基础和中长期发展趋势，面向智能交通管理服务的智慧设施建设技术发展，提出针对智慧道路、智慧灯杆、智慧设施标准化等方面的研究方向及内容。项目研究成果符合未来城市发展需要，为推进面向智能交通管理服务的智慧设施建设技术深化研究提供了依据。

【地下工程火灾危害监控、预警与快速修复成套技术调研】项目拟针对地下工程火灾危害监控、预警与快速修复，提出上海未来 3~5 年（“十三五”期间及远期）本研究领域的科研项目中长期储备计划及布局；并聚焦地下工程火灾危害监控、预警与快速修复

2018年立项的预研究项目一览表

1	地下工程火灾危害监控、预警与快速修复成套技术调研
2	基于区块链的交通信息数据共享与应用技术调研

的关键技术，明确本领域需要解决的科学问题，针对储备项目进行可行性方案研究。

【基于区块链的交通信息数据共享与应用技术调研】 项目拟重点研究基于区块链的交通信息数据共享与应用技术，用于支撑面向本市行政区划体制的交通精细化管理需求，完善上海交通信息数据分布式存储、沉浸式处理和需求导向应用机制，强化交通信息数据在区域交通精细化管理中的应用。

（四）科研项目管理和服务

【概况】 2018年管理科研项目149项，完成各类科研项目立项论证及验收评审共49项。其中验收重要项目5项，重大立项2项。

【建筑设计大数据与人工智能共享平台】 该项目通过研究Hadoop大数据软件生态系统和软硬件技术体系，建立大数据中心和人工智能平台的整体架构；研究实时流数据处理和海量分布式BIM大数据存储及索引技术；基于华东建筑设计研究院有限公司信息系统建设的既有成果，利用大数据与人工智能技术开展本项目软件/硬件和功能模块的开发与建设，包括：智能化协同设计社交网络及设计/需求侧大数据采集系统、建筑设计大数据平台、人工智能计算与应用平台、面向建筑设计领域的人工智能大数据应用系统。

【城市河道治理及长效管理关键技术研究与示范】 该项目将建立以“安全、环境、生态、景观”为核心的水生态多维度综合治理体系，为水环境综合治理集成模式提供范本。通过探索研究城市河道控源治理的关键技术、生态河道的立体形态、水生态引导下城市河道治理技术等，为城市河道治理提供对策，并形成涵盖研究、设计、工程及示范、运维全过程的研究报告，为类似工程建设提供技术支持。城市河道运维技术指南将提出河道水环境健康状态的系统评估方案，为河道水质监测、预警、管理提供指导，巩固黑臭河道治理成果。

2018年立项的比较重大住建部科研项目一览表

序号	项目名称	牵头单位
1	城市综合管廊规划设计技术创新及应用	上海市政工程设计研究总院（集团）有限公司
2	建筑设计大数据与人工智能共享平台	华东建筑设计研究院有限公司
3	城市河道治理及长效管理关键技术研究与示范	上海市城市建设设计研究总院（集团）有限公司

【城市综合管廊规划设计技术创新及应用】 该项目拟采用共同作用时变效应分析方法，对超高结构共同作用进行分析，通过现场实测数据研究超高层建筑的沉降、倾斜与时间关系，综合分析超高结构的稳定性及长久性。并通过实测与理论分析研究，进一步探讨评价超高层建筑的稳定性和长久性，提出针对超高层建筑结构的长期稳固措施，项目预期成果将对同类建筑设计、施工有重要借鉴作用。

2018年验收的住建部科研项目一览表

序号	项目名称	牵头单位
1	铁路客运交通枢纽地区集约化城市设计技术与应用	上海市城市建设设计研究总院（集团）有限公司
2	现代木结构设计方法与工业化建造技术研究	上海市建筑科学研究院（集团）有限公司
3	大断面矩形盾构法隧道设计技术研究	上海市城市建设设计研究总院（集团）有限公司

【铁路客运交通枢纽地区集约化城市设计技术与应用】9月18日，由上海市城市建设设计研究总院（集团）有限公司承担的“转型期大都市跨行政区空间规划干预制度创新研究”科研项目通过住建部验收。该项目通过对国内外相关理论、典型集约化枢纽地区案例的研究，以及对国内外城市设计编制要素的系统梳理，结合铁路客运交通枢纽地区的区域特性，提炼出铁路客运交通枢纽地区集约化城市设计的5大编制要素和21个子要素；项目结合理论研究和案例分析，应用大数据分析等新技术，从交通系统集约化方面，提出路网设计指标和公交可达性指标等定量指标的确定方法，并从土地利用集约化方面，对功能混合、开发强度提出铁路客运交通枢纽地区集约化城市设计要素的关键指标区间；该项目首次利用POI（城市设施兴趣点）分析技术进行铁路客运交通枢纽地区城市要素特征规律的研究，利用多源数据从枢纽地区就业消费的影响范围、空间分布特征等角度出发，对枢纽地区的人迹行为进行研究分析，并首次运用多源数据融合技术对铁路客运交通枢纽地区公交可达性水平进行评价研究，研究成果具有一定创新性。项目研究成果提炼形成《铁路客运交通枢纽地区集约化城市设计编制指南》，具有一定推广意义。

【现代木结构设计方法与工业化建造技术研究】11月28日，由上海市建筑科学研究院（集团）有限公司承担的“现代木结构设计方法与工业化建造技术研究”科研项目通过住建部验收。该项目提出直线形和抛物线形预应力胶合木梁的设计方法，扩大了木梁的使用跨度；研发竹木增强和钢板增强新型钢填板—螺栓胶合木梁柱节点，及钢—木屈曲约束支撑，显著提升了现代木结构的耗能能力和抗震性能；研究完成五层胶合木结构振动台试验，为现代木结构抗震设计提供了依据，并提出现代木结构抗震设计方法和构造措施建议；研究提出基于BIM的现代木结构设计建造一体化技术，形成现代木结构的设计建造技术体系。该项目共发表论文7篇、其中SCI/EI收录3篇，申请国家发明专利2项，培养青年技术人才4名，参编技术标准6部。

【大断面矩形盾构法隧道设计技术研究】11月13日，由上海市城市建设设计研究总院（集团）有限公司承担的“大断面矩形盾构法隧道设计技术研究”科研项目通过住建部验收。该项目针对两车道城市地下道路，开展大断面矩形盾构隧道总体设计、管片设计、防水设计等研究，提出大断面矩形盾构隧道结构设计的新方法，取得的创新成果如下：提出了采用两种管片形式、四种姿态对矩形盾构隧道进行平纵曲线排版拟合，并编制了相应的通用排版程序；针对结构形式的受力特点，提出变厚度矩形隧道截面设计方法，编制相应的图纸设计—结构分析一体化程序；采用接头足尺试验方法研究管片接头构造的力学性能和防水性能，得到相关技术参数；研究成果部分纳入相关技术标准，可为大断面矩形盾构隧道的结构设计提供参考。

【大口径预应力钢筒混凝土管顶管成套技术

2018年验收的住建委科研项目一览表

序号	项目名称	牵头单位
1	大口径预应力钢筒混凝土管顶管成套技术研发与应用	上海市基础工程集团有限公司
2	高速公路环保大修与延长寿命技术研究	上海市城市建设设计研究总院（集团）有限公司

研发与应用】2月1日，由上海市基础工程集团有限公司的“大口径预应力钢筒混凝土管顶管成套技术研发与应用”科研项目通过市住房城乡建设管理委验收。项目组以黄浦江上游闵奉原水支线C2标段工程为背景，结合国内首例大口径预应力钢筒混凝土管800m以上长距离顶管工程，对大口径预应力钢筒混凝土管顶管成套技术进行深入的研发与应用，首次将弹塑性损伤力学的本构模型和追踪单元技术引入JPCCP的有限元仿真计算；创新研发埋地刚性压力管道的内水压和外荷载联合加载试验设备及试验方法；创造性地把普通PCCP的承插口和普通DRCP-F的外壁钢承口有机地组合起来，研发适用于给水耐高水压领的顶进施工法用预应力钢筒混凝土管（JPCCP）；研发动态全方位高精度管节接口拼接工艺及其相应的伺服拼装平台；创新研发高精度、微变形刚性顶管中继环，易于高精度拼装，高顶力状态下变形小，承内水压力能力高且后期处理简单；开发顶管机纠偏过渡管及中继环偏转过渡管；应用BIM技术建立了四维在线实时监测信息化平台，集成物联网和智慧工程技术，将监测数据与数值模拟及反馈分析相结合，形成顶管施工现场参数化、信息化、可视化管理。项目研究成果成功应用于背景工程，解决了一系列工程难题，确保了工程质量，成果对上海地区乃至全国同类工程的理论研究、设计及施工具有重要和积极的示范意义，其社会、经济、环境效益显著，为我国顶管领域新的突破。

【高速公路环保大修与延长寿命技术研究】7月26日，由上海市城市建设设计研究总院（集团）有限公司等单位承担的“高速公路环保大修与延长寿命技术研究”科研项目通过市住房城乡建设管理委验收。项目以大修后的嘉浏高速公路为工程背景，通过现场调研、理论分析、数值模拟、跟踪观察和室内外试验，取得了以下研究成果：系统地调查分析了嘉浏高速公路大修后路面性能变化状况，对嘉浏高速路面大修工程的设计工作进行了系统的后评价工作，证实了大修整治方案的适宜和合理；通过理论分析、APT试验和现场实测数据总结了上海地区重载高速公路车辙发展规律；建立了基于驾乘人员主观感受的车辙主观影响模型，提出了适合上海地区重载高速公路车辙预防性养护的标准；抓住路面渗水对道路结构危害关键点，通过渗水对路面温度影响的理论分析、数值模拟与室内外试验，提出了利用红外热差仪器检测路面渗水的精细化检测方法、指标和标准；通过对上海嘉浏高速公路预防性养护效果跟踪评价和经济性分析，提出了基于早期损害特征的上海地区重载高速公路预防性养护决策方案的建议。

（五）获奖科技成果

【概况】32个项目获得2018年度上海市科技进步奖，其中，技术发明二等奖2项，科技进步特等奖1项，科技进步一等奖3项，科技进步二等奖10项，科技进步三等奖16项。

序号	奖项等级	项目名称	完成单位
1	技术发明奖二等奖	基于自平衡原理的钢结构整体顶推滑移安转方法及装备	上海市机械施工集团有限公司
2	技术发明奖二等奖	盾构法隧道结构性能试验关键技术及装备	上海隧道工程有限公司 同济大学 上海市隧道工程轨道交通设计研究院 上海城投水务工程项目管理有限公司 宁波市轨道交通集团有限公司 上海盾构设计试验研究中心有限公司 宁波大学
1	科技进步奖特等奖	上海中心大厦工程关键技术	上海建工集团股份有限公司 同济大学建筑设计研究院（集团）有限公司 上海中心大厦建设发展有限公司 同济大学 上海建工一建集团有限公司 三一汽车制造有限公司 上海市机械施工集团有限公司 上海岩土工程勘察设计研究院有限公司 上海市建筑科学研究院（集团）有限公司 上海材料研究所 上海市基础工程集团有限公同 上海建工材料工程有限公司 江苏沪宁钢机股份有限公司 上海市安装工程集团有限公司 沈阳远大铝业工程有限公司 上海园林（集团）有限公司 上海市建工设计研究总院有限公司 上海建工七建集团有限公司 宝钢钢构有限公司 北京江河幕墙系统工程有限公司
1	科技进步奖一等奖	长大地下工程安全风险精细化感控的关键技术及应用	同济大学 无锡悟莘科技有限公司 上海地铁维护保障有限公司 上海市建筑科学研究院 上海隧道工程有限公司 上海西岸传媒港开发建设有限公司
2	科技进步奖一等奖	软土隧道强震非一致作用安全控制技术	同济大学 港珠澳大桥管理局 中交公路规划设计院有限公司 上海市隧道工程轨道交通设计研究院 上海市政工程设计研究总院（集团）有限公司 上海市城市建设设计研究总院（集团）有限公司 上海城投公路投资（集团）有限公司 上海城投水务工程项目管理有限公司
3	科技进步奖一等奖	双主跨缆索承重桥梁的动力特性优化和风致振动控制	同济大学 中铁大桥勘测设计院集团有限公司 安徽省交通控股集团有限公司 武汉市城市建设投资开发集团有限公司 安徽省交通规划设计研究总院股份有限公司

续表

序号	奖项等级	项目名称	完成单位
1	科技进步奖二等奖	既有公共建筑节能与加固绿色改造技术	上海理工大学 上海市城市建设设计研究总院（集团）有限公司 上海建工材料工程有限公司 中国建筑第八工程局有限公司 中国建筑科学研究院有限公司上海分公司 深圳市华育昌国际科教开发有限公司
2		既有建筑绿色改造和性能提升关键技术与应用	上海市建筑科学研究院（集团）有限公司 上海建工七建集团有限公司 华东建筑设计研究院有限公同 上海赛弗工程减震技术有限公司 上海建工二建集团有限公司 哈尔滨工业大学 上海建科建筑设计院有限公司
3		重要建筑运营风险管控与安全保障技术及应用	上海市建筑科学研究院（集团）有限公司 同济大学 上海建科工程咨询有限公司 西南交通大学 中国建筑科学研究院有限公司 上海建科检验有限公司 上海建科工程改造技术有限公司
4		工业化全预制桥梁设计施工关键技术研究及应用	上海城投公路投资（集团）有限公司 上海市城市建设设计研究总院（集团）有限公司 上海建工四建集团有限公司 同济大学 上海公路桥梁（集团）有限公司 中交第三航务工程局有限公司 柳州欧维姆机械股份有限公司
5		强风及海洋环境下钢与混凝土混合塔斜拉桥关键技术与应用	上海市政工程设计研究总院（集团）有限公司 同济大学 中铁宝桥集团有限公司 上海浦江缆索股份有限公司 大榭大桥有限公司
6		长大道路隧道全纵向防灾救援新技术及其集成应用	上海市城市建设设计研究总院（集团）有限公司 上海黄浦江越江设施投资建设发展有限公司 上海市消防局 同济大学 上海隧道工程有限公司 上海城投公路投资（集团）有限公司
7		生活垃圾温室气体核算与减排利用关键技术与应用	上海交通大学 同济大学 上海市环境工程设计科学研究院有限公司 上海老港废弃物处置有限公司 国家环境保护部环境规划院 蓝德环保科技集团股份有限公司 浙江旺能环保有限公司

续表

序号	奖项等级	项目名称	完成单位
8	科技进步奖二等奖	燃煤烟气氮氧化物控制关键技术及副产物安全资源化利用	上海大学 上海市建筑科学研究院 上海市建筑建材业市场管理总站 上海宝钢新型建材科技有限公司 上海城建物资有限公司 上海瀚昱环保材料有限公司 上海舜韬实业（集团）有限公司
9		大型污水治理设施恶臭气体处理集成技术与示范	上海市政工程设计研究总院（集团）有限公司 清华大学 复旦大学 同济大学
10		运营地铁隧道结构智能检测与大数据分析预警关键技术	上海勘察设计研究院（集团）有限公司 上海地铁维护保障有限公司 同济大学 复旦大学 上海通芮斯克土木工程技术有限公司
1	科技进步奖三等奖	通路交通指数系统构建与应用关键技术研究	上海市城乡建设和交通发展研究院 上海电科智能系统股份有限公司 同济大学 上海美慧软件有限公司 上海市交通委员会交通指挥中心
2		建筑可再生能源关键技术研究与应用	上海交通大学 华东建筑设计研究院有限公司 上海市崇明区建筑建材业管理所 上海建科建筑节能技术股份有限公司 上海东方低碳系统集成有限公司
3		超高层建筑结构高效耗能减震关键技术研究	上海大学 佛山科学技术学院 上海建筑设计研究院有限公司
4		废弃矿坑百米级超高边坡治理及生态恢复关键技术研究与应用	中国建筑第八工程局有限公司 上海申元岩土工程有限公司
5		装配整体式叠合剪力墙结构体系技术研发与工程应用	华东建筑设计研究院有限公司 宝业集团股份有限公司 同济大学 上海宝岳住宅工业有限公司
6		后世博大型建筑群体数字化协同管理关键技术及应用	上海世博发展（集团）有限公司 上海市建筑科学研究院（集团）有限公司 华东建筑集团股份有限公司 上海建工集团股份有限公司 上海市城市建设设计研究总院（集团）有限公司
7		公共建筑节能改造关键技术与应用	上海市建筑科学研究院 上海市建筑建材业市场管理总站 华东建筑设计研究院有限公司 上海建科建筑节能技术股份有限公司 上海东方低碳科技产业股份有限公司

续表

序号	奖项等级	项目名称	完成单位
8	科技进步奖三等奖	高结构轻集料混凝土研发及百米级泵送施工关键技术	上海建工一建集团有限公司 上海建工材料工程有限公司
9		全方位高压喷射注浆加固成套技术与工程应用	上海隧道工程有限公司 上海隧道地基基础工程有限公司 上海申通地铁集团有限公司 上海广联环境岩土工程股份有限公司 同济大学
10		大型城市地下综合体基坑群落同步与交错实施关键技术研发与应用	上海市城市建设设计研究总院（集团）有限公司 上海建工七建集团有限公司 上海交通大学
11		ETFE膜结构技术研发与工程应用	华东建筑设计研究院有限公司 同济大学 上海太阳膜结构有限公司 柯沃秦膜结构（上海）有限公司
12		城市更新中既有建筑物地下空间开发及互联建造技术	上海市机械施工集团有限公司 同济大学建筑设计研究院（集团）有限公司
13		铺面新型沥青注浆修复成套技术与应用	上海公路桥梁（集团）有限公司 上海市建筑科学研究院 同济大学 上海城建日沥特种沥青有限公司 上海城建道路工程有限公司
14		长三角水域典型疏浚泥生态治理和资源化利用关键技术及应用	上海市建筑科学研究院 上海东海海洋工程勘察设计研究院 上海海事大学 中交上海航道局有限公司 上海湛敏生态环保工程有限公司
15	科技进步奖三等奖	大口径长距离复杂环境条件下钢顶管技术创新及应用	上海市政工程设计研究总院（集团）有限公司 上海水业设计工程有限公司 上海公路桥梁（集团）有限公司 上海交通大学
16		垃圾渗滤液高效产沼关键技术及应用	上海大学 上海市环境工程设计科学研究院有限公司 上海老港废弃物处置有限公司

【上海中心大厦工程关键技术】 该项目属土木建筑领域。建筑高达632米，是我国唯一突破600米的高楼，成为世界第二高的大楼。建筑突破层叠式理念，实现垂直城市新模式。关键创新成果如下：

1. 超高层桩基和基坑工程关键技术。突破钢管桩工艺，率先在软土地基采用桩端注浆钻孔桩工艺建造400米以上超高建筑；超大基坑分区顺逆作工艺，实现121米圆形自立式基坑真圆控制支护，薄壁刚度与深度比国内外领先。

2. 超高层巨型结构设计关键技术。首创设计基于滑移支座的变形协同内刚外柔双层幕墙新型巨型结构体系，曲面外表皮设计有效降低风荷载效应达24%；首创千吨级电涡流阻尼器技术，实现建筑风振响应控制。

3. 超高层巨型混凝土结构建造关键技术。研发出高强度低收缩混凝土技术和低黏度易泵送高强混凝土技术；创新设计制造出世界最大混凝土输送泵，创造大体积混凝土一次连续浇筑和多种强度等级混凝土一次输送高度世界纪录。

4. 超高层巨型钢结构建造关键技术。发明悬挂曲面玻璃幕墙支撑结构逆作安装技术及其智能升降装备解决了支撑体系悬、扭、空的安装难题，实现了钢结构精益建造。

5. 超高层数字建造及绿色建筑技术。率先建立数字化建造技术体系，实现对工程建造，空间环境保护以及运维管理等控制对象的数字化管控，突破了传统建造模式。率先建立了600米级垂直城市绿色建筑体系，构建了绿色垂直城市超高层建筑。成为全球首栋中国三星认证和美国LEED-CS铂金认证最高等级绿色超高建筑，彰显了我国超高层建造技术国际领先的综合实力，引领了世界超高层技术发展。

【长大地下工程安全风险精细化感控的关键技术及应用】该项目属土木建筑领域。针对长大地下工程安全风险时空变异性强、感知预控难等难题，项目采用“产学研用”模式，通过理论分析、实验研究与设备研发，实现了长大地下工程安全风险精细化感控目标。取得以下重要创新：

1. 揭示了长大地下工程安全风险特征的演化机理，定量预测了邻近工程启动引起的安全风险，建立了多重复杂环境作用下长大地下工程安全风险的感知指标，使安全风险“看得清”。

2. 自主研发了长大地下工程的高精度MEMS倾角、渗漏水等感知体，提出传感节点的鲁棒性布设方法；提出非均匀分簇路由、时空压缩恢复算法，研发无线传感网络协议，使安全风险“识得准”。

3. 研发了安全风险动态可视化预警技术，一线工人“秒见”工程风险；建立了安全风险可复性控制模型，提出基于实时数据和可视化的风险预警预控技术，使安全风险“控得好”。

项目授权专利30项（发明专利20项），登记软件著作权16项；主编国家规范1部，参编地方规范2部，发表论文144篇，被引1225次，出版专著4部。成果成功应用于北上广等十余城市重大复杂地下工程安全风险感控中，并拓展到上海中环应急抢修中。研发产品在亚、欧、非、北美、大洋洲等5大洲15个国家及地区近500个项目应用8500套以上，获取20亿条科学数据，支撑了长大地下工程建设及运行安全，经济、社会和环境效益显著，实现了理论、技术和产品的自主创新和国际超越，具有重要的实际意义和广阔的推广前景。

【软土隧道强震非一致作用安全控制技术】该项目属交通土建工程技术领域。该项目聚焦基础设施建设的重大需求，依托国家和地方重大科技计划，研究长距离大断面软土隧道强震非一致作用的动力响应与控制技术，解决了工程尺度隧道－地层大规模地震非线性动力仿真、强震非一致地震激励振动台试验以及控制隧道地震差动效应的设计与装置等国际性难题，形成了软土隧道抗震的专有技术，推动软土隧道建设从河口向海洋发展。创新成果如下：

1. 创建了兼顾宏—细观尺度、计算精度与效率、细观破坏的隧道—地层强震非线性大规模仿真方法，构建了工程级隧道强震非线性动力仿真平台，实现了数十平方公里地层—隧道工程系统的大规模地震仿真。

2. 提出了以多台阵差动输入原理与技术实现为突破点的隧道非一致地震激励动台阵试验技术，研制了节段型模型箱及其联动装置，构建出多点输入的隧道非一致地震试验平台，可实现长度10km级隧道强震非一致激励试验模拟。

3. 开发了隧道结构接头剪力连接组件、可更换屈曲部件、插入式环缝连接件等抗减震构造与装置，有效调控沉管隧道和盾构隧道差动效应，保障了软土隧道结构的强震安全性。

该项目获专利授权15项（发明6项）；登记软件著作权4项；发表SCI论文67篇，EI论文147篇，ESI高被引论文2篇；出版中英文专著4部；主要成果纳入国家、行业与地方技术标准和规范6部。成果成功应用于港珠澳大桥沉管隧道、上海越江长大盾构隧道、输水隧道、特高压输电隧道等20余项重大工程，创造直接经济效益达1.2亿元，服务人口近1亿，为提高我国重大基础设施隧道结构的抗震防灾能力提供了技术支撑。

【双主跨缆索承重桥梁的动力特性优化和风致振动控制】 该项目属结构风工程和桥梁工程科学技术领域。针对我国大跨度双主跨缆索承重桥梁建设的重大需求和关键技术，成功解决了双主跨缆索承重桥梁的动力特性和风致振动问题。主要创新内容及相关技术如下：

1. 发现了单主跨缆索承重桥梁一阶振型衍生出双主跨桥梁两阶振型的规律，揭示了双主跨斜拉桥随中塔刚度增大改善动力特性的规律，提出了改善双主跨斜拉桥动力特性的方法，实现了提高双主跨斜拉桥动力特性的效果。

2. 揭示了双主跨悬索桥中塔塔顶主缆和鞍座滑移安全问题，建立了双主跨悬索基于中塔抗滑移安全性的中塔刚度计算模型，提出了基于结构动力特性和抗滑移安全的中塔刚度优化方法，实现了优化双主跨悬索桥动力特性的效果。

3. 在国际上首次发现了双主跨悬索桥颤振振型转捩现象并揭示了其机理；提出了取消梁底工字钢轨道的颤振和涡振气动控制方法，解决了双主跨悬索桥涡振的难题。

4. 发明了风嘴和上/下稳定板组合颤振气动控制技术，解决了双主跨π形主梁悬索桥颤振失稳的难题。

5. 提出了双悬臂施工阶段增设单侧临时墩的风振控制方法，解决了双主跨斜拉桥施工阶段风振强度和刚度的问题。

该项目共授权专利6项、计算机软件著作权5项，出版专著3部，发表SCI/EI收录论文40多篇。成果推广应用于武汉二七长江大桥、马鞍山长江大桥和武汉鹦鹉洲长江大桥等多座大桥，三年共新增产值30.6亿元，节省投资1.4亿元。该成果取得了显著的经济和社会效益，并对多跨缆索承重桥梁的建设具有重要参考和指导意义，具有广泛的国际竞争优势。

（周君俊 崔严慧）

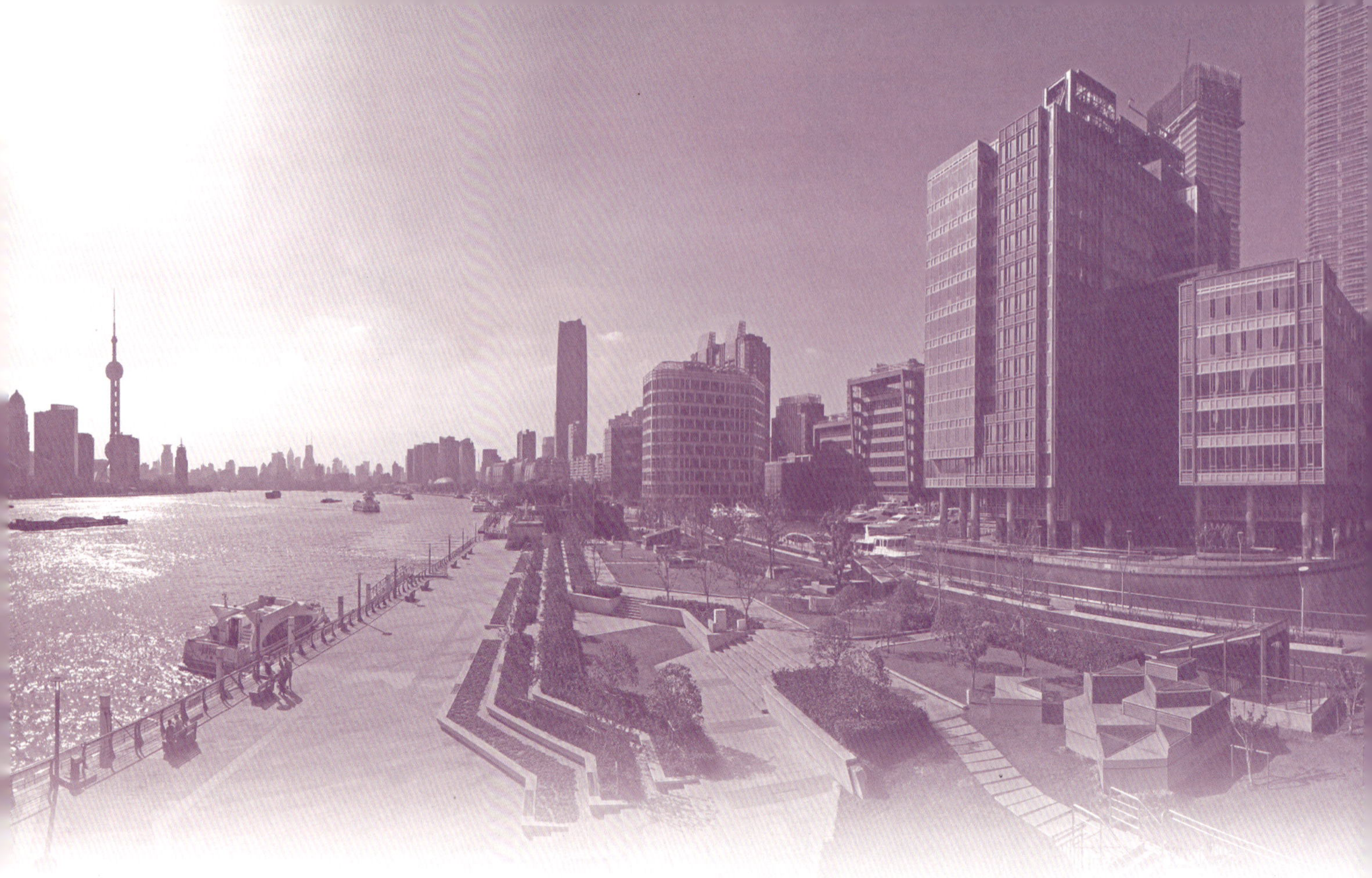

PART FOURTEEN XIV

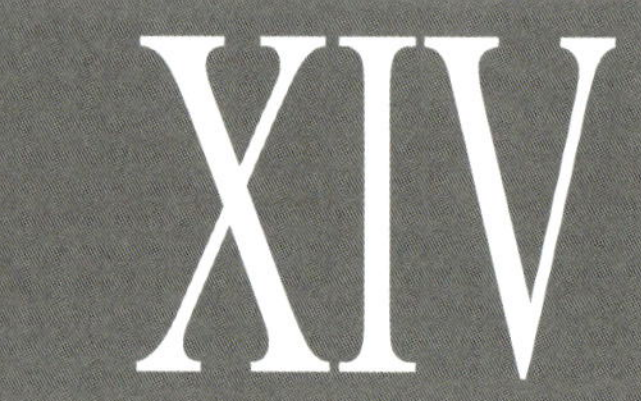

区域建设

DISTRICT CONSTRUCTION

- 黄浦区
- 静安区
- 徐汇区
- 长宁区
- 虹口区
- 普陀区
- 杨浦区
- 浦东新区
- 宝山区
- 闵行区
- 金山区
- 松江区
- 嘉定区
- 青浦区
- 奉贤区
- 崇明区

（一）黄浦区

黄浦区建设和管理委员会

2018年，区建管委坚持以党的十九大精神为统领，深入贯彻十一届市委三次全会、二届区委五次全会精神，以“抓落实、促改革、聚重点、补短板、走前列”为全年工作主线，保障民生改善，提高建设和管理水平，全力以赴抓好各项工作的落实和推进，圆满完成各项目标任务。

一、旧区改造全面提速

区旧改建设系统理性面对发展过程中出现的新情况和新挑战，综合分析、科学研判，集中精神、全力推进，取得阶段性进展。总体指标上，全区启动4个项目，收尾5个项目，旧改签约总量达到7260户，创下撤二建一以来，黄浦旧改完成总量的新高。具体项目进展上，推进旧改项目启动。区旧改系统紧紧围绕完成签约7000户以上的年度目标，按照“启动、收尾、推进、准备”等四个一批的总体框架，全面推进旧改征收工作，陆续启动了建国东路72街坊、547地块、亚龙东块、福佑北块等4个项目。福佑北块项目当日签约率即达到90.6%，创下本区大体量旧改地块签约速度新纪录，整个项目签约率已突破99%。二是抓好旧改项目收尾。115街坊（西块二期）、21街坊（南块）、中福98号街坊等5个项目完成收尾。有序推进区间段、豫泰确诚、老西门1-6地块等一批项目收尾。拔点项目取得突破，完成梦花街解危整治、南昌路新青年编辑部协议置换、斜土路816弄、云南路中共六大政治局机关遗址等项目。稳妥做好历史遗留矛盾化解工作，化解38个动拆迁历史遗留矛盾。

二、城区建设加快步伐

市、区重大项目稳步推进。14号线黄浦区段三站一井进入实施阶段，豫园站基坑启动开挖，大世界站、黄陂南路站地墙启动施工，茂名路风井移交下一标段盾构公司。中山南路地下通道工程竣工。商业商务项目取得积极进展，实现竣工面积30万平方米。65街坊南块竣工并对外开业。龙华东路99街坊南区T1、T2楼结构封顶，北区T3、T4楼主体结构竣工。积极推动“区政府财力建设项目行政审批改革”工作，梳理审批流程，形成审改方案，将审批总时长压缩60%以上，协调各审批部门合力推进黄浦文化中心、区委党校审改试点项目，提前开展项目预招投标等前期工作。

打造“一江一河”优质滨水空间。加快滨江公共空间品质提升和功能完善。完成南外滩滨水区1240米综合改造工程，于11月16日对外开放，从外滩至南浦大桥的亲水平台彻底实现全线贯通。复兴路人行天桥改造、台地花园、世博浦西段亲水平台景观和灯光提升工程等一批新地标相继竣工，黄浦滨江不断呈现新亮点。董家渡景观花桥、外萃丰弄公共绿地、新码头街绿地等项目的前期工作有序推进。复兴5库整治工程、药材仓库改造工程进入方案深化阶段。南浦地块完成居民征收436组，完成率达98%，征收补偿决定启动实施。委托专业管理公司接管南外滩滨水区2.2公里后续管理工作，精细化管理标准不断优化，管理机制持续完善，为广大市民呈现更加安全、文明、美丽的黄浦滨江。启动苏州河沿线贯通和环境提升。经过前期细致排摸，制订项目清单和实施计划，明确了“到2019年底完成苏州河南岸滨水区示范段建设，到2020年底基本完成苏州河景观提升工程”的总体目标。有序推进苏州河南岸滨水区示范段（东段和西段）的立项工作。

三、城区精细化管理水平全面提升

（一）加快市政道路基础设施建设

全面推进架空线入地和合杆整治工程。

成立架空线整治和管理工作联席会议，并设置指挥部。研究制订《黄浦区架空线入地整治三年行动计划（2018—2020年）》，基本明确本区231个路段、69.92公里的架空线入地实施方案及年度工作计划。围绕“环人民广场”“新天地”“南外滩”和“环豫园”四大区域，实施架空线入地和合杆整治工作。完成南京东路（河南中路—中山东一路）、人民广场地区、新天地地区、外滩外白渡桥到延安东路地区、环豫园地区和南外滩地区架空线入地和合杆整治，整治长度8.765公里，各类杆件减少69%。同步研究形成长效管理机制，杜绝入地后再出现“回潮”现象。南京东路在全市率先完成合杆整治，整治后杆件仅剩32根，比整治前的97根减少了67%，实现路灯、通信、信号、监控等多杆合一。

完善市政路网、排水管道和用水设施改造。完成市府实事项目人民路（丽水路—新开河路）积水点改善工程，切实解决现有管网老化、道路破损问题。完成苗江路人行道整治，河南中路、河南南路（河南路桥—复兴路）道路专项整治和老城厢生态整治工程，为市民提供更加安全的道路出行保障。按年度计划完成合肥路道路大修前期手续办理，进入施工阶段，确保2019年8月完成。抓好二次供水改造收尾竣工，推进已改造小区的接管工作，全年完成78个小区接管。处置完成淮海大厦东楼无障碍设施改造、长沙路路灯安装和中山南路桥孔下综合整治等急难愁盼事件。

抓好市政、水务设施日常养护。根据黄浦区精细化管理工作方针，对南京路周边的贵州路、河南中路、江西中路等10余条支小道路进行精细化养护整治。完成道路维修保养15万多平方米，调换补缺侧平石9432多米，路铭牌维修保养3.9万多块，隔离设施养护维修1.8万多米，洗刷、油漆护栏20156公里。市政消火栓改造157只，维修养护2056只。疏通下水道78.1万多米，清捞检查井7.3万余只次、进水口9.5万余只次，区内市政、水务设施处于安全、良好的运行状态。加强路政许可事项和水务执法监督管理。共受理各类许可570项，其中掘路审批248项，临时占路审批322项，夜间施工备案298件。发出水务执法责令整改通知书2份，配合市水务执法总队现场执法2次，有效制止各类违章排放行为。

认真落实河长制和最严格水资源管理制度。全力推进水资源保护和水环境治理，开展河道巡查工作，区级河长巡河5次，街道级河长巡河109次。有序开展入河排污（水）口监督管理、其他河湖水质监测、骨干河道“一河一策”方案编制、河长制信息化建设、水域岸线管理等水资源保护工作，建立水葫芦整治长效管理机制。全面消除黑臭，完成岸上污染源整治工作，拆除3847平方米沿岸违章建筑，完成2个市政雨污混接点改造。经全年两次检测，区内9个其他河湖均符合V类水标准。全年接受市河长水葫芦应急整治工作专项督查、黄浦区推行河（湖）长制工作督查等4次督查工作，及时整改落实督查报告中反映的各类问题。开展河湖“五查”行动。结合“世界水日”“世界环境日”等宣传日，开展水资源保护等主题宣传活动，推动社会广泛参与。

全面加强燃气管理。完善燃气行政审批制度，落实燃气设施改动许可、燃气供气站点许可等7项行政审批事项的备案工作，同步做好办事指南发布和责任清单备案等工作。组织开展瓶装液化石油气专项整治，严查严处非法经营、运输、储存液化气等行为，确保黄浦区燃气安全运营。开展用气安全大检查，对全区26504户液化石油气用户（其中居民26081户，餐饮332户，其他91户）开展入户普查。集中收缴整治黑气，各燃气企业对未安装报警器的工商户采取警告和停止供气等处罚措施。加大燃气执法力度，配合市燃气处开展联合执法，共查处违法经营案件3起，查获违法钢瓶268只，运输车辆3辆。会同区城管执法局、区公安局、区市场监管局、区城管中队等部门和街道，合力完成燃气助动车的处置和回收工作，累计回收燃气助动车991辆。持续加大燃气安全培训和宣传，开展街道燃气管理工作人员专题培训，讲解《上海市燃气管理条例》《城镇燃气管理条例》等规范性文件，联合小东门街道聚奎新村举办燃气行业安全生产月宣传活动，进一步强化燃气安全使用意识。

（二）深入推进建筑业市场管理

全方位开展质量安全检查，坚决守住安全和质量底线。全面开展节后复工、防台防汛、劳务用工、经营行为、高空防坠落、海砂专项治理、超限高层建筑工程抗震设防等多方面的专项检查。围绕建筑材料、深基坑、大型机械等安全施工要点，开展第三方专项检测监督，规范施工过程中的各类行为，坚决排除质量和安全隐患。以春节后安全生产大会、“安全保障、教育先行”教育活动、6月“安全生产月”和9月“质量月”以及119消防日活动为契机，全面提升农民工安全意识，动员全区建筑工地参建各方加强施工现场安全生产管理，深入开展安全生产知识培训和全员安全生产事故警示教育，层层落实安全生产责任，进一步提升黄浦区建设工程安全生产管理。在努力优化营商环境工作的同时，坚决加大监管执法力度，围绕经营行为、无证施工和施工现场安全质量管理、文明施工行为等方面开展严格执法，行政处罚立案11起，罚款金额57.5万元。对违反规范、具有严重安全隐患的工地签发局部暂缓施工或全面停工整顿指令；对安全生产主体责任不落实、现场安全责任制缺失的项目经理予以记分处理。

持续开展质量安全巡查，加大违法违规行为打击力度。牵头并会同区人社局、区安监局、区环保局、消防等单位开展建设工程质量安全巡查，强化安全、质量、文明施工，消防、环保和用工等情况的综合检查和执法。5月份采取“双随机”方式开展综合检查，结合全区大型施工机械第三方检测，对32个土建项目和装饰装修项目开展了巡查工作，不断拓展巡查工作的覆盖面。坚持从严执法，要求暂缓施工的坚决停工，要求整改的即时督促落实整改，共开具整改指令单17份、局部暂缓施工指令书2份、约谈通知书10份，实施项目经理扣分16份。

提升精细化管理水平，全面保障进博会和文明城区创建。以上海市文明施工规定等为依据，制定《黄浦区建设工程精细化管理标准》，全面提高黄浦区建设工程门墙网声光尘等现场管理标准，通过技术应用、标准实施和现场指导，有效推动建设工程的精细化管理标准落地生效。完善建筑工地远程监控系统，将符合条件的大型土建工地逐步接入系统，不断深化二期系统的升级改造，拓展模块和功能，对工程实施全周期、全过程监控，为现场执法提供信息服务。强化环保措施落实，出台《2018年黄浦区建设工地大气污染防治方案》，做到在建工地噪声扬尘在线监测系统全覆盖，严格落实工地扬尘防治方案及重污染天气应急预案，强化重污染天气应急专项检查，对未落实扬尘防治措施的工地依法予以行政处罚。

转变工作方式，积极推动落实项目审批改革。根据上海市建设工程项目审批制度改革的工作部署，加强政策引导和咨询服务，全面推动施工许可电子证照、竣工验收备案电子证照和建设项目“一网通办”等改革措施落地见效。全力适应承诺制带来的工作方式转变，会同区规土局、消防支队等多部门，完成淮海中路627号项目并联验收备案工作。加强事中事后监管，深入推进市场诚信体系建设，抓好企业资质清查和审批工作，逐步完善信用信息平台的应用，实现优胜劣汰，严格市场准入和清除制度。

严格环节把关，积极推进建筑产业化各项工作。严格落实装配式建筑要求，从工程项目的源头抓起，明确符合要求的新建项目全部采用装配式建筑，单体预制率不低于40%或装配率不低于60%，并加强对在建项目装配式建筑落地的跟踪检查。贯彻执行建筑节能标准，完善建筑节能的流程监管，做好建设项目前期咨询、节能备案、绿色建筑、节能分项、工程施工、竣工备案等环节的监督检查，实现建筑节能闭合管理。加大对建筑信息模型技术（BIM技术）的推进力度，鼓励建设单位结合各自项目实际情况，因地制宜做好新建建筑BIM技术推广工作。从项目立项方案征询阶段抓起，推动黄浦区文化中心、区委党校、董家渡18号地块等项目的BIM技术应用。推动绿色建筑发展，黄浦区新建民用建筑，原则上按照绿色建筑二星级及以上标准建设，其中，单体建筑面积2万平方米以上大型公共建筑和国家机关办公建筑，按照绿色建筑二星级及以上标准建设。积极开展“节能降耗，保卫蓝天”节能周宣传活动，落实“推行绿色建筑，倡导节能环保，享受美好生活”绿色建筑宣传展板进机关、进工地活动，向建设单位发放《公共建筑用能监测系统50问》手册，持续推进用能监测系统安装和运维工作。

全面开展自查和抽查，提高玻璃幕墙安全等级。开展既有建筑玻璃幕墙自查和抽查工作，确保玻璃幕墙定期日常养护制度及定期检查等安全措施有效落实。下发《关于做好2018年防汛防台及高温期间黄浦区既有建筑玻璃幕墙安全防范工作的通知》，组织全区488幢既有玻璃幕墙建筑业主开展对幕墙玻璃以及密封胶条、开启窗、五金连接件等方面的全面自查。委托专业单位，对全区90幢超高层玻璃幕墙建筑开展检查，对检查中发现的安全隐患情况，发出整改单，要求业主及时委托具有相应资质和能力的单位进行检测或维修，杜绝次生灾害发生。8.12高坠事故发生后，第一时间组织力量，再次下发通知进行全覆盖的告知，并开展复查。做好新年倒计时等重要活动和重要时间节点重点区域周边玻璃幕墙的巡查检查，确保活动安全。开展新建玻璃幕墙安全性评审，提高新建玻璃幕墙的安全性，保障城市安全运行。

（三）提升综合交通管理能力

持续推进交通信息化建设。完成185个公共停车场库信息化改造，实现全区停车诱导系统全覆盖，实时发布泊位数50个以上的场库信息，引导市民合理利用停车资源。推进黄浦区综合交通管理平台一期项目建设，进入实际开发建设阶段。在全市率先试点道路停车缴费个人信用管理，按要求将102个路段的道路停车时间调整为23小时，有效治理“僵尸车”等行业顽症。推进道路停车场POS机收费，进一步规范道路停车场的停放秩序。

因地制宜推进停车资源共享利用。重点推进商务办公楼配建停车场与周边200米范围内老旧住宅小区实现停车资源共享，建成10个项目330个共享泊位，超额完成“6个项目共计300个泊位”的年度目标。积极推进公共充电桩建设，在充分调研场库情况、合理规划方案的基础上，完成200根充电桩建设的年度目标。

以问题为导向推动制度创新。深入开展大调研，针对“打车难”问题，与区交警和久事集团、巴士集团、强生公司等单位合力推进出租车扬招点设置，完成全区341个出租车扬招点设置，基本实现全区覆盖。针对部分有条件的场库按照现行政策无法办理停车场经营备案手续的问题，在市交通委的指导下，出台《黄浦区经营性临时停车场（库）设置和管理细则》，将各类可利用的停车场库及道路停车场纳入规范化、标准化管理范围。针对斯格威酒店停车场（库）由于历史原因无法正常经营备案的问题，在市行业主管部门的指导下，请第三方专业机构重新调整斯格威酒店的交通组织，对方案进行专家评估，帮助酒店停车场（库）合法合规地完成备案经营，收到良好效果。

不断规范行业监管和服务。做好停车设施配建审批工作，共完成建筑配建机动车停车场（库）行政审批初审5项，其中方案初审1项，竣工验收初审4项；完成公共停车场（库）经营备案136项，新开业85家、歇业19家、变更32家。目前，全区有在册备案公共停车场（库）181户、191库、总泊位29822个。在册备案道路共127路段、泊位2473个，截至2018年12月份在册泊位数共计32295个。完成网约车信息输入988件。根据市交通委“社会投资项目停车验收办事指南”的各项要求，及时调整受理流程，最大限度减少审批时间，方便企业办理。召开全区停车行业年度工作会议，加强场库的消防安全、交通标识和日常管理等专业指导，提升监督管理的能力和水平。会同区发改委稳步推进26家停车场（库）完成价格调整试点工作，按照新核定的价格标准执行收费，利用价格杠杆推动重点区域停车行业水平提升。

加强安全执法检查。结合日常监管检查、质量信誉考核检查和重大节日安全检查，对公共停车场（库）进行行业监管和安全检查，共检查公共停车场（库）809次，出动检查人员2023余人次，检查道路停车场512条次，出动检查人员1280余人次。委托上海市停车行业协会，开展质量信誉考核和行业安全生产专项检查。联合市交通执法总队、区交警支队，开展打击非法营运专项联合执法行动，在淮海路、新天地等区域设点布控，暂扣3辆嫌疑车辆并对驾驶员予以处理。

落实高架桥荫桥孔环境治理。为保障进博会的召开，有效提升高架桥荫桥孔的整体环境，整治南北高架新闸路桥下、长征医院门口区域，面积约8918平方米，清理大众国宾车队、静安区交警支队等单位的停放车辆，同步整治长征医院门口乱停车现象。整治内环高架、南浦大桥交会处的桥下区域，面积约6500平方米，清理交运集团下属搬场车队、废品回收站、黄浦停放公司等单位。整治南浦大桥下区域，面积约3760平方米，清理大众租赁公司、高典停车等单位。

（四）全力以赴做好防汛防台的各项工作

完成预案修编，落实各项防汛责任。按期修订完成《2018年黄浦区防汛防台应急预案》《2018年黄浦区防汛防台人员撤离专项预案》等相关专项预案和区防汛指挥部各成员单位预案。汛前，全区开展市政排水、地下空间和房屋抢险等各类演习演练7次，进一步提高预案的可行性和操作性。组织防汛防台信息平台、防汛三级视频会议系统应用、基层干部防汛防台工作等专题培训。加强应急抢险培训，做好防汛防台物资采购、人员队伍建设、设备日常养护等工作。加强巡查检查，及时发现整改各类隐患。区防汛办牵头组织30次防汛安全行政检查，全区共开展多次防汛安全专项大检查。重点排查了440公里市政排水管道、90幢高层建筑、28处建筑工地、2万余幢各类房屋、2万余棵高大树木、13000余块店招店牌和1000余处各类地下工程，并排查拆除各类违章建筑约4万平方米。此外，大力推进老城厢地区环境综合整治工程、房屋修缮工程和道路小区排水系统改造修缮工程等防汛设施工程，进一步提高城区的抗灾能力。

成功防御5次台风和多次暴雨影响，保障城区安全运行。今年汛期，本市罕见地遭到3次台风登陆，2次台风外围影响和10余轮暴雨的袭击，全市共启动防汛防台应急响应18次，其中四级响应11次、三级响应5次、二级响应2次。本区累计平均降雨量为625毫米，最大小时降雨量为51毫米（8月21日上午），全区面上共发生较为严重的短时积水2次，未发生受风雨影响的其他重大险情。在市防汛指挥部以及区委区政府领导的高度关注和有力指挥下，黄浦区层层分工、逐级落实，全区市政排水、市容环卫、房管物业、民防、医疗救护、公安交警、交管、民兵预备役共19支队伍协同配合，各个防御重点区域经受了严峻的考验。特别是在5次台风期间，全区共值班13318人次，巡查检查20683人次，撤离安置人员3547人。

大力开展防汛相关的减灾信息收集和宣传工作。通过手机新媒体，快速及时掌握各条线的防汛工作情况，一旦市防汛指挥部发布防汛防台预警信息，第一时间收集防御部署情况、灾情汛情实时情况，以及应急处置情况。参与“5.12”防汛减灾日科普宣传活动，向广大市民派发防汛防台减灾知识卡片，利用微信群，及时向街道发布防灾减灾信息，提高市民自身的避险救灾意识。

（五）依法行政工作持续深化

做好行政应诉、审批、处罚等工作。21项行政审批事项已进驻区行政服务中心实现一口受理。共受理办结行政审批事项1479件。针对无证施工、工程未招标、工程未组织竣工验收等违法违规行为执法立案15件，结案14件（其中3件为2017年结转），罚款人民币67.4万元。完成行政复议答复3件，参与行政诉讼3件，其中一审案件2件，已驳回起诉；二审案件1件，正在审理过程中。参与民事诉讼共3件，其中一审案件2件（1件原告撤诉，另1件区建管委胜诉），二审案件1件，正在审理过程中。处级领导干部参加旁听审理3次。

自觉接受人大政协监督和各条线督查。区“两会”期间，共收到办理件32件，其中区人大代表建议18件（主办14件，会办4件），区政协委员提案14件（主办6件，会办8件）。牵头办理市人大代表建议3件，市政协提案3件。回复办理区人大代表来信1件，已全部完成办理。按照“真评、深评、巧评”的要求，认真接受区人大常委会对区建管委开展工作评议，深入整改落实评议工作组提出的意见和建议，推动区建管委依法履职能力有效提升。配合区委区政府和相关部门做好区政府工作目标管理、区委重点督查事项、市政府重点工作、区政府投资项目进度、生态环境保护工作、街道党工委座谈会建议解决落实情况、区北京东路地区城市更新和转型发展工作进度等各项督查工作，努力做到区委区政府交办的各项督查事项件件有落实，事事有回音。

认真办理群众来信来访。全年受理信访件1433件，其中来信428件，来访660批次，来电345次，做到初次信访件受理告知率、按时办结率、市网上信访公开回复率均达100%，完成区分级分责督办信访事项3件，完成市环保督察组督办信访事项2件，积极化解信访积案1件。做好初信初访的矛盾化解，认真落实处级干部、第三指挥部、区重大办信访大厅接待制度，信访总量保持连续6年下降趋势。处理“12345”市民服务热线3420件，办理政府信息主动公开90件，依申请公开165件，分办区政府信息公开件13件，舆情处置25件。不断拓展政府信息公开的渠道和内容，维护公民知情权。

（五）创建全国文明城区各项工作取得成效

完善创建工作体系，明晰责任分工。制订《区建管委创建工作三年行动计划》和2018年实施方案，以目标为导向，全面吃透创建指标，切实做到指标具体量化，责任落实到人。对照43项涉及区建管委的创建测评指标，逐条深化细化，制定了建管委《测评任务分解表》，明确了建设标准、管理措施和整改时限，确保在工作方案推进时做到全面、翔实、具体，不漏项、不缺项。形成建管委系统落实创全指标责任网，目标任务分解横向到边、纵向到底，从班子成员到每个科室、每个单位、每名职工，做到人人肩上有指标、有任务。定期召开建管委创全工作例会，明确阶段性创建工作要求。

落实创建任务，推动创建工作常态化、精细化。市政道路设施养护管理做到“勤巡查、快处置”。重点道路巡查与一般道路巡查相结合，提升快速处置力度，努力做到问题自我发现、自我解决，减少指标失分扣分情况，确保道路通行安全畅通。建筑工地围墙实现“树形象、强宣传”目标。在建26个工地的围墙广告已经全部达标，每面墙的公益广告面积不少于30%。新建建筑工地围墙公益广告面积均提高到50%。施工现场原绿色密目网全面更新为灰色防尘网，有条件的工地积极推进彩喷围网，有效提升工地形象和周边整体环境。旅游集散中心坚持做好“补短板，促整改”工作。充分发挥牵头协调作用，及时发现问题，加强整改落实。协调集散中心内无证商铺及时办理营业执照；协调集散中心工作人员增加清扫频次，缓解旅游旺季游客乱扔烟蒂问题，努力保持环境卫生。落实旅游集散中心的志愿者服务站和宣传展板工作。

主动跨前一步，拓展创建领域。把创建全国文明城区的环境宣传工作延伸到旧改基地、待建基地、世博用地围墙等区域，形成全区工地围墙统一管理。发挥区域化党建平台作用，与巴士集团合力推进公交站点公益广告宣传，目前已完成区内175处公交站杆、121处三窗候车厅、21处五窗候车厅和805路公交车的公益广告投放。

黄浦区绿化和市容管理局

2018年是改革开放40周年，决胜全面建成小康社会、实施“十三五”规划承上启下的关键一年，区绿化市容局以习近平新时代中国特色社会主义思想为指导，深入学习并认真贯彻执行党的十九大精神。全局上下按照努力打造“四个标杆”、实现“四个前列”的目标定位，围绕区委区政府年度工作目标，统一思想、制订方案、分解部署、落实责任；以大调研工作为契机，聚焦短板难点、聚焦民生热点、聚焦重大项目；坚持需求导向、问题导向、效果导向，强化精细化管理手段，全力推进“进博会”、创建文明城区建设等各项工作，圆满完成了2018年度各项目标任务。现将主要工作情况报告如下：

一、年度重点工作推进情况

超额完成全年绿化建设任务。今年计划新增绿化6万平方米，其中公共绿地、专用绿地和立体绿化各新增2万平方米，新建1公里绿道。目前，已完成公共绿化20100平方米、专用绿地20810.6平方米、立体绿化20033.7平方米和3公里绿道建设。

全力推进黄浦滨江灯光改造提升。一是水景灯光多彩浪漫。在老外滩岸线打造了46个水景瀑布和5万处“星耀”灯光，“星耀”灯光向南外滩和世博园区方向适度延伸，优化夜景层次，营造出典雅、大气、浪漫的外滩堤岸。二是堤岸灯光和谐丰富。老外滩防汛墙上99杆庭院灯已实现与水景同步依次亮起和智能调光，临近纪念碑的第一杆庭院灯，已经调换为上海最早电灯杆的复原仿制品，整座滨江岸线通过步道灯光、绿植灯光、滨水灯光和“远望一号”等亮点灯光的有机整合，形成了完整的景观带。三是多杆合一集约美观。外滩老建筑景观灯光工程和外滩合杆工程进行整合归并，老外滩原271根各类杆件已合并为102根，原167个背包箱减少至2个，整体街景优化效果明显。四是建构筑物灯光大气精致。建构筑物灯光新建改建总数152幢，维护保养87幢，已进入优化微调和程控调试阶段，外滩第一界面外白渡桥至延安东路27幢经过优化和调试，已能够配合点灯仪式实现逐栋、逐点开启，打造可阅读的建筑夜景。五是点灯仪式华美动人。组织音乐家、特效灯光师和人文创意家跨界融合，与市局共同定制了“浦江漫步”主题光影秀。通过音乐与灯光的互动，呈现经典与创新交融的海派风情，加强了景观灯光建设和外滩区域商、旅、文以及外滩纵深开发的互动关系。

积极落实垃圾分类减量。一是按照市分减联办要求，成立黄浦区垃圾分类减量推进工作联席会议，印发《黄浦区垃圾分类减量及综合治理工作三年行动计划（2018—2020年）》及《2018年黄浦区垃圾分类减量工作实施方案》。二是有效推进居民区垃圾正确分类。2018年全区累计开卡182595张，通过主题宣传、科普讲座等各种形式开展宣传活动1329次，基本完成垃圾分类户数及绿色账户两个18万年度工作目标；全区共收集湿垃圾21888吨；初步建立可回收物和有害垃圾收运体系，共收运有害垃圾38.3105吨，废纸、废玻璃、废塑料等各类可回收物1326吨。三是全面推进单位生活垃圾强制分类。党政机关单位示范引领，各相关部门联动配合，通过现场活动指导、发放宣传单片，联合城管等部门开展专项执法，共同推进单位生活垃圾强制分类。共发放宣传单片5万份，联合专项执法80余次，出动400余人次，责令问题单位进行整改。

加强全区建筑垃圾综合治理。一是规范工程渣土招投标。建立工程渣土招投标制度，进一步规范和稳定黄浦区工程渣土和拆房垃圾运输市场。区内3家渣土运输中标企业均已自行落实工程渣土消纳处置点，全区工程渣土消纳处置情况处于有序可控状态。二是加强建筑垃圾源头管理。按照“全量申报、分类投放”的工作要求，制订和完善黄浦区建筑装修垃圾全程管控工作方案，落实建设施工单位、拆房单位及物业小区等装修垃圾产生者源头申报制度，充分发挥街道、居委、物业等力量作用，向市民宣传装修垃圾源头分类投放理念。截至11月底，区绿化市容局共受理申报：工程渣土927700吨；工程垃圾300吨；工程泥浆29000吨；装修垃圾82400吨；拆房垃圾36000吨，核发《处置证》6679张。三是装修垃圾依托市场化清运、环卫托底清运处置模式。全区暴露垃圾、居民装修、拆违和整治垃圾由环卫公司托底收运，进入区建筑装修垃圾分拣中转中心分拣，达标的装修垃圾运至奉贤柘林塘进行基础回填，剩余残渣垃圾运送至老港固废基地处置。目前区中转中心日均垃圾分拣量约为800吨。截至11月底，共进场环卫车辆36279车，分拣装修垃圾约141380.355吨，分拣后的垃圾外运至奉贤柘林塘处置107104.14吨，至浦东N1库区消纳处置总量2462.96吨，大件垃圾粉碎和残渣外运总量19857.04吨，可回收利用物11956.215吨。

圆满完成“进博”保障任务。建立“迎进博”工作小组，先后召开3次动员布置会，明确分工、落实责任。一是保驾护航进博会。针对重点整治项目，开展零容忍、高标准的检查，发出问题立即督促整改，有力促进作业质量提升，保证人员在岗率、问题处置率、成果巩固率、服务满意率等核心指标不断提升。为进一步消除死角，整治保洁盲区，确保以最佳面貌迎接进博会，在面上保洁常态长效的基础上，重点强化黄浦接待区域的周边环境整治，对主要宾馆、商业大街和景点景区周边开展3次城市大冲洗行动，共计出动人员3585人次，车辆1089车次，清理死角盲区203处，垃圾52.2吨。二是做好全区景观灯光保障。细致梳理全区户外设施情况，督促和指导责任方落实自查，及时排除问题设施；配合相关部门协调公益宣传的发布，指导规范设置户外广告设施，配合公安部门开展电子显示装置内容安全大检查等。三是提升重点区域花卉景观。整治重点景观区域内绿地22000平方米，调整改造绿地7500平方米，布置组合花箱1704组、花坛花境47组，新增改造立体花坛、主题景点12组，更换、维修行道树附属设施998套，打造了人民广场中央喷水池立体花坛“秋实满园”，外滩陈毅广场、金融广场花墙等特色绿化景观。

二、打造绿化亮点，提升城区活力

稳步推进黄浦滨江绿带景观建设。在完成滨江沿线总体绿化景观建设总体规划的前提下，推进外萃丰路绿化及地下空间建设，“时空花园系列——静谧花园”已完成项建书批复，进入可研编制和土地预审阶段；推进新码头街绿化及地下空间建设，“时空花园系列——神秘花园”目前处于立项状态；594 地块绿化建设项目作为企业代建项目，目前处于选址阶段。董家渡路 322-01 地块项目，作为黄浦滨江重要节点景观，由中民投集团全额出资代建，目前正在项目选址阶段，力争年内开工。

积极推动老城厢绿化综合整治。以“老街变绿街”为主要目标，积极推动老城厢“1+10+X”综合环境整治。截至目前，完成南张家弄、巡道街绿化整治，完成复兴东路虹桥弄、复兴东路望云路口袋公园建设，完成长乐路沿线、金鹿苑绿地改造工程，完成肇嘉浜路绿地改造、小桃园绿地改造工程。

提高公园园艺水平和治理能力。黄浦区以作品“新境”荣获 2018 年上海（国际）花展金奖；在南园滨江绿地（公园）举办郁金香展示活动，在人民公园举办海棠展示活动，在人民公园举办荷花展等都取得了良好的社会反响；人民公园 7 号门花境和九江路西藏路口的花坛、古城公园大门花坛、复兴公园沉床花坛等通过精心布置、精细养护，在春节、五一、国庆期间展示了良好的景观效果，并在园艺展示活动评比中名列前茅。公园在安全、防汛、消防和治安综合治理上常备不懈，在豫园元宵灯会期间，古城公园增加保安、保洁力量以及安全设施，确保了游客安全。不断加强公园治理力度，尤其关注公园夜间延长开放时间段，重点检查游园秩序、消防安全、治安维稳、应急防灾等方面。公园噪音控制、车辆入园管理、游乐设施监管、经营场所管控、“牢骚角”和“相亲角”治理、查控赌博等重点工作都得到落实，为市民、游客提供了良好的游园环境。

积极开展美丽社区评选和园艺大讲堂。秉承“园艺进家庭，绿化美生活”的理念，形成“政府引导，居民主导，专家辅导”的居民自治孵化模式，积极开展美丽社区评选活动，结合园艺大讲堂，培育社区绿化居民自治典范，把社区绿化服务工作推进到居民家门口，目前各街道绿委已按要求积极落实参评小区的报名工作。全年举办“市民园艺大讲堂”活动 30 场，向市民传授水仙花雕刻、插花技艺、家庭养花技术等知识，黄浦区园艺大讲堂获得“最受欢迎园艺大讲堂”称号。积极举办学雷锋活动，九子公园、古城公园、蓬莱公园、复兴公园等全年举办学雷锋活动 34 场次。

精心筹划“植树节”等系列活动，营造爱绿良好氛围。为进一步增强全民爱绿意识、环保意识、生态意识，以 3 月 27 日植树节系列宣传活动为契机，圆满完成四套班子领导和各界人士参与的“诚信林”全民义务植树活动。同时，在复兴公园、蓬莱公园、人民公园举行大型绿化宣传活动，设立公园志愿者宣传点和关于家庭养花、绿化法规、病虫害防治、认建认养、绿化投诉的咨询问答点，开展绿化知识和公园满意度问卷调查，展示绿色创意阳台实景等。区绿委办发动各街道绿委以绿化知识讲座、家庭养花评比、黑板报比赛等不同方式在区内各处开展爱绿、护绿宣传活动，并因地制宜地开展小区居民认养树木花草、志愿者护绿队绿地保洁活动，在全区范围广泛动员、积极营造全民爱绿、护绿宣传高潮。

落实病虫害防治责任。设置 9 个有害生物监测点，根据监测点分层次、分类分级管理要求，完成各个监测点的维护与监测任务并及时上报有害生物监测报表。在各平台中，及时发布“目前常见有害生物预警信息”“有害生物治理通知”指导养护作业、近期防治小贴士以及养护要点等。今年在黄浦绿化微信公众号上辟出植保小知识专栏宣传有害生物治理。

积极开展古树名木、绿地树木的认建认养活动。向媒体公示认建认养的地方、面积、树木量及工作人员，便于市民、单位认养。全年共办理绿地树木单位认养61家，个人认养290人次，古树名木个人认养3人，古树名木认养3棵。通过古树名木、绿地树木的社会、群众认建认养活动，既培养了企业的社会责任和公民爱绿护绿的意识，也拓宽了绿化资金渠道的多元化。

加强古树名木和后续资源的保护。区绿化所委托第三方对黄浦区的公共绿地、单位绿化、居住区绿地、公园绿地、行道树等全方位进行了普查，黄浦区有17棵树木符合古树名木和后续资源保护范围，条件成熟并能落实相关后续保护的2棵树木已报市古树办，接受市相关专家的鉴定。对异常古树进行复壮，延续往年专家会诊多次讨论提炼的抢救方案，严格落实各项复壮措施。加强建设时期古树保护，继续保持对轨交14号线涉及古树的监测并加大巡视力度，密切关注古树长势及周边环境变化，做好相关记录。

积极开展野生动植物保护工作。做好迁飞候鸟监管保护工作，加强公园绿地、花鸟市场检查。做好全面停止商业性加工销售象牙及制品活动监督检查，对辖区内四家原有象牙经营许可证商家进行实地监督检查。动员全社会参与宣传野保工作，在公园举办野生动物保护宣传咨询活动，发动公园志愿者精心筹划“爱鸟周”各项活动，推荐区野保特色学校—储能中学参加2017年度上海市十佳野保特色学校评选。做好疫源疫病监测防控工作，一方面做好市级监测站——万商花鸟市场内的鸟类来源登记、日常巡查监测、监测日周报告三大任务；另一方面以监测站为核心辐射指导全区的日常疫源疫病监测防控工作。按照市野保站的工作要求，按时保质上报监测数据。做好野生动物的收容救助，及时处理市民求助，截至目前共收容野生动物7只，其中一只受伤黑天鹅送上海动物园救助。

做好公园、公共绿地、行道树的日常养护。一是完善公园考核机制，公园管理考核由原科室每月全覆盖、科室成员分块独立巡查的方法，调整为2个月一轮的“园长看园”。积极落实“市民园长”，12位市民园长经培训后受聘履职。二是推进公园标准化管理、建设公园智能化管理平台。启动南园滨江绿地（公园）土壤检测、水质检测、大气环境监测数据的智慧公园平台接入前期准备工作。三是按照行道树一季度冬修、二季度控型剥芽和三季度防台疏枝的养护要求，开展行道树规范化养护工作。三项重点工作均完成总体计划的95%以上，同时结合区人大代表提案要求及居民实际生活情况，对居民、行人构成威胁的枝条予以适当修剪。四是根据防台防汛要求，开展店招店牌安全隐患排查，累计对公园内经营场所45块店招、广告牌进行了全面安全排查，确保不存在安全隐患。在应对“安比”“云雀”“摩羯”“温比亚”“康妮”台风过程中，始终做到“事先自查，及时排险，有求必应”，组织应急抢险队伍21支373人，处理断枝144棵、倒伏16棵。

三、推动环卫精细化管理，提升作业水平

全面推进环卫精细化作业机制。以“一带一路一环”为示范区，全面推行精细化作业，实现黄浦区环境卫生作业养护水平“国内领先、国际一流”的目标，成为全市标杆。一是制定精细化作业标准，在“一带一路一环”示范区内现场调研17次，通过实地排摸，创新思想，明确标准，制订示范区精细化作业手册，形成全市环卫作业新标杆。按照道路保洁“席地而坐”标准，重新编排保洁管理人员，配备清扫保洁“六件套”，全面细化保洁模式。规划公厕设备修葺，添置盆景绿化，体现“五心服务”，实现公厕管理星级化。设计采购新型废物箱样式，精细保洁流程，增强收集频率，逐步达成设施管理现代化。二是加强作业质量考核，开展三级检查督导，全区域、全覆盖、全天候开展零容忍、高标准的检查，不定期开展作业质量抽查，每月召开推进会通报情况，公司和班组巡查情况及时通过微信群等方式做到即查即改，全面提升作业保洁质量。

圆满完成各项重大保障任务。一是巩固重大活动节日保障任务。牢牢抓住“节前整治”“节中保障”“节后巩固”三个环节，不断完善保障预案，合理部署保障力量，先后完成了元旦、春节、“两会”、“五一”、“十一”、上海旅游节、上海马拉松等保障任务，展示了黄浦整洁的环境面貌。二是做好水域滩涂保洁工作。根据市区两级河长办的要求，出色完成日晖港水域和南滨江世博区域滩涂保洁任务，在市区两级环保督查组检查中，得到各级领导高度肯定。三是推进“全国文明城区”创建工作。加强组织领导，进行目标分解，开展发动动员，建立三级检查督导，开展专项治理，建立迎检三项制度，全面做好迎检工作。

道路保洁标准凸显常态长效。结合“一带一路一环”示范区保洁标准，推出黄浦区陆域保洁精细化作业手册，明确环卫陆域保洁各工种作业标准和流程，促进环卫作业精细化、标准化和品牌化。道路前后保洁遍次不能超过1.5小时，飞行保洁不能超过20分钟；风景区每天冲洗不少于7次，主干道每天冲洗不少于6次，背街小巷每天冲洗不少于3次；废物箱收集每天不少于5次，擦洗不少于3次；沿街无主暴露垃圾按照“二个二”要求进行快速托底清除，滞留路面时间不超过20分钟。

公厕管理品牌化发展。全面推广武胜路10号公厕保洁模式，普及“五心服务”，以点带面，在全区84座公厕进行业务知识培训和实地参观，进一步完善公厕保洁服务流程，加大公厕保洁频率，深化“四件套，三步法”保洁模式，推进“一人次一保洁”，做到见脏保洁，窗明几净。改造19座公厕，畅通排风系统，降低公厕异味。开展各类便民服务，展示黄浦环卫行业窗口形象，打造黄浦公厕品牌。武胜路10号公厕荣获2018年上海市“最美公厕”的称号，全区84座公厕全是上海市文明公厕。

规范生活垃圾作业流程。一是规范垃圾清运作业流程。进一步强化清运作业“三同时，一手清”，通过沟通协调，着重解决作业点位清运桶和作业时间间隔过长问题，做到无缝衔接，间隔时间不超过20分钟。通过全面排摸，对生活垃圾和粪便易满溢的点位增加清运遍次，大大减少垃圾和粪便满溢情况的发生。二是清运行业改革创新。按照黄浦区陆域清运精细化作业手册，加强车辆管理，对所有作业车辆进行车身喷漆，明确作业车辆在出车和收场必须进行2次全车清洗；开展安全生产大竞赛，切实加强安全意识；积极对车辆作业时噪音扰民问题和跑冒滴漏问题进行技术革新，推出清运车辆“静音模式”，安装限制噪音小装置，加增橡皮管防止渗滤液滴漏，大大减少噪音扰民和跑冒滴漏情况发生。

积极开展道路扬尘污染控制。继续把扬尘防治工作列入业务重要工作，以进一步提升道路洁净度为抓手，充分发挥环卫作业优势，着力抓好道路扬尘防治工作，完善基础台账，做到道路扬尘工作精细化。一是加大全区道路保洁冲洗力度。明确全区道路实现机械化清扫、冲洗全覆盖，主干道确保每天6遍，二、三级道路确保每天4遍，背街小巷确保每天3遍冲洗。二是增加重点区域保洁频次。国家级监测点区域确保机械化清扫、冲洗每天7遍；市级监测点区域确保机械化清扫、冲洗每天6遍；29个扬尘监测点位根据实际指数情况，按需增加冲洗遍数；出土工地周边道路每天增加1次人工冲洗。三是提高应急响应出动能力，响应应急污染预警共8次，突击出动冲洗作业116班次，强化道路全面冲洗保洁；重大活动期间按照市区的要求全天候增加冲洗42班次，突击加强工地周边道路冲洗；应急安排突发渣土洒落等污染冲洗21次；对监测点位扬尘颗粒物超标开展应急冲洗52次。应急冲洗处置快速高效，效果显著。

推进保洁进小区专项工作。一是制定完善社区保洁进小区标准和作业流程，按照环卫专业作业标准开展日常监督和专业考核，展示环卫专业队伍形象。联合街道、房地等部门进行考核监督，形成齐抓共管的良好氛围。二是拓展服务项目，开展老旧小区道路、绿化、楼道清扫，定期开展小区水冲洗，延长环卫设施看管保洁时间，加强设施、方桶保洁清洗，及时维修损坏设施，加强散放垃圾桶管理，展示环卫专业队伍水平。三是根据街道要求定期开展老旧小区环境卫生整治，配合物业及时清除各类暴露垃圾，清理卫生死角，配合居委会帮助困难对象开展卫生大扫除，展示环卫热心公益素质。目前完成黄浦区六个街道保洁进小区招投标工作，中标的国有保洁公司与街道签订保洁服务合同，4月1日正式接手小区保洁工作。

加快推进环卫设施设备更新升级。完成重点工程项目23个，实现“一带一路一环”重点区域内13座公厕、120余处老城厢配套环卫五小设施的全面改造，完成重点装备提升项目2个，为进博会顺利召开保驾护航；推进落实2018年度生产车辆更新计划和垃圾分类重点装备任务专项，更新及新增环卫作业装备36辆，湿垃圾收运车15辆；落实本年度计划中11座普通公厕、环保公厕及移动公厕、8座道班房、4座压缩站改建的任务；完成2018年度“1+10+X”老城厢重点整治区域环卫设施改配套项目，积极筹备南外滩环卫大楼建设的前期各项准备工作；推进本年度4处小压站的采购与改建工作，并将2017年遗留的5处小压站改建项目完工；结合“美丽家园”创建，开展全区分类垃圾箱房改造，全面启动490余座垃圾箱房改造项目，张贴分类标识标牌，更换配齐分类垃圾桶。同时，积极完善全局信息化建设，完成局属企业的运行管理与作业监督考核系统建设，提升局属环卫企业运行管理的效率并落实作业监督考核机制。

四、整治疏导并举，规范户外广告招牌

结合防台防汛夯实安全保障。一是落实防台防汛日常管理。以“一带一路一环”和进博会重点保障区域为重心，确保日常巡查、书面告知、安全检查、专业检测、隐患排除和应急保障等举措妥善落实，结合近年老城厢和其他区域整治经验，继续研发和推广使用轻质可靠的新形式招牌。二是开展空中坠物安全专项检查。自8月12日开始，开展以户外招牌设施为重点的安全大排查，从11家专业钢结构检测公司、专业施工监理公司、安装制作公司和应急抢险公司抽调363人组成84个专业检查、检测排险小组，对照新的DB31/T 977-2016《户外招牌设置技术规范》，对全区沿街商家进行全覆盖的安全自查告知、专业安全检查和安全鉴定检测抽检。截至目前，共发放书面安全告知书共计13598份，检测并出具专业钢结构检测整改函件1165家，经过检查和检测共发现3799处，拆除2591处，加固1208处。国庆假期期间，结合抗击台风“康妮”专项工作，对豫园、田子坊等人流密集区域再次开展地毯式排查，整治设置不规范的户外招牌设施80处，目前仍在持续复查中。三是优化行政许可流程。协同街道、城管等部门，以书面形式告知商家进行规范申报申请，方案经过审核后方可进行设置，设置完成后须通过专业钢结构检测作为验收，目前已组织专业力量提供申报受理和提供咨询服务。四是做好景观灯光巡查和保障工作。一方面督促业主做好日常维护和保养，另一方面委托专业施工队对政府设置的景观灯光设施进行维保，同时建立应急队伍托底保障。

加强户外广告和招牌设施规范化管理。在近两年专项整治工作的基础上，一是保持对新拆除户外广告设施阵地的关注度，杜绝回潮。二是要结合新颁布的各项文件和精细化管理工作需要，继续推进对违规设置的户外广告、招牌设施的整改工作，保证规范化设置率平稳向上。三是借着防范高空坠物大排查的契机，进一步加快整治力度。截至目前，已拆除市局督办的5块违法户外广告设施，剩余2块也将于近期拆除；通过自查发现拆除问题户外广告设施55块，自2015年年底至今共拆除289块违法户外广告设施，全区楼顶户外广告设施基本拆除完毕。

参与推进生态环境综合治理工作。一是生态环境综合治理工作。着重研究纳入生态环境综合治理范围的户外招牌设施设置方案，邀请专业钢结构检测机构和工程监理对已经设置完成的钢架进行专业复查。本年度纳入区政府生态环境综合治理的商户1492处，目前已完成70%，根据区域特色分别采用木质牌匾、轻质箱体等形式。二是小餐饮户外招牌配套优化工作。配合相关部门做好小餐饮标准化建设等重点工作中的户外招牌优化部分。截至目前，小餐饮标准化建设已完成270家户外招牌优化工作。三是试点立面综合治理工作。对“一带一路一环”区域内的户外广告、招牌设施进行全面梳理，与街道和管理办联手在整治的基础上开展优化试点。截至目前，基本完成河南南路（南京东路至九江路）东侧部分立面综合治理工作；对邵万生屋顶墙面进行清理和涂刷，针对风机和空调外机凌乱的问题，采用临时绿化进行景观优化；因地制宜采用特色壁灯、窗框灯对保安坊内部进行了景观亮化，在不影响住户正常生活的情况下，既美化了市容环境，也为过路市民提供了必要照明；工人文化宫一楼招牌临时美化和金陵酒家招牌美化工作基本完成；配合街道对石潭弄雨棚设施重新优化设计。

五、深化市容环境综合治理，完善管理机制

初步建立“两网融合”收运体系。根据年度工作任务，推进55个居民区“两网融合”资源回收点布设。同时对回收点所在居住区垃圾箱房进行分类改造，配置相应的设施设备，建立可回收物收运台账，基本确定可回收物中转场建设方案，初步建立“两网融合”收运体系。多次与区发改委、区财政局等单位研究，制订《黄浦区“两网融合”工作实施方案》及《黄浦区低价值再生资源回收工作专项补贴方案》。

继续加强餐厨垃圾、废弃油脂申报收运管理。结合创建市民满意的食品安全城区，联合区市场监管局、各街道召开工作推进会，明确工作职责，共同推进餐厨垃圾、废弃油脂监管4个100%工作，圆满完成工作任务。联合区市场监管、区城管组织开展餐厨垃圾、废弃油脂专项执法检查行动，取缔2处非法餐厨垃圾中转点，杜绝餐厨垃圾、废弃油脂流入非法市场。2018年共收集餐厨垃圾29981.91吨、废弃油脂3715.45吨，其中老油937.91吨、地沟油2777.54吨。

加强市容环境卫生管理。一是积极开展“美丽街区”创建，编制《黄浦区“美丽街区”三年行动计划》，召开工作推进会，确定创建项目和范围，明确各方职责。二是强化环境卫生责任区管理。全区基本完成市容环境卫生责任区管理示范道路创建工作（每个街道1条），组织各街道开展责任区管理“七个一”活动，指导并培育责任区自律组织15个，对示范道路沿街店铺进行门责宣传和指导；统一制作张贴不锈钢门责告知书近4000张；通过购买第三方服务的方式，建立健全责任区信息库，进一步强化“一点一档”信息工作。三是开展“小三乱”整治工作，截至10月，共清除各类“三乱”案件113余万件。

六、加强作风建设，切实提升工作效能

认真开展大调研活动。按照区委大调研工作统一部署和具体要求，聚焦本系统的热点、难点、痛点，积极开展大调研工作。一是精心部署，全面启动。加强组织领导，成立局党政主要领导为双组长的局大调研领导小组，并成立了两个调研组，突出领导班子带头示范，全面落实主体责任，同时组建了工作小组；细化工作方案，分全局、机关科室、局属单位三个层面具体部署，建立了台账制度、信息制度、情况通报交流制度、及时反馈制度、联络员制度等工作机制；全面部署推进，于1月25日和3月19日分别召开大调研动员部署和阶段性推进会，进一步把握节奏，明确要求。二是把握重点，积极推进。全面梳理对象，确定各级调研主体4个，225个重点调研对象；深入开展调研，区绿化市容局将大调研作为进一步转变作风的契机，不预设问题、问需问计，以实地走访为主，注重边调研边解决。截至目前，共开展调研235次。调研方式主要以走访为主，共177次，座谈39次，电话19次。三是提高质量，增强实效。强化台账质量，建立台账审核制度，同时，积极报送大调研相关信息，共上报工作信息56条；强化问题解决，建立每周问题汇总表，明确责任领导、责任科室、办理时限，不断提升问题的解决率。截至目前，本部门调研走访收集的问题254个，已解决229个，解决率90.15%。来自区12345平台转办件62件，已办结58件，解决率93.5%；来自区大调研平台转办件5件，均已解决。强化问题聚焦，聚焦局重点工作、社会热点工作、“三跨”难点问题，共形成解决清单3张，制度清单3张。

全力做好信访投诉处理工作。今年共处理国家信访局系统来信72件，按时办结率为100%。局接待接访62次，总人数196人，局来电信访共18件，区集访劝退2次，总人数48人，参加区领导接待处理信访6件，完成率为100%。完成了局属绿化企业改制问题和置地集团的信访移交问题，解决了张慎钱历史遗留的信访矛盾问题，化解了建南公司驾驶员多次到区里集访的历史遗留矛盾。在两会重要节点的维稳中，彻底化解了张文秀的信访矛盾问题，并对东台路拆违单位的节点维稳加强了力量，确保了两会期间，区绿化市容局重点人员的不失控，不越级上访。认真做好市民投诉受理工作，共受理各类诉求3848件：其中“12345”市民服务热线诉件2163件，“12319”、绿化市容热线转来诉件329件、区电话投诉1356件，以上均按“三个二”（即：20分钟移送、2个小时到现场、24小时内将处理情况反馈诉求人）的工作要求进行移送、处理、回复。

（二）静安区

静安区建设和管理委员会

一、旧区改造推进情况

以“留改拆”理念为导向，稳妥有序、多策并举、分层分类推进旧改工作。2018年已完成旧改受益居民3130户，完成二级旧里为主的房屋改造5.8万平方米，征询居民户数超过4200户。

一是抓新基地启动。115街坊项目7月21日启动第二轮征询签约，目前，居民签约率接近100%，还剩余1家单位未签约。电影技术厂周边（161、262街坊）项目12月30日启动二轮征询，签约率达到99.34%。张园项目10月21日完成居民一轮征询工作并以94.22%的同意率通过。宝山路街道257、258街坊项目尚未签署委托征收协议，已与开发商成立联合工作组，研究规划调整等问题。

二是抓结转基地收尾。完成安远路899弄底、富民路92号、昌平路桥、72街坊4幅旧改地块的收尾。安康苑剩余居民1证1户、单位2证；华兴新城居民户数已经全部完成收尾，剩余5家单位。

二、重大项目推进情况

在区建管委、区重大办、区市政道路指挥部、区河长办的共同推动下，静安区各重大工程项目建设总体按照年初制订的计划节点目标有序推进。

（一）房建工程项目

截至12月29日，上海大学延长校区改建、市北园区10-03地块（地库保障房部分）、市北租赁住宅、苏河湾2、3、4街坊（商办部分）、青-12地块、63、66大统基地、54-A、第十人民医院急诊楼改造、区图书馆、汇众幼儿园、川宝基地等18个项目实现开工，开工面积为121.34万平方米；闸北八中、世纪盛荟广场、市北2-4至2-7地块、市北15-01地块、汶水路451厂房改建、国泰君安、法院改建、北广场金融街C2地块、325街坊方兴住宅、大悦城幼儿园、中心医院二期、恒丰路消防站、市北园区09-03地块等18个项目实现竣工，竣工面积为122.67万平方米。

（二）市政工程项目

一是积极配合推进市属路桥工程建设。北横通道基本完成静安区腾地工作，盾构推进平稳进行，天目立交匝道启动下部结构施工，跨苏州河辅桥基本完成建设。昌平路桥已基本完成腾地工作，桥梁部分基本完成建设。苏河两岸贯通工程正研究优化初步实施方案，并拟订了初步工作实施计划和项目清单，已形成静安区苏州河两岸6.3km贯通实施方案征询意见初稿。二是着力推进区属道路项目建设。目前，南北通道二期正推进前期手续审批中，合兴小区修缮方案正在优化，征收、腾地工作同步推进中；天潼路—曲阜路、曲阜西路、云照路、江场路已建成；长安路、裕通路、山西北路南段、交城路正推进施工；康宁路实现开工；场中路东段完成调概。三是全力推进道路实事工程。完成16项道路大修工程、18项道路中修工程、4项交通缓拥堵工程建设。实施8项积水点改善工程。延安中路（陕西北路—石门一路）天桥大修工程2座天桥完成自动扶梯的调试验收并可投入使用。

（三）河道综合治理

一是落实国家两部委督查整改。区河长办积极应对今年5月国家两部委对静安区黑臭河道治理督查，对督查发现的问题立即整改，并于8月向市河长办提交整改报告。其中，关于夏长浦疏浚底泥未安全处置问题，现已委托专业单位对底泥堆场开展了环境调查工作，编制了堆场土壤修复方案，计划采用植物修复技术进行修复，预计修复周期两年。二是苏四期支流综合整治项目。彭越浦—东茭泾、走马塘河道疏浚及局部防汛墙改建工程项目正开展项目腾地及初步设计阶段工作。俞泾浦—西泗塘河道综合整治工程项目完成招投标工作，正办理相关手续并推进项目开工。市北高新园区走马塘（共和新路—彭越浦）南侧及彭越浦（走马塘—江场西路）东侧防汛墙改造工程正开展腾地和招投标工作。三是河道沿岸景观改造与提升。完成俞泾浦广灵四路桥西南侧陆域景观提升完成项目建设工作。走马塘北岸（部队—东茭泾）段沿河绿化提升等项目正推进施工。

三、精细化管理开展情况

（一）推进落实各类专项工程

一是推进架空线入地和合杆整治。新改道路、既有道路的开工总量达19.47公里，完工约8公里。完成天潼路—曲阜路（河南北路—西藏北路）、曲阜西路（河南北路—共和新路）、石门一路（南京西路—延安中路）等道路架空线入地。二是推进雨污混接改造。实施完成5处市政管道，63处沿街商户，9处企事业单位，12处住宅小区的雨污混接点改造建设。三是推进海绵城市建设。完成静安中环立交绿地海绵城市专项全套系统建设工作。依据区域的地形地貌、水文水系、径流现状等实际情况设计，采用"渗、蓄、滞、净、用、排"的海绵城市建设理念，以透水铺装、雨水花园、旱溪和地埋式水处理设施相结合，辅助水监测系统，有效调蓄地块水体，提高雨水净化回用率。四是推进绿色建筑。建立静安区装配式、绿色建筑工作联席会议，推进政府财力等项目实施装配式。推动东北明园项目等经营性土地项目100%落实装配式和BIM技术要求。重新打造区能耗监测系统，实现对建筑的能耗统计、能耗分析、上报、管理等功能，为楼宇运行管理和节能管理提供了重要的技术支撑。完成既有公共建筑改造10.9149万平方米、再生能源建筑应用2.13万平方米。五是贯彻落实审批改革精神。进一步转变政府职能，切实落实各项改革目标，用优质高效的服务切实有效地推进"放管服"工作。牵头会同区规土局、区绿化市容局等职能部门就社会投资项目审改工作成立专项工作小组，组建静安区工程建设审批改革领导小组；在区行政服务中心大厅设立社会投资项目综合专窗，由专人进行咨询解答；对具备纳入联审平台的项目进行可行性研究，邀请涉及项目的建设单位共同研商，实时跟踪项目进展；开展配套服务系统开发工作，力争形成集咨询服务、效能监督和绩效管理三大功能的建设项目行政审批全流程系统。

（二）完善静态交通管理

一是完善机动车管理。新建完成上海站地区停车诱导系统；完成停车场库收费试点改革调价挂牌47家；完成高荣小区、金融街等小区与周边公共停车场停车共享泊位9个项目，共计449个泊位，超额完成市交通委下发的400个任务目标；昌平路道路停车智能化试点（地磁+电子支付）已纳入第二批上海市公共支付平台"一网通办"工作，目前测试取得良好效果，大大提高了停车费收缴率，年底扩大试点，实现7条路段上线。二是完善非机动车管理。完成非机动车停放规划研究，梳理静安区非机动车3000多个点位，提出"调、增、减"优化建议，并初步形成静安区示范区管理方案；牵头各街镇继续开展非机动车乱停放整治，全区整治力度超过十万辆，确保街面非机动车停放有序。

（三）加强公共安全管理

一是加强燃气管理。牵头编制《静安区处置燃气事故应急预案》，强化社区管理力量，把属地液化气安全管理工作纳入现行网格化管理体系中，形成用户端、企业端双管齐下的安全监管模式；完成长安路979弄20号4号楼燃气立管整治项目；协助区政法委做好燃气助动车报废回收相关工作，共计回收2444辆整车；燃气常态联合安检组织8次，出动人员53人次。与网格化中心共同牵头组织液化气专项整治工作3次。在进博会召开前，对本区范围内确认的进博会接待酒店和宾馆进行全面安全检查，检查覆盖率和整改率做到100%。

二是加强工地管理。强化事中事后监管，在区域建筑管理领域全面推行"双随机、一公开"的监管模式，进一步规范监督管理行为，促进执法公平公正。深化矛盾化解工作，会同建设项目所属街道和居委会，以行业管理和属地管理双牵头为原则，积极开展维稳工作。强化巡查执法力度，全面落实企业主体责任和执业人员安全责任，深化建设方首要责任的追究，累计签发整改通知单632份，局部暂缓单115份，停工单22份，实施行政处罚58件，处罚金额168.12万元。

三是加强河道管理。结合实际情况对管理制度进一步完善和修订，编制《静安区河道排放口巡查与处置制度》。明确巡查频率、范围、内容，动态掌握河道设施及保洁的现状，对养护作业的标准进行明确，巡查中投入无人机设备辅助巡河，共巡查河道602次，1204人次，发现并解决各类问题895处，在市养护评比中领先。为树立河道精细化管理品牌示范点，积极开展星级河道创建。开展全区河道水质监测工作。出动水务行政执法检查81次、62人次，立案5起，结案4起，涉及苏四期河道的案件立案1起并已结案。成立清清护河志愿者服务队工作站，开展形式多样的“3.22”世界水日宣传系列活动，组织静安区第二届中学生水环境治理科普项目，开展“四进”宣讲活动，进社区开展水环境保护宣讲工作。

四是做好防台防汛安全。开展防汛大调研，针对积水问题会同街道、房管、绿市等相关部门共同协商确定整改方向。做好防控工作，重新编制《2018年防汛防台专项应急预案》，组织开展防汛安全检查和抽查，推进防汛隐患项目进行整改。积极应对台风与暴雨侵袭，平稳渡过4次台风、6次局地暴雨和3次局地大暴雨，实现了“不死人、少伤人、少损失”的目标。

静安区绿化和市容管理局

围绕市、区发展定位，2018年，区绿化市容局以“美丽街区”建设为抓手，持续用力补短板，结合行业特点，围绕市民需求，加快管理创新转型，落实常态长效管理，着重抓好垃圾分类减量、进博会保障等重点工作，圆满完成各项工作任务。

一、围绕市区工作重点，市容环境保障有序

（一）完成年度“美丽街区”建设任务。完成全区14个街镇新一轮对接工作，明确2018年度建设重点、目标任务以及年度资金分配工作。完成“美丽街区”建设40家施工单位短名单招录招标工作。完成年度“美丽城区”档案建档、归档工作。今年实施综合整治道路数98条，涉及路段数162条段，涉及项目数455个。

（二）完成进博会环境保障工作。按照进博会市容环境保障工作要求，制订保障工作方案，明确保障范围和主要任务，落实本区19条（段）主要道路、4个景观区域、6家酒店周边区域等重点保障区域和城市保洁、设施养护、景观提升、市容管理、工地管理、气象和空气质量保障等六个方面15项主要任务。完成全区56个点位共88幢建筑物外墙立面整治、整新和整容。

（三）完成驻区部队停偿服务环境保障。根据市住建委下发《关于开展驻沪部队停偿项目周边环境整治工作的通知》要求，明确部队停偿服务项目环境整治工作要求、整治点位、工作流程等。完成涉及驻区部队停偿项目共169个点位，其中，“警备区需要地方政府环境整治项目”32个，“部队房地产租赁项目”97个，“部队招接待项目”40个，共涉及静安寺、南西、临汾、大宁、宝山、曹家渡、彭浦镇七个街镇。

（四）整治管理促进精细化管理水平提升。全面实施“补短板、治五乱”专项治理工作，确保全面完成三年220个点位。推进创建19条“门责”示范道路，建成自律自治组织22个，强化微信公众号“静安门责”宣传作用，反映各街镇市容管理工作动态，开展环境知识普及。开展南京西路、延安路精细化管理示范区建设相关工作，做好场景、作业、存量数据与大数据交易中心对接，参与制定指挥平台运行机制，联勤联动机制以及应急响应措施等内容。

二、对标市区工作要求，景观建设突显成效

（一）以编“规划”为重点，提升重点区域夜景灯光品质。围绕“一轴三带”的总体规划，完成《静安区夜景照明总体规划与分类导则》，打造一条连接新静安两核四区的纵向光带。以南北高架为主轴，内环、中环为节点，打亮周边沿线26幢楼宇，营造舒适的夜景环境气氛。完成国际商圈南京西路沿线的景观灯光工程，展现国际高端品质。

完成天潼路、曲阜路绿化景观灯光建设，为新建道路同步推进景观建设提供样板。

（二）以编“导则”为依据，不断加大管理整治力度。在全市先行编制《静安区店招和沿街篷幔设置规划和管理导则》，编制完成新一轮《静安区户外广告设施设置阵地规划及实施方案》。今年共拆除涉及市局督办延安中路700号等的违法户外广告设施8处13块，完成率100%，拆除静安区任务清单违法户外广告设施10处20块，完成率100%。做好静安区店招店牌大排查及整治工作，拆除违反招牌及大型侧招20余块。

三、紧扣市区目标任务，绿化品质逐步提升

（一）完成各项绿化指标任务。2018年计划建设各类绿地13万平方米，已建成各类绿地17.29万平方米，占全年计划的133%，其中建成公共绿地8.28万平方米、专用绿地9.01万平方米。2018年计划建设立体绿化6万平方米、建设绿道5公里，两项任务均已全部完成，占全年计划的100%。

（二）完成推进大型绿地项目。市北楔形绿地二期项目已完成并联审批意见、工程招投标、合同备案及绿化开工备案等工作。苏河湾中央绿地项目中一期方案获得市局批准。完成东茭泾绿地二期项目已交地区域可实施范围内的建设任务。推进大宁325街坊带建公共绿地的建设工作。完成石南绿地、彭越浦河道样板段等公共绿地建设工作。

（三）成功举办雕塑展。成功举办2018年中国·上海静安国际雕塑展，不同国家超过40位艺术家的58组87件雕塑作品参展，比往届延长了1个月。本届雕塑展以“城市无界”为主题，展陈范围以静安雕塑公园为主展区，大宁公园和市北高新技术服务园区为延伸展区。展期内，共接待参观团队120余批，国内外游客超过120万人次，获得高度好评。

（四）完成公园绿地建设。完成闸北公园西半园改造并顺利开放，同步对东园实施封闭改造。完成永和花园改造工程招标工作，按计划实施建设工作。完成西康公园改造和雕塑公园智慧公园建设。完成永源邦绿地、协和绿地、南京西路沿线青海路绿地等街心花园改造。

四、贯彻市区工作精神，生活环境得到改善

（一）推进垃圾分类减量。全区居民区推进垃圾分类已累计覆盖38.64万户，绿色账户已累计覆盖38.08万户，居民累计办卡35.33万户。全区每天进入江桥和老港进行处理的干垃圾量1131.1吨。通过单位强制分类和居民区、菜场垃圾干湿分流，全区日均分出湿垃圾226.28吨，其中居民分类厨余和菜集市场垃圾日均量为90.75吨。通过两网融合点、站回收的各类可回收物每月近4063吨。南京西路和铁路上海站南广场废物箱率先开展精细化分类收运，并在全区推广，区固体废弃物流转中心改造实现干湿垃圾泊位分类、集装箱分类专用。

（二）提升公厕服务能级。结合本区区情，制定“智慧公厕”“第三卫生间”升级改造标准，对全区123座公厕进行全覆盖普惠制改造提升，在全区公厕提供免费厕纸服务。对全区公厕进行实地考察，从人流量、区域、面积等因素因地制宜，安装对应的智慧设备，重点完成15座公厕整体改造，50座“智慧公厕”，31座“第三卫生间”的升级改造，做到在提供各类便民互动服务的同时，实现公厕远程监控各个业务环节，提供不同人群的用厕需求，提升精细化管理程度。

（三）深化“一体化保洁”。以环卫统筹绿化、市政和七类八类设施部分保洁作业内容，全面实施道路“一体化”精细保洁。通过将南京西路打造成为上海市标杆保洁示范道路，引入新型保洁装备，贯彻“深度保洁”理念，按照“白天维护、夜间作业、机械保面、人工保点”的总体思路进行作业安排，逐步在全区推广南京西路示范街区精细化保洁模式。开展“清死角、消盲区、大冲洗、迎进博”城市保洁专项行动。

五、坚持安全第一思想，确保行业安全稳定

（一）加强领导、明确责任，确保安全生产工作落到实处。调整并充实区绿化市容安全生产工作委员会、消防委员会，按照“管行业必须管安全、管业务必须管安全、管生产经营必须管安全”要求，做到与全局各项工作同计划、同部署、同落实，形成了一级抓一级，一级对一级负责，层层抓落实的良好局面。

（二）落实措施、加强宣传，不断提高干部职工安全意识。修订并完善区绿化市容局2018年应急处置预案、2018年“安全生产月”活动方案、制定“美丽街区”建设文明施工有关注意事项、做好2018年防台防汛、消防等工作措施。通过以会代训、专题讲座、开展活动等多种形式对干部职工进行安全知识的学习教育，不断提高干部职工的安全意识。

（三）加强排查、消除隐患，把潜在事故解决在萌芽阶段。领导带队定期进行检查，先后对局属单位的重点部位、重要设施、重要场所等处进行了168人次的安全检查，查出隐患109条，并全部整改，覆盖率达到100%。对“美丽街区”建设项目督查检查，全年组织了264余人次，对451个点位及施工现场进行了全覆盖检查，查出安全隐患516条，并得到了及时整改。

（三）徐汇区

徐汇区建设和交通委员会

区建交委在区委区政府的坚强领导下，认真贯彻落实党的十九大精神，聚焦“四个徐汇”战略目标，以党建为引领，对标精细化管理要求，全面推进架空线入地、水环境治理、旧区改造、重大工程建设等方面工作。

（一）坚持党建引领，凝心聚力促进工作提升

1. 深入开展大调研，从问题发现到问题解决。结合“12345”热线处理，以大调研问题的发现和解决，不断提升企业居民满意度、获得感。在大调研过程中，建交委坚持做细“企业预约”和“工作台账”、做深“问题处置”和“经验总结”，认真查补工作中存在的差距和不足，努力解决问题。上半年，区建交委牵头建交系统组建52个调研小组，对区内建设领域3663家企业走访调研，收集政策扶持、交通管理、行政审批、业务指导等方面的问题和建议201条。下半年，以问题解决为导向，共推动处理193个关乎企业经营、群众生活的问题，例如区委区政府高度关心、居民群众反映强烈的龙华街道俞三小区居民出行难问题和1号线锦江乐园站周边综合整治问题。

2. 紧抓学习，夯实党建，推进工作。一是深入学习十九大精神。党工委中心组带头学、做示范，强调在学懂弄通做实上下功夫，制订年度学习计划，围绕精细化管理、重大工程建设等主题，安排集中学习20次，联组学习4次。组织建交系统书记会议1次，实地学习上海市精细化管理优秀案例。二是以党建推动工作落实。组织开展“进博先锋·党员行动”等主题党日活动，落实“500米党建服务圈”要求，成立徐家汇体育公园、架空线入地项目临时党支部，挂牌9个建设者驿站，举行田林下穿工程、轨交15号线党建联建签约仪式，以党建联建促进工作提升、工程推动和服务保障。

（二）加强精细化管理，持续改善城区环境品质

1. 完善管理标准体系。一是牵头制订完成《关于加强本区城市精细化管理工作的实

施方案》及“2018—2020三年行动计划”。二是以岳阳路为试点，和建科院合作探索研发“一路一档”道路综合信息管理平台，为今后的道路精细化管养打好更扎实的基础。三是丰富精细化管理内容，制订工地围墙设置等标准化方案。

2. 目标管理、控制过程、确保“精细”。3月8日，召开区精细化工作大会，全面启动城区精细化管理工作。区建交委结合区政府目标管理内容，任务分解，制表上墙，挂图督战激励全员士气，紧抓各项工作过程控制。7月13日，上海市城市管理精细化工作会议及半年工作总结在徐汇召开，徐汇区精细化管理工作受到市领导肯定。

3. 推进架空线入地与合杆整治工程。徐汇区精细化管理工作以架空线入地为抓手。架空线入地与合杆整治工作具有显示度高、政治敏感性高、工作推进难度高的“三高”特征，建交委牵头成立徐汇区架空线入地现场指挥部，落实专人推进，狠抓文明施工。2018年已开工淮海中路、武康路、岳阳路、肇嘉浜路、虹桥路等12条道路、超过12公里的架空线整治工作，目前已完成10条道路10公里的整治。

4. 牵头推进路长制与美丽街区建设。召开路长制工作座谈会，现场学习漕河泾习勤路管理经验，推广徐家汇街道市民路长、单位路长以及路长制与网格化平台融合等经验，推动路长制在进博会城区保障中见效见成果。推进武康路、淮海中路、岳阳路等风貌区道路景观提升，并向枫林路、南丹路等路段延伸。发挥社区规划团队力量，聘请行业专家对改造方案进行专家评审，确保改造效果达到预期，建成了如上中路文化墙等特色道路景观。打造淮海中路、中山医院（一路一圈）非机动车管理样板区，形成长效管理机制。

5. 保障城区安全有序运行。一是认真承担进博会城区保障牵头工作任务。牵头制订《徐汇区保障中国国际进口博览会城市运行工作方案》并做好巡查、值守、问题处置及信息报送工作。进博会期间，联合绿化市容局、城管执法局等落实城区保障组集中办公；借助网格中心平台，开展视频巡逻、快速处置“12345”派单；成立6个巡逻组，每日上下午两批次巡路，快速发现、解决问题；建立“2+2+X”值班制度，即每日至少2位领导、2位科室长加一批工作人员值班值守，圆满完成进博会城区保障任务。二是加大对建筑工地、桥荫桥孔、在拆基地的安全管理和巡查工作。及时处置安全生产事故，防止次生矛盾扩大。开展扬尘控制监督，推广塔吊喷淋、围墙喷雾等在重点区域工地的使用，积极推进徐家汇天桥连廊、港汇广场等项目工地围墙优化。三是加强燃气管理。按照市政法委、市交通委要求，开展超期限燃气助动车集中整治工作，累计回收燃气助动车4980辆，圆满完成燃气助动车报废回收任务。

（三）深化河长制，扎实推进水环境治理工作

为深入贯彻落实习近平总书记“绿水青山就是金山银山”生态文明思想和在2018年全国生态环境保护大会上的重要讲话精神，打好污染防治攻坚战，打赢碧水保卫战，区建交委全力以赴、攻坚克难不断推进河长制、河道治理、雨污混接等方面工作。

1. 全面深化河长制。先后接受5月国家环保督察、8月市委环保督察、9月市河长办专项督察、10月生态环境部和住建部专项巡察等。9月12日召开全区河长制工作会议，进一步梳理总结，做出部署。一是明确各级河长“知河、巡河、治河、护河”的职责，不仅要发现问题，更要注重推动问题解决；二是在区委区政府的大力支持下，做强区河长办，抽调人员集中办公，专事专人专管。三是统一思想，凝聚共识，将河长履职情况纳入区政府重点目标考核，提升各方对河道治理的重视程度。四是通过任命并公布沿河

居村书记为三级河长等方式，进一步做深河长工作制。9月18日，和闵行水务局签订《水环境联动共治备忘录》，加强区区联动、上下游联动。

2.推进各项工程举措。龙华厂外排污水管道二期完工；完成市政、企事业单位、沿街商户及其他混接改造486处，完成小区雨污混分类改造11个；完成9条劣V类河道消劣整治；做好3个考核断面达标V类水工作。完成河道整治7.5公里以上，青春河、蒲汇塘综合整治正在进行，张家塘、机场河综合整治即将完成施工招标进入施工阶段。

3.全力保障水安全，圆满完成防台防汛任务。2018年台风密集形成，多次正面袭击上海，是近几年来防台防汛形势最严峻、任务最艰巨、要求最严格的一年。7月以来，在区委区政府领导亲自关心指挥下，在兄弟部门和街道（镇）的大力支持和配合下，区建交委平稳应对台风"安比""云雀""摩羯""温比亚"和"康妮"，做好工地人员撤离、险情排查排除、雨后应急应对等各项工作，保障城区运行安全有序。加快二次供水改造。在2017年基础上，完成遗留项目收尾，启动开展新一轮600天商品房部分改造项目（约524万平方米）和新一轮87万平方米非商品房及151万平方米商品房改造工作。

（四）攻坚克难，着力开展旧区改造工作

徐汇区完成成片旧区改造后，进入零星旧改和基地平地阶段。2018年市政府旧改签约目标为改造居民100户，改造建筑面积1万平方米，目前已全部完成。

此外还完成9块平地，即华泾453街坊、龙吴路港口新村1121弄、姚家塘（国土）、宜山路、杨家桥、西湾、吴家宅、星联村徐长桥、小陆家宅。平稳完成强制执行7件。西薛家宅、夏泰浜基地今年完成了16证、5证签约。10月10日，落实区委区政府要求，联合城管执法局、斜土街道、西岸集团大力推进中东三家里平地工作。同时，积极参与支持区信访办开展完成好历史遗留矛盾的化解。

（五）全力以赴，推进重大项目建设

2018年全区共安排市、区重大工程共计51项（市级项目15个，区级项目36个）。重点聚焦服务城区功能、产业结构升级、民生服务保障、精细化管理等四个方面，涉及建筑面积约420万平方米。

1.重点推进市重大工程。协调推进轨道交通15号线建设；完成上海传统戏剧院团设施提升可研编制；建成华泾西泵站并投入试运行；完成220千伏输变电工程配套线路；完成上音歌剧院结构验收等。

2.有序推进区重大项目。有序推进徐家汇天桥连廊工程、徐汇中城学校、南部小学、南部养老中心、康健街道社区综合楼等重点民生项目的前期工作。徐汇中学南校区、望德幼儿园竣工完成。田林下穿中环线新建工程年内完成地道贯通。

（六）完善功能，稳步提升城区服务水平

1.推进"放管服"改革。区建交委作为社会投资项目审批联审平台牵头部门主动联合市区各条线部门与项目方，就提交资料数据、格式、平台操作等问题开展预审，加强服务。完成相关项目的施工许可。在前期工作的基础上，持续推进"一网通办"、"综窗建设"、政务服务升级提升。

2.完善区域路网结构。狠抓区区对接道路（断头路）的打通工作，把六条道路新建工程列入年度实施计划，上半年华发路（长华路—老沪闵路）、武宣路（南宁路—石龙路）竣工通车，景洪路、景东路、华济路、龙吴路等新建工程持续推进中。

3.推进市政基础设施建设。桂平路、喜泰路、长华路、徐梅路等道路整修续建项目已经完工；枫林路天桥改造工程目前正在招标，年内开工。完成对虹桥路、沪闵路、龙吴路等13条道路铣刨加罩，修复人行道各类道板3万多平方米，有力保障了交通安全，提升了徐汇区道路形态。

4.推进区域交通设施建设。累计新增公共充电桩381个（完成年度目标的127%），共享泊位607个（完成年度目标的152%），新增机动车泊位2552个（居住类474个，非居住类2078个）。修订完善并实施非机动车停放设施“一街镇一方案”，开展各街镇非机动车管理测评，协调共享企业加强对共享单车的运维管理。

徐汇区绿化和市容管理局

2018年是贯彻党的十九大精神的开局之年。徐汇区绿化市容局以习近平新时代中国特色社会主义思想为指导，深入学习贯彻党的十九大精神，认真落实区委、区政府部署，坚持需求导向、问题导向、效果导向，聚焦城市管理精细化和进博会市容保障等各项工作，进一步提升城区绿化和市容服务管理水平。现将2018年工作总结汇报如下：

一、重视思想引领，把党的政治建设摆在首位

坚持用习近平新时代中国特色社会主义思想武装头脑，深入学习宣传贯彻党的十九大精神，教育引导系统内干部群众增强“四个意识”，坚定“四个自信”，思想和行动上始终与习近平同志为核心的党中央保持一致。

一是坚持学习制度。认真按照区委部署，组织开展“不忘初心、牢记使命”主题教育，深入推进“两学一做”学习教育常态化制度化。认真学习党的十九大精神和习近平总书记系列重要讲话精神。

二是丰富学习内容。通过开展讲座、观看教育片等形式加强对党员的引领和教育，并通过开展开放式主题党日活动和实地参观教育活动，重温入党誓言，深刻理解改革开放重大意义。

三是开展党性体检。扎实开展局党委“一报告两评议”工作，开好处级领导班子民主生活会。年初召开领导干部民主生活会，精心组织学习，广泛征求意见25人次，认真开展谈心谈话63人次，对照“准则”和“条例”查找不足，开展批评和自我批评。

二、聚焦精细化管理，提升行业管理水平

一是推进生活垃圾分类减量工作。围绕市委市政府工作要求，区绿化市容局在区委区政府的坚强领导和具体部署下，大力推进生活垃圾分类减量工作。

1.居民区垃圾分类方面。截至2018年底，已初步完成937个居民区生活垃圾全覆盖工作，且依托各街镇已完成共305个服务点建设工作。2018年全年开展分类宣传活动2000余次，在各街镇及居委进行近1000场次业务培训。

2.单位垃圾分类方面。结合大调研等重点工作，向全区机关企事业单位上门发放2000余份单位垃圾分类告知书；以本区办公的市级机关、区政府、13个街道镇办事处为重点，推进完成100处单位垃圾示范点建设，并加强会同执法部门与街镇每周开展联合执法检查。结合双向告知机制对分类不合格的单位实施“精准打击”。

3.垃圾分类收运方面。一手抓“收”，坚持在推进初期普遍实施二次分拣托底，同时建立双向告知机制，社区与环卫企业就源头分类质量、分类收运落实情况相互监督；一手抓“运”，根据四分类工作标准，配备118辆干垃圾收运车、18辆湿垃圾收运车、13辆有害垃圾电瓶车，专门涂装、专车专用。可回收物通过“两网融合”系统，由5家比选确定的再生资源回收利用企业分流消纳。截至2018年11月，全区居民区及菜场湿垃圾分类量从2017年的日均35吨提升至近86吨，同比增长146%。全区餐厨垃圾日均分

类量提升至80余吨。“两网融合”可回收物日均回收量近55吨。

二是打造高品质绿化景观。

1. 徐家汇商业中心区域绿化景观提升。将低密度徐家汇公园绿化区域，与高密度徐家汇商业区域统筹布局，同步提升，按照“春粉夏白秋金冬绛”一季一色植物色谱，推进区域绿化景观提升。对太平洋商厦前4块绿地、桥头堡绿地、三角绿地、汇金等进行整体提升；在六百门口广场放置种有金桂的可移动树筒20个，增加绿视率；在建国宾馆门口新增可遮挡非机动车双层立体花架56组，在漕溪北路和华山路等中央隔离带放置新型组合花箱660组，改造汇金广场景墙50米，有效提升徐家汇商圈整体绿化品质。

2. 肇嘉浜路中央隔离带绿化特色道路创建。按照“彩化”要求，将其从“城市森林”升级成为光影流动的“城市多彩林”，并在交叉路口打造特色景观节点，提升整体品质。

3. 绿化景观精细化管理提升。完成重点区域52块绿地5万多平方米的绿化景观提升工作。在衡复风貌区内悬挂花槽528个。全年完成新建公共绿地12.94公顷。新建和完善城市绿道5公里。建设立体绿化共计30239平方米。完成居住区和单位配套绿地建设共5.83公顷。

4. 建立绿化市容大数据采集整合分析平台。为进一步提升绿化管理效率，实时反应绿化管理过程，初步建立绿化市容大数据采集整合分析平台，通过智能化应用实时掌控相关绿化市容数据。目前该项目已形成调研报告，并已参加由区政府办电子政务科组织的专家评审会。

三是提升市容环境整体水平。

1. 深化门责管理制度。牵头各街镇开展市容环境卫生责任区管理办法宣传活动60余场次，各街镇重点对沿街商铺、单位等责任主体进行宣传培训累计15000余人次。更新发放责任告知书9000余份，基本完成全覆盖告知工作。截至12月底，肇嘉浜路、安福路、桂林路等10条道路创建成责任区管理示范道路。

2. 推进摊亭棚专项治理。截至2018年底，基本消除徐汇区174个违规擅设占道亭棚。

3. 建立店招店牌管理机制。对店招店牌数据库信息和系统进行梳理升级，做到“一店一档”，完善系统内所有信息，门责建档率达90%。重点开展违法违规及楼顶店招店牌设施整治工作，严把审批准入门槛，强化事中事后监管。

4. 开展空中坠物安全隐患专项整治。一年来，区绿化市容局牵头共排查户外广告480块、店招店牌12965块，发现隐患1800块；拆除店招店牌2456块（屋顶大型店招店牌拆除183块），加固521块。加急印制新版《户外广告、店招店牌主体责任和安全管理告知书》3万份，进行全覆盖发放告知。对全区重要道路周边商铺1600余块店招店牌开展钢结构检测，对存在隐患的店招店牌及时予以拆除。

四是提升区域景观灯光品质。

1. 突出亮点，优化提升重点区域整体景观。进一步提升徐汇区重要节点整体夜景品质，将徐汇滨江、内环高架及沪闵高架沿线楼宇、徐家汇中央活动区公共开放空间、衡复风貌区绿地等列为主要景观灯光保障区域。

2. 规划先行，组织编制景观灯光专项规划。围绕“一核、多点、五轴”重要节点，完成徐家汇中央商务区景观灯光专项规划编制工作，并邀请社区规划师参与评审和现场指导优化。会同相关部门积极引导徐家汇商城集团等业主方提升周边楼宇景观灯光。

3. 完成《徐汇区户外广告设施设置阵地实施方案》修编工作。基本实现了“定数量、定位置、定形态、定规格、定性质”的编制要求，为全区户外广告管理和执法工作提供重要依据。

五是推进环卫保洁精细化管理工作。

1. 作业力求精细化。进一步优化了道路保洁人工力量配置，道路保洁“2 班制”覆盖全区 718 条 / 段市政道路，“2+2”即“2 班制 +2 小时”覆盖全区 241 条段市政道路。二是根据徐汇区路长制实施方案中的道路分级，结合区域实际，优化机械作业路线，提升机械作业覆盖面及频次，机扫及冲洗作业覆盖全区 277 公里道路。

2. 管理力求精细化。参照地方标准，结合徐汇区实际，针对徐汇区道路保洁质量控制指标、道路保洁作业时间要求、机械作业频次、道路保洁服务要求等方面内容，制定了符合城市精细化管理要求的道路保洁作业标准，并新增 4 辆多功能湿式清扫机，52 辆电瓶巡回保洁车及高压冲洗车，进一步完善道路保洁巡查监督机制和发现机制。

3. 加强渣土管理精细化。构建管理闭环，开展出土工地、主要运输路线全覆盖检查，加强巡查及联合执法力度，形成巡查全覆盖，重点区域工地专人负责模式，基本形成联合执法常态化工作模式。一年来共出动检查人员 961 人次，检查各类工地、卸点、码头 1508 个次，发现问题并要求现场整改 109 次，进行现场教育 77 次，开具整改通知书 25 份，连同城管、环保、交警开展各类联合执法 40 余次，共计出动 200 余人次，发现问题 150 余个。

六是开展“五违四必”环境综合整治及无违建居村（街镇）创建。

截至 2018 年底，全区拆除工作总量约 33.87 万平方米，另拆除库外违建 1.85 万平方米，超额完成全年拆除存量违建 30 万平方米的任务量，完成率 112.9%。自年初启动无违居村（街镇）创建以来，全区 320 个创建单元，年内完成 80% 无违居村和 10 个无违街镇创建目标，两项指标高出全市目标。今年已完成 301 个居委创建申报，完成率达 94.01%。

三、提升行政服务效能，优化区域营商环境

根据《关于徐汇区推进“两集中”实现“零差别受理”的工作方案》要求，提高政务服务效率，优化营商环境，积极推动各项行政审批改革工作。

一是推进“两集中”，实现“零差别受理”。调整优化绿化、环卫、广告等多个条线的行政审批流程，集中进驻区行政服务中心“零差别”受理窗口。明确局审批服务官。试运行以来，各项审批流转顺畅，运行效果良好，达到了“前台综合受理、后台专业办理、窗口统一出件”的目标要求。

二是利企便民，解决“堵点”“痛点”“难点”。对原有 29 项审批事项（以子项目统计）进行全面梳理，2 项审批事项下放至街镇实施，3 项审批事项近期予以取消；确保剩余 24 个审批事项不存在“红顶中介”变隐形、违规收费等问题；所有审批事项办事指南均取消兜底条款。针对 20 个相对复杂的办理事项，均提供“一对一、预约式”提前服务。

三是优化流程，审批时间再压缩。对社会投资项目的绿化配套建设取消总体文件审查的审批，“小型项目”和“其他社会投资项目”，审核工作日分别缩短到 9 天、12 天，竣工验收工作日分别缩短至 8 天、12 天。现有 24 项审批事项中，23 项审批事项压缩审批时间均达到 1/3 及以上。其中 13 项事项审批时间压缩 2/3，10 项事项审批时间压缩超 1/2。全部事项共计压缩审批时间达 246 天，整体平均压缩天数达 9.84 天，时间压缩百分比超 60%。

四是问计问需，扎实推进大调研工作。区绿化市容局于今年 3 月全面启动企业大调研工作，共组建 17 个调研小组，机关干部和事业单位全覆盖参与。其间共计走访调研 1025 家建设类企业，对企业经营状况进行了解，听取企业意见和建议，收集各类问题及建议共 68 条（问题 30 条，建议 38 条），并通过调研云平台转交相关职能部门办理，目前30个问题已全部解决，同时接收其他委办局转办工单49件也已全部完成。以大调研工作为契机，结合今年重点工作，印制4万份企业生活垃圾强制分类宣传页和7万份居民生活垃圾源头分类宣传页，在各委办局和街镇走访过程中向企业和居民进行宣传。

四、扎实做好进博会市容环境保障

一是做好市巡查督办平台问题整改工作。以“对标一流、体现双最、优于世博”为标准，协调处理市容环境巡查督办平台下发至徐汇区的242件工单，按办结时间及整改要求完成办结，并协调办理过程中重点、难点问题。另及时跟进，完成区绿化市容局涉及进博会工程项目总计22项。

二是推进“美丽街区”建设。围绕中山医院周边“五横两纵”七条道路开展市容绿化专项整治提升工作。其间共计约谈商户98次，拆除店招56块，拆除卷帘门15个，重新制作店招店牌76块；以武康大楼外立面更新以及架空线入地为契机，完成武康大楼对面10家商铺的市容环境品质提升；开展漕溪北路部分路段店招店牌、立面改造和业态调整工作，目前已拆除店招店牌110平方米、卷帘门10处，新作招牌地板230平方米，LED发光字270个、铝制格栅290平方米，空调移位30处，对部分路段沿街墙面整体进行美化提升。

三是开展“补短板、治五乱”工作。牵头推进条块部门对照全区任务清单开展整治工作，彻底消除徐汇区剩余38处整治点位。

四是做好绿化保障项目。根据市相关要求，制订徐汇区进博会绿化景观提升保障方案。完成内环高架、沪闵高架、中环线等重要道路桥荫绿地及两侧共计20488平方米绿地的整治和景观提升工作；完成徐家汇公园、襄阳公园、光启公园等主要参观接待区域公园沿线的绿化提升共计6890平方米；完成徐家汇商业区、衡复风貌区等主要参观接待点的绿化景观提升及华山路中央隔离带放置新型组合花箱500组。

五、多措并举，保障安全生产，提高服务满意率

一是多措并举，抓好安全生产工作。按区安委会部署，制定局系统安全生产应急预案，理清局安全生产“四类清单”，签订局系统安全生产责任书。坚持周检、月检、季度检查制度，按时召开局安全生产分析会议，重点管理环卫车辆、电瓶车集中充电和集体宿舍的安全。按区安委会要求，每月上报安全生产事故隐患排查表，并对隐患进行整改治理。

二是规范管理，提高诉件处置质量。截至今年11月，局受理热线投诉1901件，受理网格件1930件，先行联系已做到100%，总体来说投诉处理工作完成得不错。局自测平均满意率为91.16%，仍须进一步提高。一线连万家，“12345”市民热线平台是老百姓诉求的重要表达渠道，关系到千家万户。

三是积极防御，做好防台防汛应急抢险。今年上海市史无前例地遭受了五次台风的袭击，其中“安比”“云雀”“温比亚”台风更是直接登陆上海，区防汛办共计启动防台防汛Ⅱ级响应2次，Ⅲ级响应6次，Ⅳ级响应13次，区绿化市容局在汛前做好预防动员，在汛中主动防御、积极抢险，汛后做好总结整改，确保了绿化市容系统汛期安全平稳有序。

（四）长宁区

长宁区建设和交通委员会

2018年是党的十九大召开后，我国经济和社会发展进入新时代的开局之年，也是改革开放40周年。在区委区政府的坚强领导下，

区建交委坚持贯彻落实党的十九大精神和习近平新时代中国特色社会主义思想，紧紧围绕加快建设国际精品城区的目标，对标城区精细化管理的要求，坚持凝心聚力、克难攻坚、真抓实干，推进各项工作全面、如期、圆满完成。

（一）对照年初计划，全力抓好四件大事

一是全面开展“不忘初心、牢记使命”大调研主题活动，制订了《长宁区建交委开展“不忘初心、牢记使命，勇当新时代排头兵、先行者”大调研的实施方案》，成立建交委大调研领导小组，深入不同类型企业、居住社区和市民群众，积极问需问计、倾听民生民情，全年共开展各类大调研走访786次，涉及调研对象876个，收集问题720个，整改完成688个，整改率达到96%。其中，建交党工委一委五局对十个街镇、临空办开展联合走访，延安西路—凯旋路设置斑马线，虹桥路—程家桥路车站退后一米等工作得到了社会的好评和媒体的正面报道。二是全面启动城区精细化管理三年行动计划，牵头制订《长宁区国际精品城区精细化管理三年行动计划》，确定10大项23条任务清单。积极会同城管执法局、绿化市容局、房管局、属地街镇等部门，做好无违建居村创建、垃圾分类减量、美丽街区建设、架空线入地整治、精品小区建设、市政绿化景观提升等各项工作的协调配合，打好城区精细化管理组合拳。8月31日，时任副市长时光辉在长宁区召开市城市管理精细化工作第五次会议暨架空线入地工作会议，充分肯定长宁区精细化管理工作。三是全力优化营商环境，全力推进“放管服”改革，实行“一口申请、一网办理”，努力做好服务企业的“店小二”。在施工许可办理方面，运用部门联动、多评合一、多图联审的在线审批模式，让企业告别“背着图纸往返窗口”的历史。宜家购物中心上海临空项目仅用了10个工作日就完成了设计方案和施工许可的审批流程，较审改前105个工作日、审改后48个工作日的要求有了大幅缩短。在竣工验收备案方面，设立社会投资项目竣工备案专窗，排摸万豪虹桥大酒店装修改造项目作为长宁区第一个试点并联验收项目，一系列改革得到了企业的好评。四是全力保障中国国际进口博览会，在市政市容联办的牵头下，于9月底前全面完成了“43+X”项进博会市政市容保障工作。其中，区建交委按照节点圆满完成了六个方面31项任务，包括进博会、虹桥路等三大片区的架空线入地整治；外环西河、许渔河等19条河道整治；北翟路、虹桥路等共20条（段）道路整治和4个点位整治；绥宁路、联虹路等5条道路新建；仙霞西路跨线桥等7座桥梁涂装以及区域静态交通保障。

（二）聚焦精细化管理，有效提升城区品质

一是推进架空线入地和合杆整治。在区委区政府的坚强领导下，在市、区数十余家部门的通力协作、奋力推进下，克服了时间紧、任务重、难度大、要求高等现实难题，破解了中心城区土地资源稀缺的电站配建瓶颈，应对了场地条件复杂、工序衔接困难的局面，在10月底前完成了进博会重点保障区域9.6公里、虹桥路（外环线－古北路）区域5.3公里、愚园—兴国—华山路区域5.9公里的架空线入地和合杆整治工作。推动架空线入地和合杆整治开工35.3公里、竣工24.5公里，竣工量占全市总量约1/4，得到了市架空线指挥部和区委区政府的充分肯定。二是推进水环境整治提升。紧紧围绕李强书记关于“全面推进河长制，扎实种好责任田，推动水环境实现根本性好转”的指示精神，全力打好碧水保卫战。切实加强河长办机制和能力建设，本区32条河道、10个其他河湖及80个小微水体的一、二级河长全部落实；推进苏州河环境综合整治四期工程，制订区域雨污混接综合整治工作方案，明确全区531处雨污混接点位的改造任务，并完成了全区41处市政混接、222处沿街商户混接及14处其他混接点位改造；全面消除长宁区黑臭河道，完成广顺河、南渔浦、老江、苏州河长宁段等4条河道消除劣V类水体，9个市考断面水质全部达标，在全市最严格水资源管理和河长制工作考核中长宁区被评为优秀；实施外环西河生态景观工程、许浦港河道整治工程等水安全水景观项目；积极推动机制建设，建立完善苏州河（长宁段）岸线一体化管理机制、兼顾“两水平衡”的区区联动和泵闸联动机制、河道水质监测联动机制、淀北片水资源调度联动机制；积极推动海绵城市规划建设，在全市各区中率先编制上报海绵城市建设规划。2018年以来，迎接了住建部、生态环境部、市河长办等多项关于水环境方面的检查、督查，检查结果总体良好。三是加快美丽街区创建。牵头制订美丽街区创建两年行动计划，结合架空线入地整治、城市更新等工作，重点打造新华路、愚园路、武夷路、番禺路4条示范街区。愚园路5大类50个点位的建设任务推进有序，武夷路城市三个重点地块更新工作稳步推进。积极谋划新华路、番禺路（法华镇路）2019年美丽街区建设任务。四是强化静态交通管理。完成区委调研课题，创新断头路、小市政道路公共停车试点项目。完成公共停车场（库）备案换发工作81家，受理新开业公共停车场库申请15家，歇业5家，现共有125家公共停车场库，泊位28227个；受理网约车资质审查546起；全年收缴和整治43666辆单车（含废弃单车5712辆），维持区域内2万多辆共享单车的数量，试行电子围栏线上设置；完成停车资源共享利用项目6个，为周边小区、企事业单位提供325个共享泊位。五是加强市政设施管养。实施新一轮养护大会战，完成车行道10万平方米、人行道2万平方米整治任务，用2017、2018两年的时间基本实现全区道路养护全覆盖；强化45座桥梁及地道的常规检查、检测；规范完善路政审批，占路率控制在1.5‰以下。

（三）着眼城区功能完善，切实加快项目建设

一是大力推进市、区重大工程建设。在市、区相关部门的配合支持下，全面完成北横通道、北翟快速路等7项市重大工程的年度建设任务。同时，积极推进体操中心、妇保院等一批区重大工程建设，总体上平稳有序。此外，建设一批区重点市政项目，临空三座景观桥梁、北翟路跨线桥等项目实现竣工，天山西路地道完成主体结构施工；临空核心四条地下通道中，2号通道计划2019年与北翟快速路主线同步建成，其余三条已完成主体结构施工。二是推进经济楼宇建设，建立形成了与经济楼宇项目单位的定期沟通机制，为企业搭建了提需求、谋解决的平台。提前完成区政府年度开、竣工目标，其中宜家购物中心上海临空项目和新华路街道68街坊14丘地块商办等2个开工项目总建筑面积475667平方米；新泾港旧区改造项目、蒲松北路北块项目等4个项目总建筑面积490080平方米。此外，远洲酒店、临空16-1等2个经济楼宇项目也实现了竣工，总建筑面积约13万平方米。三是深化贯彻城市更新战略，全力推进列入2017—2018年行动计划的29个城市更新项目，7个微更新目标已全部完成；12个一级目标已实施11个，剩余1个天空公园示范段因故调整；10个二级目标已完成规划批复3个；正在研究的6个；剩余1个置信改建因故调整。在对2017—2018年城市更新项目开展全面评估的基础上，牵头制订长宁区城市更新2019—2021年行动计划，按照“五个增强、五个促进”的目标，实施50个城市更新项目，其中实施类34个，储备类9个，研究类7个。

（四）围绕群众安全感，筑牢安全稳定防线

一是抓在建工地的质量安全监管。以

强化危大工程监管为重点，以安全标准考核为抓手，以严查市场行为为切入点，全年共开展安全检查652次，开具安全隐患整改单151份，局部暂缓施工单29份，安全隐患停工指令单3份；对三类人员扣分37人次、79分；现场踏勘查处“六无工程”（即无报建、无施工许可证、无设计、无总承包合同、无资质或超资质、无报安质监）15起；协调工地所引起的居民矛盾、信访、投诉211起。2018年，在建工地未发生生产安全死亡责任事故。二是抓燃气安全管理。长宁区管道天然气用户298012户，液化气用户总数为599户，供气企业为6家。2018年以来，与区安监、市场监管、消防、街道等部门的建立形成联动机制，明确分工、强化责任，实行企业专人驻区巡查、街镇每日一查、部门联合抽查，开展一次全区街镇燃气培训，二次主题宣传活动，二次液化气用户普查，三次专项行动（餐饮用户燃气报警器、安全生产月、瓶装液化气专项整治）。三是抓防汛安全，切实做到提早部署、压实责任、精心组织、连续奋战，成功抵御了历史罕见的台风袭击和暴雨影响，尤其是成功应对了安比、云雀、温比亚等正面登陆上海的台风，有力地保障了城区安全。四是抓高空坠物专项治理，对299幢既有玻璃幕墙建筑开展了检查，其中入室检查149次，室外巡查150次，发现隐患18处，开具整改单16份。五是抓市政和河道设施运行安全管理，重点开展进博会区域区管桥梁安全检测、排水管道和道路塌陷隐患检测、防汛墙安全检测。全力筑牢城区运行安全保障防线，切实守住一方平安。

长宁区绿化和市容管理局

今年以来，区绿化市容局围绕“共建美丽家园，共享美好生活”的主题，聚焦垃圾分类减量，着力补齐流程短板，对接首届进口博览会，全力推进重点项目，高标准打造精品化建设，严要求实施精细化管理，提升了城区市容环境面貌。

一是聚焦垃圾分类减量，流程再造开新路。

依托街镇居民区党建工作，提高源头分类质量，建立分类运输物流体系，统筹谋划、综合施策，切实提高垃圾减量化和资源化利用率。开展垃圾箱房四分类功能改造，将“人见人嫌”的垃圾箱房改造成“人见人爱”的社交场合，截至12月底完成907座垃圾箱房改造。开展“两网融合”一体化建设，将垃圾收运环卫系统单打独斗转变为环卫系统与再生资源系统的有机融合，采购专业收集车，招标湿垃圾收运企业，共有8辆可回收物收集车（今年新增5辆）、20辆湿垃圾收集车投入运行，按照干垃圾—环卫公司、湿垃圾—环洁公司、可回收物—新锦华公司模式分三家企业、三种车辆、三条路线实施分类收集运输，截至12月底已覆盖147个小区的293个箱房。开展生活垃圾定时定点分类投放，将垃圾分类的关口从小区垃圾箱房前移至每个家庭，广泛发动和引导居民在家门内自觉精准分类，然后再对应投放到垃圾箱房，真正使居民成为垃圾分类的主体。截至12月底已有247个小区的347个箱房启动“两定”分类投放。开展可回收物收运物流网建设，重点提升再生资源转运及二次分拣能力，建立具有长宁特色的两网融合“点—站—场”体系。截至12月底建成512个再生资源回收点。

二是对接首届进博会，建管并举树新标。

牵头推进长宁区首届进博会市政市容各项保障项目实施工作，结合问题导向，制订保障方案：坚持最高标准，重点任务现场踏勘，明确任务清单，确定“43+53”的任务量，先行实施。打造景观精品：针对西郊宾馆、兴国宾馆等重要接待场所，开展周边区域市容景观提升工作。以迎“五一”景观布置为契机，在西郊宾馆周边区域打造一段样板示范区域。将西郊宾馆周边精品小区建设、美丽街区创建等工作进行叠加，彰显长宁国际精品城区品质。在虹桥路、延安高架、沪青平公路等主要迎宾道采取悬挂花篮、立柱花卉的形式，进一步渲染迎宾氛围。在有条件的延安高架两侧建筑立面，定做窗台花架。增加特色亮点：对接虹桥管委会，统一标准，对果壳箱、城市家具、树穴盖板进行修缮更换，对破损陈旧的市政设施启动整改，更新添置城市家具和设施，体现精品精细管理亮点。完成河道整治19条，包含3.5万平方米河道绿化整治、1.7公里护岸整治、1.7公里的河道护栏及7000平方米河道疏浚等；绿化提升13条道路、20块绿地改造约29.8万平方米；8条核心区道路、7条重点道路两侧围墙提升，提升整治面积约7.99万平方米；拆除违规广告525个、店招店牌1774块；5条新建道路、11条重点道路及多条途经道路市政路面整修提升，整治面积约31.54万平方米；桥隧涂装7座地面桥约27665平方米；架空线入地24.5公里，建设电站38个，涉及虹桥路、愚园路、兴国路等17条道路；高架两侧及重点区域楼宇立面提升162处；储备用地10块，围墙提升13136平方米；精品小区建设提升3处，城市家具更新废物箱308个，树穴盖板2129套。破解顽症难点：持续巩固无序设摊综合治理、“补短板、治五乱”、“双创双复”等各项整治成果，从区级层面制定长效管理实施意见，对市级督办单、媒体曝光件等以区联办名义及时通知相关责任单位及时整改，结合“辅助力量可视化对讲调度”及“一店一档责任区管理”两套信息系统，强化动态跟踪管理。

三是着眼绿色宜居目标，精细管理提品质。

推进“美丽街区”建设，按照《长宁区创建“美丽街区”两年行动任务清单》明细及时间节点，全力打造新华路、番禺路（法华镇路）、武夷路、愚园路四条示范街区；成功举办“美丽街区”建设情况长宁现场会。规范店招店牌设置，严格审核店招店牌设置，对不符合设置要求的坚决不予审批。加大检查力度，牵头各街镇迅速组织力量对本辖区内所有广告、招牌设施进行逐一地毯式排查，共排查户外广告273块、户外招牌4252块，共发现各类安全隐患322处，全部整改达标。开展道路扬尘治理，加大道路机械化清扫和冲洗保洁频次，道路保洁机扫率、冲洗率达到92%。推进立体绿化建设，截至12月底已完成30000.8平方米立体绿化，完成年度目标任务。有序推进西部四公园建设，临空1号公园、400米林带、中新泾公共绿地基本完成，全年完成3万平方米新建绿化建设任务。平稳开展苏州河50米绿化带、外环生态绿道建设，完成6.2公里生态绿道项目主体工程（除广虹路祥龙桥点位外）。

四是关注行业民生诉求，只争朝夕抓落实。

做好“两会”意见提案办理，今年共办理“两会”意见和提案25件，其中人大代表意见建议11件（主办件6件）；政协委员提案14件（主办件12件），目前主办、会办意见已全部办结，办结率和满意率均为100%。认真处理群众来信来访，今年以来共计受理处置市、区级各类来信来访共35件，33件已按流程和节点正常处理完毕，2件正在办理中。优化局行政审批流程，并联审批项目原则上审批时限压缩1/2，其他审批事项审批时限压缩1/3。涉及电力、供排水接入临时借用绿地的项目，审批时限分别缩短为10、8个工作日，绿化搬迁采用“先搬迁再缴费”的模式。以“互联网+服务”建设为契机，优化一次上门事项，方便群众创业办事。通过流程再造、精简审批环节，从“最多跑一次”向“零上门”转变。规范处理“12345”、平台投诉，加强局行政事务和网格化综合受理联动中心的统筹运作，实行受理、派单、协调、回访、督查、考核一体化管理。截至目前，共收到区转办“12345”投诉件461件，其中市容环卫投诉270件、绿化投诉191件，已处置460件。共收到各类网格化案件2378件，其中事件2250件、部件130件，按时处置1978件，按时办结率83.2%。深入推进绿化市容“大调研”工作，局党委班子落实主体责任，深入一线、沉到基层、走入职工群众中去走访调研、了解实情，发现问题、问需问计。对标长宁建设国际精品城区“最干净、最安全、最有序、最文明”的工作要求，围绕重点，精准发力，着眼新时期绿化市容行业改革发展稳定面临的矛盾和问题，攻坚克难，化解难题，坚持“三个导向”“六个紧扣”、“两个全覆盖”，坚持“走百居、访千企、进万家”，问需问计，解决急愁。开展各类走访调研568次。走访调研4950人次，包括走访调研企业447家（包括民营企业240家），事业单位127家，社区居民及政风行风监督员等56人次，调研10个街道、一线环卫工人、干部职工代表等4560人次。

（五）虹口区

虹口区建设和管理委员会

2018年是贯彻党的十九大精神的开局之年，是改革开放40周年，是决胜全面建成小康社会、实施“十三五”规划承上启下的关键一年。区建管委以习近平新时代中国特色社会主义思想为指导，全面贯彻党的十九大和十九届二中、三中全会精神，在区委区政府的坚强领导下，坚持稳中求进工作总基调，坚持新发展理念，按照“推动高质量发展、创造高品质生活”的要求，积极、有序、高效推进年度各项工作，并取得了较好的成绩。

（一）聚焦重大工程、重点项目，推动虹口高质量发展

重大工程建设顺利完成“两个100万”目标。2018年共推进区重大工程正式项目共有43项，其中商办楼宇项目15项、市政基础设施项目9项、公共服务及配套设施项目9项、保障性住宅项目4项、商品住宅项目6项。截至2018年底，松江配套保障房、彩虹湾公共服务中心、万安路商办项目、瑞虹新城1号地块等10个项目实现开工，累计开工建筑面积108.74万平方米；星港国际中心、上海国际航运中心（中、东块）、彩虹湾三期、上外附中（东部）校区等7个项目顺利竣工，累计竣工建筑面积114.37万平方米，顺利完成“开工100万平方米、竣工100万平方米”的年度目标。

滨江公共空间贯通提升工作取得新突破。继续按照“百年大计、世纪精品”的原则，推进虹口滨江公共空间贯通和品质提升工作。经过积极协调，扬子江码头置换腾地工作取得重大进展，2018年9月30日，海军勤务船大队正式搬迁腾空扬子江码头营区；目前扬子江码头段防汛墙改建工程已启动施工。此外，完成了虹口滨江公共空间西入口及景观平台改造工作，完成了滨江区域及周边500米范围内标识标牌系统的改造施工，配合区绿化市容局完成滨江区域景观灯光提升一期工程并推动滨江沿线重点商办楼宇完成灯光改造。

市政水务基础设施建设和规划稳步推进。完成海伦路、海拉尔路道路拓宽改建工程，完成北宝兴路、东体育会路、新市南路、广粤路、四平路等5条道路大修工程，完成天宝西路、凉城路、青云路、车站北路、武进路等15条道路中修工程，完成江杨南路道路整治，完成华严路道路积水点改善工程，完成虹口港（东汉阳路—东长治路）、俞泾浦（齿科材料厂段）防汛墙综合改造工程，建成410米亲水景观步道。完成《虹口区海绵城市建设规划（2018—2035年）》《虹口

区道路交通改善规划研究（2015—2030年）》《虹口区公交和慢行交通改善规划研究》等。推进天潼路、平凉路/杨树浦路等区区对接道路拓宽改造，推进中山北一路/二路、唐山路道路拓宽改造，推进东宝兴路、商丘路等道路大修工程。

（二）聚焦城市管理精细化，着力提升城区环境品质

架空线入地及合杆整治工作有序推进。牵头编制了本区城市管理精细化工作实施意见及三年行动计划，并将架空线入地和合杆整治作为提升城市管理精细化、让老城区焕发青春的重要举措加以推进。成立了架空线入地及合杆整治联席会议，制订了架空线入地及合杆整治三年行动计划（2018—2020年），积极协调推进四平路—吴淞路、东长治路—长阳路、海拉尔路等34条、约19公里道路开工建设。截至2018年底，已有四平路—吴淞路、金山路等19条、约9公里道路顺利竣工，圆满完成年度目标任务。上海大厦、浦江饭店周边成片区域已呈现“线清、杆合、景美”的效果。

北外滩重点区域市政市容景观功能全要素提升。为扎实做好迎接首届中国进口博览会相关保障工作，区建管委结合城市管理精细化、“美丽街区”建设等工作，牵头实施了“工字形”区域市政市容景观功能全要素提升工程。工程范围包括北苏州路、黄浦路、大名路等16条道路，总长约7.22公里。工程首次尝试了“全要素”的创新城市更新模式，关注整体街道环境空间，尊重道路沿线建筑风貌条件、活动空间需求等方面，对市政道路、市政设施、景观环境、沿线建筑、历史风貌等要素进行有机整合，打造美丽、协调、融合、温馨的街区环境。工程自2018年4月23日启动，于10月31日完工，历时6个月，以靓丽的街区面貌迎接首届中国进口博览会的胜利召开。

水环境治理工作年度目标顺利达成。2018年顺利实现了“全区河道劣V类水体有效控制在0、河湖水面率提升至4.05%”的工作目标。一是深化河长制、建立湖长制。认真贯彻河长制各项制度，推进河长制标准化街镇建设，推动各级河长履职尽责；编制区级湖长制实施方案，设立两级湖长，并将湖长制工作纳入河长制工作体系。二是进一步巩固和改善河道水质。完成100处市政及单一雨污混接点整改工作；结合“苏四期”工程要求，编制“一河一策”，并开展俞泾浦、沙泾港生态修复工程前期研究；顺利通过生态环境部、住建部城市黑臭水体专项督察。三是持续加强河道精细化管理。完成“智慧水利”视频监管系统建设，完成区管泵站水量在线监测联网改造；推进水质监测站点建设，加强河道水质日常监测和动态分析。

建筑业精细化管理取得新成果。一是重点推进建筑工地管理精细化。完成了78号地块、89号地块、32街坊、中皇广场（二期）等一批工地立体绿化围墙建设，全区工地围墙立体绿化总面积超过6000平方米；并要求所有在建工地在围墙内侧安装喷淋系统，增强扬尘污染防控能力。二是大力推进建筑节能工作。完成了11.8万平方米既有公共建筑节能改造，完成了3.01万平方米可再生能源建筑一体化应用；建筑能源审计5家、能耗公示4家。三是积极推广BIM技术应用。委托第三方专业公司对本区BIM技术应用情况开展了调研，全面分析和总结项目参建单位实际诉求和建设情况，举办了BIM技术相关座谈会1次、专题培训会1次。

（三）聚焦行政审批改革，持续优化建设领域营商环境

及时梳理审批事项，简化审批流程和时限。聚焦“减事项、减环节、简流程、提速度”，全面梳理审批事项，力争更多事项最多只跑一次、一次办成。2018年审批事项从原先的36项减至32项，办理时限压减了一半，其中一次办结5项，告知承诺1项；减

去了下属事业单位这一审批层级，直接改由窗口或机关职能科室审批，简化了操作流程；特别针对建筑工程施工许可，取消了核发前的现场安全质量措施审核和工伤保险费用缴纳两项程序，调整为核发后的事后监管和告知承诺，办证时限从法定时限15个工作日压缩为2~3个工作日，同时施工许可证改为电子证照。认真落实并推进建设工程项目审批改革。积极推进工程建设项目“一口受理、并联征询、同步审批、多评合一、多图联审、综合验收”工作。2018年初牵头区相关部门初步建立了区级建设工程联审工作平台，选送相关工作人员全程参加市住建委培训，并建立了微信工作群，及时发布市相关政策要求和工作进展；上半年完成了纪念路465号屋顶改建项目、辉河路33号屋顶改建项目的施工许可网上审批试点和虹德养老院建筑工程竣工验收备案并联审批试点，审批时间缩短一半以上，最快实现了5个工作日办结；下半年根据《上海市工程建设项目审批制度改革试点实施方案》的通知要求，实现了项目、流程、事项全覆盖，审批范围从社会投资项目扩展到政府投资项目、国企投资项目和社会投资项目。

扎实推进进驻区行政服务中心各项工作。按照区审改办“一窗受理、分类审批、统一发证”的改革要求，关闭下属事业单位的所有外设受理窗口，7月1日起统一进驻区行政事务服务中心，实行业务归口办理。进驻前对进驻人员进行了业务培训，并对本系统所有审批事项按照工作难度、时间跨度、重要程度分为简易、一般、重要三大类，形成《区建管委审批流程汇编（试行版）》。通过事项分类、简化环节、压缩时间、再造流程，大大提高办事效率，让企业真正感到方便、有获得感；同时，进驻人员不分专业，设置A、B角，实行“全岗通”。由于前期准备充分，进驻工作实现了“驻得进、守得住、展得开、稳得下、做得好”。

（四）聚焦行业监管，全力保障城区运行安全平稳可控

持续加大基础设施管养力度。道路管养方面，修复道路病害10592处，修补车行道26042平方米、人行道11382平方米，更换侧石922米，灌缝3550米，更换（补缺）下水道井盖1249处，更换各类道路隔离护栏942米；疏通各类下水管道892302米，清捞窨井52284座、雨水口78016个，清捞污泥量1434吨。河道管养方面，出动保洁船2366艘次，打捞河道垃圾1109吨，维修养护河道防汛墙32188平方米，修剪补种岸堤绿化155156平方米，新建河道护栏1582.6米。交通设施方面，完成了130条支小马路标线复线工作，规范设置了1399个非机动车辆停放点位，更换了97个道路停车场全部指示标志牌共249块。公用事业方面，为区内高龄独居老人、特困人群和军烈属等用户更新安全型燃气器具309台，推进完成10公里老式小区隐患燃气明支管改造任务。

深入开展多领域多层次安全隐患排查整治。2018年先后开展了“春季大巡查”“迎进博大巡查”等综合巡查，并针对防高坠、玻璃幕墙以及深基坑、大型机械等危险性较大的分部分项工程（以下简称“危大工程”）开展了专项检查整治。全年累计巡查在建工地1380个次、玻璃幕墙楼宇303栋，发现各类质量安全隐患331条，开具整改单316份、暂缓停工指令单45份。开展停车场（库）全覆盖执法检查，全年共检查509家次，发现并整改隐患25处。开展了3轮互联网租赁自行车集中整治行动，收缴乱停放车辆7245辆，区内互联网租赁自行车总量由原先8万辆下降至3万辆以内，有效遏制了无序投放的情况。开展超期限燃气助动车集中整治、瓶装液化石油气专项整治等燃气安全执法检查151次，共回收超期燃气助动车1465部、查没违规钢瓶171个，共发现各类燃气安全隐患14059项，已督促整改12951项，整改

率92.11%。

高度重视安全教育宣传和专业指导。一是在彩虹湾保障房四期、凉城新村街道073-06号地块住宅开发等项目工地开展了“安全月”“质量月”创优观摩活动。二是举办了危大工程安全管理、燃气和自来水应急抢修、深基坑和装配式工地典型问题处置防范等方面专题讲座，并与区安监局开展中心组联组学习。三是编制了《虹口区建设工程巡查工作手册》和《虹口区监理行为监督巡查手册》。四是开展了5次燃气安全大型宣传活动，联合部门、街道开展了7次“燃气安全进社区”活动、1次“燃气安全进学校”活动，累计发放宣传资料26600余份，受理市民咨询1540余人次。五是组织召开了静态交通行业基础工作和信息化建设等2场培训，编制了“停车场（库）知识200问”供从业人员日常学习，并举办了“2018年度虹口区停车场（库）劳动技能知识竞赛”活动。

不断增强风险防范和应急处置能力。一是顺利完成年度防汛防台工作。2018年共启动防汛防台应急响应22次，其中Ⅳ级响应13次、Ⅲ级响应7次、Ⅱ级响应2次，成功抵御了“安比”“云雀”等5次台风及多次强降雨天气影响，其间累计撤离安置建筑工人8560人次。二是在两会、进博会、“世界航海日”等重大活动期间进一步加大应急保障力度，防汛应急值守时间延长至11月15日。三是妥善处置市政道路范围内自来水管爆管、供电障碍、燃气泄漏爆燃等突发事故共79起，协调处置街坊小区内消防出水、燃气等事故6起。四是妥善推进行业信访矛盾化解。累计受理来电来信网信68件，来访接待27批次，协调推进保民新村地铁运营矛盾、东长治路66号项目等建设工程居民矛盾化解工作。

（五）聚焦察民情解民忧，不断提升行政效率和服务能力

多渠道听民意、察民情。认真开展“不忘初心、牢记使命，勇当新时代排头兵、先行者”大调研，全年累计走访调研居民、企业、社会组织、基层事业单位等服务对象约630户，收发有效调研问卷326份，处理大调研系统问题反馈373件；并结合企业和群众需求，开展了浦江饭店周边市政市容环境改善、北部地区公共交通优化、建筑领域营商环境、河道水环境问题等多领域专项调研。此外，全年共处理12345市民热线6658件、网格化处置事件37287件，共办理市区人大代表建议29件（含闭会件）、市区政协提案31件、党代表件4件等，通过接收、处置各类社情民意案件，广泛听取各方意见建议，切实了解企业和群众所需所盼。

惠民生、解民忧成果显著。在广泛听取意见的基础上，不断提升为民服务能力，落实利民措施、解决实际困难，真正让百姓得实惠。为解决市民停车难问题，2018年完成9家公共停车场（库）备案工作，新增公共泊位1487个；完成5个配建项目验收，新增配建停车泊位3476个，并完成公共充电桩建设150根；新增“错峰停车”泊位318个。为解决彩虹湾地区公交出行难问题，研究编制《虹口区北部地区公交出行需求调研报告》，协调开通公交887路，连接停靠地铁3号线江湾镇站、江湾医院等重要站点，并可与66、108、97等公交线路换乘，方便居民去往市中心和四川北路地区。为了配合加快推进本区既有多层住宅加装电梯改造工作，研究简化了相关项目施工许可和竣工备案审批流程，并参与拟订了办事指南。

依法行政水平不断提高。2018年按时办理行政审批事项共1365件；办理行政处罚案件35件，共处罚金153.0268万元；受理依法申请公开8件，办结8件；规范处理民事诉讼案共9起；处理行政诉讼4件，无败诉；行政复议1件，得到维持。高度重视“双随机、一公开”事中事后监管工作，全年开展双随机检查51次，涉及检查对象109个。

积极推进“电子证照库”建设和应用，初步设计审批、竣工验收备案、施工许可等环节已采用电子印章。与此同时，为增强委系统干部的法治理念，提高依法行政能力和意识，邀请了同济大学卢鹏教授做“从‘人身’到‘身体’——谈公法理念发展的一个新趋向”专题讲座；开展了法制宣传、宪法教育进工地活动；印发了委系统常用法律法规汇编；组织新进执法人员参加各类培训学习，新办执法证16人次、换证53人次，行政执法力量得到进一步加强。

虹口区绿化和市容管理局

2018年，区绿化市容局在区委区政府的坚强领导下，围绕“中国国际进口博览会保障”“美丽街区建设”“虹口区创建全国文明城区提名”三大重要战役，大力推进绿化景观建设，重点提升绿地建设和养护品质，明确以城区面貌“更整洁、更有序、更美观”为工作主线，加大发展强度、提升管理韧度、提高成效温度，推进生态建设速度，努力提高人民群众对市容环境满意度，更好满足人民日益增长的美好生活需要。

一、聚焦重点，积极开展大调研工作

区绿化市容局严格按照市委大调研工作部署和区委要求，认真贯彻落实《中共虹口区绿化和市容管理局党工委关于贯彻落实〈中共上海市委关于在全市开展“不忘初心、牢记使命，勇当新时代排头兵、先行者”大调研的意见〉的实施方案》（虹绿容委〔2018〕2号）精神，按照市委“六个紧扣”的要求，着力加强组织领导，紧密结合虹口绿化市容工作实际，积极投入，有序推进大调研工作深入开展。根据局调研方案，局成立五个专班，从条线专业角度开展调研工作。各条线从各自专业入手，了解服务对象需求，问计于基层，问需于基层；在走访工作中，总计形成居民走访记录235条，上报问题14个；企业走访记录113条，上报问题13个。局自选调研192家单位，上报问题37个。其中，绿化条线专班通过课题研究，进一步完善各相关部门对居住区、单位绿地管养问题的发现机制，全面排查虹口区居住区、单位围墙外附属绿地管养情况，梳理出存在失管失养问题的绿地，并形成调研报告和《虹口区沿街面社会绿地托底管养制度》。在本次调研工作中还形成了《关于加强虹口区户外非广告设施（店招店牌）监督和管理的实施意见》《虹口区生活垃圾全程分类体系建设三年行动计划（2018—2020年）》等工作方案和制度。把调研探索的有益经验进行固化、提升、复制，形成有效制度。

二、规划建绿，提升生态环境建设

全年新增各类绿地1.53万平方米，其中6895平方米为公共绿地。新增立体绿化3万平方米。创建2条市级林荫道，全区市级林荫道达14条（段）；在大连路建成2公里绿道；打造了昆山花园路及东长治路2个绿化特色街区；完成3个街心花园改造；昆山公园改扩建项目、江湾公园景观改造项目按期完成竣工；新增彩虹湾公园及广粤运动公园2座，全区公园数达11座。2018年虹口区绿化覆盖面积503.23万平方米，全区绿化覆盖率21.43%；各类绿地面积423.33万平方米，其中公园绿地面积157.95万平方米，人均公园绿地1.98平方米；行道树2.3万棵。

三、托底管养，打磨绿化管理细节

一是启动区内社会绿地的养护工作，形成了《虹口区内社会绿地养护精细化管理的调研报告》，针对区内失管失养绿地养护的短板，对北外滩街道辖区范围内92处、共29536平方米的沿街社会绿地进行了排摸，逐步探索以“产权单位作为责任主体、自身管理到位为主，区绿化部门主动发现、托底管养为辅，全面排查、不留盲区”的解决机制；二是提前对立体绿化工作进行规划，制定了《虹口区2018—2020年立体绿化建设计划推进方案》《虹口区工地围墙立体绿化管理实施办法（试行）》，并在全区绿委大会上印发成员单位，进一步提升绿化共建的良好氛围。三是根据全区绿化景观发展现状，制订了《虹口区园林绿化管理精细化工作专项行动方案（2018—2020年）》，坚持规划引领、因地制宜、科学绿化，提高绿化建设全过程管理水平，提升绿化景观管养能力。四是完善虹口区公园管理体系，营造爱绿护绿的社会氛围，着力打造多彩、多景、多层的绿化精品，让虹口成为多元生态、宜居宜业的绿色之城。

四、做实规划，提升功能区的环境品质

一是结合进博会保障，在北外滩地区实施并完成上海大厦、外滩茂悦酒店、上海宝御酒店周边、北外滩其他区域景观提升项目。二是完成北外滩滨江景观照明提升工程（一期）。建设中心主要围绕一核、二带、多点。以白玉兰广场为中心的区域，打造滨水景观灯和建筑天际线，实现水岸联动，平面到立面互动的效果。三是基本完成飞虹路、昆山公园周边道路、曲阳路、祥德路、东体育会路景观提升。四是完成虹口区坡改坡楼宇灯光工程。对北外滩、嘉兴、欧阳、曲阳、广中、凉城等6个街道的榆林路、平凉路、溧阳路、临平路、大连西路、飞虹路、祥德路、东体育会路、广中路、水电路、汶水东路等11条(段)道路，共63幢坡改坡楼宇建筑楼顶进行亮化工程。五是推进吴淞路景观灯光改造工程、北外滩第二层面灯光工程和虹口中环段灯光工程建设。

五、“美丽街区”，全要素提升景观功能

一是积极组织制订“美丽街区”建设专项工作方案，编制完成虹口区美丽街区景观创建工作计划，并启动相关建设工作；二是完成2018年市政府督办的违规广告整治工作，完善虹口区店招店牌监督和管理制度。结合防台防汛工作，实施虹口区店招店牌全覆盖安全检测，组织各街道全面拆除存在安全隐患的店招店牌1910块；三是组织各部门、街道大力推进经营性亭棚入场入室，确保进博会前完成整治任务；四是根据市精细化管理工作的要求，组织各街道对辖区内的摊亭棚和早餐车开展排摸；五是组织开展安比、摩羯、云雀、温比亚四次台风防御工作，确保城市安全运行。

六、文明城区，全面加强市容环卫管理

围绕文明城区建设要求，多管齐下、狠抓作业规范，提升虹口区市容环境面貌。根据上海市市容环境质量监测实效检查报告显示，虹口区第一季度排名中心城区第一，上半年和第三季度都排名中心城区第二名，市容环境进步明显。一是全面开展道路人工保洁“路长”制工作，推广一级道路“路长”制的成功做法复制到中小道路。二是结合垃圾分类工作要求，完成一级道路沿街垃圾桶撤销工作，持续巩固推进环卫公厕、道路保洁和垃圾清运文明行业的创建工作实效。三是优化废物箱设置，截至12月底已撤除449个，超额完成400个的任务。四是持续推进环卫公厕、道路保洁和垃圾清运文明行业的创建工作。虹口区全部82座公厕被命名为“上海市文明公厕”，20个道路保洁班组和19个垃圾清运班组被命名为“上海市文明班级”，其中3个道路保洁班组和3个垃圾清运班组被命名为“上海市文明示范班组”。五是开展“清死角、消盲区、大冲洗、迎进博”城市保洁专项行动，组织4次夜间排扫和冲洗，共出动2000余人次；安排机扫、冲洗251车次。

七、破解难题，深化各类垃圾综合处置工作

一是制订虹口区《2018年生活垃圾分类减量工作实施方案》和《虹口区生活垃圾全程分类体系建设三年行动计划（2018—2020年）》，并印发区分减联办各成员单位。二是完成全区68个“两网融合”再生资源回收服务点位和4个“两网融合”再生资源回收中转站建设，完成虹口区安汾路建筑资源再生利用中心建设。三是与区发改委对接，研究落实虹口区低附加值生活垃圾可回收物补贴细则，并制定《虹口区低附加值生活垃圾可回收物补贴实施细则》。四是协助8个街道在已覆盖510个（18.764万户）垃圾分类绿色账户居住区的基础上，完成新增垃圾分类居住区172个（约5.5万户）。到2018年底累计完成全区垃圾分类居住区覆盖682个，累计覆盖居民户数24.3万户。五是协助推进党政（事业）机关、学校、医院单位生活垃圾强制分类全覆盖。强化行业条线主管部门的管理和监督，发挥党政机关对全区其他单位的示范引领作用。六是持续加强垃圾清运全过程管理，调整清运模式，试点开展餐厨垃圾由车队一口式上门收集并全面推行，实施干湿垃圾分类收运。截至目前，全区落实餐厨垃圾上门收集单位共1524家。七是做好建筑垃圾处置工作，全年发放渣土处置证5587张，共产生五大类建筑垃圾约200万吨。针对虹口区现有出土和拆房工地，牵头组织了12次有规模的综合整治，对运输违规行为共开具5张双向告知函，执法协助调查函11份。

（六）普陀区

普陀区建设和管理委员会

2018年区建管委在区委区政府的正确领导下，坚持围绕中心，服务大局，紧扣“科创驱动转型实践区、宜居宜创宜业生态区”目标和“1+4”重点地区建设，完成了全年各项目标和任务，城区基础设施建设步伐加快，中小河道治理成效逐步显现，建筑业和交通管理水平稳步提升。主要工作总结如下：

一、扎实开展党的建设各项工作

坚持以党的十九大精神为引领，围绕习近平新时代中国特色社会主义思想，持续推进党的建设各项工作。一是抓好基层党建责任落实。年初签订《基层党建工作责任书》，层层落实职责，形成良好的工作格局，制定《党建工作责任清单》，将党建工作“述评考”纳入绩效考核指标；年中成立专项督导组，对各单位开展党建的情况进行全面督查；年底对各基层单位党组织书记开展述评考核工作。二是夯实基层党建基础。注重打造最强支部，开展“支部争星、党员积分”活动，组织党员参与“党徽在闪耀”线上学习和公益积分活动，开展“主题党日”“政治生日”等一系列活动，鼓励各支部创新活动形式，打造“一支部一品牌”，形成了河道所党支部“治水先锋”品牌、交管中心党支部的“宜停车”等一批党建创新项目。严格党员发展工作，抓好党费管理工作。三是打造高素质书记队伍。举办党组织书记、党务干部培训班，进一步提升党组织书记履职能力和水平。组织开展“建设系统书记讲堂”活动，将学习成果转化为指导推动建设发展的生动实践。四是加强区域化党建工作。进一步研究探索党建联建新机制，在轨交14、15号线、北横通道、武宁路快速化等市重大工程中全面开展党建联建工作，更好地为建设任务保驾护航。引导基层各单位把支部建到工地上，积极发挥党建引领作用。

二、全力协调市重大工程项目建设

（一）稳步推进重大工程项目建设。

1.抓好重大项目“三平台”建设。一是建立普陀区重大项目信息操作平台。完成市、区两级重点项目系统录入，并结合数据分析功能进行系统平台展示。二是建立项目推进平台。明确区重大办成员单位职责，完善各层面组织保障，建立重大工程建设项目推进协调制度。三是建立建筑业税收跟踪平台。自2018年1月底该平台成立运行以来，已初步建立项目数据库，并多次召开专项税务培训会，进一步提升工作人员业务水平。

2. 抓好市重大工程项目建设。配合推进轨交14号线、15号线、武宁快速化改建，北横通道、苏州河深隧项目（试验段）以及云岭西排水系统等一批市重大工程项目建设，主动靠前，积极协调完成相关项目年度腾地任务。

（二）扎实开展架空线入地及合杆整治工程。对9条道路实施架空线入地及合杆整治工程，完成凯旋北路、武宁路约4.6km架空线入地，金沙江路、金昌路已开工建设，另外5条道路正在编制项目方案。上报2019年架空线入地工程计划。

（三）积极推动苏州河（普陀段）岸线贯通。苏州河（普陀段）沿线已完成M50创意产业园、大上海城市花园、德诚商务楼等12个点位的腾地及断点贯通工作，目前M50创意产业园、德诚商务楼等5个点位已经进场实施景观提升工程。

（四）抓紧建设地下综合管廊。真如地区管廊段内机电安装全部结束，控制中心的装饰装修及设备安装都已完成，其中静宁路架空线入廊项目中电信管线将依据掘路审批确定日期后实施。桃浦地区累计完成管廊结构2107米，累计完成率72.21%，控制中心将结合桃浦智创城608地下空间项目同步实施。

三、抓紧推进市政基础设施建设

（一）区区对接道路：花家浜路8月已建成通车；金昌路—交通路工程1标段抓紧施工中，2、3标段进场搭建大临设施，部分路段开工；桃浦西路施工中；真光路继续配合推进房屋动迁及土地征收工作。

（二）新、改建道路项目：新、改建8条道路，其中宁川路建成通车，静宁路（礼泉路—真华路）、真华路（曹杨路—铜川路）2条道路结构完成，桃清路、永登东路按计划推进，静宁路（武宁路—铜川路）、武威路、常和路等工程正在施工中。另外，绿棠路、南郑路、光复西路等工程正在进行前期手续办理工作。

（三）积水点改善及大修工程：真南路跨线桥大修工程建成通车；莫干山路大修工程正在进行架空线入地施工；新村路、梅岭北路2条道路积水点改善及大修工程完成；祁安路、李村路积水点改善及大修工程开工建设。

（四）其他工程项目：完成2017年堤防专修工程一级防汛墙施工，二级防汛墙项目初设（调整）由市水务局组织评审；完成凯旋北路、真北路（中环）桃浦路下匝道、曹安路万镇路（G2高架下匝道）、光新路桥节点（石泉路—中山北路）、丹巴路—金沙江路等5个交通拥堵点改善工程；完成雨污混接改造工程（市政部分）；基本完成云岭东路等排水管道抢修工程及富水路（真华路—规划路）慢行步道景观工程。

四、加强两级河长制落实及中小河道综合整治

围绕市政府与普陀区签订的河长制重点工作目标责任书以及“十三五”水污染防治目标责任书考核目标，积极开展以苏四期为引领的消除劣V类水体治理工作。2018年普陀区已完成黑臭水体消除工作，水质达标率85%左右，10个市考断面9个达标。

（一）继续推动河长制的落实。一是做好专项督查和迎检工作。多次召开全区河长会议、河长办专题工作会议，布置强化陆域污染控制和自管河道、小微水体一河一策等工作。顺利完成2018年5月份国家生态环保部、住建部关于城市黑臭水体专项督查，及10月下旬新一轮的“回头看”专项督查，普陀区总体情况较好，朝阳河作为正面宣传典型得到督查组充分肯定。二是召开河长制暨水环境综合整治推进大会。积极学习贯彻全市河长制工作电视电话会议和李强书记重要讲话精神，召开“普陀区全面深化落实河长制暨水环境综合整治推进大会”，并签订河长制重点工作目标责任书。三是继续加强沿

河动态监管。再次对沿河排口进行全面排查，完善河道养护三级巡查制度，建立河道巡查监管服务平台，实现对河道巡查所涉及的信息采集、上报，完善河道养护、保洁巡查制度，实行动态监管，推进星级河道创建，重点河段开展精细化养护。

（二）加快河道综合生态治理工程建设。完成曹杨环浜地区微更新水利设施建设、桃浦河人行景观桥、西虬江生态治理、新槎浦疏浚工程以及桃浦河防汛墙达标改建工程项目。张泾河、新河南浜整治完善工程施工中。智慧城水系一期工程、真如港（除红旗村段）、俞店浦项目开工建设，金昌河新建工程、智慧城水系二期工程、蔡家浜、规划一号河整治工程等一批中小河道正在办理前期各类手续。

五、着力提升城市精细化管理水平

（一）做好精细化管理面上协调推动工作。为贯彻落实区委区政府关于加强城市管理精细化的要求，研究编制并印发《关于加强城市管理精细化工作三年行动计划》及《普陀区城市管理导则》等文件，汇总各条线主要工作和要求，推动成立区精细化管理工作领导小组。2018 年 3 月召开“全区加强城市管理精细化工作推进大会”，全面部署精细化工作三年行动计划任务；4 月召开精细化工作推进会，了解重点项目建设动态，领导小组成员单位介绍情况并交流经验，细化落实、分头推进；6 月召开精细化工作现场会，观摩先进点位，搭建沟通平台，发现问题、解决问题。年内多次牵头组织召开精细化管理专题会，聚焦重点难点，形成合力、推进工作。另外，积极对接市、区相关部门，及时上报动态信息和典型案例，做好上传下达，协调面上整体工作的推进和落实。

（二）不断强化建筑业管理。认真贯彻落实《上海市工程建设项目审批制度改革试点实施方案》，抓好建设工程项目审批工作，助力区域营商环境的优化。根据建设工地管理导则要求，持续开展各类安全质量大检查和专项整治活动，确保在建工程质量安全总体受控，抓好招投标监管工作，初步建立智慧工地管控平台。对施工现场的扬尘控制提出细化要求，加大推广移动冲洗设施等新型设备，努力提升区域内建筑工程文明施工整体水平。

（三）协调推动规划建设管理。推进区重点建设工程项目用地征询、方案征询及扩初评审等工作。持续开展建筑节能工作，2018 年完成既有建筑用能分项装置安装及联网工程第五期共计 6 栋大型公共建筑分项计量工程，完成恒大大厦等既有公共建筑节能改造项目计 13.68 万平方米，可再生能源建筑应用项目计 4.99 万平方米。进一步推动装配式建筑、绿色建筑、BIM 等技术在普陀区的发展应用，通过土地供应环节，全年落实装配式建筑 17 处，完成装配式建筑施工许可 11 项，共计 78.3 万平方米；落实绿色二星级建筑地块 10 处总建筑面积 35.74 万平方米，绿色三星级建筑地块 1 处总建筑面积 6.73 万平方米，已申报绿色建筑项目 9 个，总建筑面积 138.79 万平方米；落实应用 BIM 技术项目 17 个。结合土地出让供应情况，对 18 个开发建设项目落实海绵城市建设任务，严格按照市区相关文件规范要求控制年径流总量等技术指标。加强既有建筑玻璃幕墙监管，对全区 724 幢既有玻璃幕墙建筑开展全面普查，完成新建玻璃幕墙安全评审 7 件。完成年度计划内无障碍设施新建及维护工作，维修楼内扶手 3029 米，楼外扶手 407 米，完成新建无障碍设施验收工作。

（四）扎实开展交通管理。持续推进区域停车资源挖潜和建设，抓紧落实停车资源共享利用、充电桩和分时租赁建设等项目。全年新增公共停车泊位 850 个，创建完成 10 个停车资源共享项目，新增充电桩 322 个，新增分时租赁 37 个。加强公交薄弱区域“最后一公里”建设，开通运行普陀社区巴士。

结合大调研出行难需求，联合区大调研专办积极协调市运管处，初步形成调整2条、新增1条公交线路的推进方案。协调长风管委会做好儿童医院周边停车资源统筹优化以及跨地区交通品质提升。做好增设燃气助动车报废临时回收点以及运输等协调工作，共出动清运卡车120余辆次，共计回收燃气助动车3075辆。在北石路、陕西北路2条道路停车场开展道路停车信息化建设试点，探索无人值守管理方式。积极开展国防交通战备工作，做好潜力数据调查和队伍整组工作，落实专网办公场地。圆满完成普陀区春运保障工作，春运期间大众长途客运站累计接发旅客6.1万人次。

（五）落实进博会各项保障任务。一是积极落实市政设施保障工作。聚焦首届进博会在普陀区涉及的重点区域、重要路段，进行全面巡查，对真北路、真南路等隔离护栏进行更换维修，对区域桥梁地道开展巡查保养，对苏州河堤防加强巡查，维修河堤护栏。配合区绿容局设置花箱，拆除曹杨路、宁夏路等道路中央隔离护栏6.5公里，进一步提升道路环境面貌。协调各街镇河长办组织开展了关于“保障中国国际进口博览会志愿护河巡河100天”行动，广泛发动群众志愿者参与爱河、护河行动。二是强化建筑工地围墙美化设置。对全区在建工地，特别是区主干道两侧和进博会接待住宿酒店周边的工地围墙进行排摸统计，共完成7个建筑工地艺术围墙设置，总面积达2640平方米。三是着力加强非机动车停放管理。有序设置非机动车停放点，积极配合街镇联系各共享单车企业，对停放混乱的共享单车进行清理，牵头对摩拜、小黄车开展街面共享单车更新换代置换工作。

六、抓好行业安全管理及防台防汛工作

围绕建设行业安全管理重点，积极开展“玻璃幕墙及工地标牌”安全专项治理，配合区相关部门落实“消防安全”“食品安全”“电气安全”“扫黑除恶”等专项治理工作。抓好日常安全生产检查，落实安全例会制度，持续关注建设工地安全，重点治理施工现场、民工宿舍、桥涵桥孔等场所，确保安全形势平稳可控。进一步加强燃气安全管理，有针对性地开展安全用气宣传工作，督促燃气企业做好用户燃气安全检查，提高隐患整改率。面对2018年台风频繁侵袭的特点，按照市、区领导的严密部署，严格执行24小时值班制度和领导带班制度，携手兄弟单位连续作战、恪尽职守，成功应对10号“安比”、12号“云雀”、14号“摩羯”、18号“温比亚”等台风的多次侵袭，有效确保了城区安全度汛。

七、稳妥开展12345热线处置及信访答复工作

通过建章立制有效推动12345市民服务热线处置工作，相继出台《建管委热线考核管理办法》《建管委热线处置流程》等制度，每周召开工作例会，突出问题专题会等，进一步规范操作流程，服务热线实际解决率明显上升。2017年11月1日至2018年12月31日（按统计周期计算）受理区网格化管理中心“12345”热线工单460件；网格化案件9029件。全年登记、受理来信237件、来访1080件、网信110件（其中：国家信访局、市、区交办件、查办件、督办件95件），接待上访群众1273批/1956人次（其中，集访118批/590人次）。办理市、区“两会”及“两代表一委员”提案共计62件。

普陀区绿化和市容管理局

2018年，区绿化市容局在区委区政府的领导下，对标“上海2035”卓越全球城市的建设目标，围绕普陀区“两区”建设指标体系，深入贯彻落实党的十九大精神，以进口博览会市容环境保障为契机，不断提升区域城市管理精细化水平；结合“大调研”工作，

用最高标准、最好水平，全力提升区域绿化市容景观品质。

一、奋力冲刺，决胜进博会市容环境保障

1. 落实预案，深化督办整改闭环管理。成立进博会市容保障级应急指挥平台，提前部署制定三级应急保障预案，快速响应、迅速集结、极速处置，维护区域“净”“美”“亮”的环境面貌。对接市、区两级平台，对发现的问题实行消项管理，明确处置时间和办理质量，形成“发现—整改—核查—销项”的全过程问题整改管理闭环。共收到市政市容联办“迎战中博决战200天”督办平台下发的四个批次的问题整改清单共计243起，整改率100%。从6月13日起，启动区级市容环境综合治理巡查，共发现跨门营业、沿街暴露垃圾、建筑立面污损等问题203起，均已及时整改。

2. 精细保洁，全覆盖开展城区大冲洗专项活动。以更好设备、更强频次、更优模式、更短时效、更全监督，对全区面上实施环卫作业精细化保障。根据市级要求，开展6次“清死角、消盲区、大冲洗、迎进博”城市保洁专项行动，通过集中时间、集中装备、集中人员对区域内道路开展全要素、全方位的冲洗作业，确保道路干净整洁，并进一步加强绿地保洁保绿，强化责任区管理，确保进博会期间道路环境整洁、街容街貌美观、空间视觉靓丽。

3. 突出特色，全面提升城市景观品质。高标准完成进博会绿化亮化美化工程，提升绿化1.12万平方米，打造主题绿雕17座，布置组合花箱10.1公里；更新主干道和重点保障区域沿街废物箱598个，完成中环、内环沿线围墙美化1018米，粉刷修补主干道路沿线围墙2.6万平方米，改造店招317块，拆除违法广告店招489块。调整楼宇灯光45栋，在重点区域悬挂树灯，并完成长风二号绿地工业烟囱灯光改造。持续提升城市管理精细化水平，巩固常态长效治理。同时，对以色叶树种为行道树的“一路一树”路段制定专门的养护方案，对“一路一花”开展物候跟踪观察，并实施精细化养护延长观花期，调和最佳变色秋景迎接进博会召开。

二、提质创品，打造普陀特色绿化体系

1. 有序推进绿化建设。全年完成新建绿地25.22万平方米（其中公共绿地10.06万平方米）；立体绿化30055平方米，其中垂直绿化19478平方米，屋顶绿化10577平方米；完成绿道7.5公里。项目推进上，完成曹杨环浜地区基础设施微更新项目涉及的三座公园绿化改造，兰溪公园、曹杨公园于6月1日对外开放，兰溪青年公园成为本区首座24小时开放公园。加快建设长风5A绿地，年底前形态初现；长风6A绿地年内开工。年内完成万泉绿地、真如A4绿地及静宁绿地已腾地部分绿化建设。金昌绿地、金泸绿地已腾地部分计划年内开工。此外，积极配合新建上海市少儿图书馆新馆、金昌路交通路新建改建、架空线入地及合杆整治工程等市、区重大工程，严格按照行政审批流程，已动迁行道树717株，动迁公共绿地7.25万平方米。

2. 精心营造彩色街区。创建绥德路（祁连山南路—三角科技园）、子洲路（铜川路—桃浦路）2条市级林荫道，林荫道总量达23条，和徐汇并列全市第一。配合市、区重大工程，为武威东路更新变色行道树黄连木131株。打造桐柏路、花溪路2条落叶景观道。实施公共绿地精细化管理养护，探索花卉工作由花坛花境的点缀状布置，向“一路一花”规模化转型。成功创建云岭东路天鹅绒紫薇绿化特色道路，全区市级绿化特色道路总数达到3条，和松江并列全市第一。完成公共绿地调整改造11.46公顷。以“转角遇见你”为主题建设转角绿地，完成20块转角绿地的结构景观提升，形成6处绿雕、4处街心花园、2处自然花丛、1处花甸的景观格局。以“街心皆用心”为主题建设街心花园，打造曹村源园、梦栖园1号绿地等10座“港湾式”街心花园。

3. 深入打造公园特色。深入推进公园改造，实施真如公园、清涧公园局部改造，打造蜡梅、藤蔓主题特色。持续强化园艺品质，成功举办梅川公园梅花展、长风公园牡丹展、宜川公园菊花展，结合线上线下民俗体验活动，进一步推广公园文化品牌。在五一、国庆、进博会等重要时点布置花坛花境，积极参加全市公园园艺展示评比，共获得20个奖项，包括5个一等奖。进一步完善夜公园管理，确保本区首座24小时开放的兰溪青年公园游园安全。试点“市民园长”，提升为民服务，组织开展园艺大讲堂12期，培训学员400人；放映12场电影，观影人数1万人左右；开展各类为民服务和公益活动70余场次。

三、精细务实，巩固区域环卫管理水平

1. 探索构筑全程分类体系。试点生活垃圾“居住区二次分类减量处置模式”，在甘泉、宜川、万里和桃浦4个街镇积极探索，30个小区的湿垃圾粉碎机投入运转，日均粉碎湿垃圾近4吨。推进“两网融合”，建成再生资源回收网点135个，回收各类低附加值回收物24688吨。推进居住区分类和绿色账户工作，新增分类覆盖户数6.25万户；新增绿色账户9.33万户。推进单位生活垃圾强制分类，开展宣传培训、现场指导59次；开展专项联合执法检查34次，开具整改单72张，处罚单30张，罚金2.29万元。完成征收单位生活垃圾处置费4138万元。

2. 强化环卫管理精细化。初步制定环卫作业精品区作业标准，打造长寿、长风、真如、长征及曹杨五个环卫作业精品区，提升环卫作业精细化水平，提升区域环境卫生质量和环卫设施管理水平。开展“精作业，细管理，出实效”垃圾箱房和垃圾清运专项整治行动，提高垃圾清运管理水平。开展“365·天天净”中小道路专项整治行动和“清死角、消盲区、大冲洗、迎进博”城市保洁专项整治活动，提高区域道路环境面貌。强化道路扬尘管控，通过现场演练测试，确立常态化作业、专项整治作业、应急预警作业及突发污染作业4种道路扬尘治理作业模式，更有针对性地开展道路控尘作业。开展重大活动保障37次。

3. 强化环卫设施建设管理。推进“美丽家园”建设，截至目前，完成社区垃圾房改造230座，并在湿垃圾就地粉碎试点区域新建了30座垃圾二次分类减量设施。持续推进“厕所革命”，子洲路公厕获评2018申城“最美厕所”，富水路公厕获评2018上海公厕管理和服务行业“市民最满意公厕”。新建公厕1座、维修22座，2018年改造的“生态环保型公厕”普陀路公厕，具有“绿色环保、节能节水”的特点。新建压缩房1座、维修21座，新建道班房1座、维修4座。此外，开发环卫设施专项管理系统，实现全区公厕、压缩站、倒粪站等环卫设施维修关停、物流调整等事件的线上报批流转。

4. 完善建筑垃圾全程管理。建立健全《普陀区建筑垃圾运输车辆违规锁定制度》及解锁程序等一系列管理制度，推进建筑垃圾全程管理。按照市局最新技术标准对全区渣土车辆进行改造；定期开展渣土车驾驶员安全培训；新装监控14个，做到全区23个出土工地监控全覆盖。依托区防扬尘联合整治小组，4月9日起开展联合执法，全年共查处355起案件，处罚金额47.21万元，有效遏制了渣土扬尘。此外，成立领导小组，有力推动渣土运输行业扫黑除恶专项斗争。建立街镇拆违、装修垃圾档案，强化建筑垃圾日常监管。

四、安全美丽，巩固市容环境治理长效

1. 全面开展空中坠物安全隐患专项整治。根据市、区两级要求，印发《普陀区全面开展户外广告、招牌设施安全隐患专项整治的实施方案》，在全区范围开展楼顶、跨线、外挑及木质/叠加等四类必拆招牌的全覆盖、地毯式排查。确立曹杨路、武宁路、大渡河路、长寿路4条主要道路作为样板道路，10月10日全面完成样板道路386块“四必拆”的整治任务。指导街镇有序推进其余道路2350块“四必拆”设施拆除工作。此外，根据沪户外广告整治联办〔2018〕1号文件要求，有序推进违法户外广告整治，8月11日提前完成28块广告拆除工作。同时，整治各类影响空间市容整洁的店招店牌1988块。

2. 推进“美丽街区”和景观道路建设。制定《普陀区“美丽街区”建设三年行动计划》，着力打造“一廊两环，四横四纵，两块多脉”的美丽街区建设体系，有效带动区域整体面貌提升。按照景观道路行动计划，有序推进景观道路建设。2018年拟开工建设的金鼎路、真南路、大渡河路（北段）、金沙江路（西段）等10条（段）景观道路，年内开工建设。其中，大渡河路北段（局部）年内完工。同时，完善《景观灯光管理维护考核办法》，落实日常巡查“二照二告”制度，提升区域景观灯光设施管理精细化水平。

3. 深化责任区和路长制管理实效。制定新一轮责任区管理三年行动计划，组织各街镇开展责任区实施3周年系列活动。全区开展责任人宣传教育9673人次，全区责任人信息数据已调整为6577条。制订《普陀区“路长制”实施方案》抓好制度的执行和责任的落实。持续强化“五乱”治理，拆除不规范设置的大型指示牌28块，对旗292对，广告指路牌165块，横幅65条，破损灯箱35只。

五、夯实基础，增强服务民生能力

1. “大调研”回应民生期盼。聚焦绿化建设、环卫作业、市容环境管理，深入开展“大调研”。建立局内部调研诉求流转处理机制，形成闭环合力，接收并处理诉求派单30单。将双结对工作与大调研工作紧密结合，每月排定“周四走基层”月工作安排，选送机关青年党员当一天居委干部。机关党员主动为杏杨园小区配送“绿进社区服务包”，做到植物选送季季换新、人员选配周周跟进、技术支持时时在线，赢得了社区居民的好评，相关案例报道被上海市大调研平台录用。针对大调研中居民反馈的堵点、痛点和难点问题精准施策，为桃浦镇居民翻修银杏路1号公厕，使这座“密林深处”主题公厕成为桃浦示范公厕点。

2. 各类诉求快速妥善处置。共收到人大意见、政协提案、社情民意和“两代表一委员”联合办理事项30件，其中人大建议3件，政协提案6件，社情民意8件，“两代表一委员”联合办理事项13件，均在规定期限内办理完毕，实现办理态度满意率100%。共收到各类来信来访106件，均积极妥善处理。受处理各方市民诉求、咨询件2170件，满意率83.99%。圆满完成2018年“夏令热线”市民诉求处理和“政风行风”市局局长接听保障任务，及时解决市民急难愁问题，为民服务，为民请命，树立行业良好形象。

3. 行业宣传阵地持续延伸。加强社会宣传，丰富活动形式和内容，扎实开展宣传报道工作，向中国上海、绿色上海门户网站持续投稿，被中国上海录用信息177篇，绿色上海录用信息200篇。抓好传统外宣阵地，已向《新普陀报》供稿录用48篇，在知名市级媒体如看看新闻网、解放日报、新闻晨报、文汇报、新民晚报等发布新闻报道10篇。加强新媒体宣传，共计推送微信250篇、微博183条，其中微信39篇被上海发布、绿色上海、上海普陀转发，41篇信息获得上观新闻、周到、东方网、新浪网、上海大调研等知名新媒体的广泛传播。持续强化行业内宣，出版《普陀绿化市容要讯》15期。

（七）杨浦区

杨浦区建设和管理委员会

按照区委区政府的总体部署和要求，围绕建设杨浦“三区一基地”目标和“十三五”规划任务，聚焦2018年全区重点工作，全力以赴推进落实基础设施抓“双十”、水环境综合治理、创建全国文明城区、优化营商环境、大调研等为重点的工作，全委干部职工凝神聚力，锐意进取，攻坚克难，全面完成2018年各项目标任务。

（一）行政工作

1. 全力以赴推进“双十”项目建设

（1）开、竣工项目建设任务全面完成。持续推进以“基础设施抓双十”为代表的“路、桥、轨、隧、水、电”六个方面基础设施补短板，完成淞沪路—三门路空中连廊、新江湾城B区道路一期、国通路新建、爱国路二期交通改善、彰武路交通改善、万福路道路辟通、淞沪路改造、新江湾城绿河等新建、新江湾城经一河南段河道工程、2018年积水点改善十个项目新开工；完成嫩江路辟通、市光路辟通、顺平路德惠路新建、爱国路一期辟通、周家嘴110KV变电站改建、新江湾城纬三河新建、杨浦区通沟污泥处置站、市政雨污混接改造、杨树浦港样板段工程二期、松潘支管工程十个项目竣工。

（2）重大工程续建项目稳步推进。继续重点推进轨道交通、越江隧道、区区对接、骨干道路、变电站等一批重大项目续建（其中9项为市重大工程项目），包括：轨交18号线、轨交10号线二期、周家嘴路越江隧道、江浦路越江隧道、北横通道、军工路快速路新建工程、区区对接道路（国权北路小吉浦桥）、杨树浦路综合改造工程、淞沪路—三门路下立交、220千伏政云变电站、110千伏黄兴变电站、滨江南端地下缆线型综合管廊等。

（3）开展前期规划研究和技术储备。紧扣十三五规划目标，配合市深化市重大工程预备项目轨交20号线、隆昌路越江隧道等前期研究，加快虬江箱涵开盖工程、杨树浦源主题景观工程、复兴岛运河综合整治等前期研究。

（4）完成十三五规划中期评估。按照区政府十三五规划中期评估“1+1+4+14+58”工作部署，配合发改委完成1个十三五纲要总评、1个面向十四五的前期重大问题选题评估、4个重点领域之提升城区建管水平重点领域评估，完成14个专项之基础设施建设专项规划评估和58家单位之“1+2”工作机制（“1+2”指重点指标、项目和任务三张清单）自评。对标市2035新规划及十三五规划目标，结合精细化管理、生态文明建设和大调研等最新要求，对杨浦区十三五前半期的规划实施进展进行了评估，包括指标完成情况、项目完成情况和主要任务完成情况，分析规划实施的主要难点，并结合十三五后半期发展的新形势，对未来两年半的目标任务进行预判、调整和完善，提出进一步加强相关工作的建议和措施。

2. 水务工作取得良好工作成效

（1）乘势而上攻坚克难，实现河道环境提升

一是建立湖长制，全面推进河道综合整治。全面落实河长制，推动建立湖长制，印发了《杨浦区湖长制实施方案》，实现了杨浦区河湖管理的全覆盖。今年，虬江、东走马塘、嫩江河、小吉浦河道水质均已达到不黑臭标准，二次公众满意度全部达到90%以上。2018年市考断面水质检测数据，杨浦区11个市考断面达标率为90.9%，虬江提前一年实现河道水质达标，河道整治效果明显。

二是加快见成效，全面加强岸上控源截污。推进雨污混接改造工作，完成分流制排

水系统市政、企事业单位雨污混接改造整治工作。加快推进大武川泵站雨水截留调蓄池工程。完成通沟污泥处置站建设。加快推进虬江箱涵开盖工程，虬江箱涵开盖合流一期干管改造工程正在编制项建书和专项规划。

三是聚焦获得感，全面实施新开河道工程。推进杨树浦港样板段景观二期工程，完成纬三河开河工程，增加水面积20000平方米，新开经一河南段19000平方米，加快推进纬二河、绿河等河道新开、贯通工程。

四是围绕河长制，全面落实河道督查整改。按照“立行立改、举一反三”的要求，对中央环保黑臭水体专项督查、市委市政府联合督查、市河长办专项督查中发现的问题，以最坚决的态度推动整改工作落实到位，实现河道长治久清。全年共迎接中央、市级河道督查4次，专项督查街道河长办3次，接到公众投诉17次，专项督查和公众投诉涉及相关问题均已得到有效整改。

五是严把质量关，全面完成海洋经济调查。积极开展杨浦区海洋经济调查工作，先后完成涉海单位清查、海洋产业调查和海洋相关产业调查等环节的调查任务，顺利通过相关事后质量抽查。

（2）精心组织主动作为，确保全区安全度汛

一是全力应对，做好台风防御工作。今年防台风形势严峻，影响杨浦区的台风个数达到4个，带来严重的风雨影响。按照全市统一指挥，积极发挥统筹职能，研究部署防御台风工作，密切关注台风汛情发展，加强信息交流，做好社会动员，检查各项防台风措施落实情况，落实应急处置，确保了城区正常运行。

二是加强排查，制订完善专项预案。结合今年杨浦市政重大工程多的特点，特别是对五角场商业中心、建设工程跨汛施工、旧改基地等防汛重点区域、重点部位，围绕风险薄弱、预警发布、应急响应、指挥调度、抢险救灾等环节，组织完成全区和各街镇、单位预案的修编工作，为做好今年的防汛工作提供了有力支撑。

三是主动作为，加强隐患排查整改。针对去年汛期中暴露出的薄弱环节，认真地进行分析，做好问题清单的确定，全区共梳理出问题清单36项，进行了分类处置，其中20项通过管道疏通、强化管理等措施在3月前完成整改销项，最终形成杨浦区“一区一清单”16项，并制定了“一问题一方案”，对殷行路301弄等私房小区进行工程性改造，各项管理、工程措施到位，保障安全度汛。

四是认真组织，强化防汛培训演练。联合区委组织部等相关单位举办了城区建设和管理防汛防台专题培训班，对杨浦区防汛干部及居委干部开展业务知识培训。会同各街道镇、区市政养护公司等14支应急抢险队伍开展防汛防台排水专题演练，进一步加强防汛防台业务能力，掌握防汛应急技能。

五是突出重点，措施落实处置及时。重点对易积水路段、小区聚集区周边、餐饮饭店区域以及建筑工地周边等加强管道养护。截至目前共疏通小型管道187.09km；疏通中型管道550.38km；疏通大型管道221.78km；人力疏通各类管道82.36km；清捞窨井7535只次、清捞进水口15070只次；机械疏通连管160.66km；机械疏通总管321.32km，确保区域内管道排水畅通。

六是条块联动，信息互通科学应对。与上海市气象灾害防御技术中心合作，在内涝风险预警发布前，提前发布过程预通告，共同研判暴雨内涝风险等级，确定内涝风险预警发布范围和发布对象，为杨浦区在汛期中组织指挥决策提供了依据。

3. 大力推进综合交通管理工作

（1）继续提升公交服务水平。开展三网融合及滨江公交优化研究，结合大调研协调市主管部门推动区域公交优化调整，完成103路、819路、307路、325路的调整工作，

改善军工路上理工大学区域群众出行，对新江湾城1226路、1255路和1256路等6条线路走向进一步优化，年内已落实调整；协调市交通委运管处对147路等线路暂不具备通电条件的站点增设蓄电池式电子到站显示屏。

（2）多措并举加强静态交通管理。在土地出让及工程审批环节严格落实新建项目停车配建要求，完成长阳路宁国路立体停车库建设，完成错峰停车共享项目11个，泊位687个，超额完成市交通委下发的实事项目要求。开展停车价格调整试点运行情况的跟踪调研。

（3）推进慢行交通优化、推广绿色交通、深化智慧交通应用。完成五角场中环线周边慢行交通优化一期工程方案编制；完成新建充电桩313根，超额完成市交通委300个年度目标。开展交运企业节能宣传贯彻工作；继续推进上海智能交通管理中心杨浦分中心功能提升，进一步发挥交通平台的作用。

（4）开展停车行业日常管理。一是严格审核公共停车场（库）经营备案、竣工验收材料，今年共按时办结公共停车场（库）备案15家，竣工验收6家。二是开展日常监督全覆盖检查。对全区134家公共停车场（库）及69条道路停车场开展安全管理、规范服务、信息管理等方面全覆盖检查。今年共7家停车场库创建市停车行业质量信誉AAA级企业。三是做好停车诱导系统维护。每天对95块停车诱导屏及后台系统运行情况进行监控，以便及时发现信息发布问题并进行整改。四是开展道路停车场日常运营监管、撤除调整和标志标线维护工作。杨浦区所有道路停车场已实现POS机智能化收费，规范管理。全年共完成三次道路停车场地面标线复线、标牌维护。五是会同各街道对本区无证停车场（库）进行了全面排摸调查，对排摸出的无证停车场（库）进行了告知说明并要求立即停止违规经营收费，同时要求管理方前往相关单位办理经营备案手续。

（5）完善非机动车停放管理的工作机制。结合杨浦区的实际，制订了《杨浦区鼓励规范互联网租赁自行车发展的实施方案》和《杨浦区互联网租赁自行车集中规范专项行动方案》。加强企业、街道车辆管理考核工作，编制并落实《2018年度杨浦区各街镇非机动车管理工作管理要求》《杨浦区线下运维调度能力和管理服务水平评分细则（各街镇）》的考核工作。抓好区域内互联网租赁自行车乱停放治理工作。根据属地化管理的要求，依托各街镇强化区域车辆停放秩序常态化管理。与摩拜、ofo等互联网租赁自行车企业签署服务承诺书，督促车企加强运维管理。制定区级《互联网租赁自行车经营服务考核方案》《互联网租赁自行车管理工作考核细则》办法，加强对互联网租赁自行车企业的考核。

4. 稳步推进建筑业管理工作

（1）全力做好安全生产工作。一是加大安全生产监管力度，按照“全覆盖、零容忍、严执法、重实效”，根据阶段性工作重点开展了“今冬明春”安全生产整治、节后复工安全生产检查、防台防汛、脚手架、临电专项检查、大型机械、消防安全、高处防护安全隐患、假冒特种作业操作证“进博会”安全专项整治等多个检查工作，严格查处违法违规行为，确保区域内工地安全受控。二是完成既有建筑玻璃幕墙一楼一档、全覆盖自查通知以及对玻璃幕墙超过使用年限的发放告知单，进一步推进建筑物业单位的主体责任落实。同时启动制订玻璃幕墙安全管理长效机制实施方案的工作，为下一步全年度全覆盖安全监管提供制度和物质保证。三是结合安全月工作，做好进博会前期防汛防台和在建工地防范工作，组织形式多样的检查、整治、演练，确保进博会期间的安全工作落到实处。

（2）继续推进行政审批改革。持续深

化简政放权、放管结合、优化服务，以转变政府职能为核心，完善符合杨浦特点的负面清单、权力清单和责任清单，针对行政审批进行进一步的分析和对照，调整2016年版行政权力目录，行政权力目录由原来的411项调整为388项。通过政府服务做加法、审批环节做减法、事中事后做乘法，落实全市深化社会投资项目审批改革，进一步优化杨浦建设领域的营商环境。针对社会投资项目，通过搭建沟通平台，为企业提供全方位、全过程支持，推进社会投资项目行政审批新规落地，在全市率先做到两个大型商办班综合体项目当月申报，当月发证，并在国务院营商环境上海督查工作和世行上海磋商工作中圆满地完成了市住建委交办的工作内容。截至10月底，建设工程联审共享平台全年发放8张电子施工许可证。缩短施工许可证核发时限，明确将“工业项目”“小型项目”“其他社会投资项目”的施工许可证核发时限分别缩短至2个、2个、3个工作日，并推进电子证书相关事宜，减少办事人往复奔波次数。加强市场现场信息联动沟通。根据建设工程安全质量监督部门的相关改革要求，优化内部管理流程，建立良好的沟通机制，对核发的每一张施工许可证及时做好微信告知，解决一些实施电子证照制度过程中存在的问题，以确保“事中事后监管”有序开展。

（3）全力实施建筑节能工作。推进分项计量及能耗监测平台的高效应用，通过对全区联网的大型公共建筑分项计量系统进行现场核查、整改及调试，截至目前已有91幢正常上传数据。加强绿色建筑专项验收，把绿色施工方案落实到施工过程中，严格按照全过程监管机制推进落实。加强绿色建筑运行管理，加快推动绿色建筑运行标识发展。

（4）提升工程质量监管效能。全面落实深基坑工程第三方参与监管模式，以第三方专家+APP信息化手段对全区深基坑工程进行深入管控，已有超过20个基坑项目在平台中成功应用。加强装配式建筑质量监管，制定《杨浦区装配式混凝土结构开工条件验收检查记录表》，规范参建各方装配式建筑管理，组织开展全区在建装配式安装作业人员岗位培训，为杨浦区后续装配式建筑全面推广打下良好基础。加强建筑材料源头管控。为进一步发挥建材质量监督抽检监管效能，对18个工程项目进行了建设工程材料专项检查；同时结合各监督组监管区域内工程施工阶段情况，对27个工程进行了实体检测，对存在抽检材料不合格的工地要求立即对该批材料进行处理，并按照有关法律法规跟踪处理；落实重要建材供应信息报送制度，并加强重要建材信息报送情况的抽查，进一步加大住宅分户验收监管力度。竣工验收前，在参建各方自行组织分户验收的基础上，采用政府购买服务方式，对区内全数住宅工程竣工验收前按比例进行第三方检测，严控住宅工程质量。开展建筑节能专项检查。检查重点为工地自查自纠情况，建筑节能设计、施工、监理质量管理情况，其中设计质量的检查聘请行业内专家进行深入检查，全力做好住建部建筑节能专项检查迎检工作。

（5）积极探索BIM技术项目试点。进一步探索建筑信息模型技术示范应用的深度和广度。积累BIM技术推进工作联席会议办公室工作经验，进一步优化BIM技术应用数据平台功能，实现工程管理智能化。持续发挥专家支持服务平台团队服务效能，为推进BIM技术工作进行论证评审、提供建议，为BIM技术应用试点提供技术及专业支撑。持续扩大区域内试点项目范围，深化核心区域试点示范项目应用，鼓励试点项目全过程应用BIM技术，对竣工项目开展评估工作，总结试点成果和经验，对新项目开展宣传培训，作为试点项目储备资源。

（6）加强小型工程安全管理。为加强高温天气施工工地安全管理，组织相关行业管理部门研究讨论小型工程发现机制和监管流程，起草了《杨浦区区级建设财力小型建设工程项目管理办法》以及《关于加强限额以下小型工程考核及管理联络机制的通知》，并两次组织全区12个街道（镇）以及相关行业管理部门召开加强工程监管推进会和宣传贯彻培训会。街道在发现隐患之后及时反馈相关部门进行处理。

（7）推进沿河道搅拌站的关停转型。根据区委区政府关于生态环境和黑臭水体治理的指示，区建管委配合街道，协调市交委、各相关部门进行联合执法，截至目前，已经关停天枢星搅拌站、吉崧搅拌站、铭扬明方搅拌站等3家搅拌站。宏开搅拌站关停工作以发函、现场调研、联合执法等形式在持续推进中。宏成搅拌站、第五构件厂、城建物资军工路搅拌站等3家国有制搅拌站整治计划正在拟订中。

5. 攻坚克难实施架空线入地和合杆整治

2018年竣工项目9条道路12公里。其中列入市竣工计划的军工路、源泉路2条路已经在9月底完工3.8公里。12月底前完成荆州路、政立路、政通路、长阳路等3.6公里。黄兴路、中山北二路、万福路3条路4.6公里正在收尾。

6. 精细化管理工作稳步开展

根据《关于本区加强城市管理精细化工作三年行动计划》，全面落实水环境和防汛管理、综合交通管理、施工管理、市政设施和管线安全管理、提升智能化管理等65项2018年任务目标，全面提升基础设施服务的标准和品质。

7. 市政维护和管理工作有序开展

（1）推进设施维修。2017年大中修续建项目均已全部竣工。基本完成2018年大中修项目及周家嘴路桥等7座桥梁维修工程的前期手续，启动施工。

（2）加强精细化养护管理。围绕创全测评点位及进博会辐射区域，加强道路、桥梁及附属设施巡查，发现病害及时处置，确保道路完好平整，附属设施完好整洁。针对创全点位及进博会辐射区域2018年总计修复人行道5600平方米，车行道4560平方米，新装护栏12500多米。至10月底，养护市场化累计修复车行道50897平方米，人行道48963平方米，桥梁养护430座次，护栏调换、新装1256米，路铭牌调换11套。

8. 扎实开展燃气管理工作

一是强化日常监管职责落实。进一步深化燃气管理工作联席会议制度领导指挥职能、平台支撑作用，建立健全多部门齐抓共管、整体联动的工作长效机制；加强日常安全检查，组织开展冬春季节燃气管道安全专项排查整治行动，会同相关职能部门对区内液化石油气供应站、加气站进行了6次联合检查，既查问题，又查问题整改，确保问题“归零”；加大对用户开展正规液化气、非正规液化气识别和安全用气知识的宣传教育力度，继续深化“燃气安全进社区、进学校”等宣传活动，发放宣传品近4.5万份；建立健全对非法经营液化气等违法行为的发现、报告和打击机制，强化联合检查执法，加大打击力度，提升隐患发现、处置的及时性。

二是持续推进用户端安全隐患整改。进一步健全优化区职能部门、街道、企业协同配合的安全隐患整改工作模式，形成工作闭环，入户安检率和隐患整改率有明显提升，共完成用户隐患整改7473户；组织开展液化气工商用户燃气泄漏报警装置安装集中整治和“政企携手，安全送到家”居民用户非安全型燃气灶具“以旧换新”等安全隐患整改活动，有效消除用户端安全隐患。

三是集中开展瓶装液化石油气专项整治、燃气助动车整治等工作。严密组织用户摸排、安全宣传、联合检查整治等工作，共集中报废燃气助动车1514辆、摸排瓶装液化石油气居民用户11991户、联合检查工商用户1057户，执法出动1413人次，查处违法对象105个，责令用户改正30户，查没钢瓶

91只，警方拘留28人。

9. 有效稳步推进法治工作和化解信访矛盾

一是加强法治宣传教育工作。通过辅导讲座等形式学习宣传宪法及宪法修正案，提高干部职工依宪执政、依宪执法的观念和意识。落实法治宣传责任，注重宣传成效，制定了区建管委“谁执法谁普法”普法责任清单。二是加强法制培训，提高依法行政的能力，组织开展区建管委2018年度行政执法基础法律知识培训，24位行政执法人员参加培训并通过考试。三是健全完善法制工作制度，规范行政执法工作。起草了《区建管委建立重大行政执法决定法制审核制度的实施意见》《区建管委关于行政处罚听证程序实施办法》。四是做好规范性文件的管理。配合业务科室，完成新增规范性文件1件，在市行政规范性文件管理平台上录入规范性文件4件，经梳理，“拟废止”规范性文件1件。五是做好依申请政府信息公开的答复，全年办理依申请政府信息公开22件，行政复议2件。

落实信访维稳责任制，健全完善信访矛盾化解工作机制。截至10月底，共受理信访矛盾类、热线类事项12131件/次。其中来信来电类868件/次、来访接待类78件/次、其他热线平台8786件/次，12345热线2399件/次。各类信访事项全部按期办结，按时告知率为100%，按时办结率为100%。

落实办理工作要求，健全工作机制，规范办理流程，强化沟通协调，切实提高建议、提案的采纳率、满意率。全年共办理“两会”建议、提案共52件，其中，市代表建议3件，区建议、提案49件，均按要求办结。主办和合办牵头的建议、提案办理结果公开32件。对本年度的建议、提案办理情况开展了跟踪，确保办理结果的落实。

杨浦区绿化和市容管理局

2018年在区委区政府的正确领导下，在市绿化市容局的指导下，区绿化市容局党委认真贯彻落实市、区全会精神，团结带领绿化市容系统广大干部职工，紧扣杨浦“三区一基地”建设目标，围绕城市管理精细化、进博会市容环境综合保障和新一轮全国文明城区创建等中心工作，以“三全四化”为着力点，始终坚持目标导向、问题导向，始终坚持对标一流、对标先进，全力抓推进、抓落实、抓突破，不断提升市容环境卫生状况公众满意度和绿化市容系统党建科学化水平，全面完成了年度确定的目标任务。

一、坚持服务民生，实事项目建设管理任务全面完成

一是按期完成平凉、工农2个社区公园改造，优化公园绿化景观特色。二是全面完成年度立体绿化3公顷建设指标，不断提升城区绿视率。三是完成5公里绿道建设，有效改善城区生态环境。四是环卫公共设施建设力度持续加大。新建改造环卫公共设施21座，完成年度计划的124%。五是全面完成生活垃圾分类整区域全覆盖工作，建成再生资源回收服务点121个，完成年度计划的111%，引导全区市民参与垃圾分类，践行绿色生活。

二、抓住“进博会”和文明创建契机，城市精细化管理稳步实施

（一）全力做好进博会期间市容环境综合保障。一是完善工作机制。制订完善保障工作方案，明确保洁作业、设施养护、景观提升、市容管理、工地管理、空气质量保障等6个方面15项主要任务。同时，依托区市政市容管理联席会议制度，建立工作小组，加强统筹协调，顺畅上下沟通渠道，确保工作责任落到实处。落实专人对接市“迎中博决战200天”市容综合治理巡查督办平台与绿化巡查问题件办理，对发现的问题开展销

项式督办。充分发挥第三方巡查整改机制作用，将进博会市容环境保障与责任区管理、“五乱”治理等常态保障任务纳入第三方检查与测评的范围。二是优化重点区域环境品质。开展绿化景观布置，完成五角场核心区域、大连路沿线等重点区域绿地新建，布置花卉29万盆、绿地花卉面积6800平方米，花箱2600组，灯杆花球300组。加强绿化养护管理，及时清理绿地杂草，补种绿地空秃，强化绿地保洁，排查行道树大型枯枝安全隐患，维护树穴盖板等附属设施，保障树木长势良好、修剪规范，做到绿化面貌整洁、绿化设施完好，增强道路沿线绿化观赏性。加快推进黄浦江杨浦段景观灯光建设，对101栋建筑进行了景观照明新建改造，高质量完成了黄浦江（杨浦段）景观照明建设任务。开展“清死角、消盲区、大冲洗、迎进博”城市清洁活动，共出动环卫职工2130人，小型保洁设备336辆、机械化保洁设备350辆，清理道路死角及盲区236处，切实消除保洁盲区和卫生死角。

（二）扎实推进城市管理精细化工作。一是全面启动城市管理精细化。牵头制订《杨浦区加强城市管理精细化工作（2018—2020年）三年行动计划》，组建区城市管理精细化工作推进领导小组，进一步优化细化实施方案，全面启动并有序推进各项工作开展。二是“美丽街区”年度建设任务不折不扣完成。根据精细化管理工作要求和区域实际，在全面排摸的基础上，制订实施《杨浦区“美丽街区”建设专项工作方案（2018—2020年）》，编制完成《“美丽街区”总体规划方案》，进一步增强工作的专业性、规范性和可操作性。积极推进并全面完成内环、中环、逸仙高架等7处区级层面牵头及16处街镇层面牵头实施的“美丽街区”建设工作，完成黄浦江（杨浦段）景观照明建设任务。

（三）城区绿化建设管理水平稳步提升。一是公共绿地建设持续深入。截至10月底，已建成绿地11.71公顷，其中公园绿地5.2公顷，预计11月底前全部完成。二是街头绿地建设持续推进。截至10月底，已完成邯郸路（苏宁电器门前）、内江路长阳路东北角等5块街头绿地建设。三是林荫道创建深入推进。成功创建国顺路（四平路—邯郸路）为市级林荫道。四是积极推进敦化路、兰馨广场2个街心花园建设，凸显杨浦区园艺特色。五是配合新江湾城街道“全国园林街镇”创建工作，积极开展新江湾城道路绿化改造提升。六是做好杨浦区全部15座区属公园延长开放工作，满足市民对夜公园的休闲、娱乐需求。七是社会绿化事业深入开展。组织开展2018年杨浦区全民义务植树活动，共种植植株94棵。配合做好“绿化大篷车 校园公益行”活动，开展4次主题活动，发放绿植近8000盆、绿化宣传资料1000份。持续开展“园艺大讲堂”活动，全年共举办15场。

（四）“三区一基地”建设市容环境保障进一步加强。积极配合相关街道、部门，推进重点区域市容环境综合整治和品质提升工作，依法拆除各类违规设置、影响市容环境的户外广告和户外设施，美化围墙立面，增设绿化景点，打造景观亮点，营造大众创业、万众创新的良好氛围。围绕“高质量发展、高水平双创”主题，对全国“双创周”上海分会场“互联宝地”周边开展市容环境面貌提升工作，展现杨浦良好风采风貌。开展上海财经大学周边道路重大活动市容环境保障应急整治，认真落实市容环境品质提升项目督办、收尾工作。

三、立足对标补短，市容环境更加整洁有序

（一）深化落实责任区管理制度。制定下发《2018年杨浦区市容环境卫生责任区管理实施意见》，明确“七个一”工作任务。加强业务指导和行业监管，督促各街镇提高责任区管理实效，保障市容环境面貌常态长效。以开展《上海市市容环境卫生责任区管理办法》实施三周年宣传活动为契机，加强社会宣传动员，营造“我的门前我清洁，我的区域我负责”的舆论氛围，责任区管理“七个一”工作任务全面完成。截至10月底，累计培训各类人员16899人，健全责任单位（人）信息档案，完善“一店一档”信息数据，目前全区建档率达100%。

（二）持续推进市容环境专项整治。一是市政市容管理“五乱”专项整治任务全面完成。做好“补短板、治五乱”（2016—2018年）三年行动计划项目收尾、拾遗补缺。截至10月底，累计整治规范“三亭一牌”131处，整治跨门营业27013处，规范店面设施3591处，规范非机动车停车画线70米，整治非机动车乱停放196435处，清除公共设施、建（构）筑物外立面围墙、市属道路设施“乱张贴”396019处，进一步改善城区市容环境面貌。二是“占道亭棚”专项治理年度任务圆满完成。督促街镇落实属地责任，排摸辖区各类占道亭棚，与区财政局联合发文明确占道亭棚工作补贴，为平稳、有效、快速完成占道亭棚专项整治提供保障。全部完成89处占道经营性亭棚整治。三是无序设摊治理持续加强。坚持“分类管理、堵疏结合”原则，进一步加大无序设摊治理力度，巩固无序设摊治理成效，遏制新增聚集点，规范临时管控点和疏导点管理，分批提升3处管控点和6处疏导点的硬件建设和管理水平。指导督促长白街道完成军工路（控江路口）设摊疏导点取缔工作。四是加强户外广告、店招店牌行业监管。提前完成市局挂牌督办的34块及自排自查的3块违法户外广告设施专项整治。联合街镇深入开展空中坠物安全隐患专项整治，截至10月底，共排查广告店招隐患3444处。指导街镇开展店招店牌信息库维护工作，做好信息动态更新管理，积极推进显示屏广告设施专项整治。

（三）多举措做好市容环境保障。一是做好重要节日和重大活动市容环境保障。全力做好元旦、春节、全国“两会”期间、全国双创周活动等重大节日和重大活动的市容环境保障工作，展示杨浦良好形象。二是进一步加强市民服务热线、来信来访、两会办理受理处置。今年以来，共受理处置绿化、市容、环卫问题15489余件，受理率、处置率、办结率均为100%；受理处置各类来信来访53件，办结率100%；今年区绿化市容局承办“两会”提案意见共20件，答复率、办结率均为100%。三是不断深化安全生产和防汛防台工作。深入组织开展安全自查，出动人员10800余人次，整改隐患6000余处，落实防汛防台安全值班4000余人次。

四、着力提质增效，环境卫生管理更加精细化

（一）生活垃圾分类实现整区域全覆盖。成立了以区长为总召集人，分管副区长为第一召集人，由20个委办局及12个街道镇组成的联席会议，协调推进垃圾分类全覆盖工作。全面完成全区927个小区，共44万户家庭的分类推进工作，并同步推进绿色账户工作，实现全区居住区生活垃圾分类整区域全覆盖。完成全区1496座垃圾箱房规范化改造，为基础较差的老旧小区及公共区域配置分类投放容器3万余只。大力推进单位生活垃圾强制分类，落实25所医院、198所学校、29家菜场单位的分类工作。组建分类指导员、分拣员、督导员三支队伍，全区2200余名分类指导员、1500余名分拣员已全部上岗。圆满完成《垃圾分类听民声——区长对话居民》杨浦访谈，制作主题宣传片《垃圾分类很简单》并在公共区域循环播放。初步建立“两网融合”回收体系，每天可回收再生资源60吨。启用区生活垃圾资源化减量处置中心，引入先进的生活垃圾资源化利用设备及处理工艺技术，实现最大限度减量化。

（二）建筑垃圾清运体系进一步完善。从源头申报、中转分拣、物流管控、属地消纳等方面着手，进一步完善建筑垃圾管理体

系，实现全程管理及闭环运作。落实建筑垃圾全程管理，启动建筑渣土招投标工作，加大对运输企业的日常管理，确保运输过程规范、有序。加强与市局的沟通协调，畅通建筑垃圾外运处置渠道。加强装修垃圾、拆违垃圾管理，确保拆房、拆违垃圾的规范运输处置。加大对非法运输行为的打击力度，遏制装修垃圾流入非法运输渠道。

（三）加强环卫作业监管。以居家式环境保洁手段打造“席地而坐”环境的理念，在四平路（国定路—环岛）推行试点，采取以普扫为基础，冲洗相结合，铲、刷、拖、擦的精细化保洁模式。结合“365·天天净”“美丽街区”建设等活动，整合调整作业模式，突出重点、全面带动，在保障好主要道路和重点区域的同时，强化中小道路及背街小巷的作业保障，做到无死角、无盲区，逐步落实常态长效机制，稳步有序推进道路保洁质量，努力提升城区卫生环境水平。

五、深入转变职能，部门执行能力进一步提升

（一）不断强化规划引领作用。一是完善年度建设、管理项目计划编制。编制完成本年度绿化市容建设和管理项目实施计划，确保项目落地、有序推进。二是关注并积极配合杨浦区重大项目建设，围绕全区中心工作和区内重大市政基础设施建设，主动介入、提早谋划、加强跟踪，保障绿化市容规划指标落地，绿化市容建设同步实施。

（二）行政审批制度改革进一步深入。动态调整局行政权力目录，明确125项行政权力。推进行政审批标准化建设，实时更新、动态调整业务手册。根据市绿化市容局关于改进政务服务、优化营商环境的工作部署，对于涉及社会投资项目的4个事项缩短办事期限。加强事中事后监管，深入开展行政审批“双随机、一公开”工作，推动部门由事前审批为主向事中事后监管为主转变，提升综合监管水平。做实“一网通办”，加大窗口宣传力度，提高网上行政审批事项比率和数量，使区行政服务中心真正成为方便企业、群众办事的窗口。

（八）浦东新区

浦东新区建设和交通委员会

即将过去的一年，区建交委在区委区政府的坚强领导下，认真学习贯彻习近平新时代中国特色社会主义思想，按照区委区政府的决策部署，以践行新区“四高”战略为主线，以推动高质量发展、创造高品质生活为主题，以大调研为突破口，重改革优环境、强发展增优势、促稳定守底线、优服务保民生，较好完成全年目标任务。

重点做好了以下五方面工作：

（一）聚焦当好“店小二”，着力推进“放管服”改革，行业营商环境得到较大改善

建设项目审改成效明显。在全市率先推出企业投资建设项目“24”“80”方案，开发建成一网办理平台，跑出“自贸区速度”。在此基础上，对接市改革实施方案，将改革拓展至政府投资项目，制定储备库实施库、竣工验收等配套操作办法，覆盖全领域、全流程、全事项，政府投资项目从取得土地到获批施工许可的全流程时间在80个自然日内完成，各类项目从立项建设到不动产登记的全周期审批时限在100个自然日内完成。共受理建设项目85个，20个项目完成全流程办理、取得施工许可。

证照分离改革力度加大。放宽市场准入，22个企业市场准入类事项按照4种方式完成审批改革。加强事中事后监管，制定“六个双”监管制度，14个领域72个事项全部纳入事中事后监管平台，实现全覆盖；形成建设工程、机动车维修、内河港口“四个监管”典型案例，“内河港口领域分类监管”作为

示范案例在新区交流展示。

管理体制改革推进有序。完善房屋管理体制，成立物管处、市场处，调整测绘中心，组建区属房管集团，更好履行物业管理、市场管理职能；建立集中审批体制，成立行政审批处，将全部审批事项向行政审批处集中、所有审批人员向行政服务中心集中，实现“一口受理”；健全房屋征收体制，成立第六、第七、第八房屋征收事务所，进一步壮大一线操作力量。

（二）突出“围绕项目转”，着力强化重大工程建设，市政基础设施得到持续完善

前期工作步伐加快。夯实项目储备，建立工作机制，提前明晰项目边界条件，在立项阶段规避影响项目稳定的各类风险；科学编制土地指标需求计划，改变批而未供、供而未建的粗放型管理模式，加快前期报批；完成立项批复32项、工可批复30项，基本实现“十三五”竣工项目“应开尽开”。深化规划研究，完成综合交通“十三五”规划中期评估，合理调整项目实施计划；开展城市道路标准断面等10项课题研究，推进南六公路局部道路红线等12项专项规划。加强技术审核，完成初步设计批复55项，推动综合管廊、海绵城市规划建设。

征收体制运转良好。落实“四个主体”责任；规范一线操作，建房认定、征收评估、补偿口径、大病帮困补助形成“统一手势”，新开项目全部由征收事务所实施；建立行政司法联动，与市高院、一中院等定期对接，明晰个案操作路径，实施强制执行66户；推进“机器管人”，新开征收基地全部纳入信息管理系统运行，降低自由裁量权。全年完成征收（动迁）6000户、基地清盘81个；13个涉及政策窗口期的“城中村”在50天内签约率达到95%以上；新启动地块签约期内平均签约率96.2%、5个地块在签约期内清盘；初步实现“速度、成本、稳定”的辩证统一。

推进机制能级提升。健全重大工程跨条线例会，统筹前期储备、征收动迁、房源保障，增强内部协同；加强分层协调，国有土地使用权补偿、水面积占补平衡、公告收回国有土地、征收后续事项处置形成制度成果，并试点运用。

全年150项重大工程完成投资170亿元，川六公路等6个项目、14号线浦东大道站等10个轨交站点完成腾地，济阳路等38个项目实现开工，凌空路—迎宾大道立交等30个项目竣工投用。

（三）紧扣“像绣花一样精细”，着力探索城市治理新路子，精细化管理水平得到不断提高

交通运输提质升级。优化公交运营方式，推出“一镇一策”“一路一骨干”，在金桥镇、浦东南路开展试点；调整公交线路83条，完善轨交、大居公交配套；提出浦东公交“控本增效”可操作改革方案。规范共享单车停放，建成智慧管理系统，推出电子围栏，初步实现总量控制、区域预警。推进静态交通发展，落实人大02号议案，完成停车泊位共享1093个，建成停车场库信息化平台一期，试点停车收费地磁技术。

施工组织全面加强。打造智能化管理，建成建设工程远程视频监控系统，覆盖全部在建房建市政项目，实现与城运中心对接，形成监管闭环。推出“文明工地”升级版，重大工程、房建工地、房修工程达标率达到98%，施工扰民投诉同比下降。提高施工质量，推广BIM技术，新增应用项目137个，杨高路改建等34个项目率先实现全生命周期管理；62个项目推荐参评市级优质结构、1个项目推荐参评国家优质工程。

居住条件逐步改善。加强住宅小区“美丽家园”建设，启动实施三年行动计划，全面完成4个方面30项指标。完善硬件设施，健全旧住房修缮机制，提出“四个标准化”操作方案，完成修缮200万平方米，推动6

个示范项目取得阶段性成果；加强对二次供水、雨污分流、环境整治等工作的统筹，完成综合改造39个小区；建立党建引领下的“三驾马车”自治共治协同机制。健全行业标准，在全市率先出台住宅小区机动车停放与精细化工作指引；推出住宅小区门卫室和物业服务窗口建设与服务标准（2.0版），完成标准化建设248个小区。

安全底线牢牢守住。落实监管责任，建立“五位一体”征收安置房安全责任网络；建立交通运输、建设工地安全生产标准化管控体系，实施“把隐患当事故查”教学培训。开展专项整治，完成一般损坏旧住房隐患处置55万平方米，排除建筑物附属设施安全隐患8394处，处置老旧民防工程8处。发挥科技作用，试点公交、危货驾驶员安全驾驶行为分析系统，4条公交线路、250辆危货车辆安装应用。加强防台防汛，经受历史罕见台风连番考验，完善各类应急预案，完成水上交通等5个专项演练。全年民防、拆房、房修领域未发生安全生产死亡事故，建设工地、交通运输安全生产死亡事故在可控范围内。

（四）坚持“房住不炒”，将增总量稳价格优结果相结合，居民多层次住房需求得到切实满足

房地产市场保持稳定。严格执行调控政策，加强价格备案，把握供应节奏，报送上市商品住宅项目87个。严格规范销售秩序，全程监督指导开盘摇号、按号选房、舆情管控等各环节工作，66个项目通过专家评审、50个项目开盘销售。开展商业办公项目分类监管，清理整顿项目全部结案，正常项目完成解锁100个。

住房保障提高水平。重点聚焦征收安置房建设，实施联动开发，全面下达“十三五”一二级开发计划，逐一确定“好人家”，实现规划项目全部落地；在土地收储阶段明确配套任务，实现关口前移、配套同步；建立“赛马”机制，激发企业主体责任意识；统筹房源管理，开展专项审计，健全信息平台，实现全区房源统管统配统用。全年完成征收安置房开工170万平方米、竣工93.2万平方米，实现在外过渡动迁居民回搬4313户（逾期2959户）。同时，实现市属大居开工7个地块、腾地6个地块、配套126项；推动老港、航头农民集中居住项目签约搬迁；出台人才租房补贴实施细则等系列管理办法。

租赁市场加快形成。构建租赁住房建设管理“1+9”政策框架，打通存量转化政策通道，推动地块加快出让，共建设（筹措）租赁住房4.5万套；新增代理经租房源20326套。加强租赁房屋管理，全面启动网签，共受理2.3万件；完成租赁住宅管理信息平台（1.0版）开发。

浦东新区环保市容局

2018年是全面贯彻落实党的十九大精神的开局之年，是改革开放40周年，是全面决胜小康社会、实施“十三五”规划承上启下的关键年。在区委区政府的坚强领导下，以习近平新时代中国特色社会主义思想为指导，深入贯彻党的十九大和十九届二中、三中全会精神，紧紧围绕区委区政府“2+2+2+1”工作主线，对照“四高”战略的新要求，主动服务于自贸试验区和科创中心两大国家战略，全局上下团结一心、顽强拼搏，按照年初以及整个“十三五”确定的工作目标，埋头苦干、锐意进取，圆满完成全年各项计划任务，很好地实现了关键之年要有关键作为的目标要求。

回顾一年来的工作，区环保市容局实现了三个大幅提升：

一是生态环境质量大幅提升。一年来，区环保市容局坚持“对标补短”，持续推进“蓝天”“碧水”“净土”三大环保战役，生态环境保护“十三五”关键指标再进步。全面稳定消除了黑臭水体，细颗粒物（PM2.5）

的年平均浓度下降到33微克/立方米，环境空气优良率上升至83.2%，39个考核断面水质达标率97%，森林覆盖率达到16.02%。

二是城乡环境品质大幅提升。一年来，区环保市容局坚持"内涵提标"，在追求卓越一流中运筹帷幄、善作善成，着力营造有温度、有活力、高品质的城区。全区2953个路口景观实现了华丽蜕变，10公里黄浦江东岸滨江夜景再造升级，5.5公里世纪大道被成功打造为全市最美的景观道路。成功创建2个上海市园林街镇、2条市级林荫道，建成6个街心花园、1条绿化特色道路、8条景观道路、2条星级河道，市民的感受度、满意度、欢迎度持续提升。

三是干部的战斗力大幅提升。一年来，区环保市容局坚持"任务牵引"，在深入练兵备战中提高能力，转变作风，共同营造"众人划桨齐向前"的良好局面。为成就别样精彩的进博会，以"优于世博、体现双最"的标准完成市容环境保障任务；将"作风"挺在"台风"之前，史无前例地在27天内经受住了"安比""云雀""摩羯""温比亚"等4次强台风考验；顺利通过长江经济带生态环保审计、河长制湖长制工作督导检查、中办环保督查、黑臭河道专项督查及"回头看""清废"专项行动、"四好农村路"督导考评、水利质量督查、"绿盾2018"专项行动等8个国家级重要检查，对发现的问题即知即改。

一年来，区环保市容局主要开展了以下五个方面工作：

一、大力推动绿色发展，环境治理取得实效

源头防控深入推进。启动实施第七轮环保三年行动计划，整体启动率达到93%。严格落实"批项目、核总量"，完成101个项目的总量核定；完成2017年度新区环境统计工作；核发排污许可证16家。开展浦东新区全国第二次污染源普查，清查核实录入6431家工业源企业、189个集中式污染治理设施、409台生活源锅炉、160个入河（海）排污口、167家移动源、6家农业源和277家汽修企业，完成各类污染源入户调查。完成19个水环境质量自动在线监测站点建设。持续推进中央环保督察问题整改，6111个环保违法违规建设项目淘汰关闭3907家。

大气污染治理持续深化。围绕产业、交通、能源等领域调结构、抓治理，启动了新一轮清洁空气行动计划。协调推进中小燃油、燃气锅炉提标改造，启动20家餐饮业油烟器在线监控试点安装。启动30家工业企业VOCs治理和在线监测设备的安装。加强联动，对码头堆场、建筑工地、渣土运输、连片旧居拆改以及秸秆焚烧等影响大气环境的环节实施监管和预防。

水环境治理统筹推进。水利工程方面，市考555条段黑臭河道顺利通过市级考核，区考1020条段已完工，区考47条骨干河道全部开工。完成了200公里镇村级中小河道的轮疏。消除劣V类2401条，实现了"劣V类水体的比例控制在24%以下"的年度目标。基础设施建设方面，海滨污水处理厂扩建工程完成工可评审，临港污水处理厂扩建工程完成概算批复，海滨污水处理厂永久排放管项目工可审批中，临港污水处理厂永久排放管项目完成工可编制，浦东污水处理厂污泥处置工程（一期）工可审批中，周邓污水干管项目总体进度达80%，川沙通沟污泥处置项目招标已完成，周浦通沟污泥处置项目工可审批中。岸上污染源整治方面，完成剩余258家机关事业单位雨污分流。剩余378个老旧小区污水治理部分开工，其余启动招投标工作。淘汰关闭198概念地块的2256家违法违规排污工业企业，整治率97.4%。完成3.2万户农村生活污水治理，同时按照"一镇一策""一村一图""一户一档"的原则，完成17.1万户技术方案编制。长效管理方面，全面实行河道设施、水面保洁、河道绿化、河道轮疏等“四位一体”综合养护。严格落实河（湖）长制，建立河长制督查机制，强化河长履职，各级河长通过浦东河长APP累计上报巡河记录94.8万余条，处置各类问题2100余件，河长管、治、保“三位一体”的职责得到充分落实。

治土攻坚战扎实推进。出台《浦东新区土壤污染防治工作方案》。基本完成名单内675家重点行业企业用地土壤污染状况核查。与30家区重点土壤监管企业签订土壤防治目标责任书。简化了减量化腾出地块水土监测工作流程，完成113个“198”减量化地块水土环境监测。持续推进建设用地全生命周期管理，完成场地环境调查120家、场地修复5个。

二、倾力打造宜居家园，生态空间加速拓展

林地网络加快构建。围绕构建“一核、双环、三网、多点”生态网络结构，挖掘空间，加快腾地造林，共落实林地建设区域约2.4万亩，完成市下达13100亩的考核任务。其中，G1501绕城高速、S2沪芦高速、老港固废基地周边等市级重点生态廊道基本完成技术前期。结合各镇环境综合整治、土地减量化等工作，落实祝桥、老港、惠南、曹路、书院以及合庆郊野公园等一般生态廊道建设面积约2805亩。落实一般公益林和经济果林共约19822亩。

绿地布局加快完善。围绕“滨江滨海、五道七带、多片多点”绿地结构布局，共完成绿地建设400公顷、立体绿化5.5万平方米。重点推进楔形绿地建设，碧云楔形绿地完成65公顷，森兰楔形绿地完成67公顷，三林楔形绿地完成1.8公顷。继续推进外环绿带建设，滨江森林公园二期工程完成5公顷，生态专项高东镇张家宅段完成20公顷，金桥镇陆行村建设工程完成3公顷，环城绿带开天窗补绿完成6公顷。协调推进张江科学城“五个一批”工程，科苑路、金科路、华东路、锦绣东路、华夏路南侧高压走廊项目、张江南片门户景观工程完工。加快推进老公园改造，泥城滨河文化公园、华夏公园、豆香园、塘桥公园等4座公园改造项目进入工可批复阶段，夜公园开放增至34座。

河网水系加快联通。突出“五横六纵”骨干水系格局，开展骨干河道整治，芦胜河1.8公里已完工，沈沙港总体形象进度30%，浦东运河前期动迁；加快水系连通，推进566条断头河整治，累计完成324条。加强水面管控，制定了《关于浦东新区重大基础设施工程水面积平衡方案实施意见》，优化市区重大工程水系平衡工作机制，水面积率达到11.3%，彻底扭转了水面积“只降不升”，实现了“止降回升”。

湿地功能加快提升。九段沙湿地国家级自然保护区核心范围约420平方公里划入生态保护红线，作为新区城市发展核心指标进行约束性控制。修订了《上海市九段沙湿地自然保护区管理办法》。金海湿地在“上海市野生动物重要栖息地维护管理考核”及“上海市湿地资源生态补偿考核”中荣获全市第二名。

三、着力提升城市能级，环境品质持续向好

市容景观呈现新面貌。以首届中国国际进口博览会为契机，加强城市精细化管理，增靓补短，提升城市形象。聚焦“重中之重”保障区域，完成116个市容环境问题点位整改。深化“五乱”治理，全面完成549处任务单元整治任务。拆除违章户外广告182块。完成33座公厕改造，更新5座移动公厕。完成25条道路共22.3公里架空线入地和合杆整治。突出重点区域的花卉街景布置，整治绿化356万平方米，布置组合花箱10709个，布置花坛花境448个，补充更新行道树设施5032套。此外，圆满完成了十四届人大五次会议、射箭世界杯比赛、上海浪琴杯马术冠军赛、上海国际半程马拉松比赛等重大活动的环境保障工作。

垃圾治理取得新进展。制订了《关于建立完善浦东新区生活垃圾全程分类体系的实施方案（2018—2020年）》，全面实施生活垃圾投放、收集、运输和处置全过程分类。抓源头分类，规范配套硬件设施设备，配送9万只分类垃圾桶，全面完成道路及公共场所废物箱标识更新。严格落实“不分类、不收运”，实现单位生活垃圾强制分类全覆盖。巩固提升居民区生活垃圾分类，新增绿色账户49万户，垃圾分类和绿色账户同步覆盖103万户。抓分类转运，完成758辆环卫车辆规范涂装。陈行、合庆、新场、高桥、高行生活垃圾中转站和三林装修垃圾中转站全力推进前期工作；完成6个中转站湿垃圾专用泊位改造。建成资源回收点503个，资源中转站18个。抓末端处理，黎明有机质固废处理厂扩建工程和建筑装潢垃圾资源化利用处置场开工，新建垃圾焚烧厂项目开展前期。基本落实了3处区级和4处镇级临时资源化利用设施选址。积极推进湿垃圾就近就地处置设施“一镇一站”建设，已建成5个湿垃圾处置站、3个小型生化处理机（点）、1199个家庭食物粉碎机，总处理能力达38吨/日。全年共处置原生生活垃圾244.38万吨。

道路养护得到新加强。持续开展窨井盖、护栏、非公指示牌的专项整治，及时消除道路病害，共维修路面21.7万平方米、人行道16.9万平方米，完成灌缝739.7千米，整治井盖框差7648个，调换防沉降井盖1064套，拆除隔离护栏58.9千米，调换护栏26.8千米，维修端部警示标识4528个，维修桥接坡85处，美化设备箱约2600余只。完成内环线浦东段、华夏高架路、中环高架路等主要道路高架涂装工程。进一步优化了新区高快速路客货分道标志设置、高架路出口匝道分车道指示标志设置方案。全年推广无人机中环桥梁检查等9项主要四新技术及材料在道路养护中的应用，极大提升了养护效率及质量，有效节约成本。公路综合完好率达到92.92%，城市道路综合完好率达到90.1%。

四、始终坚持民生优先，行政效能巩固提升

政府职能转变深入推进。配合新区推行“四个集中、一次办成”，实现局行政审批处向行政服务中心集中、局74个行政审批事项向市民中心集中。加快推进“单窗通办”，完成18个企业市场准入审批事项向“单窗通办”集中，实现了局74个审批事项“单窗通办”全覆盖运行。稳步推进“证照分离”改革，完成了16项实施事项的深化改革工作，其中改备案1项、告知承诺2项、优化准入13项。配合开展建设项目审批改革，完成了建设项目联审平台建设，实现建设项目集中审批和企业投资项目的网上办理。依法依规开展审批服务，推进“受理、核准、审批、验收”四位一体的审批闭环，全年共办理行政许可事项3241项、建设项目设计方案意见征询304件、土地招拍挂意见征询52项。对优化营商环境涉及的审批事项，严格按照市区要求简化流程，提高实效。进一步优化审批事权，按照“能放尽放”的原则，对张江科学城和临港管委会进一步委托下放事权。深化实施“六个双”监管，在全行业、全事项覆盖基础上，开拓创新监管模式，在水务设施安全监管、辐射安全监管、公路掘占路监管方面率先出经验、出示范。

公用设施网络日趋完善。服务保障供水，金海水厂二期实现并网通水；南汇北水厂开工建设；完成20公里小口径供水管网改造，完成川沙新镇、三林镇等8个镇低水压管网改造工程，全面完成788万平方米郊区二次供水改造；成功创建节约用水示范小区2个、节水型小区15个、节约用水示范学校1个、节水型学校8个、节水型企业1个、节约用水示范机关1家、节水型机关43家。服务保障供气，制订了《浦东新区液化气统一配送方案》，完成30座站点的规范配送任务。推进工商用户燃气泄漏报警器安装，总体安装比率达98.5%。服务保障供电，发布《浦东新区道路照明设施技术导则》，建成新区照明一体化管理平台，完成8条道路路灯增装工程。

城市安全保障显著增强。加强防汛安全保障，修订完善《浦东新区防汛防台专项应急预案》，完成96处积水点改造；加快推进中心城区10座雨水泵站建设，3座泵站（ES4、通用、御桥）已经建成并发挥作用，4座泵站（新塘桥、南新绿川、殷家浜、张家浜）主体建成，2座（云台、培花）完成地下结构施工，1座（ES6）正在实施地下结构施工。加快推进排涝泵闸建设，严家港泵闸主体结构水下部分完成，赵家沟东泵闸初步设计编制中。全年经受了5次台风、3次大暴雨、10次暴雨、9次天文大潮等灾害的考验，基本实现了"少伤亡、少损失，积水少、退水快"的防汛工作目标。有效落实安全生产责任，组织开展了安全生产检查、消防安全大整治、危险化学品专项整治、户外广告和招牌安全隐患专项整治、瓶装液化气专项整治；开展了核与辐射事故、森林火灾事故、林业有害生物事件、水电燃气事故等应急预案的应急演练，推进《浦东新区处置燃气事故应急预案》《浦东新区供水行业突发事件应急预案》和《浦东新区大面积停电事件应急预案》在区级备案；全年共处置各类突发公共事件35起，未发生生产安全责任事故。

综合行政活力持续提升。完成《浦东新区生态环境保护"十三五"规划》实施情况中期评估。成功举办浦东新区首届"最美环卫人"主题活动，彰显"爱岗敬业、无私奉献、坚守匠心"的浦东环卫精神。坚持细处着眼、润物无声，开展环卫工人"微心愿"认领活动。组织开展世界水日、六·五世界环境日等大型宣传活动。通过各级媒体报道宣传题材364篇，报送政务信息97篇，推送政务微信245篇，"浦东环境"微信公众号在环保类政务微信影响力排行榜中排行第一。完成26个科研（课题）立项。共承办"两会"书面意见和提案78件，办理领导批示件204件，舆情处置78项。根据新区"一区一网"的工作要求，完成"上海浦东－浦东环保市容局"子网站的建设配置和数据迁移。加快数据资源交换和共享应用，交换9.27亿条数据资源到新区共享交换体系，数据总量位居新区各委办局第一。主动公开政府信息1617条，受理信息公开380件，公文类政府信息主动公开率达到84.5%。处置行政复议2起、行政诉讼7起，已裁决的8起纠错率为零，行政机关负责人出庭率达到100%。共受理各类来信来访410件，按时办结率100%。局二级平台共受理工单15.68万件，结案率93.7%。

（九）宝山区

宝山区建设和管理委员会

2018年是改革开放40周年，是决胜全面建成小康社会、实施"十三五"规划承上启下的关键一年。今年以来，在区委区政府的正确领导下，宝山区建管委紧紧围绕全区工作重点，以"三张清单"目标管理为抓手，深入开展大调研和城市管理精细化工作，加快完善综合交通体系，坚守安全绿色发展底线，为明年工作和"十三五"任务完成奠定坚实基础。

重大工程：2018年宝山区56项重大工程完成投资约90亿元，项目涵盖了市属路桥及轨道交通、区域路网、重点社会事业、规划研究等。S7公路一期剩余顾村1户居民正在收尾，S7辅道建设也已经委托公投，目前正在抓紧推进，预计和S7快速路同步完成；二期罗店企业动迁完成，目前正准备启动居民动迁；G1501越江段动迁腾地全面完成；G1501A段（牡丹江路—江杨北路）正在协调剩余的宝武集团用地退界；江杨北路施工区域腾地全面完成；滨江大道完成吴淞污水厂腾地，宝杨路—海江路段9月底开放交通；泰和污水厂配套道路（铁城路—共富东路、泰联路、联谊路）启动选址、土地权属调查和管线综合工可已上报待批；轨交15号线和轨交18号线涉及6个站点腾地全部完成，陈太路停车场腾地有序推进中；国权北路正在加快推进中，其中南段（三门路—高境路）完成东半幅道路、北段（高境路—何家湾路）完成桥梁主体；陆翔路—祁连山路基本完成跨蕰藻浜桥梁南岸建设和北岸动迁腾地；潘广路明确航六师攀线桩搬迁方案，正加紧实施；富长路完成练祁河大桥施工，杨南路—联水路、罗北路—金石路段开放通车；南大地区骨干道路正在抓紧推进过程，祁连山路完成总体工程量40%、丰翔路完成总体工程量10%、南大路基本完成证照办理、南陈路—南秀路完成铁路跨线桥段投资核定、明确代建主体；沪通铁路完成宝钢小游园带征框架协议签订，确定预备役高炮师一团部队迁建地块；宝安公路明煌灯具厂节点腾地困难，2018年6月1日采用车道调整方案建成通车；杨南路2017年底实现全线通车，并完成附属设施收尾和竣工验收；宝杨路（同济路—双庆路）完成工可评审和调整待批；铁山路大桥道路红线专项规划（S20—长江路）报市规划院深化方案；联杨路G1501跨线桥工程（杨南路—晓雅路）预可方案已报发改委立项。在区委区政府的领导下，重大工程年度考核取得了全市第三名的成绩，并连续三个年度位列全市各区排名前三。

道路规划储备：吴淞工业区板块，积极支持宝武集团不锈钢、特钢地块部分内部道路开放事宜，并基本完成方案研究，召开专家评审会并通过评审；推进殷高西路周边治堵，完成殷高西路可变车道工程，完成一二八纪念路、逸仙路下匝道建设方案和相关专项规划研究；滨江板块，加快滨江大道建设推进，目前宝杨路—海江路段开放通车，编制完成吴淞口国际邮轮港枢纽及周边配套专项规划，加快完善滨江交通组织研究。完成“十三五”综合交通规划中期评估，经过近年来重大工程建设和“治堵”三年行动计划的不断推进，截至2018年底，宝山区总体路网密度达到3.17公里/平方公里。

道路管理与养护。截至2018年底，全区共有道路1189条，长1459.5公里，道路面积2535.9万平方米，其中，市管道路10条，长114.2公里，道路面积389.4万平方米；区管道路314条，长485.9公里，道路面积1206.0万平方米；镇管道路485条，长474.2公里，道路面积559.76万平方米；村庄道路286条，长300.3公里，道路面积114.4万平方米；在建和未移交道路94条，长84.861公里，道路面积266.324万平方米（主要为房产配套道路、重大市政在建道路及其他）。全区桥梁494座，桥孔共3189孔。全年完成25条道路大中修，总里程17.6公里。全区“四类设施”设备量共有12.97万平方米标线，3444块标牌，58块可变车道显示屏。区管公路绿化107.05万平方米，行道树3.76万株。2018年，修订完善了《宝山区道路移交接管实施意见》《宝山区桥梁桥下空间管理办法》《宝山区推进四好农村路实施意见》等意见办法，进一步加强对道路管理和养护。通过强化道路日常管养工作，加强掘路修复、掘路报批、道口开设等日常工作的管理，为优化营商环境助力；同时进一步加强桥孔、道路等附属设施的日常巡查和监管，确保道路及附属设施的安全可控。规范区管道路的道路保洁工作，逐步提升道路保洁标准，落实区域内道路保洁责任和保洁措施，减少道路扬尘污染，确保道路设施的完好和路面的平整。宝山区公路管理中心被国家交通运输部评为全国交通运输行业文明单位。

微循环道路推进。2018年共推进2个拥堵节点改造和16个微循环道路建设。其中共和新路长江西路排堵整治、沪太路顾陈路排堵整治2个拥堵节点已完成竣工；5条微循环道路建成通车，今年新增6个微循环项目中，5个项目已立项。

交通管理。2018年调整优化宝山20路等17条公交线路，公交线网密度达到1.65公里/平方公里；宝山区现有公交线路145条，全年累计新增5条公交线。运营公交车辆1843辆。公交站点1404个，较去年新增222个。2018年新增公交候车亭50个，总数达618个。共有公共自行车1.5万辆，网点626个。共享单车数量估算约2.8万辆。

交通行业管理。2018年宝山区共有汽车维修企业314家，机动车综合性能检测站3个，区域出租车(沪C)670辆，铁路道口5个。道路货物运输企业3008户，累计减少53户，其中危险货物运输企业41户。在册道路货运车辆5.04万辆，累计新增6350辆，其中注册危险货物运输车辆2103辆，累计减少715辆。全区驾校33所。

静态交通。2018年累计新增公共停车场泊位6439个，备案公共停车场泊位达3.81万个。新增12条道路停车场泊位771个，71条道路停车场泊位总数达3762个。其中，协调完成中成智谷、半岛1919等10个项目528个共享停车泊位；完成7个社会公共停车场建设，提供公共停车泊位2046个；推进停车信息化项目建设，淞宝地区停车诱导系统一期工程建成试运行；全区共享停车公共服务平台完成开发。

内河港航。制订了《宝山区内河码头整治工作方案》和《蕰藻浜沿线码头专项整治工作方案》。2018年全年累计关停原持证码头16户，从年初的83户减少到目前的67户。其中易扬尘码头数从2018年初的30户减少至目前的25户。全区航道数从11条减少为9条，取消走马塘河等2条航道，总里程73.22公里。辖区注册船员95人，在籍船舶113艘，危险品船舶备案20艘。

非法客运整治。为了治理交通顽疾，加强非法客运整治，维护客运市场秩序，2018年查扣非法客运四轮机动车783辆，超额完成全年450辆的任务目标，查扣数据创近几年新高；积极推进暗拍视频取证工作，收集整理有效视频数据273条，交通行政处罚结案1844件；牵头10个市级非法客运重点整治区域所在街镇、派出所召开协调会，制订“一点一方案”，积极落实物防技防措施。积极开展克隆车整治专项行动以及“六进”主体宣传活动，开展非法客运主题宣传24次，发放各类宣传品19300件。区交通执法大队在2018年度上海市交通执法机构年度综合考评中被评为优秀单位，并名列第一。

建设管理。截至2018年底，全区工地总数473个，建筑面积1112.6万平方米，工程总造价486.37亿元，在建工地总数213个，其中基坑工地42个。全年工程报建312个，核发施工许可证280张，在册建筑企业803家，核发企业资质171家。全年累计完成竣工验收备案166个，新发放建筑施工企业安全生产许可80家。开具行政措施单731份，整改指令单580份，局部暂缓施工指令单121份，停工指令单30份。全区搅拌站共15个，较去年减少1个。

招投标管理。法定招标限额从200万调整至400万后，认真做好相关政策实施衔接工作，与区政府采购部门对接厘清工作界面，主动宣传贯彻政策文件，为招标代理企业提供多种形式的综合咨询服务；全面推行监理全过程电子化招投标工作，在推行过程中及时发现问题、解决问题，不断提升宝山区招投标监管服务质量与效率；按计划开展施工公开招标项目的评标评估，通过后评估形式规范开评标各方主体行为，加强招投标事后监管；落实精简施工、监理投标文件材料要求，减轻投标企业负担。2018年8月1日起，系统自动生成所有评标所需的企业和个人资质、业绩等信息，既减少资源浪费，又杜绝虚假材料，极大地提高评标效率和评标质量。宝山区建筑管理所被评为上海市招投标先进集体。

安全工作。2018 年共出动各类执法人员 19926 人次，出动执法车船 6439 次，开展检查活动 5291 次，其中各级领导带队 806 次。检查企业、铁路道口、码头和工程项目 4217 户 / 次，检查车船 4611 次，检查超限车辆 16 辆，危险品船舶 487 艘。发现各类隐患 3742 处，当场整改隐患 1491 处，限期整改隐患 2251 处，全部整改完毕销项。查处各类交通行政违法违章案件 1193 件；查处建设工程施工企业项目经理违法违规行为 39 起、不良行为网上扣分 110 分，监理单位项目总监违法违规行为 27 起、不良行为扣分 80 分；实施船员扣分 268 分；查获液化气钢瓶 2196 只，查处违法违规经营使用燃气窝点 143 处，立案 10 起，公安部门行政拘留 71 人。

扬尘污染防治工作。成立扬尘防治和蓝天保卫战工作领导小组，制定 18 个扬尘防治制度文件和 4 类 11 项共 12 个目标任务，形成 6 个重点片区扬尘治理“一片区一方案”，确保责任落实到位。明确“创全”14 项标准要求，强化 15 个重点工地和 33+3 个“片长制”控制单元周边 500 米范围内建设工地、搅拌站和码头“创全”措施落实。开展宝山区“最差建设工地、码头堆场和混凝土搅拌站评选”工作，借助公众曝光推动环境问题整改落实。加强全区 271 个在建工程（不含待竣工）日常巡查、飞行检查和专项检查，目前开具各类行政措施单 1399 份（整改单 413 份、暂缓单 85 份、停工单 18 份），行政处罚结案 11 起，累计处罚金额 103.28 万元。对扬尘落实不到位的建设项目从严从重处罚，今年以来共对建设工地环保扬尘行政处罚 4 起，处罚金额 14 万元。

装配式建筑和 BIM 技术发展工作。严格落实出让地块的装配式建筑、绿色建筑和 BIM 技术应用要求，通过建管信息系统平台对装配式建筑动态跟踪，加强建筑施工许可、日常监督和竣工验收等环节监管，以购买第三方专业服务的方式来开展宝山区建筑信息模型（BIM）技术的应用推广工作和建筑产业现代化宣传培训工作。

推进“放管服”改革。以全面优化营商环境为目标，加快推进社会投资建设项目审批改革。提出“一套班子管、一支笔审批、当天办结”的工作目标；成立区建设事务受理中心，负责建设和交通行政许可窗口工作，落实“两集中、两到位”改革要求。编制社会投资建设项目和建设与交通事项两个“单一窗口”建设方案，完成了办事指南和业务手册的梳理调整和编制工作。自 2018 年 3 月 1 日全市启动社会投资建设项目改革以来，以全面优化营商环境为目标，不断深化“放管服”改革，加快推进社会投资建设项目审批改革；社会投资项目竣工验收申请受理模式从“多部门受理”变为“一口受理”，对比之前各部门串联验收，大大缩短了审批时间，方便了企业。共受理各类审批事项 11908 件，办结 11904 个项目，完成网上预审 53 件，接受网上咨询 455 件。

事中事后监管方面。全年累计查处各类行政违法案件 2110 件，累计处罚金额 1324.89 万元。出动各类执法人员 25751 人次，累计开展巡查检查 15571 次。

燃气管理方面。截至 2018 年底，宝山区共有燃气企业 11 户，燃气用户 91 万户，中高压燃气管道长度 699.8 公里，燃气站点 44 座，其中液化气供应站全年累计关闭 8 座。全年完成燃气内管改造 2.03 万户，较年初 1.8 万户计划超额 13%。换出腐烂锈蚀内管 1083 根，其中已穿孔 619 根，超额并提前完成全年目标。完成燃气入户安检 23.7 万户，查出并完成整改 8837 户。查处非法液化气钢瓶 2196 只。企业液化气工商用户安装燃气泄漏报警器2201台。

大调研工作方面。共组织开展牵头调研478次，参加调研2420人次，其中处以上领导干部140人次，覆盖926个调研群体，共收集问题317个，建议104个，受理其他单位转来问题368个。建设交通管理应解决问题数536个，已解决问题531个，问题解决率达到99%。发布大调研各类信息简讯共191篇，上报区委大调研办简讯76篇，被区委大调研办录用13篇，市委大调研办录用1篇。上报共性问题调研报告7个，复杂重大问题调研报告13个，解决了涉及公共交通、道路建设管理、共享单车、停车管理、建设审批等多个方面的一大批问题。

城市精细化管理方面。制订出台了《宝山区加强城市管理精细化工作三年行动计划（2018—2020年）》，提出160+X项城市管理精细化指标；形成了《2018年宝山区城市管理精细化工作任务目标清单》，共16类157项；选取了8类10项重点工作形成督查内容；汇编完成34期《宝山区城市管理精细化工作周报》，15篇优秀案例在市级城市精细化管理信息报刊转载发布。

热线信访。全年累计受理区“12345”热线工单数766件，区热线工单满意率53.85%，实际解决率52.31%，同比提升21.51%和8.92%。受理市“12345”热线工单6704件，网格巡查4465件，全区城建托底工单36件。全年办结来信来访229件，妥善处理农民工工资信访投诉340起，信访人数2240人，涉及农民工工资5985.3万元。

宝山区绿化和市容管理局

2018年，区绿化市容局在区委区政府的坚强领导下，深入贯彻落实习总书记“城市管理要像绣花一样精细”“垃圾分类工作就是新时尚”的发展理念，落实区委区政府关于生态文明建设和城市精细化管理等有关部署，加快推进“十三五”规划有关生态环境建设任务，注重行业发展机遇，注重行业创新理念，注重行业制约短板，结合进博会保障、环保督查、创全等重点工作要求，推行精细化管理方式，提升全行业工作水平。

1. 深入推进各项建设任务

一是加强末端处置设施规划建设。以规划为引领，结合宝山区生活垃圾及建筑垃圾处置体系现状，完成了宝山区固废处理设施专项规划（2018—2035年），全面系统地规划全区环卫设施布局，为设施的落地提供了规划层面的依据和保障。江杨北路装修垃圾永久性分拣中心预计年底可竣工。在区政府的统一指挥部署下，建设宝山区500吨湿垃圾处理设施，作为项目建设主体，在保证工艺技术的前提下，按照年底开工的目标节点，办理相关前期手续，编制统一解释口径以及维稳预案，做好信访接待工作。但正值进博会期间，考虑社会稳定风险，经区委区政府研究决定，本项目中止实施，重新论证。

二是加强各类环卫设施设备完善提标。顾村四高小区环卫停车场主体建筑已完工。改造垃圾箱房751座，更新废物箱标识5596个；247辆干垃圾车辆的识别性标志张贴到位，新增1辆有害垃圾专用运输车，湿垃圾专用收运车辆达55辆。推进生态公厕、第三卫生间新建、改建，提升公厕服务能级。加快推进565座农村公厕改造，计划分三年进行，2018年改造数为188座。执行环卫专用车辆更新计划，新购136台，报废23台，进一步推进新能源车辆运用。

三是加强绿色生态建设。2018年新建各类绿地90.02公顷、城市绿色步道25公里、立体绿化30044.8平方米。人均公园绿地面积达11.9平方米，建成区绿化覆盖率达43%，已全面完成市、区两级年初下达的各项任务指标。上海淞沪抗战纪念公园绿化部分二期建成开放，积极推进快速路同济路景观提升。

四是加强“五个一百”建设。2018年公园绿地新增3座，总数达到98座；街心花园新建4个，总数达到92个；新增培育林荫道22条，总数达到67条；城市绿色步道三期新建25公里，总数达到128公里；挖掘保护名木古树及后续资源6棵，总数达到96棵。加强彩化树种的运用，突出彩化和效益化。

五是加强美丽街区建设。3个市级美丽街区共和新路、逸仙路、邮轮港周边已基本完成。69个区级美丽街区基本完成。

六是加强景观灯光建设。完成共和新路高架、长江西路、滨江带（北段）、友谊路、双城路五条道路景观灯光建设，总长度18.4公里，涉及楼宇灯光近200栋、绿地灯光8处、河道灯光1条，已于国庆节正常亮灯。完成黄浦江宝山段景观灯光工程方案设计。

2. 精细化落实各项管理工作

一是提升垃圾分类减量实效。制订《宝山区生活垃圾全程分类体系建设行动计划（2018—2020年）》，进一步扩大了“黄马夹”工作队伍，充分发挥“黄马夹”在现场管理、垃圾箱房管理、宣传引导等方面的作用。吴淞、友谊街道、高境镇已实现分类区域全覆盖，绿色账户推进累计数53.18万户；全区干垃圾末端处理量控制在1733吨/日以内，湿垃圾分类处理量日均274.5吨；创建农村垃圾分类达标村43个（其中示范村20个）；新增“两网融合”回收网点168个、中转站6座，单位生活垃圾强制分类累计完成1835家，全覆盖地收集和处置农村地区生活垃圾，年均处理生活垃圾474吨/天。

二是强化建筑垃圾处置管理。截至目前，北京建工、庆龙公司、宝武集团三个资源化处置中心已处置建筑垃圾99.12万吨。根据环保要求，加强对资源化处置中心的监管，切实落实“三必须”扬尘防控措施。开展建筑垃圾临时堆点的排查工作，目前全区有建筑垃圾临时堆点48个，堆放量约66万吨。起草了《关于进一步加强宝山区“五违整治”“无违建居村”建筑垃圾临时堆放点管理的函》，要求各街镇设立的临时堆放场地严格落实控扬尘措施，并加强巡查，发现问题及时反馈给相关街镇，督促落实整改。

三是加大道路保洁力度。开展了“365·天天净”中小道路专项整治行动，通过挖掘机械化作业潜力，实施小型化机械保洁作业方式，推进背街小巷、无名道路机械化作业，市政道路的机扫率已达95%、冲洗率已达86%，有效提升了道路保洁水平、城市面貌。加大83个市、区两级扬尘监测点周边道路的清扫保洁力度，有效治理扬尘。东晨公司作为全市首家市政道路保洁服务标准化示范试点单位，全力打造道路保洁新标杆。

四是提升公厕管理水平。推进“公厕革命”，深化公厕文明服务规范，切实提升保洁服务质量。环卫系统公厕的文明公厕创建率达到92%，在2018年全市文明行业创建工作中有65座公厕申报参与创建。宝谊公司的宝山影剧院公厕被评为本市20座最美公厕之一，管理员也被评为最美公厕保洁员。

五是提升绿化管理水平。根据年初提出的精细化养护管理行动计划，制订了《宝山区园林绿化精细化管理三年行动方案（2018—2020年）》《关于公园板块推进精细化管理的实施意见》《炮台湾公园精细化管理1.0版》《宝山区公共绿地精细化管理工作实施意见》等管理办法。对在建绿地采用防尘网进行抑尘，封闭式施工，防止噪音扰民，增加监理养护考核制度，各在建工程的养护质量均有了明显提高。

六是加强社会绿化管理工作。推行“互联网+全民义务植树”理念，大力开展植树和绿化宣传活动。开展“上海市绿化合格单位”创建、第五届“上海市民绿化节”工作，结合“绿化服务进社区”工作，加强社会绿化行业指导。

七是推进户外广告和招牌管理。市级督办任务41块楼顶广告全部拆除完毕。区级督办任务69块楼顶和绿地广告已经拆除62块，剩余7块街镇提出保留意见。将店招店牌作为防止高空坠物工作的重要内容，协调各街镇向沿街商家发放告知书2万份，排查店招店牌约2.2万块，排除安全隐患约2100块，拆除宝杨路、逸仙路—同济路、共和新路楼顶招牌108块。组织实施《上海市户外招牌设置技术规范》，制作了1万本面向一线管理者和广大商户的《宝山区店招店牌设置指南》。

八是推进门责管理。举办责任区管理办法实施三周年宣传活动，各街镇教育培训责任单位41731人（次），“一店一档”系统补充缺项8358条，修复缺点2471个，已对153条（段）道路、9300余家门责单位实施门责垃圾上门收集。2016—2018年“治五乱、补短板”三年行动计划基本完成。加强无序设摊综合治理和日常管控，上半年全市无序设摊治理测评宝山区进入先进行列，宝山区市容环境满意度继续保持全市第七。

3. 切实加强整治督察保障

一是落实安全生产保障。年初，对照“四责协同”落实安全责任，层层签订安全生产责任书，狠抓重点时节、重大活动、恶劣天气期间的安全生产，认真组织第17个全国“安全生产月”活动，深入开展安全生产隐患大排查大整治，定期通报检查情况，促进了安全生产有效落实。

二是落实环保督察保障。将环保督察作为一项政治任务，做好各项调阅材料准备，严格按照时间节点做好信访交办单、现场交办单的处置，督察意见反馈后，以高度的政治责任感和使命感，把整改工作摆到重要位置，切实推进整改落实。

三是落实进博会保障任务。加强值班值守，结合重点部位、重要区域，开展迎进博会安全生产保障专项检查，开展了“清盲区、清死角、大冲洗、迎进博”城市保洁专项行动，加强门责收集，强化道路保洁，尤其是加强对20条中小道路、扬尘污染严重区域周边道路以及区级主干道进行超常规保洁，作业时间保持20小时以上，日均出动1731人次。

四是落实创全工作保障。积极做好创全迎检宣传发动，开展创全“爱国卫生主题月”“文明交通主题月”“绿化带集中清洁周”“文明家园主题月”等活动，积极开展环境整治，抓好创全检查中发现的368个各类问题整改，提高了市民群众对绿化市容工作的满意度。

五是落实防台防汛保障。强化了全局应急管理工作机制，全面夯实防汛防台安全责任，落实完善了各项防汛防台措施，形成了局统一领导、机关各部门分工协作、局属各基层单位紧密配合的防汛防台工作格局。全系统累计成立应急保障队伍200余个，安排值班人员1141人次、抢险待命9916人次。

六是落实重点项目保障。推行“海绵城市”建设，开展公园、绿地水体专项治理，统筹“五违四必”整治后空闲地建绿计划，积极配合区“城中村”改造，将集中清、重细节、保常态作为绿地整治重点，推进绿地整治提升工程。

4. 及时回应市民各项诉求

一是做好行政许可工作。提前完成内部“单一窗口”建设，经验做法在中心推广。积极探索“一网通办”，逐步推进试点项目落地。进一步压缩审批时限，不断提高窗口办事便捷度，当好服务企业的“店小二”。二季度区绿化市容窗口被评为“示范窗口”，宝山电视台进行了宣传报道。截至目前，绿化市容审批窗口共受理各类审批共计544件，全部办理完毕。

二是做好投诉信访处置。截至11月，投诉平台共接到各类市民诉求5002件，受处理12345平台转来投诉2719件，承办各类信访事项68件，处理各类网格案件4564件。

三是做好两会意见办理。2018年共收到代表建议和政协提案32件，全部按时、保质办结，做好跟踪、推进、协调、复查等工作。

四是做好大调研工作。做到“走访有计划，记录有落实，问题有推进”，落实好调研主体、调研对象“两个全覆盖”要求，共开展大调研321次，参与1382人次，走访各类调研对象1119个，调研问题141个，已全部解决。

（十）闵行区

闵行区建设和管理委员会

2018年，区建管委在区委区政府的正确领导下，坚持改革创新、服务大局，不断深化行政审批制度改革，强化建设领域安全质量管控，促进建筑行业转型升级，提升城市精细化管理水平，扎实推进闵行区城市建设和管理工作迈上新台阶。

一、总体情况

2018年，本区区级监管房屋工程833个，建筑面积1876.7万平方米。目前在建工程288个，较去年同期增加35%。

办结建设工程项目报建520项，施工许可证467项，竣工验收备案324项。

完成建设工程承发包747个标段，其中勘察承发包62个；设计承发包113个；施工承发包347个；监理承发包126个；设计勘察一体化12个；含施工的一体化项目70个；暂估价项目17分，累计投资1371.9亿元。

完成初步设计文件审批73项；总体设计文件审查64项；抗震审查126项；施工图审图管理169件。

企业资质新申请212家，共审核通过414项最低等级施工资质；增项企业75家，共审核通过115项最低等级施工资质。与去年同期相比，通过审核的新申请最低等级施工资质数量增加100%，通过审核的增项最低等级施工资质数量增加17.2%。完成施工企业安全生产许可107项。

街镇监管限额以下小型建设工程1398个，项目个数同比增长18.5%，建筑面积113.8万平方米。

二、主要工作

（一）深化改革，不断优化建设市场营商环境

1. 深化行政审批制度改革

积极贯彻落实市委市政府优化营商环境总体部署，强化组织领导、建立协同机制、梳理管理流程。根据市社会投资项目审批改革实施办法，结合《闵行区优化营商环境构建开放型经济新体制行动方案》，发布了“3类14项”改革具体措施，让企业投资项目全流程跑出“加速度”。

通过“减、放、并、转、调”等措施，进一步细化工程建设审批流程，优化路径，对“设计方案”和“施工许可”两个主要审批环节实施“一家牵头、一口受理、同步审批、告知承诺、限时办结”。自改革措施实施以来，闵行区建设工程项目运用新审批流程完成项目信息报送77个，设计方案11个，办结施工许可31个。设计方案环节平均用时5.8个工作日，较全市平均水平减时43%；施工许可环节平均用时4.3个工作日，较全市平均水平减时40%。

2. 转变职能提升服务能级

在全面贯彻改革举措的基础上，会同区各有关职能部门积极开展全方位、多角度的政策宣传引导，提高建设工程参建各方对改革工作的认知度与参与度；提高行政审批工作效率和全体职工业务素质，对接审改新政策开展工程建设项目行政审批改革培训；提高整体咨询服务水平，强化企业帮办指导，推行线上线下“一站式”服务，做到主动对接、跨前服务，确保改革举措顺利实施。

3. 开拓创新推进试点工作

开展综合竣工验收试点，强化市、区两级部门联动，完成4个综合竣工验收项目备

案工作；积极对接“上海市建设工程联审共享平台”，探索工程审批全流程无纸化、零窗口办理，逐步完善“五个一”，即“一张蓝图、一网通办、一个窗口、一张表单、一套机制”的统一审批体系。

（二）精细管理，全力做好进博会服务保障工作

1. 全力保障“进博会”周边建设安全

研究制订《区建管委“进博会”建设领域保障工作方案》及配套的保障工作实施计划，结合委领导干部分片联系工地制度，落实建设行业安全文明施工党政同责。

牵头相关职能部门对进博会安保圈内的28个在建工地，整合安全、质量、市场行为、文明施工（扬尘、噪声）、承诺履行、标后监管、行政执法、诚信体系建设与应用、环保、消防、食品卫生等内容，开展全覆盖综合性巡查并强化 “回头看”，进博会安保圈内在建工地覆盖率100%，实现“五个一批”既定目标，即巡查一批在建工地；发现整改一批隐患；暂停施工一批项目；处罚一批参建主体；打造一批样板工程。检查组共出动512人次，开具安全隐患整改通知书28份、局部暂缓指令书14份，谈话通知书20份，检查出存在需要整改的问题共568条，涉及责任单位38家。

加强安保圈内在建工地现场安全管控。排摸掌握易燃易爆危险化学品实际使用情况；利用实名制管理系统，掌握所有施工人员详细信息；要求施工企业落实强制性停工、停运措施，强化工地分类（停工工地、施工工地）监管；开展专项督查和联合督查，重点检查企业整改和工地扬尘控制情况，确保建筑施工领域各项安全文明管控工作落地见效。

积极放大进博会带动和溢出效应，全面推进建筑工地质量安全巡查工作，逐步固化巡查工作模式，落实“双随机、一公开”监管原则，形成从准备、实施到处置的闭环管理机制。全年巡查103个在建工地，开具安全隐患整改通知书88份、局部暂缓指令书28份，排查安全质量隐患1120条；处罚责任单位48家、责任人员23人，累计处罚金额169.8万元、项目经理累计扣除45分。

2. 顺利完成进博会架空线入地和合杆整治

发挥综合管理职能，从制订计划、组织安排、沟通协调到控制进度，统筹协同多个政府职能部门、南虹桥公司、电力公司、管线权属单位、设计单位、管线公司和施工单位等顺利完成进博会周边道路架空线入地工程，即申虹路、申长路、华翔路、沪青平公路、北翟路、天山西路，6条道路长度总计约16.5公里的架空线入地。完成新建29个电力基站的联合验收，入地工程共铺设电力管线22.5公里，信息管线33.2公里，穿缆割接584根光缆，拔杆1174杆，其中电力杆788根，信息杆386根。

协调管理完成其他道路架空线入地和合杆整治。结合七莘路道路大修工程，完成七莘路（沪闵路—北翟路）横跨架空线缆入地整治工作和吴宝路（G50北侧200米，南侧至唐家浜桥）架空线缆整治工作。

（三）深入调研，查摆问题促进行业发展

1. 完善工作推进机制

成立领导小组，研究制订工作方案，明确调研总体目标，组织召开全体干部职工动员会议，部署“一个主题、两个覆盖、三个导向、四个结合、五个重点、六个紧扣”工作要求。建立情况通报推进机制、台账制度、信息工作制度和数据分析机制，集中分析研判、归纳总结、提出对策建议，解决问题着重抓统筹、抓重点、抓关键。

2. 有力推进行业调研

全面落实“两个全覆盖”要求，实现调研主体全覆盖，全体干部职工100%参加调研活动；调研对象全覆盖，实现辖区内200

个在建工地及五方责任主体全覆盖、156家区管建筑企业全覆盖、40家架空线管线及燃气企业全覆盖。

深化“3+4+2+3”调研方案，通过对辖区内监管对象、服务对象开展3个全覆盖调研，坚持需求导向、问题导向、效果导向，以4个行业发展主题调研、2个专项调研和3个委属基层单位独立调研为重点，深化调研方案，深入开展调研工作。

2018年，共组织开展调研活动391次，参加街镇组团调研687次；录入信息数据平台系统75条调研信息；开展13个关于行业改革、行业发展、行业监管主题的专项调研活动，完成调研报告13篇，调研内容涵盖辐射建设行业各领域。

3. 强化调研结果应用

注重收集、分类、归纳调研问题，形成问题清单，建立解决机制，梳理出305项问题，限时解决281项，解决率达92%，对281项已解决案件开展回访，满意率达100%；其余24项复杂案件将深入研究、逐步分解、强化落实、重点突破。

固化调研成果，强化成果运用：建立农民工欠薪问题处置方案和预案；推行优化营商环境14条改革举措；落实建设工程安全质量巡查制度；扩大建筑工地联合党支部建设的覆盖面等。

（四）多措并举，抓好建设领域质量安全管控

1. 狠抓安全隐患专项治理

以各类在建工地安全事故为戒，分析总结经验教训，编制《闵行区2018年建筑施工安全专项整治工作实施方案》。开展深基坑、大型机械设备、脚手架、临时用电、市环保督察、消防安全、高空作业、节能分布、既有玻璃幕墙等安全生产专项执法检查。

紧扣安全生产事故高发时间节点，开展“岁末年初”安全生产大检查、消防安全隐患大排查大整治、高空坠物安全隐患整治、密闭空间施工作业安全检查，防台防汛防高温检查。

稳步推进安全生产标准化建设，建立重大风险源评估制度，健全企业安全生产信用记录，加强安全生产动态考核，落实建筑企业三类人员安全生产管理。

2018年，共开具安全隐患整改单161份，局部暂缓施工指令39份，发现隐患5973项，已整改隐患5488项。

2. 发挥典型引领示范作用

分别在华漕镇MHPO-1402单元06-06地块动迁安置房工地和申旺路519号生产实验用房改扩建项目举行“安全生产月”和“质量月”综合创优观摩活动，在漕开发浦江高科技园生命健康园（二期）工地举行闵行区建设工程应急预案综合演练现场观摩活动。通过观摩学习样板工地，增强企业安全生产主体责任意识、提高危险性较大的分部分项工程安全管理和安全质量标准化管理水平，牢固树立“生命至上、安全发展”的理念，遏制各类安全事故的发生。

3. 落实环保督察整改要求

切实做好上海市环保督察整改工作，根据整改工作任务清单，对环保督察中涉及问题的5个工地落实“三个到位”：主动对接到位，召开环保督察分析会，责成参建单位制订整改计划，明确专人负责，加强责任意识，落实整改措施；检查督促到位，根据《上海市扬尘污染防治条例》，对违法企业进行立案处罚，对履职不到位的项目经理执行计分处理。结合文明施工及“创全”工作要求，对在建工程环境隐患整改情况跟踪督察直至符合规定；长效管理到位，针对环保督察组对闵行区建筑工地提出的整改要求，认真分析研究、归纳总结，结合行业管理规定，制定《闵行区建筑施工扬尘控制管理措施》。对环保督察中涉及问题的1个混凝土搅拌站加强宣传管理，要求企业完善环保工作管理制度；进一步加强预拌混凝土（砂浆）生产

企业绿色生产和扬尘治理工作，印发《关于加强闵行区混凝土搅拌站（企业）管理工作的通知》，形成长效管理机制。

4. 夯实质量安全管理基础

组织召开闵行区2018年建设和管理工作大会，全区建筑行业管理部门、相关职能单位、行业协会、参建企业负责人共计300余人参会。开展闵行区质量月“住宅工程质量通病防治”论坛，深入探讨房屋建筑工程质量控制要点和有效措施，宣传推广建筑工程潜在缺陷保险风险管理等。

落实建设工程质量标准化工作，组织开展《建筑工程质量标准化评价实施细则》的宣传贯彻，指导项目参建单位开展建设工程质量标准化工作，不断健全质量管理体系，落实参建各方质量责任，探索建设工程质量标准化体系全覆盖。

5. 运用智能化手段提高执法效能

利用“远程监控”“移动监督”等智能化手段，稳步提升闵行区建设工程质量安全标准化监管水平。推进“智慧工地”项目建设，制定《闵行区建筑工程施工现场远程监控管理办法（试行）》，要求9月1日起，闵行区在建工地全面实行远程监控安装工作；对全体监管人员开展上海市建设工程安全质量监督系统移动端操作培训会，全力推进闵行区移动监督试点工作；全面运行“闵行区建设工程综合管理信息系统”，已实现信访无纸化流转、监管记录存储、各类信息发布和部分报表统计功能。截至目前，符合安装要求工地140个，实际安装工地84个，远程监控覆盖率达到60%。

（五）聚焦重点，推动建筑行业转型升级发展

1. 持续加大推进装配式建筑发展

开展《装配式混凝土结构关键施工技术与验收标准》培训；对闵行区5个装配式在建工地组织专家进行指导检查；组织专业队伍前往深圳装配式项目工地、产业基地进行学习；参加上海市装配式建筑创新发展论坛并做主旨为《装配式建筑在闵行区的应用实践与探索》的报告，专题介绍了闵行区装配式建筑的全过程推进机制。区建管委市场科被评为上海市住宅建设实事立功竞赛优秀团队。

2018年发放施工许可证的装配式建筑项目29个，实施装配式建筑面积107.8万平方米。闵行区装配式建筑在监项目共43个，实施装配式建筑272.6万平方米。

2. 推进行业绿色节能发展

联合市建科院开展《闵行区绿色建筑工程监管体系研究》，梳理闵行区现有建筑节能工程监管体系，明确闵行区绿色建筑工程监管要求。开展区大型公共建筑用能分项计量和能效测评专项大检查；开展闵行区绿色建筑工程监管体系研究课题中期评估。

推进绿色建筑项目57个，总建筑面积406.3万平方米；完成可再生能源与建筑一体化应用项目14个，建筑面积52.1万平方米；新增用电分项计量项目7个。

3. 加强BIM技术应用推广

对全区2017年6月1日以后填报实施BIM技术应用的项目开展全覆盖检查，社会投资项目10个，完全应用4个，部分应用3个；政府投资项目5个，完全应用3个，部分应用1个；区属保障房项目5个，完全应用1个。整体应用比率为60%。针对区属保障房项目应用比例低，组织召开宣传贯彻会，加强政策宣传和业务指导，确保有效落实上海市住建委印发的《关于本市保障性住房项目实施建筑信息模型技术应用的通知》目标要求。

4. 探索行业新型管理模式

与上海建科集团拟建战略合作伙伴关系，提升闵行区建筑行业在发展新材料、新技术、新模式等技术支撑能力，尤其是加强区内绿色建筑、绿色生态城区、总承包管理模式、全过程工程咨询等业务培训和指导。

（六）协同治理，全面提升城市综合管

理能级

1. 把牢燃气安全管控

开展瓶装石油液化气专项整治。以“条块结合、以块为主”为原则，强化“三方责任”，即落实使用单位或个人的主体责任、加强燃气企业安全生产责任，夯实街镇属地管理责任，确保进博会周边瓶装石油液化气安全使用，杜绝安全隐患。对进博会两公里范围使用瓶装石油液化气企业进行全覆盖检查，发现有安全隐患8家，没收非法液化气钢瓶3只，要求企业即知即改，消除安全隐患。联合区公安、区消防支队、区市场监管局、区安监局等部门及燃气企业对进博会核心区内开展专项整治，共计开具整改通知书19份，对所有问题企业开展“回头看”，确保问题归零、整改到位。以华漕镇王泥浜村为试点，开展农村出租房液化气整治，切实改善农村出租房液化气使用环境。

2018年，共计检查燃气站点共105次，开具整改单据20张；检查工商用户燃气使用情况共236家，开具整改单据22张；全年共收缴非法液化气钢瓶2213个。

2. 狠抓地下空间安全管控

加强地下空间综合性应急突发演练，提高地下空间管理单位应急处置能力；细化地下空间安全管理职能，落实地下空间权属单位安全责任。推进地下空间智能化试点工作，完善4个试点区域的安全隐患智能化实时监控。针对地下空间安全管理重点区域、薄弱环节和防台防汛要求，开展联合专项检查整治。对2017年发现存在严重安全隐患部位，开展“回头看”，严防违规现象返潮。

3. 推进海绵城市规划建设

通过调研摸底、落实经费、专题调研、收集资料到确定编制规划单位、组织专家开展评审、完成《上海市闵行区海绵城市建设规划》编制，《上海市闵行区九星地区海绵城市建设规划》通过专家评审会。联合其他职能部门、闵房集团和上海城投置地集团梳理闵行区的海绵试点项目，增加试点数量。

4. 加强虹桥噪声污染防治

按照既订工作计划，联合两镇一街道及各成员单位平稳有序推进降噪防治工作，通过对建筑物采取物理消声、吸声和隔声等措施，全面完成2018年降噪改造任务。

三、面临的主要问题

（一）优化营商环境方面

工程建设项目审批制度改革步伐大，节奏快，文件政策超前，实施细则和网上操作平台滞后、脱节；取消部分审批事项或审批事项前置条件实行告知承诺制后，加强了事中事后的监管难度；各部门改革步调不一致，无法立即实现改革目标。需要加强对参建单位和行业内的各类企业宣传培训，破除习惯性的流程和操作，使其适应行业新政策新环境；加强各部门之间的沟通交流，做好建设行业托底管理，勇担责任；完善诚信体系建设和应用，逐步规范市场主体行为，形成“一处违法，处处受限”的联合惩戒机制。

（二）质量安全监管方面

全区工地已全面铺开安装远程监控系统，但现场实际使用情况较差，未充分发挥远程监控系统的优点，须加强宣传教育，加强检查督促，提高建设单位和施工的认识度，全面应用远程监控系统，提高监管效率。

住宅质量通病未能完全根治，要加强日常监管，重点部位重点监管，宣传住宅质量缺陷制度，完善事后处置流程，探索工程质量潜在缺陷保险的应用，“防”“治”兼顾，齐抓共管。

街镇属地化管理力量较为薄弱，小型建设工程违法违规行为的查处能力有待提高，需要加强督查力度和对街镇相关职能部门的业务指导和培训。

（三）创新驱动方面

一方面，建设行业新技术、新方法、新工艺、新材料等提出概念较多，启动试点工作或试点工作的推进速度较迟缓，未能“由点及面，连珠穿线”，须各职能部门配合支持，资源共享，通力协作推进建设行业转型升级；另一方面，在推行新技术、新方法、新工艺的同时，过程中未能严格执行相关标准规范，或施工工艺未能达到预期目标，导致存在质量安全隐患，需要加强前段管理，探索有效的监管手段和方法消除风险隐患。

（四）综合管理方面

架空线入地和合杆整治、燃气安全管理、地下空间管理等都需要综合协调能力较强的管理人员负责，几项业务推进工作和应急处置难度较大，区建管委开展履行综合管理职能时间不长，人员力量薄弱、经验不足，导致协调处理复杂事项能力不足的问题较为突出，在团队建设和人才培养方面需要进一步加强。

闵行区绿化和市容管理局

2018 年，在区委区政府的正确领导下，在区、街镇（工业区）两级广大干部职工共同努力下，闵行区绿化市容行业以习近平新时代中国特色社会主义思想为指导，认真贯彻落实党的十九大精神，攻坚克难，开拓进取，全面完成了全年各项任务。

（一）进博会配套保障工作形成新亮点

一是绿化提升改造成效显著。先后组织召开 48 次方案评审会、140 余次工程例会，组织人员全程驻点督导推进，完成云霞、天麓、迎宾三大绿地，华翔路、申虹路、申长路等 28 条路段，50 个重要节点、18 个主要路口共计 120 万平方米花坛花境、主题景点和绿雕等景观新建改造工程，打造了绿意盎然、花团锦簇的核心区绿化景观。二是景观灯光建设面貌一新。从立项到方案评审、组织施工，一环紧扣一环，按点、线、面结合，完成虹桥商务区“一带”（嘉闵高架北翟高架 –G50）、“一路”（延安高架路 G50 闵行段沿线）、“一核心区域”（虹桥商务区核心区）景观灯光建设。形成了多线条、多层次、多立面的“魅力夜上海，光影都市群”景观灯光效果。三是环卫保障管理精心细致。推进 5 座公厕新建改造，1315 个废物箱更新，新增 4 辆高压路面养护车，30 辆手推式扫路机，落实现场值班督导，组织“四普扫、四冲洗、四巡回”24 小时保洁，精细化组织核心区范围环卫保洁作业，实现了“席地而坐”的目标要求。四是市容环境问题整改彻底。先后组织、参与“进博会”周边市容环境整治工作、各类协调会 40 余次，完成 1500 余项问题整改，拆除核心区内 87 处、149 块屋顶违法广告，协调推进 83 处 100 万平方米的建筑物外立面修缮涂装，周边市容环境展现出全新面貌。

（二）垃圾综合治理取得新突破

一是垃圾分类有序推进。2018 年是“垃圾分类三年行动”开局之年，通过动员部署、现场示范、重点推进、区域覆盖、评优惩劣等工作方法，实现 895 个居住小区、75 万户家庭分类覆盖，覆盖率达 85%。建成 279 个可回收物服务网点、9 个中转站，超额完成市下达的“两网融合”计划指标，可回收利用物的回收量达到 100 吨 / 日。完成 15109 组垃圾收集容器配置、704 个定时定点投放点 / 垃圾箱房改造、11623 个道路废物箱分类标识规范更新。完成 249 辆干垃圾运输车标识更新、74 辆湿垃圾车辆和 1 辆有毒有害垃圾车辆喷涂更新。累计开展各类分类宣传、主题活动 1021 场次，入户发放 10 万余份分类指导手册、宣传单页，逐步引导居民垃圾分类投放观念和习惯。二是生活垃圾管控到位。全区 14 个街镇（工业区）生活垃圾纳入市级处置系统，实现 100% 无害化处置，2018 年日均干垃圾处置量为 2298 吨，14 个湿垃圾临时分散处置点日均处置厨余垃圾 290 吨。三是餐厨废弃物管理规范。全年共处置餐厨垃圾 48318.28 吨，日均处置餐厨垃圾 132.4 吨，全部实现资源化利用。完成

4002家餐厨废弃油脂产生单位申报备案，申报率达到100%。加强区内3家废弃油脂收运企业监管，全年规范收运废弃油脂3953.25吨。四是建筑垃圾管理严格。建立“市级督查指导、区级行业监管、街镇综合治理”的市、区、镇三级管理模式，明确以街镇为单位推进属地责任制，落实区域自平衡措施。13个镇级建筑垃圾中转分拣点建成并投入运营，基本满足各自辖区建筑垃圾中转、分拣的需求。为配合“三美”建设和进博会区域环境整治，积极协调处置28万吨积压建筑垃圾进入市级消纳点。全年共中转处置17.9万吨装修分拣残渣。五是末端设施推进有力。餐厨废弃物再生资源一期正式投入运行、二期项目结构封顶，闵北环卫基地完成所有备建手续，2018年底前顺利开工。闵吴生活垃圾码头集装化改造完成并正式投入运营。推动东部生活垃圾中转站和湿垃圾处置设施落地。积极开展两个市级重点环卫设施项目前期规划选址工作。

（三）生态环境品质有了新提升

一是绿化建设持续发力。2018年市局下达闵行区绿化建设任务量为100公顷，实际完成各类绿地150公顷。建成六磊塘北侧（华宁路—北沙路）、梅陇镇双柏路二期（金都路以南高压线走廊）、浦江一中外侧（联航路—江园路）等一批大型公园绿地。建成S32北侧、剑川路两侧、合川路等共计20公里绿道。建成G50航东路、地铁外环路站、南辅路等34座口袋公园。完成3.669万平方米立体绿化建设，超额完成市下达任务。外环生态梅陇段全部建成并对外开放，人均公园绿地面积达到10.2平方米。二是林业建设稳步推进。完成556亩生态廊道建设，完成120亩吴淞江野生动物栖息地项目，实施2138亩公益林建设。截至2018年底，全区森林面积达到6370公顷，森林覆盖率达17.14%。三是生态服务品质全面提升。创建繁安路为市级林荫道，创建安宁路、江川路、永德路为绿化特色街区。新增浦江第一湾公园、银都绿地、闵行文化公园等8座城市公园，全区城市公园总数达到37座，全部免费开放。通过强化人防、技防措施，闵行体育公园等24座公园实施夜公园开放，其中莘城中央公园等15座公园实现全年24小时开放。四是市民绿化活动不断丰富。1.5万余人参加2018年全民植树节活动，植树面积超过12公顷，“一孩一树认建认养闵行模式”形成，各街镇主题活动蓬勃开展，营造了“爱绿、赏绿、植绿、护绿”的新风尚。2018年，我局分别获得上海市民海派插花花艺赛优秀组织奖、第十六届全国双梅展室外景点特等奖、上海菊花展室外景点布置大奖等奖项。

（四）市容环境建设管理取得新成效

一是城市精细管理得到提升。在全区347条自然路段开展市容环境整治，推动《上海市市容环境卫生责任区管理办法》进一步落地，按计划完成“补短板、治五乱”专项治理工作。指导街镇完成7条市级责任区示范路段申报创建，建立商委会、楼管会、弄管会等各类责任区自律组织40个，建立责任档案19383户。公厕管理水平得到提升，全年大修公厕26座，新建整体组装、固定和可移动式公厕18座，合川路公厕被评为市“最佳生态环保公厕”。二是景观建设格局基本形成。2018年完成莘庄立交景观灯光及沪闵路（广通路—西环路）、七莘路南段景观灯光示范路段建设，完成地铁南广场周边景观灯光改造（二期）工程和区属景观灯光设施大修项目。并编制完成《上海市闵行区景观照明总体规划》，形成两带（苏州河及黄浦江沿线发展带），两轴（七莘路景观服务主轴，紫竹科创轴—元江路及剑川路多条横向干线串联），双核（虹桥城市副中心，莘庄城市副中心），五心（南虹桥地区中心，七宝虹桥地区中心，江川马桥老闵行地区中心，梅陇地区中心，浦江地区中心）的景观建设思路。三是店招店牌整治推进有力。按“条块联动，以块为主”思路，推动空中坠物安全隐患专项整治。局党政班子领导组成7个检查组，查台账、看现场，督促街镇（工业区）抓好整治工作推进；协调区府办督查室，定期通报街镇整改进展情况。整治期间，共发放户外招牌设施安全告知书32240份，发现存在安全隐患户外招牌设施2438处，拆除2307处、加固131处，实现辖区100%全覆盖。四是水域环境管理持续加强。开展小涞港、吴泾公园周边水陆区域环境卫生专项整治，开展黄浦江、苏州河干流水域固体废弃物点位专项整治，区域内重要水体周边环境卫生明显改观。全年累计出动人员18974人次、船只3148艘次，打捞漂浮废弃物3570吨、水葫芦916.5吨、绿萍69.5吨。

（五）服务保障工作取得新突破

一是行政服务改革进一步推进。按照市、区两级“证照分离”改革目录，推进“户外广告设施设置审批、从事城市生活垃圾经营性清扫服务”审批改革事项。跨前一步，将木材运输证核发等3个审批事项入驻窗口。推进分级分类审批和分管领导上门签批制度。“一门”式集中办理和“只跑一次”等“放、管、服”改革取得明显成效。全年共办理行政审批事项5425件，其中绿化540件、市容环卫3499件、林业1386件，按时办结率100%，无缓批、漏批、错批等情况发生。二是安全生产有效落实。建立了“一个小组（安全工作领导小组）、两支队伍（常态值班和应急处置队伍）、三个党支部（三个基层支部）”的安全生产工作机制。2018年，先后4次组织全覆盖安全检查，17次组织应急队伍拉动演练。防台防汛期间，各类应急队伍累计出动186次，有效排除了各类季节性安全隐患。三是投诉处置进一步规范。围绕市民关注的行业热点难点问题，指导街镇制定和完善整改措施，实现“快速受理、高效处置、及时反馈”的闭环管理目标，积极做好绿化、市容、环卫条线各类投诉案件的协调处置。全年共受理12345、12319等热线诉求2750余件，处置率达到100%、满意率达80%。7月份参加市绿容局组织的市容热线诉求处置对抗赛获得一等奖。四是工会作用进一步突显。积极发挥工会桥梁纽带和服务保障作用，全年慰问生病、退休职工20余人次，组织50名优秀环卫工人疗休养，高温期间为3000多名一线职工开展送清凉活动，为爱心接力站288套医疗箱增补急用医药品2万余元。以“进博会”保障为契机，组织环卫行业劳动竞赛和绿化行业技能比武，提升服务保障水平。开展各类文体活动，激发行业职工爱岗敬业责任感和主人翁意识，取得闵行区广播操比赛一等奖。

（十一）金山区

金山区建设和管理委员会

2018年是全面贯彻中共十九大精神的开局之年，是中国改革开放40周年，是决胜全面建成小康社会、实施“十三五”规划承上启下的关键之年。区建管委在区委区政府的坚强领导下，深入贯彻落实习近平新时代中国特色社会主义思想和市领导关于推进金山“两区一堡”建设重要讲话精神，不断提升本区城市管理精细化水平，为加快打造“三区”“五地”，全面建设“三个金山”做出积极贡献。

一、坚持补短板、促提升，城乡面貌持续改善

（一）城市管理精细化水平不断提高。一是加强组织领导，提高思想认识。根据市委市政府的部署，积极推动城市管理精细化工作。成立金山区城市管理精细化工作推进领导小组，由区委区政府主要领导共同担任组长，区委区政府相关分管领导担任副组长，切实加强区级层面组织领导，发挥牵头抓总

作用。领导小组下设“美丽街区”“美丽家园”和“美丽乡村”三个创建组，强化专项工作牵头协调作用。二是研究制订了金山区城市管理精细化三年行动计划重点任务和具体工作。共涉及14大类重点任务、52项实施内容、98小项具体工作。主要分为两个版块，第一大类9项，重点围绕难题顽症治理，抓重点、补短板、强弱项。第二大类5项，主要围绕体制机制建设，强基础、利长远，提高法治化、智能化、标准化、社会化水平。三是加快明确“三个美丽”专项方案和创建标准。“三个美丽”创建小组均已制订并出台三年专项行动计划，根据专项行动计划内容，目前已明确“美丽街区”创建的56项具体工作标准、“美丽家园”创建的55项具体工作标准和“美丽乡村”创建的51项具体工作标准。四是加快推进重点区块改造升级。确定百联区块面积约1.27平方公里的区域范围（西至卫零路，东至杭州湾大道，北至板桥西路，南至龙胜路），作为“美丽街区”和“美丽家园”建设的示范亮点。目前百联区块美丽街区概念性城市设计项目方案已形成，并正在对方案做进一步的概念深化。五是深入研究“以奖代补”考核管理。目前，区建管委就相关考核办法和奖补办法正在征求各单位意见，根据各单位的反馈意见，将进一步修改完善，确保奖补资金使用规范化、制度化、科学化。

（二）生态环境持续改善。无违居村创建工作基本完成。截至目前，全区2018年实际拆除“三年整治目标”（2018—2020年）内存量违法建筑总面积117.11万平方米，完成“三年整治目标”任务比率100.36%，提前完成今年市下达的115万平方米指标任务。全区226个居村，先后共六批合计219个居村通过验收考核，通过率达到96.9%，提前完成金山区无违居村创建率90%的工作目标。无违建先进街镇创建预审通过4个镇（山阳、张堰、亭林、漕泾），完成创建3~4个无违建先进街镇年度工作目标。为保障进博会顺利举办，及早启动铁路沿线和驻沪部队停偿项目环境整治，在全市继嘉定区后第二个完成整治工作，共消除铁路沿线38处点位和驻沪部队停偿项目123个点位。

（三）架空线整治和多杆合一工作启动实施。一是完善工作组织架构。成立金山区架空线整治和管理工作领导小组，切实加强金山区架空线整治和管理工作的领导。二是明确目标，形成示范。结合“三个美丽”创建工作的需求，“美丽街区”创建工作按照“一镇一重点”的原则，确定全区11个重点街区进行架空线整治。龙胜路（杭州湾大道—东平南路）2公里路段作为金山区城市道路架空线和多杆合一试点路段，对道路南侧累计长度为98公里通信线架空线、1200米低压架空线进行入地，并进行多杆合一改造，改造后杆状物167根，较改造前减少169根，合杆率达50.3%。着手准备试点推进杭州湾大道G15北出口—沪杭公路多杆合一试点工作，截至目前，已与此领域专业机构进行了深入沟通及考察调研工作，计划启动实地勘察及初步方案的制订工作。“美丽家园”创建工作结合旧住房修缮改造实施小区信息通信架空线入地，已明确朱泾镇凤翔新村、石化街道辰凯花苑等11个美丽家园创建项目涉及架空线落地。项目尚处于施工公开招投标阶段。“美丽乡村”创建工作以星火村作为架空线整治的试点村，已全面完成星火村架空线整治任务，共搬移各类杆线81根，拔除空杆34根，整治费用均由权属单位自行承担，为全区农村架空线整治工作提供示范。

（四）建筑工地和搅拌站污染防治全面加强。大力推进噪声扬尘在线监控系统，全区共28个建筑工地和11个混凝土搅拌站在线监控系统运行中，做到对施工现场全方位监控。截至11月底，建筑工地扬尘平均浓度为0.109mg/m^3，混凝土搅拌站扬尘平均浓度为0.123mg/m^3，1—10月全市排名均位列前三名。

（五）建筑节能绿色发展水平不断提升。绿色建筑方面，共完成了13幅地块的出让建设征询，在市级标准的基础上自我加压，要求全区范围内新建商品房项目、商业办公建筑全部按照绿色建筑二星级标准建设；对6个新建商业、住宅项目提出绿色建筑二星级的要求，建筑面积65.5万平方米。建筑能耗监测方面，对4家年均能耗500吨标煤以上的单位开展分项计量系统安装工作。

二、坚持提能级、促发展，城乡建设推进有力

（一）重大工程实事项目建设进展顺利。2018年，52个重大工程实事项目中，12个实事项目已全部完成年度任务目标；40项重大工程中，5项已完工，32项处于建设阶段，3项处于前期阶段。

计划新开的23项重大工程中，20项已开工，开工率为86.9%，其余金山区固废综合利用工程、永久生活垃圾综合处理厂改扩建工程一期、北环路金廊公路互通工程3个项目由于控详规划调整、跨省环评后延、专项规划论证建设条件尚不成熟等原因年内无法开工；计划完工的6项重大工程中5项已完工，完工率为83.3%，永久生活垃圾综合处理厂改扩建工程一期因跨省环评问题无法开工并完工。

动迁完成情况：计划当年完成的168户中，已完成133户，约占年度总量的79.2%。涉及动迁的14个项目中，4个项目已完成动迁（卫阳南路新建工程、“城中村”海光地块、叶新公路新建工程和220kV金枫输变电工程），其余10个项目正在同步推进协议商谈和依法征收。（G320公路一期和G228公路一期2个项目征收决定已公告）

投资完成情况：截至12月底，52项重大工程和实事项目累计完成实际投资173.9亿元，完成计划投资的70%，较去年同期高18个百分点，其中：40项重大工程累计完成实际投资169.8亿元（工程形象进度投资199.9亿元），完成计划投资的70%，较去年同期高20个百分点；12项实事项目累计完成实际投资4.1亿元，完成计划投资的85%，较去年同期低10个百分点。

（二）农民集中居住稳步推进。第一轮农民集中居住计划完成2924户，实际需完成2574户，已完成签约2556户，签约率99.3%，完成数量占全市全部农民集中居住户数的21.3%。第二轮（2018—2020年）农民集中居住已完成搬迁农户的排摸，共涉及农户搬迁2781户，其中市级生态廊道1437户，区级生态廊道1332户，金山工业区奉朱公路周边12户农民搬迁计划统一纳入农民集中居住工作。安置基地方面，漕泾镇已完成农户安置工作，并通过区级各部门验收。山阳镇G7地块已于8月底开工，山阳镇G8地块已于11月开工。金山卫镇拟订安置基地新址为L地块，目前控规调整方案已完成，准备上报市规土局审批。

（三）路灯建设管理体系不断完善。路灯建设有序推进，计划年内完成6条道路、12个路段实施路灯新建工程，共安装路灯989座，配套实施路灯控制柜安装、电缆敷设、道路及绿化修复等。金山区涉及大亭公路、南亭公路、枫美路、沪杭公路、兴豪路、亭枫公路等178条道路，利用争取到的市级资金新装456套RTU（路灯远程监测系统）监控设备，加快实现路灯控制箱和RTU监控设备一一对应。启动金山区道路照明信息化平台建设。经排摸，目前金山区路灯总数约4万盏，16809盏路灯纳入区建管委养护和维修工作外，约4300盏市管路灯，以及各镇自建路灯（数量尚在排摸中）和农村地区路灯暂未纳入金山区养护维修。历年新建未移交至区建管委路灯2842盏，明年计划纳入区建管委养护维修1027盏。目前信息化平台建设已启动项目采购工作，预计于年底前进行平台搭建。

（四）农村低收入户危旧房改造即将完

工。2018年金山区农村低收入户危旧房改造完成64户，并计划于2019年一季度完成补贴资金的下拨工作。

（五）做好工作前期规划。海绵城市建设规划方面，以《金山区海绵城市建设规划（2018—2035年）》为基准，深化金山新城、枫泾镇、朱泾镇等重点建设区域的海绵城市规划编制。地下管廊专项规划方面，启动地下管廊专项规划编制，目前已通过政府采购、公开招标确定专业设计单位，对金山区地下综合管廊规划编制总体思路、重点建设区等开展专题研究，基本形成了专项规划编制初稿，待征求相关部门意见进一步完善。

三、坚持抓改革、促优化，体制机制创新成效凸显

（一）加快行政审批改革步伐。以市政府《进一步深化本市社会投资项目审批改革实施办法》《上海市工程建设项目审批制度改革试点实施方案》文件为起点，不断深化落实“2+10”“1+5”改革新政，积极探索工程建设项目全流程、全覆盖审批改革工作。施工许可阶段审批平均用时10个工作日，较法定平均审批时限20个工作日大大压缩；试行联合竣工验收审批平均用时7个工作日，较原先审批时限38个工作日提速明显。

（二）建筑行业监管能级不断深化。2018年继续深化区委工程建设领域预防职务犯罪课题“1+7+1”成果转化，重点突出制度化完善，7个规范性文件已全部发布。建立金山区小型建设工程承发包交易平台，通过建立小型承发包平台，将原先近30天的招标手续缩减至10天以内，节约了标书制作、专家评审等各类费用，并有效遏制了工程建设领域可能存在的廉政风险和人情因素，进一步降低了职务犯罪发生风险。

（四）建设工程领域质量三年提升行动全面推进。一是抓好建材质量把控。加强施工过程施工单位自检、监理单位验收确认的程序监管，形成材料管理的闭合。对全区违规海砂使用情况进行专项检查，确保金山区建筑材料质量可控。二是深入落实住宅工程分户验收工作。扩大分户验收比例，探索第三方质量验收示范型工程。

四、坚持守底线、保安全，城市运行平稳有序

（一）三大行业监管更加有力。今年金山区在建工地未发生安全生产死亡事故，燃气行业、地下空间未发生各类事故。建筑业共抽查工地843个次，共办结建筑建材业行政处罚55起，较去年下降17.9%，罚款金额273.83万元，较去年下降40.8%，并继续推动“两场联动”监管模式。针对高空坠物开展了玻璃幕墙专项整治工作，共完成81栋玻璃幕墙建筑的检查，排查并解决安全隐患44项。面对“安比”“云雀”等台风考验，落实委领导带头应急值守制度，着力打好防汛防台攻坚战，共出动台风应急检查人员856人次，撤离工地人员13775人次，做好人员的维稳工作，未发生人员伤亡。燃气业共出动检查269人次，发现隐患数32处，开具责令整改单5张，隐患均已得到及时整改。8月以来，金山区启动瓶装液化气专项整治工作，共入户排查瓶装液化气用户10.43万户，开展专项检查执法300余次，开具责令整改单70份。地下空间使用安全管理不断加强，共开展联合检查3次，发现隐患问题11条，均落实整改。

（二）信访维稳和投诉工作稳妥开展。重点做好农民工欠薪和12345、12319信访投诉。2018年，共受理各类信访467件，其中受理农民工欠薪上访39起，涉及欠薪金额2332.34万元，欠薪人数1147人，较2017年同比分别下降了44%、3%和6%，未发生因欠薪问题导致的群访、闹访及群体性讨薪事件。积极推进工地实名制管理，目前金山区建设工地实名制作业人员信息登记总登记人数55110人次。已有81家施工单位实行了“两个台账”（人工费支付台账和工人工资

支付台账）的登记工作，占项目数的85%。

金山区绿化和市容管理局

2018年，区绿化市容局以党的十九大精神为指引，按照区委区政府的总体部署，区绿化市容局紧紧围绕“两区一堡”战略定位以及“三区”“五地”工作目标，不断优化区域生态环境，有效改善市容环境面貌，加快提升行业服务水平，圆满完成全年各项工作任务。

（一）围绕中心工作，区级重点任务有序推进

一是做好进博会市容保障工作。牵头制订《金山区进博会市容环境保障方案》，完成环卫保洁、灯光广告、绿化景观、市容环境和水域环境等五大方面22项113个环境整治项目。同时，落实重点区域范围保障工作，完成对沪杭高铁沿线（朱泾、枫泾）可视范围内（1000米以内）及枫泾古镇市容环境问题的全面整治。

二是推进全国文明城区创建工作。制订《金山区市容环境组创建全国文明城区三年行动计划（2018—2020年）》，召开市容环境组创城工作推进会，明确责任目标，落实具体分工，紧盯测评问题，落实整改措施，牵头市容环境组各成员单位全力推进市容环境美化专项行动，优化市容环境整体面貌，在相关测评中成绩明显提升。

三是推进城市精细化管理工作。制订《金山区“美丽街区”建设三年行动计划》，明确6大块35类65项美丽街区建设任务。同时，以“美丽街区”示范点建设为抓手，形成“一街区一方案”特色创建模式，以点带面，全面铺开“美丽街区”建设工作。目前，3个“美丽街区”示范点（金山工业区、漕泾镇、张堰镇）已经建设完成，剩余8个正在积极推进中。

四是推进垃圾综合处置设施建设。金山区固废综合利用工程（湿垃圾处置、炉渣综合利用），正在开展详规调整及立项工作。目前金山永久生活垃圾综合处理厂改扩建工程（一期）正在推进环评、稳评工作及初步设计工作。金山永久生活垃圾综合处理厂改扩建工程（二期）正在进行立项工作。金山区建筑垃圾处理项目，选址调整在“金石路以西，沈海高速以南，规划G228道路两侧”，目前已完成专项规划编制及专项规划网上公示。

五是推进区域环境综合整治项目建设。顺利完成卫零北路（龙堰路—漕廊公路）道路绿化建设工程。

六是开展空中坠物安全隐患整治。制订《金山区全面开展空中坠物、户外广告、招牌安全隐患专项整治实施方案》，在全区范围内开展户外广告、店招店牌排查摸底及隐患整改工作，发现隐患1425块，拆除939块，加固422块。建立“一店一档”数据档案9739份。

（二）坚持建管并举，生态环境质量不断优化

一是推进绿化建设工作。完成杭州湾大道（沪杭公路—体育场北环路）绿化工程、卫六路（金山大道—沪杭路）西侧绿化改造项目建设。全年完成各类绿化建设32.8万平方米（其中公共绿地14.49万平方米）；完成立体绿化建设10015平方米（其中屋顶绿化3150平方米，其他绿化6865平方米）；完成绿道建设16.1公里。

二是打造城市景观亮点。推进重点区域花卉景观布置工作，以中心城区“四纵四横”主要道路为重点区域，完成花卉景点布置9处，花境3处，容器花卉增加至540个，花卉布置面积约8000平方米。推进绿地景观提质工作，对各类绿地补植乔木336株、灌木3267株、色块2220平方米、地被20480平方米，草皮18500平方米。完成板桥路、金山卫站南广场、前京大道等路段的行道树更

换补植工作，更换行道树125株，更换树穴盖板203套。推进古树名木保护工作，全区新增古树资源8株。朱泾镇罗星路成功创建为金山区第9条市级林荫道。

三是加强绿化巡察指导工作。根据全国文明城区创建标准和市绿化市容局考核工作要求，加强绿化三级巡查，着重对18个公共绿地点位和77个居住区点位进行现场巡查、指导，并落实问题整改工作。

（三）突破重点难点，市容环境面貌持续提升

一是深化生活垃圾分类减量工作。根据市府关于2019年底前金山区实现垃圾分类全覆盖的工作要求，制订《金山区2018—2020年生活垃圾全程分类工作方案》，通过绿色账户积分兑换等正向激励措施，切实提高居民生活垃圾分类意识和分类实效。全年，绿色账户覆盖居民20万户，累计积分超过1.2亿分，开展绿色账户兑换积分活动500余次，开展分类培训讲座150余次。会同区机管局推进党政机关单位生活垃圾强制分类，135家党政机关等公共机构开展单位生活垃圾强制分类工作。推进农村生活垃圾分类减量工作，对全区124个行政村开展分类知识的宣传、告知和培训。在2017年完成13个农村生活垃圾示范村创建工作的基础上，今年完成20个农村生活垃圾示范村创建任务，以点带面，逐步实现农村生活垃圾分类全覆盖。会同区经委推进“两网融合”工作（再生资源回收和生活垃圾清运体系两网融合），对66个回收网点、5个资源中转站选址进行排摸梳理，龙胜路再生资源回收中转站初步建成。

二是强化市容环卫长效管理机制。规范户外广告设施管理，制订《金山区户外广告设施设置阵地实施方案》。推进违法户外广告设施整治工作，完成2018年市督办整治任务9块，完成区对应整治任务362块。加强餐厨垃圾及餐厨废弃油脂监管，共受理1170家企业签订废弃油脂收运协议，1046余家企业签订餐厨垃圾收运协议，共回收废弃油脂2411吨，收运餐厨垃圾14359吨。加强建筑渣土申报管理，共受理排放处置申报审批64次，申报量363万吨，申报规范率100%。做好道路扬尘污染防治，全区一级道路机扫率、冲洗率80.7%，二级道路机扫率、冲洗率达到75.3%，三级道路机扫率、冲洗率达到70.8%，全区各镇道路保洁率100%。做好景观灯光日常监管，完成杭州湾大道、前京大道景观等7处灯光建设和改造工作。落实市容环境卫生责任区制度，推进13条市容环境卫生责任区管理示范道路建设，提升50条中小道路垃圾上门收集成效。

三是完成“清废行动2018”督查整改工作。根据生态环境部公布的涉及区绿化市容局的1个挂牌督办问题，制订《关于金山区建筑垃圾资源综合利用处置点的整改方案》，并按规定时限和工作要求，于6月25日前完成整改任务，一次性通过生态环境部的核查。

四是完善环卫设施配置工作。不断加大环卫保洁设施更新改造力度，完成27辆环卫专用车辆采购工作。对石化街道2座公厕进行改造并增加第三卫生间，对4个小区垃圾房开展维修改造。

（四）加强创新实践，行业改革工作稳步推进

一是深化养护作业市场化改革工作。根据《本市进一步深化绿化市容养护作业市场化改革的实施方案》文件精神，进一步强化养护作业合同管理，完善第三方考评机制，成立应急保障队伍，对新增养护项目全部采用政府采购公开招投标，稳步推进养护作业市场化改革工作。

二是推进行政审批改革及投诉平台建设。办结行政审批事项438件，其中园林绿化类113件、市容环卫类325件，未发生不满投诉和行政复议情况。规范局系统投诉受理工作，共受理诉求774件，其中绿化条

线211件，群众满意率96%，市容环卫条线563件，群众满意率95%，电话回访市民2300余人次。

（五）倾听群众呼声，行业服务质量有效提升

一是推进大调研工作。成立局大调研工作领导小组及两个工作专班，聚焦绿化市容行业，深入基层、深入群众，了解社情民意、完善政策举措、解决实际问题、补齐短板不足。全年，区绿化市容局共开展大调研活动331次，走访农户952户（完成率104%），社区居民33户，企业93个，收集各类问题建议535个，解决303个。报送调研手记3篇，调研报告2篇，建立常态长效机制2项。

二是完成人大、政协、党代表意见办理工作。根据区级层面办理工作具体要求，强化沟通走访，注重办理实效，落实跟踪督查，13件人大代表建议、批评和意见及政协委员提案、2件党代表意见全部办复。

三是开展行业服务活动。组织开展2018年全民义务植树活动，共计种植东方杉、湿地松、榉树、乌桕、女贞和朴树等树木1800棵，绿化面积达20000平方米。推进绿化认建认养活动，共有9家单位、123位市民参与金山区绿化认养活动，认养树木112株、古树及后续资源14株等。推进绿化服务“六进”活动，开展各类绿化服务活动近60次，向社区、公园、街镇等赠送盆花14000余盆。推进公厕文明行业及道路保洁、垃圾清运文明行业创建活动，完成石化街道2座公厕、亭林镇、漕泾镇4座第三卫生间改建工作，51个道路保洁和垃圾清运班组成功创建为文明班组。

（十二）松江区

松江区建设和管理委员会

2018年，松江区建设和管理委员会在区委区政府的坚强领导下，全面贯彻新发展理念，落实高质量发展要求，围绕“一个目标、三大举措”战略目标，唯实唯干，克难奋进，以更加勤奋、更加务实的精神全力做好建设管理各项工作。

一、着眼效能提升，推进投资审批制度改革落实

3月起全市范围内开展社会投资项目审批制度改革，9月起扩展到全部项目，包括竣工验收制度改革。协同规土等有关部门高效落实了审改措施，发出全市首张社会投资项目施工许可证、首张全流程项目竣工验收备案证，2018年始终保持联审平台信息报送量及发证量全市第一，积极助力G60科创走廊发展成为长三角一体化国家战略重要平台。

1. 优化审批，加速G60产业项目落地。积极贯彻“简政放权＋互联网＋店小二”这十字方针，做好企业“店小二”，审批部门跨前一步提前介入，主动上门提供精准服务，积极对接企业，海尔智谷、清华启迪、修正药业等7个百亿级重大项目全部开工，102个先进制造业项目落地。

2. 创新举措，加速项目审批流程。针对G60科创走廊产业项目积极主动对接，创新设立预审批绿色通道，加速重大项目办证。加强线上线下联动，部门互联互通同步审批。定期梳理项目进度及存在问题，及时研究分析横向协调、向上争取，确保审批过程快捷、有序。

二、着眼民生需求，提升建筑工程质量水平

1. 坚持高压态势，确保建设工程质量安

全整治见实效。优化松江区建筑市场环境，谋划全区建设工程质量提升专项行动。针对松江区建筑市场目前仍存在的五方责任主体落实不到位、建设工程质量标准化执行不严、建筑市场诚信度不够、监管执法水平有待提高等四方面比较突出的问题，拟定《关于开展松江区建设工程质量安全提升专项行动的请示》，并制订《关于开展松江区建设工程质量安全提升专项行动奋力推进建筑业高质量发展实施方案》经区政府批准。通过开展工程质量安全提升行动，强化事中事后监管，工程质量安全管理制度进一步完善，使工程质量安全主体责任落实更加到位，工程质量安全监管水平明显提高，房屋质量投诉明显减少，群众满意率明显提升。

2. 坚持问题导向，全面提升信访维稳工作水平。回应百姓诉求，妥善处理了各类来信来访投诉件 1720 件，主要涉及房屋质量、路灯及燃气等多方面问题。接待上访民工 250 批次，涉及人数 3015 人，涉及工资 7916.5 万元，已调解 7628.2 万元，调解成功率 96.36%，其余正积极调解中。梳理形成《松江区建设和管理委员会 12345 市民服务热线管理细则》和《松江区建设和管理委员会关于深入开展信访矛盾化解攻坚战实施方案》，不断提高信访及 12345 热线工作办理质量和服务水平，提升市民满意度。

三、着眼发展服务，全面完成重点项目建设任务

1. 强化调度推进机制，抓实重点项目建设。2018 年松江区共承担市、区级重大工程建设项目 94 个，其中市级 16 项、区级 78 项，区级项目全年计划完成投资额约 102 亿元。项目主要集中于产业科创、基础设施、民生保障、新型城镇化建设四类领域，严格执行重大项目工作机制、考核管理机制、督查督办机制，确保项目有序推进，顺利完成全年目标任务。受理批复城维项目立项申请 6 个。

2. 聚焦为民利民惠民，推进民生实事工作。重点建设浦南地区天然气主管网（叶新公路段）及新浜、泖港、叶榭、石湖荡四镇支管网。完成政府动迁安置房小区天然气接装 5371 户，超额完成了原订两年计划。完成瓶装液化气居民用户及非居民用户安检 21.2 万户，管道燃气居民用户 19.8 万户。办理人大政协议提案 17 件，主要涉及路灯、燃气及审批等方面，代表满意度 100%，被评为 2018 年度办理区人大代表建议和政协提案工作表扬单位。

四、着眼精确管理，提升城市管理服务能级

1. 长效常态，施工工地逐步实现规范化管理。2018 年全区建设工程 700 余个，其中建管委监管建设工程 284 个，建筑面积 1086 万平方米，工程造价 481 亿元。为提升建设工程文明施工管理水平，防范、遏制各类施工安全事故的发生，进一步巩固 2017 年整顿规范建筑市场秩序的成果，开展了文明施工专项治理，重点突出工地渣土、扬尘、噪声、安全等方面管控，累计检查建设工程 219 个，开具整改指令书 89 份，局部暂缓施工指令书 23 份，三类人员诚信计分 12 人次，立案处罚 8 起。

2. 系统全面，推进城市基础设施维护。完成松江区中心城区五个街道道路的全部 4718 公里地下管线信息排摸，信息统一归入上海市地下管线信息平台，为松江区“城市大脑”信息库、城市安全运行及监管提供数据支撑。检查全区地下空间 733 处，总面积 476.7 平方米，检查全区既有建筑玻璃幕墙 333 幢，建筑面积 250 万平方米。日常养护道路照明设施 4.3 万盏，平均亮灯率 99.22%。解决区内多个路段的“有路无灯”问题，其中沈砖公路（青天路—辰山塘桥）新增道路照明设施正在建设，春节前亮灯。

3. 提质提速，建设综合管理信息平台。为解决目前地下空间、地下管线、地下综合管廊、照明设施、架空线和既有建筑玻璃幕

墙管理零散、数据壁垒等问题，探索建设综合管理信息平台，整合对接六大领域基础设施情况，预计2019年可投入使用，奠定松江区城市基础设施信息化标准体系的基础。

4. 强化执法，履行建设领域行业监管职责。研究部署建设领域安全生产工作，制定下发安全生产类系列文件15份。在日常巡查、检查的基础上，开展建筑施工安全专项治理、建设工程消防安全大排查大整治、空中坠物安全隐患专项整治、液化石油气专项治理等专项检查十余次，对在建工地、燃气企业、地下空间等行业领域安全督查40余次，出动检查逾4000人次，排查及整改各类安全隐患148项，牢牢守住安全底线。2018年发生死亡事故4起4人。

五、着眼“绿色转型”，站高谋实新型城镇化试点

1. 因地制宜推进综合管廊建设。松江区南站地下综合管廊规划总长度21.7公里，预计总投资31亿元。管廊一期已实现部分廊体贯通，完成结构总长度的85%，预计2019年投入运营，二期总长度为7.503公里，2018年5月正式开工，正在进行部分区域施工，预计2020年建成。

2. 生态海绵城市重构城市水生态。全面启动松江区海绵城市建设工作，联合区水务局完成了《松江新城核心区海绵城市建设规划》，试点内区域（南部新城、南部郊野公园以及国际生态商务区）完成道路建设、生态驳岸、生态绿地等年度计划任务，试点区外完成三家污水厂的提标改造工程，在美丽乡村、农林水河道整治、旧小区改造及九科绿洲项目中也融入海绵元素。

松江区绿化和市容管理局

2018年，区绿化市容局在区委区政府的坚强领导下，紧紧围绕区委“一个目标、三大举措”战略布局，以让城市“更有序、更安全、更干净”为目标，以创全、迎进博为重要契机，加强了以城市管理精细化为重点的各项行业管理工作的统筹协调和整体推进，行业发展基本面总体健康向上，顺利地完成了年度目标任务，被评定为上海市绿化市容行业优秀等次，并被授予“绿容杯”荣誉称号。市、区指标性工作和重大工程项目建设全部落地，松江区市容环境质量综合考评成绩保持全市郊区第一（已连续13年）。生活垃圾分类减量实效和公共厕所管理、道路保洁、垃圾处理实效全市领先，其中道路保洁和垃圾清运在全市文明指数测评中位列全市第一，公厕管理位列全市第三，有2座公厕获评上海“最美公厕”、1座获评十大上海“市民最满意公厕”；局办理人大、政协议提案工作被区评为“优秀单位”，政务信息工作位列全市行业第二并被评“优胜单位”，工会（全区排名第二）、妇联工作被区评为优秀等次，志愿者工作被区评为“先进单位”；园林绿化管理中心被评为市绿化行业“先进集体”，方塔园首次参加第十五届中国杜鹃展获1金2银3铜并通过4A级旅游景区复核，醉白池公园晋级五星级公园。工作及成效主要体现在以下五个方面：

一是重大工程项目全部落地。克难攻坚推动市、区指标性工作和重大工程项目建设落地。尽管困难重重，但经过反复协调，湿垃圾资源化利用工程和建筑垃圾资源化利用工程如期在8月开工建设，成为全市重大项目中首个开工的项目，天马焚烧厂二期工程已获施工许可证并顺利通过环评听证。区实事项目的生活垃圾分类减量工作和绿道建设，其中生活垃圾分类全覆盖和全程分类体系建设被列为全市六个率先推进区之一，提前超额完成指标。加快开放式公共绿地建设，6座街心花园全部建成向公众开放，新建公园绿地90.879公顷、立体绿化15682平方米、绿道15.1公里。新建九里亭公园项目，已获得可研批复。有轨电车T1、T2沿线绿化恢

复工程年底开工。配合做好董其昌书画艺术博物馆建设开馆和日常运行保障工作。优化审批流程，依法依规开辟绿色通道，全力支持G60科创走廊为重点的全区重大项目建设。

二是市容管理水平有效提升。牵头推进全区“美丽街区”创建工作并在岳阳街道召开“美丽街区”现场推进会，以点带面指导街镇对2个市级、72个区级“美丽街区”创建区域的推进。全力推进进博会市容环境整治类项目实施，九亭、九里亭、佘山、新桥、车墩等重点区域88个任务清单全部销项。深化“补短板，治五乱”综合治理，落实责任区“七个一”工作，取缔菜花泾菜场等中度污染点7个、管控点4个。完成中央公园三期、四期景观灯光大修，深入开展违法户外广告设施和店招店牌整治，拆除市级督办广告73块，完成率61%；拆除区级督办户外广告设施172块，完成率100%；其他各类违法户外广告669块，完善广告招牌数据库，拓展重点路段（商圈）招牌改造。积极有效完成台风“安比”“云雀”“温比亚”等防御应对工作。优化巡查检查机制，提升文明“创全”巡查问题整改效率和质量，做好长三角高峰论坛、元旦登高、端午龙舟赛等重大活动和中秋、国庆重要节点的市容环境保障。两座公园突出各自特色，在提升服务质量、丰富品牌内涵上迈上新台阶。

三是督查督办问题整改有力。积极推进以原填埋场污水预处理设施提标改造为重点的各类环保督查问题整改和项目实施，督促指导街镇加强建筑垃圾消纳处置，加强建筑渣土运输处置监管。协同做好非洲猪瘟防控工作，推动餐厨废弃油脂管理申报和收运“两个百分百”全覆盖。高度重视督办工作，共接办区委区政府督办件和区委区政府领导批示件20件，社情民意处理函8份，办结率100%。高标准办理区人大、政协议提案26件，处理人大代表进选区、党代表进社区收集意见建议20个。今年，局被列为区政协民主评议提案工作两个试点单位之一，受到区政府和区政协的好评。年底，被区政府评为2018年度办理区人大代表建议和政协提案工作优秀单位。组织开展高空坠物大排查大整治，检查各类单位、居民2.2万余家，排查安全隐患7706处，确保行业管理稳妥有序。积极化解市民急难愁，受理12345、12319和其他各类绿化市容热线投诉共1171件，处置率、回复率和反馈及时率都有新的提升。

四是垃圾综合处理巩固提升。协调推进3个垃圾资源化利用项目建设落地，以原填埋场环保整改提标项目为重点的5个环卫应急抢险项目按时间节点实施。稳步推进生活垃圾全程分类体系三年行动计划，“两网融合”服务网点累计481个，公共交投站累计14个，绿色小屋累计18个，分类收集亭累计214个，垃圾房改造150座。巩固源头减量实效，全区新增垃圾分类居住区19080户，完成年初指标的120%，累计分类户数45.7万户，定时定点小区累计163个。作为全市两个试点区之一，会同区机管局全力推进党政机关公共场所生活垃圾分类减量工作，扎实推进单位生活垃圾分类申报，累计推开单位生活垃圾分类5173家。做实垃圾收运规范措施，最大限度杜绝环卫车辆“跑冒滴漏”。指导净达公司投入200万元，建立了全区垃圾清运、环卫作业远程视频监控系统。组织开展餐厨废弃油脂产生单位非法处置行为专项执法，加强建筑渣土运输处置监管。

（十三）嘉定区

嘉定区建设和管理委员会

2018年，区建管委（交通委）深入贯彻十九大精神，全力助推科创中心重要承载区和现代化新型城市建设，按照区委区政府的工作部署，注重规划研究编制，稳步推进重大工程和基础设施建设，强化建筑和交通行业监管，不断提升城市精细化管理水平，较好地完成了全年工作任务与目标。

一、专业规划科学编制，城市面貌焕然一新

1. 专业规划编制：提前谋划综合交通大格局，结合嘉定区2035年总体规划，完成嘉定区综合交通专项规划；继续推进沪嘉高速公路沿线路网提升规划落地和长三角交通一体化工作，完成城北路、嘉新公路、横仓路和彭封路的红线专项规划编制；配合市交通委完成吴淞江（上海段）行洪工程嘉定区桥梁建设情况梳理和红线专项规划；编制完成《嘉定内河专业作业区布局规划方案（2017—2035年）》和《嘉定区公交场站设施现状及规划建设调查研究》。牵头编制并基本完成了《嘉定区海绵城市建设规划（2018—2035年）》。

2. 老城风貌区建设改造：护国寺本体项目，设计方案基本稳定，已取得建设项目选址意见书、土地权属测绘报告，完成土地预审，并已取得建设用地规划许可证；西门文化公园项目，设计方案基本稳定，现已取得项目建议书和项目选址意见书批复，完成土地预审，并取得建设用地规划许可证；北静山停车场项目设计方案正进一步深化。按照老城2018年资金计划及有关调整，执行完成资金预算3亿元。

3. 保留保护村住房更新：一是编制保留保护村村民住房风貌设计导则，完成5种不同风貌的住房设计方案；二是编制建筑设计指引文件，指导后续建筑设计工作；三是对嘉定传统建筑特色再提炼，确定建筑风貌控制要点；四是编制建筑设计方案推荐图集，设计出12个建筑单体方案；五是编制村民住房建设风貌控制和安质监管理要求。相关的文件和图集已经被区政府采纳，并在全区进行宣传、使用、推广。

二、重大工程稳步推进，城市功能不断完善

1. 重大工程建设：2018年，嘉定区聚焦基础设施、社会事业、产业发展、住房保障等方面推进重大工程建设。截至12月底，重大工程建设完成投资70.5亿元，上汽大众MEB、湿垃圾资源化利用项目、建筑垃圾资源化利用项目、S7公路二期、城北路等17个项目实现开工建设；增设G1501永盛路下匝道、安亭新镇九年一贯制学校等9个项目已建成，其中环城河步道和南翔污水厂投运后，深受市民好评，成为2018年“网红”工程；续建项目均已完成阶段目标，其中沪通铁路一期（南通—安亭）线下工程和站线铺轨全部完成，轨道交通14号线封浜站至嘉怡路站区间盾构已贯通，S7公路一期主线高架结构已建成，轨道交通11号线陈翔路站钢结构施工基本完成，陈翔路地道结构已完成，为助力“长三角一体化”基础设施互联互通打下了扎实基础。

2. 省际对接道路、区区对接（断头路）建设：省际对接道路—城北路施工许可已取得并进场开工。今年嘉定区牵头实施的区区对接（断头路）项目共10个、配合实施项目1个。陈翔路下穿S5地道结构贯通，花家浜路、于田路涉铁节点机动车道桥建成通车，外青松公路涉铁节点黑线内工程完成，裕民南路下穿G1501地道、百安公路涉铁节点、安虹北路涉铁节点、临洮路跨吴淞江桥陆续进入施工阶段，于塘路涉铁节点、春浓路涉铁节点正在抓紧办理前期手续，和裕路涉铁节点因可行性不足，已上报市政府建议取消。

3. 大居外配套项目：嘉定区今年须推进的大居外配套项目6个，其中道路项目3个、供排水项目3个。安亭水厂三期扩建供水管配套工程基本完成，陈翔路地道、安亭水厂三期扩建工程、黄渡2#污水泵站改造及春归路污水管道等3个项目开工在建，分别完成74%、85%、20%的工程量，陇南路、和宁路等2个项目正在抓紧前期工作。

4. 进博会保障工作：一是牵头绿容、交警、江桥镇政府，着力提升西虹桥区域综合环境面貌，主要包括华翔路、华江公路和金沙江西路的道路维修、桥隧涂装、道路景观、建筑立面和智能交通5个方面内容，工程总投资约12523万元。按照进博会有关要求，继续加强该区域的道路养护管理工作，对区域内的区管道路进行每日全覆盖巡查，对发现的道路病害及道路设施的破损进行及时的修复和更换。二是圆满完成内宾接待任务和远端安检车辆保障工作，提供保障车辆172辆次，全程零事故、零投诉，为嘉定区观展的6000余名观众提供了舒适安全的出行体验。三是做好行业安全生产工作。开展非法液化石油气整治，取缔“黑窝点”10个，查没“黑钢瓶”483只；对所有在建工地开展空中坠物、消防、空气质量等一系列专项检查，重点检查疏导区6个工地停工措施落实情况。四是对进入上海黄浦江水域的所有船舶进行进博会专项安检，对船舶运行轨迹、船员信息进行比对。共检查船舶215艘次，核对船舶船员信息2362艘次。

三、城市精细化管理全面落实，文明城区创建成果持续巩固

1. 加强建筑行业监管。一是突出制度供给。结合“六同机制”，实施建筑行业监管三级巡查制度，压实党委主体责任、纪委监督责任、部门监管责任，强化企业主体责任，加强执法人员监督管理。修订完善《建设领域失信“黑名单”管理办法（试行）》，营造“守信得益、失信惩戒”的良好氛围。制定《嘉定区小型建设工程承发包活动管理办法（试行）》，有效规范小型建设项目工程承发包活动。二是加强行业监管。牵头开展既有玻璃幕墙建筑专项排摸，建立“一楼一档”的工作机制，确保全区玻璃幕墙安全使用；牵头组织开展户外设施专项检查，做到即知即改，实现长效管理，确保全区户外设施使用状况良好。三是推进绿色发展。推进建筑节能和建筑产业化发展，落实绿色建筑总建筑面积46.73万平方米，装配式建筑面积146.76万平方米。深入推进能耗监测系统建设，稳步推进既有公共建筑节能改造。

2. 加强交通运输行业监管。地面公交：制订并推进实施年度公交线路新辟、调整计划，新辟3条公交线路，调整17条公交线路的走向，在21条公交线路上增设停靠站，进一步方便市民出行。优化出行环境，提高班次密度，延长运营时间，年内新购新能源公交车119辆，延长17条线路运营时间，增加23条线路运能，增设100座公交候车亭。公交企业全面实现智能集群调度管理，进一步完善公交APP发布应用，推进电子站牌建设，年内共改造和新建电子站牌115个。不断探索公交运营特色服务模式，持续提升公交服务水平，嘉定9路“空乘式服务”线路被中国土木工程学会评为“全国公交特色服务示范线”。道路运输：重点加强“两客一危一公交”行业安全监管，全面深化安全防范各项工作措施，扎实做好外省市道路危化品运输车辆入网查验工作，共办理入网查验车辆661辆；受理网络预约出租汽车驾驶员人员背景审查354件。稳步推进平安交通百日行动，全面开展管辖行业安全隐患排查治理。做好元旦、春节、春运、清明、五一、十一、进博会、紫藤盛花期、F1赛事等重要时间节点交通运输行业安全生产及保障工作。始终保持对非法客运高压严打态势，严查无证网约车、四轮机动车、克隆出租车等非法客运违法案件。积极推进静态交通建设，完成配建机动车停车场（库）竣工验收46件，核定泊位11031个（其中安装充电桩泊位569个）；累计实施停车资源共享利用项目6个，泊位277个。水上运输：加强水上交通联合执法，签订沪苏毗邻地区水上交通执法监管合作协议，提升突发事件的应急联动处置能力；加强泥浆、渣土运输船舶和内河码头管理，确保嘉定区水上交通安全、有

序。

3. 提升市政公用设施养护水平。推进大中修项目方案和前期手续办理，完善对道路大中修和抢修项目监管，规范掘路审批和桥下空间使用备案，做好交通“四类设施”养护管理，确保道路桥梁设施安全受控。牵头制定了《嘉定区城市道路和公路设施移交接管办法》，并报区政府批转。全面完成路灯接管，委托专业单位开展路灯运维管理，制定了《嘉定区道路照明工程建设和移交接管工作暂行规定》并报区政府批转。完成建成区范围内地下管线普查。加强道路下立交防汛管理，与各街镇签订责任书，开展专项检查，对发现的问题，督促权属单位落实整改；发挥地下空间联席会议作用，扎实推动地下空间安全隐患排查治理工作。开展非法占压燃气管道整治，落实街镇属地化安全责任；研究出台瓶装液化气配送方案，推广瓶装液化气规范统一配送。加强燃气行业安全监管，推进安装报警保护装置；发挥燃气管理联席会议作用，严厉打击非法经营液化气行为。

四、审批改革加快推进，营商环境持续优化

从2018年3月1日起，本市社会投资项目进入建设工程联审共享平台；从12月1日起，所有工程建设项目，全部进入建设工程联审共享平台。为落实市有关要求，区建管委克服各方面由流程再造带来的压力和困难，主动服务，压缩审批时间，确保了市级政策的全面落实。通过设置工程审批专窗，做到一口说清，一次性告知申报条件和提交材料要求；设置自助服务专区，建设单位可携带“数字证书”进行网上申报，减少企业多次往返，延长服务时间；建立“嘉定区工程建设项目推进群”微信群，各级行政审批部门人员、建设单位项目负责人等通过微信工作群平台畅通沟通交流渠道；会同区规土局和区行政服务中心召开建设项目专题推进会，对企业提出的问题进行协调、指导。

嘉定区绿化和市容管理局

2018年以来，区绿化市容局在区委区政府的坚强领导下，在各部门、各街镇的大力支持下，在全局上下的共同努力下，以习近平新时代中国特色社会主义思想为指引，牢固树立和践行“绿水青山就是金山银山”的发展理念，深入贯彻区委区政府关于生态文明建设和城市精细化管理等有关部署，提升站位，借势发力，狠抓垃圾综合治理补短板，改善城市市容环境面貌，努力营造精秀宜人的生态环境，圆满完成全年各项任务。

一、紧扣“全覆盖”要求，垃圾全程分类攻坚破难

1. 实现生活垃圾分类整区域全覆盖。成立由区委书记担任组长的生活垃圾全程分类体系建设工作领导小组，各部门、各街镇协同作战，推进落实《嘉定区生活垃圾全程分类体系建设三年行动计划(2018—2020年)》。截至目前，分类居住区新增278个16万户，累计覆盖800个46.1万户，覆盖率100%；绿色账户新增覆盖367个小区17.1万户，累计覆盖647个小区35.7万户，覆盖率81%。分类农村新增98个14万户，累计覆盖112个17.7万户，覆盖率100%。490家党政机关等公共机构、3775家餐厨垃圾产生单位严格执行强制分类要求。全区基本实现生活垃圾分类整区域全覆盖。

2. 打通分类收集和转运关键环节。完成109辆干垃圾、220辆湿垃圾、2辆有毒有害垃圾专用收运车辆的标识、涂装更新，杜绝混装混运，提高市民对垃圾分类收运环节的感受度及满意度。由市城投托底，依托现有的生活垃圾分类设施同步布局再生资源回收网点，覆盖12个街镇、194个小区。以“均衡布局、辐射全区”为目标导向设置区级集散场（马陆）。协同区财政出台低附加值可回收物补贴政策，试点对废玻璃回收实行按量补贴。

3. 末端处置设施建设取得重大进展。在区委区政府领导的关心和协调下，联合各部门和属地政府外冈镇团结奋战、艰苦努力，在与市城投集团鼎力配合下，嘉定区湿垃圾、建筑垃圾资源化利用设施于2018年底按期开工建设，预计2020年三季度投产运营，将为本区垃圾分类处置提供坚强保障。推广小型湿垃圾处理设备进机关、进企业、进社区，新增5台生化机应用于区级集中办公区域，实现湿垃圾就地就近资源化利用。

4. 建立建筑垃圾全程管控体系。关停各街镇自行设立的装修垃圾中转分拣场所，全区集中设立3处分拣处置场所（安亭镇宝丰路、南翔镇嘉绣路、新成路街道嘉罗公路），进行统一分拣和资源化利用，残渣进入区再生能源利用中心焚烧处理，有效控制装修垃圾处置流向。各街镇按照拆房（拆违）垃圾“一地一档”的要求，记录拆房（拆违）垃圾申报、委托运输、流量流向、处置渠道、费用支付等情况。完成工程渣土和拆房垃圾运输单位招标工作，9家中标单位进入本区建筑垃圾运输市场。

二、着眼“高质量”发展，生态环境建设持续加强

1. 绿色生态空间进一步拓展。新建公园绿地36.96公顷、绿道13公里、立体绿化1.5万平方米，加快建设21.39公顷城北大居配套绿化。2018年建成区绿化覆盖率达到38.53%，人均公园绿地面积达到18.4平方米。

2. 抓住市级重点生态廊道建设契机扩大造林面积。新增林地25.8公顷，启动1.3万亩“五廊一片”市级重点生态廊道建设，制定《嘉定区生态廊道建设实施办法》，为廊道建设提供规范保障。其中，吴淞江北岸和区再生能源利用中心周边生态廊道完成作业设计批复，其余京沪高铁、G2、G15和G1501生态廊道规划方案编制稳步推进。2018年全区森林覆盖率达到14.3%。

3. 生态景观亮点纷呈。举办“市民绿化节”系列主题活动，指导公园随季节流转变化主题布景，4月举办牡丹展、紫藤节，10月举办菊花展，全年举办25期园艺大讲堂。指导昌吉路创建市级林荫道，新成路和棋盘路优化植物景观配置，创建绿化特色道路。

4. 强化森林资源保护。推进嘉定区林业“三防”分中心信息化建设，严格落实森林防火预警监测和应急防控措施。开展存量森林资源更新调查试点，完成林地养护市场化改革。加强浏岛野生动物保护栖息地的管理，推广林下植被、草花播种，促进生态公益林与周边田、水、路等自然环境融为一体，吸引市民休憩、观赏。加强森林资源动态监管，做好林业有害生物监测防控，确保林业生态安全。开展野生动物疫源疫病监测防控，严防非洲猪瘟等疫情发生。

三、聚焦“进博会”保障，市容市貌对标一流水平

1. 全力做好进博会市容环境保障工作。将开展进博会保障作为提升本区市容环境面貌的重大契机，按照“对标一流、体现双最、优于世博”标准，协调完成道路交通、桥隧涂装、道路景观和建筑立面4个方面109个点位的整治提升工作。每周落实人员开展自查自纠，编制进博会推进整改落实情况半月刊，及时通报整治进展。做好面上市容管控，充分发挥区和街镇二级督查作用，开展市容环境综合整治查漏补缺，落实常态长效管理机制。

2. 强化市容环境责任区管理制度落实。2018年，全区共计签订责任区户数14968家，签约率达98%以上，按照“一店一档”管理要求将基础数据录入市、区两级监管平台，全区12条重点商业道路争创上海市市容环境责任区示范路段。

3. 强力推进户外广告和店招店牌整治。围绕排查安全隐患、提升景观品质，制订规范要求，全年共计发放安全告知书23866份，排查24571处户外设施，拆除违法户外广告

147块，拆除各类违规户外设施648块，对于检查和监测中发现的安全隐患，均已落实整改措施。同时，依据《嘉定区户外广告设施设置阵地实施方案》，全年共计审批户外广告14件100块。

4. 加强市容薄弱环节管控。每周对主干道沿线市容环境开展巡回检查，及时通报垃圾偷乱倒等问题，督促责任单位及时整改。落实《关于进一步补齐本区市政市容管理短板、全面提升市容市貌整体水平三年行动计划（2016—2018年）》要求，对三年梳理的点位进行综合整治、提升和巩固，三年以来共清理乱设摊40864次，乱占道亭棚149个，乱设小广告4002块，乱张贴（乱涂写、乱刻画、乱悬挂）320019处。

四、推动“精细化”管理，城市治理能力得到提升

1. 美丽系列创建活动有力有序。一是组织开展美丽公园（广场）创建活动。22个公园、广场参与创建，对照考核标准改善硬件，提升园容园貌和服务水准，充分发挥典型样本引领示范作用。二是启动“美丽街区”建设工作，嘉定州桥老街历史风貌区和嘉闵高架（G2京沪高速—莘松路嘉定段）申报市级项目。各街镇积极申报美丽路段，梳理管理设施、立面维护、景观品质、城市保洁等任务清单，加强日常管控。三是开展“美丽公厕”创建，制订创建标准和计划，南翔镇智地公厕被评为“上海市十佳美丽公厕”。

2. 环卫作业体现精细化水准。在全区24条道路开展沿街商铺生活垃圾定时定点上门收集，50条道路试点组团、快速巡回保洁作业。规范垃圾收集、清运、处置作业行为，通过日常巡查和4G监控，查处生活垃圾运输车辆渗滤液滴漏、过早出车、车容不洁等清运作业扰民行为共计62起，查处垃圾清运车辆超载、不按规定线路行驶及违规进场、卸料等行为共计480起，全部及时整改。

3. 公厕管理保洁向文明、最优看齐。在巩固98座文明公厕保洁管理的基础上，开展新一轮20座公厕的文明创建工作。根据《嘉定区公厕新、改建三年行动计划（2018-2020年）》，完成8座公厕改建和6座公厕的第三卫生间设置。

五、把握“新时代”特征，行业发展基础不断巩固

1. 提高诉求处置质量。全年共受理投诉件1035件，市民满意率为89.4%。涉及本行业舆情热点问题16件，信访事项19件，全部及时办结。办理人大、政协提案共20件。

2. 规范开展行政许可工作。共办理配套绿化审核意见67件、施工图审核58件、绿化竣工验收63件、临时使用绿地9件、临时占用林地26件、临时使用林地6件、林地抚育3件，办理建筑垃圾处置证86件、木材出省运输及林业植物调运检疫许可3.2万余件。

（十四）青浦区

青浦区建设和管理委员会

2018年是全面贯彻落实党的十九大精神的开局之年，是改革开放40周年，是决胜全面建成小康社会、实施“十三五”规划承上启下的关键一年。在区委区政府的正确领导下，区建设管理委紧紧围绕“建设现代化的新青浦，让人民过上美好幸福的新生活”的工作目标，始终坚持立足全市、全区发展大局，着力推进重大基础设施建设，落实“长三角交通一体化”战略，全面完成重点民生工程，不断深化建设和交通领域放管服改革，圆满完成服务保障进博会等重要工作任务。

一、突出重点，把握节点，全面推进重大项目及重点工作

（一）明确目标，推进市政府重点工作。

1. 区省对接道路项目：2018年计划实施

的区省对接道路项目共5项，其中打通项目1项：盈淀路（青赵公路—江苏省界），新开项目4项：复兴路北延伸段（淀山湖大道—江苏省界）、外青松公路（白石公路—江苏省界）、胜利路（白石公路—江苏省界）、东航路（沪青平公路—江苏省界）。盈淀路于2018年10月1日建成通车；复兴路北延伸段、外青松公路、胜利路、东航路均已开工。

2. 区区对接道路（断头路）：2018年计划实施的区区对接道路(断头路)项目共4项，其中打通项目3项:青昆路(G50—青浦区界)、汇龙路（双联路—闵行区界）、华志路（G15跨线桥—闵行区界），续建项目1项：复兴路（沈砖公路—G318）。青昆路于2018年7月建成通车。汇龙路于2018年10月建成通车。华志路于2018年12月完工。复兴路新建桥梁下部结构完成，跨线桥施工，路基施工，计划于2019年6月完工。

3. 断头河整治配套项目：华徐公路—三官塘桥正在进行施工招投标，计划先行实施钢便桥建设，待施工招投标完成后立刻开工；崧泽高架西延伸—张港桥桩基施工中，计划于2019年12月完工。

4. 市属项目：S26入城段已于2018年9月建成通车；G318跨嘉松公路桥人行天桥目前已开工，计划于2019年12月完成；诸光路（崧泽大道—闵行区界）目前崧泽大道—龙联路段结构部分已完成，龙联路—闵行区界段结构施工中，计划于2019年9月全部完成。

（二）坚定信心，推动区政府重点工作。崧泽高架西延伸正在逐步实施桩基、承台、立柱、便道等项目的施工，计划于2020年12月完工。盈港路二期、四期、五期均已建成通车。嘉松公路（沪青平公路—嘉定区界）桥梁施工，路基路面施工中，计划于2020年6月完工。山周公路（沪青平公路—嘉定区界）目前1标（G318—北青公路）强弱电施工中，计划于2019年12月完工。沈砖公路（朱枫公路—复兴路）强、弱电施工中，计划于2019年12月完工。金商公路（沪青平—陈新路）桥梁施工、路基施工中，计划于2019年12月完工。漕盈路北段（天辰路—香大路）桥梁施工、道路面层施工中，计划于2019年12月完工。练塘中心渡撤渡改桥、商榻南新渡撤渡改桥等项目桩基施工中，计划于2019年6月完工。开展《轨交17号线公交配套方案》后评估，优化调整青浦区公交线网，共新辟4条线路、调整25条线路走向、增加5条线路运能、调整7条城区线路首末班时间。推进液化气全配送工作，全区共涉及5家液化气经营企业，配送平台已接入区燃气中心，正开展液化气配送服务。

（三）夙兴夜寐，全力服务保障进博会。

1. 加大建筑工地监管力度。制订进博会青浦区建设工程安全生产保障工作方案，出台建筑工地安全生产和空气质量保障专项治理工作要求和危化品及易燃易爆危险品管控措施规定，落实进博会期间青浦区建筑工地管理告知承诺，保持综合执法、专项执法和巡查执法“三维执法”的高压态势，针对进博会“前、中、后”三个时段，组织开展项目排摸工作、安全生产大检查兼大型机械安全检查、建设工程防汛防台专项检查等一系列专项活动。通过青浦区建设领域各方努力，确保了建设工程文明施工各项达标、公益广告及景观围挡整洁美观，坚决消除进博会区域建筑领域各类隐患问题。

2. 完成公交停车运营保障。根据进博会保障方案要求，顺利完成进博会11个外部专用停车场建设保障任务，建设公交车位152个，大巴车位1271个，小车位534个；完成国家会展中心周边5条改扩建道路（蟠龙路、徐民路、龙联路等）沿线22个公交站点24座候车亭的建设安装工作；对进博期间周边16条常规公交线路进行增能，完成进博会区域4条停车场短驳线路以及轨交17号线应急线路的运营保障任务。7月底，顺利完成徐泾东公交枢纽搬迁工作。9月底前，对国家会展中心区域内相关公交站牌设施开展专项维护和更新，涉及公交站点71个。做好进博会期间公交运营保障，制订《中国国际进口博览会交通运营保障专项应急预案实施方案》，开辟轨交17号线应急保障线路，确保在展会期间各项突发事件的处置流程和措施到位。

3. 完成架空线入地及合杆整治。完成西虹桥地区8条道路、长度约18.38公里的架空线入地工作，合计整治道路上方架空线长度约95公里。为满足架空线入地后电力部门的供电荷载需求，8条道路周边新建电力开关站10座（K站8座、P站2座）。完成7条道路合杆整治工作，道路长度共6.91公里，总计建设综合杆416杆，其中3条新改建道路共建设综合杆247杆，4条已建道路建设综合杆169杆。

4. 保障道路交通安全。加大国展中心周边区域的行业监管，尤其是公交、出租、道路运输等行业，确保交通市场稳定有序。在国家会展中心区域累计开展"铁锚系列"市、区多部门集中非法客运专项整治行动40次，开展"青剑系列"区级专项整治行动61次。结合市交通执法总队关于"百日治超"的工作要求，针对国家会展中心周边重点路段会同区交警支队每周开展至少一次联合治理超限超载运输车辆的整治行动。共出动执法人员137人次、出动执法车辆150车次、检查运输车辆103车次、查处超限超载运输车辆61车次、上门约谈1家运输企业。对核心区域内的市管及区管桥孔开展安全检查，发现安全隐患2处并进行整改。投入约57万元对16座区管公路桥孔安装64个监控设备，实时监控桥孔运行情况。引入第三方安全巡查机构，对进博会核心区域21家地下空间开展安全使用巡查。

5. 开展海事专项整治。编制《中国国际进口博览会青浦区水上交通管控工作方案》《青浦区港航行业平安交通百日行动暨迎接进口博览会隐患排查治理行动方案》等，开展"迎接进博会 聚力保平安"内河港航行业火灾防控、入沪船舶专项安全监管、到港船舶燃油抽样送检、"收缴非法枪支弹药爆炸物品"宣传、加强船舶进出港检查、港口码头空中坠物专项整治等相关工作。全年开展应急演习7次，出动人员108人次，加强水上应急预案的实用性和可操作性，确保进博会期间水上安全形势稳定。

（四）积极作为，推进省市对接断头路。2018年青浦区省市对接道路计划实施5条。其中，盈淀路已建成通车，同时开通了2条跨省公交线路C3、C5路，复兴路、外青松公路、东航路、胜利路于2018年12月开工。根据区政府与苏州、嘉兴二市签订的战略合作协议中的相关工作内容，区建管委已同昆山、嘉善、吴江交通部门进行了详细的对接及沟通，初步拟定了下一阶段优先实施项目共5项，涉及昆山的锦商公路、新太路2项，涉及嘉善的丁西公路（金泽规划二路）、四联路及蒸俞公路拓宽改建等3项。年内完成方案对接并启动相关规划建设程序。

二、多措并举，大力提升，不断完善城乡配套建设

（一）攻坚克难，推进道路建设项目落地。做好新开工项目前期准备。2018年按目标任务推进道路建设项目进度。G1501下立交公交停车场已开工，东方绿舟站人行天桥扩初待批，徐泾北城站人行天桥扩初已批，蟠龙路站人行天桥工可已批，胜利路（上达河—青赵公路）勘察设计招标已完成，青浦大道（沪青平公路—五浦路）施工招标办理中，华青南路（崧泽大道—公园路）施工招标办理中。

（二）搭建平台，推进液化气全配送工作。协调推进液化气全配送工作。做好燃气管理整治工作，推进燃气管网隐患整治。推进天然气入户三年行动计划，年内青浦区天然气入户三年行动计划已完成约20000户，

正在实施的主要包括2017年结转和2018年新开的华新项目。结转至2018年的四个子项分别为赵巷、金泽、华新、白鹤，赵巷9月底完成，金泽、白鹤、华新11月开工。

（三）民生为本，大力改善乡村面貌。开展水、电、气“三单合一”试点工作。召开“三单合一”试点工作推进会，组建工作联络平台，积极研究试点模式，探讨建立成熟的推进平台及机制。开展农村低收入户危旧房改造，2018年共改造25户，其中修缮20户，翻建5户，年内全部完工。协助朱家角镇、练塘镇、金泽镇做好历史文化名镇保护专项规划修订和编制的服务指导工作。三镇的历史文化名镇保护规划作为专项规划纳入总规，现已通过市规土局审批。组织相关街镇积极开展申报2018年绿色村庄创建工作。根据市住建委相关要求，协同区绿容局开展2018年新一轮绿色村庄创建工作并进行上报。

三、精细管理，常态长效，确保城区运行安全有序

（一）强化措施，确保行业安全生产形势稳定可控。下大力气狠抓安全生产，对所涉及的建筑施工、交通运输、公路市政、燃气、港航船舶、地下空间和路灯等六大安全生产领域，连续三年推行“签约、培训、巡查、奖惩”安全生产监管四步工作法，控源头、压责任、重检查、严处罚。重点领域深入开展安全隐患整治，安全生产形势总体可控，年内未发生重大人员伤亡事故。

完善迎“进博会”加强安全生产工作方案。部署“两会”等重要时段安全生产工作。完成国务院安委办安全生产专项督导组、市安委会进博会安全生产保障、市交通委安全生产督导检查。组织开展“平安交通百日行动”扫黑除恶工作，2018年，建筑行业共查处违规工程案件99起；港航行业立案处罚803件；对辖区11个街镇“无证码头”进行排查摸底，现有无证码头24座，已发放海事建议函8份，要求各街镇落实主体责任，采取有效措施；交通运输行业开展省际客运、驾驶员培训及对非法客运等行业进行执法检查，立案处罚523件。区地空联办开展地下空间管理安全检查18次，出动检查人员2039人次，检查地下空间1042个次，发现并落实整改安全隐患342项，发放告知单29份。

（二）加大力度，提升道路日常养护管理水平。加强道路日常巡视养护，发现问题快速处置，努力保持道路完好率。

1. 区管公路日常养护：2018年区管公路养护完成17818万元，预算执行率98.09%。连续创建纪鹤公路(8K–13K)、赵重公路（6K–11K）为市级文明样板路，新创练西公路（0–5K）为市级文明样板路。

2. 区管公路大中修项目：共9项。2017年续建项目2个已竣工。2018年新开工7个项目。外青松公路路面整治工程、松蒸公路等5个整治工程基本完工，17号线配套工程、航道桥梁助航标志和防船撞设施施工工程2个工程计划2019年全部完工。针对养护大中修项目短、平、快的特点，优化施工方案、交通组织方案，严把施工质量关口，创建绿色文明工地。年内，外青松公路等8条路创建路政行业文明工地。

3. 市政道路日常养护：2018年市政道路养护完成5892万元，预算执行率99.75%。海盈路新创市级文明示范路。

4. 市政道路大中修项目：共3项。2018年新开工3个，分别是华民路青舟路路面整治工程、华浦南路和青龙路路面整治工程，年内全部完工。

5. 农村公路养护：2018年农村公路养护完成16125元，预算执行率97.88%。2018年农村公路大中修完成3项，在建10项，预计于2019年1月底完成。区级文明工地申报6项。2018年创建区级养护示范路10条，申报朱家角镇为“四好农村路”示范镇、沈

太路为“四好农村路”示范路。

（三）加强监督，规范建筑业行业管理。深入开展建筑工程质量治理，严厉打击建筑市场违法行为。继续加强区域内建设工地文明施工的管理，加强工地扬尘控制管理。继续推进装配式建筑、绿色建筑、BIM 技术应用等工作，区内新完成供地地块共 15 个，除 1 个商业地块不予实施装配式建筑以外，其余 14 个地块均要求 100% 实施装配式建筑，总建筑面积约 108.6 万平方米。

1. 强化工程监管。工程监督检查项目 4871 个次，开具质量整改单 86 份，安全隐患整改指令单 270 份，暂缓施工指令单 49 份，停工指令单 1 份；工程巡查项目 57 个，巡查中发现 852 个问题。对检查过程中发现的各类隐患问题和违法违规行为，本着零容忍、严执法、重整改的原则，加大处置力度，督促整改到位。

2. 开展创优指导。参与评审区级优质结构工程 13 个，区级文明工地 19 个；推荐申安杯 1 个；白玉兰杯 7 个。深入开展建设工程“安全生产月”和“质量月”系列活动。

3. 加大执法力度。共查处违规工程案件 99 起。接待协调上访信访 765 件，其中拖欠民工工资 320 件、房屋质量 303 件、施工扰民 102 件、其他信访 40 件。对于各类信访投诉事件，均做到回复率 100%。

4. 做好项目审批服务。受理中心：项目报建 535 个，总建筑面积 456.95 万平方米。办理施工许可项目 301 个，总建筑面积 515.52 万平方米。竣工备案 176 个项目，总建筑面积 369.27 万平方米。新申请资质审批 124 家企业，增项 35 家，目前注册于本区的施工企业共 618 家。安全生产许可证办理新申请 65 项，正常延期 24 项，变更 13 项。11 月起，建筑施工企业安全生产许可证实施告知承诺电子化审批系统。设计文件审查：初步设计文件审批共受理 98 个，审批办结共 104 个 (2017 年结转 26 个)。总建筑面积 60.51 万平方米，道路总长 37.21 公里，城市维护道路总长 21.95 公里，各类管线总长 122.30 公里。总体设计文件审查受理 17 个，意见汇总 13 个，总建筑面积 119.9 万平方米，网上施工图备案 112 个。自行送审项目数 15 个。建筑工程抗震设防审查受理 119 个，已审查办结 122 个，其中涉及应进行专门研究和论证项目 9 个，应进行超限高层建筑抗震设防专项审查项目 5 个。

5. 加强建筑市场监管。招投标管理：完成施工公开招标 302 标段，建筑面积 176.93 万平方米。施工邀请招标 11 标段，建筑面积 29.6 万平方米。对 14 家代理公司，累计发出《暂停通知单》48 份。办理墙体材料现场核验手续的建设项目共 74 项。成功清退 52 个建设项目预缴的新型墙体材料专项基金。

（四）真抓实干，完善道路交通管理。

1. 加快道路规划编制。根据市交通委的统一部署，完成对“四好农村路”建设工作调研、“提档升级”工程调查，编制完成《青浦区农村公路建设规划（2018—2022 年）》。顺利完成《青浦区白鹤镇胜利路、外青松公路和启圣公路选线专项规划》《东航路专项规划》并获批。《莲金支路（练西公路—环湖北路）专项规划》已通过市规土局审批待批复。持续推进《青浦大道（崧泽大道—松江区界）选线专项规划》《青浦区徐盈路（S26—崧泽大道）专项规划》等道路专项规划。结合青浦区建设和交通发展“十三五”规划与“十三五”前半段的建设成果，梳理“十三五”后半段的计划建设项目，完善 2019 年新开工项目计划与储备项目计划，同时结合下一轮可实施的省界断头路建设计划与区内道路建设计划，梳理需要编制专项规划划示道路红线的项目，拟订 2019 年专项规划编制计划。区建管委 2019 年专项规划编制计划申报工作与 2019 年政府性投资项目申报均已完成，加快青浦区海绵城市建设规划编制。

2. 提升交通服务水平。根据大调研收集

到的意见和建议，对区域内32条公交线路进行线路延伸、调整，首末班车时间变更，站点调整及站点名称变更，车辆数变更；对轨道交通17号线开通后的线网进行优化调整，对青浦1路、3路等8条线路增加运能、缩短班次间隔；对青浦1路、3路等7条线路进行首末班车时间调整；对虹桥枢纽6路、青浦19路等46条线路增设沿途站点或站点移位；对710路、872路等8条线路调整走向；根据轨交17号线首末班车时间调整，调整区内10条配套公交线路运营时间。对城区道路停车场广泛开展POS机收费管理工作，城区内共有26个道路停车场采用POS机收费，覆盖率达到83%。完成青浦邮政银行停车场、区少体校停车场和城中北路如家酒店停车场等4个公共停车场（库）共计200个停车位向周边住宅小区车辆错时开放。

3. 完善交通基础设施。公交设施：新建公交港湾式12座，新建公交候车亭210座，更新公交候车亭65座，新建公交首末站10座。设施维护：配套轨交17号线公交线路调整，更换公交立杆杆头信息牌3996片、调整杆身信息牌2997片、候车亭信息1000套；配合进博会和线路调整，更换公交立杆杆头信息牌1784片、调整杆身信息牌1193片、调整候车亭信息牌869片。完成配建停车场新改扩项目设计方案审核51件，新改扩项目设计文件审核71件，配建停车场竣工验收53件，新增机动车停车位6202个，完成充电桩建设泊位350个，建设155根公交充电桩。

4. 开展道路交通执法。公路路政：清理违章设摊12处；清除各类非公标志13件；行政许可审批16件；行政处罚案件16件。城市路政：审批掘路33件，面积12776.1平方米；临时占路26件，面积3017平方米；城市桥梁安全保护区施工1件，夜间施工备案20件。对发现的违章现象，及时向区城管行政执法大队及拆违办反馈并进行书面双向告知。交通执法：加强对公交、出租、省际客运、道路危险货运等行业企业的日常监管，开展“天网1-12号”非法客运专项整治、“猎豹1-12号”克隆出租车专项整治、“铁锚1-19号”“青剑系列”非法客运整治、无证驾培等系列专项整治。共开展日常稽查764次、出动执法人员2787人次，专项稽查192次、出动执法人员1733人次，查获各类交通违法案件共计1219件。

（五）扎实推进，持续优化水域环境。

1. 加强海事巡航救助。严格执行网格化巡航制度，加强巡航检查安全管理工作。年内网格化巡航累计12550.35小时，出动海巡艇7718艘次，执法人员21784次，检查船舶6453艘次，查处各类违章船舶756艘次；抢险救助29次，救助遇险船舶37艘次、遇险人员85人次，未发生人员伤亡事故。

2. 开展专项整治工作。对全区无证码头再次排摸，发现24家无证码头企业。向相关街镇送达8份《海事建议函》，落实主体责任，加大巡查力度，启动长效管理机制，有效防止无证码头回潮现象。

3. 严格水域审批管理。累计受理审批环城水系、桥梁建设、防撞设施等各类区管通航水域施工作业许可18件，初审市管通航水域施工作业许可6件。受理船舶进出港报告52970艘次，开展船舶安全检查初查951艘次、复查860艘次。

4. 推进航道标准化建设。完成朱泖河航道标准化建设一期审计、二期审价工作。完成西大盈港航道标准化建设工程施工。完成华田泾航道标准化建设工程工可批复。委托设计单位开展东大盈港毛河泾和新通波塘航道标准化建设工程项建书编制工作。

（六）加强管理，保障路灯设施运维有序。

1. 明确道路照明设施管理模式。明确本区道路照明设施的管理模式、管理主体、巡检方式、投诉处置、运维考核等的方式方法，使本区道路照明设施管理工作逐步进入了制度化、规范化轨道。

2. 做好道路照明设施的搬迁、验收、移交工作。受理区管道路照明设施新改建工程申请 32 件；组织隐蔽工程验收工程 5 项，专项验收工程 6 项；办理道路照明设施移交接管灯盏数 3010 盏。

3. 加强道路照明设施的维护管理工作。维修设施 12863 盏，对 37000 盏路灯进行抽检，确保本区道路照明设施的亮灯率、完好率始终保持在 98% 以上。强化道路照明设施案件的处置，收到案件 1662 件，结案率 100%。

四、提升效能，激发活力，深化体制机制改革

（一）推进社会投资项目行政审批改革。积极落实社会投资项目施工许可“15.35.48”及竣工验收备案“10.15”改革，做到全程网上办理、过程留痕及事中事后监管。推进“互联网＋政务”及“最多跑一次”工作。63 个审批事项全部入驻网上政务大厅，实现网上办理，全部实现“最多跑一次”的要求。2018 年，青浦区在市联审平台项目信息报送完成项目 68 个；方案送审及方案审批数位列全市第一；已发 40 张施工许可证，位列全市第二。竣工并联验收完成 4 个。

（二）推进公交运营及财政补贴改革。为配合轨交 17 号线通车，2017 年底区建管委对全区公交线路进行了重大调整。为推进公交运营及财政补贴改革，年内，委托上海市交通港航研究中心，完成了对区内公交企业和场站公司经营状况的综合评估。根据评估结果，初步制定公交补贴实施细则和标准。

（三）推进小型建设工程招投标体制改革。成立小型建设工程承发包活动课题调研小组。根据 2018 年 6 月 1 日起施行的新政策《必须招标的工程项目规定》（国家发展改革委令第 16 号），将施工的招标限额提高到 400 万元人民币，并明确了全国执行统一的规模标准。为加快落实国务院有关规定，结合青浦区建筑市场管理实际情况，拟订了二个方案，对相关条款进行了修改。

青浦区绿化和市容管理局

2018 年，是全面贯彻落实党的十九大精神的开局年，是改革开放 40 周年，是决胜全面建成小康社会、实施“十三五”规划承上启下的关键年，也是中国首届国际进口博览会在家门口举办年。在区委区政府的坚强领导下，深入贯彻落实区第五次党代会、五届区委五次全会和区五届人大三次会议精神，紧紧围绕“全面建设生态宜居的现代化新青浦，为人民群众幸福美好新生活而努力奋斗”的奋斗目标，牢固树立绿色生态发展理念，按照“更整洁、更有序、更美观、更安全”的行业要求，强化担当，压实责任，圆满完成了年初制定的各项工作目标和任务。

一、以“最高标准、最好水平”为标杆，全力保障进口博览会市容环境

坚持“对标一流、体现双最、优于世博”标准，全力以赴做好首届进口博览会绿化市容保障工作。

（一）建立运行保障机制。制订《进博会市容环境保障方案》，成立领导小组，由局班子领导和相关部门同志分三个片（青东、青中、青西）联系指导市容环境保障工作，落实绿化市容环卫保障提升专项工作计划。同时，按照区前线指挥部要求，对重点区域派驻分管领导带队的工作小组现场办公，协调解决相关事务。作为城市管理组组长单位，建立运行协调机制，牵头召开城市管理组每周例会 24 次，确保各项服务保障工作有条不紊开展。建立项目稽查机制、市容环境巡查和快速处置机制、一体化作业保洁养护机制，使区域内市容环境更整洁、更有序、更美观、更安全。

（二）完成核心区项目提升。聚焦国家会展中心核心区五条道路开展以“梦虹桥”为主题的绿化市容景观品质整体提升，制订方案，挂图作战，倒排时间，并建立周六项目例会制，协调相关问题，确保顺利推进。通过绿化布置、景观灯光改造建设，至9月底，核心区绿化市容保障提升项目全面竣工，五条道路既体现出中国开放、创新、包容理念，又与青浦历史文化相互融合，充分展示了“绿色青浦·上善之城”的特色。据统计，核心区绿化市容提升项目共完成乔木调整1039株；花（灌）木布置（种植）617000余株；草花（地被）种植18070余平方米；道路花箱设置939组；灯杆等各类挂花714组；景观墙布置588平方米；临时围挡布置903米；涞港路绿地整治提升17800平方米；同时完成夜间景观灯光照明改造等一系列绿化市容景观整治提升项目。

（三）提升督查整改实效。加强上下对接，开展重点保障区域占道亭棚和违法户外广告专项综合整治及拆违，拆除违规店招店牌100余块、违章搭建61处；腾退沿街门店66户、企业1家，累计拆除违建5000平方米、店招店牌1895平方米；深化落实市容环境卫生责任区制度，实施徐泾地区21条道路市容环境综合整治提升；推进西虹桥区域已收储16块重点地块综合治理。及时解决市联办市容环境保障组下达的西虹桥区域动态性市容环境问题清单，整改问题点位200余处；完成“迎中博决战200天市容环境综合整治巡查督办工作平台”交办的236件案件整改；聘请第三方，组建青浦区进博会市容保障紧逼督办平台，建立迅速处置机制，通过项目化整治、销项式管理，实现西虹桥区域市容环境质量的提升。

（四）实施一体化作业保洁。根据前线指挥部要求，针对徐泾西虹桥地区道路水面绿化等市容环境多头管理的现状，制订一体化养护保洁管理试点方案。重点推进1平方千米核心区和4.9平方千米延展区道路保洁、绿化养护、河道保洁及设施保洁一体化作业，确保精细化管理做准、做实。进一步强化责任落实，全面实施“五定”（定岗、定人、定职、定时、定量）网格作业管理要求，完善应急保障，并多次举行市容环境应急演练和实战演练，为全面提升进博会城市市容环境质量，实现核心区保洁作业达到席地而坐发挥主力军作用，得到各级领导和广大市民的肯定。

二、以地区环境安全为底线，全力提升环境管理实效

以生活垃圾分类整区域创建为抓手，加大督导，以点带面，全力推进环卫管理各项工作有力、有序开展。

（一）抓示范化创建。重点推进重固镇16个居住区、57家企事业单位、9个行政村以及赵巷镇103个居住区、127家企事业单位、6个行政村生活垃圾分类整区域创建试点；持续推进102个达标居住区和22个示范村创建；全面推进以515家机关企事业单位为重点的单位生活垃圾强制分类，建立责任告知、诚信承诺、巡查通报机制，每季度开展联合执法检查，发出整改通知49份，并对检查问题突出、整改工作滞后的单位予以媒体曝光。召开全区生活垃圾分类现场观摩会，分类实效逐步提升。加大宣传培训力度，覆盖11个街镇及重点单位（已开展84场次1.7万余人次的培训）；制作动感宣传片，下发10万余份宣传手册、海报和24套展版；年度“绿色账户”已完成开卡62744户、开卡率达94%，累计完成17.8万户。加快“两网融合”，形成全区工作实施方案。

（二）抓精细化管控。积极落实《上海市提升道路保洁精细化水平的实施意见》精神，按照精细化管理要求，加大机械化作业和巡回保洁频率，开展中小道路“365·天天净”专项整治行动。在此基础上，完善作业标准，按照“属地化、差别化、一体化”作

业要求，加大一类道路保洁力度，重点区域和中心城区道路环境整体管控率85%~90%。完成一体化养护保洁装备购置，新增88辆一体化养护保洁装备。按照《建筑垃圾全程管理实施意见》，开展每月检查、督办，并引入第三方运用卫星遥感技术，全区范围实行全覆盖排查，切实抓好问题整改。同时，认真抓好源头申报到末端处置，全年开展现场检查158次，发出检查通报10期，问题发现、告知整改、反馈复查机制得到了完善，解决了一批固体废物堆放影响环境问题，实现了闭环管理。完成装修垃圾市场化收运企业招标，确定本区中标服务企业，落实严惩严管措施，建立诚信承诺机制，进一步提高收运规范化程度。加强餐厨垃圾和废弃油脂申报及规范收运。加强与水务部门对接沟通，指导督促作业单位开展水生植物清捞整治，规范处置和资源利用，实现水域环境质量稳步提高。

（三）抓规范化建设。以“厕所革命”为契机，制订《青浦区集镇及农村地区公厕和垃圾箱房维修改造三年行动计划》，拟通过三年时间，实现新建一批、改造一批、维修一批环卫设施。按照设施完善、功能齐全、管理到位的要求，以点带面推进中心城区小外滩、北箐园公厕维修改造。完成垃圾厂300吨湿垃圾处理能力改造，通过评审，6月1日起正式复产，干、湿垃圾末端处置能力不断提升。加快推进垃圾转运站建设，西虹桥垃圾转运站项目基本完工，预计到年底投入使用；青西地区垃圾转运站已完成项目建议书报批、初步选址意见办理，环评、风评、稳评和工可完成初步编制，目前正在办理土地征用手续，并进行网上公示。建筑垃圾资源化处理利用项目形成了工程可行性方案，项目选址正在抓紧实施，年内将邀请专家进行论证，启动项目建设前期工作。

三、以“精细化、常态化”为要求，全力增强市容景观管理水平

聚焦市容环境管理，积极开展顽症治理，提升城市精细化管理水平，有效形成市容景观“共建、共治、共享”的良好局面。

（一）开展市容环境顽症专项治理。持续巩固已完成治理的187个“五乱”、91个“特定区域”和31个“无序设摊”点位，加强长效管控。重点提升“小三乱”（乱张贴、乱刻画、乱涂写）的治理效果，形成管理、执法、作业、监督联动机制。启动乱占道治理，规范非机动车停放管理。完善市容管理标准，健全巡查督查机制，指导并督促街镇对照标准加强市容环境常态化管理。深化市容环境卫生责任区制度，着力推进责任告知书上墙率、沿街门店生活垃圾定时定点投放和上门收集、责任区自律自治组织建设三个关键要素，努力提升履约率和自治率。

（二）推进户外广告招牌设施整治。持续推进青浦区景观照明规划编制工作，完善养护和考核机制。完成2018年市局第一批督办的24块违法户外广告拆除任务及2018年市局进博会保障督办第二批共478块违法户外广告整治任务；开展空中坠物安全大排查，排查户外广告1493块，发现隐患357处，其中拆除244处，加固113处。调整《青浦区户外广告阵地规划实施方案》，联合城管等执法部门，重点围绕轨交17号沿线、进博会保障区域加强店招店牌执法整治，核查全区LED显示屏72块。按照2018年责任区管理工作方案，积极推进创建20条示范道路及11个示范性自律组织的目标，基本完成7946人次专业培训、持续完善店招店牌“一店一档”工作。

（三）启动美丽街区建设。形成《青浦区“美丽街区”建设三年行动计划》，召开工作推进会，对标美丽街区建设工作导则，指导街镇划定建设区域，制定任务清单，明确建设要求和时间节点，计划通过三年时间，创建17个区域（其中，市级任务4个，即：嘉闵高架沿线区域、国展中心区域、朱家角

古镇区域、陈云纪念馆周边区域；区级任务13个，共涉及道路159条、小区243个），达到市级“双最”示范区和市区两级美丽街区建设示范区标准，形成“自治、共治、共享”局面。

四、以“绿化，彩化，珍贵化，效益化”为目标，全力推进生态系统建设

今年以来，围绕“四化”目标，加快生态系统保护和修复，优化生态安全屏障体系，促进“绿地、林地、湿地”三地融合发展，使全区林地资源进一步丰富，绿色空间进一步拓展，并建立与绿色青浦发展相匹配的生态环境发展模式。

（一）突出规划引领，实现多元增绿。以规划引领绿化林业生态建设，组织编制《青浦绿地系统专项规划》《青浦区“十三五”期间推进市级重点生态廊道建设工作方案》等，通过规划布局，实现绿量林量明显增加，品质明显提升。牵头制定《青浦区公园绿地建设管理的若干规定（试行）》，建立公园绿地、生态廊道设计方案评审机制，从而在源头上把控生态项目品质。年内完成公园绿地70公顷（其中公共绿地47.5公顷），绿道13公里，立体绿化15500平方米，不断满足市民对生态建设的需求。

（二）拓展生态空间，开展植树造林。一是聚焦重点项目抓推进。围绕“十三五”期间市政府下达青浦区完成重点生态廊道11372亩任务量，及早启动抓落实。编制方案和实施导则，明确实施范围、地上物腾退标准、资金补贴和腾退流程。压实工作责任，由区政府与相关街镇签订目标责任书，实行目标责任管理。建立联动机制，每月走访相关街镇，现场踏勘实施区域，听取街镇重点生态廊道前期腾地情况；每月组织召开工作例会，通报重点生态廊道进展情况，协调解决推进过程中相关问题。截至10月底，落实腾退面积13617.6亩，完成土地腾退面积2331.22亩，完成青松走廊方案编制并上报市局评审。二是围绕多元增量抓推进。根据2018年市政府下达的3800亩造林任务，落实造林面积4200亩，其中生态环境整治区域修复等一般生态廊道2600亩，一般公益林1600亩。据最新森林资源监测显示，截至10月底，森林覆盖率（陆域）已达16.8%以上。

（三）坚持多管齐下，提升管养水平。在绿化管养和提升方面，积极推进青浦城区绿化市场化养护，实行养护工作诚信承诺制，指导相关街镇开展第三方养护。在林地管养方面，对已建林地，按照等级标准，施行差别化管护模式，落实奖惩机制。对2013年以来新增林地，全面推广市场化生态林管养机制，配置第三方考核，并严肃考核结果运用。年内通过太浦河南侧林地抚育项目，打造林地管养示范点，让市民共享森林资源效应。

（四）立足共建共享，发挥生态效应。坚持生态优先，进一步发挥公园绿化效应。一是实施城区绿地提升改造，完成四座街心花园绿地改建提升，面积达10083平方米，积极推进崧泽广场绿地打开，让市民充分走进融入绿地，感受绿地。按照“三年行动计划”，漕俞路（盈港路—青赵公路）两侧绿化通过精细抚育，成功创建市级林荫道。二是叠加公园功能，推动公园发展。定期开展城市公园三级巡查，建立发现—通报—整改机制。完善《青浦区公园管理考核办法》，强化公园管理考核。提升公园管理水平，成立南、北箐园志愿者队伍，通过免费电影进公园、园艺讲堂、书画巡展、文体演出等活动，充分发挥公园服务功能。其中，曲水园综合排名在全市城市公园考核中继续保持在前10位。三是深入开展群众绿化工作。广泛发动市民参与绿化、亲近绿化，坚持绿化服务“六进”要求，深入社区、学校、单位开展开展绿化宣传、培训20余次，发放宣传品1500余份，赠送各类盆花、种子5000余份。积极组织参加上海市民海派插花花艺大赛和市绿化行业技能大赛，并获得插花比赛两个银奖、

一个铜奖和优秀组织奖的较好荣誉。完成上海国家会计学院、福寿园两家全绿模单位的复查复审工作。

（五）强化三防体系，确保生态安全。不断强化三防体系建设，完成青浦区三防分中心建设。切实加强林地资源生态管理，全面推进森林防火、林业有害生物监测、野生动物保护监测体系建设，完善森林防火基础设施，在水源涵养林等重点区域建设3座智能监测设施；努力做好有害生物监测与防治工作，发挥全区2个市级测报点，8个区级测报点，11个监测点的林业有害生物监测预警工作；大力推进野生动物和湿地保护工作，定期开展联合巡查执法工作，大莲湖蛙类野生动物重要栖息地、朱家角虎纹蛙等野生动物重要栖息地生物多样性不断提升，生态环境更安全。

（十五）奉贤区

奉贤区建设和管理委员会

2018年，奉贤区建设和管理委员会（交通委员会）在区委区政府的正确领导下，深入贯彻落实党的十九大和十九届二中、三中全会精神，坚持以习近平新时代中国特色社会主义思想为引领，站在新的起点上，对标顶级，创造一流，全力推动奉贤区城乡建设交通事业高质量发展，提升城市品质，在打造新时代“奉贤美、奉贤强”的新高峰征程中迈出坚实步伐。

一、加快推进各项基础设施建设

（一）“15-17”工程建设

15-17项目全年产值完成23亿。运河北路—泽丰路及南港路等两个打通断头路项目实现通车，金海中路、浦卫北路及奉浦大道东延伸等三个项目实现贯通。G228及闵浦三桥等市建项目协调配合工作顺利推进，闵浦三桥东桥动迁腾地已全部完成，G228民房签约率97%，企业签约率57%；大叶公路中段完成初步设计批复；望园路南延伸完成总工程量83%；浦卫南路完成总工程量85%、金庄公路完成总工程量93%。金海南路（G228以南）、秀南路北延伸段、海农公路、运河北路立交改造、贤浦路北段5个项目完成工可评审，启动建设。

（二）“四连通”工程建设

黑臭河道整治打通桥梁—新林路贝港桥、环城东路—狄家港桥、环城西路张翁庙机口河桥完成竣工验收；乡村公路连通工程完成27.6公里、23座桥梁。区管公路路灯连通工程完成1166盏，乡村公路灯光连通工程完成2066盏。

（三）百路整治样板工程建设

完成远东路（南奉公路—新建东路）段、环城东路（育秀路—环城南路）段、运河北路（环城东路—远东路）段道路综合整治。启动环城东路（航南公路—G1501）、解放路（环城东路—沪杭公路）、扶港路（大叶公路—西闸公路）、北沪杭公路（闵浦二桥起点—黄浦江）等5条道路的功能提升整治工作。

（四）重大工程推进情况

2018年的区重大工程共安排正式项目46个，年内完成工作量138亿元，国妇婴奉贤院区、待问中学、南桥源二号院改造一期、在奉市属保障房（14个地块）、轨交奉浦站万达广场、东方美谷论坛酒店、中翊日化等15个项目实现新开工。轨交5号线南延伸、运河北路—泽丰路综合改造一期下穿地道、奉浦大道（浦星公路—林海公路）、第一水厂新建、申能奉贤热电、上海之鱼主题公园、金水和璟园等13个项目建成投用或基本建成。

二、确保落实民生实事项目

（一）公交线网优化

完成编制《2018年奉贤区公交线网优化调整计划》。奉浦快速公交上线运营，日均客流过万；南团快线开通，打造奉贤区区东部公交走廊。结合轨交5号线南延伸通车运营，进一步优化调整公交线网布局，开设奉贤17路、19路、20路、奉闵线等7条线路，调整奉贤1路、3路、庄莘线、莘海专线、莘团线、海航专线等15条线路，提高了市民群众交通出行的便捷度和舒适度。

（二）城镇老居住区天然气改造

编制完成《奉贤区城镇老居住区天然气改造三年行动计划》，计划三年总体改造户数为5万余户，总投资约6亿元，今年完成17158户。

（三）缓解静态交通矛盾

规范停车管理行为，出台《关于进一步加强道路停车管理提升道路利用率的实施意见》；全年完成配建机动车停车场库审查58件，验收28件；完成共享停车项目9个，泊位162个；全年共改造智慧停车泊位1357个。

三、保障各行业安全有序

（一）建设工程现场管理

2018年奉贤区委狠抓安全、文明、质量、市场四大块32项法则的落实力度，全面倒逼参建单位落实主体职责，参建人员落实岗位职责。在监项目共208个，建筑面积约1261万平方米，总造价约453亿元。全年累计开具整改单352份，暂缓单48份，停工单26份，立案处罚197起，处罚金额1935.5万元。2018年共申报区文明工地30个，市文明工地19个，区优质结构34个，市优质结构16个，白玉兰奖7个，排名全市前列。

（二）非法客运综合治理

推进道路交通违法行为大整治行动，以严查非法客运网约车为重点，开展“贤刃”系列非法客运夜间联合整治行动41次，“天网”系列非法客运整治行动9次，共查处非法客运案件513件，其中克隆车8件，严控6个市级重点区域无非法客运现象，26个区级重点区域非法客运现象基本消失。

（三）航运管理安全把控

2018年奉贤区辖区内航道全年无交通伤亡、船舶沉没、污染、港口作业事故，安全生产形势可控。强化措施，落实码头管理，加大对港口企业开展环境保护检查，实现船舶垃圾收集箱30座码头全覆盖，同时对易扬尘散货码头开展专项检查，配合四团镇人民政府完成了四团港船舶滩涂临时装卸点的整治工作。

（四）燃气行业安全有序

全年，共组织联合专项整治行动73次，查处非法经营窝点76处，收缴液化气钢瓶654只，公安机关治安拘留49人。燃气执法实现零的突破，查处6起违规行为，罚款6.3万元。同时，天然气管网违章占压整治完成55处，已实现区域燃气管道“零占压”的目标。

五、不断深化工程审批招标管理

优化营商环境，实施全市“一网通办”的审批。施工许可从原来的6个环节缩为2个环节，实现建筑工程施工许可证审批零窗口受理、不见面发证。全年通过市联审共享平台完成社会投资项目信息报送52个，已完成施工许可发证27个，审批办结率位于全市前列。优化建设工程招投标管理，强化招投标监管制度，对6家多次串通投标的投标单位取消参加奉贤区建设工程公开招标项目的投标资格。完成建设工程招投标备案280项，中标总金额136.8亿元。

奉贤区绿化和市容管理局

2018年是奉贤区创建国家生态园林城区的第二年，也是实施“十三五”规划的关键之年，区绿化市容局深入学习贯彻习近平新时代中国特色社会主义思想和党的十九大精神，认真落实十一届市委三次、四次全会和四届区委四次、五次全会精神，围绕“城市的高质量发展”和“市民的高品质生活”，对标最高标准、最好水平，有效推进生态环境建设，取得一定成效。

一、围绕指标差距，全力推进国家生态园林城区创建

1. 完善规划体系。开展《奉贤区绿地系统规划》《奉贤区公园体系规划》《奉贤区绿道规划》《奉贤区生物多样性保护规划》《奉贤区湿地保护规划》等规划编制工作，新增 8 项创园指标基本达标，从源头上科学布局城市生态空间网络，也为今后的生态发展提供依据。

2. 加强制度建设。制定出台《关于加强生态补偿机制的实施办法（试行）》《奉贤区空闲土地临时绿化建设管理办法（试行）》《奉贤区生态公益林建设项目实施管理办法》《进一步加强绿化和林地管理建设若干意见》等一系列建设管理制度，为绿林建设发展提供政策供给保障。

3. 开展“水天一色”行动。开展污染防治攻坚战暨“水天一色”工程，聚焦蓝天保卫战、碧水保卫战、净土保卫战、垃圾处置攻坚战、生态空间保护攻坚战等五大战役，持续推进空气、土壤、水体污染治理，不断缩小指标差距，优化生态环境质量。

4. 发动社会参与。开展了 2018 新春“志愿服务·爱满贤城”大行动，全区党员志愿者和志愿团队回社区入户宣传创园知识，覆盖家庭近 28 万户。组织开展 3·12 全民义务植树活动，种植绿化 8.45 公顷，参与人数 1000 余人。成功举办 2018 年海湾森林公园梅花蜡梅展、“文明之城·美在奉贤”摄影展。开展公园命名活动，向社会公开征集首批 33 座公园名称。举办“我与小树共成长 共建美丽新贤城”环保众筹项目，成为上海市慈善基金会首个慈善众筹试点项目，有 42 所学校学生参与认养绿地。开展“绿化大篷车·公益校园行”3 次，“园艺大讲堂”“六进”宣传讲座 13 场，“三下乡”宣传 12 次。开展绿色家园创建活动，扶持上院北区“睦邻花园”居民自治项目，开展“让绿住我家，爱家爱奉贤”评比活动，143 户家庭参与。推进单位绿化创建工作，3 家单位参加全国绿化模范单位复评，22 家单位参加区绿化合格单位和区园林式居住区创建达标。

二、聚焦绿林建设，构建绿色生态屏障

1. 加快推进绿林建设。2018 年累计新建各类绿地 203 公顷，立体绿化 1.57 万平方米，城镇绿化覆盖率达到 32.8%，森林覆盖率达到 14.3%。聚焦新城建设，推进田字绿廊、十字水街和上海之鱼配套绿化建设，构建独特城市意向。推进百座公园建设，全年启动建设 14 座，续建 7 座，完成庄行公园等 15 座公园。推进绿道建设，建成竹港沿线、金汇港半马步道等绿道 40.1 公里，建成金海公路等 20 公里林荫道建设。持续推进生态廊道建设，开展市、区级重点生态廊道建设前期清障，启动 S2 沪芦高速（奉贤段）沿线、金汇港沿线等生态廊道建设，完成公益林 6354 亩。实施临时补绿，优化配送流程，配合“和美宅基”创建、黑臭河道整治等，全区累计配送苗木 23.6 万余株。

2. 提升绿化景观品质。实施重大基础设施配套绿化，结合轻轨 5 号线和金海公路建设，开展沿线道路绿化整治，提升道路景观。启动街心花园和特色街区建设。在 33 处主要道路路口和重要区域绿地布置四季草花 5244 平方米，在年丰路望园路口和解放路望园路口设置立体花坛，在两路一带绿地、解放东路绿地设置花境。加强园林绿化科研，与高校和科研院所合作，建设萱草及园林新优苗木品种培育基地。指导推进望春园改造，年丰公园、奉城公园等 6 座公园申报纳入上海城市公园名录，沿钱公路（奉柘公路—南奉公路）和解放西路（南桥路—环城西路）被列入上海市林荫道。

3. 加强生态资源管理。加强预测预报，提高有害生物防控工作，推广生物农药，无公害防治率达到 90% 以上。开展实验示范乌龙珠、沃园防控草坪苔藓等取得成效，解决养护中难点问题。开展古树名木保护和后续

资源普查，对50年以上2398株树木建立资源档案。开展绿林地资源动态监测，建立了资源数据库。开展野生动物保护，救助野生动物21只，其中国家级野生动物3只，市级重点保护动物12只，“三有”名录野生动物6只。落实可丈量执法，会同公安、市场监管、城管执法等部门共出动执法检查213人次，开展法制宣传31次。

三、健全生活垃圾全程分类体系，强化垃圾综合治理

1. 推进全程分类体系建设。重构可回收物专项收运系统，新增两网融合回收点176个，回收中转站6个，居住区垃圾箱房/定时定点改造759个，推动区再生能源综合处置中心、湿垃圾综合处置中心、区可回收垃圾集散中心、区装潢垃圾资源化利用处置中心等建设，完善装修垃圾、大件垃圾、枯枝落叶等垃圾源头分流体系建设，逐步实现专项管理。新增一辆有害垃圾车，全区119辆干垃圾车、53辆湿垃圾车、1769个废物箱完成标识更新。完善农村生活垃圾收运处理系统，采购道路保洁车辆13辆，桶装驳运车辆10辆。利用物联网、互联网等技术，打造电子称重系统、预约回收系统、分类收运社会监督系统、督查考评系统、宣传教育系统、生活垃圾收费系统等“六大”系统，逐步推进生活垃圾分类全过程、全覆盖、全天候的信息化管理。

2. 提升生活垃圾分类减量实效。调动各方力量，绿色账户累计创建33.9万户，与垃圾分类区域实现同步全覆盖，为普遍推行生活垃圾分类制度夯实基础。南桥、奉浦、金海创建成为分类达标街镇，146个居住区创建成为垃圾分类达标小区，完成率116.8%。找准工作切入点，从源头加强分类管理。以苏宁荣悦小区为试点，推行居住区垃圾分类“定时定点”投放模式。创新推行农村垃圾分类“三级桶长制”，巩固和提升农户垃圾分类知晓率和正确投放率。单位实行四分类制度，强制分类单位4020家，柘林、海湾、奉浦街道和金海社区合格率100%。联合机管局、城管局对66家机关事业单位和9家国企进行督查，有力督促机关事业单位带头实行垃圾分类。

3. 提高居民垃圾分类感受度。不断拓宽积分兑换渠道，依托市、区、镇三级平台，开通网上礼品兑换，线下垃圾分类志愿者定期进小区提供积分兑换服务，兑换物品从日常生活用品到超市兑换券、天然气充值等，提升“绿色账户”激励机制作用。组建一支老干部演出队伍，由20多名处级退休干部组成，通过排练垃圾分类主题的小品、说唱，在全区居民间巡回演出，共计演出30场。借助区教育局专业师资力量，深入机关、企事业单位集中宣讲，共计开展培训37场。继续开展大学生入户宣传活动，累计入户宣传1.8万户。

4. 规范建筑垃圾收运处置。制订出台《关于进一步加强奉贤区拆房垃圾和装修垃圾处置管理实施方案》，建立“全要素、全过程、全方位”管理体系，完善申报管理，规范源头管理，加强计量监管。开展“清废行动”，39个非正规垃圾堆放点已整改完成29个，清运处置一般工业垃圾3.49万吨、建筑垃圾29.8万吨。积极筹备区级建筑垃圾分拣与资源化处置中心项目，目前已完成招投标。

四、加强城市精细化管理，提升市容景观面貌

1. 加强景观灯光建设和管理。编制完成《奉贤区景观灯光规划》。实施亮化工程，完成“轨交五号线沿线”“金海湖园景灯光（一期）”“奉贤新城解放路（南桥路—金海公路）重点区域”和“奉贤新城望园路重点区域”等重点项目，实现主要节点亮灯。定期对区管景观灯光点位进行远程控制专项检查，共完成灯光设施维修527处。

2. 规范户外广告和店招店牌管理。制定《奉贤区户外招牌行政审批指导手册》《奉

贤区户外广告设施设置规划实施方案》等，加强培训和指导，形成长效管理。推进户外广告整治工作，拆除屋顶户外违法广告9座，其他违法户外广告9块。开展全区户外广告、店招店牌设施安全隐患排查，发放安全告知书14487份，排查户外广告和店招店牌20122处，发现隐患1721处，整改1721处，整改率100%，确保防台防汛期间安全。

3. 提升市容环境管理水平。坚持“一把扫帚扫到底”，持续推进环卫等基础作业市场化一体化改革，全区共计下放公路保洁里程400多公里、绿化保洁面积300多万平方米、镇级河道296条，村级河道4313条，道路、绿地、河道的保洁质量、应急保障能力和群众满意度明显提升。落实精细化管理，试点实行凌晨“组合式”道路保洁模式，完成20条中小道路整治。延长保洁时间，延伸保洁范围，国家卫生区复审顺利通过，为进博会、化妆品大会等重大活动做好保障。加大道路扬尘控制，全年新增13辆道路保洁车辆，1辆重型道路污染清除车。

4. 加强公厕建设和管理。继续加大对老旧公厕的改建力度，2018年新（改）建公厕25座，全区第三卫生间配建率达到15%。深化便民服务，专人管理公厕免费提供厕纸、洗手液（肥皂）、便民服务箱等；冬季提供热水洗手，延长保洁时间。落实农村公厕管理，开展了征集乡村公厕公益设计师活动，目前金汇镇、西渡街道等已进入公厕施工阶段。

五、增强为民服务能力，提高市民满意度

认真落实“12345”市民服务热线处置要求，严格按照《上海市绿化和市容行政事务受理处置办法及绩效考核办法》处置各类案件，积极对接“12345”、大联动平台、市局行政服务中心等各类市民服务热线，共受理处置各类诉求2861件，其中绿化2229件、市容环卫607件，林业15件，信访10件。行政审批窗口接待1620次，受理审批事项640件，强化事中事后监管，开通“一网通办”审批途径，规范行政许可程序，认真完成各项审改任务。

（十六）崇明区

2018年，在区委区政府的正确领导和各乡镇的大力支持下，区建设管理委紧紧围绕市委市政府做出的关于建设崇明世界级生态岛的重要决策部署，坚持“生态立岛、安全为先、管理为重”的方针，以安全生产质量管理、行政服务效能提升、重大工程项目推进、城乡环境秩序进步和城乡环境景观改观为抓手，稳步推进各项工作，基本实现了年度工作目标任务。主要开展了以下六个方面的工作：

一、有力确保了城乡运行安全稳定。一是安全生产责任制得到有效落实。开展各类安全生产大检查，切实保障了建筑建材、市政市容、园林绿化、燃气等行业安全生产稳定可控。二是建筑市场的监管力度持续加大。截至10月底，在监项目91个，竣工项目数75个，共立案查处各类基建程序、经营行为、安全生产等违法违规案件16起，罚款金额约225万元；联合相关部门完成了全区37家非正规混凝土搅拌站主要设备清拆工作；对崇明区19家预拌商品混凝土搅拌站、22家新型墙材生产企业和3家商品砂浆企业开展动态监管，开具整改通知单4份；崇明区建设工程无重特大安全事故和质量事故发生。三是燃气安全检查和宣传力度不断加大。全面加强全区73家供应站、储配站、气化站的检查和监管；积极开展高压管道占压清理整顿工作，启动了高压管道的应急预案编制；强化燃气居民用户日常安检，截至10月底管道气居民用户安检率完成年度计划的90%，管道占压为“零”，瓶装气用户安检率完成年度计划的60%，完成了本区瓶装液化气专项整治工作阶段性任务；共处理各类燃气事故10起；认真开展“三进”宣传服务活动，深入走访宣传农村和社区居委33个，帮助村民发现和解决安全隐患80多个，并为13个机关、学校和养老机构提供宣传教育和上门服务指导。四是重点领域安全监管稳定可控。公园管理方面，加强对新城公园、长兴市民公园、堡镇市民公园、瀛洲公园考核检查，确保了重大节假日公园安全和谐；地下空间安全管理方面，开展了8次联合检查和9次日常检查，开具整改单18张，涉及14个乡镇的119个地下空间，确保了本区地下空间安全平稳运行；户外广告、店招店牌等景观设施安全管理方面，结合防汛防台工作要求，与业主签订《责任书》《告知书》《承诺书》，落实业主主体责任，同时检查户外广告设施8800余处，发现问题358处，拆除213处，加固145处，整改完成率100%；对八一路、人民路等市容景观灯亮灯率、灯具掉落等安全隐患进行每月检查，至目前共检查12次，发现灯具损坏共计约120次/处，及时修复率为100%。五是空中坠物安全隐患整治工作取得阶段性成效。户外广告、店招店牌方面，在前期大排查整治拆除407块的基础上，又排摸锁定229个不符合设置要求的点位，目前已完成整治拆除20块；在建工地方面，定时检查工地高空坠物、深基坑等，发现8处安全隐患均已整改完毕；开展既有玻璃幕墙建筑专项检查，抽查本区内人员密集、流动性较大玻璃幕墙建筑7栋，开具整改通知单6份，已要求各责任单位限期整改。

二、圆满完成了重大工程项目建设任务。一是按计划完成市级下达的各项绿化建设任务，超额完成了市局下达崇明区16公顷绿地建设任务（完成18.10公顷）、超额完成了市局下达崇明区20公里城市绿道建设任务（完成23公里）、完成了市局下达崇明区1万平方米立体绿化。二是基本完成街心花园和绿化特色街区建设任务，共建设堡镇向阳路、堡镇中路等14个街心花园，完成城桥镇紫檀路沿线绿化特色街区1个。三是稳步推进垃圾分类大分流体系建设，推进6座建筑垃圾中转站建设，已召开市级意见征询会，力争在12月底前取得市规土局规划批复；城桥镇建筑垃圾临时资源化设施和大件垃圾资源化设施已建成并开始运行；餐厨垃圾处理厂技改项目已完成技改并开始调试运行；废弃食用油脂初加工站项目积极协调区规土局调整专项规划事宜；生活垃圾焚烧厂二期工程项目启动前期各项准备工作；推进再生资源回收服务点建设，建成327个村居回收服务点和18个镇级中转站，加快推进区级集散场建设。四是完成年度既有建筑节能改造任务，按计划完成2.05万平方米改造任务。五是扎实推进城市基础设施智能化建设改造，完成了2018年道路照明设施运维工作；推进地下管线普查工作，共计普查道路长度257公里，管线长度2660.8公里，同时对城区道路架空线进行调查摸底。六是积极推进崇明区绿色村庄创建工作，2018年全区计划创建60个村，目前第一批21个村区已审核通过并上报市住建委，其余正在完善资料之中。

三、大幅改善了城乡市容环境面貌。一是生活垃圾分类减量工作取得显著成效。截至目前，全区18个乡镇、269个行政村、129个住宅小区、1628家机关企事业单位、5282家沿街商户、295家银行、邮政、移动、电信、超市等服务窗口以及52家集贸市场已全面实现生活垃圾分类减量全覆盖。（1）城乡统筹一体推进。农村地区全面推广“户分户投、村收村拣、镇运镇处”的分类投放、收集、运输、处置管理模式。住宅小区撤除原有楼道垃圾桶，统一实行早晚两次定时定点分类投放。机关企事业单位全面签订承诺书，实行早晚两次定时上门分类收集和“不分类不清运”强制措施。（2）社会宣传全面深化。抓好分类知识进机关、进学校、进农村、进社区和党员干部参与垃圾分类活动，引导群众正确分类投放，累计组织不同层面的培训和居民自行讲解1059场次，参训人员达到98万人次，宣传告知书发放98万张。（3）启动湿垃圾处理站提标改造。委托上海环科院等多家专业机构对全区4种湿垃圾处理工艺和21座镇级湿垃圾处理站开展工艺评估、环境影响评价和“三废”跟踪检测，对检测或评估不达标的湿垃圾处理站严格落实整改要求。（4）落实“两网融合”要求，推进再生资源回收服务点建设，加快推进区级集散场建设。推进全区6座建筑垃圾中转站建设，建成投运城桥镇建筑垃圾和大件垃圾临时处理场。（5）进一步充实垃圾收运处作业人员和分类收集员队伍，邀请市环卫专家对全区1300余名村级以上管理人员、2100余名从业人员进行技能操作培训，实现管理规范化和专业化。二是市容环境卫生综合治理水平不断提升。深入推进“补短板、治五乱”行动，完成162个点位整治任务，共取缔各类亭棚16座，整治规范提升容貌118处，整治、规范指示牌3712处，整治跨门经营20965处，规范店面设施2260处，规范非机动车停放管理76882处，规范停车画线72530米；深入推进“乱设摊”和“乱张贴”综合治理，共取缔3处无序设摊聚焦点，完成5处设摊管控点整治，出动人员19982人次，清除各类“乱张贴、乱悬挂”117063处；深入推进责任区管理工作，共开展宣传241次，申报创建示范道路41条，提升自律组织20支，培训责任1627人次，培训管理人员263人次；加强渣土管理，共开展联合执法20次，出动人数195人次，车辆180台次，查处工地15家，上门告知15家，查处违规车辆70余辆；切实做好首届进口博览会、国际女子自行车世巡赛、国际铁人三项赛等重大活动以及元旦、春节、清明、五一、十一、中秋等重要节日的市容保障工作。三是大树保护、乡镇公共绿地日常养护管理及公园管理工作得到加强。开展古树资源普查，截至目前全区古树名木增至39棵，古树后续资源增至75棵；加强乡镇公共绿地养护管理，做好陈、保两镇树木补植更换及设施设备维护工作，做好长兴地区第一批、第二批移交绿地养护管理；着力抓好公园阵地建设，进一步完善对公园公共服务功能的管理体系，加大对公园绿化养护工作的监管督查力度。四是户外广告等景观设施规范化管理得到强化。开展了全区违法户外广告专项整治工作，区级督办任务为79块，各乡镇自拆90块，截至目前已全部完成整治拆除，完成率为100%；乡镇自定义任务为90块，实际拆除175块，完成率为194%。同时，加强临时广告（灯杆道旗）设施日常监管力度，严格按照临时广告管理办法落实审批制度，对超范围设置的道旗开展专项整治工作；完成《本区户外广告设施设置阵地规划实施方案》修编，启动《本区景观灯光专项规划实施方案》编制工作。

四、大力推动了绿色建筑发展。一是稳步推进绿色建筑，按照新建民用建筑全部按照绿色建筑标准进行设计建造的要求。截至目前，完成初步设计审批或总体设计文件审查的新建民用建筑项目8个，总建筑面积约15万平方米，全部落实绿色建筑，二星级及以上标准占比为100%。二是大力发展装配式建筑，对符合条件的新建民用、工业建筑全部要求实施装配式建筑。截至目前，在19个地块土地出让意见征询中明确了要落实装配式建筑；还在4个项目的初步设计审批中明确落实装配式建筑，建筑面积约24万平方米。三是编制相关绿色建筑发展规划，配合市住建委、市法制办开展《崇明区绿色建筑管理办法》编制工作，配合市住建委编制《崇明生态岛绿色建筑导则》，已形成初稿。四是推进绿色生态城区建设，打造绿色生态城区是绿色建筑发展的升级版，目前在崇明城桥新城东区滨江生态社区 47~52 号地块开展绿色生态城区建设试点，同时启动了《崇明区绿色生态城区专业规划》的编制工作。另外正积极配合市住建委做好《崇明区绿色生态城区导则》编制工作。五是有序推进海绵城市建设，在陈家镇生态实验社区进行海绵城市建设试点，目前海绵城市 4 号公园试点项目已基本完工，同时完成《崇明陈家镇国际实验生态社区海绵城市建设规划》初稿编制，待陈家镇总体规划、控详规划调整完成之后继续深化完善。《崇明区海绵城市建设专项规划》已完成初稿，截至目前，共在 11 个地块土地出让意见征询中明确了要落实海绵城市要求。六是开展绿色建材推广工作，草拟了《崇明区绿色建材三年行动方案》，分阶段逐步推进绿色建材评价标识管理工作。

五、大幅提升了行政服务效能。一是落实优化营商环境相关工作，积极参加市级组织的各类培训；设立了社会投资项目专窗，落实专人负责；建立微信群，为企业提供跟踪服务咨询；不断深化行政审批制度改革，从 2018 年 5 月 1 日起取消执行《崇明县小型建设工程招投标管理暂行办法》，改为由各相关建设单位严格按建设项目相关法律法规和“三重一大”集体决策制度等规定执行。二是不断强化招投标管理，截至 10 月底，建设工程招标项目共完成 230 个，其中勘察公开招标 2 个、设计公开招标 15 个、监理公开招标 40 个、施工公开招标 139 个、勘察设计一体化公开招标 10 个、设计（勘察）施工一体化公开招标 23 个、邀请招标 1 个，完成 6 个项目评标评估工作。三是不断规范行政审批管理，截至 10 月底，共办理项目报建 243 个，总面积 38.74 万平方米，总投资 82.09 亿元；施工许可证 98 张，总面积 38.74 万平方米，总造价 50.09 亿元；竣工项目备案 34 个，总面积 23.65 万平方米，总造价 11.42 亿元；审批通过 261 家企业办理安全生产许可证申请。在企业资质资格受理方面，共审批企业资质申请 714 家（次），其中，新设立施工企业 408 家（次），增项 149 家（次），不合格 116 家（次），待定 21（次），升级 13 家（次），重新核定 1 家（次），延续 6 家（次）。四是及时完成各类建议、提案、信访件的办理工作，完成了对 15 件人大建议和 28 件政协提案的办理工作，办理率和走访满意率均达到 100%。同时，完成了 30 件信访和 150 件 12345 工单的办理答复工作。五是助推花博会建设，开展花博园区环卫专项规划、燃气系统专项规划、国际绿色认证专项方案专题研究。六是扎实推进新一轮文明城区创建工作，开展暴露垃圾整治工作、垃圾分类质量提升工作、无障碍设施改造等重点环境项目实施、中小河道疏浚工作、居住小区综合治理、各类基础设施提升改造、城市顽症整治等工作。

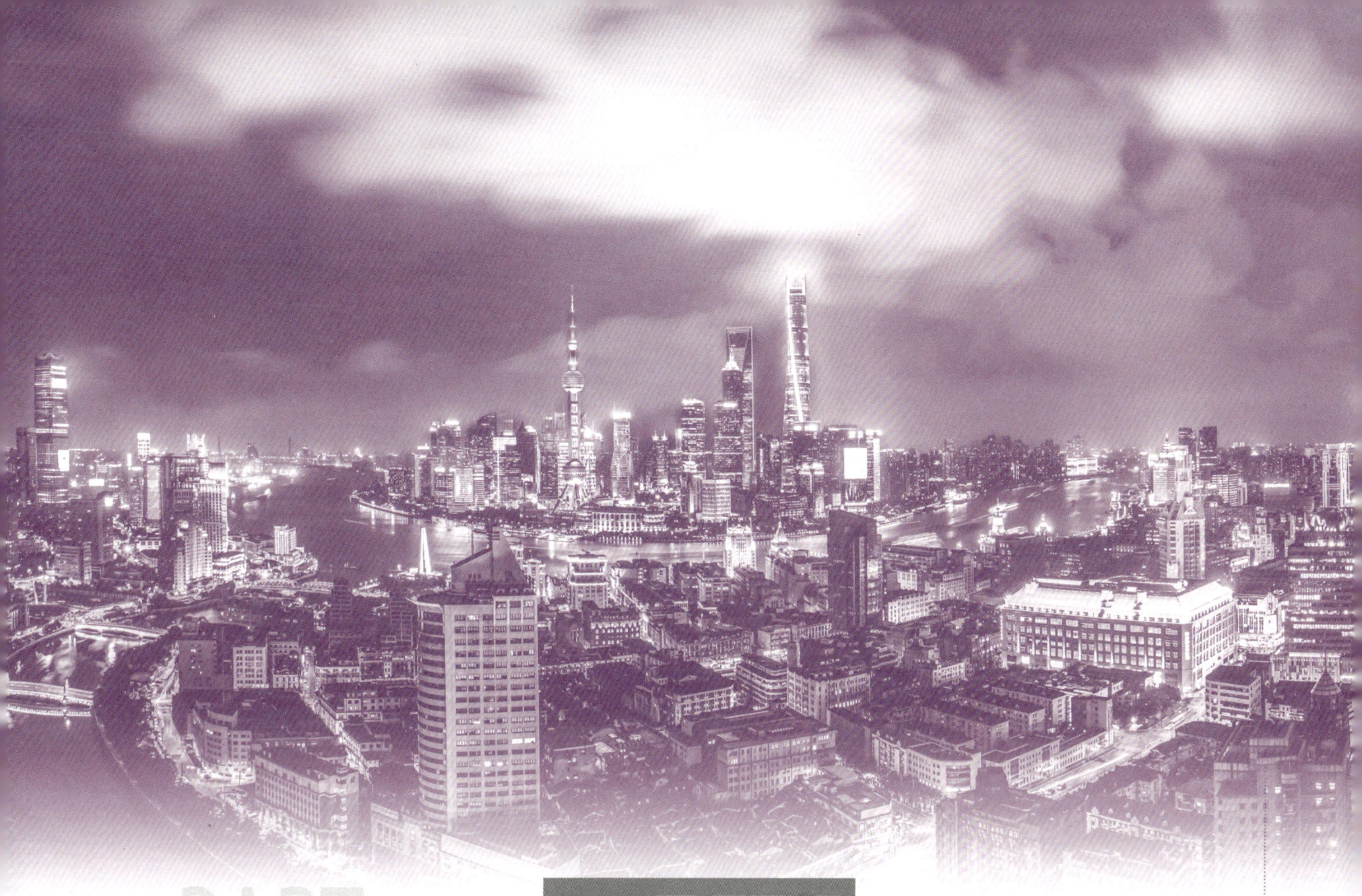

PART FIVETEEN

XV

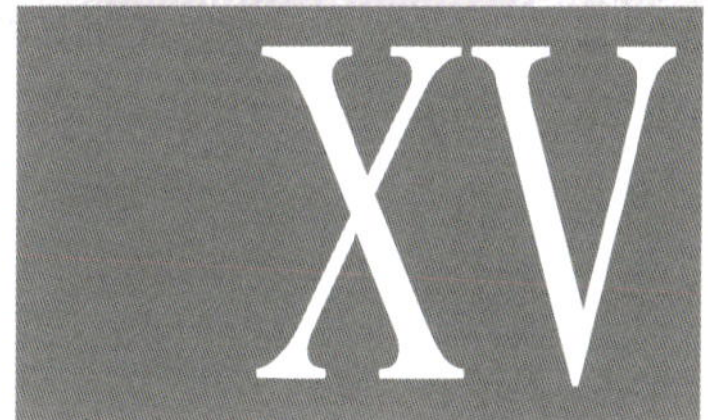

政 策 法 规

POLICIES & REGULATIONS

目 录

2018年市政府要完成的与人民生活密切相关的实事

沪府办发〔2018〕2号
2018年1月9日

一、新增7000张养老床位；改建1000张失智老人照护床位；改造40家郊区农村薄弱养老机构；新建80家老年人日间服务中心；为符合条件的长期护理保险参保老年人提供300万人次的居家照护服务。

二、开设500个小学生“爱心暑托班”；开办20个社区幼儿托管点；帮助8000名长期失业青年实现就业创业；新增1000处方便户外职工休息的“爱心接力站”。

三、完成300万平方米（6万户）旧住房综合改造；完成2500万平方米郊区居民住宅二次供水设施改造。

四、完成10万户农村生活污水处理设施改造；完成中心城区11条道路积水改善工程。

五、建成2000个再生资源回收服务点，推进区和街镇再生资源场站建设；新建500家社区智慧微菜场；培训家政持证上门服务人员4万人。

六、基本消除50处道路交通拥堵点；创建100个停车资源共享利用项目；推出“车管到家”服务，实现群众足不出户办理27类车管牌证服务事项。

七、创建5400个社区民警微信警务室，为群众提供贴身公共安全服务；在部分区域试点布建118套智能安检系统，实现“全覆盖、非接触、不停留”安检；为100栋高层公房或售后公房、80个老旧小区实施消防设施增配或改造；组织全市居民小区开展1次逃生疏散演练；新建7个医疗急救（120）分站。

八、新增立体绿化40万平方米；建设绿道200公里。

九、新建80条市民健身步道；新建改建60片市民球场；新建改建300个市民益智健身苑点。

十、提升4500个标准化居村综合文化活动室（中心）服务功能；完善提升20座综合旅游服务中心功能。

关于建立完善本市生活垃圾全程分类体系的实施方案

沪府办规〔2018〕8号
2018年2月7日

为深入贯彻《国务院办公厅关于转发〈国家发展改革委、住房城乡建设部生活垃圾分类制度实施方案〉的通知》（国办发〔2017〕26号），切实增强垃圾综合治理实效，加快提升生活垃圾“减量化、资源化、无害化”水平，促进生态文明和社会文明，建立完善本市垃圾全程分类体系，制订本实施方案。

一、总体要求

（一）指导思想

深入学习贯彻党的十九大精神，全面落实习近平总书记关于普遍推行垃圾分类制度的重要指示，充分认识普遍推行垃圾分类制度作为重大民生工程、民心工程的重要意义，按照国家和市委市政府推进垃圾分类的总体部署，把垃圾治理作为上海建设创新之城、人文之城、生态之城的重要途径，全面融入城市管理、社会治理、文明创建领域。坚持以强化全程管控为核心，增强处置能力为关键，落实源头分类为基础，围绕“保障无害化，加强资源化，促进减量化”，统筹谋划、补齐短板、综合治理，着力完善技术、政策、社会三个系统，加快建立健全生活垃圾全程分类体系，保障上海生态安全，提升城市文明程度，促进卓越的全球城市建设。

（二）主要原则

政府推动，全民参与。落实市、区、街镇三级管理职责，加强部门属地联动，强化宣传、引导、监管职能，逐步形成党政机关、企事业单位及广大居民自觉参与生活垃圾分类减量的良好氛围。

全程分类，整体推进。建立生活垃圾分类投放、分类收集、分类运输、分类处理的全程分类体系。建立整区域推进机制，提升综合实效。统筹发挥政府、企业、社会、居民等各方作用，强化社会共治。

政策支撑，法制保障。建立健全垃圾分类配套政策体系，为形成环环相扣利益机制提供必要支撑。加快推进生活垃圾管理地方立法，建立“软引导”与“硬约束”相结合的综合治理机制。

城乡统筹，因地制宜。坚持城乡一体化，因地制宜推进生活垃圾全程分类。按照全市总体规划布局，结合各区实际，统筹布局各类垃圾中转、处理设施建设。鼓励街镇、社区（村）因地制宜，探索促进生活垃圾分类的新机制、新模式。

（三）工作目标

到2020年底，基本建成以法治为基础、政策完善、技术先进、社会协同，与上海卓越的全球城市发展定位相适应的生活垃圾全程分类体系。基本实现单位生活垃圾强制分类全覆盖，居民区普遍推行生活垃圾分类制度，生活垃圾分类质量明显提升。生活垃圾无害化处理能力达到3.28万吨/日以上，其中，湿垃圾资源化利用能力达到7000吨/日。基本实现“两网融合”，生活垃圾资源回收利用率达到35%。本市生活垃圾“减量化、资源化、无害化”达到国内领先水平。

二、主要任务

（一）全面实行生活垃圾强制分类

1. 明确生活垃圾分类标准

本市生活垃圾分类实行“有害垃圾、可回收物、湿垃圾和干垃圾”四分类标准。鼓励各单位和居住小区根据区域内再生资源体系发展程度，对可回收物细化分类。

有害垃圾。主要包括：废电池（镉镍电池、氧化汞电池、铅蓄电池等），废荧光灯管（日光灯管、节能灯等），废温度计，废血压计，废药品及其包装物，废油漆、溶剂及其包装物，废杀虫剂、消毒剂及其包装物，废胶片及废相纸等。

可回收物。主要包括：废纸、废塑料、废金属、废旧纺织物、废玻璃、废弃电器电子产品、废纸塑铝复合包装等适宜回收循环利用和资源化利用类的废弃物。

湿垃圾。主要包括：居民家庭日常生活中产生的食物残余和食物加工废料等易腐性垃圾；农贸市场、农产品批发市场等产生的蔬菜瓜果垃圾、腐肉、碎骨、蛋壳、畜禽产品内脏等易腐性垃圾；居民日常生活以外的食品加工、饮食服务、单位供餐等活动中的食物残余和食品加工废料等餐厨垃圾。

干垃圾。主要包括：污损后不宜回收利用的包装物、餐巾纸、厕纸、尿不湿、竹木和陶瓷碎片等除可回收物、有害垃圾、湿垃圾以外的其他生活垃圾。

（责任单位：市绿化市容局、市环保局、市商务委）

2. 规范生活垃圾分类收集容器设置

本市居住小区、单位、公共场所应当按照规定，设置分类收集和存储容器。分类收集容器由生活垃圾分类投放管理责任人按照规定设置。

居住小区：根据居住小区实际，科学合理设置生活垃圾分类收集容器，收集容器设置应当符合四类垃圾投放需要。多层、高层住宅小区可根据小区实际，合理设置干湿垃圾分类收集容器，住宅小区垃圾箱房或垃圾压缩站应当成组设置四类垃圾收集容器，有条件的可细化设置可回收物收集容器或配置可回收物打包设备。农村地区应当以家庭为单位，设置干湿垃圾分类收集容器；按照“便利、可控”的原则，相应设置有害垃圾、可回收物的分类收集容器。每个自然村应当设置四类垃圾收集容器（收集点）。

单位：办公和经营场所应当设置有害垃圾、干垃圾收集容器及可回收物收集容器或投放点。有食堂或无食堂但集中供餐的单位，在食品加工及就餐区域应当设置餐厨垃圾收集容器；产生餐厨废弃油脂的，还应当设置餐厨废弃油脂专用收集容器。单位配置垃圾箱房的，应当成组设置有害垃圾、可回收物、干垃圾收集容器；产生餐厨垃圾的，还应当设置餐厨垃圾收集容器。

公共场所：道路、广场、公园、公共绿地、机场、客运站、轨道交通站点以及旅游、文化、体育、娱乐、商业等公共场所应当设置可回收物及其他类别垃圾“两桶式”收集容器。但湿垃圾产生量较多的公共场所，应当增加设置湿垃圾收集容器。临时大型活动场所，应当根据活动安排及服务内容，在活动期间设置分类收集容器。

（责任单位：市绿化市容局、市房屋管理局、市交通委、市商务委、市旅游局、市城管执法局，各区政府）

3. 稳步拓展强制分类实施范围

按照“先党政机关及公共机构，后全面覆盖企事业单位”的安排，分步推进生活垃圾强制分类。坚持党政机关及公共机构率先实施，加快推行单位生活垃圾强制分类。2018年，实现单位生活垃圾强制分类全覆盖。巩固、提升、拓展居住区生活垃圾分类，建立生活垃圾分类达标验收挂牌制度，在普遍达标的基础上，推动创建垃圾分类示范居住小区（村）和示范街镇，不断提升垃圾分类实效。2020年，居住区普遍推行生活垃圾分类制度。坚持整区域推进，以区、街镇为单位推行生活垃圾分类制度。2018年，静安区、长宁区、奉贤区、松江区、崇明区、浦东新区（城区部分）率先普遍推行生活垃圾分类制度，建成3个全国农村垃圾分类示范区，全市建成700个垃圾分类示范行政村。

（责任单位：市绿化市容局、市机管局、市房屋管理局、市住房城乡建设管理委、市城管执法局，各区政府）

4. 强化强制分类执法保障

相关管理部门要做好分类义务、分类标准、分类投放管理责任等告知工作，并加强日常督促监管和指导，对违反垃圾分类规定的行为，及时制止并督促整改；对拒不执行垃圾分类的，要按照规定移交城管执法部门予以处罚。城管执法部门要按照法律法规的规定，加强对垃圾分类违法行为的巡查执法，对拒不履行分类义务的单位及个人，依法依规严格执法。

（责任单位：市绿化市容局、市房屋管理局、市机管局、市住房城乡建设管理委、市城管执法局，各区政府）

（二）着力提升生活垃圾分类投放质量

1. 逐步推行生活垃圾“定时定点”投放

结合住宅小区建设“美丽家园”行动，鼓励居住小区推行生活垃圾“定时定点”投放。以干湿垃圾分类投放为主要内容，根据不同类型居住小区实际，因地制宜确定定时定点投放的分类投放点设置、投放时间安排及分类投放规范等。物业企业、居委会等分类投放责任人应当搞好居民定时定点投放的宣传引导及日常监管。沿街商铺应当按照市容环境责任区制度的要求，结合环卫作业单位“上门收集”工作，实行定时定点分类交投各类垃圾。

（责任单位：市房屋管理局、市住房城乡建设管理委、市绿化市容局、市城管执法局，各区政府）

2. 深化绿色账户正向激励机制

以“自主申领、自助积分、自由兑换”为方向，坚持完善绿色账户激励机制。拓展绿色账户开通渠道，不断拓展绿色账户覆盖面，力争到2020年，绿色账户与垃圾分类实现同步覆盖。完善绿色账户积分规则，发挥绿色账户在促进干湿分类、可回收物回收方面的激励作用。加大政府采购力度，引进第三方参与垃圾分类的宣传、指导、监督工作。完善绿色账户监管模式，提升绿色账户第三方服务质量。探索绿色账户市场化运作方式，坚持政府引导、市场参与，多渠道募集资源，增强绿色账户影响力和吸引力，提升绿色账户实效。

（责任单位：市绿化市容局、市房屋管理局、市经济信息化委、市发展改革委、市财政局，各区政府）

3. 加快推进“两网融合”

绿化市容部门和商务部门按照“有分有合，分类分段”的原则，进一步厘清再生资源回收管理职责，加快推进居住区再生资源回收体系与生活垃圾分类收运体系的“两网融合”。推进源头垃圾分类投放点和再生资源交投点的融合，促进环卫垃圾箱房、小压站复合再生资源回收功能。推进标准化菜场、连锁企业、商业楼宇等企事业单位结合垃圾强制分类开展“两网融合”工作。推行再生资源回收人员、生活垃圾分拣人员“一岗双职”，逐步实现“统一标识、统一车辆、统一衡器、统一服装、统一服务规范”管理。加快培育各区可回收物收运服务企业，落实环卫作业企业托底再生资源回收业务。鼓励通过建立二手用品调剂平台、旧货商店、跳蚤市场等，促进闲置物品的直接再利用。

（责任单位：市绿化市容局、市商务委、市发展改革委、市房屋管理局）

4. 不断完善“大分流”体系

坚持“大分流、小分类”的基本路径，不断完善“大分流”体系。加强装修垃圾管理，规范居住小区装修垃圾堆放点设置，引导居民对装修垃圾开展源头分类及袋装堆放。搞好大件垃圾收运服务。鼓励通过交换、翻新等措施，实现木质家具等大件垃圾再利用；鼓励再生资源回收企业回收利用大件垃圾。结合建筑垃圾中转分拣设施建设，逐步建立大件垃圾破碎拆解体系。促进枯枝落叶的资源化利用，完善枯枝落叶单独收集体系，鼓励绿化养护企业通过就地粉碎、堆肥等方式做好枯枝落叶的就地资源化利用。完善集贸市场垃圾分流体系，强化集贸市场垃圾的源头分类，鼓励有条件的集贸市场设置湿垃圾源头减量设施；结合湿垃圾收运及资源化利用体系建设，促进集贸市场垃圾的资源化利用。

（责任单位：市绿化市容局、市房屋管理局、市商务委、市发展改革委）

（三）严格执行生活垃圾分类收运

1. 全面实行分类驳运收运

（1）明确各类生活垃圾分类收运要求。分类后的各类生活垃圾，必须实行分类收运。

有害垃圾。单位产生的有害垃圾应当交由本市环保部门许可的危险废弃物收运企业进行收运。居住小区产生的有害垃圾，可由环卫收运企业采用专用车辆进行分类收运。居住小区有害垃圾，可采取预约收运或定期收运方式。采取定期收运的，每月至少清运一次。

可回收物。可采取预约或定期协议方式，由经本市商务部门备案的再生资源回收企业或环卫收运企业收运后，进行再生循环利用。采取定期收运的，每半个月至少清运一次。

湿垃圾。由环卫收运企业采用密闭专用车辆收运，严格落实作业规范，避免收集点对周边环境影响，避免运输过程滴漏、遗撒和恶臭。湿垃圾应当做到“日产日清”。

干垃圾。由环卫收运企业采用专用车辆收运。根据垃圾箱房、小压站贮存条件合理确定收运频率，但每周至少清运一次。

（2）监督落实生活垃圾分类投放管理责任人制度。生活垃圾分类投放管理责任人应当按照《上海市促进生活垃圾分类减量办法》的规定，切实履行责任区内生活垃圾分类驳运的义务，严格实行各类生活垃圾的分类收集，坚决杜绝驳运环节的混装混运。对驳运环节混装混运的，严肃追究分类投放管理责任人责任。对分类质量不符合分类收运标准的生活垃圾，相关管理部门应当督促分类投放管理责任人组织二次分拣，确保生活垃圾分类品质。

（3）加强环卫收运作业监督管理。环卫收运企业应当严格执行分类收运规范，对各类生活垃圾实施分类收运，杜绝混装混运，并通过公示收运时间、规范车型标识等举措，接受社会监督。相关管理部门要加强监督考核，将各类生活垃圾分类驳运、收运规范执行情况，纳入相关企业的考核及评议制度，对发生混装混运的环卫收运企业予以严肃查处。环卫收运企业应当按照管理部门要求，对未实行垃圾分类或分类不符合要求的单位，建立“首次告知整改，再次整改后收运；对多次违规拒不整改的，拒绝收运并移交执法部门处罚”的“不分类，不收运”的倒逼机制。

（责任单位：市绿化市容局、市房屋管理局、市商务委、市环保局、市城管执法局，各区政府）

2. 建立完善分类转运系统

以确保全程分类为目标，建立和完善分类后各类生活垃圾转运系统。强化干垃圾转运系统，对徐浦、虎林路生活垃圾转运码头进行升级改造，提升市属生活垃圾水陆集装联运系统能力。完善湿垃圾中转系统，推进市、区两级中转设施改造，配置湿垃圾专用转运设备及泊位。建设可回收物转运系统，合理布局建设可回收物中转站、集散场。各区要结合实际，建设一批低价值可回收物转运场（站），实现再生资源回收、分类、储存、中转等功能。规范有害垃圾中转运输，完善有害垃圾收集暂存点布局，强化有害垃圾中转运输过程污染控制，防止污染事故，确保环境安全。

（责任单位：市绿化市容局、市商务委、市环保局、市发展改革委、市规划国土资源局、市交通委，各区政府）

（四）大力增强生活垃圾末端分类处理能力

1. 加强生活垃圾处理设施的规划保障

注重规划引领和保障作用，加强生活垃圾分类处理设施建设规划保障。结合本市空间规划总体布局，对生活垃圾无害化处理及资源化利用设施提早布局、明确厂址，破解“邻避”困局。针对本市生活垃圾分类处理的新形势和新要求，按照“统筹功能、合理布局、节约土地”的原则，做好各类垃圾处理设施的总体规划布局。充分挖掘已建成的生活垃圾处理设施周边空间潜力，进一步完善本市生活垃圾处理专项规划；做好可回收物、有害垃圾等处理及利用设施相关规划并抓紧实施。各区要提高思想认识，落实主体责任，认真执行相关规划，确保辖区内规划的生活垃圾处理项目落地。

（责任单位：市规划国土资源局、市发展改革委、市绿化市容局、市住房城乡建设管理委、市商务委、市环保局，各区政府）

2. 加快提升生活垃圾分类处理能力

建立完善垃圾无害化处理及资源化利用体系，形成生活垃圾全市“大循环”、区内“中循环”、镇（乡）“小循环”有机结合、良性互动的分类处理体系。继续提升干垃圾无害化处置水平，加快建设老港再生能源利用中心（二期），推进浦东、宝山、松江、青浦、金山、奉贤、嘉定、崇明等区新建或扩建垃圾处理设施，满足无害化处置需求。坚持“集中与分散相结合”的布局，加快推进湿垃圾处理利用建设。提升资源综合利用能力。重点推进老港基地、浦东、闵行、普陀、宝山、嘉定、金山、松江等一批湿垃圾集中处理设施建设。同时，结合农村生活垃圾分类，大力推进乡镇（村）就地就近湿垃圾利用，促进农村湿垃圾实现“户投、村收、镇（乡）处”的镇域小循环模式。实现本市湿垃圾集中和分散资源化利用能力达到7000吨/日。努力推进静脉产业园建设，积极打造市级老港静脉产业园，全面提升其垃圾综合处理、循环利用效能。结合各区工业园区转型升级，推进区级静脉产业园区建设，最终形成“一主多点”的静脉产业园区格局。积极推进建立全市性的可回收物集散中心，在依托全国市场的基础上，结合循环利用产业园区建设，布局本市再生资源产业，提升资源利用水平。结合本市危险废弃物处置能力建设，将生活源有害垃圾纳入危险废物处理系统。

（责任单位：市绿化市容局、市发展改革委、市住房城乡建设管理委、市商务委、市经济信息化委、市规划国土资源局、市环保局，各相关区政府）

三、保障措施

（一）健全体制机制

市政府各有关部门、各区政府要加强对生活垃圾分类工作的组织领导，完善综合治理体制机制。健全完善市、区两级生活垃圾分类联席会议等工作平台，加强统筹协调，细化责任分工，强化工作协同。坚持条块结合，落实属地责任。市政府各有关部门，要加强顶层设计、完善标准规范、加强行业指导和牵头推进。市住房城乡建设管理部门要在垃圾综合治理中发挥牵头协调作用，市绿化市容管理部门要承担生活垃圾全程分类处理体系的行业主管责任。市发展改革、经济信息化、商务、农业、财政、规划国土资源、房管、机关事务管理、环保、城管执法、交通、旅游、科技、教育、法制、宣传（新闻）等部门要切实履行职责，协同推进垃圾综合治理。各区政府要切实承担主体责任，抓好生活垃圾分类各项任务属地落实。要坚持管理重心下移，夯实街镇工作基础，充分调动社区资源推进垃圾分类。强化社会共治，将垃圾分类目标任务纳入住宅小区建设美丽家园行动考核体系。充分发挥居（村）委、业主委员会、物业企业、基层党组织等在推进垃圾分类中的作用。加强监督考核，将垃圾分类纳入行政绩效考核和生态文明绩效指标考核体系，并向社会公布考核结果，接受社会监督。

（责任单位：市政府各有关部门，各区政府）

（二）加强法制保障

按照法定程序，加快研究制定本市生活垃圾强制分类制度的地方性法规。研究建立限制过度包装、控制一次性用品使用及对垃圾分类违法行为联合惩戒等“硬约束”机制。建立绿化市容、环保、房管、城管执法等多部门管理执法协作机制，组织开展执法检查，实现监管信息共享，切实加强对强制分类源头参与主体、投放管理主体、收运作业主体的执法监督。将垃圾分类纳入物业服务标准体系，引导物业企业参与垃圾分类管理，保障物业企业在垃圾分类管理过程中的合法权益。鼓励通过制定居民公约、乡规民约等方式，加强垃圾分类居民自治。

（责任单位：市政府法制办、市绿化市容局、市经济信息化委、市旅游局、市商务委、市房屋管理局、市环保局、市城管执法局，各区政府）

（三）完善政策体系

完善生活垃圾处理设施建设补贴政策和跨区处置环境补偿制度，促进各区生活垃圾处理设施建设。延续并完善促进源头分类减量的节能减排支持政策。完善单位生活垃圾收费制度，建立与分类质量相挂钩的生活垃圾收费机制；研究促进居民源头分类的生活垃圾收费制度。制定并实施源头收运能力支持政策，增加专用运输车辆能力配置，促进低端车型逐步升级改造，增强专业收运能力。强化资源利用产业鼓励政策。制定湿垃圾资源化产品用于本市绿地林地土壤改良的补贴政策，打通湿垃圾资源化利用产品出路。健全餐厨废弃油脂资源化扶持政策，促进再生产品利用。建立低价值可回收物回收补贴政策，引导企业回收利用低价值可回收物。制定有害垃圾集中收集处置专项支持政策，确保有害垃圾规范收运处置，维护环境安全。

（责任单位：市发展改革委、市财政局、市农委、市商务委、市绿化市容局）

（四）强化监督管理

建立并完善政府依法监管、第三方专业监管、社会公众参与监督的生活垃圾分类全过程综合监管体系，加强质量监管。落实区、街镇、社区属地监督检查机制，加强执法监管，把垃圾分类纳入住宅小区综合治理考核体系，加强考核督办，确保源头分类实效。严格分类收运监管，坚决杜绝“混装混运”，将分类收运执行情况纳入环卫收运企业诚信管理体系，对“混装混运”分类投放管理责任人及环卫收运企业严肃查处。强化对末端分类处理设施的监管，确保环境安全、生态安全，促进资源有效利用。运用信息化等手段，加强全程分类各个环节有效衔接。

（责任单位：市绿化市容局、市房屋管理局、市环保局、市城管执法局，各区政府）

（五）加强科技支撑

对接科技创新中心建设，鼓励垃圾治理科技创新。加强与科研院所、第三方组织及相关企业合作，大力推进垃圾治理的新技术、新材料、新设备的开发应用，逐步提升生活垃圾收集车辆装备、中转设施、资源化利用设施、末端处置设施的技术水平和科技含量。用好“互联网+”平台，发展人工智能，强化信息化技术在垃圾分类全程体系中的应用，加强本市垃圾治理的科技支撑。

（责任单位：市科委、市经济信息化委、市绿化市容局、市发展改革委，各区政府）

（六）注重宣传引导

加强生态文化建设，创新平台机制，倡导全民参与，大力增强绿色发展、绿色生活意识。积极开展多种形式的宣传教育，增强社会互动，普及垃圾分类知识。加强垃圾分类工作的新闻宣传、社区宣传、入户宣传，充分发挥媒体报道、社区宣传栏、宣传横幅的作用，形成舆论氛围。将垃圾分类知识和要求纳入学前及义务教育课程体系。结合垃圾处理设施建设，加快生活垃圾示范教育基地建设。发挥社会组织和志愿者作用，引导居民开展垃圾分类。提高垃圾分类在文明创建测评体系中的比重。及时总结、宣传、推广垃圾分类典型经验。

（责任单位：市文明办、市教委、市政府新闻办、市发展改革委、市财政局、市绿化市容局，各区政府）

本实施方案自2018年3月1日起施行，有效期至2022年12月31日。

上海市住宅小区建设“美丽家园”三年行动计划（2018—2020）

沪府办发〔2018〕8号

2018年2月8日

按照市委市政府的部署和市政府办公厅转发的《关于加强本市住宅小区综合治理的工作意见》（沪府办发〔2015〕3号），制订本行动计划。

一、总体要求

（一）指导思想

以党的十九大精神为指引，全面贯彻习近平新时代中国特色社会主义思想，按照中央城市工作会议和市第十一次党代会的相关精神，落实中央对上海当好全国改革开放排头兵、创新发展先行者的要求和市委创新社会治理加强基层建设的具体部署，对标建设卓越的全球城市和到2020年全面建成更高水平的小康社会的目标，坚持问题导向、需求导向、效果导向，坚持共建共治共享，以全覆盖、全过程、全天候和法治化、社会化、智能化、标准化为着力点，着力持续精准补齐民生短板、着力完善服务市场机制、着力健全社区共治机制、着力优化管理体制机制，实现“美丽家园”建设全覆盖，进一步推动形成“党委牵头、政府监管、市场服务、社会参与、居民自治、法治保障”六位一体、良性互动的住宅小区综合治理格局。

（二）工作目标

安全有序、整洁舒适、环境宜居、幸福和谐的“美丽家园”建设进一步推进，小区运行安全水平和居住环境品质显著提升；标准明确、管理精细、质价相符、监管有力的物业服务市场机制进一步形成，物业服务在城市精细化管理和民生服务保障中的能级显著提升；规制健全、民主协商、社会参与、运作有序的社区共治机制进一步完善，社区治理能力和业主自我管理水平显著提升；责权明晰、程序规范、运行高效、保障有力的行政管理服务体制进一步优化，住宅小区行政管理效能和公共服务水平显著提升。

到2020年的目标：

提升住宅小区运行安全水平，让小区更安全。全市完成各类旧住房修缮改造3000万平方米，其中，三类旧住房综合改造900万平方米，重点包括二级旧里以下房屋300万平方米和直管公房280万平方米；全面完成排查发现的1365万平方米一般损坏老旧住房的安全隐患处置工作；完成4000台使用满15年的住宅电梯安全评估工作，基本完成存在安全使用隐患住宅电梯的修理、改造、更新任务，实现使用满15年以上的老旧住宅电梯运行安全远程监测全覆盖；新建2000个既有住宅小区电动自行车充电设施；推进住宅小区安防监控系统改造更新；开展高层住宅消防安全隐患排查整治。

改善住宅小区公共管理秩序，让小区更有序。全市“无违建小区”创建完成率达到90%；完成5000个住宅小区管理处和主要出入口门岗（门卫室）规范化建设；完善共享停车机制，加强停车管理，疏解住宅小区机动车停放矛盾；培育30家品牌物业服务企业，建立1万名具备专业素养的住宅小区项目经理队伍；全面推行业主委员会规范化建设，符合条件的住宅小区业主委员会组建率达95%，业主委员会规范运作达标率达75%以上；符合条件的小区业委会党的工作小组组建率达100%；住宅小区党建联建示范点达到700个。

促进住宅小区环境整洁，让小区更干净。基本实现住宅小区垃圾分类和绿色账户全覆盖，住宅小区生活垃圾、装修垃圾实现规范投放、及时清运；完成2400个住宅小区雨污分流整治工程；完成本市2000年以前建成住宅小区的二次供水设施改造，全面实现本市住宅小区供水企业管水到表；重点整治楼宇门栋广告乱张贴、楼道乱堆物，全面推行住宅小区公共区域清洁维护标准，净化小区环境。

二、主要任务

（一）持续精准补齐民生短板，着力提升小区运行安全水平和居住环境品质

1. 实施各类旧住房修缮改造。重点实施纳入保障性安居工程的成套改造、屋面及相关设施改造、厨卫改造等三类旧住房综合改造，有序推进实施二级旧里以下等各类里弄房屋的修缮改造工作，着力解决人民群众居住生活中“急难愁盼”的问题；全面消除一般损坏老旧住房安全隐患。拓展旧住房修缮改造内涵，统筹管线入地、二次供水设施改造、消防设施改造、雨污分流整治、环境整治、

道路整修、违法建筑整治等工作；各区结合实际，建立修缮工程和物业服务提升相衔接的工作机制。

2. 推进小区设施设备更新改造。推进小区消防设施设备改造更新，针对隐患突出的住宅小区，增设简易喷淋等消防设施，实施高层住宅消防安全隐患排查，探索在高层住宅小区和大型居住社区组建微型消防站，推广应用智能型烟感报警器；结合平安社区创建，推进安防监控系统改造更新工作，逐步在全市居民小区推广建设综合感知系统、居民楼智能门禁系统、居民区火患预警系统、智慧社区综合管理系统；持续开展电梯安全评估，支持业主对存在安全使用隐患的电梯进行修理、改造、更新，推进全市一体化智慧电梯专业管理服务平台建设，探索引入保险机制，建立完善安全使用管理长效机制。在有条件的住宅小区，继续扩大多层住宅加装电梯试点。

3. 提升公共服务供给质量。全面完成郊区住宅小区二次供水设施改造和移交接管工作，加快理顺供水管理体制，着力推进2000年以后建造的住宅小区二次供水设施移交接管工作，切实落实供水企业日常管养经费资金来源；推进电力、水务、燃气、通信等公共服务进小区；推进水、电、气“三单合一”试点工作；加大住宅小区文化、体育、助老等公共服务力度，拓展公共服务内涵。

4. 开展住宅小区环境综合整治。开展“无违建小区”创建工作；大力整治楼宇门栋广告乱张贴、楼道乱堆物，开展“楼宇文化”“美丽楼道”创建行动，净化、美化楼宇环境；推进住宅小区雨污分流整治工程；积极推行通信及相关架空线入地入管工程；提升老旧小区绿化品质；推进老旧住宅小区无障碍通道设施建设；开展无证照食品生产经营活动整治，提升居住环境品质。

5. 强化小区垃圾综合治理。发挥绿色账户激励机制作用，推行生活垃圾定点分类投放管理模式，监督收运单位分类收运；建立装修垃圾清运市场信息共享机制，通过公共服务微信号、APP服务平台，实现装修垃圾清运联网联动服务，提高及时清运率；改造、配备垃圾分类收集设施，指定装修垃圾临时堆放点，进一步落实相关主体责任。

6. 疏解住宅小区车辆停放矛盾。加强住宅小区车辆停放管理，指导业主建立车辆停放管理专项制度，规范停车资源使用和业主停车行为；充分利用住宅小区周边各类资源，推进停车错时共享，鼓励专用停车设施对小区开放服务；在有条件的住宅小区周边规划增建停车设施，结合“美丽家园”建设，探索利用住宅小区现有场地及空间资源增设停车位；以实事工程和街镇惠民项目等形式，持续开展既有住宅小区电动自行车充电设施建设，力争实现有条件的住宅小区电动自行车充电设施建设全覆盖；区和街镇要完善停车矛盾疏解调处机制，预防和减少因停车问题引发的矛盾纠纷。

（二）加快完善服务市场机制，着力提升行业整体服务能力和监管水平

1. 改进物业服务行业窗口形象。推行小区主要出入口门岗规范化建设，规范保安日常服务行为；统一住宅小区管理处建设要求，改善管理处窗口形象；统一设置“上海市住宅小区物业服务监督公示牌”，公示物业服务合同、收费标准、服务监督电话、维修资金及公共收益账目等；统一小区物业服务人员着装，佩戴工种铭牌（袖标、胸标），便于业主识别。

2. 完善信息发布和价格协商机制。提高物业服务市场价格信息发布的准确性、及时性，实施物业服务合同网上签约，全方位采集服务项目、服务标准和服务价格信息；建立市场主体主动公开服务收费信息制度，物业服务企业、装修垃圾清运单位、房地产开发企业等市场主体应当在小区内公示服务内容、收费标准及投诉监督电话等；引导建立

物业服务收费价格协商机制，指导帮助业主与物业服务企业协商确定物业服务价格；探索专业社会服务组织提供价格评估服务，促进形成合理、公平的市场环境。

3. 健全物业服务应急保障机制。加快推进区属房管集团回归住房民生保障的基础性功能，培养专业维修人员队伍，发挥其在旧式里弄、售后房、大型居住社区保障性住房小区物业服务及房屋修缮、防汛防台、房屋抢险救助等方面的骨干作用；加强房屋应急维修中心建设，明确应急维修中心建设标准和工作规范，加大专业应急抢修设施设备投入力度；引入社会专业维修资源，进一步提高应急服务保障能力；建立区和街镇物业服务应急协调保障机制，可依托区属房管集团对无人管理小区、物业服务企业抛盘小区进行有限托底保障。

4. 引导物业服务市场整合和创新发展。着力扶持优质品牌企业输出品牌管理资源，扩大经营管理规模，提升集约管理效益；发挥行业协会作用，引导物业服务企业依托“互联网 +”实现线上线下融合的运作模式，提升管理效能，并将服务领域拓展至住房租赁经营、快递代收、居家养老、家政服务等方面，促进行业可持续发展。

5. 创新物业服务行业监管方式。按照行政监管和审批制度改革工作要求，将物业行业监管方式由重事前市场准入向事中、事后监管并重转变，监管重心由重企业法人管理向企业法人、项目经理与物业项目并重转变；建立物业服务企业备案承诺制度，健全物业服务企业及项目经理信用管理制度，完善信用信息发布机制，强化信用和项目管理实绩在物业项目招投标、物业项目评优等环节的应用；探索建立物业服务企业“黑名单”制度和市场退出机制，推动形成“优胜劣汰、失信失业”的市场环境，促进行业、企业及从业人员依法履约、守信经营。

6. 建立物业服务综合评价机制。落实市、区、街镇三级监督检查制度，建立住宅物业服务政府监管公示制度；健全物业服务热线报修投诉处置考核机制；完善物业行业公众满意度测评和信息发布机制；指导市物业管理行业协会建立物业服务地方标准实施情况的评估制度；优化物业服务达标考核制度，各区、街镇结合实际，将物业服务考核达标奖励范围覆盖至售后房、直管公房、系统公房、保障性住房和早期商品房等，建立分级奖励和奖励标准动态调整机制。

7. 推动文明创建和人才队伍培养。开展文明行业创建和立功竞赛活动，发挥“劳模工作室”示范作用；持续开展“最美物业人”评选活动，培育一批优秀的物业服务企业、服务班组、项目经理和一线保安、保绿、保修、保洁人员，建立相应的激励机制；建立多层次的行业队伍培养机制，加强物业项目经理、物业管理员、综合维修人员等相关岗位职工培训，培育若干具有社会影响力的“物业工匠”。

（三）进一步健全社区共治机制，着力提升社区治理能力和业主自我管理水平

1. 加强基层党组织的工作覆盖和引领。通过合法程序，推动符合条件的居民区党组织成员兼任业主委员会成员。发挥基层党组织的群众工作优势和业主委员会党的工作小组作用，帮助业主树立主人翁意识，培育积极参与小区管理的“主心骨”和“热心人”，带动业主有序参与自我管理活动，建立共建、共治、共享的社区治理格局。加强党建引领，扩大住宅小区党建联建示范点覆盖面，发挥典型示范作用。

2. 加强居民委员会对业主委员会的指导监督。完善居民委员会对业主自治管理的引导机制，规范业主委员会运作。做实居民区联席会议制度，协商解决物业管理、社区平安、环境卫生等住宅小区公共管理事务。进一步提升符合条件的居民委员会成员兼任业主委员会成员的覆盖面；试点在居民委员会

下设环境和物业专业委员会，吸收热心公益、有一定专业能力的人士参加，研究解决物业管理专业问题。

3. 健全业主委员会监管机制。建立业主委员会筹备（换届改选）小组成员培训、业主委员会成员任前和任期内培训制度；建立业主委员会成员任前诚信承诺和失信惩戒制度，规范业主委员会成员履职行为；建立健全业主委员会工作信息公开制度，公开业主大会议事规则、管理规约、专项维修资金管理规约和业主委员会会议决定等重要信息，加强专项维修资金和公共收益使用监管，保障业主的知情权；逐步建立业主委员会工作规范化评估机制，引导推动业主委员会依法合规运作。

4. 落实业主自我管理主体责任。修订完善临时管理规约、管理规约、业主大会议事规则和专项维修资金管理规约并推进实施，督促业主落实房屋公共部位、消防设施、电梯等修理改造更新的法定责任。引导、指导业主制定小区装修管理、宠物管理、垃圾管理等专项管理制度，强化业主文明居住意识。参照商品住宅维修资金历史遗留问题的解决机制，继续解决本市2001年8月1日以前原侨汇房、外销商品房和部分动迁安置房专项维修资金缺失问题。

5. 发挥专业社会服务组织作用。在专业社会服务组织工作覆盖全市各街道的基础上，加强教育培训，提升从业人员的专业能力，拓展服务内容；建立以街镇为主的专业社会服务组织工作评价机制，并将评价结果作为政府购买公共服务的重要参考依据；鼓励专业社会服务组织加入市物业管理行业协会，加强行业自律管理和服务。

（四）切实优化综合治理体制机制，着力提升管理效能和工作合力

1. 推进综合治理职责清单落地。市住宅小区综合管理联席会议有关成员单位依据《上海市住宅小区综合治理职责清单》，编制《住宅小区综合治理作业分类指导手册》，进一步明确和细化相关责任部门、专业单位的管理服务工作事项、业务流程、工作标准、监督措施，提升行政管理效能和公共服务供给质量。

2. 夯实各区党委、政府管理责任。坚持和完善“党政双牵头”工作机制，将住宅小区综合治理纳入各区党委、政府年度工作重点，制订实施本区新一轮三年行动计划，建立邀请市住宅小区综合管理联席会议办公室有关负责同志列席区住宅小区综合管理联席会议的工作制度；重点聚焦加强党对住宅小区综合治理工作的领导、厘清区属部门和街镇工作界面并完善双向考评机制、因地制宜补齐民生短板及改善提升居住环境品质；结合街镇管理体制改革和管理力量下沉，推动社区管理、综合执法、警务力量等向大型居住社区等管理薄弱区域倾斜。

3. 强化街镇属地主体责任。建立健全“党政双牵头”工作机制，坚持落实住宅小区综合管理联席会议制度；重点聚焦指导监督业主大会建设和业委会日常运作，统筹推进“美丽家园”建设、加强住宅小区运行安全和环境秩序管理，做实做强街镇房屋管理事务机构；完善住宅小区矛盾纠纷化解长效机制，发挥人民调解委员会作用，将物业矛盾纠纷化解纳入居村（社区）法律顾问服务事项清单。

4. 理顺三级房屋管理体制机制。充分发挥市、区房屋管理部门在住宅小区综合治理工作领域的牵头协调和专业保障作用，市级层面重点发挥“政策制定、专业指导、行业监管、协调推进”职能；区级层面重点发挥“政策落地、业务操作、具体指导、行业监督”职能；街镇层面重点发挥“日常管理、事务办理、检查巡查、属地监督”职能。各区政府根据区级层面房屋管理和房管办事处下沉的实际，调整设置区级房屋管理（物业管理）事务机构，承担住宅小区综合治理、房屋管

理、物业行业管理等具体事务性工作，加强对街镇房屋管理事务机构的联系、指导和服务。

5. 加强住宅小区房屋使用安全管理。建立健全房屋使用安全责任体系，明确房屋设计建造、房屋使用安全管理责任主体和责任范围；建立健全本市老旧住房定期检查、动态监测、周期性维修相关要求；建立房屋安全隐患处置及保障的常态长效机制；建立覆盖源头管控、日常管理、信息沟通的危险房屋应急协调处置机制和资金支持机制，强化安全管控措施。同时，加强住宅建筑外立面安全管理和维护。

6. 完善网格化管理和处置机制。推动网格化管理由 8 小时内向 24 小时延伸，由住宅小区围墙外向围墙内延伸，由住宅小区管理向社区治理延伸。切实发挥区、街道、社区工作站和居民区信息点四级网格管理网络作用，建立问题处置的大循环、小循环、微循环和自循环的良性互动模式，实现小区管理疑难杂症早发现、早研究、早处置，大幅降低各类热线涉及住宅小区综合治理的市民投诉量，提升网格化管理在住宅小区综合治理中的服务保障能级。

7. 提高住宅小区综合执法效能。进一步扩大城市综合执法领域，建立健全住宅小区综合执法的标准和规范，提高街镇城管队伍进小区频率，不断优化综合执法和办案流程，提高执法效能；完善公安支持保障机制，依法查处群众最关心的违法搭建、损坏房屋承重结构、擅自改变物业使用性质、群租、占用共用部位、毁绿占绿等违法行为；建立执法效能社会评价和监督机制；推行“定人定时定点服务”“一居委会一城管工作室”的社区工作机制，畅通公众有序参与社区治理渠道。

三、保障措施

（一）完善法规标准

按照法定程序修订出台本市住宅物业管理地方性法规，加快研究制定相应配套政策文件；研究制定本市房屋使用安全管理规定，建立全覆盖、全生命周期的房屋使用安全管理机制；完善物业行业服务和管理标准体系建设，出台住宅小区公共区域清洁等城市综合管理标准，修订住宅物业服务规范和住宅物业服务推荐性地方标准。

（二）加强信息化建设

加快推进物业管理监管与服务平台建设，实现物业投诉、报修、处置及物业招投标、监督检查等全过程的动态监管，建立分类、分层、分级的数据采集机制，进一步完善上海物业 APP 功能和应用拓展；建立与规划建设、房产交易、城管执法、公安、消防、质量技监及公共信用信息管理等部门机构及区、街镇的信息共享机制；探索智慧小区建设，提升行政管理效能和为民服务水平；加强住宅小区综合治理相关信息的统计分析和数据价值挖掘，发挥大数据在政府行政监管、社会治理等方面的作用。

（三）强化考核督查

建立分级考核制度，对重点工作推进情况加强监督检查，定期通报动态；提升考核结果在各级领导班子和领导干部绩效考核中的比重，发挥绩效考核对住宅小区综合治理工作的推动作用。对工作推动不力的地区和单位，进行跟踪督办并追责问责。

（四）加强财政支持

在切实落实业主主体责任的同时，完善住宅小区综合治理工作经费保障机制，根据目标任务计划，不断加大市、区、街镇三级财政投入和支持力度，聚焦以老旧住房和保障性住房等为重点的房屋及设施设备改造、物业服务达标考核、应急保障能力建设以及信息平台、智慧小区建设、购买专业社会组织服务等方面，持续改善居住环境和管理服务水平。

（五）加强宣传引导

发挥新闻宣传、公益广告等作用，加大

法规、政策宣传力度，大力弘扬社会道德规范和《上海市民文明居住行为公约》，引导业主依法、主动、守约、有序参与自治管理活动；加强本行动计划的宣传，强化市民群众参与住宅小区综合治理的主体意识，营造住宅小区综合治理的舆论氛围。

上海市2018—2020年环境保护和建设三年行动计划

沪府办发〔2018〕11号
2018年3月29日

随着六轮环保三年行动计划的滚动实施，本市不断加大环境保护和建设力度，有针对性地解决了一批突出环境问题，污染治理力度不断加大，源头防控和绿色发展加快推进，全社会环境治理体系初步形成，全市生态环境质量持续改善。进入新时代，解决人民日益增长的美好生活需要和不平衡、不充分的发展之间矛盾对生态环境保护提出了新要求。当前，本市正处于全面建成高水平小康社会的决胜期，也是基本建成“五个中心”和社会主义现代化国际大都市的关键阶段。为打好污染防治攻坚战，加快改善生态环境质量，全面推进绿色转型发展，持续深化生态文明体制改革，推进生态环境治理体系和治理能力现代化，特制订本计划，即第七轮环保三年行动计划。

一、指导思想、基本原则和总体目标

（一）指导思想

全面贯彻党的十九大精神，以习近平新时代中国特色社会主义思想为指导，牢固树立和贯彻落实新发展理念，深入贯彻习近平总书记“四个新作为”重要指示，坚持新发展理念，按照高质量发展的要求，紧紧围绕建成更高水平全面小康社会、加快推进“五个中心”建设和建设成为卓越全球城市和社会主义现代化国际大都市的目标要求，坚持“节约优先、保护优先、自然恢复为主”的方针，打好污染防治攻坚战，着力解决大气、水、土壤、固废和生态建设等领域的突出环境问题，坚定走“生产发展、生活富裕、生态良好”的文明发展道路，使得生态之城更具韧性、更可持续，人与自然更加和谐，天蓝地绿水清的生态环境更加宜人。

（二）基本原则

——坚持底线思维，推进绿色发展。把生态环境保护放在全市经济社会发展全局的突出战略位置，严守生态环境底线，更加注重推进各领域绿色转型发展，加快形成节约资源和保护环境的空间格局、产业结构、生产方式、生活方式。

——坚持质量核心，实施系统治污。以解决生态环境突出问题为导向，坚持标本兼治、分类防治、系统联治，分领域明确生态环境质量改善目标任务。统筹运用源头预防、结构优化、转型升级、污染治理、生态保护等多种手段，实施一批重大工程和重大项目，开展多污染物协同防治，系统推进生态修复和环境治理，确保生态环境质量持续改善。

——坚持深化改革，强化制度创新。以改革创新推进环境治理理念和方式转变。严格落实党政同责和一岗双责，实施环境监测监察执法垂直管理制度，推进环境监察、环境审计、排污许可等制度改革，完善环境治理市场化机制，强化环境社会治理机制创新，加快形成系统完整的生态文明制度体系。

——坚持依法严管，推动社会共治。实行最严格的生态环境保护制度，加强环境立法、环境司法和环境执法，强化排污者责任，健全环保信用评价、信息强制性披露、严惩重罚等制度。动员全社会积极参与生态环境保护，夯实全社会环保责任，加快形成政府主导、企业主体、社会组织和公众共同参与的环境治理体系。

（三）总体目标

到2020年，本市生态环境质量、生态空间规模、资源利用效率显著提升，环境风险得到有效防控，绿色生产和绿色生活水平明显提升，生态环境治理体系和治理能力现代化取得重大进展，为全面建成更高水平的小康社会以及基本建成“五个中心”基本框架和社会主义现代化国际大都市奠定良好的环境基础，为市民提供更多优质的生态环境产品。

——城乡环境质量全面改善。地表水环境质量明显改善，重要水功能区水质达标率达到78%，国考断面水质全面消除劣Ⅴ类，市考断面水质95%以上达到或优于地表水Ⅴ类；环境空气质量（AQI）优良率力争达到80%左右，基本消除重污染天气，细颗粒物（PM2.5）年均浓度降到37微克/立方米；全市土壤环境质量总体保持稳定，受污染耕地及污染地块安全利用率达到95%左右。

——绿色发展水平明显提升。经济发展的资源环境效率明显提高，单位国民生产总值综合能耗、用水量和主要污染物排放总量持续下降，全市煤炭消费总量在2015年的基础上削减5%，非化石能源占一次能源消费比重上升到14%左右，绿色制造体系初步建立，绿色建筑和装配式建筑推广力度进一步加大，全市绿色生产生活方式加快形成。

——污染治理水平不断提高。全市城镇污水处理率达到95%以上，农村生活污水处理率达到75%，污泥有效处理率达到95%以上；生活垃圾源头分类减量基本实现全覆盖，生活垃圾资源回收利用率达到38%；全市畜禽养殖废弃物资源化利用率达到95%，主要农作物秸秆综合利用率达到96%以上，农药化肥亩均施用量在2015年基础上削减20%左右；危险废物、医疗废物得到全面安全处置。

——生态安全格局持续优化。生态空间应保尽保，森林覆盖率达到18%，人均公园绿地面积达到8.5平方米，湿地总面积维持在46.46万公顷，集中建设区外现状低效建设用地减量21平方公里，生态资源服务功能不断提升。

——社会共治体系初步形成。进一步发动全社会共同参与环境保护，全市环境保护责任体系更加健全，政府主导、企业主体、社会组织和公众共同参与的环境治理体系初步形成，公众对生态环境质量的满意度稳步提升。

二、水环境保护

以苏州河环境综合整治四期工程（以下简称“苏四期”）为牵引，重点推进污水污泥处理基础设施建设，深化中小河道综合整治，巩固水环境管理长效机制，加快补足水环境治理体系短板，地表水水质保持稳定改善。

（一）全面保障饮用水水源安全

严格落实《中华人民共和国水污染防治法》要求，在全面落实饮用水水源二级保护区禁止新改扩建排放污染物的建设项目的基础上，2018年底前，基本完成饮用水水源二级保护区内现存工业企业的关闭清拆。加快启动陈行水源地与青草沙水源地连通方案研究。持续完善水源地生态保护补偿相关政策。结合黄浦江上游饮用水水源保护区划调整，对水环境功能区划进行修订。完成省市边界水文水质监测站网的建设。

（二）加快完善基础设施建设

坚持“建管养并举、泥水气同治”的原则，完善全市污水、污泥处理处置体系。继续提高城镇污水处理能力和处理水平，全面完成竹园一、竹园二、白龙港污水处理厂提标改造，建成虹桥和泰和污水处理厂工程，完成青浦朱家角和练塘及嘉定安亭污水处理厂的扩建工程。到2020年，全市净增污水处理能力60万立方米/日以上，污水处理厂的出水要求达到一级A及以上排放标准，同时完成石洞口、竹园、白龙港、青浦等污泥处置设施建设。深入推进污水收集治理工作。到

2020年底，全市城镇污水处理率达到95%以上，污泥有效处理率达到95%。

（三）加大城市面源治理力度

着力推进市政设施污染控制。以“苏四期”为重点，加快实施苏州河段深层排水调蓄管道工程试验段，推进天山、桃浦、曲阳、龙华、长桥和泗塘等6座污水处理厂功能调整，转变为初期雨水调蓄设施。启动竹园初期雨水处理厂建设，实施大武川初期雨水调蓄池工程，改善区域水质。开展上海大学、大场老街、罗秀、景东、平阳、莳村南、张华浜等市管雨水泵站污水截流设施建设或技术改造，并通过泵站优化运行等措施，减少泵站放江量，完成市政雨水泵站旱流截污工程，提高合流制地区污水截流倍数，进一步降低雨污混合水污染对河道水质的影响。在全市建成区分流制地区雨污混接大排查的基础上，全面开展雨污混接改造。到2020年，基本消除本市建成区分流制地区市政混接、沿街商户混接及企事业单位混接。

继续推进海绵城市建设。到2020年，本市建成区200平方公里达到海绵城市建设要求。研究出台《上海市海绵城市规划建设管理办法》，将海绵城市建设理念贯彻落实到规划、设计、建设、管理、运营维护等全生命周期管控环节。加强规划引领，按照本市海绵城市专项规划要求，各区要编制本辖区海绵城市建设规划。全面完成浦东新区临港地区国家海绵城市建设试点工作。建立市级海绵城市建设试点区域，形成一批适合上海实际的海绵城市建设案例，以示范引领，全面推动本市海绵城市建设工作。

（四）持续强化河湖综合治理

围绕到2020年基本消除劣Ⅴ类水体，实现国考、市考断面的水质目标，采用控源截污、沟通水系、生态修复等措施，继续推进全市中小河道整治，三年累计实施600公里以上河道综合整治工程和2200条段断头河整治，使河道水环境和陆域面貌得到明显提升。按照“苏四期”治理要求，对苏州河两翼中小河道进行专项整治。全面落实河长制，完善各项配套制度，实施《上海市中小河道综合整治与长效管理导则》，建立完善河道综合整治长效管理机制。持续开展引清调水，实现水体有序流动，改善河网水质。在湖泊实施湖长制，严格湖泊水域空间管控，完成元荡湖围网养殖拆除及生态修复工程，深化研究淀山湖、滴水湖等主要湖库的富营养化问题，防治湖库富营养化。

（五）加强近岸海域污染防治

坚持陆海统筹，以实施污染源防控为重点，突出系统治理，强化协同执法监管，持续削减本市陆源入海及海上污染负荷。开展陆源长江入海污染源总量调查及污染物总量控制研究。加强船舶污染物的排放与接收管理，逐步完善全港船舶废弃物（油污水、生活污水、垃圾）回收处理体系，强化现场监督管理。建立海洋生态红线管理制度，实施严格管控。进一步提升海洋环境监测能力，加强近岸海域海水环境监测，确保近岸海域水质保持稳定。

三、大气环境保护

以实施PM2.5和臭氧（O_3）污染协同控制为核心，以产业和交通领域为重点，统筹能源、建设、生活等领域，全面深化大气污染防治工作，进一步改善环境空气质量。

（一）持续深化能源结构调整

实施煤炭和能源总量双控。削减钢铁、石化等用煤总量，减少直接燃烧、炼焦用煤及化工原料用煤，合理控制公用燃煤电厂发电用煤总量。到2020年，宝武集团耗煤量控制在1150万吨，上海石化和高桥石化分别控制在200万吨（含石油焦）和75万吨，华谊集团控制在200万吨以内，公用燃煤电厂燃煤量控制在2412万吨。到2020年，全市煤炭消费总量在2015年基础上削减5%以上，煤炭占一次能源消费比重下降到30%以内；天然气消费量增加到100亿立方米左右，占一次能源消费比重达到12%以上；非化石能源占一次能源消费比重上升到14%左右。

完成中小燃油燃气锅炉氮氧化物（NO x）排放深化治理。修订实施本市锅炉大气污染物排放标准。2020年底前，完成中小燃油、燃气锅炉提标改造。

（二）全过程深化工业污染防治

加大重点企业升级改造和污染治理力度。聚焦钢铁、石化、化工等重点行业企业，多措并举，继续深化污染排放综合治理。钢铁行业铁水产能规模控制在1502万吨以内。加强钢铁行业重点企业无组织排放监管，到2019年，完成原料、燃料转运过程全密闭化和露天料场与封闭料场的作业切换。完善本市挥发性有机物（VOCs）排放清单并开展动态更新。出台储运行业挥发性有机物控制技术规范，到2019年，全面完成石化行业、陆地和液散码头储罐及装卸过程密闭收集处理或回收。

全面实施挥发性有机物总量和行业控制。按照“控制总量、削减存量、减量替代”的原则，对涉VOCs排放的建设项目按新增排放量的2倍进行减量替代。推进石化化工、汽车及零部件制造、家具制造、木制品加工、包装印刷、涂料和油墨生产、船舶制造等行业VOCs治理。到2020年，重点行业排放总量较2015年削减50%以上。

全面实施低VOCs含量产品源头替代。编制工业企业低VOCs排放绿色生产工艺目录及低VOCs产品目录等，规范产品生产及销售环节。2018年起，本市禁止生产高VOCs含量有机溶剂型涂料、油墨和胶黏剂的新、改、扩建项目，现有生产项目鼓励优先使用低VOCs含量原辅料。在整车制造、汽车零部件制造、家具制造和木制品加工、包装印刷、船舶制造、工程机械制造、金属制品、通用和专用设备、交通设备、电子元件制造、家用电器制造等重点行业，开展低VOCs含量产品的源头替代。其中，整车制造企业除罩光漆外全面推广使用低VOCs含量涂料；到2020年，汽车零部件制造行业VOCs排放量比2017年削减30%以上；2018年底前，家具制造和木制品加工行业全面完成低VOCs含量涂料和胶黏剂的应用；到2019年，包装印刷行业全部采用低VOCs含量油墨；到2020年，船舶制造行业涂装作业实现密闭喷涂施工的比例达到65%以上，工程机械制造和钢结构制造行业低VOCs含量涂料使用比例分别达到30%和50%以上。

（三）强化移动源污染治理体系

完善绿色综合交通体系。进一步加强公交优化、慢行友好的城市交通体系建设。到2020年，全市轨道交通运营线路总长达到800公里左右，公交专用道450公里左右，不断提高公共交通出行比重，其中，轨道交通客运量占公共交通客运量比例达到60%。同步加强步行、自行车交通系统建设。

提升道路机动车辆污染治理水平。继续推进新能源汽车发展。加大出租、物流、环卫、邮政等行业新能源车推广力度，到2020年，中心城区公交车和校车力争实现新能源化，加大新能源出租车的推广力度，新增、更新公务用车中新能源车比例大于50%，新能源货车推广规模超过5000辆。到2020年，全市新能源汽车（标准车）推广数量不低于15万辆。加快充电桩等配套基础设施建设，到2020年，电动汽车充电设施服务半径中心城区小于1公里，外环以外区域小于2公里。实施更严格的新车和油品标准。实施国六油品标准；适时提前实施轻型汽油车国六排放标准；2018年，普通柴油油品含硫量提升至等同于车用柴油国五标准的要求。加强在用车尾气治理及排污监管，实施巡游出租车到期更换三元液化装置。建立本市在用机动车维修点联网监测监管体系，完善在用车尾气排放检测监管平台。推进非道路移动机械污染防治。提升非道路移动新机械准入门槛，适时实施非道路机械国四排放标准。严格实施国家非道路移动机械烟度排放标准，加强非道路机械执法检查。

加强船舶港口及机场污染防治力度。实施船舶驶入排放控制区换烧低硫油（≤ 0.5%m/m），内河船舶和江海直达船应使用符合国家和本市标准要求的柴油，加强排放控制区实施情况的评估和执法检查。持续推进港口岸电和清洁能源替代工作。制订本市港口岸电建设方案，推进核心港区（包括洋山港区、外高桥港区、吴淞邮轮码头、北外滩邮轮码头）实施靠港船舶岸基（港基）供电，到2020年，建成46个具备向船舶供应岸电能力的专业化泊位；实现煤电厂码头岸电设备全覆盖；开展集装箱码头装卸设备油改电、油改气等清洁能源技术改造以及机械势能回收技术应用，到2020年，港口RTG环保节能技改工程完成率超过80%。加强上海港集装箱运输车辆清洁能源替代，力争港区内集装箱运输车辆LNG使用比例达到90%以上，港区外集装箱运输车辆LNG使用比例达到10%。内河码头（包括游船码头和散货码头）全面推广岸基供电，苏州河和黄浦江市区核心区域码头完成船用岸电保障。推进机场区域污染防治建设。推广地面辅助电源使用，新、改、扩建机场航站楼地面辅助电源配备率达到100%；提高现有机场航站楼廊桥机位辅助电源利用率，到2020年，现有机场航站楼远机位地面辅助电源利用率基本达到60%。

（四）持续加强扬尘污染控制

大力推广装配式建筑和绿色建筑。加大装配式建筑推广力度，全市符合条件的新建建筑原则上采用装配式建筑，到2020年，全市装配式建筑的单体预制率达到40%以上或装配率达到60%以上。所有新建建筑全部执行绿色建筑标准，其中，大型公共建筑、国家机关办公建筑按照绿色建筑二星级及以上标准建设。低碳发展实践区、重点功能区域内新建公共建筑按照绿色建筑二星级及以上标准建设的比例不低于70%。

推进绿色工地建设。在符合建设管理部门要求的建筑工地，推进安装扬尘污染在线监控系统，结合工地扬尘在线监测，逐步推进工地降尘喷雾的使用。加强文明施工管理，到2020年，全市建筑工地文明施工达标率达到98%以上，拆房工地洒水或喷淋措施执行率达到100%。

深化道路扬尘污染控制。加强源头管控，加大对运输车辆跑冒滴漏现象的联合查处力度，渣土运输车辆全部安装密闭装置并确保正常使用，未符合要求上路行驶的，一经查处依法从严处理；严禁车辆偷倒渣土、垃圾行为。继续提高道路保洁率和保洁质量，到2020年，全市道路冲洗率达到70%。其中，中心城区道路冲洗率达到82%以上，郊区道路冲洗率达到52%以上。

（五）进一步深化社会生活源整治

制定汽修行业大气污染物排放标准及涂料挥发性有机物含量限值标准，推广低VOCs含量产品在汽修行业的应用，色漆使用水性涂料，中涂、底漆使用高固含涂料，到2020年，力争全面完成低VOCs含量产品的替代。全面推行餐饮油烟在线监控和第三方治理，推广集中式餐饮企业集约化管理。研究餐饮油烟净化设施安装和维护保养技术规范，提高油烟和VOCs协同净化效率。

四、土壤（地下水）污染防治

以保障农产品质量和人居环境安全为目标，以改善土壤环境质量为核心，突出重点区域、重点行业和重点污染物，实施分类别、分用途、分阶段治理，严控新增污染、逐步减少存量，促进土壤资源永续利用。

（一）全面摸清土壤环境状况

全面摸清土壤环境状况。根据全市土壤污染状况详查实施方案，以农用地和重点行业企业用地为重点，深入开展全市土壤污染状况详查。力争到2018上半年，基本查明农用地土壤污染的面积及其分布，基本掌握重点行业企业用地中污染地块的分布及其环境风险情况；结合农业生产季节性特点，2018年底前，查明土壤污染对农产品质量的影响，全面完成详查任务。

优化整合土壤（地下水）环境质量监测网络。按照“水土联动、统一规划”的原则，优化整合本市土壤及地下水环境质量监测点位。以耕地特别是农产品生产基地为重点，开展农用地土壤环境网格化监测；以工业园区、重点行业企业用地、交通干道两侧和优先管控的潜在污染场地为重点，开展建设用地土壤环境质量监测；以浅层地下水为重点，加强重点区域土壤及地下水联动监测，完善地下水监测网络。到2018年底前，完成全市土壤及地下水环境质量监测网络优化整合工作；到2019年底前，实现土壤及地下水环境质量监测点位所有乡镇、园区和重点监管企业全覆盖。

（二）严格控制和预防土壤污染

严格执行相关行业企业布局选址要求，有序搬迁或依法关闭对土壤造成严重污染的企业。优先开展水源保护区、崇明生态岛的低效工业用地减量化，优先调整工业园区周边、市政设施周边、河道两侧、交通干道两侧农用地用于生态林地建设。加强重点监管企业土壤及地下水环境监测，强化工业企业源头管理，防范企业拆除过程引发土壤及地下水污染。

（三）加强农田土壤环境保护管理

切实加大优先保护类耕地保护力度。制定优先保护类耕地集中区域的土壤环境保护方案，对优先保护类耕地实现严格保护，确保其面积不减少、质量不下降。制订耕地安全利用和风险管控方案。采取农艺调控、替代种植和土壤改良等措施，降低农产品超标风险。加强对严格管控类耕地用途管理，依法划定特定农产品禁止生产区域，严禁种植食用农产品。制订退耕还林或种植结构调整计划。对威胁地下水、饮用水源安全的受污染耕地，落实有关治理措施。对优先保护类耕地面积减少或土壤环境质量下降的区进行预警提醒并依法采取环评限批等限制性措施。到2020年，全市受污染耕地实现安全利用和风险管控面积达14万亩。

强化农林业生产环节的管控。加强“198”区域建设用地减量化地块土壤环境管理和纳入后备农用地资源的未利用地保护。对减量化地块及滩涂围垦农用地的后续利用，按照土壤环境质量实施农用地分类管理，并根据实际需要开展土壤环境质量生态修复等工作。

（四）推进场地污染防控和治理

实施建设用地全生命周期管理，有序推进土壤治理修复。强化建设用地储备、出让、收回、续期等环节的场地环境调查评估，完善相关技术体系，实施本市建设用地动态流转调查评估制度。结合城市发展布局调整和场地土壤及地下水环境质量状况，以拟开发利用为住宅、商业、学校、医疗、养老场所、游乐场、公园、体育场、展览馆等环境敏感性用地的潜在污染场地为重点，开展治理修复。重点推进南大、桃浦等重点转型发展区域的污染场地治理修复。

五、固体废物污染防治

重点解决当前面临的处置能力不足等突出问题，巩固无害化成果，突破减量化瓶颈，打通资源化渠道，基本建成系统完善的固废分类收运、处置和循环利用体系。

（一）继续推进生活垃圾分类减量

坚持“源头减量、全程分类、末端无害化处置和资源化利用”的原则，全面推进生活垃圾全程分类，通过治理模式创新，补好城市管理短板。落实各级党委政府责任，将垃圾分类纳入小区综合治理、文明单位创建等工作，单位生活垃圾全面强制分类全覆盖，居民区普遍推行垃圾分类制度，逐步建立生活垃圾居住区达标验收挂牌制度；充分发挥居委会等基层组织作用，协调物业、志愿者、第三方社会组织等力量，引导和推动广大居民积极主动参与垃圾分类。不断提高城市生活垃圾资源回收利用率和湿垃圾资源化利用水平；制定和完善垃圾分类收运和处理的标准与规范，探索分类后可回收物、湿垃圾、有害垃圾处理技术并研究配套政策。到2020年，生活垃圾源头分类减量基本实现全覆盖，完善分类管理、巩固提升分类实效，生活垃圾资源回收利用率达到38%。

（二）完善生活垃圾末端处置体系

调整完善本市“一主多点”垃圾末端处置设施格局，加快建设老港再生能源利用中心（二期），提升生活垃圾无害化处置水平，力争到2020年，生活垃圾无害化处理能力达到3.28万吨/日；重点推进老港基地、浦东、松江等一批湿垃圾集中处理设施，完成闵行区厨余、餐厨废弃物资源化利用和无害化处理项目，全市湿垃圾分类处理能力力争达到7000吨/日；完成闵行闵北环卫基地、青浦西虹桥生活垃圾转运站等建设项目；到2020年，基本建成系统完善的全市生活垃圾分类收集、转运和处置体系。

（三）构建建筑垃圾科学处置体系

落实《上海市建筑垃圾处理管理规定》，推进区级建筑垃圾中转分拣场所建设，加紧研究制定实施本市建筑垃圾资源化利用产品的强制使用制度。完成老港基地、嘉定、闵行、浦东、松江等建筑垃圾中转分拣场所及资源化利用工程的建设。到2020年，全市装修垃圾和拆房垃圾资源化利用能力达到750万吨/年。

（四）完善工业固废综合利用与处置体系

持续推进工业固体废物管理制度，优化工业固体废物处理处置途径。进一步深化工业固体废物资源化利用，依托“104”工业地块、现有固废设施等场所，探索固废循环利用基地建设。完成老港工业固废填埋场二期工程建设。

（五）完善危险废物安全收运处置体系建设

以最严格的环境标准，进一步优化危险废物处理处置产业布局。大力提升危险废物处理处置能力，探索钢铁行业协同处置设施建设。鼓励区域和工业园区结合自身危废处置需求，配套建设危险废物收集、处理处置设施。构建多层次的收运体系，推进工业园区的收集中转平台建设，解决中小企业危险废物收集难题。落实生产者责任延伸制度，推进铅蓄电池企业生产者延伸责任体系建设。突出危险废物减量化、资源化导向，探索危险废物资源化利用机制。探索危险废物管理相关第三方服务机制，组织开展危废利用处置能力和设施运行情况评估，开展典型危废集中处置设施累积性环境风险评价与防控研究。完成上海市老港固体废物处置中心建设。

六、工业污染防治与绿色转型发展

以完善产业准入标准和环境政策体系为抓手，加大全过程环境监管力度，建立健全绿色制造体系，加快实现工业绿色发展和转型升级。

（一）严格产业环境准入

按照国内最严的要求，继续收严重点行业产业准入标准、水耗能耗和环保排放标准，研究绿色制造标准，探索不同类型园区差别化产业准入政策。落实强化“生态保护红线、环境质量底线、资源利用上线和环境准入负面清单”约束作用，建立项目环评审批与规划环评、现有项目环境管理、区域环境质量联动机制，继续推进规划环评和战略环评，充分发挥环评制度源头防范作用。禁止新建钢铁、建材、焦化、有色等行业的高污染项目，严格控制石化化工和劳动密集型一般制造业新增产能项目。

（二）加快结构调整和绿色制造

持续推动产业结构调整。完成再生铅、再生铝等低端污染行业整体退出。开展黄浦江沿岸化工企业、堆场、码头摸底调查，对污染严重、治理无望企业列入产业结构调整计划并实施；加大对涉重金属企业排查力度，加大对排放铅、汞、镉、铬、砷、镍等多种重金属的落后产能调整力度。到2020年，全市完成3000项产业结构调整任务。继续推动桃浦、南大、吴泾、吴淞等重点地区结构调整，开展新一轮金山地区环境综合整治，启动高化地区环境综合整治，推进“104”工业地块结构优化和能级提升，结合“198”区域减量化和“195”区域转型，完成“198”建设用地减量21平方公里。

着力构建绿色（生态）制造体系。全面统筹推进绿色制造体系建设，制定本市绿色制造体系建设方案；加快修订绿色工厂、绿色产品、绿色园区、绿色供应链、绿色企业以及绿色评价与服务等标准，制定20项绿色（生态）产品评价标准；按照更高标准，推进20个绿色（生态）产业园区创建、实施9项绿色（生态）制造集成项目、建设100个绿色（生态）示范工厂、引导开发100项绿色（生态）产品、推进建设10个绿色示范供应链。到2020年，绿色（生态）制造体系初步建立，绿色（生态）制造相关标准体系和评价体系基本建成。

（三）持续推进清洁生产审核和改造

以“聚焦行业、突出重点”为主线，积极推进钢铁、水泥、化工、石化等重点行业、重点园区开展清洁生产审核，三年累计推进1000项清洁生产改造。继续推动重点企业实施清洁生产技术改造，不断提升行业清洁生产整体水平。

（四）完善园区环境建设和监管体系

强化工业园区属地化管理责任，落实规划环评管控要求。持续完善工业园区环境基础设施，提高工业园区集中防污治污水平。加快推进工业集聚区污水管网建设和截污纳管，“104”和“195”区域已开发地区污水全收集、全处理。严格实施雨污分流，建立完善雨污水管网维护管理制度，定期排损，防范风险。试点推进重点工业企业污染源特征因子在线监测，提升工业园区环境质量监控预警和应急响应能力。

（五）大力发展环保产业

以各区、工业集团为主体，在大气污染防治、水污染防治、土壤污染防治、固废处置及监测领域，推进15个第三方治理示范项目。通过对环保服务业及装备制造业的调研，梳理一批水、气、土、固废治理及监测等的主要技术及设备，建立示范项目库。开展对环境第三方服务机构技术人员、对企业环境保护操作人员的培训。研究编制环境第三方治理服务规范，营造规范、有序、统一、公平竞争的市场环境。推进环保管家等环境服务业在工业园区示范应用。

七、农业与农村环境保护

以化肥农药减施、畜禽污染综合治理、秸秆综合利用为重点，以绿色、低碳和循环发展为主要目标，推进种养结合和农业废弃物综合利用，提高农业面源污染综合防治水平，加快都市现代绿色农业发展，推进新农村建设。

（一）强化畜禽养殖业污染治理

削减养殖总量，优化养殖布局。落实《上海市养殖业布局规划》，到2018年，全市畜禽养殖规模控制在200万头标准猪（出栏）以下，并按照要求，基本完成400家规划不保留畜禽养殖场退养工作。

开展保留畜禽养殖场综合治理。推进畜禽养殖废弃物资源化利用，到2020年，全市规划保留畜禽养殖场粪污处理设施装备配套率达到100%，畜禽养殖废弃物资源化利用率达到95%。

（二）加强农业面源污染防治

实施化肥农药减施工程。按照“源头防控、过程拦截、末端循环利用”的原则，以化肥、农药减施、节水节肥等为重点，推进农业面源污染防治。到2020年，全市化肥、农药使用总量分别减少至7.9万吨和0.35万吨，使用总量比2015年减少20%。在确保本市主要农产品有效供给的前提下，基本取消麦子种植，加大绿肥种植和冬季深耕晒垡力度，三年累计种植绿肥和冬季深耕晒垡面积300万亩以上。持续推广使用有机肥，三年推广有机肥66万吨、测土配方施肥技术440万亩次，缓释肥料应用面积达到30万亩次。推进粮食作物绿色生产示范点建设，每年建立水稻绿色生产示范基地200个。在蔬菜生产中，大力推广应用蔬菜病虫害绿色防控技术，通过应用杀虫灯、性诱剂、诱虫板等措施，巩固10万亩绿色防控示范区，减少农药使用量。开展设施菜田土壤保育和改良，三年计划改良设施菜田土壤6万亩。

开展农业主要污染物流失监测。在青浦、奉贤、浦东等区6个定点小区，开展化肥流失定位监测，通过不同作物茬口、不同种植农艺制度，对农业生产中氮、磷流失情况进行全面监测。开展规模化畜禽养殖场粪污监测，掌握其污染排放情况，为科学治理提供有力的数据支撑。

（三）促进生态循环农业发展

推进农业废弃物回收和资源化利用。结合蔬菜标准园建设，推进蔬菜废弃物资源化利用，完成20个蔬菜基地农业废弃物资源利用设备的配套，主要包括废弃物粉碎设备、翻耕设备和小型运输设备。加强农药包装废弃物回收处理，建立健全农业废弃物回收贮运和综合利用体系，到2020年，本市区域内化学农药原药生产企业进入化工园区，农药包装废弃物回收率达到100%。

推进农作物秸秆禁烧与综合利用。加大大马力拖拉机、适用还田、离田收集处置等机具选配力度；坚持农机与农艺相融合，优化还田技术路线，开展机械化还田技术的示范、提升、推广，提高还田质量；加大秸秆在肥料、饲料、基料等农业领域的利用规模，拓展高附加值的秸秆离田利用新领域，延伸综合利用产业链。到2020年底，主要农作物秸秆综合利用率达到96%以上，三年内新增1~2个秸秆综合利用示范点，并建立长效运行机制。

加强渔业生态保护。在长江、杭州湾、黄浦江、淀山湖等水域上海段持续开展水生生物增殖放流活动，每年放流水生生物总量不少于5000万尾，促进渔业资源生态平衡，改善长江上海段、黄浦江等重点水域水质生态。加大对中华鲟、江豚等珍稀水生野生动物的保护力度，建设长江口中华鲟自然保护区基地二期工程，加强部市合作，进一步提升保护区的基础设施和救护能力。

（四）持续推进美丽乡村建设

以农村村庄改造作为本市美丽乡村建设的重要载体，加大推进力度，聚焦规划保留的基本农田保护地区内的农村居民点，重点在农村基础设施建设、村容环境整治、公共服务设施配套完善等方面，优化农村人居环境。推进涉及15万户农户的村庄改造，到2020年，全面完成规划保留农村地区村庄改造。加强农村生活污水治理，因地制宜推进农村污水纳管和分散式处理，加强生活污水处理设施运行维护，建立长效运维管理机制。到2020年，农村生活污水处理率达到75%。

（五）发展绿色农产品生产

完善绿色农业标准体系。建立一套与都市现代农业标准化工作相适应的、科学合理的绿色农业标准体系，加大推动绿色有机农产品技术操作规程标准研制。到2020年底，完成标准研制50个以上。

提高绿色食品的供应量。在继续稳定本市“三品”生产总量占全市地产农产品产量70%的基础上，进一步加大绿色食品认证的工作力度，稳步提升绿色食品供给率。力争到2020年，绿色食品生产总量占地产农产品产量的20%。

八、生态环境保护与生态建设

优化生态空间格局，强化生态系统保护，加快基本生态网络规划落地，系统推进绿地林地建设。

（一）加强生态空间分区管控

严守生态保护红线，落实生态空间分类管控要求。按照“事前严防、事中严管、事后严惩”的全过程严格监管思路，建立健全涵盖监测评估、监督考核、动态增加、政策激励等相关工作机制。严格控制城市建设用地比例，有效保障城市生态空间，构建城市生态安全格局。完善战略环评、规划环评刚性约束等环境引导和管控要求，强化“多规合一”的生态环境支持。启动生态环境保护空间规划研究。

（二）大力推进绿地林地建设

积极推进绿地林地建设。加快基本生态网络规划落地，系统推进绿地林地建设，重点推进生态廊道、郊野公园和城市公园建设。年均建设1200公顷绿地，包括合庆郊野公园、老港郊野公园、世博文化公园、上海植物园北区、桃浦中央公园南片、三林楔形绿地、张家浜楔形绿地、东沟楔形绿地、康家村楔形绿地等，三年新增公益林和生态廊道面积19万亩以上。优先在本市水污染防治方案中不达标国考断面周边建设林地。到2020年，本市人均公园绿地面积达到8.5平方米，森林覆盖率达到18%。

积极推进立体绿化和林荫道、绿道建设。提升生态资源服务功能，大力推进立体绿化、绿道、林荫道等建设，三年新增立体绿化120万平方米，创建60条林荫道，建设600公里绿道。

（三）加强自然生态系统保护

加强重要生态资源功能保护，做好重要滩涂湿地和野生动物栖息地保护修复工作，强化生态保护红线区域的保护和管理。继续推进崇明东滩鸟类国家级自然保护区互花米草生态控制与鸟类栖息地优化后续项目，建立崇明东滩鸟类国家级自然保护区生态科研基地。研究提出湿地生态系统分区动态保护要求，确保湿地生态系统自然发育充分和演替过程完整，使湿地保有量维持在46万公顷，湿地保护率提高到50%。不断加大自然保护区的保护力度，健全多部门共同参与的监督管理工作机制，严厉打击各类违法违规行为。

（四）提升生态示范建设水平

按照国家生态文明建设示范区的要求，全面提升本市各级生态示范建设水平，引领生态文明建设新方向。积极推进国家生态文明先行示范区、国家生态文明建设示范区等创建工作，完成建设任务，试点国家部署的示范重点；结合村镇环境保护的重点，以及美丽乡村、历史文化名镇名村建设等工作，推进村镇环境保护工作。继续推进本市国家级和市级生态工业园区示范建设。

九、世界级崇明生态岛建设

围绕建设世界级生态岛的总体目标，举全市之力，高水平、高质量推进崇明世界级生态岛建设，打造长江生态大保护的标杆和典范。

（一）优化生态功能空间布局

坚守生态红线，落实生态红线分级管控要求，不断强化生态网络，优化生态空间格局。以崇明本岛水资源、森林资源密集区、自然保护区等生态区域为基础，围绕塑景成带、廊道串景，建立复合型生态廊道。优化公共绿地布局体系，合理规划建设公园、公共绿地和绿色休闲空间。推进环岛生态景观道、崇明港西乡村公园等建设。结合河道、公路、村庄、特色小镇及农场分布，持续推进生态廊道建设，发挥东平国家森林公园等核心景区对风貌带的带动作用。以花田、花溪、景观廊道为重点，建设“海上森林花岛”，塑造点线面结合的花岛大地景观。到2020年，全区森林覆盖率达到30%。加强滩涂湿地保护，实施湿地保护修复工程，扩大湿地面积，提升湿地生态功能，规范湿地用途管理，打造鸟类天然博物馆和候鸟天堂。

（二）提升生态环境品质

有效提升水环境质量。以源头截污为根本，末端治理和过程管控相结合，持续推进全域水质净化。加快全域生活污水收集处理体系建设，全面推进农村生活污水治理，农村生活污水做到100%全处理、全覆盖。加快河道综合整治，重点推进镇村级和国有农场的河道轮疏、生态治理、岸边整治，开展南横引河西段河道综合整治和团旺河北段建设。到2020年，基本实现全域达到水环境功能区的水质控制标准，实现出水断面水质不劣于进水断面。

大力加强环境综合整治。推进燃气和燃油锅炉低氮改造，加大挥发性有机物污染治理力度，持续深化扬尘、餐饮、汽修、农业等面源污染治理。按照绿色农业的要求，加大耕地保护和土壤污染治理，实施土壤生态修复示范工程，有序推进生态复垦。按照养殖业布局规划严格控制畜禽养殖总量，完成光明集团奶牛场、生猪场归并整治，全面实现规模化畜禽牧场粪尿资源化利用和达标排放。加大建筑混凝土、废弃食用油脂等废弃物的资源化利用和处置监管力度，启用固体废弃物和危险废弃物两大焚烧处置系统。加强长兴岛环境监管执法力度，强化船舶污染防治和排放管控。

（三）完善生态环境治理机制

建立生态信用体系，推进生态文明建设与“三农”信用体系相结合，围绕绿色信贷联盟企业、涉农经营单位、农业人口三个系统，构建生态信用体系。优化生态环保类信息收集和评价标准，研究制定与信用体系建设相配套的财政支持政策，建立“守信激励、失信惩戒”的支农惠农机制。完成崇明世界级生态岛生态环境监测评估预警体系建设，系统监测水、大气、噪声、土壤和生态环境。

十、循环经济与绿色生活

全面落实国家“循环发展引领行动”要求，构建低消耗、少排放、能循环的产业体系，加强示范引领，加强科技、机制和模式创新，激发循环发展新动能，逐步形成绿色生产方式和生活方式。

（一）强化循环经济示范引领

落实推进国务院部署的“推行生产者责任延伸制度试点工作”，率先在本市探索建立“销一收一”模式的铅酸蓄电池回收利用体系；全面推进“园区循环化改造”行动，构建循环经济产业链，提高产业关联度和循环化程度。到2020年，完成全部国家级和50%以上市级工业园区“循环化改造”；深入推进上海临港地区“国家再制造产业示范基地”建设，支持再制造产业化、规范化、规模化发展；积极推动一批国家级循环经济示范项目的提质增效，发挥“城市矿产”示范基地、餐厨垃圾资源化利用和无害化处置示范项目、循环经济教育示范基地、汽车零部件再制造试点等项目的示范引领作用。

（二）完善循环型产业发展和城市发展体系

加强统筹协调，推进生活垃圾分类收运体系和再生资源回收体系“两网融合”，建立法治化、制度化处置流程，形成长期、稳定、可靠的处置方式，建设一批两网协同回收处置点。建立健全市场运行体系，培育一批市场化、规模化、专业化的市场主体。进一步推动产业废弃物循环利用，稳步提升大宗工业固废综合利用水平，加强农林废弃物资源化利用能力建设；探索建立新能源汽车动力电池梯级利用和回收处理体系，促进检测、实验、评估、标准规范等保障体系建设。完善再生产品和原料推广使用制度，鼓励和引导绿色消费，大力推动资源综合利用、再制造、再生品使用，削减一次性用品使用，实施绿色建材等产品强制推广和使用。

（三）推进绿色生活方式的转变

结合开展市民修身行动，加强宣传引导，广泛传播绿色生活理念。通过各类培训、主题活动、宣传册、公益广告等方式，开展“绿色生活和绿色消费”宣传，增强市民知晓率。将绿色生活相关内容纳入文明城区、文明社区、文明镇、文明小区、文明村及文明单位指标体系，坚持创建引领，推动工作落地；积极开展创建市级节约型示范单位、绿色家庭、绿色餐厅、绿色生态社区、绿色学校和绿色出行等行动，推进绿色生态城区创建，引导公众积极践行绿色生活。加强对绿色产品开发研发、绿色技术和高效节能产品的推广支持；严格执行节能环保产品强制采购制度，优先采购节能、节水、节材产品；鼓励倡导绿色采购；推进节能信息公开；推广办公电子化、无纸化，倡导采用电视、电话的会议方式；减少一次性办公用品的使用，推广使用环保再生纸、再生鼓粉盒等资源再生产品。继续深化“除陋习，有素养，行文明”不文明行为专项整治行动，培育市民文明绿色生活方式。

十一、生态文明体制改革与保障机制

深化生态文明体制改革，推进体制、机制、法制、费制、标准、科技、政策等改革创新，进一步提高城市环境管理科学化、精细化水平，强化环境社会治理机制创新，推进环境治理体系和治理能力现代化。

（一）深化体制机制改革和制度创新

建立完善本市生态环境保护责任体系，强化各级政府及相关部门的生态环境保护责任，实施最严格的生态环境保护责任追究制度。建立健全本市环境监察制度，开展集中督察和日常督察相结合的环保督察，三年内完成一轮区级环保督察。建立完善本市生态文明建设目标评价考核机制和绿色发展评价制度，完善党政领导班子生态环境保护绩效考核机制，健全完善市、区两级环境保护和环境建设协调推进委员会机制。深化生态环保体制改革，落实环保机构监测监察执法垂直管理制度改革，探索建立跨区域监测执法机制，将环境执法机构列入政府行政执法部门序列，健全街镇环境保护管理体制。推进环境治理机制改革，加快建立以排污许可证为核心的污染防治管理体系，继续深化环评审批分类改革，完善环保竣工验收制度；全面实施落实“河长制”“湖长制”，完善重点区域生态环境综合治理和中小河道整治常态长效机制。

（二）加强法制标准建设

开展土壤污染防治相关立法研究，研究修订《上海市实施〈环境影响评价法〉办法》，出台本市排污许可证管理规定。修订本市锅炉大气污染物排放、半导体行业污染物排放等一批环境标准，研究出台涂料、油墨、胶黏剂低 VOCs 含量有机物含量限值标准，研究出台绿色工厂、绿色产品、绿色园区、绿色供应链、绿色企业以及绿色评价与服务等标准。配合工业 VOCs 污染防治、建筑工地和堆场扬尘污染控制等工作，制定发布相关的技术规范。健全循环经济标准和产品认证，完成再生原料及产品、餐厨废弃物资源化产品、利废建材等产品标准研究制定和产品认证工作。

（三）实施最严格的环境执法

全面落实《中华人民共和国环境保护法》《上海市环境保护条例》等法律法规，坚决制止和惩处破坏生态环境行为。结合落实环境监察监测执法垂直改革方案、基层社会治理和城市管理综合执法体制机制改革，推动环境执法重心向区、街镇下移，加强属地环境执法，强化环保专业执法和城市管理综合执法的联动，构建市、区、乡镇的三级环境监督网络。围绕提升环境质量、保障环境安全等目标，实行专项执法与“双随机”执法检查并举，加大区域环境综合整治、挥发性有机物排放治理、黑臭河道整治、饮用水源地保护、纳管企业监管、涉重金属排放企业监管、垃圾违法违规转运处置等重点领域监督执法力度。继续强化多部门联动监管、联合执法，完善环境保护行政执法和刑事司法衔接机制。实行生态环境损害赔偿制度。

（四）完善环境监测监管体系建设

完善生态环境监测体系建设。全面完善以 PM2.5 和臭氧为核心的环境空气质量监测网络，优化环境气象、交通环境空气、产业园区空气特征污染物、扬尘等专项监测网络，全面提升本市和长三角区域空气质量预测预报能力和污染预警水平，完成长三角区域空气质量预报中心二期平台建设；构建涵盖省界来水、饮用水水源地和各区考核断面、特定功能区的上海市地表水环境预警监测与评估体系，优化和完善各级河道监测断面（点位），加强出入境断面、重要湖泊水质监测，实现水质、水文数据实时监测共享；建立覆盖主要用地类型和土壤环境敏感区域的土壤环境质量监测网络；建成覆盖全市各类功能区的声环境自动监测网络，完善辐射应急及在线监测网络；建设天地一体化的生态遥感监测系统，加强生态监测和评估；健全本市固定源、面源和移动源在内的污染源监测体系，重点排污单位率先实现污染物排放在线监测全覆盖，完善重点企业和化工园区监测体系。

加强生态环境保护信息化建设。大力推进智慧环保发展，强化全市环境空气、地表水、土壤、噪声、辐射、生态环境监测数据集成和共享，推动生态环境大数据平台建设。深入开展污染源数据整合和联动管理，持续推进固定污染源统一编码，完善污染源监管“一源一档”，开展环评可视化审批，建立全市统一的环境监察移动执法系统，深化以排污许可证为核心的污染源联动监管体系，实现污染源信息统一填报，提升污染源管理的科学性和准确性。开展应用系统向电子政务云迁移，推动生态环境保护数据中心建设，逐步实现污染源、污染物、生态环境数据的互联互通、实时共享和成果应用。建立环保数据交换平台和资源监控平台，开展环保大数据挖掘分析和应用研究，提升环境管理信息化支撑能力。

强化环境风险防范和应急能力建设。整合本市环境风险源数据信息，开展本市环境风险防控系统建设，实现事前完善预防、事中高效处置、事后评估整改的全过程应急管理。进一步完善“三监联动”快速响应机制和监管执法平台。推动企业环境风险防范与事故应对能力建设，推动高风险企业不断提高环境风险防控水平。强化重点区域与重点行业的有毒有害物质、化学品、持久性有机污染物、新型特征污染物及危险废物监测监管，升级城市放射性废物库安防措施。

（五）加强政策支持保障

强化对污染治理和资源综合利用的政策支持，制定工业 VOCs 总量减排试点、码头岸电建设、雨污混接改造、绿色制造体系建设、促进环保产业发展的支持政策。完善与本市生态保护红线相匹配的生态补偿制度，加大生态补偿力度。加强政策资金对循环经济领域技术、网络体系、产业发展等支持带动作用，扶持培育一批行业骨干企业发展，研究建立本市循环经济评价、统计指标体系。

（六）完善环境治理市场化机制

加大财政资金投入力度，完善环境保护投融资机制，环保投入占全市生产总值比例保持在 3% 左右。深化推进资源环境价格改革和环境税费制度改革，综合运用土地、规划、金融多种政策，引导各类主体参与生态环境建设。探索排污权交易、环境污染责任保险、绿色信贷、绿色债券等市场机制，在高风险行业推行环境污染责任保险。深化环境污染第三方治理推进机制。

（七）加大环保科技支撑力度

围绕落实国家环境治理工作部署，并针对本市环境热点、难点和前沿问题，重点支持一次 PM2.5、O_3 等关键前体物协同深化治理新技术研究；围绕“河长制”和供水安全开展持续深入的科技攻关，开展污水、污泥中抗生素、多环芳烃等致癌、致畸、致突变物质对环境生态的影响研究等；针对本市建筑垃圾、生活垃圾和污泥等处理处置中存在的突出问题，以能源化和资源化为导向，加大支撑力度，实施一批重大科技攻关项目。继续推进国家环境保护城市大气复合污染成因与防治大气重点实验室、上海城市环境噪声控制工程技术中心和城市土壤污染防治工程技术中心建设，推进国家大气环境观测平台建设，开展环境与健康领域科研平台建设。

（八）强化区域环境协作保护

全面加强长三角环境保护区域合作，做深做实区域环保协作机制。深化长三角大气污染联防联控机制，积极推动机动车异地同管、船舶污染排放控制区建设、高污染天气协同应急等重点工作，强化立法、规划、标准、政策、执法等领域协同与对接。完善长三角区域水污染防治协作机制，持续推进太湖流域水环境综合治理，协同推进跨界临界饮用水源地保护。健全区域环境应急联动机制，提高突发环境事件应急协作水平。加强长三角区域环境科技协作。

（九）推进全社会环保共建共治共享

加强环境保护社会治理机制建设，构建政府为主导、企业为主体、社会组织和公众共同参与的环境治理体系。深入推进环保政务公开，对重大环保政策、生态环境监测、重点污染源、环境基础设施污染物排放情况、突发环境事件等环境信息，实行全面公开，完善建设项目环境影响评价信息公开机制，落实企业环境信息公开制度，接受公众监督，推动全社会参与环境保护。完善企业环保诚信体系，健全企业环保信用评价、信息强制性披露等制度，扩大企业环境责任报告发布范围。强化环境宣传教育，倡导绿色低碳、文明健康的生活方式和消费模式，提高全社会生态文明意识。引导环保社会组织有序发展，建立完善环境公益诉讼制度。

上海市推进重大建设项目批准和实施领域政府信息公开工作实施方案

沪府办发〔2018〕19号

2018年5月16日

为深入贯彻中共中央办公厅、国务院办公厅《关于全面推进政务公开工作的意见》及其实施细则，推进行政决策公开、执行公开、管理公开、服务公开、结果公开，以公开促落实，以公开促规范，以公开促服务，根据《国务院办公厅关于推进重大建设项目批准和实施领域政府信息公开的意见》（国办发〔2017〕94号），制订本实施方案。

一、总体要求

（一）指导思想

全面贯彻落实党的十九大精神，坚持以习近平新时代中国特色社会主义思想为指导，认真落实党中央、国务院决策部署，统筹推进“五位一体”总体布局和协调推进“四个全面”战略布局，进一步加大本市政务公开工作力度，建立本市重大建设项目批准和实施领域信息公开制度，积极回应社会关切，更好保障人民群众知情权、参与权、表达权和监督权。

（二）基本原则

以公开为常态、不公开为例外。除涉及国家秘密、商业秘密和个人隐私及其他依法不予公开的内容外，重大建设项目批准和实施过程中的信息要尽可能对外公开，以公开提升项目批准、实施的透明度和效率，保障人民群众合法权益。

严格审查，注重实效。各有关部门要以重大建设项目批准和实施过程中社会关注度高的信息为重点，及时公开其在履行职责过程中制作或保存的各类信息。同时，严格按照《中华人民共和国政府信息公开条例》有关规定，严格履行保密审查程序，做到该公开的信息坚决公开，该保守的国家秘密坚决保守住。

二、公开内容

本实施方案所称重大建设项目，是指以提升城市公共服务能力、推进经济社会发展和促进社会民生改善，具备一定规模，经市政府审核同意，提请市人民代表大会审议通过，正式纳入本市国民经济和社会发展计划的项目。

（一）公开重点

在重大建设项目批准和实施过程中，重点公开批准服务信息、批准结果信息、招标投标信息、征收土地信息、重大设计变更信息、施工有关信息、质量安全监督信息、竣工有关信息等8类信息。

（二）公开渠道

市政府办公厅在“中国上海”门户网站上开设“本市重大建设项目批准和实施领域信息公开”专栏，集中展示各类项目信息，并将重大建设项目批准和实施过程中产生的信用信息，纳入全国信用信息共享平台。各有关部门要通过政府公报、新媒体平台、新闻发布会等，及时公开各类项目信息，并及时回应公众关切。要畅通依申请公开渠道，确保相关工作有序开展。项目法人单位可利用现场公示、网站公布等多种渠道对项目信息进行公开，方便公众查询和社会监督。

（三）公开时效

重大建设项目批准和实施过程中产生的政府信息，确定为主动公开的，严格按照《中华人民共和国政府信息公开条例》规定，自政府信息形成或变更之日起20个工作日内予以公开；确定为依申请公开的，严格按照法定时限答复申请人；除法律法规另有规定外，行政许可、行政处罚事项应自作出行政决定之日起7个工作日内上网公开。法律、法规、规章对项目法人单位公开项目信息作出明确规定的，各级政府和有关部门要监督项目法人单位依法按时公开项目信息；法律、法规、规章未作出明确规定的，鼓励项目法人单位及时公开项目信息。

三、组织保障

（一）工作分工

市政府办公厅、市发展改革委、市住房城乡建设管理委（市重大办）是本市重大建设项目批准和实施领域信息公开工作的牵头部门。

市政府办公厅负责组织、推进本市重大建设项目批准和实施领域信息公开总体工作；对“中国上海”门户网站以及各区门户网站“重大建设项目批准和实施领域政府信息公开”专栏的内容进行抽查、监督；每年对各区、各有关部门相关工作进行评估、考核。

市发展改革委负责督促本市重大建设项目批准领域信息公开相关工作，发布年度本市重大建设项目清单。

市住房城乡建设管理委（市重大办）负责督促本市重大建设项目实施领域信息公开相关工作，依法监督项目法人单位公开项目信息；法律、法规、规章未作出明确规定的，鼓励项目法人单位主动公开项目信息。

市规划国土资源局、市环保局、市水务局、市交通委、市审计局等有关部门负责本系统涉及市级重大建设项目批准和实施领域信息公开的具体工作。要建立公开工作体系，落实责任，积极配合各牵头部门进一步细化公开事项、内容、时限、方式、责任主体、监督渠道等，推动各类信息、数据有效归集、及时公开。

（二）加强组织领导

各有关部门要高度重视并认真做好重大建设项目批准和实施领域的政府信息公开工作，以点带面、示范带动，以此作为深化政务公开工作的有力抓手。要结合实际，制定本领域重大建设项目批准和实施领域政府信息公开的实施方案；各有关部门办公室要根据本系统相关处室的职责，明确工作目标、具体措施，以及责任人员，认真组织实施。

（三）加大考核力度

市政府办公厅把重大建设项目批准和实施领域政府信息公开工作作为政务公开工作绩效考核的重要内容，按照政务公开工作绩效考核相关规定，加大考核力度。对工作推动有力、取得明显成效的单位和个人，按照规定予以表彰；对未按照相关规定和要求履行职责的，予以通报批评，并在年度考核中予以体现。

（四）完善监督措施

市政府办公厅会同市发展改革委、市住房城乡建设管理委（市重大办）对各有关部门进行督查、指导，确保各项任务落到实处。各有关部门要确保相关经费安排；定期对本领域重大建设项目批准和实施领域信息公开工作进行检查，主要包括政府信息、项目法人信息的公开内容、公开渠道和公开时效等；每年应将本部门工作进展情况报市政府办公厅政务公开办公室，并在政府信息公开工作年度报告中公布，接受社会公众、新闻媒体的监督。

各区政府要参照本实施方案，结合实际，制定本区重大建设项目批准和实施领域信息公开工作实施办法，做好区级重大项目批准和实施领域信息公开各项工作。

上海市工程建设项目审批制度改革试点实施方案

沪府规〔2018〕14号

2018年7月31日

为贯彻落实党中央、国务院关于深化“放管服”改革和优化营商环境的部署要求，加快推进本市工程建设项目审批制度改革，根据《国务院办公厅关于开展工程建设项目审批制度改革试点的通知》（国办发〔2018〕33号）精神，在巩固本市社会投资项目审批制度改革成效的基础上，制订本实施方案。

一、指导思想

全面深入贯彻党的十九大和十九届二中、三中全会精神，以习近平新时代中国特色社会主义思想为指导，以深化“放管服”改革和优化营商环境为抓手，以上海2035总体规划为战略引领，对标国际最高标准、最好水平，坚持需求导向、问题导向、效果导向，加快完善项目储备生成和“多规合一”业务协同机制，全力推进全覆盖、全流程的工程建设审批制度改革，不断激发市场活力和社会创造力，努力构建科学、便捷、高效的工程建设项目审批和管理体系，着力营造更加良好的法治化、国际化、便利化营商环境。

二、基本原则

聚焦关键环节和瓶颈问题，突出“四个统一”。一是统一改革思路，精准分类施策。根据资金来源、工程类别、土地获得方式、技术难度和风险控制等因素，将工程建设项目分为不同类型，分别设定不同的审批流程、审批时限和审批方式，实现精细化、差别化管理。二是统一审批体系，创新管理模式。以巩固深化营商环境改革成果为重点，继续推进企业投资项目改革，力求做到精益求精。以夯实前期工作为突破口，加快推进政府投资项目改革，建立完善项目储备库、实施库制度，着重解决项目前期策划中存在的难点问题，强化项目可实施性，构建公开、透明的政府投资项目策划生成机制。三是统一数据平台，实现互联共享。升级完善上海市建设工程联审共享平台，统一设置在“中国上海”网上政务大厅，加强与各部门审批平台之间的互联互通和信息共享，统一公开办事指南、办理流程、政策法规和标准规范，实现工程建设项目全覆盖、全流程审批“一网通办”。四是统一监管方式，实现放管服并举。在确保工程质量安全、建设品质的前提下，以“减、放、并、转、调”为抓手，最大限度简化事前审批环节，更加注重政策引导和咨询服务，更加注重以诚信体系建设为基础的事中事后监管。在试点过程中锐意探索创新，加快形成一套符合上海实际、体现上海担当、展现上海形象的可复制、可推广的改革经验。

三、实施范围

改革实现项目、流程、事项全覆盖。工程项目覆盖本市行政区域内所有新建、改建、扩建的建设工程和装饰装修工程，不包括特殊工程和交通、水利、能源等领域的重大工程。流程覆盖从立项到竣工验收、公共设施接入服务、不动产登记。事项覆盖行政审批和技术审查、中介服务、市政公用服务以及备案等其他类型事项。

四、主要目标

全面深化“放管服”改革和“一网通办”，以政府投资项目和企业投资项目为主线，围绕立项用地规划许可、工程建设许可、施工许可、竣工验收等四个阶段，通过优化审批流程，简化管理环节，压缩审批时限，进一步提高审批效率。到2018年底，基本建成本市工程建设项目审批制度框架和管理系统，全流程审批时间压缩至100个工作日以内。其中，企业投资项目在巩固提升社会投资项目改革成果的基础上，进一步压缩审批时限，装饰装修工程审批时限压缩至20个工作日以内。到2019年，通过全面深化本市工程建设项目“放管服”改革和电子政务平台建设，努力打造“审批事项最少、办事效率最高、投资环境最优”的工程建设项目审批管理体系，使市场主体获得感持续增加，实现本市工程建设领域“营商环境全国最优、国际领先”的改革目标。

五、重点举措

（一）优化项目前期策划评估

1. 完善项目前期储备。发展改革部门牵头建立并管理项目储备库，针对政府投资项目，会同规划国土资源部门、住房城乡建设部门、各行业管理部门制定项目入库、出库条件，加强统筹协调，落实政府投资项目的前期研究经费。对市政府确定的重大工程，优先安排调入项目储备库。各行业管理部门协调推进项目建议书编制，明确建设边界条件和建设规模，提前开展规划、土地等手续办理的准备工作，提升项目策划生成质量和效率。鼓励建设方案基本稳定的新增用地项目先行实施土地储备。发展改革部门批复项目建议书，明确项目建设主体，项目即转出储备库，进入实施库。

2. 加速项目生成实施。规划国土资源部门牵头建立并管理项目实施库，会同发展改革部门、住房城乡建设部门、各行业管理部门以及所涉及的行政审批、技术审查、中介服务、市政公用服务等部门或单位依托“多规合一”业务协同平台，分别加强前期审批协调和工作协调，加快推进项目的生成实施。规划国土资源部门会同发展改革部门牵头协调做好项目规划、土地利用和资金的统筹平衡，指导建设单位落实项目建设条件。各部门在“多规合一”业务协同平台上提供的会商意见、联审意见可视作正式意见，作为后续项目审批的依据。项目进入实施库后，建设单位开展设计方案、初步设计和各类专项评估评价报告的编制。结合设计方案深化工作，开展项目选址、土地调查、补充耕地方案制订等工作，锁定项目用地范围。同步开展环评影响评价、社会稳定风险评估等相关评估评审工作，妥善处理周边相邻关系，提前排除项目否定性因素，确保项目方案总体稳定。对于方案总体稳定的项目，规划国土资源部门可提前开展规划设计方案公示、市民意见收集和意见答复等工作。工程可行性研究报告（初步设计深度）和相关专项评估报告由相关审批部门统一认定的第三方评估机构开展综合评估，综合评估意见视作审批部门意见。综合评估通过后，项目进入正式审批流程。

3. 深化区域综合评估。优化各类评估流程，进一步推进“多评合一”。完善控详规划和专项规划中的节约用地论证、规划区域环境影响评价、交通分析等相关内容。各区政府、特定地区管委会负责对开发区、产业园区等特定区域内的雷电灾害风险评估、地震安全性评价、地质灾害危险性评估、环境影响评价、节能审查、交通影响评价、社会稳定风险评估等事项实行区域评估，区域内共享评估评审结果。对已经实施区域评估的工程建设项目，相应的审批事项实行告知承诺制。除特殊项目外，一般项目不再单独进行评估评审。

（二）再造项目审批流程

1. 实行分类审批。根据资金来源、工程类别、土地获得方式、技术难度和风险控制等因素，本市工程建设项目按政府投资项目、企业投资项目分为两大类，实行差别化管理，进行分类审批，在原有审批流程和审批时间上进行调整和优化。政府投资项目划分为房屋建筑项目、市政类线性项目、交通类线性项目等三类；企业投资项目划分为工业项目、小型项目、三类保护项目（即涉及风貌保护项目、涉及基础设施保护项目、涉及安全保护项目）、其他项目等四类；进一步拓展企业投资项目中的小型项目的应用范围，将建筑面积不大于1万平方米、建筑高度不大于24米，功能单一、技术要求简单的工程建设项目纳入。此外，单列装饰装修工程，进一步规范简化原有审批流程。

2. 优化审批阶段。将工程建设项目审批的基本流程划分为立项用地规划许可、工程建设许可、施工许可、竣工验收等四个审批阶段。政府投资项目和企业投资项目的审批流程，包括立项用地规划许可、工程建设许可、施工许可、竣工验收等四个审批阶段；装饰装修工程审批流程，包括施工许可、竣工验收等两个审批阶段。

立项用地规划许可阶段主要包括项目审批核准、选址意见书核发、用地预审、用地规划许可等，立足于“做全”规划设计条件。工程建设许可阶段主要包括设计方案审查、划拨决定书核发、建设用地批准书核发、建设工程规划许可证核发等，建设工程规划许可证核发时，一并进行设计方案审查，立足于“做深”设计方案。对于出让土地的工程建设项目，将建设用地批准书核发纳入立项用地规划许可阶段。施工许可阶段主要包括涵盖消防、民防、卫生、水务、抗震、气象等行业的施工图设计文件审查、施工许可证核发等，立足于“做细”施工方案。竣工验收阶段主要包括规划土地、消防、民防等部门的验收以及竣工验收备案等，立足于“做优”工程质量。其他行政许可、涉及安全的强制性评估、中介服务、市政公用服务以及首次不动产登记等事项，纳入相关阶段办理或与相关阶段并行推进实施。

3. 强化并联审批。“一家牵头”提供综合服务。每个审批阶段确定一个牵头部门，实行“一家牵头、一口受理、并联审批、依次发证、告知承诺、限时办结”，由牵头部门组织协调相关部门严格按照限定时间完成审批。立项用地规划许可、工程建设许可两个阶段由规划国土资源部门牵头。施工许可、竣工验收两个阶段由住房城乡建设部门牵头；其中涉及交通、水利、绿化市容等专业的工程建设项目，按照分类管理的原则，由相关行业管理部门牵头。“一次征询”明确建设条件。所有工程建设项目在首个审批阶段前，一次性明确建设条件和审批方式，明确管理指标要求，细化涉及风貌保护、基础设施保护、安全保护项目特别论证的标准、程序和路径。被征询部门的建设条件、审批要求，一并纳入选址意见书或规划条件，实现“一次征询、一文告知”。意见征询反馈中明确参与内部协作的，该审批事项的发证部门征求协作部门意见，协作部门不再进行单独审批。

（三）精简项目审批环节

1. 精简审批事项和条件。坚持“该放的权要放得更彻底、更到位”，以事中事后监管为原则，事前审批为特例，梳理现有审批事项的报审要求和前置条件，取消不合理、不必要的事项。各部门根据改革要求，最大限度地梳理取消、精简审批事项，建立健全市、区两级工程建设项目审批事项权力清单和实行告知承诺制的审批事项清单。扩大免予设计方案审核范围。企业投资核准类项目取消初步设计文件审查或总体设计文件征询，企业投资备案类项目取消总体设计文件征询。巩固施工合同备案取消成果，取消建设工程施工许可证核发前现场安全质量措施审核、建设单位建设资金落实情况审核等前置条件，取消建设工程报建、建筑节能设计审查备案等事项。取消企业投资备案类项目中工业项目、小型项目的各类评估评审，由建设单位按照规定组织编制落实。取消单独办理的房屋建筑工程附属的燃气、环境卫生设施、给排水设施等专项竣工验收及备案环节，与房屋建筑工程竣工验收备案一并办理。社会投资的房屋建筑工程，建设单位可以自主决定发包方式。通过各审批部门的数据交换，实现项目信息、图纸资料、审批结果和监管信息全程共享，前道环节提交的审批或咨询结果，后道环节无需重复提交，进一步精简各类报审材料。

2. 合并审批事项。梳理现有审批流程，进一步优化合并各类审批事项。对于同一办理阶段的多个审批事项，属于同一审批主体的，可合并成一个审批事项办理；不属于同一审批主体的，尽可能并联办理。对于政府投资项目，整合工程可行性研究和初步设计文件，政府投资项目按照初步设计深度编制工程可行性研究报告。对于土地储备项目，选址意见书、用地规划许可合并成一个事项办理；对于划拨土地项目，属于同一审批主体的，选址意见书和用地预审合并成一个事项（规划土地意见书）办理。建设用地批准书核发时合并办理建设工程规划许可证。深化多图联审，通过政府购买服务的方式委托经认定的同一施工图审查机构对施工图设计文件以及其中的消防设计、结合民用建筑修建防空地下室设计、预防性卫生设计、节水设施设计、抗震设防专项设计（超限高层除外）等事项进行统一审查，施工图审查机构出具的审查意见视作审批部门意见。推行多测合一，整合各类测量规范，统一建筑工程建筑面积测绘、房产面积测算、土地勘测的技术标准。对于竣工验收事项涉及的测量工作及产权登记手续涉及的房产测绘、地籍测绘，实行“一次委托、统一测绘、成果共享”。深化多验合一，将多部门串联式验收转变为集中并联式验收，建设单位一口申请全部验收事项，各专业事项完成后由住房城乡建设部门统一核发竣工验收备案证书。

3. 调整审批时序。根据项目类型和特点，不断优化完善项目审批办事时序。建设单位可以在项目正式立项前，自行决定开展勘察、设计招标活动，同时须承担因各种条件发生变化而导致招标失败的风险。先期完成土地储备、采用划拨供地方式的公共服务项目的基础建设和应急工程，可以将用地预审、用地协议作为使用土地证明文件申请办理建设工程规划许可证。市政类、交通类线性项目取得用地规划许可后，可以采用告知承诺的方式，承诺先期施工不影响被征地权利人和利害关系人的权益、明确完成征地手续和办理建设用地批准书的约定期限等事项，核发建设工程规划许可证。对于有特殊工期要求的科技创新中心建设、社会民生、生态文明建设和城市基础设施项目，可以采用上述告知承诺方式，取得划拨决定书，核发建设工程规划许可证。对于企业投资的工业项目，可以采用告知承诺方式，取得建设工程规划许可证。环境影响评价、节能审查、地震安全性评价等评价事项，不作为项目策划生成的依据条件，地震安全性评价在工程设计前完成，环境影响评价在开工前完成，其他评价事项在施工许可前完成。供排水、供电、燃气等市政公用服务进一步优化流程，提高办理效率和透明度，可以在施工许可证核发后办理报装手续，在工程建设阶段完成相关设施建设，竣工验收后直接办理接入事宜。

4. 转变管理方式。对于能够用征求相关部门意见方式替代的审批事项，调整为政府内部协作事项。所有工程建设项目设计方案由规划土地管理部门负责审批，交警、交通、绿化市容等其他部门不再对设计方案进行单独审批，规划土地管理部门内部征求相关部门、单位意见。在建设单位、设计单位、测绘单位承诺申请材料真实性、准确性、合规性的基础上，减少审查工作环节。修订各类审批、评估事项的办事指南，一次性告知项目审批条件和申请材料。对于能够通过事中事后监管纠正且风险可控的审批事项，允许信誉良好的建设单位实行告知承诺制，审批部门可以直接做出审批决定。对于实行建筑师负责制的项目，通过告知承诺方式，可以将施工图审查后置，先行核发建设工程规划许可证和施工许可证。

5. 下放审批权限。按照“方便企业和群众办事”的原则，对区级管理部门、特定地区管委会有能力承接的审批事项，下放或委托区级管理部门、特定地区管委会审批。相关部门之前加强沟通协调，制定配套措施，完善监管制度，开展指导培训，提高审批效能。鼓励有条件的审批事项实行同级化办理。承接下放审批事项的区级管理部门和特定地区管委会进一步充实管理人员，提高管理水平，确保审批事项高效有序。

（四）统一审批体系

1. 强化“一张蓝图”。以《上海市城市总体规划（2017—2035 年）》为蓝图，以空间战略规划为引领，统筹衔接国民经济和社会发展规划、土地利用总体规划、生态环境保护规划、近期建设规划等涉及空间的各类规划。依托“多规合一”业务协同平台，整合各类专项专业规划，消除规划差异矛盾，实现全市各类规划的协调统一和空间落地。将涉及空间的各类规划建成“合一”的空间数据库。

2. 强化“一网通办”。本市工程建设项目各阶段、各环节手续统一通过“中国上海”网上政务大厅进行办理。依托上海市建设工程联审共享平台，加强与其他管理部门信息平台的共享互通，实现审批管理系统“横向到边、纵向到底”。全流程采用网上无纸化、零窗口办理，推行行政审批电子证照，推行城建档案全面数字化。统筹协调供排水、供电、燃气等市政公用设施的接入服务，纳入上海市建设工程联审共享平台进行统一管理。

3. 强化“一个窗口”。各审批事项所涉及的法律法规、标准规范、办事指南、操作说明、问题解答，统一在上海市建设工程联审共享平台上公布，便于企业通过一个网站窗口全面了解本市工程建设项目全覆盖、全流程管理要求和操作路径。在项目策划生成时，按照项目类别，一揽子告知后续审批事项。推行每个阶段的一口式全流程服务和咨询服务，为企业提供综合咨询服务。

4. 强化“一张表单”。各阶段牵头部门整合优化各阶段审批事项所涉及的办事指南和申报材料，形成统一的办事指南和申报表单。实现每个阶段建设单位“一套材料、一表申请”，审批部门“一口受理、依次发证”。

5. 强化“一套机制”。建立健全工程建设项目审批配套制度，各阶段牵头部门建立相应的沟通协调机制，明确部门职责和工作规程，规范审批行为，确保审批各阶段、各环节无缝衔接。依托上海市建设工程联审共享平台，建立健全督办督查机制，实时跟踪审批办理情况，对工程建设项目审批全流程实施督查。对发现的问题坚决整改，对敷衍塞责、延误改革、整改不力的严肃问责；对工作不落实的公开曝光。

（五）强化监督管理

1. 加强事中事后监管。从重前置审批向重事中事后监管转变，按照“谁主管谁负责”的原则，全面推行“双随机、一公开”监管制度。以告知承诺事项为重点，建立完善审核、记录、抽查和惩戒的事中事后监管制度。进一步落实建设各方的主体责任，经发现存在承诺不兑现或弄虚作假等行为并查实的，记入企业和个人诚信档案，采取整改、撤销许可或禁止选择告知承诺制的惩戒；情节严重的，列入严重失信企业名单，增加违规和失信成本。

2. 加强信用体系建设。完善建设市场诚信平台，汇集各审批监管部门记录的信用信息，建立健全覆盖建设单位、工程勘察、设计、施工、监理、检测等各类企业和从业人员信用档案，完善信用信息的记录、公开、评价和应用制度。扩大实行信用评价的企业和注册执业人员范围，强化守信激励和失信惩戒措施，扩大信用评价结果在项目审批、招投标、资质资格准入等环节或领域的应用。完善与市公共信用信息服务平台的信息共享机制，加强跨部门的失信联合惩戒。建立黑名单制度，对存在承诺不履行、弄虚作假等不良行为且情节严重的，列入黑名单，清出本市建设市场。

3. 规范中介服务管理。清理规范各类中介服务事项，健全中介服务管理制度。加快中介服务脱钩改制，强化行业管理部门的监管职责，加强市政公用服务监管，实行服务承诺制，明确服务标准和办事流程。对于委托第三方机构实施工程可行性研究（初步设计）评审、施工图设计文件多图联审、统一测绘以及其他各类评估评审事项的，委托部门建立健全事中事后监管机制，提高工程建设项目评估审查质量。支持培育第三方咨询服务机构提供市场化专业化的咨询服务。鼓励有条件的建设单位开展建筑师负责制试点或委托符合要求的项目管理单位开展全过程工程咨询服务，提升项目管理专业化水平。

4. 强化质量安全风险管理。建立与工程建设项目审批制度改革相适应的质量安全监管体系。明确工程建设项目检查事项清单和检查工作细则，实施重点检查和专项检查，严肃查处违法违规行为。建立基于不同风险级别的项目监管检查机制，加大对高风险项目的监管力度。大力推进工程质量潜在缺陷保险，通过保险公司聘请的第三方风险管理机构，为工程建设项目提供全流程质量风险管控服务。

六、保障措施

（一）加强组织领导。市政府在市社会投资项目审批制度改革领导小组的基础上，成立市工程建设项目审批制度改革工作领导小组（以下简称“领导小组”），由市政府主要领导担任组长，市政府分管领导担任副组长。市住房城乡建设管理委、市规划国土资源局、市发展改革委、市审改办、市政府法制办、市经济信息化委、市国资委、市交通委、市卫生计生委、市民防办、市财政局、市环保局、市公安局交警总队、市消防局、市绿化市容局、市水务局、市文物局、市气象局、市房屋管理局、市地震局等部门为成员单位。领导小组下设办公室，办公室主任由市住房城乡建设管理委主要负责同志担任，副主任由市住房城乡建设管理委、市发展改革委、市规划国土资源局相关负责同志担任。领导小组办公室建立定期通报、工作例会、监督考核等机制，协调推进改革工作，统筹组织实施。各区政府、特定地区管委会同步建立主要领导担任组长的领导小组，强化组织领导、建立协同机制，统筹协调所辖区域改革工作。

（二）完善配套政策。领导小组各成员单位按照实施方案的总体要求和时间安排，针对调整优化后的各类行政审批、技术审查事项，及时制定出台相应的配套政策和文件，明确审批事项的管理流程、办结时限、前置条件，更新相应的办事指南，编制告知承诺的规范格式，形成全市性改革制度，保证全市制度统一、操作统一、平台统一。认真梳理所涉及的法律法规，尽快形成“立、改、废”清单。对属于地方权限的，及时开展修订；对属于国家权限的，按照程序报中央有关部委申请授权。

（三）健全监督考核。各级政府督查部门将工程建设项目审批制度改革推进落实情况纳入年度督查工作重点，建立相应的考核评价机制和考核评价办法，充分考虑企业感受度，加大督查考核力度，确保本市工程建设项目审批改革工作按照统一的平台、统一的流程、统一的时限完成。

（四）做好宣传引导。领导小组办公室会同各成员单位全方位、多角度地推广宣传工程建设项目审批制度改革工作的重要意义和改革举措，提高社会各方对改革工作的认同度和参与度，形成良好的舆论氛围。同时，组织做好咨询服务，及时研究解决改革过程中遇到的问题，加强对企业指导，确保改革举措顺利实施。

（五）持续深化完善。领导小组办公室会同各成员单位在试点过程中加强对改革政策执行效果的评估分析，以市场主体和群众感受为标准，不断深化完善工程建设项目审批制度改革，把措施形成制度，把制度形成系统，力争达到国际最高标准、最好水平。

本实施方案自2018年9月1日起在全市试行。上海市建设工程联审共享平台自2018年12月1日起全面上线。

关于推进上海市“四好农村路”建设的实施意见

沪府办规〔2018〕23号

2018年9月13日

为深入贯彻习近平总书记和中央领导对“四好农村路”建设的重要指示精神，落实市委市政府关于乡村振兴的战略部署，加快推进本市农村公路建管护运协调发展，到2022年实现“建好、管好、护好、运营好”农村公路的总体目标，现就进一步推进本市“四好农村路”建设提出如下实施意见：

一、总体思路

深入学习贯彻习近平新时代中国特色社会主义思想和党的十九大精神，坚持以人民为中心的发展思维，牢固树立绿色生态的发展理念，结合本市实际情况，聚集突出问题，扎实推进“四好农村路”建设，进一步优化农村公路路网结构，提升管理养护水平，使本市农村公路建设不断形成新亮点，取得新成效，服务乡村振兴战略，服务美丽乡村建设。

二、指导原则

（一）政府主导，需求导向。明确各级政府责任，强化区政府主体责任，加强领导，加大投入，分层负责。尊重群众需求和意愿，充分发挥村级组织和广大群众的积极性。

（二）规划引领，稳步推进。加强区域路网规划，构建层次清晰、功能完备的农村公路网，与乡村振兴战略要求相协调，与美丽乡村建设工作相匹配，有计划、有重点地开展“四好农村路”建设。

（三）管理为重，规范运行。坚持建设、管理、养护、运营协调发展，强化规章制度、技术规范与标准体系建设，推进农村公路管养工作常态化、规范化、精细化。

（四）因地制宜，彰显特色。结合区域

乡村特色，合理利用既有设施，加强资源整合，开展路域环境整治，充分体现乡村文化底蕴、人文特色、田园景观和自然生态等。

三、任务目标

进一步理顺管理机制，落实各级政府责任，加大资金投入力度，加强长效管理，全面推进“四好农村路”建设。到2022年，实现农村公路路网结构合理优化，质量安全明显提升，养护技术全面加强，路产路权有效保护，路域环境整洁优美，农村客运和物流服务体系完善健全，实现城乡融合发展。

（一）通达水平全面提高。按照规划，有序推进农村公路建设，打通断头路，拓宽瓶颈路，改造宽路窄桥，路网通达能力明显提高。各建制村至少具备一条两车道及以上公路，满足公交、重载交通通行需求。

（二）通畅水平全面改善。农村公路管理机构人员和养护管理经费落实到位，实现“有路必养”，路况质量总体保持良好状态，优、良、中等路的比例达到96%以上，路面技术状况指数（PQI）逐年上升。

（三）路容路貌全面提标。开展农村公路提标改造，实现农村公路提档升级，完善路边景观绿化，使农村公路绿化率达到95%以上并逐年提升。全面加强路域环境综合整治，充分体现田园风貌和生态特色。

（四）安全水平全面提升。临河、视距不良、高路堤等各类安全隐患路段安全设施全面改善，农村公路安全生命防护工程整治率达到100%，农村公路危桥及时有效处置，农村公路路产路权得到有效保护。

（五）运输体系全面完善。进一步改善本市建制村公交出行条件，建制村通公交比例达到100%。健全完善“城乡一体、运邮结合”的物流服务体系，基本形成符合本市实际需求的城乡货运一体化格局。

四、工作重点

（一）全面建好农村公路

发挥规划引领作用。市、区联手，科学编制农村公路建设规划，以五年为周期进行滚动修编，包括路网规模、布局规划和项目安排计划。农村公路路网规模和布局规划编制中，充分衔接和统筹上位规划及上海市国民经济与社会发展规划和上海市综合交通发展规划，结合上海市乡村振兴规划和相关各区、镇（乡）总体规划编制成果，构建功能完备、规模适当、布局合理、衔接顺畅、路线通达的农村公路网。梳理形成本市5年实施计划项目清单，全面覆盖新建、改建和提档升级改造三类，聚焦重点目标、重点任务和重点区域。组织编制《上海市农村公路规划设计导则》，指导“四好农村路”的规划、设计和建设工作。通过建设规划和设计导则，加大农村公路建设和改造力度，统筹农村公路建管护运协调发展。到2018年10月，相关各区要形成建设规划相关成果并完成报批。

持续加大建设力度。相关各区要完善农村公路路网体系，以规划为依托，以需求为导向，制订2018—2022年农村公路新、改建项目滚动计划，形成年度建设项目清单。研究修订符合当前本地区经济发展水平并体现本地区特点的农村公路建设标准。新建农村公路要符合区镇（乡）村总体发展和规划要求，同步建设附属设施，一次交工验收合格率达100%。

完善建设管理机制。研究形成市政策引导、区总体协调、区镇（乡）村分头组织实施的四级共同推进工作机制。研究制定农村公路建设管理办法，相关各区要明确农村公路安全质量监管部门，并配备专业管理人员，切实提高农村公路建设质量，落实安全责任，加强行业管理，接受社会监督，有效推行“七公开”制度。

（二）全面管好农村公路

完善管理体制。进一步强化相关各区政府的农村公路主体管理责任和农村公路管理机构管理职责，加大行业指导力度，落实镇（乡）政府加强农村公路管养工作，建立健全"市级督导、以区为主、镇村配合"的养护管理体制。各区要加强区、镇（乡）农村公路管理机构管理技术人员配备，落实镇（乡）农村公路管理站（路政中队）人员编制，建立农村公路专管员制度，原则上，每25~30公里乡村道配备一名农村公路专管员。相关各区要足额保证镇（乡）级农村公路管理机构运行及人员经费，确保农村公路管养工作正常开展。

建立路长制度。相关各区要建立农村公路"路长制"，区政府、镇（乡）政府和村民委员会分别设立总路长、镇（乡）路长和村路长。相关各区政府要设立区级总路长办公室，负责制定路长管理制度和考核办法、农村公路专管员考核管理办法，督促落实各级路长的工作要求和问题处置，并将考核结果纳入党政领导干部综合考核评价范畴，推动"路长制"不断建立完善。镇（乡）政府也要设立镇（乡）级路长办公室，可与镇（乡）农村公路管理站合署办公。

依法依规治路。相关各区要推广"区严格许可、镇（乡）统一执法、村协助执法"的路政执法管理模式。要进一步加强农村公路行政许可，规范限制行为；进一步加强农村公路路政队伍建设，加强农村公路路政巡查；健全乡规民约条款，鼓励村民委员会成立护路员队伍。相关各区要定期组织交通、公安、城管等部门开展联合执法，严厉打击各类破坏农村公路的违法行为；推进公路非现场执法建设，加强超限运输执法，保障农村公路安全畅通。

（三）全面护好农村公路

实施提档升级改造。以"提速、提质、提标"为目标，结合农村公路建设规划和美丽乡村建设，开展既有农村公路提档升级改造专项行动，重点加强道路拓宽、路面改造、危桥改造、宽路窄桥改造、安防工程及附属设施增设、绿化景观改造和公路服务设施建设等。到2022年底，完成农村公路提档升级改造2000公里。相关各区要结合规划梳理项目清单，建立2018—2022年农村公路提档升级改造项目库，逐年推进实施。以"路长制"为依托，加强区内发展改革、财政、交通、住建、农业农村、水务、绿化、市容等部门综合协调，同步开展农村公路路域环境综合整治。通过联动整治，打造一批旅游路、生态路、景观路、文化路和产业路，提升农村公路品质。

重视设施安全管理。相关各区要结合提档升级改造，加大农村公路安全隐患路段整治和危桥改造力度，按照公路安全生命防护工程实施要求，重点针对临河、高路堤、视距不良、穿越城镇路段，科学合理制订治理方案，严格落实安全隐患整治。到2022年底，完成农村公路安全隐患整治800处。持续开展农村公路危桥改造，确保桥梁安全受控。对易积水下立交开展整治，确保下立交汛期安全。

提升养护技术水平。推进农村公路养护实现科学化、信息化、专业化和机械化。相关各区要加强农村公路科学养护，推进周期性和预防性养护，每年要定期全覆盖开展农村公路技术状况检测评定，根据检测评定结果，制定养护对策，确保年度大中修里程占农村公路总里程比例不低于8%。在农村公路日常养护中，要加大道路保洁、绿化和附属设施养护力度，积极推广"四新技术"，加强小型机械设备和预防性养护技术应用，提高农村公路信息化、智能化养护水平。

（四）全面运营好农村公路

提升建制村公交运营水平。因地制宜发展农村公交，相关各区要积极创造通行公交的条件，提高郊区公交线路的线网密度和站点覆盖率。同时，在郊区农村公交线路上，全面推广实施公交时刻表公布服务，方便郊区市民公交出行。

提升农村物流运输服务水平。提高农村

货物运输信息化水平，大力发展适用于农村货物运输的厢式专业化车型，逐步提高农村物流运输服务水平。提倡物流资源共享，鼓励行业创新农村货运组织模式，发展适应本市实际需求的物流运输服务。

五、实施步骤

（一）2018 年 7 月至 2018 年 12 月（工作启动阶段）。相关各区结合本区农村公路现状，制定符合实际的“四好农村路”建设实施办法与细则，明确工作方向与目标，全方位开展宣传动员。相关各区完成建设规划编制，启动试点示范工作。

（二）2019 年 1 月至 2022 年 6 月（全面推进阶段）。相关各区全面推进实施农村公路新改扩和提档升级改造工程，同步健全长效养护管理机制，进一步完善政策扶持、制度建设、标准完善、资金保障、机制创新等措施。

（三）2022 年 7 月至 2022 年 12 月（总结评比阶段）。系统总结五年来“四好农村路”建设工作的经验做法，评估实施成效，进一步巩固实施成果，建立长效工作机制。

六、保障措施

（一）加强组织体系保障

相关各区政府要以区级总路长办公室为依托，加强领导和组织保障，建立推进工作机制与制度，全面协调推进“四好农村路”建设各项工作任务落实。市相关职能部门积极协同推进，加强政策支持和组织保障，建立推进督导制度，有序推进“四好农村路”建设。

（二）强化资金政策保障

各级政府要加大对“四好农村路”建设的资金支持力度。相关各区政府要结合区内各镇（乡）经济实际状况，实施差别化资金支持，建立更加完善的资金保障体系，保障农村公路建管护运协调发展。市相关部门要在现有资金政策的基础上，进一步加大“四好农村路”建设市级资金支持力度。具体资金支持办法，由市发展改革委、市财政局会同相关部门另行研究制定。

相关各区要加强资金使用情况监督检查，提高资金使用效益。市级补贴资金要确保专款专用，全额用于农村公路建设养护管理，区级财政配套资金要同步到位；建立健全资金管理办法，严禁截留、挤占和挪用市级补贴资金。

（三）完善技术保障措施

在“四好农村路”建设中，要严格落实各项技术保障措施，确保“四好农村路”建设规范化和专业化。制定农村公路建设管理办法，修订农村公路建设技术标准，规范农村公路新改扩项目实施，提高农村公路建设质量；制定农村公路提档升级改造项目管理和技术指导意见，为农村公路提档升级改造提供技术支撑；修订农村公路养护技术规范和日常养护与大中修经费定额标准，提高农村公路养护维修质量；组织养护技术培训，加强农村公路桥梁工程师和专管员、公路管理和养护从业人员养护技术培训，提高农村公路管养人员专业水平。

（四）简化项目审批流程

相关各区要结合实际情况，简化农村公路新建、改建和提档升级改造项目前期程序，根据《土地利用现状分类》（GB/T21010-2017）有关要求，路面宽度不超过 8 米的农村道路用地，不作为建设用地；须占用耕地的（不包括基本农田），相关各区要通过土地整治等补充耕地的方式确保区域内耕地总量不减少、质量不降低。鼓励采用工可一阶段项目审批模式，加快新改建与提档升级改造项目推进实施。

（五）建立督查考核机制

将“四好农村路”建设纳入各级政府的年度绩效考核，制定监督考评细则，加强监督指导。相关各区要结合“路长制”“农村公路专管员制度”等，加强对“四好农村路”建设的年度绩效考核和监督检查。要加强农村公路建设各类资金和项目管理考核，提高资金使用效率，确保程序规范，工程质量优质。监督检查要邀请同级纪检、监察部门参加，充分发挥基层政府和组织在农村公路建设中的作用。

（六）开展示范镇（路）试点

相关各区要加强“四好农村路”建设示范镇（路）试点工作，结合美丽乡村示范村、精品村创建，先行创建一批“四好农村路”示范镇（乡）和示范路，打造上海特色“四好农村路”。市、区要对示范镇（路）制定适当的激励措施，通过加大社会宣传力度，充分调动镇（乡）政府的积极性，以点带面，全面推进，发挥“四好农村路”建设的示范引领作用。

关于进一步完善本市共有产权保障住房工作的实施意见

沪府办规〔2018〕27号
2018年9月26日

为进一步完善本市“四位一体”、租购并举住房保障体系，现就进一步完善本市共有产权保障住房工作提出如下实施意见：

一、指导思想

全面贯彻党的十九大精神，以习近平新时代中国特色社会主义思想为指导，坚持“房子是用来住的、不是用来炒的”定位，坚持以居住为主、以市民消费为主、以普通商品住房为主，不断完善房地产市场体系和住房保障体系，扎实推进本市“四位一体”、租购并举住房保障体系深入发展，努力加大住房保障供应，有序扩大共有产权保障住房保障范围，不断增强市民群众的获得感、幸福感和归属感，为上海加快建设“五个中心”、卓越的全球城市和社会主义现代化国际大都市提供支撑。

二、基本原则

——坚持一个属性。坚持本市共有产权保障住房保障属性不变，将本市共有产权保障住房供应对象稳妥有序扩大至非户籍常住人口，重点解决符合条件的各类对象住房困难问题。

——聚焦两类人群。聚焦本市户籍中等或中等偏下收入住房困难家庭，加大供应力度，应保尽保；聚焦常住人口中在本市创业、稳定就业的人员尤其是各类人才、青年职工，重点解决持证年限较长、学历层次高、符合本市产业发展导向、为本市经济社会发展作出贡献的居住证持证人住房困难问题。

——保障两个基本。坚持“保基本、讲公平、可持续”，在继续做好本市户籍中等或中等偏下收入住房困难家庭基本住房保障，保障力度只增不减、保障住房确保供应的基础上，有序将持有居住证达到规定年限，在本市无房、已婚、长期稳定工作并正常缴纳社保且符合共有产权保障住房收入和财产准入标准的非户籍常住人口，纳入本市住房基本保障范围。

三、具体实施办法

（一）基本准入条件

同时符合下列条件的非本市户籍居民家庭，可申请本市共有产权保障住房：

1. 持有《上海市居住证》且积分达到标准分值；

2. 在本市无住房；

3. 已婚；

4. 在本市连续缴纳社会保险或者个人所得税满5年；

5. 符合本市共有产权保障住房收入和财产准入标准。

（二）定价

与本市户籍居民共有产权保障住房采取同一标准，即实施政府定价，且购房人产权份额应当不少于50%。

（三）申请审核

原则上按照本市户籍居民共有产权保障住房相关规定执行，并根据居住证持证人的特点，作如下规定：

1. 申请家庭。居住证持证人应当以家庭为单位提出申请，且家庭限于申请人、配偶及其未婚子女。

2. 申请地点。居住证持证人应当在单位注册地所在街道（乡镇）社区事务受理服务中心提出申请。

3. 诚信申报。相关对象在申请时，应当提交诚信承诺，承诺如实申报家庭人口、婚姻、住房、收入和财产等基本信息，并对申报信息和提交申请材料的真实性负责。违反诚信承诺的，按照有关规定处理。

（四）操作方式

1. 计划单列。进一步增加共有产权保障住房供应量，在不影响户籍居民共有产权保障住房供应的前提下，增加房源用于向符合条件的居住证持证人供应。供应额原则上应当不少于向本市户籍共有产权保障住房保障对象供应额的20%左右；房源供应充足的郊区，可根据辖区房源情况，适当扩大供应规模。

2. 轮候供应。申请家庭数量较多时，通过轮候供应方式操作。由居住证持证人工作单位注册地的街道（乡镇）和区住房保障机构分别负责初审和复审审核，区住房保障机构定期组织申请家庭摇号排序和供房选房。

3. 房源渠道。郊区以区为主，充分利用好辖区内配建保障性住房房源；中心城区可申请由市属保障性住房基地统筹房源，实施轮候供应。

（五）供后管理

1. 居住证持证人购买共有产权保障住房，必须用于家庭自住，区住房保障机构不收取政府产权份额部分租金。

2. 居住证持证人取得不动产权证未满5年，不得转让共有产权保障住房或购买商品住房。因特殊情形，确需转让共有产权保障住房的，该共有产权保障住房由区住房保障机构依申请程序回购。其他应当回购事宜，参照本市户籍居民共有产权保障住房相关规定执行。

3. 居住证持证人取得不动产权证满5年，并同期在本市累计缴纳社会保险或者个人所得税满5年，自有产权份额部分，可向其他符合购买共有产权保障住房条件的居住证持证人转让或由区住房保障机构回购。凡共有产权保障住房购买人购买商品住房的，应当先将该共有产权保障住房转让给其他符合购买共有产权保障住房条件的居住证持证人或由区住房保障机构回购。转让给其他符合购买共有产权保障住房条件的居住证持证人的，共有产权保障住房性质和政府产权份额不变。

4. 共有产权保障住房由区住房保障机构回购的，回购价格为原销售价款加按照中国人民银行同期存款基准利率计算的利息。

四、保障措施

（一）强化组织领导和部门协作

各区政府作为推进该项工作的责任主体，落实具体承担单位或部门，建立协调推进工作机制，确保相关工作平稳有序实施。

民政部门依据房屋管理部门申请，做好“共有产权保障住房申请”事项变更准入工作。根据居住证持证人收入、财产特点，有针对性地开展好婚姻、收入和财产核对工作。

房屋管理部门负责核查申请对象在本市住房情况。

人力资源社会保障部门负责核查申请对象居住证积分、在本市缴纳社会保险等情况。

税务部门负责核对申请对象在本市纳税情况。

公安部门负责核对申请对象居住证持证情况。

（二）加大房源建设供应力度

根据房源建设进度，抓紧安排建设任务指标，加大共有产权保障住房建设用地供应。

完善项目推进工作机制，切实提高房源建设工作效能。适当提高保障性住房项目容量，确保房源及时建设和供应。

（三）注重宣传引导

加大政策宣传力度，做好政策解读，及时释疑解惑，提高政策透明度，为相关工作顺利推进营造良好的舆论氛围。

（四）加强考核管理

按照“全市统筹、属地管理”的原则，完善市、区协调推进机制。健全考核评价体系，将共有产权保障住房建设与供应纳入区政府绩效考核内容，并加强对各相关部门尽职履责情况的检查和督办。

本实施意见自2018年10月8日起实施。

上海市人民政府关于修改《上海市建设工程抗震设防管理办法》和《上海市导游人员管理办法》的决定

上海市人民政府令第14号

2018年11月3日

经研究，市人民政府决定对《上海市建设工程抗震设防管理办法》和《上海市导游人员管理办法》作如下修改：

一、对《上海市建设工程抗震设防管理办法》的修改

（一）删去第八条。

（二）删去第九条。

（三）删去第十九条第二项。

二、对《上海市导游人员管理办法》的修改

（一）将第十七条第一款修改为：“取得导游资格证书要求执业的，应当通过已签约的旅行社或者已注册的旅游行业组织，向市旅游局提出执业申请。”

（二）将第二十一条第一款第一项修改为：“与新的旅行社、景区（点）单位订立劳动合同或者在新的相关旅游行业组织注册的。”

（三）删去第二十二条第二款、第二十三条。

（四）将本办法中的“区、县旅游行政管理部门”统一修改为“区旅游行政管理部门”。

本决定自2018年11月3日起施行。《上海市建设工程抗震设防管理办法》《上海市导游人员管理办法》根据本决定作相应修改并对条文顺序作相应调整后，重新公布。

上海市建设工程抗震设防管理办法

（2001年12月28日上海市人民政府令第113号发布，根据2010年12月20日上海市人民政府令第52号公布的《上海市人民政府关于修改〈上海市农机事故处理暂行规定〉等148件市政府规章的决定》修正，根据2018年1月4日上海市人民政府令第62号公布的《上海市人民政府关于修改〈上海市公墓管理办法〉等9件市政府规章的决定》修正，根据2018年11月3日上海市人民政府令第14号公布的《上海市人民政府关于修改〈上海市建设工程抗震设防管理办法〉和〈上海市导游人员管理办法〉的决定》修正并重新公布）

第一条（目的和依据）

为了加强本市建设工程抗震设防的管理，防御和减轻地震灾害，保护人民生命和财产安全，根据《中华人民共和国防震减灾法》《中华人民共和国地震安全性评价管理条例》《上海市实施〈中华人民共和国防震减灾法〉办法》等法律法规，结合本市实际情况，制定本办法。

第二条（用语含义）

本办法所称的抗震设防要求，是指国家和市地震工作主管部门制定或者审定的，建

设工程必须达到的抗御地震破坏的准则和技术指标，以地震烈度或者地震动参数进行表述。

本办法所称的地震安全性评价，是指对具体建设工程地区或者场址周围的地震地质、地球物理、地震活动性、地形变等研究，给出相应的工程规划和设计所需的有关抗震设防要求的地震动参数及基础资料的活动。

第三条（适用范围）

本市行政区域内各类建设工程抗震设防及其管理活动，适用本办法。

第四条（管理部门）

上海市地震局（以下简称市地震局）是本市地震安全性评价及抗震设防要求的主管部门。各区地震工作主管部门按照其职责权限，负责本辖区内的具体管理工作。

市住房城乡建设管理部门是本市建设工程抗震设计、施工的主管部门。各区建设行政主管部门按照其职责权限，负责本辖区内的具体管理工作。

第五条（抗震设防）

新建、改建、扩建建设工程，必须按照抗震设防要求和抗震设计规范、规程进行抗震设防。

第六条（抗震设防要求）

重大建设工程、可能发生严重次生灾害的建设工程以及可能引发放射性污染的核电站和核设施建设工程必须进行地震安全性评价，并根据地震安全性评价结果，确定抗震设防要求，进行抗震设防。

前款规定以外的建设工程，必须按照国家颁布的地震烈度区划图或者地震动参数区划图规定的抗震设防要求，进行抗震设防。学校、托幼机构、医院、大型文体活动场馆等人员密集场所的建设工程，应当按照国家有关规定，高于本市房屋建筑的抗震设防要求进行抗震设防。

第七条（安评工程范围）

必须进行地震安全性评价的建设工程范围，按照《中华人民共和国地震安全性评价管理条例》和《上海市实施〈中华人民共和国防震减灾法〉办法》执行。

第八条（安评单位的禁止性规范）

从事地震安全性评价的单位不得从事下列行为：

（一）以其他地震安全性评价单位的名义承揽地震安全性评价业务；

（二）允许其他单位以本单位的名义承揽地震安全性评价业务；

（三）转包地震安全性评价项目；

（四）不按照国家有关地震安全性评价的工作规范从事地震安全性评价。

第九条（安评报告评审与抗震设防要求的确定）

从事地震安全性评价的单位应当按照国家规定的要求，编制地震安全性评价报告（以下简称安评报告）。

国家重大建设工程、跨本市行政区域的建设工程、核电站和核设施建设工程的安评报告，由国务院地震工作主管部门评审并确定抗震设防要求。

本条第二款规定以外的安评报告，由市地震局按照国家有关规定进行评审并确定抗震设防要求。安评报告合格的，市地震局应当自收到报告之日起15日内确定抗震设防要求，并书面通知建设单位；安评报告不合格的，市地震局应当自收到报告之日起10日内予以退回，并说明理由。

第十条（建设工程可行性研究阶段）

符合本办法第七条规定的建设工程，建设单位在进行项目选址、可行性研究时，应当进行地震安全性评价，并且将抗震设防要求纳入建设工程可行性研究报告。

符合本办法第七条规定的建设工程，市或者区有关部门在审核建设项目可行性研究报告时，对未包含抗震设防要求的，不予批准或者核准。

第十一条（设计单位的义务）

建设工程的设计单位应当按照国家和本市规定的抗震设防要求和抗震设计规范、规程，进行建设工程的抗震设计。

第十二条（建设工程设计审查）

建设工程的抗震设计审查工作，应当纳入建设工程设计审查程序。超出现行技术标准规定的高层建筑，市住房城乡建设管理部门可以组织有关专家对其抗震设计进行专项论证。

建设工程的抗震设计未经审查，或者发现未按抗震设防要求和抗震设计规范、规程进行抗震设计的，有关部门不得发放建设工程规划许可证和施工许可证。

第十三条（施工、监理单位的义务）

建设工程的施工单位应当按照建设工程的抗震设计进行施工，监理单位应当按照建设工程的抗震设计进行施工监理。

第十四条（竣工验收）

建设工程竣工验收时，应当对抗震设防一并验收；建设工程不符合抗震设计和施工要求的，应当限期整改，经复验合格后，方可交付使用。

第十五条（已建工程的抗震设防）

已经建成的建筑物、构筑物未采取抗震设防措施的，在进行改建、扩建时，应当委托抗震鉴定单位，按照国家有关规定进行抗震性能鉴定；并根据抗震性能鉴定结果采取必要的抗震加固措施。

第十六条（新技术应用）

本市新建、扩建、改建建设工程采用新建筑结构体系的，该建筑结构体系应当具备抗震性能。

第十七条（行政处罚）

违反本办法有关规定，由有关行政主管部门进行行政处罚：

（一）违反本办法第六条第一款规定，有关建设单位不进行地震安全性评价的，或者不按照根据地震安全性评价结果确定的抗震设防要求进行抗震设防的，依照《中华人民共和国防震减灾法》和有关法律、法规的规定予以处理。

（二）违反本办法第十条第一项、第二项规定，从事禁止性行为的，由市或者区地震工作主管部门责令改正，没收违法所得，并可处以 1 万元以上 5 万元以下的罚款；情节严重的，由颁发资质证书的部门或者机构吊销资质证书。

（三）违反本办法第十条第三项、第四项规定，从事禁止性行为的，由市或者区地震工作主管部门责令改正，并可处以 3000 元以上 3 万元以下的罚款。

（四）违反本办法第十三条、第十五条规定，不按照抗震设计规范进行抗震设计的，或者不按照抗震设计进行施工的，由市或者区建设行政主管部门责令改正，并可处以 1 万元以上 5 万元以下的罚款；情节严重的，可处以 5 万元以上 10 万元以下的罚款。

（五）违反本办法第十五条规定，不按照抗震设计进行施工监理的，由市或者区建设行政主管部门责令改正，并可处以 3000 元以上 3 万元以下的罚款。

（六）违反本办法第十七条规定，未采取抗震设防措施的已建工程在改建、扩建时，不进行抗震性能鉴定和采取抗震加固措施的，由市或者区建设行政主管部门责令改正，并可处以 3000 元以上 3 万元以下的罚款。

第十八条（行政复议和行政诉讼）

当事人对行政管理部门的具体行政行为不服的，可以按照《中华人民共和国行政复议法》和《中华人民共和国行政诉讼法》的规定，申请行政复议或者提起行政诉讼。

当事人在法定期限内不申请复议、不提起诉讼，又不履行具体行政行为的，做出具体行政行为的部门，可以根据《中华人民共和国行政诉讼法》的规定，申请人民法院强制执行。

第十九条（施行日期）

本办法自 2002 年 3 月 1 日起施行。

上海市地下建设用地使用权出让规定

沪府办规〔2018〕32号
2018年11月4日

第一条（目的和依据）

为了加强本市地下建设用地使用权管理，促进地下空间资源的合理利用，根据《上海市地下空间规划建设条例》和《上海市土地使用权出让办法》等法规规章，制定本规定。

第二条（适用范围）

本规定适用于本市行政区域内国有土地范围内的地下建设用地使用权出让的管理。

地下建设用地，分为结建的地下工程建设用地和单建的地下工程建设用地。

结建的地下工程，是指由同一主体结合地面建筑一并开发建设的地下工程。单建的地下工程，是指独立开发建设的地下工程。

第三条（基本原则）

地下建设用地的使用，应当贯彻“统筹规划、合理开发、节约集约、公益优先、地下与地上相协调”的原则。

第四条（出让方式）

除列入国家《划拨用地名录》范围的地下建设工程可以采取划拨方式取得地下建设用地使用权外，其他地下建设工程应当以出让等有偿使用方式取得地下建设用地使用权。

地下建设用地使用权的出让，应当采用招标、拍卖、挂牌的方式。但符合以下情形之一的，可以采用协议出让的方式：

（一）附着地下交通设施等公益性项目且不具备独立开发条件的地下工程；

（二）地上建设用地使用权人在其建设用地范围内开发建设地下工程的；

（三）存量地下建设用地补办有偿使用手续以及其他符合协议出让条件的。

结建的地下工程随其地上部分一并出让地下建设用地使用权。

第五条（出让年期）

地下建设用地使用权的出让年期，应当按照用途，遵循国家和本市建设用地使用权出让的有关规定。

第六条（地下建设规划条件）

地下建设用地使用权出让前，规划资源部门应当根据控制性详细规划核定地下建设规划条件。控制性详细规划中未明确地下空间规划要求的，应当根据规划管理技术规定核定规划条件。规划条件应当明确地下建设工程的用途、最大占地范围、开发深度、建筑量控制要求、与相邻建筑连通要求、地质安全要求等规划设计要求。地下建设规划条件应当纳入土地出让合同。

土地出让合同约定的地下建设规划条件未能明确的，可以在建设工程设计方案和建设工程规划许可证中明确。土地受让人应当在地下建设工程规划许可证核发后三个月内，及时申请签订补充出让合同，确定地下建设规划条件，补缴土地价款。

项目竣工验收时，地下实测建筑面积超过出让合同约定的地下建设规划条件，但在规划允许实测误差控制范围内的，通过签订补充出让合同，调整地下建筑量，按照原出让合同约定的土地价格，补缴土地出让价款。

本规定实施前签订土地出让合同、尚未办理土地核验的项目，涉及地下工程的，也应当按照本规定，签订补充出让合同，确定地下建设规划条件，补缴土地价款。其中，2006年9月1日（不含本日）前签订土地出让合同并取得地下建设工程规划许可证所批准的地下工程，在签订补充出让合同完善地下建设规划条件时，免收土地价款。

第七条（地下建筑面积和用途）

建设单位申办地下建设工程规划许可证时，应当列表申报各类用途的建筑面积，并在相关图纸中，明确标注范围。规划资源部门核发地下建设工程规划许可证时，应当将地下建筑面积分类表作为附件。

建设单位申报地下建设工程规划土地综合验收时，应当列表申报各类用途的实测建筑面积。规划土地验收部门应当出具意见，列明各类用途地下建筑情况。

建设单位列表申报地下各类用途建筑面积时，对地下规划条件或地下工程规划许可证明确批准用途的商业、办公、仓储等，应当逐类列计建筑面积；对地下规划条件或地下工程规划许可证未明确用途的设备用房等，按照项目配套设施列计建筑面积；按照规划要求建设的地下公共通道和市政公用设施等公益性设施，单列建筑面积。

第八条（基本价格）

地下建设用地使用权基本价格，是指在某一估价期日、法定最高年期的地下建设用地使用权区域平均价格（以下简称“基本价格”），按照“鼓励开发、分层利用、区分用途、地下与地上相协调”的原则确定。

地下一层基本价格以基准地价为依据，按照与同类用途、相应级别地上建设用地使用权基准地价的一定比例确定（详见附表）。地下二层按照地下一层的50%确定，地下三层及以下按照上一层的60%确定。

地下项目配套设施的基本价格，按照建设项目用途基准地价的一定比例确定。建设项目为混合用途的，按照混合用地比例计算确定。

地下工程范围内的民防工程部分，建设用地使用权基本价格，按照其所在工程地下用途基本价格的50%确定。

第九条（出让价款）

地下建设用地使用权出让价款，应当经过评估，评估以基本价格为依据。地下建设用地使用权采用招标、拍卖、挂牌方式出让的，应当根据评估结果，经出让人集体决策，确定标底或底价。采用协议出让的，应当根据评估结果，经出让人集体决策，确定出让价款。协议出让最低价不得低于基本价格的70%。

住宅配套类地下停车库暂免收取地下建设用地使用权出让价款，直接纳入出让合同的地下规划条件。2013年12月1日（含）前签订出让合同，并在2018年9月30日（含）前已取得建设工程规划许可证的非住宅配套类地下停车库，免收土地价款，直接纳入出让合同的地下规划条件。

按照规划要求建设的地下公共通道和地区服务性市政公用设施等公益性设施，不纳入地下建设用地使用权出让范围，不计土地出让价款，可在出让合同中，约定建设和管理要求。

第十条（地下空间的整体开发）

在集中开发的区域，应当对地下空间进行统一规划、整体设计，通过城市设计、控规附加图则和开发建设导则，规范区域内地下空间建设行为。涉及地下空间的建设工程设计方案，应当经集中开发区域的管理机构综合平衡后，方可报规划资源部门审批。

鼓励实行区域地下空间整体开发建设。由一个主体取得区域地下建设用地使用权实施开发建设的，地上建设用地使用权可以分宗采取“带地下工程”方式供应。区域地下空间实行分宗出让、委托一个主体统一建设的，土地出让条件中应当明确统一建设的要求，地下建设工程设计方案和工程规划许可应当充分考虑各宗地地下空间的物理分割条件，合理确定地下工程布局，各宗地地下空间分割界线应当与地上权属界线相协调。

实行地下空间整体开发建设的，地上和地下建设用地使用权人应当在建设开发和使用过程中相互提供便利。土地出让合同中，可以明确相邻关系的具体约定，以及地下空间的地面出口、地上工程的地下桩基等配套设施和构筑物的权属等内容。

第十一条（地下空间的互连互通）

地下建设用地使用权人应当按照规划条件和建设工程规划许可明确的地下空间连通要求和连通方案实施建设。相邻地块已按照规划预留连通位置的，应与之相衔接。新项目的地下建设用地使用权人负责建设衔接段的地下通道。

第十二条（权属和登记）

地下建设用地使用权的权属范围，按照土地出让合同约定的地下空间建设用地使用权范围确定。按照规划许可建成的地下建筑物、构筑物通过竣工规划验收后，其权属范围应当以地下建筑物、构筑物外围所及的范围确定。

地下建设用地使用权和地下建（构）筑物的登记，按照《不动产登记暂行条例》《不动产登记暂行条例实施细则》以及上海市不动产登记技术规定的有关条款执行。

第十三条（公益优先）

因社会公共利益需要建设地铁、隧道、综合管廊、地下道路、民防工程等公共基础设施，地下建设用地使用权人在开发利用地下空间时应当服从并予以配合。

第十四条（地质安全）

地下建设用地使用权人在地下空间建设和使用过程中，应当遵守国家和本市相关技术规范和标准，控制地面沉降，确保地质安全。

第十五条（土地全生命周期管理）

地下建设用地使用权出让合同应当明确地下建设用地的规划用地性质、地下建（构）筑物水平投影最大占地范围、起止深度、地下总用地面积、地下总建筑面积及各类用途建筑面积、地下连通要求，以及地下公共通道和地区服务性市政公用设施的管理责任等地下空间开发建设和使用管理要求。地下建筑的功能业态、运营管理、用途管制、持有比例等全生命周期管理要求，参照地上相应用途的要求执行。

本规定自印发之日起施行，有效期至2023年10月30日。

附表

地下一层基本价格与地上基准地价比例关系表

地下工程用途	依据的基准地价用途	1	2	3	4	5	6	7	8	9	10
商业	商业	50%	50%	50%	50%	40%	40%	20%	20%	20%	20%
办公	办公	20%	20%	20%	15%	15%	15%	10%	10%	10%	10%
工业、仓储、研发、教育、文化、医疗等	工业、仓储、研发、教育、文化、医疗等同类用途	15%	15%	15%	15%	10%	10%	6%	6%	6%	6%
项目配套设施（含住宅套内地下室）	项目用途	10%	10%	10%	10%	6%	6%	3%	3%	3%	3%
单建停车库	商业	10%	10%	10%	10%	6%	6%	3%	3%	3%	3%
结建停车库	项目用途	10%	10%	10%	10%	6%	6%	3%	3%	3%	3%

注：地下二层按照地下一层的50%确定，地下三层及以下按照上一层的60%确定。

PART SIXTEEN XVI

附录

APPENDIX

- ⊙ 大事记
- ⊙ 上海市住房和城乡建设管理文件选编目录

大事记

1月10日，市建设交通工作党委召开“不忘初心、牢记使命，勇当新时代排头兵、先行者”大调研动员部署会，深入贯彻落实市委会议精神，启动建设交通系统大调研有关工作。市建设交通工作党委书记崔明华主持会议并做动员讲话。市交通委、市绿化市容局、市城管执法总队做交流发言。市建设交通工作党委、市住房城乡建设管理委领导班子成员，市交通委、市水务局、市绿化市容局、市城管执法局、市房屋管理局领导及专职联络员，9家系统各委局所属依法行使行政权力的事业单位领导及专职联络员，市建设交通工作党委、市住房城乡建设管理委、市房屋管理局机关处室负责人参加了会议。

1月19日，市建设交通工作党委召开2017年度委属单位党组织书记抓基层党建和党风廉政建设述职评议会，对29家委属单位党组织书记抓基层党建和党风廉政建设工作进行评议。市建设交通工作党委领导出席会议并点评，委属单位党组织负责人，以及部分中央在沪单位党组织负责人、部分建设交通系统市第十一次党代会代表参加会议。

1月26日，市住建委召开本市重要建材供应信息报送宣传贯彻会。2017年12月市住建委印发了《关于在本市建筑工程开展重要建材供应信息报送制度的通知》(沪建建材〔2017〕1130号)，为全面加强本市建设工程材料使用的监督管理，提升本市建设工程材料质量水平，通知规定，本市新建改建和扩建房屋建筑工程，实施重要建材信息报送制度。市住建委相关处室及事业单位、市房管局、各区(管委会)建委、各区安质监站、江苏沪办、浙江沪办、四川沪办、中建沪办、企业代表、相关行业协会等共计150余人参加。1月25日，先期召开建材供应商宣传贯彻会。

1月31日，市住房城乡建设管理委裴晓副主任带队到位于蒙自路778号的黄浦区五里桥街道99街坊商办住综合项目检查节前安全生产保障措施落实情况和农民工工资支付情况。

2月6日，万国邮联改革特设工作组特别会议在上海召开。国家邮政局局长马军胜出席会议并在开幕式上致辞，副局长赵晓光出席会议。万国邮联国际局总局长比沙尔·侯赛因，副总局长帕斯卡尔·克里瓦茨，以及来自中国、法国、新西兰、南非、突尼斯、哥斯达黎加、日本等10个成员国的代表参加了本次会议。

2月8日，上海市建设交通系统(行业)工会工作联席会议在建工大厦召开，市建设交通工会主任刘选游主持会议，市建设交通工作党委副书记田赛男出席会议并讲话。建工集团“完善和创新厂务公开民主管理工作”、中建八局“项目工会工作站建设”、市公积金中心“推动工会工作创新发展”、中铁上海工程局“开展精准帮扶”、隧道股份“开展区域群团建设”和市绿化市容行业工会创设“爱心接力站”等工作在会上进行了经验交流。会上对全国住房城乡建设系统先进集体、先进工作者和劳模代表，第七批上海市劳模创新工作室和2017年上海工匠代表，市建设交通工会先进单位和工人先锋号进行了表彰。市建设交通行业部分单位、市建设交通系统各单位工会主席，各区建设交通委、房管局工会主席，部分先进代表100余人出席会议。

2月9日，市住房城乡建设管理委员会召开2018年行业安全生产大会。会前市安委会办公室副主任、市安全生产监管局副局长沈伟忠做了题为《对标新时代、落实新要求、展现新作为》的安全生产形势讲座。市住房城乡建设管理委副主任江小龙、裴晓、胡广杰分别通报了设施管理、工程建设、房屋管理等领域安全生产工作。裴晓副主任主持会议。

市住房城乡建设管理委主任黄永平强调，要深入贯彻落实党的十九大精神，全面准确把握新时代安全生产工作的新要求。要站在新的历史方位思考安全工作，立足新时代，按照新起点谋划安全工作，围绕新目标推进安全工作，坚决贯彻落实党中央、国务院的部署，坚决贯彻落实市委市政府要求，深入贯彻以人民为中心的发展思想，树立安全发展理念，弘扬生命至上、安全第一的思想，坚守底线、突出重点、完善制度，形成有效的安全治理体系和良好的安全环境，坚决遏制重特大安全事故，使人民安全感更加充实、更有保障。

市住房城乡建设管理委、市房屋管理局机关有关处室，部分委属事业单位，各区建设管理部门、住房保障房屋管理局负责人，外省市驻沪建管处负责人及在沪大型施工企业、监理公司有关负责人共计220余人参加了大会。

2月18日，市政府办公厅印发《关于建立完善本市生活垃圾全程分类体系的实施方案》。明确要建立生活垃圾分类投放、分类收集、分类运输、分类处理的全程分类体系，逐步彻底解决“混装混运”等问题，与上海卓越的全球城市发展定位相适应。

2月22日，本市召开进一步深化社会投资项目审批改革宣贯动员大会，就贯彻落实《进一步深化本市社会投资项目审批改革实施办法》（以下简称《实施办法》）相关工作作出部署。时光辉副市长出席会议，并提出工作要求。市政府副秘书长黄融主持会议。会上，市住房城乡建设管理委主任黄永平对《实施办法》和即将出台的《实施细则》进行了解读。此次按照“对标国际最高标准、最好水平的营商环境”要求，通过“减审批”“并环节”“优流程”“压时间”“强服务”“重事后”“一平台”等举措，尽最大可能简政放权，提升审批效率。市有关部门、各区政府、管委会、行业协会以及部分建设、设计、项目管理单位和审图机构参加会议。市水务局、松江区政府和上海上美化妆品有限公司分别做了交流发言。

3月1日起，在上海市政府门户网站“中国上海”的网上政务大厅，“上海市建设工程联审共享平台”正式上线，全市社会投资项目按照新的审批流程办理。社会投资项目各项手续的一口申请、受理、审批、答复、发证等全流程实现了网上在线办理。根据改革新政，及时修订完善涉及的审批、评估评审事项的政策性文件和办事指南，同步在联审共享平台公布更新。

3月2日，上海市建设交通行业纪念“三八”国际劳动妇女节108周年大会在上海影城召开。会上，市建设交通工作党委副书记田赛男同志致辞，大会对建设交通系统2017年度上海市巾帼建功标兵和上海市巾帼文明岗进行了表彰。市纪委驻建设交通工作党委纪检组组长姜蓉、隧道股份党委副书记、市总工会女工委副主任陆雅娟、市建设交通工会主任刘选游出席大会并为女先进和先进集体代表颁奖。建设交通行业各单位工会女主席、女工委主任、女先进代表等260余人出席大会。

3月2日，市住房和城乡建设管理年度

工作会议召开，副市长时光辉出席会议并讲话。2017年本市住房和城乡建设管理各项工作任务圆满完成。2018年，本市住房和城乡建设管理行业将深入贯彻落实党的十九大精神，以习近平新时代中国特色社会主义思想为指导，按照十一届市委三次全会、本市“两会”和全国住房城乡建设工作会议的总体要求，坚持高起点、高标准，以需求导向、问题导向和效果导向为主线，对标国际一流和国内先进，大兴调查研究之风；精益求精，像绣花一样加强城市管理精细化，努力走出一条符合超大城市特点和规律的治理新路；突出制度供给，聚焦打响上海服务品牌，在“放管服”改革上下更大功夫，着力营造国际化、法治化、便利化营商环境；从创造品质生活，追求高质量发展入手，着力防风险、补短板、促公平、提效能，不断满足人民日益增长的美好生活需要，让广大市民有更多获得感、幸福感和安全感。以新作风、新作为，奋力谱写本市住房城乡建设事业新篇章。

市住房城乡建设管理委主任黄永平对2018年五方面重点工作任务进行了部署。一是坚持管理为本，以全覆盖、全过程、全天候和法治化、社会化、智能化、标准化为着力点，全面推动实施城市管理精细化三年行动计划，大力推进美丽街区、美丽家园、美丽乡村建设和架空线入地、合杆整治，积极创建“无违建先进居村（街镇）”，进一步提升城市管理综合执法效能，切实提高城市管理精细化工作水平。二是聚焦民生保障，完善制度措施，加快发展本市住房租赁市场，继续保持房地产市场平稳健康发展，深化完善“四位一体”住房保障体系，坚持“留改拆并举，保留保护为主”，多渠道改善市民群众居住条件，切实提高房屋管理水平。三是坚持协调发展，高质量发展，持续加大市重大工程推进力度，着力提升黄浦江沿岸地区功能和品质，促进农民集中居住项目和历史文化名镇名村保护利用试点项目加快落地实施，全面完成浦东新区临港地区国家海绵城市试点建设任务，持续推进地下综合管廊建设，切实提高城乡建设发展水平。四是注重营商环境建设，持续深化改革创新，以最大限度地简化施工许可审批为核心，重点推进本市社会投资项目审批改革，深化建筑行业“放管服”改革工作。持续深化推动BIM应用、装配式建筑和绿色建筑发展，加快推进建筑业转型升级，切实提高建筑业发展水平。五是落实安全责任，守牢安全底线，加强城市安全源头治理，加强建设工程质量安全管理，形成防范有力、系统严密的城市安全防御能力，切实提高城市安全管理水平。

市建设交通工作党委、市住房城乡建设管理委、市城管执法局、市房管局领导班子成员及机关各处室、直属单位，市有关部门，各区政府及相关部门，相关行业协会及企业参加会议。

3月8日，上海召开架空线整治和管理工作联席会议，正式启动全市架空线入地及合杆整治，逐步消除“黑色污染”。预计今年完成100公里道路相关整治，主要集中在内环内重点区域、重要道路及中国国际进口博览会场地周边。

3月9日，市建设交通工作党委召开2018年度系统党风廉政建设大会，全面贯彻党的十九大、十九届中央纪委二次全会和十一届市纪委二次全会精神，总结2017年建设交通系统党风廉政建设和反腐败工作，部署2018年工作任务。市建设交通工作党委书记崔明华同志出席会议并讲话。驻委纪检组组长姜蓉同志就做好2018年纪检监察做了讲话。市建设交通工作党委巡视员朱铁民同志做了工作报告。水利部太湖流域管理局党组、市城市综合管理事务中心党总支、中国邮政集团公司上海分公司纪委、市绿化和市容管理局直属单位纪委分别做了交流发言。会议由市建设交通工作党委副书记、市住房城乡建设管理委主任黄永平同志主持，委机关处室负责人，委直属单位，系统各委、局，中央在沪单位党政、纪检部门主要负责人参加会议。

3月23日，由国际自然保护联盟物种委员会兰花专家组亚洲区域委员会和上海辰山植物园共同举办的“第四届上海国际兰展”在辰山植物园开幕。

3月27日，市建设交通工作党委召开全市建设交通系统信访综治工作会议。市建设交通工作党委书记崔明华出席会议并讲话，市建设交通工作党委副书记、市住房城乡建设管理委主任黄永平主持会议，市信访办副主任张政对系统信访工作提出要求。会上，市建设交通工作党委副书记田赛男做2017年信访工作报告并部署2018年工作，市建设交通工作党委委员、市住房城乡建设管理委秘书长金晨传达习总书记对信访综治工作指示要求以及中央和本市相关会议精神。市建设交通工作党委、市住房城乡建设管理委、市交通委、市水务局、市绿化市容局、市城管执法局、市房屋管理局、系统中央在沪单位、委直属单位、各区建设管理部门相关负责同志等150余人参加会议。

3月29日，市领导李强、应勇、殷一璀、董云虎、尹弘等来到普陀区桃浦中央绿地，参加全民义务植树活动，种植下无患子、朴树、五角枫、榉树等树木。植树现场，李强一行听取了桃浦中央绿地项目规划和开发建设情况汇报。李强书记指出，上海要抓住举办中国国际进口博览会的重大机遇，进一步提高绿化建设水平，提升生态空间品质。既要推进“绿化”，也要注重“彩化”，在绿植的颜色选择、品质选择上下更大功夫，让城市绿化更加丰富多彩，让广大市民群众有更多获得感。

3月30日，铁路上海局集团公司、中铁集装箱运输有限责任公司、中远海运集装箱运输有限责任公司、大洋物流集团、上海车站海关等在上海货运中心杨浦经营部举办“一带一路”跨境电商中欧班列（上海—莫斯科）首发仪式。

4月1日起，根据《上海市住房和城乡建设管理委员会关于进一步优化全市建筑工程施工许可审批和推行电子证照的通知》，在本市范围内实行建筑工程施工许可证电子证照。4月2日，便已完成第一个建筑工程施工许可电子证照——工程名称为上海新天鸿社区施工许可证电子证照。施工许可证电子证照的推行，基本实现了“让数据多跑路，让群众少跑腿”的改革目标。

5月4日，市住建委按照市政府常务会议部署，抓实落地防汛防台工作。专题下发《关于开展汛前防汛安全大检查的通知》，明确由委领导带队，分4个检查小组，以住宅小区、在建工地、燃气、地下空间等为重点区域，进一步补齐工作短板，落实各项防汛工作。

5月9—11日，住建部节能科技司副司长倪江波带领住建部建筑节能和绿色建筑检查组对我市建筑节能、绿色建筑、装配式建筑等工作进行专项检查。检查组随机抽取了我市6个建筑节能项目、4个绿色建筑项目、2个装配式建筑项目，从项目的施工图设计文件到施工现场情况做了深入细致的检查。检查组肯定了我市建筑节能、绿色建筑和装配式建筑所做工作。

5月14日，上海局集团公司印发《限制铁路旅客运输领域严重失信人购买车票实施办法》（上铁客〔2018〕191 号），对发生严重失信行为的人在一定期限内限制购买火车票。

5 月 15 日，世界首座高速铁路悬索桥——连云港至镇江铁路五峰山长江大桥南主塔实现封顶。

5 月 30 日，市委副书记、市长应勇赴杨浦调研生活垃圾分类减量工作，详细了解垃圾分类的机制，察看处置设施，了解工艺流程，“爱回收”标准化回收服务点，观看了湿垃圾清运车、生活垃圾小型压缩站的操作演示。副市长时光辉，市绿化市容局邓建平局长，杨浦区领导李跃旗、谢坚钢等陪同调研。

5 月 30 日，2018 年上海建设交通行业精神文明建设工作会议在上海图书馆召开。市建设交通工作党委副书记、市住房城乡建设管理委主任黄永平出席会议并讲话。市建设交通工作党委副书记、市交通委主任谢峰主持会议。市建设交通工作党委副书记田赛男做工作报告。市交通委、市绿化市容局、铁路上海站、上海建工集团、上海供水热线等五家单位做了大会交流发言。市建设交通系统三委四局机关、中央在沪单位、直属单位、各区建设交通委和房管局、建设交通行业大型企业集团、部分行业协会分管领导、文明办负责同志出席了会议。

6 月 1 日，根据国务院《物业管理条例》《上海市住宅物业管理规定》并结合本市实际制定的 2018 版《上海市住宅物业服务规范》（以下简称《规范》）施行。上海市范围内的物业服务企业所提供的绿化养护、环境保洁、设备维修、秩序维护、信息公示等服务必须按照此服务规范执行。《规范》分为窗口规范、行为规范、岗位规范三部分，新增了服务窗口醒目位置设置上海市住宅小区物业服务监督公示牌等要求。

6 月 5 日，《国际油污损害赔偿基金索赔系列手册》中文版首发仪式在上海虹口北外滩举行。《国际油污损害赔偿基金索赔系列手册》中文版包含《索赔手册》《清污及预防措施索赔指南》《捕捞业、海水养殖业及水产加工业索赔指南》《旅游业索赔指南》《环境损害索赔指南》和《索赔表格示范手册》6 个索赔指导文件，由国际油污赔偿基金组织编制并特别授权中国船舶油污损害理赔事务中心翻译出版。该手册系统地指导了油污事故受害人如何索赔，并指引污染受害人采取适当有效的措施来防范和清除污染、恢复环境。

6 月 7 日，上海市援疆赛区“沪疆杯”立功竞赛 2017 年表彰暨 2018 年动员大会在新疆喀什市隆重举行。上海市建设交通工作党委副书记田赛男，上海市援疆前方指挥部总指挥、喀什地委副书记杨峥出席会议并讲话。上海市援疆前方指挥部副总指挥、喀什行署副专员史家明回顾总结了援疆赛区 2017 年立功竞赛工作，部署了 2018 年立功竞赛重点工作。上海市总工会副主席周奇、上海团市委副书记邬斌、上海市妇联副主席王剑璋宣读相关表彰决定，为荣获 2017 年度上海市工人先锋号、上海市五一劳动奖章、上海市五四青年奖章等荣誉的同志颁奖，并为争创 2018 年度上海市工人先锋号、上海市优秀青年突击队的单位授旗。上海市援疆前方指挥部泽普分指挥部指挥长、泽普县委副书记胡志宏，上海市援疆前方指挥部莎车分指挥长、莎车县住建局副局长左文，上海援疆医生、喀什地区第二人民医院肾病科主任程明等三位获奖代表进行了交流发言。喀什地区总工会、团委、妇联、住建局，上海市援疆前方指挥部、上海市驻疆办，上海对口四县分指挥部，援疆教师、医生等100余人参加了会议。

6月15日，国内首艘河海直达型集装箱船“汉唐上海”轮成功靠泊洋山深水港冠东码头。“汉唐上海”是自2017年交通运输部发布《关于推进特定航线江海直达运输发展的意见》（交水发〔2017〕53号）及相关建造规范和配套监管办法后建造的首艘河海直达集装箱船，该轮载箱量为124只标准箱，主要投运于洋山深水港至苏州航线。

6月22日，市建设交通系统大调研领导小组会议暨大调研工作推进会召开。市建设交通工作党委、市住房城乡建设管理委领导班子成员，市燃气处、路政局、航务管理处、交通运输管理处、交通委执法总队、水务执法总队、野生动植物保护管理站、崇明东滩鸟类自然保护区管理处、城管执法总队主要领导及专职联络员，市建设交通工作党委、市住房城乡建设管理委、市房屋管理局机关处室负责人参加会议。

6月28日，2018年本市“拆违热线·无违创建进行时”圆满结束。此次活动自6月19日启动，市、区两级拆违部门领导共接听违法建筑举报188个，涉及201个点位。整个拆违热线期间，12319热线共受理市民违法建筑诉求2434件。《新民晚报》开辟专版对活动进行跟踪，上海新闻广播电台“海波热线”连线市、区两级拆违工作负责人关注活动进展，上海电视台新闻频道开线当天对活动进行了报道，收到了良好的社会反响。

6月，市委书记李强调研中国国际进口博览会配套建设。李强书记在调研时强调，首届中国国际进口博览会既是全面提升上海新一轮对外开放水平的重要载体，也是全面提升城市整体形象的重大契机，要按照以习近平同志为核心的党中央决策部署，全力以赴做好各项筹备工作，道路建设、交通保障、环境整治等配套项目要按照精细化、长效化要求，抓紧改造完善提升，推动城市整体品质迈上更高水平，向全世界展示上海更加开放、文明的良好形象。在现场察看时，李强书记说，要坚持安全第一、质量为先，高起点高水平整体规划建设，加强设计美化，既要确保道路本身的质量品质，又要统筹考虑道路两旁整体环境塑造，将城市优秀传统文化元素融入其中，在每一个细节上精雕细琢，让游客愿意在路边举起手机、按下快门，充分感受城市处处是风景。李强书记在听取各项配套项目建设进展，就规划、工程、进度说，首届进博会在上海举办，是中央对上海的信任和重托，是上海必须完成的重大政治任务，要以钉钉子精神狠抓工作落实，按照任务书、时间表、路线图，坚持问题导向，查找问题，发现问题，解决问题，落到实处，万无一失，确保各项筹备工作有力有序推进，确保首届中国国际进口博览会取得圆满成功。

6月，市城市管理精细化工作推进领导小组召开第三次工作会议。时光辉副市长出席会议并对城市管理精细化工作的推进提出工作要求。第一，通报了今年以来城市管理精细化工作推进情况。按照市委市政府统一部署，统筹协调，按照三年行动计划的各项重点任务落实落地。围绕阶段目标，突出重点项目，推进工作进度，出台了“美丽街区”“美丽家园”“美丽乡村”架空线入地及合杆整治、垃圾分类、市容景观、园林绿化、交通、水务海洋、城管执法、民防、消防等具体计划。第二，各区结合实际，细化和落实实施方案逐个击破。第三，对标国际国内最高标准、最好水平，在准确把握现代智能化技术发展趋势和本市应用现状的基础上，坚持问题导向、需求导向，切实解决重点难点问题，推动和促进上海社会治理水平提升。

截至6月底，2018年市属保障性住房建

设计划安排投资70亿元，已累计完成投资36.35亿元，达到全年计划的51.93%。计划开工的4.2万套市属保障性住房中，已实现新开工2.4万套、约177.85万平方米，比往年有显著增加。项目主要分布在奉贤、浦东、松江、闵行、宝山、嘉定等区域，为第六批次共有产权保障住房供应、旧区改造、重大工程建设提供了充足房源。

截至6月底，全市累计通过审图的绿色建筑项目共1.34亿平方米，获得绿色建筑标识项目数量共508个。同时《绿色生态城区评价标准》已发布实施，《上海市绿色建筑发展条例（草案）》进一步完善，《绿色建筑运营手册》和桃浦、前滩、顾村等集中开发区域绿色专业规划启动编制。

7月1日，全国铁路实施运行图调整。京沪高铁首次开行16辆长编组复兴号动车组列车。

7月12日，市建设交通工作党委、市住房城乡建设管理委召开2018年“夏令热线”活动准备工作会。市建设交通工作党委副书记、市住房城乡建设管理委主任黄永平出席会议并讲话。市建设交通工作党委副书记田赛男主持会议。会上，市建设交通工作党委、新民晚报社、上海广播电视台广播新闻中心和融媒体中心、新华社新闻信息中心上海中心、腾讯大申网等主办单位分别介绍了2018年“夏令热线”活动方案。市住房城乡建设管理委、市交通委、市水务局、市绿化市容局、市城管执法局、市房屋管理局、市建设交通发展研究院等单位结合各自工作方案做了表态发言。

7月13日，在上海吴淞口国际邮轮港新客运大楼启动仪式上，“吴淞口国际邮轮海事监管基地”正式揭牌，上海市副市长陈群、宝山区委书记汪弘出席仪式。该基地将打造成一个邮轮监管领域交流研讨、资源共享、合作互赢的平台。

7月31日，市政府举行“黄浦区、静安区、虹口区、杨浦区与地产集团旧区改造签约仪式”，副市长时光辉出席签约仪式。地产集团与黄浦、静安、虹口、杨浦区政府签订了旧区改造合作协议，市住建委、市发改委、市规土局、市财政局、市房管局负责同志参加了签约仪式。下一步，地产集团将与黄浦、静安、虹口、杨浦区政府进行旧区改造合作，重点聚焦成片风貌保护的区单独土地储备旧改项目，以及为统筹平衡而合作改造的其他旧改项目，通过市、区联手，发挥各自优势，创新思路、办法和机制，开展合作，加大旧区改造力度，不断增强市民群众获得感、幸福感、安全感。

7月，市住建委研究推进建筑物外立面及附件设施管理工作。市住建委会同市绿化市容局，研究部署本市主要道路两侧建筑物外立面及附件设施管理等工作。形成《关于进一步加强本市主要道路两侧建筑外立面及附加设施综合管理的通知》，从落实主体责任严格依法管理、落实规范标准提升容貌品质、认真排摸梳理解决突出问题、健全工作机制实现长效管理、加强宣传引导营造观念氛围等五个方面，进一步加强标准引领、规范管理、执法协同、销项治理、联勤联动、宣传引导。

8月9日，市委副书记、市长应勇赴浦东、奉贤、金山、松江、青浦、闵行六区调研生态廊道建设工作，先后察看了老港固废综合利用基地、金山化工区、天马再生能源有限公司周边生态廊道规划建设进展。应勇市长在调研时就指出，生态廊道要在坚持以生态为主的同时，统筹一些必要的生活、休闲、景观、体育锻炼功能，并要求注重实效，能快则快。时光辉副市长等陪同调研。

8月14日，市住建委主任黄永平来到12319热线接听市民来电，接受媒体采访。此次“夏令热线”活动自7月16日开始，至8月14日结束，历时一个月，时光辉副市长、三委四局及电力公司主要领导、机关干部陆续走进12319热线，倾听市民呼声，解决民生难题。2018年“夏令热线”共接到市民来电约9.6万个，市民反映集中的前五个问题分别是：违法建筑举报3300件、出租车拒载1600件、擅自占用公共场所（即流动设摊和跨门营业）1500件、网络约租车1200件、公交车乱（不）停站1100件。

8月31日，市住房城乡建设管理委、市发展改革委和市规划国土资源局组织召开本市工程建设项目审批制度改革试点工作宣传贯彻动员大会。会议详细解读了《上海市工程建设项目审批制度改革试点实施方案》，并对下阶段全市积极贯彻落实改革目标和工作要求，上下形成合力，共同推进全覆盖、全流程的工程建设项目审批制度改革试点工作进行了动员部署。2018年3月以来，本市启动了社会投资项目审批制度改革，通过创新理念、优化流程、压缩时限、网上办理等措施，进一步提高了审批效率，提升了企业和群众的获得感和体验度，为全面推开工程建设领域审批制度改革奠定了基础。今年5月，国务院办公厅印发《关于开展工程建设项目审批制度改革试点的通知》，确定上海、北京等16个试点省市参与工程建设项目审批制度改革试点工作。为贯彻落实党中央、国务院关于深化“放管服”改革和优化营商环境的总体部署，市政府正式印发了《上海市工程建设项目审批制度改革试点实施方案》，9月1日起在全市试行。按照市委市政府的决策部署，市有关部门和各区将进一步创新工作思路、精简审批环节、健全管理机制、统一审批体系、强化监督考评，力争到2018年底，工程建设项目全流程审批时间压缩至100个工作日以内；到2019年，通过全面深化本市工程建设项目“放管服”改革和电子政务平台建设，努力打造“审批事项最少、办事效率最高、投资环境最优”的工程建设项目审批管理体系。本市工程建设项目审批改革领导小组各成员单位、特定区域管委会、各区发展改革、规划土地和建设管理等部门、相关协会和部分企业参加了会议。

9月6日，本市发布了《关于推进本市绿色生态城区建设的指导意见》（沪府办规〔2018〕24号）（以下简称《指导意见》）。《指导意见》明确了本市绿色生态城区建设基本原则、工作目标、组织机构、基本要求、主要内容、试点示范和宣传推广等内容，从管理和技术两个层面对本市绿色生态城区建设工作进行指导。《指导意见》的发布有助于推动本市绿色生态城区发展驶入快车道，在全市层面形成多点突破、全面开花的格局，大力提升本市绿色建筑发展规模和能级，对建设生态之城，实现本市卓越全球城市的目标愿景具有重要意义。

9月13日，2018中国快递论坛在上海召开，以“新时代、新梦想、新征程、新作为——快递让生活更美好”为主题，旨在以习近平新时代中国特色社会主义思想为指引，聚焦进一步推动快递业转型升级、提质增效、创新发展。国家邮政局局长马军胜、上海市副市长时光辉、中国快递协会会长高宏峰出席会议并致辞。出席2018中国快递论坛期间，国家邮政局局长马军胜深入调研上海邮政业发展，先后到德邦快递总部、中国邮政速递物流上海市国际速递分公司调研行业发展情况。

9月21日，上海市邮政管理局与市大数据中心签署合作协议，推进“快递＋政务”

服务和建设，通过快递服务优化行政审批业务流程，减少送达时间，助力解决政务服务的“堵点”和“痛点”，为群众和企业到政府办事提供安全、便捷、省心的服务。国家邮政局副局长刘君、上海市常务副市长周波出席签约仪式。上海市邮政管理局副局长余洪伟、大数据中心主任朱宗尧分别代表上海市邮政管理局和大数据中心签署协议。

9月23日，G99次复兴号标准动车组列车从上海虹桥站出发，驶往香港西九龙站，标志着沪港两地进入高铁直通时代。

9月，市住建委召开“一网通办”信息系统上云工作推进会，金晨秘书长、刘千伟总工程师出席会议并讲话，各相关业务处室、房管局、城管局、委属事业单位负责同志参加了会议，会议围绕着推进市住建委信息系统上云，加快政务服务“一网通办”工作建设主题展开，确定了年内完成18个信息系统上云，明年38个信息系统上云的工作任务。

9月，建设部工程质量安全监管司一行来市住建委进行超限高层建筑工程抗震设防审查工作调研，7位上海市超限高层建筑工程抗震设防审查专家委员会专家、5家建设单位和5家设计院参与会谈。会上，市抗震办就本市超限审查工作情况（包括地方实施细则、审查流程和时效、专家选取、创新做法和经验等）进行了汇报。建设部对超限审查管理工作取得的成绩表示肯定，通过座谈，建设部对超限审查项目全过程进行了详细了解，对超限审查报告的详尽程度和质量表示了高度认可。

10月1日，上海港较原订方案提前三个月率先实施在航船舶排放控制措施。针对上海港航行、停泊、作业的船舶（军用船舶、体育运动船艇和渔业船舶除外），自2018年10月1日起，国际航行船舶和国内沿海航行船舶在上海港内行驶及靠岸停泊期间，应当使用硫含量≤0.5%m/m的燃油；内河船舶和江海直达船舶应当使用符合标准的柴油；具备岸电受电设施的船舶在建有岸电设施的码头靠岸停泊期间，应当使用岸电。经海事管理机构认可，船舶可采取使用清洁能源、尾气后处理技术等替代措施满足排放控制要求。

10月8日，为更好地贯彻落实中央及上海市委市政府关于“租购并举”政策导向及“创造良好营商环境”“放管服”改革工作要求更有效更便捷，上海网上办理提取住房公积金支付房租业务正式上线。该业务上线后，市公积金中心积极引导申请人通过公积金官方线上渠道（包括住房公积金网、官方微信、手机APP）进行提取申请。10月份市公积金中心受理租赁提取业务共计50289笔，线上渠道申请成功47239笔，网上申请业务占比达到94%，有效减轻了网点排队现象，群众满意度也得到提升。

10月16日，由市建设交通工作党委、解放日报社共同举办的“奋进四十年”摄影展在地铁人民广场站音乐角举行了开幕式。市建设交通工作党委副书记、市住房城乡建设管理委主任黄永平出席开幕式并讲话。解放日报社总编辑陈颂清致辞。市委宣传部、市文明办、市总工会、团市委、市建设交通工作党委、市住房城乡建设管理委、解放日报社、申通地铁集团领导出席活动，市交通委、市水务局、市绿化市容局、市城管执法局、市房屋管理局以及建设交通系统各单位宣传部门的同志，解放日报社有关部门负责人，摄影大赛获奖者代表等100余人参加。

10月，市重大办实地检查进口博览会场馆建设。场馆改建方面，主会场和平行论坛等场馆改建工程基本完成，完成验收、备案和移交工作；立面改造和景观工程基本完成；能源中心立面改造工程基本完成。配套建设方面，国家会展中心周边15条配套道路建设完成，改建和集中控制系统建设工作基本完成，虹桥商务区二层步廊东延伸及五号停车场竣工；会展中心周边43公里架空线入地进入收尾阶段。

11月，2018中国技能大赛——举办上海市建设行业装配式混凝土结构灌浆连接项目职业技能竞赛。竞赛由上海市建设协会、市建筑施工行业协会主办，市建设工程安全质量监督总站、市职业技能鉴定中心指导。24家企业36支队伍共108名选手参加，成绩合格的选手均获得“装配式混凝土结构灌浆连接专项职业能力资格证书”。该项赛事作为市级二类竞赛列入中国技能大赛序列。

11月，市住建委出台了《黄浦江两岸地区公共空间建设三年行动计划（2018—2020年）》，对两岸地区公共空间进行整体谋划，并聚焦“提升品质”和“拓展空间”两条主线，在推进项目建设、打造文化品牌、管理精细化方面持续用力，使滨江公共空间建设朝着整体品质更高、不同区域更加平衡的方向发展。

11月30日，国家住建部城建司司长张小宏带队来沪调研生活垃圾分类工作推进情况及全国垃圾分类现场会准备情况。

12月25日，杭黄高铁开通运营。首趟“千岛湖号”高铁旅游列车开行，首开载客逾400人，并在南京南站举行首发仪式。

12月26日，青盐铁路开通运营。

12月29日，庐铜铁路开通运营。

12月31日，松南郊野公园试开园。公园总占地面积23.7平方公里，一期5.07平方公里，以滨江森林休闲、米市渡文化游览、农渔采摘乡村体验为主。

上海市住房和城乡建设管理文件选编目录

一、综合管理

1. 国务院关于修改和废止部分行政法规的决定

2. 企业投资项目事中事后监管办法

3. 国家发展改革委、人民银行、中央组织部、中央编办、中央文明办、科技部、工业和信息化部、财政部、国土资源部、住房城乡建设部、交通运输部、水利部、商务部、卫生计生委、国资委、海关总署、税务总局、林业局、国管局、银监会、证监会、国家公务员局、国家铁路局、民航局印发《关于对公共资源交易领域严重失信主体开展联合惩戒的备忘录》的通知

4. 住房城乡建设部办公厅关于印发主动公开基本目录的通知

5. 国家发展和改革委员会、科学技术部、国土资源部、住房和城乡建设部、商务部、海关总署公告

6. 住房城乡建设部办公厅关于印发2018年安全生产工作要点的通知

7. 中共中央办公厅、国务院办公厅关于调整住房和城乡建设部职责机构编制的通知

8. 国家发展和改革委员会等印发《关于对知识产权（专利）领域严重失信主体开展联合惩戒的合作备忘录》的通知

9. 国家发展和改革委员会等印发《关于对科研领域相关失信责任主体实施联合惩戒的合作备忘录》的通知

10. 国家发展和改革委员会等印发《关于对严重危害正常医疗秩序的失信行为责任人实施联合惩戒合作备忘录》的通知

11. 工业和信息化部等关于印发《综合整治骚扰电话专项行动方案》的通知

12. 国家发展和改革委员会等印发《关于对社会保险领域严重失信企业及其有关人员实施联合惩戒的合作备忘录》的通知

13. 国家发展改革委等印发《关于对政府采购领域严重违法失信主体开展联合惩戒的合作备忘录》的通知

14. 关于大力发展实体经济积极稳定和促进就业的指导意见

15. 住房城乡建设部办公厅关于印发2018年政务公开工作要点的通知

16. 上海市国家税务局、上海市地方税务局、上海市人力资源和社会保障局、上海市住房和城乡建设管理委员会关于制发《提升纳税便利度优化营商环境的若干措施》的通知

17. 上海市住房和城市建设管理委员会关于印发《2018年建设工地大气污染防治方案》的通知

18. 上海市公共数据和一网通办管理办法

19. 上海市地方标准管理办法

20. 上海市发展和改革委员会关于印发《上海市市级政府投资项目储备库管理办法》的通知

21. 上海市发展和改革委员会、上海市财政局关于印发调整后的《上海市基本公共服务项目清单》的通知

22. 上海市人民政府办公厅关于转发市经济信息化委制订的《上海市推进新一代信息基础设施建设助力提升城市能级和核心竞争力三年行动计划（2018—2020年）》的通知

23. 上海市人民政府办公厅关于印发《2018年度上海市政务公开考核评估实施方案》的通知

24. 上海市分类监管管理办法

25. 上海市行政审批告知承诺管理办法

26. 上海市公共数据和一网通办管理办法

27. 上海市人民政府办公厅关于转发市档案局制订的《上海市“一网通办”电子档案管理暂行办法》的通知

28. 上海市人民政府办公厅关于印发《本市加快推进电子证照应用实施方案》的通知

29. 上海市人民政府办公厅关于印发《上海市电子证照管理暂行办法》的通知

二、城乡管理

（一）城乡规划

1. 乡村振兴战略规划（2018—2022年）

2. 住房城乡建设部关于进一步做好城市既有建筑保留利用和更新改造工作的通知

3. 住房城乡建设部关于开展引导和支持设计下乡工作的通知

4. 国家发展改革委等关于印发《促进乡村旅游发展提质升级行动方案（2018—2020年）》的通知

5. 国家发展和改革委员会办公厅关于总结推广第二批国家新型城镇化综合试点阶段性成果的通知

6. 国家发展和改革委员会办公厅关于建立特色小镇和特色小城镇高质量发展机制的通知

7. 上海市人民政府办公厅转发市住房城乡建设管理委等四部门关于推进本市绿色生态城区建设指导意见的通知

8. 上海市人民政府印发《关于促进上海旅游高品质发展　加快建成世界著名旅游城市的若干意见》的通知

9. 上海市人民政府关于推进本市健康服务业高质量发展加快建设一流医学中心城市的若干意见

10. 上海市人民政府关于同意《上海市宝山区总体规划暨土地利用总体规划（2017—2035）》的批复

11. 上海市人民政府办公厅转发市规划国土资源局关于推进本市乡村振兴做好规划土地管理工作实施意见（试行）的通知

12. 上海市人民政府办公厅关于转发市规划资源局制定的《上海市地下建设用地使用权出让规定》的通知

13. 上海市人民政府关于印发本市全面推进土地资源高质量利用若干意见的通知

14. 上海市人民政府办公厅关于延长《上海市人民政府办公厅关于本市加快推进家庭农场发展的指导意见》有效期的通知

15. 上海市人民政府办公厅印发关于推进上海市“四好农村路”建设实施意见的通知

16. 上海市人民政府印发《关于促进上海旅游高品质发展加快建成世界著名旅游城市的若干意见》的通知

17. 上海市人民政府印发《关于本市促进资源高效率配置推动产业高质量发展的若干意见》的通知

18. 上海市规划和国土资源管理局关于优化本市营商环境进一步完善土地出让前征询工作的通知

19. 关于进一步优化土地权属调查有关事项的通知

（二）城乡行政执法

1. 住房城乡建设部关于严格规范城市管理执法行为严肃执法纪律的通知

2. 国务院办公厅关于全面推行行政规范性文件合法性审核机制的指导意见

3. 国务院关于在上海市浦东新区暂时调整实施有关行政法规规定的决定

4. 自然资源部关于进一步改进和加强行政复议行政应诉工作的通知

5. 商务部行政处罚实施办法

6. 中华人民共和国海事行政许可条件规定

7. 国家发展和改革委员会办公厅关于进一步完善行政许可和行政处罚等信用信息公示工作的指导意见

8. 上海市人民政府办公厅关于印发《进一步深化本市社会投资项目审批改革实施办法》的通知

9. 上海市社会投资项目审批改革工作领导小组关于印发《进一步深化本市社会投资项目审批改革实施细则》的通知

10. 上海市人民政府办公厅关于成立上海市社会投资项目审批改革工作领导小组的通知

11. 上海市住房和城乡建设管理委员会、上海市规划和国土资源管理局关于进一步推进本市社会投资项目审批改革工作的通知

12. 上海市财政局、上海市物价局关于公布上海市2018年度行政事业性收费目录清单的通知

13. 上海市人民政府关于取消和调整一批行政审批等事项的决定

14. 上海市发展和改革委员会关于进一步完善本市行政许可和行政处罚等信用信息公示工作的通知

15. 上海市人民政府办公厅转发市审改办制定的《关于本市推进行政审批中介服务标准化建设的若干意见》的通知

（三）城乡综合管理

1. 住房城乡建设部办公厅关于印发城市绿地防灾避险设计导则的通知

2. 住房城乡建设部关于做好推进“厕所革命”提升城镇公共厕所服务水平有关工作的通知

3. 国土资源部、住房城乡建设部、国家旅游局关于延长旅游厕所用地政策适用期限的函

4. 住房城乡建设部办公厅关于进一步加强城市公园安全管理工作的通知

5. 全国人民代表大会常务委员会关于修改《中华人民共和国村民委员会组织法》《中华人民共和国城市居民委员会组织法》的决定

6. 国务院办公厅关于印发“无废城市”建设试点工作方案的通知

7. 商务部办公厅、公安部办公厅、交通运输部办公厅、国家邮政局办公室、供销合作总社办公厅关于印发《城乡配送绩效评价指标体系》的通知

8. 城乡建设用地增减挂钩节余指标跨省域调剂实施办法

9. 上海市住房和城乡建设管理委员会关于印发《上海市普通地下室使用备案管理实施细则》的通知

10. 上海市人民政府办公厅关于转发市规划资源局制订的《上海市地下建设用地使用权出让规定》的通知

11. 上海市人民政府办公厅关于印发《上海市防治慢性非传染性疾病中长期规划（2018—2030年）》的通知

12. 上海市人民政府办公厅转发市旅游局、市农委《关于促进本市乡村民宿发展的指导意见》的通知

13. 上海市物价局、上海市绿化和市容管理局关于明确本市单位生活垃圾处理收费有关事宜的通知

三、建筑建材业管理

（一）勘察设计管理

1. 住房和城乡建设部关于修改《房屋建筑和市政基础设施工程施工图设计文件审查管理办法》的决定

2. 住房城乡建设部办公厅关于同意上海、深圳市开展工程总承包企业编制施工图设计文件试点的复函

3. 财政部、国家发展改革委关于同意收取勘察设计注册化工工程师 注册电气工程师和注册公用设备工程师执业资格专业考试考务费的复函

4. 关于印发《上海市工程建设项目规划设计条件征询和设计方案征询行政协助工作规程》的通知

（二）建筑市场管理

1. 国务院办公厅关于开展工程建设项目审批制度改革试点的通知

2. 住房城乡建设部关于修改《建筑工程施工许可管理办法》的决定

3. 住房城乡建设部办公厅关于废止《建设部办公厅关于转发〈建筑施工机械租赁行业管理办法〉的通知》的通知

4. 住房城乡建设部关于废止《工程建设项目招标代理机构资格认定办法》的决定

5. 住房和城乡建设部建筑市场监管司关于加强建筑市场监管一体化工作平台工程项目信息监管的通知

6. 必须招标的工程项目规定

7. 住房城乡建设部办公厅关于调整建设工程计价依据增值税税率的通知

8. 住房城乡建设部办公厅关于废止《建设部关于印发〈工程建设项目招标代理机构资格认定办法实施意见〉的通知》的通知

9. 住房城乡建设部标准定额司关于实行工程造价咨询企业甲级资质延续和变更电子化申报和审批的通知

10. 住房和城乡建设部办公厅关于印发《可转化成团体标准的现行工程建设推荐性标准目录（2018 年版）》的通知

11. 住房城乡建设部关于印发大型工程技术风险控制要点的通知

12. 住房和城乡建设部建筑市场监管司关于加强建筑市场监管一体化工作平台工程项目信息入库管理工作的通知

13. 住房城乡建设部关于修改《建筑业企业资质管理规定》等部门规章的决定

14. 住房城乡建设部办公厅关于停止住房城乡建设领域现场专业人员统一考核发证工作的通知

15. 住房城乡建设部办公厅关于进一步简化监理工程师执业资格注册申报材料的通知

16. 住房城乡建设部办公厅关于一级建造师执业资格实行电子化申报和审批的通知

17. 住房城乡建设部关于修改和废止有关文件的决定

18. 住房城乡建设部关于修改《房屋建筑和市政基础设施工程施工招标投标管理办法》的决定

19. 住房城乡建设部办公厅关于建设工程企业资质统一实行电子化申报和审批的通知

20. 造价工程师职业资格考试实施办法

21. 造价工程师职业资格制度规定

22. 上海市人民代表大会常务委员会关于修改《上海市供水管理条例》等九件地方性法规的决定

23. 上海市人民政府关于修改《上海市民防工程建设和使用管理办法》等五件市政府规章的决定

24. 上海市住房和城乡建设管理委员会关于进一步优化全市建筑工程施工许可审批和推行电子证照的通知

25. 上海市住房和城乡建设管理委员会关于进一步改善和优化本市施工许可办理环节营商环境的通知

26. 上海市社会投资项目审批改革工作领导小组关于印发《进一步深化本市社会投资项目竣工验收改革实施办法》的通知

27. 上海市人民政府办公厅关于印发《上海市推进重大建设项目批准和实施领域政府信息公开工作实施方案》的通知

28. 上海市人民政府关于印发《上海市工程建设项目审批制度改革试点实施方案》的通知

29. 上海市人民政府办公厅关于成立上海市工程建设项目审批制度改革工作领导小组的通知

30. 上海市工程建设项目审批制度改革

工作领导小组关于印发《上海市政府投资工程建设项目审批制度改革试点实施细则》的通知

31. 上海市工程建设项目审批制度改革工作领导小组关于印发《上海市企业投资工程建设项目审批制度改革试点实施细则》的通知

32. 上海市工程建设项目审批制度改革工作领导小组关于印发《上海市工程建设项目审批制度改革试点工作督查和考核评价办法（试行）》的通知

33. 上海市工程建设项目审批制度改革工作领导小组办公室关于公布《上海市工程建设项目审批制度改革全过程事项及改革意见清单（试行）》的通知

34. 上海市工程建设项目审批制度改革工作领导小组办公室关于公布《上海市工程建设项目审批制度改革实施流程图（试行）》的通知

35. 上海市工程建设项目审批制度改革工作领导小组办公室关于公布《上海市企业投资工程建设项目办事指南（试行）》的通知

36. 上海市工程建设项目审批改革工作领导小组关于印发《上海市建筑装饰装修工程审批制度改革试点实施细则》的通知

37. 关于印发《关于加强本市建设工程项目规划许可后事中事后监管工作的若干规定》的通知

38. 关于印发《上海市工程建设项目“多规合一”业务协同平台管理暂行规定》的通知

39. 关于启用“多规合一”业务协同平台有关工作的函

40. 关于正式启动“上海市工程建设项目审批管理系统（建设工程联审共享平台）”的通知

41. 关于本市设置工程建设项目审批服务专区“一个窗口”的方案

42. 上海市住房和城乡建设管理委员会关于建设工程报建取消后有关事项调整的通知

43. 关于印发《上海市建筑市场信用信息管理办法》的通知

44. 关于发布《关于规范本市商务楼宇信息通信基础设施建设和运营的意见》的通知

45. 关于进一步优化本市建设项目用地预审有关事项的通知

46. 上海市规划和国土资源管理局等关于印发《关于全面推进工程建设项目“多测合一”改革的实施意见》的通知

47. 上海市规划和国土资源管理局关于印发《在签订〈国有土地使用权出让合同〉时同步领取〈建设用地规划许可证〉的操作办法》的通知

48. 关于印发《上海市建筑工程综合竣工验收管理办法》的通知

（三）建筑节能和建筑材料管理

1. 上海市住房和城乡建设管理委员会关于印发《2018 年上海市建筑节能和绿色建筑示范项目专项扶持资金申报指南》的通知

2. 上海市住房和城乡建设管理委员会关于进一步优化和简化本市新型墙体材料基金清算等办理流程的通知

（四）工程质量和安全监管

1. 住房城乡建设部办公厅关于印发全国建筑施工安全监管信息系统共享交换数据标准（试行）的通知

2. 住房城乡建设部办公厅关于加强地下室无梁楼盖工程质量安全管理的通知

3. 危险性较大的分部分项工程安全管理规定

4. 住房城乡建设部关于发布行业标准《市政工程施工安全检查标准》的公告

5. 住房和城乡建设部工程质量安全监管司关于印发《住房和城乡建设部工程质量安全监管司 2018 年工作要点》的通知

6. 住房城乡建设部办公厅关于印发农村危房改造基本安全技术导则的通知

7. 关于进一步加强本市社会投资项目施工现场质量安全风险管控的通知

8. 上海市住宅小区雨污混接改造市级奖励资金办法

9. 上海市建设工程抗震设防管理办法

10. 上海市人民政府办公厅印发《关于本市加强电梯质量安全工作的实施方案》的通知

11. 上海市实施《生产安全事故报告和调查处理条例》的若干规定

（五）建设标准定额

1. 住房城乡建设部关于印发全国园林绿化养护概算定额的通知

2. 住房城乡建设部关于印发建筑门窗工程、防水工程、地源热泵工程造价指标（试行）的通知

四、物业管理

1. 住房城乡建设部关于废止《物业服务企业资质管理办法》的决定

2. 上海市房屋管理局关于加强本市住宅物业管理监督检查工作的通知

3. 上海市房屋管理局关于印发《上海市住宅物业服务规范》的通知

五、房地产交易及住房保障

（一）房地产登记与交易

1. 财政部、税务总局关于去产能和调结构房产税、城镇土地使用税政策的通知

2. 上海市人民政府关于《上海市人民政府关于印发〈上海市开展对部分个人住房征收房产税试点的暂行办法〉的通知》继续有效的通知

3. 关于规范企业购买商品住房的暂行规定

4. 上海市不动产登记局关于本市实施不动产登记“全·网·通”服务改革的通知

（二）住房保障

1. 财政部、住房城乡建设部关于印发《试点发行地方政府棚户区改造专项债券管理办法》的通知

2. 公共租赁住房资产管理暂行办法

3. 上海市房屋管理局关于印发《上海市共有产权保障住房申请户排序工作规则》的通知

4. 上海市房屋管理局关于印发《上海市共有产权保障住房申请户选房工作规则》的通知

5. 上海市人民政府办公厅转发市住房城乡建设管理委等九部门《关于进一步完善本市共有产权保障住房工作的实施意见》的通知

6. 上海市人民政府办公厅转发市住房城乡建设管理委市房屋管理局关于进一步加强市、区两级保障性住房大型居住社区建设管理推进机构建设若干意见的通知

7. 上海市人民政府办公厅转发市住房城乡建设管理委等七部门《关于本市保障性住房配建的实施意见》的通知

六、燃气管理

1. 住房城乡建设部办公厅关于印发农村管道天然气工程技术导则的通知

2. 国务院关于促进天然气协调稳定发展的若干意见

3. 财政部、海关总署、国家税务总局关于调整天然气进口税收优惠政策有关问题的通知

4. 国务院安委会办公室关于加强天然气使用安全管理的通知

5. 住房城乡建设部办公厅关于印发农村管道天然气工程技术导则的通知

6. 财政部、海关总署、国家税务总局

关于调整享受税收优惠政策天然气进口项目的通知

7. 上海市住房城乡建设管理委、市公安局、市规划国土资源局等关于印发《上海市进一步优化燃气接入营商环境实施办法（试行）》的通知

8. 上海市物价局、上海市住房和城乡建设管理委员会关于完善本市民用瓶装液化石油气价格管理有关事项的通知

9. 上海市发展和改革委员会关于调整本市非居民用户天然气价格的通知

10. 上海市人民政府办公厅关于本市开展瓶装液化石油气专项整治工作的通知

七、交通管理

1. 交通运输部、住房城乡建设部、国家铁路局、中国民用航空局、国家邮政局、中国残疾人联合会、全国老龄工作委员会办公室关于进一步加强和改善老年人残疾人出行服务的实施意见

2. 国务院办公厅关于保障城市轨道交通安全运行的意见

3. 中华人民共和国住房和城乡建设部、中华人民共和国公安部令

4. 国务院办公厅关于进一步加强城市轨道交通规划建设管理的意见

5. 工业和信息化部、发展改革委、科技部、公安部、交通运输部、市场监管总局关于加强低速电动车管理的通知

6. 交通运输部办公厅关于贯彻落实《消防安全责任制实施办法》的指导意见

7. 关于做好新能源汽车动力蓄电池回收利用试点工作的通知

8. 交通运输部办公厅关于印发平安交通三年攻坚行动方案（2018—2020 年）的通知

9. 财政部、国家税务总局、工业和信息化部、交通运输部关于节能、新能源车船享受车船税优惠政策的通知

10. 交通运输部关于修改《公共航空运输企业经营许可规定》的决定

11. 交通运输部办公厅关于进一步加强城市公共汽车和电车运行安全保障工作的通知

12. 中华人民共和国船舶最低安全配员规则

13. 航道建设管理规定

14. 港口工程建设管理规定

15. 交通运输法规制定程序规定

16. 民用航空企业及机场联合重组改制管理规定

17. 定期国际航空运输管理规定

18. 民用航空通信导航监视工作规则

19. 中华人民共和国海事行政许可条件规定

20. 船员注册管理办法

21. 港口经营管理规定

22. 船舶载运危险货物安全监督管理规定

23. 交通运输统计管理规定

24. 交通运输部办公厅关于印发《客运码头安全管理指南》的通知

25. 交通运输部办公厅关于推进乡镇运输服务站建设，加快完善农村物流网络节点体系的意见

26. 农村公路建设质量管理办法

27. 交通运输部办公厅关于印发深化道路运输驾驶员从业管理改革实施方案的通知

八、环境保护

1. 关于加快推进长江两岸造林绿化的指导意见

2. 司法部办公厅关于进一步做好环境损害司法鉴定机构和司法鉴定人准入登记有关工作的通知

3. 住房城乡建设部、生态环境部关于

印发城市黑臭水体治理攻坚战实施方案的通知

4. 住房城乡建设部、中国农业发展银行关于做好利用抵押补充贷款资金支持农村人居环境整治工作的通知

5. 中华人民共和国环境影响评价法

6. 中华人民共和国环境噪声污染防治法

7. 中华人民共和国环境保护税法

8. 全国人民代表大会常务委员会关于全面加强生态环境保护依法推动打好污染防治攻坚战的决议

9. 国务院办公厅关于开展生态环境保护法规、规章、规范性文件清理工作的通知

10. 交通运输部关于修改《中华人民共和国船舶污染海洋环境应急防备和应急处置管理规定》的决定

11. 国家发展和改革委员会、公安部、生态环境部、商务部、国务院国有资产监督管理委员会、国家市场监督管理总局、国家能源局公告 2018 年第 16 号

12. 国家发展和改革委员会、生态环境部、商务部公告 2018 年第 15 号——洗染业清洁生产评价指标体系

13. 国家市场监管总局、国家发展改革委、生态环境部关于加强锅炉节能环保工作的通知

14. 财政部、国家税务总局、生态环境部关于明确环境保护税应税污染物适用等有关问题的通知

15. 上海市财政局、上海市生态环境局关于废止《上海市排污费资金使用管理办法》的通知

16. 上海市社会信用建设办公室等关于印发《长三角地区环境保护领域实施信用联合奖惩合作备忘录》的通知

17. 上海市发展和改革委员会等关于印发《上海市绿色发展指标体系》和《上海市生态文明建设考核目标体系》的通知

18. 上海市人民政府关于修改《上海市九段沙湿地自然保护区管理办法》的决定

19. 上海市人民政府关于修改《上海市崇明东滩鸟类自然保护区管理办法》的决定

20. 上海市人民政府关于发布上海市生态保护红线的通知

21. 上海市人民政府办公厅关于印发《上海市清洁空气行动计划（2018—2022 年）》的通知

九、水务管理

1. 住房城乡建设部、国家发展改革委关于印发《国家节水型城市申报与考核办法》和《国家节水型城市考核标准》的通知

2. 住房城乡建设部办公厅关于加强 2018 年城市排水防涝工作确保安全度汛的通知

3. 上海市饮用水水源保护缓冲区管理办法

4. 上海市人民政府办公厅转发市绿化市容局关于落实“四化”工作提升本市绿化品质指导意见的通知

十、住房公积金管理

1. 住房城乡建设部、财政部、人民银行、公安部关于开展治理违规提取住房公积金工作的通知

2. 中央国家机关住房资金管理中心关于做好 2019 财政预算年度住房公积金月缴存额调整工作的通知